DA SENZALA À COLÔNIA

FUNDAÇÃO EDITORA DA UNESP

Presidente do Conselho Curador
Mário Sérgio Vasconcelos

Diretor-Presidente
Jézio Hernani Bomfim Gutierre

Superintendente Administrativo e Financeiro
William de Souza Agostinho

Conselho Editorial Acadêmico
Danilo Rothberg
Luis Fernando Ayerbe
Marcelo Takeshi Yamashita
Maria Cristina Pereira Lima
Milton Terumitsu Sogabe
Newton La Scala Júnior
Pedro Angelo Pagni
Renata Junqueira de Souza
Sandra Aparecida Ferreira
Valéria dos Santos Guimarães

Editores-Adjuntos
Anderson Nobara
Leandro Rodrigues

EMÍLIA VIOTTI DA COSTA

DA SENZALA À COLÔNIA

5ª edição

Copyright © 1997 by Editora UNESP

Direitos de publicação reservados à:
Fundação Editora da UNESP (FEU)
Praça da Sé, 108
01001-900 – São Paulo – SP
Tel.: (0xx-11) 3242-7171
Fax: (0xx-11) 3242-7172
www.editoraunesp.com.br
www.livrariaunesp.com.br
atendimento.editora@unesp.br

Dados Internacionais de Catalogação na Publicação (CIP)
(Câmara Brasileira do Livro, SP, Brasil)

C871d
5.ed.

Costa, Emília Viotti da
  Da Senzala à Colônia / Emília Viotti da Costa. – 5.ed. – São Paulo: Editora UNESP, 2010.

  Inclui bibliografia
  ISBN 978-85-393-0033-4

  1. Brasil – História – Período Colonial, 1500-1822. 2. Escravidão – Brasil – História. 3. Café – Aspectos econômicos – Brasil – História. 4. Movimentos antiescravagistas – Brasil – História. I. Título.

10-2017
CDD: 981
CDU: 94(81)

Editora afiliada:

SUMÁRIO

13 Introdução à primeira edição

25 Prefácio à segunda edição

Parte I
Aspectos econômicos da desagregação do sistema escravista

61 Capítulo 1
A expansão cafeeira e a mão de obra escrava
Primeiras plantações de café e substituição das lavouras de
cana pelos cafezais   Predominância do trabalho escravo
Participação do trabalhador livre   Vicissitudes do tráfico
Dificuldades de reprimir o tráfico   Comércio de escravos:
sistemas de compra e venda   Concentração de escravos nas
regiões cafeeiras

107 Capítulo 2
Primeiras experiências de trabalho livre
Malogro da política de núcleos coloniais   A parceria   A crise
do sistema   A visão dos proprietários   Os resultados dos

inquéritos   As contradições do sistema   O abandono do
sistema de parceria.   Substituição pelo sistema de salário
Experiências com a colonização em Minas Gerais
Colonização no Rio de Janeiro

165   Capítulo 3
Permanência do sistema escravista
Dificuldades na transição para o trabalho livre   Revalorização
do braço escravo   Carestia dos gêneros   Tentativa de
imigração chinesa   Progressos do trabalho livre   Persistência
do sistema escravista nas zonas cafeeiras

195   Capítulo 4
Transformações na economia cafeeira
Vias de comunicação e meios de transporte   Aperfeiçoamento
dos processos de beneficiamento do café   Novas condições
para a imigração

245   Capítulo 5
Decadência do sistema escravista
Restrições ao tráfico interprovincial

263   Anexo da Parte I

Parte II
Condições de vida nas zonas cafeeiras

271   Capítulo 1
Aspectos da vida do escravo nas zonas
urbana e rural
O escravo urbano   O escravo rural

325   Capítulo 2
Relações entre senhores e escravos
O branco e o negro   Sistemas disciplinares

347 Capítulo 3
O protesto do escravizado

Parte III
Escravidão e ideologias

379 Capítulo 1
Ideias escravistas e antiescravistas
Emancipadores e escravistas   Dos emancipadores aos abolicionistas

429 Capítulo 2
Formação da consciência emancipadora
O despertar   A tomada de consciência coletiva

475 Capítulo 3
A abolição
Os agentes do abolicionismo   O desenlace   Repercussões da abolição

503 Conclusões

515 Fontes manuscritas

517 Fontes impressas citadas

525 Livros e artigos

539 Referências bibliográficas

Para Antônia e Zé Carnaúba, *que pela
sua dignidade, retidão e lealdade
me ensinaram a respeitar e amar
outros tantos milhões de brasileiros
que ainda aguardam o momento
de sua emancipação.*

"*Depois que os últimos escravos houverem sido arrancados ao Poder sinistro que representa para a raça negra a maldição da cor, será ainda preciso desbastar, por meio de uma educação viril e séria, a lenta estratificação de trezentos anos de cativeiro, isto é, de despotismo, superstição e ignorância.*"

(Joaquim Nabuco. *O abolicionismo* (1883). São Paulo, 1938, p.5.)

INTRODUÇÃO À PRIMEIRA EDIÇÃO

A escravidão marcou os destinos da nossa sociedade. Seus traços ficaram indeléveis na herança que nos legaram a cultura negra e as condições sociais nascidas do regime da escravidão. Passada essa fase, restaram, além do legado cultural, a concentração de negros e mestiços e os problemas da integração do escravo emancipado no *status* de homem livre e na sociedade do branco, sua assimilação, sua aceitação pelo grupo branco e a necessária reformulação das atitudes recíprocas forjadas durante o período da escravidão.

A conduta e a mentalidade dos negros e mestiços, seus valores dominantes, seu comportamento social só podem ser entendidos hoje quando se tenha em conta o fenômeno escravidão-abolição. A abolição exigia a elaboração de uma nova autoconcepção de *status* e papéis sociais por parte dos negros e mestiços, a formação de novos ideais e padrões de comportamento. Ela implicava também a mudança de comportamento do homem livre e branco diante do liberto, do negro não mais escravo. Impunha-se um novo ajustamento inter-racial. A súbita equiparação legal entre negros e brancos, em 1888, não destruiu de imediato o conjunto de valores que se elaborara durante todo o período colonial. Econômica, social e psicologicamente, os ajustamentos foram lentos. O negro permaneceu na situação de dependência econômica e as atitudes e representações sociais que regulavam as relações entre as raças só muito vagarosamente foram modificadas. "Entre os brancos, a antiga representação da personalidade *status* do negro continua a ter plena vigência, entre os indivíduos de cor, a antiga autoconcepção de *status* e papéis não se modificou sensivelmente." Foi o que provaram as pesquisas de Florestan Fernandes, Roger Bastide (Cf. *Relações sociais entre negros e brancos em São Paulo*, 1955, p.108) e outros, a propósito das relações raciais entre negros e brancos em São Paulo. Subsistiram representações e estereótipos associados à cor e às diferenças raciais forjadas no tempo da escravidão, como, por exemplo, a afirmação da inferioridade mental, moral ou social do negro em relação ao branco. "Negro quando não suja na entrada suja na saída", "isso é papel de negro", "negro não presta", "negro é assim mesmo" e outras expressões equivalentes, igualmente pejorativas, refletem as atitudes mentais dos brancos (ou pelo menos da maioria) para com o negro.

O significado que a cor e as diferenças raciais adquiriram sob o regime escravo ajudou a elaborar certos padrões de ajustamento inter-racial que, em muitos casos, persistiram. Tipos de controle das relações sociais, aplicáveis às situações de contato entre os vários componentes da sociedade, que só tinham sentido naquela ordem social, continuaram a ter plena vigência mesmo depois da superação da ordem social escravista e senhorial.

A consecução da meta inaugurada em 13 de maio, transformação dos ex-escravos em homens livres e cidadãos responsáveis, equiparados de fato nos seus direitos a estes, exigiu tempo e marcou, como ainda marca, o panorama social do Brasil.

O escravo negro foi, em algumas regiões, a mão de obra exclusiva desde os primórdios da colônia. Durante todo esse período, a história do trabalho é, sobretudo, a história do escravo. Primeiro nos canaviais, mais tarde nas minas de ouro, nas cidades ou nas fazendas, era ele o grande instrumento de trabalho. Derrubando matas, roçando as plantações, nas catas de ouro, nos engenhos, na estiva, carregando sacos de mercadorias ou passageiros, o escravo foi figura familiar na paisagem colonial. Foi mais do que mão de obra, foi sinal de abastança. Época houve em que a importância do cidadão era avaliada pelo séquito de escravos que o acompanhava à rua. A legislação e o costume consagravam esse significado. Concediam-se datas e sesmarias a quem tivesse certo número de pretos. A posse de escravos conferia distinção social: ele representava o capital investido, a possibilidade de produzir.

DA SENZALA À COLÔNIA

A convivência deixava marcas nos brancos e nos negros. Com sua experiência do mundo tropical, os escravos facilitavam a adaptação do português à vida colonial. Hábitos alimentares, modismos linguísticos suavizando a pronúncia, modificando a língua portuguesa, introduzindo vocábulos novos; crenças religiosas adulterando o cristianismo, superstições contagiando a credulidade do branco, suas lendas e seu sentido musical, transformando-se, por sua vez, no contato com a tradição indígena e portuguesa, foram incorporados à nova sociedade forjada nesse íntimo convívio.

Talvez a mais importante de todas as influências e a menos estudada seja a que derivou não propriamente da tradição africana, mas das condições sociais criadas com o sistema escravista. A existência de dominadores e dominados numa relação de senhores e escravos propiciou situações particulares, específicas, marcando a mentalidade nacional. Um dos efeitos mais típicos dessa situação foi a desmoralização do trabalho. O trabalho que se dignifica à medida que se resume no esforço do homem para dominar a natureza na luta pela sobrevivência corrompe-se com o regime da escravidão, quando se torna resultado de opressão, de exploração. Nesse caso, ele se degrada aos olhos dos homens. O trabalho que deveria ser o elemento de distinção e diferenciação na sociedade, embora unindo os homens na colaboração, na ação comum, torna-se, no sistema escravista, dissociador e aviltante. A sociedade não se organiza em termos de cooperação, mas de espoliação. Por isso, para o branco, o trabalho, principalmente o trabalho manual, era visto como obrigação de negro, de escravo. "Trabalho é pra negro." A ideia de trabalho trazia consigo uma sugestão de degradação. Também para o negro, o trabalho, fruto da escravidão, aparecia como obrigação penosa, confundia-se com o cativeiro, associava-se às torturas do eito. A liberdade deveria, necessariamente, aparecer-lhe como promessa de ausência de obrigações e de trabalho. Dessa forma, a escravidão ultrajava a ideia de trabalho, e, o que é ainda mais grave, degradava as relações entre os homens. Num regime escravista, o respeito mútuo necessário à verdadeira coesão social não existe. A lei consagra as distinções sociais, legitima-as e, quando excepcionalmente procura garantir a classe oprimida, torna-se letra morta, ineficaz, burlada pelos interesses dominantes.

A necessidade de justificar esse estado de coisas – a exploração do homem pelo homem – gera, por força, uma argumentação racionalizadora que assenta sobre falsas bases morais. Argumentos nascidos dos interesses utilitários favorecem atitudes complacentes, elaboram um pretenso humanismo. Há um código de ética que funciona entre senhores, outro que serve para as relações com escravos. Estes, por sua vez, têm as normas que lhes são impostas artificialmente pelos amos e as que lhes são próprias. Todas entram em conflito, são contraditórias. Ora, essa confusão de normas éticas resulta, inevitavelmente, no seu falseamento, nas atitudes paradoxais, na desorganização social, e é particularmente favorável à dissociação entre princípios morais e conduta prática. Há dois mundos, o do senhor e o dos escravos que convivem, se tocam e se interpenetram nas funções necessárias, sem compreender-se.

Ao mesmo tempo que degradou o trabalho e corrompeu as relações entre os brancos, a escravidão desorganizou a vida familiar. O intercâmbio sexual entre senhor e escrava deu margem a que se fixassem preferências por certos vícios e anomalias sexuais (masoquismo – sadismo), estimuladas pela situação que a escravidão criara. De um lado, havia a família branca, aparentemente monógama; de outro, a promiscuidade das senzalas a incitar e favorecer a poligamia do senhor. Por sua vez, a situação do escravo também não contribuía para estreitar laços familiares: a desorganização das tradições africanas, o interesse dos senhores que preferiam, para os escravos, as ligações passageiras a relações consolidadas pelo casamento – que poderiam criar obstáculos à venda –, o número relativamente pequeno de mulheres em relação a homens, tudo contribuiu para conferir precariedade e instabilidade àqueles laços.

A escravidão contribuiu também para que a população negra e mestiça permanecesse, via de regra, na maior ignorância. Não lhe foi dada instrução nem senso de responsabilidade, pois esta só existe quando é possível escolha e ação. As populações escravas emancipadas tiveram diante de si o problema de seu ajustamento ao novo estado.

Dos séculos da convivência, das influências trocadas, do caldeamento das duas raças resultou a população de mestiços e mulatos que hoje ainda povoa o país.

DA SENZALA À COLÔNIA 17

As marcas que nos ficaram como um legado do regime servil e que transcenderam sua época chegando até nós imprimiram aspectos peculiares à nossa sociedade. A concentração de negros e mestiços, os problemas de sua marginalidade, a questão do preconceito racial, as dificuldades para integração e adaptação dos descendentes de escravos, os baixos níveis culturais da grande maioria, certos aspectos do comportamento do branco, tudo isso deriva do passado próximo cujo conhecimento é essencial para a compreensão de fenômenos atuais.

A escravidão moderna, aquela que se inaugurou no século XVI, após os descobrimentos, é uma instituição diretamente relacionada com o sistema colonial. A escravidão do negro foi a fórmula encontrada pelos colonizadores para explorar as terras descobertas. Durante mais de três séculos utilizaram eles o trabalho escravo com maior ou menor intensidade, em quase toda a faixa colonial. Quando não escravizaram o negro, encontraram uma forma de obrigar os índios a trabalhos forçados. Nas zonas de mineração, nas plantações, nos portos, o escravo representou, em muitas regiões, a principal força de trabalho.

Para compreender o problema da escravidão no século XIX é preciso ter em mente a herança colonial e as vinculações entre sistema colonial e escravidão.

As modificações que se operaram na economia, no século XIX, em decorrência da Revolução Industrial e do aparecimento de novas formas de capitalismo, a princípio na Inglaterra e, em seguida, em outros países da Europa ocidental, determinam profundas alterações no mecanismo do sistema colonial. Por outro lado, sob influxo das ideias liberais, os movimentos nacionais ganharam expressão na Europa e na América. Nas colônias, três séculos de história desembocaram numa crise político-econômica que se objetivou inicialmente na independência das colônias inglesas e, a seguir, com certo atraso, nas demais.

Assistiu-se, no decorrer do século XIX, à liquidação do estatuto colonial. Uma após outra, as colônias americanas foram conquistando sua independência jurídica, deixando de ser segmentos políticos da Metrópole. Mas, na sua grande maioria, permaneceram subordinadas economicamente aos países mais desenvolvidos e continuaram presas, em grande parte, a soluções econômicas tradicionais. A liquidação do sistema colonial na América é um longo processo que, sob certos aspectos, prossegue ainda em nossos dias. O desaparecimento do sistema escravista é uma das etapas desse processo.

Ao iniciar-se o século XIX, o movimento antiescravista ganhou força. Na Inglaterra desenvolveu-se violenta ação contra o tráfico de escravos, o que determinou a sua interdição. Nos Congressos Internacionais, a diplomacia britânica interveio a favor da extinção do tráfico e os navios ingleses perseguiram duramente os negreiros. Havia na política britânica, nessa época, uma contradição difícil de superar. Aos novos grupos industriais que estavam ganhando importância na política interessava ampliar os mercados consumidores. A independência das colônias portuguesas e espanholas na América e a abolição da escravatura viriam satisfazer esses anseios. A invasão dos novos mercados pelos produtos ingleses tornou, entretanto, impossível o desenvolvimento industrial nas nações recentemente emancipadas, o que reforçou o caráter colonial da economia, condenando a grande maioria da população à dependência e miséria e contribuindo para perpetuar o sistema escravista. No Brasil, os grupos ligados à grande lavoura praticada nos moldes tradicionais foram os maiores defensores do sistema escravista e se opuseram até meados do século à interrupção do tráfico.

A desagregação do sistema escravista na América está intimamente relacionada com a crise do sistema colonial tradicional. O processo emancipador assumiu, entretanto, em cada uma das colônias, seu ritmo próprio em razão das condições econômicas, sociais, políticas e ideológicas locais. São essas condições internas as mais significativas para compreensão da desagregação do sistema escravista em cada área. O processo abolicionista dependeu das possibilidades de transição para o trabalho livre, do tipo de economia e do seu nível de produtividade, da ação consciente dos que lutaram contra a escravidão e do grau de resistência dos setores mais dependentes do trabalho escravo. Um conjunto de circunstâncias diversas explica o caráter mais ou menos violento da abolição e a maior ou menor lentidão com que se chegou à solução definitiva do problema em cada região.

Os homens que lutaram para manter a escravidão ou para eliminá-la, os que optaram por soluções mais radicais ou os que

DA SENZALA À COLÔNIA　　　　　　　　19

preferiram as soluções moderadas atuaram sempre dentro da esfera de uma tradição que não era idêntica nas várias colônias e a ação que desenvolveram em prol da emancipação dos escravos esteve limitada pelas mudanças que se operaram na economia e na sociedade.

Somente uma análise minuciosa dessas condições permite compreender a marcha do processo abolicionista, avaliar, no jogo das influências recíprocas, a importância das condições econômicas, sociais e ideológicas, o papel da ação humana, as fronteiras de sua liberdade de atuação e de escolha, conhecer enfim o grau de consciência possível em cada momento e confrontar a visão subjetiva que os homens têm da realidade que vivem, com a própria realidade que os transcende e os limita.

No século XIX, às vésperas da independência, o Brasil contava, aproximadamente, 1 milhão e 347 mil brancos e 3 milhões e 993 mil negros e mestiços entre escravos e livres. Em certas áreas, os cativos constituíam maioria absoluta. Sua distribuição era irregular, em alguns pontos mais concentrada, como Pernambuco, Bahia, Minas Gerais e Rio de Janeiro. Os caminhos da escravidão seguiam as etapas da economia. São Paulo, que não fora atingido por prosperidade comparável à daquelas áreas, também conhecera o braço escravo, mas sua economia, mofina durante os primeiros dois séculos, não provocara grandes concentrações de negros. O trabalho indígena representara, durante muito tempo, o suporte da economia. Até o século XVII, tinham sido parcos os recursos do planalto e, só com a descoberta do ouro nas Gerais e em Mato Grosso, as condições se modificaram. Nas zonas de mineração, a falta de gêneros alimentícios criava a exigência de mercados produtores. Assim, a região planaltina beneficiava-se duplamente: seus homens iam às Gerais, seus produtos eram para aí encaminhados. O Rio de Janeiro, mais do que São Paulo, aproveitou-se dessa situação, principalmente depois da abertura do Caminho Novo. As transformações das atividades paulistas provocaram um afluxo maior de escravos para a região, mas, comparado às grandes concentrações de negros nas terras mineiras, na Bahia ou no Nordeste, seu número era ainda pequeno. Tudo isso mudará radicalmente com o desenvolvimento da cultura cafeeira no Vale do Paraíba e, mais tarde, do centro e oeste paulistas, o que coincide com a decadência definitiva das Minas e o refluxo da população escrava dessas áreas para as regiões promissoras. O surto cafeeiro trouxe um recrudescimento da escravidão. A demanda de negros aumentou. Recrudesceu o tráfico, apesar de todas as restrições que vinham sendo feitas. Nas câmaras, na imprensa, nas tribunas, lutava-se pela organização liberal do país. Declamavam-se os princípios, recitava-se o credo do liberalismo, enquanto o escravo mourejava nos portos, nas fazendas, nas cidades. A ambiguidade dessa situação não parece ter incomodado a muitos, naquela época inicial. Procurava-se, em geral, ignorar o problema, quando não se tentava atenuá-lo com justificativas.

A partir da segunda metade do século XIX, à medida que o café se expandia em demanda de terras virgens e novas áreas eram desbravadas, o sistema se foi desarticulando e o país transitou definitivamente para as formas de trabalho livre. Fortaleceu-se durante esse período a consciência abolicionista e a denúncia do regime servil culminando na sua supressão.

Já quando as primeiras fazendas de café apareciam no Vale do Paraíba, a ameaça pairava sobre o sistema escravista em que tradicionalmente assentara toda a economia brasileira. Por ocasião da Independência, algumas vozes se tinham feito ouvir, denunciando a situação: um país que se proclamava livre e onde havia homens escravos parecia um absurdo a José Bonifácio – muito europeu, muito civilizado, muito instruído, muito urbanizado – para poder aceitar tal paradoxo. Suas ideias encontraram, porém, pouca receptividade junto aos grupos sociais dominantes, logicamente habituados a esse estado de coisas e que julgavam impossível o trânsito para outras formas de trabalho.

A pressão estrangeira também se fizera sentir. A Inglaterra condicionara o reconhecimento da Independência do Brasil à cessação do tráfico. A 23 de novembro de 1826, foi concluído um tratado entre a Inglaterra e o Império, pelo qual este se comprometia a restringir o tráfico e a suprimi-lo em março de 1830. Em 7 de novembro de 1831, foi ele interdito, impondo-se aos traficantes severas penalidades, ao mesmo tempo que se consideravam libertos os negros que, a partir de então, entrassem no país. Mas as fazendas de café multiplicavam-se e exigiam cada vez mais negros. A lei permaneceu letra morta. A sociedade pactuou com

DA SENZALA À COLÔNIA 21

a manutenção do tráfico e da senzala, a fraude acobertava-se. Foi necessário ainda esperar mais de meio século para que o regime da escravidão fosse extinto no Brasil.

Durante esse tempo, expandiu-se o café no Vale do Paraíba fluminense e paulista para o centro e oeste paulistas, atravessou a depressão periférica, atingiu o planalto e as manchas basálticas de cuja decomposição resultara a famosa terra roxa. A partir de 1870, conquistou definitivamente a preferência dos fazendeiros.

Dentro dessa área que ganha certa unidade com a presença do café como cultura predominante, quando não exclusiva, reconhecem-se diferenças geográficas e sociológicas. Apesar dessas diferenças existentes entre a região do Vale do Paraíba e do oeste paulista, e talvez exatamente por isso, a zona cafeeira constitui uma área de grande interesse para nossa pesquisa. O cultivo do café, a existência da grande propriedade, a presença do braço escravo, certas semelhanças no povoamento aproximam as duas áreas, apesar das diferenças de clima, relevo e solo. Mais importante do que estas, foi talvez a diferença cronológica na exploração dessas duas áreas. O café desenvolve-se no Vale do Paraíba, na primeira metade do século, quando a importação de escravos é livre, embora legalmente proibida. Nas décadas de 1850-1860, essa zona atinge o auge de sua produção. Os meios de comunicação, até meados do século, eram reduzidos. Não havia estradas de ferro e o transporte, necessariamente, se fazia em lombo de burro. O sistema de cultivo é rudimentar, a mecanização reduzida. Já no centro e oeste paulistas, as condições serão diversas. Estas zonas desenvolvem-se principalmente a partir de 1850. Em 1867, a Estrada de Ferro São Paulo Railway ligava Santos a Jundiaí e os trilhos cortaram o sertão, criando novas condições de transporte. O tráfico de escravos passou, a partir de 1850, a ser severamente reprimido, o que criou dificuldades para o emprego do braço escravo importado, exigindo novas soluções. As experiências de imigração e colonização multiplicaram-se, embora fossem os colonos escassos e insuficientes para substituir o braço escravo. Do Norte e Nordeste do país, vêm escravos para as fazendas de café.

São estes, na sua maior parte, descendentes de outros escravos, já localizados no Brasil de longa data, cujo comportamento é necessariamente diverso daqueles que eram trazidos diretamente da África.

Por sua vez, o convívio entre escravos e colonos criou problemas novos e estimulou os movimentos emancipadores, da mesma forma que o avanço das ideias abolicionistas, as lutas parlamentares em torno da legislação, lançaram a agitação entre os escravos e os senhores. Também nessa área observa-se a mecanização dos processos de beneficiamento do café, assim como a melhoria do sistema de transporte. Enquanto o solo do Vale do Paraíba rapidamente se esgota e os sinais de decadência se revelam mais intensamente, a partir de 1870, no oeste paulista o café encontra em terras virgens ou nas áreas da terra roxa o seu máximo de produtividade, remunerando largamente o capital empregado. Ao mesmo tempo, com o elevado preço atingido pelo café e a facilidade de transporte criada pouco a pouco pelas estradas de ferro, as fazendas tornam-se exclusivamente monocultoras. O gosto se refina, as exigências de luxo e requintes tornam-se maiores.

O destino da produção cafeeira e das sociedades rurais do Vale do Paraíba e do oeste paulista não foi idêntico. Qual teria sido o comportamento dessas sociedades agrárias diante do problema do escravo? Eis uma primeira questão. Como teriam as diferenças entre essas duas áreas no setor da produção repercutido na sua atitude diante do problema da abolição? Qual a importância real do escravo na economia cafeeira desse período? Cessado o tráfico, quais as soluções adotadas para resolver o problema da demanda crescente de mão de obra numa economia em expansão? Como evoluiu a opinião pública em face dessa questão? Todas essas interrogações moveram-nos à pesquisa.

Um problema ainda nos preocupava: a análise do mecanismo pelo qual, em plena época de liberalismo, as classes dominantes encontraram subterfúgios conscientes ou inconscientes para justificar perante si mesmas e para manter, por mais de sessenta anos depois da Independência, o regime da escravidão. A ambiguidade dessa atitude, o paradoxo dessa situação encontram paralelismo em todos os tempos. Sempre encontramos racionalizações e justificativas de interesses de certos grupos, os quais, consciente ou inconscientemente, mascaram a realidade e, certamente, em nossos dias, a um observador prevenido e competente não escaparão numerosos exemplos desse tipo. Daí o particular interesse em estudar o mecanismo desse processo e como pouco a pouco ele deixou de funcionar, tendo a opinião

DA SENZALA À COLÔNIA

pública, que até então permanecera anestesiada, despertado para a consciência do paradoxo. Como e por que se desenvolveu a ideia da necessidade de abolição do regime escravista? Quem participou desse movimento e qual o comportamento dos vários grupos mais ou menos ligados à escravidão – os fazendeiros que dependiam diretamente do escravo, os homens da cidade que podiam prescindir dele? Como se foi formando na zona do café, que se desenvolvera graças ao trabalho servil, a opinião pública contra a escravidão? Quais os argumentos usados aqui para defender a sua manutenção? Como se comportou a massa escrava? Unida na desventura, numericamente superior nas zonas rurais, por que não se rebelou coletivamente contra o regime que lhe era imposto? Por que não efetuou um massacre geral de brancos, uma revolução sangrenta? Como reagiu à escravidão que lhe era imposta? Essas foram as questões que nos moveram à pesquisa. A maior parte dos trabalhos sobre o escravo feitos até hoje refere-se a outras áreas: Nordeste, Bahia, Minas, Rio Grande do Sul, Paraná, e se tem estudado mais o "elemento negro" do que, propriamente, o escravo e o sistema escravista. Um grande número de escritores de renome como Nina Rodrigues, Artur Ramos, Gilberto Freyre, Luiz Viana Filho, Roger Bastide, entre outros, trouxe à luz uma série de obras sobre o negro e sua contribuição cultural. Ao lado destas, aparecem outras, também valiosas, como as de Perdigão Malheiros, João Dornas Filho, Duque Estrada, Evaristo de Morais, Maurílio de Gouveia, Maurício Goulart, João Luís Alves, Luís Anselmo da Fonseca, focalizando aspectos gerais da abolição ou da escravidão. Só recentemente, foram publicados pelos professores Fernando Henrique Cardoso e Octavio Ianni excelentes trabalhos analisando a desagregação do sistema escravista no Rio Grande do Sul e Paraná. Para a região do café existem apenas as anotações de Taunay, incluídas na sua grande *História do café*; a obra de Roger Bastide e Florestan Fernandes sobre as relações raciais entre negros e brancos em São Paulo, cujas primeiras cem páginas constituem a melhor síntese sobre a escravidão nessa área; o livro de Stanley Stein sobre Vassouras, onde o autor foi levado a dar um grande desenvolvimento ao tema da escravidão: suporte de toda economia regional e uma monografia de Nícia Vilela Luz sobre a atuação da administração paulista em face da abolição e da imigração.

Ao propor o estudo da escravidão na região cafeeira, tivemos como objetivo analisar o papel econômico desempenhado pelo trabalho escravo nessa área de produção, em seguida conhecer as condições de vida do escravo e as transformações ocorridas nesse período e, finalmente, acompanhar a evolução da opinião pública em face da escravidão que se desarticulava, procurando estabelecer as conexões entre esses diversos planos da realidade.

PREFÁCIO À SEGUNDA EDIÇÃO

Da senzala à colônia estava esgotado há muitos anos. Inúmeras vezes amigos e colegas insistiram comigo para que publicasse uma nova edição. A vida agitada dos anos que sucederam à sua publicação em 1966, consequência da luta pela reforma universitária, da minha aposentadoria compulsória em 1968, da repressão às atividades acadêmicas e intelectuais que se seguiram, culminando em prisões e processos militares, acabaram por me levar aos Estados Unidos, onde passei a viver a partir de então. O trauma da mudança e as dificuldades de ajustamento a uma outra língua e cultura, o sofrimento associado a esse processo de desenraizamento, as dificuldades de encontrar uma fala adequada ao novo público, a falta de contato com o público brasileiro que inspirara aquela obra e, finalmente, a ansiedade associada ao processo de "abertura", tudo isso me levou a adiar a publicação da segunda edição. Só agora, quando a "abertura" recoloca alguns dos problemas que me levaram inicialmente à publicação deste livro, decidi empreender esta tarefa.

Acredito que embora muito se tenha publicado sobre o assunto nos últimos anos, levantando novos problemas e sugerindo revisões, o esquema geral de interpretação sugerido em *Da senzala à colônia* é ainda válido. Resolvi, por isso, manter o texto original na íntegra, com exceção da bibliografia, que foi atualizada. Nesta introdução, procuro definir os objetivos que me guiaram quando

26 EMÍLIA VIOTTI DA COSTA

de sua publicação em 1966 e, ao mesmo tempo, dar um balanço da historiografia aparecida a partir de então.

Todo livro deve ser avaliado a partir das condições de sua produção. *Da senzala à colônia* originou-se de uma tese de livre-docência apresentada à cadeira de História da Civilização Brasileira da Faculdade de Filosofia, Ciências e Letras da Universidade de São Paulo, sob o título: *Escravidão nas áreas cafeeiras; aspectos econômicos, sociais, políticos e ideológicos da transição do trabalho servil para o trabalho livre* (1964). Embora tivesse sido escrito de acordo com os requisitos acadêmicos do momento – o que explica alguns de seus defeitos e qualidades –, o livro pretendia ser mais do que um exercício universitário.

Os primeiros anos da década de 1960 foram de grande inquietação política no Brasil. Desde a queda de Vargas, em 1945, haviam-se criado condições favoráveis à mobilização de massas e ao desenvolvimento de uma nova consciência crítica no país. Crescera o número dos que se empenhavam em promover reformas essenciais à democratização da sociedade brasileira. Sabiam estes que os interessados em manter as tradicionais estruturas de poder e preservar as instituições que as asseguravam não encaravam com bons olhos as reformas propostas e estavam dispostos a recorrer a todos os meios para impedi-las. Dentro desse contexto, o estudo da abolição nas áreas cafeeiras, principal reduto da escravidão nas últimas décadas do Império, parecia-me extremamente significativo. Os últimos capítulos foram escritos nos meses que antecederam o golpe militar de 1964. Naqueles meses, ao passar da leitura dos debates parlamentares que antecederam a aprovação da Lei do Ventre Livre e da Lei dos Sexagenários para a leitura dos jornais que reproduziam as discussões no Congresso, a propósito das reformas de base sugeridas durante o governo Goulart, fui frequentemente levada a sentir que o passado não era apenas algo morto a ser dissecado pela análise crítica, mas algo vivo e ainda presente na realidade do dia a dia.

A maioria dos autores que até então se haviam dedicado ao estudo da abolição consideravam-na produto exclusivo da agitação abolicionista dentro e fora do parlamento.[1] Atribuíam eles

---

1 Essa é a orientação adotada por Evaristo de Morais, A *campanha abolicionista. 1872-1888*. Rio de Janeiro, 1924. Idem, A *Lei do Ventre Livre*. Rio de Janeiro,

DA SENZALA À COLÔNIA   27

vital importância à legislação emancipadora: proibição do tráfico (1850), Lei do Ventre Livre (1871), Lei dos Sexagenários (1884), dando especial relevo ao papel do imperador e da princesa Isabel. Esse tipo de abordagem deixava questões fundamentais sem respostas. Por que uma instituição aceita por mais de três séculos passara a ser contestada? Como explicar o sucesso do abolicionismo? Quais as razões que levaram um parlamento que representava proprietários e negociantes de escravos a aprovar uma legislação emancipadora? Por que os senhores de escravos não se armaram na defesa de sua propriedade, como ocorreu no sul dos Estados Unidos? Como foi possível promover uma reforma aparentemente tão radical sem provocar uma guerra civil? Tais questões pareciam relevantes não só para o esclarecimento da abolição, como para o entendimento das potencialidades e limites de ações reformistas em geral – questão particularmente importante na década de 1960, e hoje novamente em pauta.

Se a historiografia tradicional parecia-me incapaz de responder às minhas perguntas, a historiografia mais recente continha algumas sugestões valiosas. Importante matéria de reflexão ofereciam as obras de Caio Prado Jr., *História econômica do Brasil* (1949), e *Evolução política do Brasil* (1933), e as de Nelson Werneck Sodré, *Panorama do Segundo Império* (1939), *Formação da sociedade brasileira* (1944) e *Formação histórica do Brasil* (1962). Algumas teses apresentadas à Universidade de São Paulo mais ou menos na mesma época em que eu escrevia a minha tese também apontavam novos caminhos: Octavio Ianni, *As metamorfoses do escravo* (1962), Fernando Henrique Cardoso, *Escravidão e capitalismo no Brasil meridional* (1961), Paula Beiguelman, *Teoria e ação no pensamento abolicionista* (1961). Somava-se a estas o estudo de Florestan Fernandes, *A integração do negro na sociedade de classes* (1964), que foi publicado depois da apresentação de minha tese. *Da senzala à colônia*, portanto, não nasceu de um esforço individual isolado (como, aliás, nenhum livro nasce), mas de um processo coletivo de reflexão.

Na tentativa de encontrar respostas para questões que a historiografia tradicional não se propusera e seguindo algumas pistas

---

1917. Idem, *Extinção do tráfico de escravos no Brasil*. Osório Duque-Estrada, *A Abolição. Esboço Histórico, 1831-1888*. Rio de Janeiro, 1918. Mauricio Gouveia, *História da escravidão*, Rio de Janeiro, 1955.

sugeridas pela historiografia mais recente, fui levada a consultar documentação até então pouco utilizada pelos historiadores da abolição, que não se haviam interessado pelas condições objetivas do processo de produção e que haviam centrado suas análises nas transformações ideológicas e institucionais. A fim de identificar as transformações ocorridas no sistema de produção e nas relações de trabalho, consultei relatórios ministeriais, manuais de agricultura, atas de congressos agrícolas, relatórios de presidentes de província, ofícios de câmaras municipais, relatórios de polícia, livros de matrícula de escravos, recenseamentos. Estando igualmente interessada nas condições subjetivas dos agentes históricos, recorri ainda a outras fontes mais utilizadas tradicionalmente, tais como jornais, revistas, relatos de viajantes, livros de memórias, romances, folhetins e anais de parlamento e das assembleias legislativas provinciais. A consulta a essa documentação me abriu novas perspectivas para a compreensão do processo de transição do trabalho escravo ao trabalho livre nas regiões cafeeiras e, ao mesmo tempo, me ajudou a entender melhor a abolição. Tão importantes quanto o material empírico descoberto, foram as hipóteses que orientaram a seleção e a leitura crítica das fontes. Sem hipóteses eu não teria chegado a um entendimento do processo, pois, contrariamente ao que acreditam os empiricistas puros, os documentos nunca falam por si sós.

Por inexperiência, senso estético ou timidez, não explicitei em nenhum momento minha proposta metodológica. De fato, os longos prefácios teóricos sempre me entediaram e me pareceram desnecessários e pedantes. Mas a falta de explicitação das premissas teóricas do meu trabalho permitiu algumas leituras equivocadas. A que mais me surpreendeu foi a daqueles que, a despeito de em várias passagens eu ter insistido na inter-relação entre o econômico, o político e o ideológico, viram no livro uma interpretação econômica da abolição, quando, na realidade, o que eu me propunha era uma interpretação materialista, sim, mas *dialética* do processo de transição do trabalho escravo ao trabalho livre.

A publicação de uma segunda edição de *Da senzala à colônia* oferece-me a oportunidade de esclarecer melhor minhas intenções e meu argumento. Aqueles para quem ambos estão claros, considerarão esta introdução redundante, se não desnecessária. Espero, no entanto, que os que não têm tempo ou paciência para decifrar as intenções da autora, apreciem esse esforço de síntese, que pretende facilitar a leitura do livro e evitar mal-entendidos. Este é um dos propósitos desta introdução; o segundo é avaliar o que foi publicado sobre o assunto nos últimos anos, o que será feito em notas no final deste prefácio.

Em *Da senzala à colônia*, a abolição aparece como resultado de um processo de longa duração que envolve mudanças estruturais, situações conjunturais e uma sucessão de episódios que culminaram na Lei Áurea. Neste tipo de abordagem, o episódio (por exemplo, a aprovação da lei que proíbe o tráfico de escravos) é visto como ponto de convergência de movimentos de longa e média duração (estruturais e conjunturais). Tais movimentos ocorrem simultaneamente no plano nacional e internacional. Condições internacionais explicam a decadência da escravidão e seu desaparecimento mais ou menos simultâneo nas várias regiões do Novo Mundo, depois de a instituição ter funcionado por três séculos sem ser fundamentalmente questionada. As determinações internas (nacionais ou regionais) explicam o ritmo e a forma pela qual a escravidão foi abolida nas várias áreas. Deste modo, a história do Brasil é vista a partir de uma perspectiva que transcende as fronteiras nacionais, embora não considere os processos internos mero reflexo do que se passa na cena internacional, pois que as condições internas e internacionais são relacionadas dialeticamente e não de forma mecânica.

Existe, implícito na obra, o pressuposto de que a escravidão foi uma instituição integrante do sistema colonial característico da fase de acumulação primitiva e mercantil do capital e da formação do Estado moderno na Europa ocidental (séculos XV e XIX). A escravidão teria entrado em crise, quando, com o desenvolvimento do capitalismo, o Estado absolutista e a política mercantilista foram repudiados. A acumulação capitalista, a revolução nos meios de transporte e no sistema de produção, assim como o crescimento da população na Europa e a crescente divisão do trabalho acarretaram a expansão do mercado internacional, tornando impossível a manutenção dos quadros rígidos do sistema colonial tradicional. A partir das novas condições, a escravidão tornou-se um sistema de trabalho cada vez mais inoperante, passando a ser alvo da crítica dos novos grupos sociais menos comprometidos com ela. É preciso notar, no entanto, que as transformações econômicas e sociais não explicam, por si sós, o desaparecimento da escravidão como sistema de trabalho. Igualmente importantes foram as mudanças ideológicas e as lutas políticas do período, as quais, por sua vez – sempre é bom lembrar –, só podem ser entendidas à luz das transformações econômicas e sociais. Os instrumentos teóricos forjados na luta contra o Antigo Regime – a filosofia da Ilustração, afirmando os direitos do homem, a economia liberal clássica, condenando as práticas mercantilistas e afirmando a superioridade do trabalho livre – trouxeram consigo os argumentos que levaram à condenação da escravidão. A crítica solapou as bases teóricas, morais e religiosas que haviam sustentado a escravidão por mais de três séculos. Passou-se a questionar não só a legitimidade, mas também a produtividade do trabalho escravo. Dentro desse contexto, não tardou muito para que a cessação do tráfico e a abolição da escravatura nas colônias se tornassem temas políticos na luta pelo poder que se travava tanto nas metrópoles quanto nas colônias. A partir desse momento, a escravidão teria seus dias contados. Primeiro viria a interdição do tráfico, depois a abolição. É, pois, dentro desse amplo quadro de referências, com suas potencialidades e seus limites, que se movimentam os personagens históricos que se definem a favor ou contra a abolição da escravatura no Brasil ou em outros países da América.

O processo de transição do trabalho escravo ao trabalho livre foi, no entanto, lento e difícil. Tanto mais que as condições que levaram gradativamente ao desaparecimento do trabalho servil e sua substituição pelo trabalho livre nas áreas capitalistas mais desenvolvidas reforçaram, inicialmente, a escravidão nas áreas coloniais, menos desenvolvidas, onde a demanda crescente de produtos coloniais, motivada pela expansão do mercado internacional, intensificou a importação de escravos, exatamente quando, nas metrópoles do capitalismo, a escravidão era posta em questão. A contradição entre desenvolvimento capitalista e escravidão acabou, no entanto, por se repetir, se bem que de maneira específica, nos vários países da América.[2] A luta pela cessação do tráfico e

---

2 Num livro hoje clássico, Eric Williams relacionou a crise do sistema escravista com o desenvolvimento do capitalismo: *Capitalism and Slavery*. Chapel Hill, 1944. O livro de Williams foi criticado por vários autores; veja-se em particular: Roger Anstey, Capitalism and Slavery, a critique, *The Economic*

DA SENZALA À COLÔNIA

pela abolição da escravatura se daria em ritmos diversos em cada região, dependendo das condições econômicas, sociais, políticas e ideológicas internas. Nos Estados Unidos, esse processo só se resolveria com uma guerra civil entre o norte e o sul. No Brasil, a escravidão seria extinta por um ato do parlamento, diante dos aplausos das galerias apinhadas de gente.

Em *Da senzala à colônia*, não me propus estudar as mudanças de caráter internacional que progressivamente levaram à eliminação da escravidão. Preferi focalizar as mudanças ocorridas na economia e na sociedade brasileiras, particularmente nas áreas cafeeiras, onde a população de escravos se concentra ao decorrer do século XIX. Como o processo da abolição só pode ser entendido na escala nacional, fui levada a estudar o fenômeno também nesse nível, procurando estabelecer as conexões entre a história regional e a história da nação.

Partindo do pressuposto de que são os homens (e não as estruturas) que fazem a história, se bem que a façam dentro de condições determinadas, procurei analisar o processo nos vários níveis: o econômico, o social, o político e o ideológico, reconhecendo que, embora esses níveis tenham uma relativa autonomia e uma dinâmica que lhes é própria (não sendo possível, por exemplo, reduzir o ideológico ou o político ao econômico), todos eles estão profundamente inter-relacionados. Transformações na economia implicam transformações sociais que eventualmente se traduzem em posições ideológicas e gestos políticos; por outro lado, as lutas pelo poder que resultam do confronto de diferentes grupos ou classes sociais podem dar origem a uma legislação que afeta o funcionamento da economia e interfere, em última instância, nas relações sociais etc. Portanto, essa perspectiva pareceu-me a melhor maneira de compreender o processo histórico e apanhá-lo em suas múltiplas dimensões, isto é, apresentá-lo na sua dialética.

Em *Da senzala à colônia*, procurei mostrar que a crescente demanda do café no mercado internacional teve como efeito imediato a intensificação do tráfico de escravos e sua progressiva

---

History Review, 2nd, ser. XXL (1968), p.307-20. Sobre o assunto, veja-se ainda David Davis, *The Problem of Slavery in the Age of Revolution, 1770-1823*. Ithaca, Cornell University Press, 1975.

concentração nas áreas cafeeiras. Pressões diplomáticas inglesas (que só podem ser entendidas dentro do contexto da história da Inglaterra) levaram o governo brasileiro a proibir a importação de escravos em 1831, numa fase anterior à grande expansão cafeeira. Mas, a partir de então, a necessidade de abastecer de mão de obra as áreas produtoras em expansão acarretou a continuação do tráfico, sob a forma de contrabando, até 1850, quando nova legislação veio interrompê-lo definitivamente. A cessação efetiva do tráfico só foi possível em virtude de uma convergência de fatores internos e internacionais. A temporária saturação do mercado comprador de escravos, a centralização do aparato estatal (permitindo maior eficiência na repressão) e o aumento da pressão inglesa sobre o governo brasileiro fizeram que a lei aprovada em 1850 se tornasse realidade.[3]

A interrupção do tráfico em 1850 acelerou o processo de ladinização e desafricanização da população escrava, favorecendo a sua assimilação, desenvolvendo novas formas de sociabilidade que permitiram maior solidariedade entre os escravos e reduziram, embora sem eliminá-las de todo, as rivalidades que tinham existido entre escravos de diferentes "nações". Exemplo dessas novas formas de sociabilidade foram as capoeiras que aterrorizaram as populações do Rio de Janeiro nas últimas décadas do século. Não obstante tal tendência à ladinização, os escravos continuaram divididos por lealdades contraditórias, o que dificultou sua ação coletiva. Dar aos protestos dos escravos uma direção organizada e transformá-los numa ação política seria, em grande parte, obra dos abolicionistas.

Outra consequência da interrupção do tráfico foi o melhor tratamento dado aos escravos. Enquanto durou o tráfico africano e os escravos foram relativamente fáceis de se obter, era frequentemente menos custoso comprar novos escravos do que assegurar sua longevidade e reprodução. Com a cessação do tráfico, os fazendeiros foram obrigados a enfrentar o problema da reprodução da força de trabalho e passaram a dar maior atenção ao

---

3 O livro básico para o estudo do comportamento britânico em relação ao tráfico de escravos no Brasil é o de Leslie Bethell, *The Abolition of the Brazilian Slave Trade. Brazil and the Slave Question, 1807-1869*. Cambridge, 1970.

DA SENZALA À COLÔNIA

tratamento dos escravos. Enquanto perdurava o tráfico africano, predominara a população masculina; mas, depois da cessação do tráfico externo, embora o desequilíbrio entre homens e mulheres tenha continuado a existir nas áreas novas em expansão, porque estas preferiam importar escravos do sexo masculino, nas áreas de povoamento mais antigo, onde predominavam escravos de segunda e terceira gerações, tal desproporção entre o número de homens e o de mulheres tendia a desaparecer.[4]

---

4 Estudos detalhados sobre os vários aspectos relativos à população escrava foram feitos por Robert Slenes em uma tese de doutoramento publicada nos Estados Unidos. Essa tese foi apresentada à Universidade de Stanford, em 1975, sob o título *The Demography and Economics of Brazilian Slavery, 1850-1888*. Baseando-se em documentos pouco utilizados pela historiografia tradicional e utilizando-se de métodos quantitativos, o autor fez uma importante contribuição para o estudo da população escrava. Algumas de suas afirmações contradizem opiniões existentes na literatura e serão discutidas posteriormente. Dados sobre a população escrava encontram-se também no estudo pioneiro de Maria Luiza Marcílio, *La ville de São Paulo, peuplement et population 1780-1850 d'après les registres paroissiaux et les recensements anciens*. Paris, 1968; Warren Dean, *Rio Claro, a Brazilian Plantation System, 1820-1920*. Stanford, 1976. Slenes e Dean, seguindo as sugestões da historiografia americana mais recente (Vogel, Engermann e Guttman), utilizaram-se de técnicas quantitativas para demonstrar que o número de escravos casados é bem maior do que a historiografia tradicional faz crer. Em *Da senzala à colônia*, baseando-me em depoimentos de senhores de escravos e de viajantes, bem como na literatura abolicionista e religiosa, observei que havia grande "promiscuidade" nas senzalas. As observações de Dean e de Slenes, baseadas em livros de matrícula, parecem contradizer aquela opinião. É importante observar, no entanto, que ambos mostraram também que é grande o número de crianças ilegítimas, cujo nome do pai não aparece nos registros consultados. Isso nos leva a crer que há mais "promiscuidade" nas senzalas do que aqueles autores admitem. Levando-se em consideração o caráter contraditório dos dados, pode-se concluir que estamos longe de conhecer a organização familiar dos escravos no Brasil. No meu entender, qualquer estudo a esse respeito deverá começar pela identificação das práticas sexuais e da organização familiar nas regiões africanas, pois essa tradição deve ter influenciado o comportamento do escravo, principalmente no Brasil, onde o tráfico perdurou até meados do século XIX. A partir desse estudo é possível que se venha a descobrir que, apesar dos esforços da Igreja católica e dos senhores de escravos, um grande número de escravos continuou, dentro do possível, a adotar estruturas familiares características das suas culturas de origem, nas quais, talvez, não houvesse tabu a respeito da virgindade feminina. Em algumas dessas culturas, por exemplo nas regiões

34 EMÍLIA VIOTTI DA COSTA

A interrupção do tráfico determinou também a alta no preço dos escravos.[5] De 1850 a 1880, o preço dos escravos subiu constan-

---

onde dominavam os cultos muçulmanos, talvez a concubinagem fosse aceita como legítima ou talvez imperassem formas várias de poligamia. Por trás da fachada de monogamia, imposta pelos senhores e registrada pelos censos e matrículas de escravos, pode existir uma realidade muito mais complexa que uma análise simplesmente quantitativa não é capaz de apreender. Se admitirmos que os padrões familiares e sexuais dos escravos são diferentes dos padrões dos senhores, porque os escravos pautam-se por outras regras, isso nos permitirá entender melhor não só a pecha de promiscuidade que os senhores lançam contra eles, como também o grande número de crianças ilegítimas que os próprios censos registram. É preciso não esquecer ainda que os censos e registros de escravos são eles mesmos limitados como fonte de informação, porquanto foram elaborados por indivíduos que, de uma forma ou de outra, estavam comprometidos com os valores da sociedade branca. Além disso, os próprios dados existentes são insuficientes para reconstituir-se a família escrava, porque registram apenas os escravos casados, deixando de lado os que vivem em concubinagem. Ora, o número de escravos legalmente casados é bastante pequeno. O censo de 1872 acusa apenas 9%, entre a população livre registram-se 27% de pessoas casadas. Em 1888, a percentagem de escravos casados aumenta ligeiramente, atingindo 10,6%. O baixo índice de casamentos entre a população escrava, em comparação com os índices relativos à população livre, tanto pode ser indicativo da falta de interesse por parte dos escravos como das dificuldades que eles têm em legalizar suas uniões. É provável, no entanto, que a primeira hipótese seja mais verdadeira, pois nas zonas urbanas, onde, em princípio, há maior facilidade para a legalização dessas uniões, em razão do maior número de Igrejas, o número de escravos casados é ainda menor do que nas regiões rurais. Dados relativos a 1888 mostram que, num total de 7.488 escravos vivendo na cidade do Rio de Janeiro, apenas 38 são casados. Se é difícil interpretar esses dados, ainda mais difícil é interpretar a enorme variação regional. Como explicar, por exemplo, que no Pará, em 1888, apenas 1% dos escravos é casado, enquanto em São Paulo 22% de escravos são casados, em Minas 17% e na Bahia 4,9%? Em que medida essas estatísticas nos permitem compreender a organização familiar dos escravos? São elas suficientes para destruir a opinião corrente entre os contemporâneos de que existe "promiscuidade" nas senzalas? A conclusão a que se chega é de que, apesar dos louváveis esforços que os historiadores têm feito nos últimos anos, a questão da família escrava no Brasil é ainda uma questão aberta.

5 Dados mais precisos sobre preços de escravos podem ser encontrados também nos autores citados anteriormente (Slenes, Dean) e ainda em Pedro Carvalho de Mello, *The Economics of Slavery on Brazilian Coffee Plantations, 1850-1888*. Department of Economics University of Chicago, 1977. Idem,

Aspectos econômicos da organização do trabalho na economia cafeeira do Rio de Janeiro, 1850-1888. *Revista Brasileira de Economia*, v.32, n.1, p.19-67, jan.-mar., 1978. E em Peter Eisemberg, *The Sugar Industry in Pernambuco. Modernization without change, 1840-1910.* Berkeley, 1974, p.154-5. Esses estudos mostram que os preços de escravos em São Paulo sobem abruptamente na década de 1850 depois da cessação do tráfico; a partir daí, continuaram a subir mais gradualmente durante as duas décadas seguintes até a década de 1880, quando declinam. Os preços nas províncias açucareiras eram inferiores aos das províncias cafeeiras e apresentam tendência ligeiramente diversa. Se bem que subam abruptamente também na década de 1850, depois da cessação do tráfico, começam a decair a partir do fim dessa década, chegando a seu ponto mais baixo na década de 1870. Esse fato pode ser atribuído à queda do preço do açúcar, segundo sugere Slenes, mas também pode ser explicado pela existência de maior oferta de mão de obra livre em virtude das secas. Um estudo dos preços revela que, embora seja possível estabelecer uma correlação entre o preço dos produtos de exportação e o preço dos escravos, essa correlação nem sempre é perfeita, sendo, às vezes, mais importante a expectativa dos fazendeiros sobre o futuro da escravidão e sobre a lucratividade das suas empresas do que as condições reais do momento. Uma ideia que ainda não foi suficientemente explorada, mas que a análise dos dados relativos a preço de escravos sugere, é que o aumento do preço de escravos nas zonas rurais a partir da cessação do tráfico, em virtude da demanda crescente de mão de obra por causa da expansão das culturas, tenha levado os senhores de escravos das cidades, onde o escravo não é tão necessário, a venderem seus escravos para as zonas rurais, o que explicaria o avanço do trabalho livre nas zonas urbanas. Essa hipótese parece ser confirmada tanto pelas observações de Dean, quanto pelas de Slenes, quando estes autores analisam os dados sobre a proveniência de escravos na zona cafeeira. O estudo detalhado da flutuação dos preços de escravos revela ainda outras tendências interessantes. O preço das mulheres, embora inferior ao dos homens, cresce imediatamente após a cessação do tráfico, o que sugere maior interesse pela reprodução da força de trabalho escrava a partir da interrupção do tráfico. Na década de 1870, no entanto, a diferença entre o preço do trabalhador feminino e masculino cresce novamente em favor do escravo masculino. Essa inversão pode ser atribuída aos efeitos da Lei do Ventre Livre. Carvalho de Mello notou que, embora o preço de escravos tenha diminuído a partir de 1881, nas regiões cafeeiras, o aluguel de escravos se mantém mais ou menos o mesmo sem grandes alterações até a abolição. Daí conclui esse autor que a queda dos preços de escravos revela incerteza por parte dos fazendeiros quanto ao futuro da instituição e não inadequação do trabalho escravo às condições de produção, como haviam sugerido vários autores antes dele. Argumenta também que os senhores continuam preferindo o escravo ao trabalhador livre e a prova dessa preferência, na sua opinião, são os altos aluguéis de escravos. Poderíamos argumentar, no entanto, que, no momento, é mais fácil alugar escravos do que encontrar trabalhadores assalariados. Ao mesmo tempo, a queda no preço de compra dos escravos temente, chegando em certos casos a seis vezes o seu valor inicial; a partir de então os preços de venda de escravos declinaram.

Interrompido o tráfico externo, a população de escravos não se reproduziu tão rapidamente quanto era necessário para atender à crescente demanda de mão de obra. Isso se deu principalmente em razão da balança negativa entre natalidade e mortalidade dos escravos.[6] A crescente necessidade de mão de obra, em virtude da expansão das plantações cafeeiras no sul do país, levou os fazendeiros dessas áreas a procurarem soluções alternativas. O tráfico inter e intraprovincial permitiu o deslocamento da população de escravos dos setores rurais menos produtivos e das zonas urbanas para as plantações de café.[7] Enquanto os escravos afluíam para as

---

tanto pode significar, como quer Pedro de Mello, uma avaliação pessimista sobre o futuro da instituição por causa da pressão abolicionista, como pode refletir a relutância dos fazendeiros em continuarem a investir num tipo de trabalhador que, por razões econômicas, políticas e ideológicas, tornara-se cada vez menos adequado às necessidades da lavoura em expansão.

6 Tanto a mortalidade quanto a natalidade foram alvo de cuidadosos estudos por parte de Peter Eisemberg, Warren Dean, Robert Slenes e Carvalho de Mello. Utilizando métodos quantitativos, esses autores mostraram que existe uma balança negativa de crescimento da população escrava no século XIX. Segundo Slenes, a alta mortalidade se explica mais pelas condições sanitárias do país do que pelos maus-tratos dados aos escravos. No entanto, na minha opinião, o fato de que a mortalidade é maior entre os escravos do que entre os homens livres sugere que existe uma correlação especial entre as precárias condições de vida dos escravos e à sua alta mortalidade. Se todos concordam que a mortalidade é alta, há, no entanto, grande divergência entre os autores quanto aos índices de mortalidade. Warren Dean chegou à conclusão de que ela atingiu a 470 por mil na Região de Rio Claro. Slenes, estudando a população escrava na Corte, diz que esta diminuía 1,3% ao ano. Das 36.807 crianças nascidas e registradas entre 1871 e 1887 como filhos de mães escravas, 9.546 morreram, o que dá um índice de mortalidade de 232 por mil, entre zero e 16 anos. Conclui esse autor que, embora não tão alta quanto os senhores diziam, a mortalidade infantil é suficientemente alta para fazer a balança de nascimentos e mortes negativa. Isso porque, segundo ele, o índice de natalidade, embora seja mais elevado do que a historiografia tradicional admitiu (equivalendo, de fato, aos índices da maioria dos países europeus), é inferior a mortalidade. Contrariamente ao que se dá nos Estados Unidos, onde os índices de natalidade são bastante altos, a população escrava no Brasil tende a diminuir a partir da cessação do tráfico.

7 Vários estudos publicados posteriormente a *Da senzala à colônia* discutiram a questão do tráfico interno e forneceram dados quantitativos interessantes

DA SENZALA À COLÔNIA 37

regiões cafeeiras no sul do país, no Nordeste, onde no passado se havia concentrado a maioria dos escravos, cresceu a participação do trabalhador livre.[8] Dois fatores concorreram para isso. A baixa lucratividade da produção açucareira quando comparada à cafeeira (em virtude das condições de preço no mercado internacional) colocou o mercado nordestino comprador de escravos em condições de relativa inferioridade quanto ao mercado sulino. Isso não quer dizer que os fazendeiros de açúcar venderam seus escravos para o Sul, mas apenas que não estavam em condições de competir favoravelmente com os fazendeiros de café na com-

que nos permitem avaliar com maior exatidão o volume do tráfico. Entre esses estudos destaca-se o de Herbert Klein, *The Middle Passage*. Comparative Studies in the Atlantic Slave Trade. Princeton University Press. Conclui que a maioria dos escravos das regiões cafeeiras é originária das regiões de economia decadente vizinhas. Para ele, o tráfico intraprovincial é mais importante do que o tráfico entre as províncias. Segundo Klein, o tráfico interno montava a cerca de seis mil escravos anuais (op. cit., p.97-8). Observa este autor que os escravos urbanos foram vendidos para as zonas cafeeiras, de forma que o trabalho livre cresceu nas cidades. Robert Conrad dá grande importância ao tráfico entre as províncias do Norte e do Sul, afirmando que o tráfico interno se inicia imediatamente após a interrupção do tráfico africano, em 1850. Já Slenes (op. cit.) acha que o tráfico entre o Norte e o Sul inicia-se muito mais tarde. Parece-me que a razão está com aqueles que acreditam que o tráfico entre o Norte e o Sul inicia-se cedo. Várias leis foram aprovadas em Pernambuco, como mostra Eisemberg (op. cit., p.167), na Bahia e em outras províncias desde os anos 50, com o intuito de inibir esse tráfico e defender os interesses dos plantadores locais. Isso parece indicar que a pressão, por parte dos cafeicultores, sobre os mercados de escravos do Nordeste, começa a partir da interrupção do tráfico, se bem que ela tenda a aumentar nas décadas seguintes. Usando registros dos portos do Rio de Janeiro e Santos, Slenes (p.123) calcula que, entre 1873 e 1881, entraram cerca de 71 mil escravos. Esses dados, evidentemente, não incluem os entrados por outras vias. Calcula ele que, em virtude do tráfico interno, Ceará e Rio Grande do Norte perderam, respectivamente, 37,6% e 33,3% de seus escravos. Os estudos quantitativos aqui mencionados permitem hoje uma visão muito mais completa do que a que tínhamos há dez anos.

8 Estudando a região açucareira de Pernambuco, Peter Eisemberg observa que os fazendeiros substituem gradualmente seus escravos por trabalhadores livres. Nos meados do século, segundo ele, os trabalhadores escravos predominavam nas fazendas na proporção de três para um, mas em 1872 o número de trabalhadores livres já era superior ao dos escravos (op. cit., p.181).

pra de escravos.[9] Além disso, fontes alternativas de trabalho livre criaram-se no Nordeste, na década de 1870, em virtude das secas que assolaram o sertão; o deslocamento das populações sertanejas para a zona da mata criou uma reserva abundante de mão de obra. Mas não foi apenas no Nordeste que a participação do trabalhador livre cresceu. Fenômeno idêntico observou-se em outras áreas de baixa produtividade e nos núcleos urbanos do Norte ou do Sul onde diminuiu a porcentagem de escravos e cresceu a de trabalhadores livres. Dessa forma, ao longo do século XIX aumentou o número dos que não dependiam diretamente do trabalho escravo e que, portanto, poderiam encarar com relativa indiferença a abolição. Isso não quer dizer, todavia, que estes se tornaram abolicionistas, mas apenas que se encontraram em condições de dar ouvidos aos argumentos abolicionistas.

A ameaça que parecia pairar sobre a instituição levou, desde os meados do século, alguns fazendeiros das áreas pioneiras a considerarem o imigrante como uma alternativa. Na sua maioria, as primeiras experiências com trabalhadores livres foram desapontadoras, tanto para os imigrantes como para os proprietários. Os colonos sentiam-se explorados e maltratados pelos patrões, enquanto estes pensavam ver na experiência com os trabalhadores livres a confirmação de uma de suas mais arraigadas convicções: a de que o trabalhador escravo era superior ao trabalhador livre. Poucos foram aqueles que, depois de tentarem empregar imigrantes em suas fazendas, avaliaram o resultado de maneira positiva e persistiram na ideia de que o imigrante poderia vir, com o tempo, a substituir o escravo na lavoura de café. A maioria das fazendas que se abriram no oeste paulista nos anos 60 continuaram a usar escravos como a principal força de trabalho.[10]

---

9 Robert Slenes discorda da opinião corrente na literatura de que os fazendeiros de açúcar, afetados pela crise de produção, venderam seus escravos para o sul do país. Afirma ele que a grande maioria dos escravos que saíram do Nordeste provinha de áreas não açucareiras.

10 Veja-se, por exemplo, o estudo de Warren Dean sobre Rio Claro e Thomas Holloway, *Immigration and Abolition. The Transition from Slave to Free Labor in the São Paulo Coffee Zone*. In: Dauril Alden, Warren Dean (Org.) *Essays Concerning the Socio-Economic History of Brazil and Portuguese India*. Gainesville, 1977, p.150-77.

DA SENZALA À COLÔNIA   39

Na segunda metade do século XIX, no entanto, uma série de transformações ocorreu no país, facilitando a transição do trabalho escravo para o trabalho livre; tais transformações criaram *condições* para que essa transição se desse, o que não é o mesmo que dizer que elas *determinaram* essa transição. Primeiramente, a acumulação de capitais resultante da expansão do setor exportador permitiu aos fazendeiros de café introduzir melhoramentos no processo de beneficiamento do produto (o mesmo é verdade a respeito de alguns fazendeiros de açúcar),[11] incrementando assim a produtividade do trabalho e reduzindo a mão de obra necessária e permitindo maior especialização do trabalhador. A máquina realizava em menos tempo e com mais eficiência o trabalho anteriormente realizado por um grande número de escravos. O sistema de transportes passou por verdadeira revolução. Navios a vapor, mais rápidos e de maior tonelagem, substituíram gradativamente os navios a vela até então utilizados. Simultaneamente, a disponibilidade de capitais resultante da acumulação capitalista nos dois lados do Atlântico permitiu a construção de ferrovias, ampliando dessa forma a capacidade e reduzindo os custos do transporte. Essa transformação no sistema de transportes e a melhoria no processo de beneficiamento do café (ou do açúcar) não só aumentaram a capacidade produtiva como possibilitaram um uso mais eficiente da mão de obra. A partir de então puderam os fazendeiros usar um menor número de trabalhadores permanentes, recorrendo a trabalhadores extras em tempos de colheita. Dentro dessas novas condições, o trabalho livre, desde que fosse possível garantir seu suprimento a manter baixo seu custo, se revelaria tão ou mais adequado do que o escravo. Evidentemente, a maior ou menor

---

11 As primeiras ferrovias privadas são construídas em 1870. Simultaneamente, aperfeiçoam-se os métodos de produção do açúcar. Até 1854, segundo Eisemberg, 80% dos engenhos dependiam ainda da força animal, 19% da força hidráulica e apenas 1% era movido a vapor. Em 1881, 21,5% já era movido a vapor. Vários outros tipos de melhoramentos foram introduzidos durante esse período, aumentando a produtividade do trabalhador. Esta aumenta de 1.350 kg por trabalhador em 1845 para 3.018 kg em 1876 (op. cit., p.61). Para maiores detalhes, consulte-se o valioso trabalho desse autor sobre a indústria açucareira em Pernambuco. Veja-se ainda David Denslow Jr., *Sugar Production in Northeastern Brazil and Cuba, 1858-1908*. Yale, 1974. Tese (Doutoramento em Economia) – Universidade de Yale.

40 EMÍLIA VIOTTI DA COSTA

produtividade do trabalho livre em relação ao escravo variava de região para região, dependendo das condições do solo, proximidade a ferrovias, disponibilidade de mão de obra etc.[12]

---

12 A questão da produtividade e da lucratividade do trabalho escravo é, tanto no Brasil quanto nos Estados Unidos, uma das mais controversas. Nos Estados Unidos, Alfred Conrad e John Meyer, num estudo publicado em 1958 (The Economics of Slavery in the Antebellum South, *Journal of Political Economy*, v.66, abr. 1958), divergindo de opiniões correntes na historiografia americana, procuraram demonstrar a produtividade do trabalho escravo. Também Vogel & Engermann, em um livro muito debatido e criticado, chegaram a essa conclusão (*Time on the Cross The Economics of American Negro Slavery*, Boston, 1974, 2v.). Esses autores foram criticados por Paul A. David e Peter Temin, "Capitalist Master, Bourgeois Slaves", numa obra coletiva publicada por Paul David, Herbert Gutman, Richard Sutch, Peter Temin e Gavin Wright: *Reckoning with Slavery*, New York: W. Norton, 1978, p.33-54. Igualmente crítico da metodologia e das conclusões a que chegaram Vogel & Engermann é Gavin Wright, *The Political Economy of the Cotton South*, New York: W. Norton, 1978. No Brasil, a questão da produtividade do trabalho escravo e da viabilidade econômica da escravidão também atraiu a atenção dos historiadores. Warren Dean, em seu estudo sobre Rio Claro, afirma que o trabalho livre era mais produtivo que o escravo. Essa também é a opinião de Octavio Ianni, Fernando Henrique Cardoso e Florestan Fernandes. Gorender, em *O escravismo colonial*, afirma que o trabalho escravo continuava a ser rentável, pelo menos até o momento em que sua manutenção se tornou inviável por causa da desorganização do trabalho nas fazendas pela campanha abolicionista (op. cit., p.561). Também esta é a conclusão a que chegaram Pedro Carvalho de Mello e Robert W. Slenes. Este último desenvolve sua argumentação num ensaio publicado na *Revista Brasileira de Economia*, v.32, n.1, jan.-mar. 1978, intitulado Aspectos econômicos da organização do trabalho na economia cafeeira do Rio de Janeiro 1850-1888. Jaime Reis, em Abolition and the Economics of Slaveholding in Northeast Brazil (*Boletin de Estudios Latino-Americanos y del Caribe*, trabalho originalmente publicado pelo Institute of Latin American Studies, Glasgow University, sob o título Abolition and the Economics of Slaveholding in Northeast Brazil), comparando os custos de manutenção dos escravos com os dos trabalhadores livres, chega à conclusão de que o trabalho livre só se tornava economicamente atraente quando os salários eram inferiores a oitocentos reis diários. Acima desse nível o trabalho escravo era mais remunerador. Segundo ele, entre 1870 e 1880, os salários se mantêm no nível de 1$000, com exceção dos anos de seca (1877 a 1879), quando sofrem um declínio acentuado mantendo-se entre $500 e $600. A partir de 1880 eles declinam. Reis conclui que a escravidão continuava economicamente viável e atraente como forma de trabalho até os anos do fim da escravidão. Eisemberg (op. cit., p.333) demonstra que o custeio do escravo requeria,

DA SENZALA À COLÔNIA   41

Outro fator que contribuiu para tornar o trabalho livre mais atraente foi o interesse crescente na circulação do capital. No decorrer do século XIX, a ampliação do mercado interno e a acumulação de capitais dinamizaram a economia, multiplicando as oportunides de investimento nos setores os mais variados, mercantis, industriais e financeiros. A abertura de novas áreas de investimento não determinou, obviamente, um deslocamento automático de capitais do setor agrário para os novos setores, mesmo porque o café continuava a ser remunerador. Em geral, a tendência do investidor é continuar a investir em áreas com as quais ele está familiarizado, em vez de assumir riscos desnecessários investindo

---

a partir da década de 1860, mais dispêndio de capital do que o custeio do trabalhador livre. É importante notar que, como Hélio Castro bem observou, o fato de o investimento em escravos ser lucrativo para os fazendeiros não significa necessariamente que o sistema escravista como um todo seja lucrativo. Analisando os custos de reprodução do escravo, este autor conclui que a renda econômica da escravidão apresenta uma tendência ao declínio entre 1877 e 1887, tornando-se a escravidão inviável economicamente na década de 1880 (Viabilidade econômica da escravidão no Brasil, 1880-1888, *Revista Brasileira de Economia*, v.XXVII, n.1, jan.-mar. 1973, p.43-67). Os cálculos sobre o custeio do trabalho escravo variam de autor para autor, dependendo do critério utilizado, mas de maneira geral eles não se distanciam demasiado dos que são feitos em *Da senzala à colônia*. Warren Dean, por exemplo, em seu livro sobre Rio Claro, calcula os gastos em 253$000 (op. cit., p.63, edição em inglês). Nesse cálculo, inclui depreciação e juros sobre o capital inicial de um conto e quinhentos e mais salário do ex-feitor. Não inclui, no entanto, a alimentação do escravo, pois argumenta que o escravo alimenta-se a si mesmo. Se fosse incluída a alimentação, segundo nossos cálculos, aquela quantia totalizaria 472$000 anuais, ou aproximadamente 37$000 mensais, quantia superior à despendida com o salário de trabalhador livre. Eisemberg, ao comparar o custo do trabalho livre com o do trabalho escravo, computou 15% de juros anuais sobre o capital, depreciação de 7% ao ano, alimentação e vestuário e chegou à conclusão de que, em 1880, o custo de manutenção do escravo chegara a 19$174 mensais na região de Pernambuco, numa época em que os salários eram de 16$000. Anos depois, em 1887, a situação alterar-se-á. O custo de manutenção do escravo montava a 11$000 e o do trabalhador livre a 13$500. Jaime Reis, calculando juros de 10% e amortização de 10% do capital investido, mais 7% ao ano de depreciação, alimentação e vestuário, concluiu que o custo sobe constantemente entre 1850 e 1880, tornando o trabalho escravo menos lucrativo do que o trabalho livre.

em setores nos quais não tem nenhuma experiência.[13] Mas, para muitos fazendeiros, a aplicação de capitais em vias férreas, bancos, indústrias e empresas comerciais ou companhias de seguro apareceu não como solução alternativa, mas como oportunidade complementar atraente, mesmo quando não mais lucrativa. Isso porque a diversificação de investimentos diminuía a margem de risco que recaía sobre o capital investido na agricultura, cujo rendimento estava sujeito às oscilações do mercado internacional e aos caprichos da natureza.

Em face das novas oportunidades de investimento, a imobilização de capitais na compra de escravos passou a significar um entrave à desejada diversificação de capital, principalmente a partir do momento em que os fazendeiros puderam divisar alternativas para o problema da mão de obra, alternativas estas que não envolviam imobilização inicial de capital.[14] Isso foi sentido

---

13 Pedro Carvalho de Mello, em diversos estudos, demonstrou que o capital investido em escravos é tão remunerativo quanto o investido em outras áreas. Calculando a taxa de retorno do investimento em escravos do sexo masculino entre vinte e 29 anos, chega à conclusão de que ela oscilou entre 11,5% e 13% entre 1870 e 1880, enquanto o capital investido em outros tipos de investimento produzia de 10% a 12%. A partir daí, conclui que o investimento em escravos era tão lucrativo quanto outras formas de investimento, o que, no seu entender, desqualifica o argumento daqueles que acreditam que o investimento em escravos se tornava cada vez menos interessante. É preciso lembrar, no entanto, que os fazendeiros procuraram, sempre quando possível, diversificar seus investimentos para se proteger contra as eventualidades de uma crise que afetasse a produção cafeeira. Assim é que, como mostra Warren Dean, o barão do Rio Branco possuía fazendas, propriedades imobiliárias e ações de estrada de ferro que valiam três vezes o valor de sua fazenda e ainda emprestava dinheiro a juros. Pode-se demonstrar que a maioria dos grandes fazendeiros, nesse período, procurou, quando possível, fazer o mesmo. Pode-se ainda argumentar que, com a ampliação das oportunidades de investimento, a imobilização de capitais em escravos tornou esse tipo de trabalho gradualmente menos atraente do que o trabalho livre, que dispensava um investimento inicial.

14 Carvalho de Mello e Robert Slenes, em *Análise econômica da escravidão no Brasil*, argumentam que, do ponto de vista do empregador, o escravo é um investimento semelhante aos bens de capital. A partir daí, concluem que argumentar que o investimento em escravos é intrinsecamente menos racional do que o emprego de trabalhadores livres equivale a afirmar que qualquer investimento de capital a longo prazo (em máquinas, por exemplo)

DA SENZALA À COLÔNIA

particularmente pelos fazendeiros das áreas pioneiras, que tinham que adquirir seus escravos por altos preços, sendo obrigados a um grande investimento inicial. Para estes, a perspectiva de contratar trabalhadores livres e pagar salários ou outras formas de remuneração equivalentes ao que despenderiam com o sustento dos escravos parecia solução ideal, porque eliminaria a necessidade de desembolsar uma soma inicial na aquisição dos escravos. Para que pudessem abrir mão do trabalhador escravo, no entanto, seria necessário primeiro garantir o suprimento de trabalhadores livres.

No decorrer do século, dois fenômenos concorreram para criar uma abundante reserva de mão de obra: o crescimento da população livre nacional e a entrada de imigrantes europeus. Em virtude das transformações ocorridas na Europa, sob o impacto do desenvolvimento capitalista, um número cada vez maior de pessoas expropriadas se dispôs a emigrar para o Novo Mundo. A partir de 1870, os fazendeiros encontraram na Itália a mão de obra necessária às suas plantações. Mas, apesar das condições para a imigração se terem tornado mais favoráveis, a substituição do escravo pelo trabalhador livre não existia igualmente para todos. Os fazendeiros das regiões menos produtivas não tinham condições de atrair trabalhadores livres – imigrantes ou nacionais, pois estes preferiam as zonas de maior produtividade. Tal fato foi assinalado tanto nas regiões cafeeiras quanto nas açucareiras, ou nas xarqueadas do sul do país. Augusto Millet, um senhor de engenho do Nordeste, observou, na década de 1870, que só os senhores de engenho que tinham conseguido modernizar seu equipamento e cujas fazendas se achavam localizadas junto a ferrovias, gozando portanto de condições de alta produtividade, achavam-se em condições de adotar, com sucesso, o trabalho livre. Esses eram poucos; para a grande maioria dos fazendeiros do Nordeste, o escravo continuava, na sua opinião, a ser a mão de obra preferida. Idêntica era a situação

---

é menos racional do que o emprego de mão de obra assalariada. Esses autores parecem esquecer que, quando se compara o escravo com o trabalhador livre, comparam-se dois equivalentes, isto é: dois homens com potencial teoricamente semelhante; a diferença é que o primeiro requer um investimento inicial, que o segundo dispensa. Já o investimento em maquinário se justifica porque a máquina é capaz de produzir muitas vezes mais do que o homem. Não cabe, portanto, fazer aquela comparação.

em São Paulo, onde o imigrante só substituía com vantagem o escravo em fazendas de alta produtividade, em que a margem de lucro era ampla e os colonos podiam ser mais bem remunerados pelo seu trabalho. Essas fazendas eram, em geral, localizadas nas áreas de ocupação recente, em terras particularmente férteis, junto a ferrovias e a núcleos urbanos onde os colonos, além do que ganhavam com o café, podiam vender o excedente dos produtos que cultivavam para sua subsistência, obtendo assim uma renda adicional.

Além das dificuldades apontadas, há que acrescentar que o trabalho livre pressupunha também a existência de um sistema de crédito que pudesse atender às necessidades financeiras decorrentes do sistema de remuneração do trabalho. As condições de crédito, no entanto, tinham sempre sido bastante precárias e foi apenas nas últimas décadas do Império que a expansão relativa da rede bancária veio facilitar a transição do trabalho escravo para o trabalho livre.

A substituição do escravo pelo trabalhador livre não é, pois, um simples problema de contabilidade que possa ser discutido, como querem alguns historiadores, em termos de *input* e *output*, de maior ou menor produtividade do tipo de trabalhador. No seu quotidiano, o fazendeiro não lidava com esse tipo de abstrações, mas com realidades concretas e sua avaliação sobre a superioridade ou a inferioridade do trabalhador livre em relação ao escravo dependia tanto de o fazendeiro poder recrutar um número adequado de trabalhadores livres quanto da sua capacidade de manter os salários e outras formas de remuneração em níveis inferiores ou equivalentes aos do custeio do escravo, computados os interesses sobre o capital investido em sua aquisição, a deterioração desse capital a longo prazo e as despesas com sua manutenção e reprodução e seu interesse em outros tipos de investimento.[15] Qualquer tentativa de se avaliar, em termos abstratos, a superioridade ou a inferioridade do trabalho escravo em relação ao livre – como o fizeram alguns economistas – é mistificadora se não der conta da complexidade da realidade vivida pelos fazendeiros. Há, ainda,

---

15 Vários autores têm tratado com minúcia das despesas requeridas com o sustento do escravo e sua reprodução.

DA SENZALA À COLÔNIA 45

que lembrar que, mesmo quando é possível demonstrar matematicamente que os fazendeiros só teriam a lucrar com a adoção do trabalho livre, o que importa, em última análise, é a maneira pela qual eles próprios avaliaram a situação. E a verdade é que a maioria continuava a acreditar, até a década de 1880, que era difícil, se não impossível, substituir o escravo (isso a despeito do número crescente dos que argumentavam em favor da imigração e do trabalho livre). Se somarmos a isso o fato de que, para a grande maioria dos fazendeiros, os escravos representavam capital já investido, que eles não gostariam de ver desaparecer da noite para o dia, será possível entender por que mesmo os que estavam convencidos da superioridade do trabalho livre continuavam a se opor à abolição, ou só a aceitavam com a condição de que os fazendeiros fossem indenizados pela perda de sua propriedade.

Foram os fazendeiros que abriram fazendas nas zonas pioneiras e que não dispunham de um plantel de escravos os maiores interessados no desenvolvimento da imigração e do trabalho livre. Para estes, a escravidão aparecia como um obstáculo à promoção da imigração.[16] Mas enquanto os fazendeiros das zonas pioneiras podiam encarar com simpatia o projeto de introduzir imigrantes em suas fazendas, a maioria dos fazendeiros das zonas cafeeiras mais antigas do Vale do Paraíba ou do oeste paulista, onerados por dívidas e às voltas com a queda de produtividade dos seus cafezais e que, por isso mesmo, tinha dificuldades em atrair

---

16 Paula Beiguelman, em *Formação política do Brasil*, considera o interesse pela imigração um dos fatores mais importantes do abolicionismo. Já Gorender, em *O escravismo colonial*, conclui que o imigrantismo é que é uma decorrência do abolicionismo e não vice-versa (p.566-72). As duas opiniões não são necessariamente contraditórias como parecem à primeira vista, pois pode se argumentar que se bem a preocupação em introduzir imigrantes nas áreas cafeeiras tenha surgido apenas a partir do momento em que o tráfico de escravos é ameaçado de interrupção, também é verdade que no momento em que se constitui um grupo de interesses ligados à imigração este será levado a reconhecer que a escravidão constitui, de certa maneira, um obstáculo ao desenvolvimento da imigração. Para maiores detalhes sobre a imigração, consulte-se Warren Dean, *Rio Claro, a Brazilian Plantation System, 1820-1920*, op. cit.; Michael Hall, *The Origins of Mass Immigration in Brazil, 1871-1914* (Tese de Doutoramento, Columbia University, 1970), Lucy Maffei Hunter, *Imigração italiana em São Paulo, 1880-1889* (Tese apresentada à USP, 1971); Thomas Halloway, op. cit.

46 EMÍLIA VIOTTI DA COSTA

trabalhadores livres, continuava apegada ao trabalho escravo. A contrastante atitude dos fazendeiros das zonas pioneiras e das zonas decadentes não pode ser explicada em termos meramente psicológicos ou ideológicos, como sugeriram alguns autores.[17] Não

---

17 Peter Eisemberg, baseando-se nos "Anais do Congresso Agrícola de 1878", afirma que não há grande diferença entre as opiniões dos fazendeiros do Vale do Paraíba e os do oeste paulista, no que diz respeito à política de mão de obra: A mentalidade dos fazendeiros no Congresso Agrícola de 1878. In: José Amaral Lapa, *Modos de produção da realidade brasileira*, Petrópolis, 1980, p.167-95. Eisemberg não é o único a questionar a opinião tradicionalmente aceita de que há profundas diferenças entre os fazendeiros do oeste e os do Vale do Paraíba. Uma análise de documentação mais ampla demonstra, no entanto, a existência de profundas divergências entre os fazendeiros das duas regiões. Os "Anais da Assembleia Legislativa da Província de São Paulo" dos anos 70 contêm vários debates que revelam conflitos de pontos de vista entre os fazendeiros do Vale do Paraíba e os do oeste paulista a propósito de decisões relativas a imigração, construção de estradas de ferro e uso dos recursos do Estado. A impressão que nos fica é de que existe uma luta pelo poder entre esses dois grupos. O conflito atingiu tal ponto que Joaquim Floriano de Godoy chegou a propor, em um de seus livros, a criação da Província do Rio Sapucaí, que separaria o vale da Província de São Paulo. Há, além dessas, outras evidências que revelam diferenças entre aqueles dois grupos. As "Atas da Convenção Republicana de Itu" indicam que a maioria dos delegados presentes é do oeste paulista, sendo a representação do Vale do Paraíba pouco significativa. Um estudo da distribuição da população imigrante em São Paulo mostra, também, que a maioria deles localizou-se no oeste paulista. Além disso, a maioria dos viajantes que passaram pela província no final do século comenta a diferença entre as duas regiões: enquanto a grande maioria das fazendas do vale está em decadência, no oeste (principalmente o oeste mais novo), onde a produtividade é mais alta, as fazendas estão em expansão. Portanto, se existe, como parece ter existido, diferença no comportamento dos fazendeiros do Vale do Paraíba e do oeste paulista, isso não se deu em razão de uma simples diferença de mentalidades, mas a uma convergência de fatores. Primeiramente, os fazendeiros do vale correspondem, na sua maioria, a uma elite cafeeira mais antiga. Suas fazendas desenvolveram-se em virtude do trabalho escravo. Segundo, essa elite, economicamente poderosa até 1870, consegue uma posição relativamente privilegiada dentro do sistema político, tanto no âmbito provincial quanto no do Império. Com o desenvolvimento do café nas regiões do oeste paulista, surge aos poucos uma elite que irá competir com as elites tradicionais. Os fazendeiros das zonas pioneiras, em que a produtividade é mais alta, gozam de uma situação economicamente privilegiada, têm mais recursos à sua disposição nos últimos anos do Império e podem se lançar mais facil-

DA SENZALA À COLÔNIA 47

se trata de opor pura e simplesmente uma mentalidade senhorial a uma empresarial, mas de contrastar duas condições *objetivamente* diversas que permitiram a uns assistir com relativa indiferença aos progressos do abolicionismo e levaram outros a defender até o último instante a ordem tradicional.

A despeito da grande diversidade de circunstâncias enfrentadas pelos proprietários de escravos – o que explica em parte a diversidade de comportamento –, a verdade é que as transformações na economia e na sociedade tornaram gradativamente o trabalho livre uma alternativa mais viável, quando não mais vantajosa, do que jamais fora. As mudanças econômicas, no entanto, não são suficientes para explicar a abolição. Outros fatores, igualmente importantes, contribuíram para desqualificar o trabalho escravo. Não tivessem as leis do Ventre Livre e dos Sexagenários – por mais modestos que tenham sido seus resultados práticos imediatos – questionado a legitimidade da propriedade escrava e condenado a instituição a desaparecer a longo prazo; não fosse a agitação abolicionista levantar suspeitas sobre a legitimidade da propriedade escrava e a produtividade do escravo; não fosse, finalmente, a rebelião das senzalas e a consequente desorganização do trabalho nas fazendas – a instituição provavelmente teria sobrevivido até o século XX. Todas essas circunstâncias, que não podem ser medidas em termos de *input* e *output*, investimento e taxas de lucro, afetaram a maneira pela qual os fazendeiros avaliaram as vantagens

---

mente em vários tipos de empresas (não porque sejam inerentemente mais empresariais, como quer Toplin, mas porque dispõem de maiores recursos). Por outro lado, como suas fazendas se formam num período em que a abolição paira como uma ameaça sobre a propriedade escrava, eles são obrigados a pensar no problema do trabalho em termos novos. Por isso, estarão mais abertos às experiências com o trabalho livre. Ao mesmo tempo que esses adquirem uma posição privilegiada, do ponto de vista econômico, aspiram, cada vez mais, à liderança política, tanto no âmbito provincial quanto no nacional. Tudo isso contribui para diferenciá-los dos fazendeiros do vale. Há quem sugira, mesmo, que é preciso distinguir não apenas dois, mas três grupos diversos: o do vale, o do oeste mais antigo (arredores de Campinas e Itu) e o do oeste mais novo. Essa é a posição de Paula Beiguelman e de Robert Toplin. Ainda que do ponto estritamente econômico essa categorização seja correta, ela parece não ter alcançado grande expressão no plano político e ideológico. Só uma pesquisa mais detalhada poderá decidir sobre as vantagens desse tipo de categorização.

48 EMÍLIA VIOTTI DA COSTA

e desvantagens do trabalho escravo e determinaram as atitudes que assumiram em face dos projetos de abolição apresentados ao parlamento.

Qualquer tentativa de explicar a abolição em razão apenas de aspectos econômicos ou demográficos não dá conta do processo de desagregação do sistema escravista. É, no entanto, impossível prescindirmos da análise das condições econômicas e demográficas, se queremos entender o prestígio crescente das ideias antiescravistas, bem como o progresso da ação abolicionista e o encaminhamento político da abolição no parlamento.[18]

De fato, as transformações na estrutura econômica não só permitiam a um grande número de proprietários de escravos encarar com relativa calma a ação abolicionista, como acarretaram o aparecimento de grupos sociais novos, menos dependentes do trabalho escravo e desejosos de adquirir autonomia em relação às oligarquias rurais de cuja clientela dependiam e de cuja patronagem frequentemente se ressentiam. Foi entre esses grupos que o abolicionismo recrutou o maior número de adeptos. Para muitos, a luta pela abolição foi, como a luta por outras reformas características desse período, uma arma na luta pelo poder. Esse foi um aspecto que não ficou suficientemente claro em *Da senzala à colônia* e que mereceria maior desenvolvimento. No livro, estão identificadas as origens sociais do abolicionismo, mas pouco é dito sobre a motivação dos abolicionistas. Uma análise mais detalhada dos mecanismos políticos do período teria revelado que o crescente descontentamento de grupos sociais emergentes em relação ao monopólio do poder pelas oligarquias tradicionais, assim como conflitos internos entre setores da própria oligarquia (lutas entre cliques partidárias dentro de cada partido e conflitos interpartidários) levaram muitos indivíduos, nesse período, a apoiar um

---

18 A maioria dos autores que têm estudado, nos últimos anos, a transição do trabalho escravo ao trabalho livre nas regiões cafeeiras não se utilizou de uma abordagem dialética. Para Toplin, o fator determinante da abolição é a revolta dos escravos; para Conrad, são as mudanças demográficas e o processo político parlamentar; para Slenes e Carvalho de Mello é o abolicionismo; para Paula Beiguelman, a luta política partidária e o imigrantismo. Evidentemente, a partir da perspectiva que adotamos, nenhuma dessas explicações é suficiente, por si mesma, para explicar o processo.

DA SENZALA À COLÔNIA 49

grande número de reformas, entre as quais a abolição. Dentro desse contexto, o abolicionismo aparece como um instrumento na luta entre classes e segmentos de classe.[19] Os abolicionistas pertenciam, na sua maioria, ao que se convencionou chamar de "classes médias" urbanas. Muitos dos que se filiaram à *Confederação Abolicionista* eram médicos, engenheiros, industriais, professores, advogados, jornalistas, escritores, artistas ou políticos profissionais. Alguns descendiam de tradicionais famílias de fazendeiros, outros vinham da burguesia urbana emergente. Havia ainda, entre eles, homens de origem modesta, mulatos que tiveram acesso às camadas superiores da sociedade mediante o sistema de clientela e patronagem. Muitos estavam comprometidos por laços familiares, profissionais ou políticos com as oligarquias rurais, mas, apesar dessas conexões, eram menos dependentes da ordem escravista do que os fazendeiros e revelavam-se, em geral, mais acessíveis à propaganda abolicionista. Quem esperar, no entanto, encontrar unanimidade entre esses grupos está fadado ao desapontamento, pois é possível encontrar entre eles muitos indivíduos que continuaram fiéis às oligarquias, defendendo com ardor os interesses escravistas.[20]

---

19 Em *Da senzala à colônia*, esse aspecto não foi suficientemente explorado. Esse tema será retomado em nosso próximo livro, sob o título *Capitalismo e patronagem*. A era das reformas 1870-1889.

20 Historiadores têm divergido quanto ao papel dos grupos urbanos na abolição. Richard Graham, *Britain and the Anset of Modernization in Brazil, 1850-1914*, Cambridge, 1968 (trad. bras.: *A Grã-Bretanha e o início da modernização no Brasil*, São Paulo, 1973), considera que as classes médias fornecem os quadros principais do abolicionismo. Já Robert Conrad, *The Destruction of Brazilian Slavery, 1850-1888* (Berkeley, 1972), argumenta que as classes médias estavam ainda muito dependentes dos fazendeiros do café para poder assumir uma posição independente, declaradamente abolicionista. Observa que, para cada mercador, médico, burocrata ou advogado que apoiou o movimento abolicionista, houve outros que não o fizeram; em 1881, a eleição na cidade do Rio de Janeiro deixou claro que a maioria da população era indiferente à causa da abolição (p.144-6). Segundo Conrad, foi mais fácil aos políticos do Nordeste apoiar as ideias emancipadoras que aos das zonas cafeeiras porque, enquanto os fazendeiros do café ainda dependiam do braço escravo, os do açúcar se apoiavam cada vez mais no trabalho livre. É bom notar, no entanto, que se isso pode, em parte, explicar o comportamento da maioria dos representantes do Nordeste no parlamento (diante da oposição dos

Os representantes da média e alta burguesia que se converteram ao abolicionismo mantiveram-se, via de regra, dentro dos limites da legalidade, buscando soluções por via parlamentar. Ao lado destes abolicionistas moderados e legalistas, existiram outros que propugnaram métodos mais radicais, fomentando agitações nas senzalas. Estes eram recrutados principalmente na pequena burguesia ou nas camadas inferiores. Os caifazes foram, na sua maioria, homens de origem modesta, que desempenharam atividades que do ponto de vista insurrecional eram estratégicas: ferroviários, cocheiros, tipógrafos, mascates e artesãos, na sua maioria negros e mulatos livres ou alforriados e alguns imigrantes imbuídos de ideias socialistas. Estes grupos mais radicais, que ajudavam escravos fugidos e instigavam a agitação nas senzalas, tiveram importante papel na destruição da ordem escravista.[21] Mas se houve pretos e mulatos que se distinguiram nas fileiras do abolicionismo, foram também numerosos os que defenderam a escravidão ou permaneceram indiferentes à causa da abolição. O abolicionismo não se definiu em termos puramente raciais. Houve muito preto que não foi abolicionista e, paradoxalmente, fervorosos líderes abolicionistas brancos, como Nabuco, não eram isentos de preconceito racial.[22]

Se o abolicionismo ganhou adeptos entre categorias urbanas, esbarrou na indiferença, se não na oposição organizada das camadas rurais. Pequenos proprietários e trabalhadores livres das zonas rurais não raro ficaram imunes ao apelo dos abolicionistas e deram seus votos aos candidatos dos proprietários de escravos, de cuja clientela faziam parte. Também a quase totalidade dos fazendeiros de café colocou-se ao lado da manutenção da ordem escravista.

---

cafeicultores), não explica por que o movimento abolicionista é mais intenso no Sul que no Norte, recrutando maior número de adeptos nos grandes centros urbanos localizados nas regiões cafeeiras.

21 Alice Aguiar de Barros Fontes, *A prática abolicionista em São Paulo. Os caifazes,* 1882-1888. São Paulo, 1976. Tese (Mestrado) – Departamento de História, Universidade de São Paulo.

22 Thomas Skidmore, *Black into White.* Race and Nationality in Brazilian Thought. New York: Oxford University Press, 1974. O livro de Skidmore foi publicado em português sob o título *Preto no branco.* Raça e nacionalidade no pensamento brasileiro. Trad. Raul de Sá Barbosa. Rio de Janeiro: Paz e Terra, 1976.

DA SENZALA À COLÔNIA   51

Seus representantes no parlamento rejeitaram sistematicamente os projetos de lei apresentados entre 1850 e 1880 visando à emancipação dos escravos. A Lei do Ventre Livre foi votada graças ao apoio dos representantes de outras áreas do país, sobretudo do Nordeste, onde o trabalhador livre vinha substituindo os escravos. À medida que novos setores da população se converteram ao abolicionismo, os políticos e os partidos descobriram na abolição um novo tema que passaram a usar na luta pelo poder. Também os intelectuais do período encontraram na campanha abolicionista novas fontes de inspiração que lhes garantiam uma audiência certa entre as populações urbanas. Uma vez convertida em bandeira política, a emancipação passou a depender do jogo dos partidos, como bem assinalou Paula Beiguelman.[23] É preciso lembrar, no entanto, que a questão só se tornou política porque setores da população já se interessavam por ela, antes mesmo que os políticos a inscrevessem em suas plataformas. Não fosse a popularidade crescente das ideias antiescravistas, os políticos não teriam ousado fazer da emancipação sua bandeira, e nem mesmo o imperador – quaisquer que tenham sido suas veleidades filantrópicas e sua vulnerabilidade à crítica e aos apelos das associações abolicionistas internacionais – teria tido condições de colocar a questão na Fala do Trono. Além disso, tão ou mais importantes do que os interesses partidários em jogo foram os de classe, que se expressavam em ambos os partidos. Estudos publicados nos últimos anos[24] revelaram que os fazendeiros tinham uma representação equivalente em ambos os partidos, dividindo-se os demais membros dos partidos entre outras categorias sociais: profissionais liberais, burocratas, comerciantes etc. Isso explica provavelmente por que os partidos estiveram internamente divididos por ocasião da votação das leis emancipadoras, vendo-se conservadores e liberais votarem conjuntamente contra ou a favor

---

23 Paula Beiguelman, op. cit.

24 Para maiores detalhes, José Murilo de Carvalho, A composição social dos partidos políticos imperiais. *Cadernos DCF*, n.2, Departamento de Ciência Política da Faculdade de Filosofia e Ciências Humanas da Universidade Federal de Minas Gerais, dez. 1974. Do mesmo autor, *Elite and State Building in Imperial Brazil*. Stanford, 1974. Tese (Doutorado) – Stanford University; trad. bras.: *A construção da ordem. A elite política imperial*. Rio de Janeiro, 1980.

dos projetos, desrespeitando a disciplina partidária e obedecendo aos interesses dos grupos que representavam. Uma vez transformada em questão parlamentar, a ideia da abolição ganhou suporte cada vez maior. A escravidão passou a ser vista como instituição condenada a desaparecer, principalmente a partir da aprovação da Lei do Ventre Livre. É importante lembrar que se o parlamento tivesse resistido à pressão abolicionista, recusando-se a discutir o assunto e a legislar a respeito, teria sido impossível chegar-se à abolição sem profunda convulsão social.

Em suma, no processo da abolição, a propaganda ideológica e a ação parlamentar reforçaram-se mutuamente e o curso de ambas dependeu do ritmo das transformações estruturais na economia e na sociedade. No entanto, nem as mudanças estruturais na economia, nem a diminuição relativa da população escrava e o crescimento da população livre, nem as tentativas de substituir o escravo pelo imigrante, nem a retórica dos abolicionistas, nem a legislação emancipadora que pairava como ameaça sobre os senhores de escravos desde 1871, nem todas essas condições somadas são suficientes para explicar a aprovação final da lei que aboliu a escravidão em 13 de maio de 1888. É verdade que, de uma maneira ou de outra, todas aquelas condições solaparam gradativamente as bases de sustentação do regime escravista, tornando o investimento em escravos cada vez mais arriscado e o trabalho livre cada vez mais viável. Mas, como foi visto, os representantes das áreas cafeeiras no parlamento continuaram a resistir à pressão abolicionista até o início da década de 1880. O fator decisivo na mudança de atitude dos fazendeiros das regiões cafeeiras, principal reduto do escravismo, foi a rebelião das senzalas. Fazer dela, no entanto, a causa fundamental da abolição é interpretar esse fato exclusivamente no âmbito dos fenômenos de curta duração (situações conjunturais), minimizando as transformações estruturais de longa duração que tornaram possível o sucesso da insurreição dos escravos.[25]

---

25 Essa é a posição de Robert Brent Toplin, *The Abolition of Slavery in Brazil*. New York: Athaneum, 1972. Carvalho de Mello também parece subestimar as condições estruturais quando considera as causas políticas o fator determinante da abolição, sem levar em consideração as transformações econômicas, sociais e ideológicas que tornaram possível o abolicionismo.

DA SENZALA À COLÔNIA   53

O protesto do escravo não foi uma invenção do século XIX. Desde os primeiros tempos da Colônia existiram tensões entre senhores e escravos. Negros fugidos, quilombos, levantes de escravos eram episódios constantes nos anais da sociedade colonial desde o século XVI. A despeito de todos os mecanismos de controle social cuidadosamente concebidos pelas classes dominantes, elas nunca conseguiram eliminar aquelas formas de protesto. Mas, no século XIX, a rebelião dos escravos adquiriu um significado novo, porque ocorreu num contexto novo. Na história humana, frequentemente velhos gestos assumem novos significados e novos significados se manifestam por meio de gestos tradicionais; por isso, o sentido dos gestos só pode ser entendido quando referido ao contexto em que eles ocorrem. O protesto do escravo é um gesto antigo que assume um novo significado, porque a situação global se transformou. No passado, a rebelião dos escravos esbarrara na reprovação coletiva dos brancos. A ética das classes dominantes a condenava. As instituições a reprimiam. As cortes de justiça puniam com severidade o escravo fugido e a força policial reprimia com violência as rebeliões dos escravos. Na segunda metade do século XIX, no entanto, a situação era outra. Os escravos encontravam apoio na justiça e contavam com a simpatia de amplos setores da população. A escravidão, que no passado fora vista como uma instituição natural, produto dos desígnios da Divina Providência, passara a ser encarada como uma instituição condenável e ilegítima a serviço dos interesses de uma minoria.

Nessas condições, apoiados pelos abolicionistas, os escravos foram incorporados à ação abolicionista e seus atos de protesto adquiriram um significado político que não tinham anteriormente. A agitação abolicionista reforçou a convicção que os escravos possuíam, de que eram vítimas de uma instituição iníqua e condenável, forneceu-lhes uma ideologia e deu apoio às suas ações insurrecionais. Instigados pelos agentes abolicionistas, os escravos passaram a denunciar com mais frequência às autoridades policiais e jurídicas os abusos cometidos pelos seus senhores. Tais denúncias forneciam argumentos novos aos abolicionistas, que não perdiam ocasião de divulgar pela imprensa os horrores da escravidão. A agitação abolicionista criava, assim, condições para que os escravos se manifestassem e fossem ouvidos. A insurreição dos escravos, por sua vez, dava novo alento à agitação abolicionista, acelerando o processo de desintegração do sistema escravista.

Contando com a simpatia e o apoio de setores da população que se tinham convertido ao abolicionismo, os escravos passaram a fugir em massa das fazendas, desorganizando o trabalho e forçando os fazendeiros a aceitarem a abolição como fato inevitável e até mesmo desejável, por ser a única maneira de pôr um paradeiro à fuga dos escravos e de restabelecer a ordem nas fazendas. Com o objetivo de reter a mão de obra, muitos senhores de escravos concederam-lhes alforria, em troca de prestação de serviços por um determinado número de anos. As manumissões em massa eram a resposta dos senhores à fuga dos escravos.[26] Mas esse expediente não foi suficiente para deter os escravos que continuaram a fugir das fazendas. Foi então que os fazendeiros reconheceram a necessidade da abolição.

Por mais importante, no entanto, que tenha sido a agitação dos escravos no período imediatamente anterior à abolição, não seria ela capaz de destruir o sistema escravista, não estivesse este já desmoralizado e relativamente inoperante em várias regiões do país, onde outras alternativas para o problema da mão de obra haviam surgido. Não fossem, portanto, as mudanças na estrutura

---

26 Prática usada desde o período colonial, a alforria parece ter se tornado mais frequente nos últimos anos do Império, em virtude da campanha abolicionista e da rebelião dos escravos. Estudos recentes permitem uma avaliação mais precisa do fenômeno. Segundo Slenes, o índice de manumissão é mais alto nas cidades do que no campo e as alforrias são concedidas principalmente a escravos ou escravas de mais de cinquenta anos e menos de dez. Encontra-se entre os alforriados maior número de mulheres do que de homens. Cerca de 30% das alforrias são a título oneroso. Warren Dean, no seu estudo sobre Rio Claro, constatou também que a grande maioria das alforrias foi dada em caráter condicional. Notou, no entanto, que um número maior de homens do que de mulheres foi beneficiado, o que contraria a tendência registrada por Slenes para o século XIX e Stewart Schwarz para o período colonial. No que se refere às manumissões, tanto quanto no que se refere a outros aspectos relativos às condições de vida dos escravos, é provável que conclusões válidas para uma área não sejam para outras, tornando-se portanto difícil qualquer generalização até que se disponha de um número maior de estudos monográficos. Parece, no entanto, inegável, como assinalamos em *Da senzala à colônia*, que o número de alforrias aumenta consideravelmente nos anos do final da abolição quando os fazendeiros de café tentaram reter a mão de obra escrava que fugia concedendo manumissão aos escravos com a condição de que permanecessem na fazenda por um determinado número de anos.

DA SENZALA À COLÔNIA

econômica e social que tornaram possível a utilização do trabalho livre, não tivessem os fazendeiros de café e de açúcar encontrado alternativas para o trabalho escravo, não tivesse o parlamento passado uma legislação emancipadora que condenava a escravidão a desaparecer gradualmente, não tivesse a campanha abolicionista convencido amplos setores da população da injustiça do cativeiro e da legitimidade do protesto do escravizado e a revolta dos escravos teria, de modo provável, sido violentamente reprimida, como sucedera tantas vezes durante o período colonial. E provavelmente nem mesmo os escravos teriam ousado tanto.

A ação abolicionista foi vital para a criação de uma opinião pública favorável à abolição. Faltasse a pressão que os abolicionistas exerceram no parlamento, forçando a passagem de leis emancipadoras (ainda que elas fossem, de imediato, relativamente inócuas); faltasse seu trabalho de educação da opinião pública, ora apelando para o sentimentalismo do povo, ora falando aos interesses dos fazendeiros ao argumentar em favor da superioridade do trabalho livre; faltasse o trabalho dos grupos mais radicais que instigaram os escravos a fugirem e lhes deram cobertura, a abolição não teria ocorrido em maio de 1888. Por isso, têm razão os que valorizam a ação abolicionista. Mas seria ingênuo pensar que os abolicionistas poderiam ter se organizado e ser bem-sucedidos não tivessem as condições econômicas internas e internacionais se alterado de modo a tornar mais viável a adoção do trabalho livre. Na falta de alternativas, os interesses escravistas mobilizados teriam tornado muito mais difícil, se não impossível, o trabalho dos abolicionistas. Essa foi a situação em que se encontraram José Bonifácio, Burlamaque e outros, à época da Independência, quando falharam ao usar dos mesmos argumentos utilizados cinquenta anos mais tarde com sucesso por Joaquim Nabuco em favor da abolição. Faltavam, na época da Independência, condições objetivas para a efetivação desse ideal. Não fossem, pois, as transformações ocorridas na sociedade no decorrer do século XIX, o trabalho dos abolicionistas teria sido muito mais difícil, se não impossível.

A intensificação da ação abolicionista acarretou uma radicalização do processo, a partir dos anos 70. Os fazendeiros organizaram centros de lavoura, clubes secretos e polícia particular, com o intuito de defender pelas armas, se preciso fosse, suas propriedades; perseguiram líderes abolicionistas e expulsaram de suas comunidades juízes e advogados que, no escrupuloso exercício de suas funções, davam ganho de causa a escravos vitimados por seus senhores. Fazendeiros e asseclas atacaram jornalistas, invadiram os edifícios onde a imprensa abolicionista funcionava, desmantelando suas instalações ao mesmo tempo que controlavam as urnas para evitar que abolicionistas fossem eleitos.[27] Mas essa oposição sistemática e organizada serviu apenas para acirrar ainda mais os ânimos. Os abolicionistas intensificaram sua campanha, tornaram-se mais agressivos em suas pretensões e mais radicais em seus métodos. Como era de esperar, os conflitos ecoaram no parlamento. Nos anos que antecederam a abolição, multiplicaram-se as petições de parte a parte na câmara dos deputados. Os abolicionistas denunciavam a perseguição a seus companheiros e a violação dos direitos de liberdade de expressão garantidos pela Constituição. Os proprietários de escravos invocavam as garantias constitucionais e exigiam que o governo protegesse o direito de propriedade ameaçado, segundo eles, por elementos "subversivos e agitadores da ordem pública", que "alçavam em terras brasileiras a bandeira vermelha da Internacional". Confundindo seus interesses pessoais com os da nação, os fazendeiros vaticinaram que a abolição causaria a ruína da economia nacional e provocaria o caos social. Mas, a despeito da resistência dos proprietários de escravos e de seus representantes no parlamento, a campanha abolicionista avançou, conquistando amplos setores da opinião pública.

À medida que o movimento abolicionista progredia e a estrutura escravista revelava suas fraquezas, os defensores da ordem

---

27 Para um estudo modelar da violência antiabolicionista nos Estados Unidos, veja-se Leonard Richards, *Gentlemen of Property and Standing. Anti-Abolition Mobs in Jacksonian America*. New York: Oxford University Press, 1970. Nesse livro, Richards mostra que a violência contra os abolicionistas tem menos a ver com a hostilidade contra a ideia de emancipação e mais com o fato de que, para as elites, os abolicionistas e suas táticas de apelo às mulheres, crianças e às massas em geral aparecem como uma ameaça à ordem e aos valores hierárquicos tradicionais. Dentro dessa perspectiva, o problema da abolição da escravatura, que à primeira vista parece central, passa a ser secundário nessas manifestações. A objeção daqueles que combatem os abolicionistas é não tanto contra a emancipação dos escravos quanto contra a subversão da ordem estabelecida. No Brasil, o único autor que se preocupou em estudar a violência antiabolicionista foi Robert Toplin, que dedicou um capítulo de seu livro *The Abolition of Slavery in Brazil* a esse problema.

mudaram o conteúdo de seus argumentos.[28] Não mais falavam dos benefícios ou das vantagens da escravidão. Consideravam-na um "mal necessário" que deveria ser extinto "quando as condições o permitissem". Pressionados pela opinião pública internacional e acuados pela agitação abolicionista, aterrorizados, finalmente, pela rebelião das senzalas, os proprietários convenceram-se de que a abolição era inevitável. A partir de então, sua argumentação enfatizou a necessidade de medidas prévias que garantissem o suprimento de trabalhadores livres e assegurassem a paz social. A maioria se dispôs a aceitar a abolição, desde que os proprietários de escravos fossem indenizados. Ao final, muitos abandonaram até mesmo essa pretensão. Chegaram a desejar a abolição por acreditarem que essa medida era essencial para que a ordem social fosse restabelecida e o trabalho nas fazendas reorganizado. Os poucos que resistiram até o fim foram forçados a aceitar uma situação de fato – uma situação que não desejavam, mas que não puderam evitar.

A abolição não provocou a catástrofe social vaticinada pelos defensores da ordem, não levou a nação à ruína e ao caos, embora, certamente, tenha significado para alguns proprietários de escravos a ruína pessoal e a perda de *status*. A abolição não correspondeu tampouco às expectativas dos abolicionistas. Ao contrário do que estes esperavam, ela não representou uma ruptura fundamental com o passado. As estruturas arcaicas de produção, a economia essencialmente monocultora e de exportação, vulnerável às oscilações do mercado internacional, o monopólio da terra e do poder por uma minoria, a miséria e a marginalização política e econômica da grande maioria da população, as formas disfarçadas de trabalho forçado e as precárias condições de vida do trabalhador rural

---

28 Apesar do grande interesse que existe presentemente sobre alguns intelectuais brasileiros pela análise do discurso, faltam estudos sobre o discurso escravista e o discurso abolicionista. O único estudo desse tipo que conhecemos sobre o assunto é o de Maria Stella Bresciani. Embora reconheça que a análise do discurso pode ser de grande interesse para o historiador, quero deixar claro que, para mim, ela só faz sentido na medida em que, ao lado dos métodos típicos da análise linguística, o historiador se preocupe em responder às questões: quem fala, quando fala, em que circunstâncias, por que, para que e para quem. Só a partir daí pode uma análise de texto fazer sentido.

sobreviveram à abolição. Realizada principalmente por brancos e negros ou mulatos pertencentes à sua clientela, legitimada por um ato do parlamento, ratificada pelas classes dominantes, a abolição libertou os brancos do fardo da escravidão, abandonando os ex--escravos à sua própria sorte.[29]

---

29 Um balanço geral da historiografia sobre a escravidão revela que os maiores avanços foram feitos pela história quantitativa. Por isso, conhecemos hoje com maior exatidão as taxas de natalidade, fertilidade, mortalidade, os índices de casamentos entre os escravos, o volume do tráfico interno e internacional, a curva de idade, o número de manumissões, a porcentagem de homens e mulheres na população e de escravos qualificados e não qualificados, trabalhadores do campo, domésticos, artesãos etc. Muito menos se fez no sentido de se estudar o processo abolicionista. A maioria dos estudos concentrou-se nas regiões cafeeiras inicialmente desbravadas e poucos ousaram abrir novos caminhos. Faltam estudos sobre o abolicionismo e os abolicionistas. Nesse sentido, é de estranhar o silêncio que paira sobre o papel da mulher na abolição. Igualmente surpreendente é a falta de estudos sobre os líderes abolicionistas negros como Patrocínio, Gama, Rebouças e outros. Faltam também estudos de detalhe sobre o processo político da abolição. Pouco se sabe sobre o comportamento dos membros dos vários partidos e os grupos que representam. Como a maioria dos estudos publicados nos últimos anos dedicou-se a estudar o escravo nas regiões cafeeiras, pouco se acrescentou no nosso conhecimento sobre o escravo em regiões que não são de plantação e em outros estados do país. Mesmo áreas de plantação, como a Bahia ou o Maranhão, ainda aguardam estudos mais completos. Num seminário da Unicamp, o professor Roberto Martins chamava a atenção para a importância de se estudar em Minas a população escrava que vive em áreas que não são de plantação. Faltam também estudos sobre os escravos urbanos e sua participação no movimento abolicionista, suas relações com os negros livres. Igualmente útil seria um estudo sobre a imprensa abolicionista, que só muito superficialmente foi analisada até agora. Finalmente, é preciso que no estudo dos escravos os historiadores voltem seu interesse para o estudo da história do escravo, seu processo de socialização, suas formas de acomodação e resistência, seus cultos, suas crenças. Esse tem sido um campo praticamente ignorado pela maioria dos que se têm dedicado ao estudo da escravidão nos últimos anos.

PARTE I

ASPECTOS ECONÔMICOS DA DESAGREGAÇÃO DO SISTEMA ESCRAVISTA

CAPÍTULO 1

A EXPANSÃO CAFEEIRA E A MÃO DE OBRA ESCRAVA

Primeiras plantações de café e substituição das lavouras de cana pelos cafezais

É impossível datar exatamente o início da produção cafeeira nas províncias que se tornarão os principais centros exportadores desse produto durante todo o Segundo Império. As primeiras informações que possuímos se referem a uma precária produção do Rio de Janeiro, ainda na época colonial, nos fins do século XVIII. Essa produção desenvolve-se rapidamente. Exigente quanto às condições de clima e de solo, necessitando terras férteis, temperatura sem oscilações excessivas, pluviosidade bem distribuída durante todo o ano, sem épocas de secas prolongadas, o café encontrará nessas regiões seu *habitat* ideal. Em pouco tempo, seu cultivo se generaliza. Balbi, em 1796, indica a produção de 8.495 arrobas para o Rio de Janeiro. Já nos primeiros anos do século XIX começa a aumentar também a exportação pelo Porto de Santos. Spix e Martius e Eschwege referem que ela oscila entre mil (1804) e dez mil (1813) arrobas, nos primeiros anos deste século. Mas o resultado das tentativas que se fazem nos arredores do Rio de Janeiro e nas regiões paulistas, onde o agricultor ensaia o plantio de café ao lado do açúcar e do algodão, só se torna significativo pouco tempo antes da independência. Em 1818, o Rio de Janeiro produzia de trezentas a quatrocentas mil arrobas. Nessa época, entretanto, ainda estamos longe da produção maciça de meados do século.

O plantio de café foi estimulado pela solicitação crescente do produto, por parte dos países europeus, principalmente depois de cessadas as convulsões político-econômicas provocadas pelas guerras napoleônicas e pelo Bloqueio Continental. No mesmo sentido agiu a demanda dos Estados Unidos, que atravessavam um período de progresso e melhoria geral de nível de vida. A partir de então, o café conquistou novas áreas nas regiões fluminenses. À medida que o seu valor crescia, dentro do quadro da economia nacional, o interesse pelo seu plantio aumentava.

Até 1830, o Vale do Paraíba fora uma zona de pioneirismo. Fortemente encravado entre as encostas das serras atlânticas e os contrafortes da Mantiqueira, revelara-se desde a época colonial uma via de passagem natural. Do Rio de Janeiro a São Paulo, ou a viagem se fazia por mar até São Vicente e daí se seguia depois para o interior do Planalto pelos árduos trilhos que cortavam a serra, ou se embrenhava o viajante pelas picadas que acompanhavam o Vale do Paraíba, que serviam também de via de acesso às Gerais. Nos primeiros anos da colonização, o pequeno desenvolvimento dessas paragens não possibilitara um povoamento eficaz. A mata persistiu agreste até o avanço dos cafezais.

Já no século XVIII, o desenvolvimento dos altiplanos centrais pela exploração do ouro na região das Gerais e o deslocamento da capital para o Rio de Janeiro tinham intensificado a circulação no vale. Os pousos se multiplicaram. Em torno dos pontos de parada obrigatórios das tropas que demandavam o sertão, surgiram os primeiros núcleos de povoamento, e as lavouras avançaram sobre a mata. As clareiras que resultaram dessa ocupação eram modestas, comparadas à pujança da floresta tropical que recobria, ainda por ocasião da viagem de Spix e Martius, as terras férteis e humíferas do vale, e as encostas dos primeiros contrafortes. Nessa época, os pioneiros do café avançavam na disputa das terras e a derrubada se iniciava. A mata foi pouco a pouco substituída pelos cafezais, e os pequenos sitiantes empurrados pelo avanço da grande propriedade. Com ela, vieram grandes levas de escravos.

DA SENZALA À COLÔNIA 63

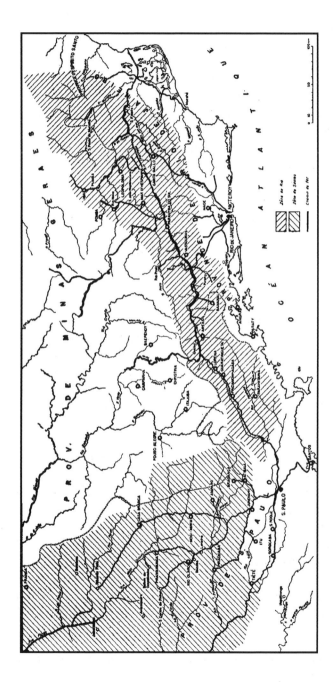

Mapa da área cafeeira em 1884, onde se notam distintamente as duas áreas: a do Vale do Paraíba e a do Oeste Paulista. (Tirado do livro de Van Delden Laerne. *Le Brésil et Java*, Rapport sur la culture du café en Amérique, Asie er Afrique.)

Nos primeiros tempos, a cana-de-açúcar, o algodão, os cereais, o feijão, a mandioca, a criação de porcos, constituíam os produtos básicos da economia dessas paragens. Quando Saint-Hilaire visitava pela segunda vez a Província de São Paulo, teve ocasião de observar a substituição dessas culturas primitivas pelo café, ou pelo menos seu cultivo simultâneo. A partir de então, este foi desbancando os demais produtos cuja área de cultivo se foi retraindo.

Quarenta anos mais tarde, percorrendo caminho que em alguns aspectos se assemelhava à rota feita por Saint-Hilaire, outro viajante observava o desaparecimento progressivo das culturas alimentícias e da cana, e a extensão dos cafezais.[1] Referindo-se a Areias, dizia que "a sua exportação consistia em café, visto que os gêneros alimentícios já não chegavam para o consumo". Também em Queluz, ocorria o mesmo. Fazia-se vir de Minas os gêneros de primeira necessidade que, daí, eram reexportados para os mercados vizinhos.

Esse fenômeno se verificava em outros municípios, onde as culturas cafeeiras se haviam alastrado. Silveiras, cuja lavoura principal era o café (exportando, por ano, cerca de 150 mil arrobas), colhia também cana. Entretanto, os gêneros alimentícios que, nos anos anteriores, chegavam para exportar, não bastavam em 1860 para a população local.

A substituição das antigas culturas pelo café era observada também na região do "Oeste". Na zona de Campinas, em menos de vinte anos, plantações de cana e gêneros alimentícios, que haviam constituído a grande riqueza do passado, tinham sido substituídas pelos cafezais. Em 1860, essa zona já rivalizava com Bananal, o maior centro produtor de café. A cultura da cana e o fabrico da aguardente, entretanto, não haviam desaparecido, continuando a ser explorados com vantagem.

Campinas se firmara como importante centro comercial de comarcas distantes, quer da Província de São Paulo, quer de Minas Gerais. Estas lhe enviavam seus produtos: algodão, toucinho, feijão, queijo, que, daí, eram redistribuídos. Só de Franca chegavam, naquela época, de quinhentos a setecentos "vagões"

---

1 Augusto Emílio Zaluar, *Peregrinação pela Província de São Paulo* (1860-1861). São Paulo, 1953.

DA SENZALA À COLÔNIA 65

que eram remetidos para Santos e Rio de Janeiro, em carretas e tropas de mulas.[2]

Por toda parte, nas zonas cafeeiras os fazendeiros reduziam as áreas dedicadas aos gêneros de primeira necessidade, preferindo importá-los de outras regiões, para poderem dedicar-se mais às plantações de café. No início da década de 1850, tendo este atingido alta cotação e estando ainda os víveres a preços relativamente baixos, os lavradores tinham abandonado as lavouras de milho, mandioca, feijão e arroz, dando preferência às culturas de cana e café, mais rendosas.

O café oferecia, entretanto, maior margem de lucro, exigia menos capitais, cuidados mais simples e estava menos sujeito às avarias inerentes ao mau estado das vias de comunicação do que o açúcar, o que fez que os canaviais fossem sendo substituídos pelos cafeeiros. Todavia, em 1852, não obstante essa tendência, a cultura da cana não era considerada decadente. No mapa das fábricas agrícolas de São Paulo, anexo ao Relatório de Nabuco de Araújo, eram relacionadas 466 fábricas de açúcar e 395 de café. Este predominava no Vale do Paraíba, enquanto no centro-oeste paulista aparecia lado a lado com a cana.

Nessa ocasião, o governo empenhava-se em providenciar melhoramentos a serem introduzidos na cultura da cana encomendando mudas (Lei Provincial n.925, de 23 de abril de 1849) e cogitando de mandar estudar, nas províncias do Norte, técnicas mais aperfeiçoadas no fabrico do açúcar.[3]

Limeira, Rio Claro, Moji-Mirim e Jundiaí, embora cultivassem café, eram ainda predominantemente açucareiras, enquanto Itu, Capivari e Porto Feliz o eram de maneira quase exclusiva. Numa relação de 2.618 fazendas de café e 667 fazendas de açúcar localizadas na Província de São Paulo, constava que as primeiras mantinham 55.834 escravos, 4.223 agregados e 2.159 colonos, enquanto, nas fazendas de açúcar, viviam 15.641 escravos, 698 agregados e, apenas, dez colonos.

No Rio de Janeiro, a cultura cafeeira que, inicialmente, se praticou nos arredores da cidade, se expandira pela zona de Vas-

---

2 J. J. Von Tschudi, *Viagem às províncias do Rio de Janeiro, São Paulo*. São Paulo, 1953. p.173 (Biblioteca Histórica Brasileira).

3 *Anais da Assembleia Legislativa da Província de São Paulo*, 1858, p.172.

souras, Valença, Paraíba do Sul, São João Marcos e Resende. Só mais tarde, por volta de 1840, atingiu a zona oriental, que logo se tornará uma das maiores produtoras, tendo Cantagalo como um dos centros principais.

São João Marcos, Vassouras, Resende, Barra Mansa, Valença, Paraíba do Sul cederam importância a Itaperuna, Cantagalo, Madalena, São Francisco de Paula, Bom Jardim, Cambuci. O café migrou para áreas mais jovens, à procura de terras virgens. Nas regiões mineiras, o café foi plantado desde o início do século. Os principais núcleos localizaram-se na zona da mata, pela sua maior proximidade com a Província do Rio de Janeiro, por onde, necessariamente, teria que se escoar a produção. Os cafezais espalharam-se pelos municípios de Mar de Espanha, Juiz de Fora, Leopoldina, Cataguases e Ubá. Isolada, distante dos portos de exportação, cortada por precárias vias de comunicação, a província mineira via limitada sua produção a um gênero de alto valor e carga relativamente pequena: um produto cujo preço permitisse suportar o ônus dos fretes correspondentes às grandes distâncias dos portos, e que pudesse simultaneamente arrostar as vicissitudes do transporte rudimentar então utilizado, permanecendo à noite em ranchos abertos e úmidos, viajando dias e dias, sujeito às chuvas inesperadas e à inclemência do sol. Esse produto era o café. O "ouro verde dos cafezais iria substituir o ouro fulvo das minerações".[4] Famílias das antigas zonas de mineração povoaram os distritos novos das regiões fluminense e paulista dedicando-se à lavoura do café. Caratinga, Teófilo Otoni, Carangola, Muriaé, Ponte Nova, Conceição, Monte Santo, Viçosa, Ouro Fino cobriram-se também de cafezais e de estradas novas. Outro grande núcleo cafeeiro foi o vale do Rio Preto.

Com a inauguração da estrada União e Indústria, em 1861, ligando o Rio de Janeiro a Juiz de Fora, e graças às ramificações empreendidas, tornou-se mais fácil o escoamento da produção dessas regiões. Por sua vez, a estrada de ferro Pedro II que, em 1864, chegava com seus trilhos a Barra do Piraí, atingia Entre Rios, três anos depois, seguindo para Barra Mansa e Juiz de Fora, servia as

---

4 Luís Amaral, *História geral da agricultura brasileira*. São Paulo, 1940, t.3, p.85.

DA SENZALA À COLÔNIA 67

regiões cafeeiras de Mar de Espanha e municípios vizinhos. Graças a essa rede ferroviária, crescerá acentuadamente a produção de café mineira, que triplicara em um decênio, passando de 757.773 arrobas na safra de 1857-1858 para 2.149.354 em 1867-1868.[5] Na Província de São Paulo, observava-se o mesmo fenômeno: a construção de ferrovias possibilitava a expansão maior em direção ao interior.

Predominância do trabalho escravo

Com o café vinha o escravo. Ele fora, desde os primórdios da colônia, a mão de obra preferida. A tradição datava do quinhentismo. Em São Paulo, nunca chegara a existir um número de escravos comparável ao das regiões do Nordeste ou da zona de mineração. Vegetara nos primeiros séculos enquanto a economia açucareira no Nordeste e o ouro nas Gerais traziam grande prosperidade àquelas áreas. O negro existia, mas em pequeno número. O tipo de economia vigente não comportava grandes concentrações de escravos. Foi o desenvolvimento da produção açucareira no século XVIII e, principalmente, na primeira metade do século XIX que contribuiu para o aumento da população escrava.

Mesmo assim, em 1823, enquanto em Minas e no Rio de Janeiro havia, respectivamente, 215 mil e 150.500 escravos, Bahia e Pernambuco possuíam 237.458 e 150 mil aproximadamente, São Paulo contava, apenas, 21 mil.[6] Maiores cifras registravam-se, nessa época, no Espírito Santo, Alagoas, Pará, Maranhão e Goiás.

No Rio de Janeiro a situação era outra; fora capital desde 1763, tornara-se já no século XVIII o grande porto escoador da riqueza das Minas Gerais, e por onde entravam muitas mercadorias destinadas ao seu abastecimento. A economia da região passara a estar ligada, desde aquela época, às zonas de mineração. Cultivava-se açúcar na baixada fluminense. Depois, fora a vinda da Corte

---

5 A. E. Taunay, *Pequena história do café no Brasil*. Rio de Janeiro, 1945, p.103.
6 Stanley Stein, *Grandeza e decadência do café no Vale do Paraíba*. São Paulo, 1961, p.353.

portuguesa que dera vida a essa província. O ritmo da economia se intensificara. Novo mercado consumidor surgira, novas exigências, um nível de vida mais alto. Tudo isso justifica aquela concentração de negros no Rio de Janeiro já em 1823. Em Minas, a extração do ouro exigira, no século XVIII, grande número de braços. Ao iniciar-se a expansão cafeeira, o excedente de mão de obra deixado pela economia aurífera em decadência irá suplementar as necessidades da lavoura. Foi o café o grande responsável pelo aumento do número de escravos e pela modificação das estatísticas. São Paulo passará, com o Rio e Minas, a deter, em 1887, 50% da população escrava do país. Os lavradores que avançavam pelo interior do vale fluminense e se fixavam nas terras paulistas e mineiras não encontravam outra solução para o problema de mão de obra.

Certamente não ocorreria àqueles fazendeiros, tradicionalmente habituados à solução escravista, buscar outras fórmulas numa época em que o abastecimento de escravos continuava sem obstáculos. Desde tempos imemoriais, gerações e gerações haviam-se utilizado do negro. Toda uma mentalidade senhorial e escravista se forjara durante os séculos de economia colonial, o recurso ao trabalho livre não parecia necessário quando o escravo provara até então sua eficácia. Nenhum motivo parecia existir para que se rompesse essa tradição. Nem mesmo o da incongruência que existia no fato de uma nação, que se tornava politicamente independente e inseria em sua carta constitucional a afirmação de que todos eram iguais perante a lei, conservar o sistema escravista. Essa contradição que a um espírito lúcido e não vinculado à visão deformada do escravismo teria necessariamente que aparecer como um paradoxo, uma contradição insustentável preocupava a muito poucos nessa época. Em 1822, a sociedade não havia ainda amadurecido para a compreensão desse contrassenso. Raros foram aqueles que, como José Bonifácio, sentiram-se pouco à vontade diante de uma Constituição que igualava todos perante a lei e revestia-se de fórmulas liberais copiadas de Constituições europeias, principalmente a francesa, no que se refere às garantias dos direitos do homem e do cidadão, ao mesmo tempo que permitia a persistência do regime servil, com todo seu quadro herdado do Brasil colonial.

Com a independência não houve solução de continuidade na estrutura agrária. A fazenda de café se organizara nos primeiros

DA SENZALA À COLÔNIA

tempos dentro dos moldes típicos dos latifúndios coloniais. Economia de exportação, de um produto tropical único, sujeito às oscilações do mercado internacional: assim fora a exploração do açúcar e será, também, a do café. Cultura de tipo extensivo, a exigir grandes latifúndios, de onde estavam ausentes processos de mecanização, quer por falta de maquinarias adequadas nessa primeira fase da Revolução Industrial, quer principalmente pela incompatibilidade entre a permanência do regime escravista e a mecanização, obrigava a utilização de mão de obra numerosa. Os serviços eram muitos e contínuos nesses primeiros anos de pioneirismo. A mata tropical, de sub-bosque denso, cheia de liames intrincados, de árvores frondosas, precisava ser derrubada. Esse era um trabalho rude e penoso, principalmente numa época em que só se dispunha de machados e foices. Depois o preparo da terra, o plantio, as construções, as carpas, as roças onde se cultivava o necessário para o sustento das fazendas, o trato dos animais, numerosos então, pois representavam o único meio de transporte disponível. A atividade era incessante e exigia mão de obra abundante, variada e adaptada a serviços rústicos e grosseiros.

As primeiras regiões onde se abriram fazendas eram de pequena densidade demográfica (salvo nas antigas zonas açucareiras, onde foi introduzido o café). Impossível recorrer, portanto, à mão de obra local. Os fazendeiros precisavam trazer consigo os trabalhadores para as suas fazendas. Onde buscá-los? Provocar uma migração interna? Isso só seria possível se houvesse condições atraentes de trabalho. Que atrativos poderiam oferecer os fazendeiros à mão de obra? Nos primeiros tempos não havia lucros, tudo era investimento, era preciso aguardar alguns anos até que o café começasse a produzir. Esses eram os anos de espera. Recorrer à imigração estrangeira? Mas as tentativas feitas com colônias, já na época de D. João VI, tinham fracassado. Certamente havia razões que explicavam esse malogro e o imigrante que viesse para as fazendas de café o faria em condições diversas daquelas. Mas poucos se dariam conta disso, nesse tempo. Além do que havia um grande empecilho: os imigrantes não vinham espontaneamente para o Brasil, como iam para os Estados Unidos. Era preciso provocar, organizar, conduzir a imigração. As dificuldades para utilização da mão de obra estrangeira desencorajavam, nessa época, tais iniciativas.

A solução parecia clara e única: utilizar o escravo. Este ia para onde seu senhor quisesse, ocupava-se das atividades que lhe fossem atribuídas, morava onde o senhor mandasse, comia o que ele lhe desse, e o que era mais importante: oferecia uma continuidade, uma permanência, que não era de esperar de um trabalhador livre, que a qualquer momento poderia abandonar a fazenda e deixar uma safra por colher. A não ser que fosse escravizado de uma outra forma qualquer pelo endividamento – fórmula tão frequentemente usada no Brasil, na Amazônia, no Paraná, em Mato Grosso etc. Além disso, aceitar o trabalho livre era abdicar de uma parcela de autoridade profundamente arraigada na mentalidade senhorial. Era colocar-se nas mãos do trabalhador. Era ter que ouvir suas pretensões e cedo ou tarde medir-se com ele, quem sabe até numa situação de inferioridade. Isso seria para o senhor uma inversão da "ordem natural".

Havia ainda um outro aspecto: o escravo representava uma despesa permanente, era preciso alimentá-lo, ele adoecia, era preciso tratá-lo, fugia às vezes, mas entre o que se gastava com o escravo e o que se lucrava havia ainda uma margem compensadora. Podia-se comprimir até o mínimo vital às suas necessidades. Seu nível de vida era ditado pelo interesse do senhor. E o mais importante é que representava sempre um capital empatado e negociável. O escravo era, além de tudo, mercadoria: mercadoria que, em caso de necessidade, podia ser vendida ou alugada, possuindo, assim, um duplo valor: valia o que produzia e valia como mercadoria. Além de quê, possuir escravos conferia ao indivíduo posição social. Sabe-se de senhores que colecionavam escravos como colecionavam fazendas. Pelo prazer de sentirem-se importantes e de serem apontados pela coletividade como pessoas de relevo e projeção.

Eis por que, em pleno século XIX, o Brasil se afirmava como país independente e incorporava à sua Constituição as fórmulas liberais europeias, ao mesmo tempo que conservava o regime servil, ligado que estava ao passado colonial. Juridicamente, o país era independente, novas possibilidades se abriam para a economia, mas a cultura do café se organizava ainda nos moldes coloniais, e com ela se prolongava o sistema escravista. Herdava-se uma solução econômica: o latifúndio exportador escravista, uma tradição cultural: a mentalidade senhorial, um hábito a escravidão. Diante da inexequibilidade momentânea de outras soluções, o "regime

DA SENZALA À COLÔNIA 71

servil" foi o adotado. Com a prosperidade do café tornavam-se mais remotas, nessa primeira fase, as possibilidades de evoluir rapidamente para o trabalho livre.

Participação do trabalhador livre

Entretanto, mesmo nas zonas rurais, este nunca chegará a desaparecer totalmente. Insignificante dentro do quadro geral, persistia em certas funções. Os feitores e os carreiros eram, frequentemente, homens livres, às vezes negros, antigos escravos alforriados. Mas era principalmente nos serviços mais perigosos, em que os fazendeiros temiam arriscar seus escravos, que o trabalhador livre era empregado. Empreitava-se a derrubada e a roçada. Ainda quando Van Delden Laerne percorreu as províncias cafeeiras, deixando-nos o informe mais detalhado que possuímos sobre o cultivo do café, era costume empreitar-se a roçada e a derrubada, pagando-se de cem a 130 mil-réis o alqueire. Para a derrubada da mata, pagava-se nessa época, na zona do Rio, de 75 a 80 mil-réis, a seco, e para a mesma extensão de capoeira ou capoeirão, de 35 a 50 mil-réis. Já na zona de Santos, o alqueire de mata derrubada era pago de 60 a 80 mil-réis e a capoeira a 30 e 40. Nas propriedades, onde o número de escravos era pequeno, na época de maior atividade, quando os serviços redobravam, como por ocasião da roçada anual ou da colheita, costumava-se alugar escravos ou contratar homens livres que eram pagos à razão de dois mil-réis por dia, a seco, ou 15 a 25 mil-réis por mês com comida.

Alguns pequenos proprietários que haviam cedido diante da marcha avassaladora do latifúndio, incapazes de resistir ao mecanismo jurídico da apropriação da terra pelo mais forte, permaneceram agregados às fazendas, como camaradas ou artesãos, constituindo a clientela do proprietário. A maioria provavelmente refluiu para as cidades, que brotavam e se desenvolviam em razão da riqueza rural. Esse processo de desapropriação, a que foram submetidas as populações mais pobres, não se deu sem conflitos e resistências. Em 1858, por exemplo, os agregados do barão de Piabanha promoveram um movimento que resultou na intervenção policial, tendo sido presos por ordem do juiz municipal do termo alguns indivíduos, sob a alegação de que haviam invadido e devastado as terras do barão. Os revoltosos impediram a prisão de seus companheiros, opondo-se a que fosse efetuada a diligência policial. Chegaram mesmo a pôr em risco a vida de um dos filhos do proprietário, aglomerando-se em frente à sua residência, na Fazenda do Travessão, em atitude ameaçadora. Dera lugar à revolta uma interpretação da lei das terras que fez crer a alguns que lhes assistia o direito de poder legitimar a posse dos terrenos que vinham cultivando, por consenso do proprietário, durante mais de dez anos. Essa crença levara à insurreição agregados de outras fazendas que, em idênticas circunstâncias, pleiteavam como em causa comum. A repressão policial não se fez esperar. O delegado tratou logo de tomar providências, reunindo as forças de que dispunha e fazendo prender os cabeças do movimento. Oficiou à Administração Provincial, tendo recebido reforço. O destacamento de Petrópolis e uma força de dezesseis praças de cavalaria do corpo policial foram enviados e o chefe de polícia da província seguiu com um contingente de Permanentes da Corte. Os amotinados foram presos e alguns dispersados. Ficava assim acautelado o interesse dos proprietários.[7]

Em algumas regiões, o trabalho livre persistiu, pois, sob a forma de meação (parceria) ou arrendamento dedicando-se ao cultivo de gêneros de primeira necessidade. A situação do trabalhador livre, entretanto, não deveria ser muito melhor do que a do escravo: sem propriedade, recebendo salários ínfimos, produzindo pouco, podia ser mandado embora a qualquer hora, não tendo para onde ir. A facilidade de obter mão de obra escrava reduzia as possibilidades do trabalhador livre que não tinha a quem alugar a sua força de trabalho.

Vicissitudes do tráfico

A Inglaterra, desde 1807, abolira o comércio de escravos em suas colônias. Tentara suprimir o tráfico de escravos para o Brasil, aproveitando-se das obrigações em que ficara o monarca

---

7 *Relatório apresentado à Assembleia Legislativa da Província do Rio de Janeiro pelo Conselheiro Antônio Nicolau Tolentino.* Rio de Janeiro, 1858.

DA SENZALA À COLÔNIA 73

português em 1808, quando da sua evasão de Portugal, auxiliado pela marinha britânica. Em 1810, entretanto, D. João VI apenas fazia promessas vagas no sentido de cooperar na campanha contra o tráfico, ao mesmo tempo que restringia a ação de seus súditos aos territórios africanos sob domínio de Portugal, o que, aliás, já era uma situação de fato. Em 1815, voltava o governo britânico ao assunto, durante o Congresso de Viena. Decidiu-se então a cessação do tráfico ao norte do Equador. Com isso, ficava o comércio de escravos privado de algumas fontes de abastecimento que tradicionalmente serviam ao Brasil, entre as quais a Costa da Mina. A Inglaterra, terminadas as guerras napoleônicas, desembaraçada de seus encargos bélicos, voltava-se mais assiduamente contra o tráfico e navios ingleses percorriam os mares, pilhando e apresando barcos que transportavam negros ou eram suspeitos de se ocuparem desse comércio. Conseguira, desde 1817, o direito de visita em alto-mar a esses navios.

O governo português concordava em decretar a suspensão do tráfico no mais breve prazo possível. Na realidade, nada fez de concreto para cumprir o compromisso assumido e o tráfico continuou a ser feito livremente.[8]

Por ocasião da Independência, nova investida por parte da Inglaterra. Suas pretensões foram consubstanciadas no tratado de 1826, feito entre o governo brasileiro e o governo britânico, o qual formalizou o reconhecimento da Independência do Brasil. Além de outras concessões, concordava o governo brasileiro em

---

8 As apreensões de navios brasileiros por barcos ingleses deram margem a numerosas queixas e reclamações de indenização por parte dos proprietários, todas as vezes em que não se positivou a presença de escravos. Ambos os governos foram obrigados a intervir. As presas montavam em 1826 a enorme soma de 4.500.000$000 reclamada pelos proprietários, através do governo brasileiro junto ao governo britânico. Em 1840, numa publicação intitulada "Justificação das reclamações apresentadas pelo governo brasileiro ao de S. M. Britânica pelo que respeita às presas feitas pelos cruzadores ingleses na Costa Ocidental d'África", dizia-se "em quanto a Inglaterra não cumprir de sua parte as obrigações concernentes ao tráfico da escravatura elle [sic] jamais poderá conseguir do Brasil Tratado ou Convenção alguma; e então nós provaremos ao governo inglês que as nações pequenas também têm direitos e meios de os fazer respeitar e tornar effectivos". A acirrar os ânimos havia, ainda, a questão das numerosas presas do Rio da Prata.

endossar acordos anteriormente havidos entre a Inglaterra e Portugal no que se referia ao problema da escravidão e do tráfico e, ao mesmo tempo, se comprometia a proibir definitivamente o tráfico dentro de três anos, isto é, em 1830, uma vez que os trâmites do acordo se prolongaram até 1827. A partir de então o comércio de negros seria considerado pirataria e punido severamente.

Todos esses compromissos foram insuficientes para deter ou mesmo cercear a importação de escravos.

O café se firmava definitivamente por volta de 1830 nas regiões do Vale do Paraíba fluminense. Passava-se das incertezas do pioneirismo para uma época de grande desenvolvimento. A pequena propriedade não pudera resistir ao latifúndio. A cultura de café exigia grandes investimentos: a terra, as construções e os escravos. A imobilização do capital durante largo período eliminava os pequenos concorrentes. O trabalho livre não podia concorrer com o escravo. Tudo levava a que cada vez mais se recorresse aos mercados africanos. A procura de negros aumentou. Enquanto nos tratados políticos a nação se comprometia a fazer cessar o tráfico, o interesse da lavoura exigia, cada vez mais, mão de obra escrava abundante, e o tráfico se intensificava. A sorte do café e dos escravos estava unida nesses primeiros tempos. A riqueza do senhor era medida pelo número de pés de café que possuía em sua fazenda e pelo número de negros.

A urgência de mão de obra crescia à medida que as plantações de café se multiplicavam. O tráfico mantinha-se intenso. Difícil seria hoje calcular o número exato de negros encaminhados para essas regiões. A divergência de dados fornecidos pelos vários autores impede qualquer avaliação conclusiva. Pode-se, quando muito, fazer cálculos aproximados. As certidões passadas pelo escrivão da Guarda Costa, referentes a direitos pagos na alfândega do Rio de Janeiro, registram 35.303 escravos entre 1801 e 1804, cerca de nove mil escravos por ano. Edmundo Correia Lopes, compulsando nos arquivos portugueses os registros de informações sobre escravos entrados no Rio de Janeiro e provenientes de Angola e Benguela entre 1805 e 1828, encontrou referências a 77.797 provenientes de Angola e 39.194, de Benguela. Já para os anos de 1821, 1822 e 1823, Humboldt fala em cerca de vinte mil por ano e Walsh, em *Notices of Brazil*, refere para o período

DA SENZALA À COLÔNIA   75

de 1820 a 1829 a trinta mil negros entrados anualmente pelo porto do Rio.[9] Por mais imprecisos ou discordantes que sejam esses dados, uma coisa eles provam: o tráfico continuava, a despeito de todas as medidas restritivas e provavelmente intensificou-se.

Em 1831, obedecendo aos acordos feitos com a Inglaterra, a Regência decretava a lei que declarava livre todos os escravos vindos de fora do Império e impunha severas penas aos importadores. Além de penalidades comparáveis às aplicadas àqueles que reduziam à escravidão pessoas livres (artigo 179 do Código Criminal) e da multa de duzentos mil-réis por escravo importado, deviam os traficantes pagar as despesas de sua reexportação para qualquer parte da África. Para os efeitos da lei, eram considerados importadores não apenas os membros da tripulação: comandante, mestre ou contramestres, mas todos os interessados no negócio: os que fornecessem fundos, auxiliassem o desembarque, os que cientemente comprassem escravos (estes ficando só subsidiariamente sujeitos às despesas de reexportação). Finalmente, procurava-se recompensar aqueles que, de qualquer modo, contribuíssem para a apreensão das embarcações criminosas ou dos escravos ilegalmente desembarcados.[10]

A lei revelou-se ineficaz em face da realidade que a desmentia. O tráfico prosseguiu com a mesma intensidade. Sebastião Ferreira Soares registra a entrada de 371.615 escravos no período de 1840-1851, enquanto, entre 1840 e 1845, a média fora de vinte mil por ano. Esses dados são acompanhados de perto pelas estatísticas do Foreign Office, as quais dão, de 1842 a 1851, cerca de 325.615.[11]

---

9 Balbi fala em 22 mil escravos anualmente. Maria Graham fornece dados sobre a entrada de negros na Alfândega do Rio para os anos 1821 – 21.199 escravos e, para 1822 – 29.934, de Quilemane, Luanda. Pelas listas dos navios chegados ao Rio provenientes da África durante os meses de novembro e dezembro de 1836, verifica-se maioria de Benguela e Angola, em menor escala de Moçambique e Ambris (*Correspondence with British Commissioners at Sierra Leone, The Havana, Rio de Janeiro and Surinan relating to slave trade*. London, 1836, p.263 ss).

10 *Livro do Estado servil e respectiva libertação*. Rio de Janeiro, 1876, p.3-5.

11 Sebastião Ferreira Soares, *Notas estatísticas sobre a produção agrícola e carestia dos gêneros alimentícios no Império do Brasil*. Rio de Janeiro, 1860, p.134. Sobre esses dados, consulte-se ainda Tavares Bastos, *Cartas do solitário*; Antônio Pereira Pinto, *Coleção completa de tratados*; Perdigão Malheiros, *A escravidão no Brasil*. Rio de Janeiro, 1866, 3v.; Maurício Goulart, p.270.

Vários recursos foram utilizados pelos negreiros para prosseguirem no comércio ilícito. Até bandeiras de outras nações eram hasteadas para confundir os perseguidores britânicos.[12] No ano de 1835, o juiz de direito de Ilha Grande encontrava sérias dificuldades para reprimir o contrabando. Dizia que toda a população estava envolvida no tráfico, por necessidade, relações familiares, medo ou má orientação e isso parecia suceder em toda a costa brasileira. Durante o período de suas funções nessa localidade, tivera conhecimento de 22 desembarques clandestinos. Por sua atitude contra o tráfico, sentia-se ameaçado e em perigo de vida.[13] No mesmo sentido oficiava o juiz de Angra dos Reis às autoridades superiores, mencionando, ainda, a falta de policiamento e a desorganização em que se encontrava a guarda nacional.

Chegou-se até a cogitar da revogação da lei. Interpretando o pensamento dos interesses agrários e do tráfico, Bernardo Pereira de Vasconcelos proporá em 24 de junho de 1835 uma emenda revogando a lei de 7 de novembro de 1831. Não faltaram representações de câmaras municipais dirigidas ao parlamento no mesmo sentido. A câmara de Barbacena representava, em 26 de julho de 1835, a de Barra Mansa e de Paraíba do Sul redigiam, em agosto, ofícios do mesmo teor. A assembleia provincial de Minas Gerais solicitou a revogação como "medida higienizadora", uma vez que o dispositivo legal era reiteradamente violado, sob as vistas das autoridades.[14] A despeito dessas tentativas, a lei foi mantida, embora sem nenhuma expressão real. Alguns anos depois da sua decretação já não mais se exigia a repatriação dos escravos importados, considerados livres desde 1831. Ficavam eles entregues a alguns fazendeiros. Esse afrouxamento correspondia provavelmente à predominância da elite cafeeira do Vale, na política.[15]

As autoridades brasileiras não estiveram totalmente indiferentes à transgressão da lei no período que antecedeu a 1850. Procedia-se à vistoria de navios que vinham de outros portos brasileiros e que chegavam ao Rio de Janeiro, com o intuito de verificar se

---

12 *Correspondence with Foreign Powers to the Slave Trade*. London, 1830, p.239.

13 *Correspondence with the British Comissioners at Sierra Leone, The Havana, Rio de Janeiro and Surinan Relating to the Slave Trade*. London, 1836, p.233 e 251.

14 Joaquim Nabuco, *O abolicionismo*. Rio de Janeiro, 1938, p.10.

15 Caio Prado Jr., *História econômica do Brasil*. São Paulo, 1949, p.57.

DA SENZALA À COLÔNIA 77

ocultavam algum contrabando de escravos, e as autoridades locais empenhavam-se, às vezes, em reprimir os negócios ilícitos.[16] Esses esforços isolados eram ineficazes. O tráfico e o contrabando prosseguiam impunemente. As providências tomadas pela administração eram anuladas pela ação das populações locais.

A pressão britânica continuava, mas as medidas tomadas de parte a parte tinham escasso significado. A nação toda parecia conspirar contra elas.

Pelo acordo de 1827, a Inglaterra se reservara o direito de perseguir as embarcações que se dedicassem ao tráfico, durante quinze anos, a partir da data em que fosse decretada a lei que faria cessar definitivamente o comércio escravo para o Brasil. Quinze anos se passaram durante os quais os cruzeiros ingleses se viram burlados pelos interesses escravistas. Nem a lei de 1831, com toda a sua severidade aparente, nem as represálias inglesas haviam conseguido pôr fim àquela situação. Os africanos continuavam a entrar no Brasil e, apesar de juridicamente livres, continuavam a ser escravizados.

Os interesses ligados à lavoura desafiavam a lei. Resistiam à pressão inglesa. Desrespeitavam os tratados. Todos os projetos apresentados nesse período, tendentes a reformar a lei de 1831, a conferir realidade a uma resolução que permanecia letra morta, foram sucessivamente rejeitados, invocando-se, como argumento, que a intromissão inglesa feria a honra nacional.

O comércio de escravos compensava largamente os riscos de apresamento em alto-mar. Maria Graham, que visitava o Brasil entre 1821 e 1823, conta que um mercador de escravos se dava por satisfeito se um carregamento em cada três chegasse a seu destino e que oito ou nove viagens faziam uma fortuna. Vinte anos mais tarde, comentava Suzannet que uma galeota, cujo valor da carga era avaliado em cem mil francos, ancorou na Bahia durante sua estada nessa cidade. Trazia seiscentos escravos e rendeu um milhão. Anotando esse fato, dizia que, se em dez navios apenas um escapasse, o negociante que os armara ainda conseguia cobrir as despesas. Entretanto, o que se dava era que em três galeotas enviadas para a África, apenas uma era aprisionada, o que deixava grande margem

---

16 *Mss. Arq. Nac. S. H.* códice 363. *Mss. Arq. Est. São Paulo*, cx.14, cx.32.

de lucro. Mesmo que se desconfie dos exageros desse informe, não se pode desconhecer uma realidade, que confirma pelo menos parcialmente essa observação. Em 1843, os armadores negreiros pagavam aos capitães de navio um preço médio de 140$000 por negro desembarcado, vendendo-os mais tarde por quinhentos, seiscentos e até setecentos mil-réis cada um. O capitão do barco pagava, na mesma época, em espécie, na África, o correspondente a cerca de trinta ou quarenta mil-réis por cabeça. Os prejuízos ocorridos durante a travessia, por morte ou suicídio, diminuíam o lucro. Calculava-se a letalidade média em 15% a 20%, só excepcionalmente atingindo essas cifras valores mais altos, 30%, 40% e até 50%. Não obstante, os lucros dos traficantes eram vultosos e inúmeras fortunas fizeram-se nesse comércio.

Nessa época, dedicava-se ao tráfico uma centena de barcos brasileiros e portugueses, apesar da vigilância ativa dos cruzeiros. No último trimestre de 1843, chegaram às nossas praias cerca de trinta navios. Os ingleses conseguiram capturar apenas quatro, repletos de negros. Entre 1849 e 1851, foram tomadas, condenadas e destruídas nada menos que noventa embarcações suspeitas de tumbeiras. A maior parte dos mercadores de escravos era constituída de portugueses e brasileiros. Excepcionalmente encontrava-se algum outro estrangeiro envolvido nesse comércio. Havia mesmo ex-escravos entre os traficantes.

A perseguição aos negreiros não conseguira, até 1845, reprimir o tráfico. Resultara, outrossim, num antagonismo crescente contra a Inglaterra e a questão, habilmente explorada pelos interessados na manutenção do comércio de escravos, se transformava numa questão de honra nacional.

A hostilidade contra a Inglaterra tinha, aliás, origens mais remotas e causas mais profundas. O predomínio do comércio inglês, a invasão do mercado pelos seus produtos, defendidos desde 1810 por cláusulas excepcionais, reiteradas posteriormente em 1826, tinham despertado a animosidade da população local, que via nessa situação a causa de todos os males, dando origem a uma xenofobia que extravasou, às vezes, nas revoltas do período regencial.

"Repelem os estrangeiros com obstinação e persistência", diz Suzannet em 1845, pois estão convencidos de que o comércio com a Europa, longe de favorecer o país, trará a perda de todo o ouro produzido pelas minas. Essa opinião é geral, de senadores, e deputados..." "Tem-se sempre como resposta (aos problemas administrativos) que as vantagens concedidas aos estrangeiros é que são as causas da miséria e da anarquia..." Por tudo isso a ação dos cruzeiros ingleses, que, inúmeras vezes, cometiam reais arbitrariedades e se mostravam arrogantes, provocava uma resistência surda, indispondo a população contra eles.

Explorava-se o fato de as companhias inglesas possuírem escravos. Enquanto os oficiais da marinha britânica se empenhavam em coibir o tráfico, os estabelecimentos ingleses da Cata Branca, Morro Velho e Congo Seco, na região das Minas Gerais, mantinham escravos. Outro motivo de argumentação contra a ação dos ingleses era o fato de os africanos retirados dos navios negreiros serem levados a Serra Leoa, onde se dizia "suportavam uma escravidão mais odiosa que em todas as outras colônias do mundo".[17] Aí eram entregues como engajados aos fazendeiros, pelo prazo de quatorze anos. Muitos ingleses possuíam escravos e vários os haviam comprado depois da proibição. A Companhia Inglesa de Mineração que operava em São João del-Rei mantinha, ainda em 1856, cerca de oitocentos pretos e alugava mais de mil. Essa situação perdurou até 1879, quando foi a Saint João Del Rey Gold Mining Co. condenada a alforriar 385 escravos que ainda possuía e pagar-lhes indenização por salários ilegais. Todos esses fatos faziam duvidar da filantropia britânica e eram explorados pela opinião pública. Os negreiros encontravam assim uma proteção indireta mesmo entre aqueles que, em princípio contrários ao tráfico, chocavam-se com os abusos cometidos pela marinha britânica, desrespeitando a "honra nacional".

Essa situação agravou-se a partir do momento em que o governo inglês votou o Bil Aberdeen. A pressão inglesa fizera-se sentir, nos anos anteriores, rude, mas ineficaz. Por outro lado, o tratado comercial estabelecido com a Inglaterra em 1810, que fora renovado em 1827 dentro das circunstâncias que haviam sido criadas pela independência do país e pela necessidade de seu reconhecimento pelas potências estrangeiras, entre as quais a Inglaterra se destacava, expirava em 1843 e todas as diligências foram feitas pelo governo britânico para a obtenção de novos privilégios. Entretanto, em

---

17 Suzannet, op. cit., p.139.

80 EMÍLIA VIOTTI DA COSTA

1844, votava-se a tarifa Alves Branco que tributou em 30%, 40% e até 60% certos produtos importados. Essa mudança de atitude do governo brasileiro contribuiu para tornar mais tensas as relações entre os dois países.[18] Paralelamente, o número de escravos entrados no Brasil a partir de 1840, em resposta à demanda de braços para a lavoura cafeeira, aumentou gradualmente.

Em 1846, deveria expirar o acordo que concedera à Inglaterra o direito de visita em alto-mar a navios suspeitos de comércio ilegal. Foi nessas circunstâncias que a Inglaterra aprovou o Bil Aberdeen, de repercussões tão desfavoráveis junto à opinião brasileira. Por esse ato aprovado pelo parlamento inglês, em 8 de agosto de 1845, foi declarado lícito o apresamento de qualquer embarcação empregada no tráfico. Os infratores ficavam sujeitos a julgamento por pirataria perante os tribunais do almirantado.

Ofendidas as suscetibilidades nacionais e, particularmente, os interesses envolvidos no comércio de escravos, os protestos do governo brasileiro não tardaram. Nem por isso deixou a marinha britânica de perseguir ferozmente os navios suspeitos de estarem envolvidos no comércio nefando. As ordens dadas aos oficiais foram as mais severas e navios ingleses desrespeitaram reiteradas vezes as águas brasileiras. Esse atentado à soberania nacional provocava tumultos nas câmaras e agitava o país, de norte a sul. Entretanto, seu efeito desejado não era atingido. A partir de 1845, o número de escravos entrados quase triplicava como que a desafiar as medidas de repressão levadas avante pela Inglaterra. Se, de 1840 a 1845, a média fora, como vimos, de vinte a trinta mil escravos por ano, a partir de 1845, sobe a mais de cinquenta mil (1846 – 50.324; 1847 – 56.172; 1848 – 60.000 e 1849 – 54.000).

Durante todo esse período, as incursões inglesas em águas territoriais prosseguiam. Navios nacionais, com carga nacional,

---

18 Ibidem, p.196 e A. Mello Morais, *A Inglaterra e seus tratados*. Bahia, 1844. Esse livro é um libelo contra a política inglesa, procurando demonstrar que ela trama a total ruína de outras nações. Veja-se, ainda, Tito Franco de Almeida, *O Brasil e a Inglaterra ou o tráfico dos africanos*. Rio de Janeiro, 1865. Sobre as relações entre Brasil e Inglaterra, veja-se em particular, A. K. Monchester, *British Preeminence in Brazil, its Rise and Decline*. London, 1933.

DA SENZALA À COLÔNIA

tripulação nacional, que se dedicavam à navegação costeira eram apreendidos sem nenhuma consideração e enviados para Santa Helena, mesmo que não fossem encontrados sinais evidentes de traficância de escravos. Isso desorganizava a vida do país e provocava os protestos da câmara. Era iminente o rompimento com a nação inglesa.[19] Considerava-se o procedimento britânico um "insulto à nossa fraqueza", uma "ofensa aos sentimentos do país" que já se manifestara contra o tráfico, e que tomara mesmo algumas medidas nesse sentido, determinando que navios de guerra nacionais perseguissem embarcações negreiras. As violências cometidas pela nação "amiga" eram consideradas ora como decorrentes da condescendência das autoridades brasileiras em relação ao tráfico, ora como uma manobra política do governo britânico, visando a um comércio livre e desembaraçado, um tratado favorável, que lhe franqueasse o mercado brasileiro.

Foi dentro desse clima de tensão internacional e de comoção interna que se voltou a examinar projetos apresentados anteriormente no senado e que visavam à repressão ao tráfico.

No Brasil, a opinião pública começava a se dividir. Fazendeiros abarrotados de escravos encaravam com maior complacência a perspectiva de interdição do tráfico, viam talvez nisso a valorização de sua propriedade. Eram os traficantes os maiores interessados em prosseguir, e com estes os lavradores das zonas mais novas que ainda não contavam com braços suficientes para cultivar suas terras.

O empolgamento da questão pelo jogo político partidário, a pressão britânica, o recrudescimento da vigilância nos mares pela marinha inglesa, o fato de setores mais ou menos extensos estarem momentaneamente abastecidos de escravos, criaram as condições que serviram de base para que se resolvesse definitivamente a questão do tráfico. Foi assim que a câmara dos deputados, reformando e emendando em julho de 1850 o projeto do senado nº 133 de 1837 sobre a repressão do tráfico de africanos, acabará por votar, em 4 de setembro, a lei nº 581. Por essa lei foi determinado que as embarcações brasileiras encontradas em qualquer parte e as estrangeiras encontradas nos portos, enseadas, ancoradouros, ou mares territoriais do Brasil, tendo a seu bordo

---

19 *Anais da Câmara dos Deputados do Império*, 1850, p.194, 570.

escravos ou havendo-os desembarcado, seriam apreendidas pelas autoridades ou pelos navios de guerra brasileiros e consideradas importadoras de escravos. Mesmo as que não tivessem escravos a bordo ou os houvessem desembarcado, se apresentassem sinais de se dedicarem ao tráfico, seriam apreendidas e julgadas suspeitas. Eram considerados autores do crime: o dono, o capitão ou mestre, o piloto e o contramestre da embarcação e o sobrecarga. Cúmplices eram todos os elementos da equipagem assim como os que colaborassem no desembarque de escravos ou concorressem para ocultá-los ao conhecimento da autoridade ou para os subtrair à apreensão no mar ou em ato de desembarque.

A partir de então, considerava-se a importação de escravos ato de pirataria e como tal era punido. As embarcações envolvidas no comércio ilícito deveriam ser vendidas com toda a carga encontrada a bordo, sendo o seu produto entregue aos apresadores, deduzido um quarto para o denunciante.

Apesar de já em 1831 ter-se revelado ineficaz a decisão de reexportar o negro ilegalmente introduzido no país a partir daquela data, voltava-se em 1850 a determinar que todos os escravos apreendidos fossem reexportados por conta do Estado para os portos de origem, ou qualquer porto fora do Império que parecesse conveniente ao governo. Entretanto, dava-se margem a que esse dispositivo não funcionasse ao afirmar-se que "enquanto essa reexportação não fosse feita os escravos seriam empregados em trabalho debaixo da tutela do governo (não sendo em caso algum concedidos os seus serviços a particulares)".[20] Na impossibilidade de levar adiante essa exigência, os africanos livres acabaram por ser entregues a senhores aos quais deveriam prestar serviços pelo prazo de quatorze anos, findos os quais seriam considerados emancipados.

A lei de 1831 pretendera sufocar o tráfico, a realidade a desmentira. Apesar de todos os protestos e repressões por parte do governo britânico, ela permanecera letra morta. O mesmo não sucederá com a de 1850. A despeito do contrabando que continuou a ser feito durante algum tempo, acabou por ser respeitada. Isso exigiu, entretanto, alguns anos de fiscalização e repressão.

---

20 *Livro do Estado servil e respectiva libertação.*

DA SENZALA À COLÔNIA   83

Não obstante as afirmações de um representante de S. Majestade Britânica no Rio de Janeiro, Christie, que a considerou consequência direta da pressão exercida pelo governo inglês, ela apareceu à maioria da nação como uma conquista da opinião pública nacional. Não faltaram, entretanto, os que apontaram a pressão inglesa como fator decisivo. Principalmente elementos pertencentes ao Partido Liberal, como Souza Franco e Melo Franco. O fato é que a polícia inglesa estava vigilante. Em junho de 1850, diante da ineficácia do Bil Aberdeen, foram dadas ordens aos cruzeiros britânicos para entrarem nos portos brasileiros e apreenderem todos os navios destinados ao tráfico. Essas medidas foram suspensas temporariamente depois da lei de setembro de 1850. Em janeiro do ano seguinte, Mr. Hudson, então representante britânico no Rio de Janeiro, denunciava ao ministro Paulino de Souza a presença impune de negreiros nas imediações dessa cidade e o prosseguimento do tráfico em várias regiões, ameaçando recomeçar a fiscalização que havia sido interrompida por solicitação do governo brasileiro. Alguns anos mais tarde, em 1856, depois do desembarque clandestino de Serinhaém, Clarendon, ministro inglês, falava novamente em reiniciar as perseguições,[21] dando provas de que a Inglaterra permanecia vigilante.

Em vinte anos, a sociedade brasileira evoluíra? A administração fora fortalecida? Os meios de comunicação haviam melhorado, os navios mais rápidos, a vapor, começavam a ser utilizados na repressão? A opinião pública despertara da inconsciência do tráfico, ou teria sido ainda uma vez a repressão inglesa o fator decisivo na cessação definitiva do comércio de africanos? Ao que parece, a lei da repressão ao tráfico de 1850 encontrou apoio em certos círculos agrários ligados ao governo: senhores que se haviam endividado na compra de escravos, hipotecando suas fazendas a especuladores e traficantes, e que, arruinados, corriam o risco de ver suas fazendas passarem para as mãos dos negreiros. Entretanto, apesar das afirmativas, várias vezes reiteradas, de que todos no Brasil eram contra o tráfico, a impressão que nos fica é de que a lei de 1850 foi votada principalmente por pressão internacional. Não fora eficaz em 1831, chegará a ser autêntica depois de 1850.

---

21 Christie, op. cit., p.200.

O contrabando conseguiu ainda prorrogar o tráfico por mais alguns anos. Não se pode medir exatamente sua intensidade, mas o número de desembarques clandestinos de que se tem notícia sugere que continuou mais ou menos intenso nos anos que sucederam imediatamente à lei de 1850, só se reduzindo a partir de 1856.[22] Na falta de dados concretos, não se pode calcular o número de africanos desembarcados nesse período. A verdade é que, diante das dificuldades antepostas à importação de negros, as zonas cafeeiras, em franco desenvolvimento, apelaram para o mercado interno, datando daí as grandes migrações de escravos do Nordeste e do Sul para a região do café e, concomitantemente, o deslocamento da população escrava da cidade para o campo.

Os importadores de escravos foram expulsos do país. Muitos tentaram voltar. Os desembarques clandestinos continuaram durante certo tempo. Em 11 de janeiro de 1851, Mr. Hudson, representante de S. M. Britânica, escrevia a Paulino de Souza, então ministro, assinalando a presença de vários negreiros impunes e acusava o prosseguimento do tráfico na Bahia, mencionando a existência de vários barracões destinados a receber contrabando de escravos e localizados em vários pontos do litoral: Cabo Frio, Amarração, Rio de São João, Rio das Ostras, Macaé, Campos, Manguinho, Piúme, Marambaia, Mangaratiba, Dois Rios, Mambucaba, Fazenda do Alegrete, Itabatinga, Sombrio, Perequê e comunicava que, à vista disso, fora revogada a suspensão provisória da fiscalização inglesa, com a qual haviam concordado anteriormente as autoridades britânicas, por solicitação do governo brasileiro. As denúncias se sucediam no Ministério da Justiça. Cidades do litoral paulista: Iguape, Cananeia, Ubatuba, Caraguatatuba e São Sebastião eram frequentemente apontadas como local de contrabando de escravos. Poucas vezes conseguiam as autoridades apurar a realidade.

Em janeiro de 1853, correram vários boatos sobre um desembarque clandestino ocorrido na zona do Ribeira. Ao que parece, organizara-se em Santos uma sociedade com grandes capitais para enviar navios à África. Em janeiro de 1853, esses navios, já de volta, haviam feito desembarcar em Iguape mais de dois mil africanos. Conduzidos pelas matas cerradas que acompanhavam

---

22 Ibidem, p.200 e 223.

o Ribeira de Iguape tinham atravessado a região do Juquiá. Os recém-chegados eram ocultos nas matas entre Una e Itapetininga. Aí recebiam rudimentos da língua portuguesa e, depois, em pequenos magotes, espalhavam-se pela província com destino principalmente a Campinas.

Um mês após essa denúncia, João Guilherme de Aguiar Whitaker, juiz de Direito substituto de Sorocaba, referia-se à passagem de numerosos portugueses escravistas, outrora envolvidos no tráfico, vindos de Santos com destino a Campinas. O aparecimento de bexiga brava levantava suspeita da chegada de escravos. Apesar de diligências feitas, nada, entretanto, foi apurado. Durante todo o ano de 1853 e nos seguintes sucederam-se as denúncias sobre atividades de indivíduos envolvidos no comércio ilícito, alguns dos quais estrangeiros, principalmente espanhóis e portugueses.[23]

Dificuldades de reprimir o tráfico

Os capitais tradicionalmente voltados para o tráfico não desanimavam. Diante da solicitação dos fazendeiros de café do Vale do Paraíba e da região centro-oeste paulista, os negreiros tentavam continuar enviando à África seus brigues. Contavam com o apoio dos habitantes do litoral que viviam pobremente e que, desde épocas remotas, tinham colaborado no negócio ilícito. A dificuldade de policiar toda a costa, a conivência dos interesses rurais no tráfico, o apoio das populações praianas ao comércio ilegal continuava a subtrair o contrabando à ação das autoridades.

Havia também, por parte do governo, a intenção em não chegar a extremos que pudessem ferir frontalmente os grupos poderosos de fazendeiros interessados no comércio ilícito. Em 1854, Nabuco de Araújo, em carta a José Antônio Saraiva, deixava entrever o ponto de vista do governo. Um escravo fugido fora preso e reconhecido pelo juiz de Direito como tendo sido introduzido depois da cessação do tráfico. O juiz enviou-o ao chefe de polícia para interrogatório. Comentando o fato, Nabuco de Araújo de-

---

23 *Mss. Arq. do Est. de S. Paulo*, T. I. Escravos, cx.1

plorava que o magistrado *por um rigor contrário à utilidade pública e pensamento do governo* tivesse levado as coisas ao ponto que chegaram. Louvava os escrúpulos e hesitações do chefe de polícia e de José Saraiva que se recusavam a dar andamento ao inquérito: "Louvo os escrúpulos e hesitações do Chefe de Polícia e de V. S.", diz ele, "na colisão que se dá entre a Lei e a prescrição que o Governo se impôs com a aprovação geral do País e por princípios de ordem pública e alta política, anistiando esse passado cuja liquidação fora difícil, cujo revolvimento fora uma crise. O governo estabeleceu essa prescrição para si, para seus agentes, até onde chega sua ação. Nada pode ele em relação ao poder judiciário. O império das circunstâncias obriga porém a fazer alguma coisa se não direta, ao menos indiretamente *a bem dos interesses coletivos da sociedade cuja defesa incumbe ao Governo. Não convém que se profira um julgamento contra as leis, mas convém evitar um julgamento em prejuízo e com perigo desses interesses, um julgamento que causaria alarme e desesperação aos proprietários*". Manifestava assim o seu ponto de vista e o do governo, procurando evitar que o excesso de zelo no respeito às leis pudesse vir a tumultuar a classe dos proprietários. Pode-se imaginar que essa orientação assumida por um homem como Nabuco de Araújo representava a atitude da maioria e que não apenas as denúncias desse teor, mas mesmo as referentes ao contrabando de escravos encontrassem não propriamente a conivência das autoridades, mas uma atitude discreta que acabava por propiciar o desrespeito à lei.[24]

Em 1855, alguns deputados à assembleia legislativa de São Paulo estranhavam a atitude do promotor público da câmara de Taubaté pela omissão num caso que versava sobre escravização ilícita de africanos livres. Justificando a atitude do promotor, um dos deputados dizia que a razão dessa conduta residia no fato de já anteriormente ter-se dado naquela comarca um episódio idêntico, e conhecendo o promotor público quão melindrosa era essa matéria resolvera consultar a respeito o então presidente da província, conselheiro Josino, o qual respondera por uma portaria

---

24 Mss. Arq. do Est. de S. Paulo, Escravos, cx.1, doc. datado de setembro de 1854. O documento de Nabuco refere-se à lei de 1831. A mesma orientação deve ter sido seguida nos casos de contrabando de escravos, posterior a 1850.

DA SENZALA À COLÔNIA

reservada que não só o promotor *não devia tomar a iniciativa nessa questão, como ainda mesmo no caso de aparecerem denúncias não deveria intervir nela.* Chamado a depor sobre a existência da portaria confidencial, o secretário do governo confirmou que o procedimento do promotor tinha sido perfeitamente regular "na parte em que deixou de denunciar o fato relativo ao escravo de que se tratava, visto que, de acordo com as ordens do Governo imperial, ele não podia fazer aquela acusação". Concluía o seu depoimento dizendo: "Não me estendo mais porque o negócio é melindroso e da natureza daqueles de que não se pode tratar em público". Alegava-se que os interesses da sociedade exigiam que se corresse um véu sobre "essas cousas". É de imaginar que mesmo aqueles que insistiam em denunciar a atitude do promotor *obedeciam mais a interesses político-partidários que a ideias contrárias à escravização ilícita de um africano livre.*[25]

Tratava-se provavelmente de uma das muitas perseguições políticas da época.

A repressão ao contrabando era extremamente difícil, mesmo quando verificado o fato. Em Bananal, foi assinalada, em 1853, a presença de numerosos africanos boçais, provenientes do desembarque clandestino em Bracuí-Angra dos Reis, na Província do Rio de Janeiro. Alguns foram apreendidos em terras do delegado da região: Manuel do Aguiar Vallim. A maior parte fora encaminhada para Minas passando entre Silveiras e Antas. Estavam envolvidas no contrabando figuras de relevo em Bananal, como o major Antônio José Nogueira, o comendador Luciano José de Almeida, P. Ramos Nogueira e até o próprio delegado. O funcionário nomeado pelo governo para promover a sindicância encontrou as mais sérias resistências, os maiores empecilhos para levar a bom termo sua missão. Apesar de vários indivíduos terem ciência do caso, ninguém ousava comparecer como testemunha para depor contra poderosos fazendeiros da região. Foi preciso ameaçar com processo de perjúrio para encontrar quem dissesse a verdade. Todas as pressões e ameaças foram feitas ao funcionário escrupuloso que se esforçava por fazer processar os criminosos, e mesmo depois de conseguir indiciá-los, ele manifestava, em uma de suas cartas,

---

25 *Anais da Assembleia Legislativa da Província de São Paulo,* 1855, p.101 e 262 ss.

88 EMÍLIA VIOTTI DA COSTA

suas dúvidas quanto às possibilidades de se fazer um julgamento idôneo. De fato, seus receios eram justificados. Submetidos a júri, foram os réus maciçamente absolvidos, não tendo havido apelação nem do juiz de Direito, nem do promotor, apesar de terem sido posteriormente apreendidos mais quarenta boçais. O funcionário encarregado do inquérito, a despeito dos pedidos do ministro para que prosseguisse, acabou por pedir licença para se desligar de tão espinhosa tarefa.[26]

O zelo de uns poucos funcionários esbarrava assim na forte oposição dos interesses coligados. A justiça, amesquinhada, nas mãos das oligarquias, não chegava a representar ameaça a esses interesses. Na maior parte das vezes, os membros da justiça estavam ligados por laços de família ou amizade aos grupos dominantes. Quando isso não se dava, sua segurança e estabilidade ficariam ameaçadas se pretendessem inculpar fazendeiros, figuras representativas na sociedade local – potentados do ponto de vista econômico e pessoas de projeção social e política.

Em 1848, o presidente da Província de São Paulo, Domiciano Leite Ribeiro, por ocasião da abertura da assembleia legislativa, referia-se à precariedade da ação policial e judiciária e apontava, entre as causas que concorriam para o estado pouco satisfatório em que se encontrava o poder judiciário, a mesquinheza com que eram retribuídos os seus serviços, as contínuas remoções que o colocavam à mercê de outro poder e, finalmente, o fato de "alguns magistrados, esquecendo-se de que a gravidade e severidade da justiça pouco se compadecem com as tropelias da política", não hesitarem em se envolver em questões político-partidárias.

A presença de famílias inteiras monopolizando a administração e a política em certos municípios, constituindo verdadeiras oligarquias, dificultava, quando não impedia, a ação judicial. Esse fenômeno era relativamente frequente. Em Taubaté, por exemplo, no ano de 1856, encontramos vários membros da família Moura em postos da administração e na política. Honorato de Moura, deputado à Assembleia Legislativa Provincial de São Paulo, Joa-

---

26 *Mss. Arq. do Est. de S. Paulo*, Escravos cx.1, docs. datados de Bananal, janeiro, fevereiro e março de 1853 e dirigidos ao presidente da Província, Josino do Nascimento Silva e ao ministro da Justiça.

quim Francisco de Moura, delegado; seu irmão, primeiro suplente de delegado, seu sobrinho por afinidade, promotor da comarca, outro sobrinho seu, João Bonifácio de Moura, ocupava o lugar de subdelegado. Além disso, o referido deputado estava encarregado da abertura de uma estrada, seu irmão, Antônio Bonifácio de Moura, de outra, e seu outro irmão, Joaquim Francisco de Moura, tinha também a seu cargo a construção de uma estrada.[27]

Os emissários do governo, enviados para esclarecer denúncias de tráfico ilícito, viam sua ação cerceada pelas autoridades locais.

Em São Luís do Paraitinga, um funcionário enviado pelo governo para averiguar a denúncia de que um proprietário da região era cúmplice na compra de negros boçais que ocultaria em sua fazenda, teve de se defrontar com as autoridades da terra: delegado e juiz, pertencentes à mesma família. As informações que conseguiu obter eram todas concordes em inocentar a personagem acusada, que também pertencia à mesma família. Na Vila de Paraitinga, tudo estava nas mãos dessa gente ou seus apaniguados, que controlavam os cargos públicos: delegado, subdelegado eram irmãos, havia elementos na guarda nacional e até mesmo um deles tinha assento na assembleia provincial (José Bonifácio de Gouveia e Silva). Envolvida no caso dos negros boçais, essa família frustrou toda e qualquer pesquisa. As pessoas cujos depoimentos poderiam confirmar as suspeitas pediram para ficar fora do processo.[28]

Tais casos podem ser generalizados. Por toda parte, o prestígio dos fazendeiros mais representativos estendia-se às esferas administrativas. Uma família detinha a administração local. Monopolizava os postos-chave. Era todo-poderosa na sua região. Ninguém ousava ir contra ela. A autoridade central encontrava aí sérias dificuldades para se fazer valer.

O próprio ministro da Justiça denunciava certa ocasião em seu relatório a dificuldade de se prenderem os criminosos de qualquer estirpe, mesmo assassinos e afirmava: "Toda a autoridade política e judiciária depende dos senhores, que têm o direito de escolher e nomear os funcionários que lhes convêm". Confessava assim o

---

27 *Anais da Assembleia Legislativa da Província de São Paulo*, 1856, p.182.

28 *Mss. Arq. do Est. de São Paulo*, Escravos, cx.1, doc. datado de 1º de abril de 1856.

governo a sua impotência diante de uma autoridade verdadeiramente feudal que os senhores detinham.[29]

Por todos esses motivos, foi difícil a execução da lei de 1850, a despeito das manifestações formais do governo e do empenho em perseguir os contraventores. Em certos casos, o zelo foi tal que algumas autoridades chegaram a abdicar inclusive de seus interesses partidários, colocando o ideal de repressão ao comércio ilícito de escravos em primeiro plano. Foi o que sucedeu em 1853, quando José Ildefonso de Souza Ramos deu instruções sobre a fiscalização do contrabando, sugerindo nomeação de funcionários capazes, idôneos, qualquer que fosse sua crença política, se entre os que apoiavam a política do governo não houvesse quem preenchesse as condições especiais requeridas. Estipulava também que aos apreensores seria pago 40$000 por africano boçal apresado, podendo qualquer um fazer essa apreensão independentemente de mandado judicial. Determinava ainda a remoção de autoridades suspeitas. Em fevereiro, uma ordem reservada solicitava que se identificassem quais as autoridades dignas de confiança para serem usadas na repressão ao tráfico, quais as suspeitas. A autoridade punha todo o empenho em evitar abusos e fazer obedecidos os dispositivos legais. Ameaçava os estrangeiros envolvidos no tráfico com a deportação. Oferecia recompensa de 500$000 a quem denunciasse o tráfico ilícito. Insistia no policiamento das costas.[30] Os navios que chegavam aos portos eram vistoriados e separavam-se os negros que falassem mal o português como suspeitos para que fossem submetidos a ulteriores verificações.[31] Todas essas medidas repressivas entravavam o comércio de escravos. Apesar da ineficácia da grande maioria dos processos que envolviam às vezes figuras de projeção, acabando sempre por absolvê-las, a repressão começava a frutificar. O escândalo feito em torno dos casos, a publicidade, a perseguição movida pelas facções rivais umas às outras, as denúncias fundamentadas e os boatos sem base criaram um clima pouco propício à continuação indefinida de contrabando. Pouco a pouco essas tentativas foram diminuindo. Provavelmente os riscos

---

29 Suzannet, op. cit., p.208.
30 *Mss. Arq. do Est. de S. Paulo*, Escravos, cx.1.
31 *Mss. Arq. Nac. S. M.* Série Ij. 480, 512-25. Idem S. H. Códice 397.

DA SENZALA À COLÔNIA

e dificuldades se iam tornando de tal ordem que não compensavam os esforços para introduzir os escravos da África. Além disso, havia o comércio interno que poderia abastecer por mais algum tempo as regiões ávidas de braços. Os boatos de contrabando prolongaram-se ainda por muitos anos, tendo recrudescido por ocasião da guerra de Secessão nos Estados Unidos, quando se disse que muitos americanos do sul refugiaram-se no Brasil com seus escravos. Ainda em 1870,[32] denunciava-se ao presidente da província que americanos de Santa Bárbara tinham a intenção de introduzir escravos no Amazonas. O boato foi desmentido pelo juiz de Direito de Rio Claro: insinuava este que, provavelmente, o indivíduo acusado apenas pretendera dar um golpe e obter dinheiro, porque seria um absurdo, na sua opinião, que os boçais pudessem chegar a São Paulo, porque o povo não os confundiria, tornando-se assim impossível escaparam às autoridades. O fato de alguém tentar em 1870 um golpe nesse sentido demonstra que havia ainda quem acreditasse na possibilidade de tal contrabando.

Apesar de tudo, a lei de 1850 teve resultados mais felizes do que a de 1831. O tráfico acabou por cessar definitivamente. Os efeitos dessa interrupção, entretanto, só se farão sentir dez anos depois.

Comércio de escravos: sistemas de compra e venda

Enquanto perdurou o tráfico, o comércio de escravos se fez dentro da tradição colonial em navios negreiros onde se assistia a todo o quadro de horrores tão explorado pela literatura.[33] Negros

---

32 Mss. Arq. do Est. de S. Paulo, Escravos, cx.1, doc. de 24 de outubro de 1870.

33 Em 1701, o rei de Portugal baixara ordens para que se desse maior conforto aos escravos embarcados para o Brasil. As embarcações deveriam possuir mantimentos suficientes e água, dispor de compartimentos arejados etc. (Hermenegildo do Amaral Braz, Os grandes mercados de escravos africanos, R. I. H. G. B., 1922, tomo especial, v.V). Várias obras foram publicadas em Londres, em língua portuguesa, sobre os horrores do tráfico. Dentre estas, *Bosquejo sobre o comércio em escravos e reflexões sobre este tráfico considerado moral política e administrativamente.* Londres, 1821; *Breve resumo sobre a natureza do comércio de escravatura e das atrocidades que dele resultam seguido de uma*

amontoados nos porões dos navios, durante quase dois meses de viagem, mal alimentados, em péssimas condições de higiene, eram dizimados pelas moléstias que a promiscuidade e as más condições de viagem multiplicavam. Falava-se em até 30%, 40% e 50% de redução no total de negros embarcados. O tráfico continuava na mesma base de permutação: pólvora, espingardas, espadas, machados, fumo e miçangas em troca de homens, mulheres e crianças. As condições de transporte tinham piorado a partir do momento em que a repressão desencadeada pela Inglaterra obrigara os capitães dos barcos a tomar certas medidas acauteladoras, amontoando os escravos nos porões do navio e chegando mesmo a atirá-los ao mar em caso de aproximação de algum cruzeiro britânico.

Depois da lei de 1831, os escravos eram desembarcados clandestinamente nas numerosas praias desertas que se estendiam ao longo do litoral brasileiro. Preferiam-se aquelas cuja via de acesso aos centros consumidores fosse relativamente fácil e, por isso, as mais frequentadas no período do café foram as de Santos, Guanabara, São Sebastião, Caraguatatuba-Lagoinha, Ubatuba, Parati, Angra dos Reis, Mangaratiba, Maricá, Cabo Frio, Macaé, São João da Barra, Itapemirim, Vitória e São Mateus.

Nessas praias construíam-se barracões onde os negros desembarcados eram preparados para serem vendidos. Davam-se-lhes roupas, pensavam-se os feridos, purgavam-se os doentes, e ensinavam-se-lhes os primeiros vocábulos portugueses. Daí saíam os comboieiros que vendiam os escravos no interior das províncias. Para aí dirigiam-se os interessados na compra dos grandes magotes: os tropeiros, os representantes das casas comissárias, os fazendeiros. Às vésperas do Bil Aberdeen desembarcavam-se africanos até a vinte ou trinta quilômetros do Paço Imperial. A visita a esses entrepostos não era livre; medidas acauteladoras eram tomadas pelos traficantes, temerosos de surpresas desagradáveis. Tratava-se de verdadeiro contrabando cercado das precauções que costumam acompanhá-lo.[34]

---

relação histórica dos debates que terminaram a final abolição. Londres, 1821; e, principalmente, *Os gemidos dos africanos por causa do tráfico da escravatura ou breve exposição das injúrias e dos horrores que acompanham este tráfico homicida,* por A. M. Thomas Clarkson, Londres, 1823.

34 A. E. Taunay, *História do café no Brasil*, v.IV: No Brasil Império – 1822-1872, t.II, p.234.

DA SENZALA À COLÔNIA 93

Os compradores examinavam os pretos cuidadosamente. Os da Costa do Ouro eram reputados os melhores. Excetuados os minas que se tornaram conhecidos por sua altivez e insubmissão, caráter indomável e perigoso, eram resistentes e bons trabalhadores. Os negros da costa oriental africana de Sofala, Inhambane e Quilimane passavam por tão dóceis quanto inteligentes. Os da Baixa Guiné ou Reino de Benguela eram de estatura baixa, peito comprido e reforçado e, segundo se dizia, inimigos do trabalho. Já os congueses mereciam estima porque se mostravam laboriosos, embora muitos os considerassem broncos. A preferência por este ou aquele tipo de negro, por esta ou aquela nação variou. No século XVIII os minas foram reputados superiores aos demais provavelmente em virtude de sua maior adaptabilidade ao trabalho mineiro.

Havia uma série de preconceitos a respeito dos estigmas físicos que permitiriam, segundo a opinião pública, distinguir o bom do mau escravo. Imbert, em seu Manual, desaconselhava os de cabelos crespos em demasia, testa pequena ou baixa, olhos encovados e orelhas grandes, indícios em geral de mau caráter. Também não recomendava o negro de nariz muito chato, ventas muito apertadas, pois dizia que essa disposição prejudicava a respiração, não permitindo a livre saída do ar. Outras características que deveriam ser evitadas eram os dentes mal seguros, amarelos ou pretos, excessivamente grandes ou pouco visíveis, gengivas moles de cor branca, sangrando ao menor toque, respiração presa e fétida: eram indicadoras de moléstias várias. Também o pescoço comprido com espáduas elevadas, muito inclinadas para a frente, tornando o peito estreito e o esterno curto eram considerados sinais certos de que os órgãos colocados nessas cavidades se achavam em mau estado. Devia-se recusar negro que tivesse pernas compridas e pés chatos, porque nunca eram fortes e revelavam-se sujeitos a úlceras e edema das pernas.

Quem pretendesse comprar escravos deveria preferir os que tivessem "pés redondos, barrigas da perna grossas e tornozelos finos, o que as tornava firmes; pele lisa, não oleosa, de bela cor preta, isenta de manchas, cicatrizes e odor demasiado forte; com as partes genitais convenientemente desenvolvidas"; isto é, "nem pecassem pelo excesso, nem por cainheza"; o baixo ventre não muito saliente, nem o umbigo muito volumoso, circunstâncias de que se dizia originar sempre as hérnias; peito comprido, profundo, sonoro, espáduas desempeñadas, sem todavia estarem muito desviadas do tronco, sinal de pulmões bem colocados; pescoço em justa proporção com a estatura do indivíduo, não oferecendo aqui e ali, mormente sob a queixada, tumores glandulosos, sinal evidente de afecção escrofulosa, conduzindo cedo ou tarde a uma tísica, músculos dos membros, peitos e costas bem salientes, carnes rijas e compactas; e que, enfim, deixasse o escravo entrever no semblante aspecto de ardor e vivacidade. Assim se teria um escravo saudável e inteligente.

Durante o tempo em que funcionou o mercado do Vallongo,[35] podia-se assistir diariamente à venda de escravos. Os compradores procediam ao exame minucioso da mercadoria, que ali ficava exposta, às vezes durante dias e dias. As descrições que nos ficaram, feitas pelos viajantes que percorreram o Brasil na época, continuam a provocar mal-estar.

Vendiam-se os escravos sem atenção aos laços familiares: pais e filhos, marido e mulher eram separados ao sabor das circunstâncias.

Eram comuns os leilões de escravos. Ficavam os negros expostos sobre tablados e o leiloeiro os apregoava, anunciando em altos brados suas qualidades. Suas descrições afrontosas à dignidade humana não chocavam os habituais frequentadores de leilões. Só muito mais tarde, já depois da segunda metade do século, em 15 de setembro de 1869, foram proibidas as vendas de escravos debaixo de pregão e em exposição pública.[36] Nessa ocasião, as praças judiciais, em virtude de execuções por dívidas ou partilhas entre herdeiros, foram também substituídas por propostas escritas que deveriam ser feitas aos juízes pelos arrematantes. Só então se cuidou de interditar a separação de marido e mulher e filhos em idade inferior a quinze anos.

---

35 *Encontram-se descrições sobre o Mercado do Vallongo em Maurice Rugendas, Viagem pitoresca pelo Brasil*, 1937, p.172. Ferdinand Denis, *Le Brésil ou historie des moeurs, usages et coutumes des habitants de ce royaume*. Paris, 1822. Jean-Baptiste Debret, op. cit., t.V, p.188. Lieutenant Chamberlain, *Views and costumes of the city and neighborhoods of Rio de Janeiro, 1819-1820*, trad. para o português: *Vistas e costumes do Rio de Janeiro em 1819-1820*, 1943, p.151.

36 Livro do Estado Servil, op. cit., p.17.

DA SENZALA À COLÔNIA

Os jornais da época acham-se cheios de anúncios de vendas de escravos onde são louvadas as suas qualidades: "Vende-se um moleque de idade 17 anos, cozinheiro, entende alguma coisa de fazer doces, tem princípio de costura, sadio, bem feito, o motivo da venda se dirá ao comprador que não desagradará. Nesta tipografia se dirá quem vende". Vende-se um escravo sem defeito e sem vícios, muito sadio, eis as recomendações mais usuais. Depois vinham seus predicados: bom carpinteiro, perfeito padeiro, cozinheiro exímio, bonita peça, mucama prática, esmerada costureira. "Vende-se uma elegante e bonita mucama recolhida e de casa particular, com 18 anos de idade mais ou menos, sadia, sabe engomar roupa de homem e senhora, fazer tiotê, costurar e cortar por figurinos, tudo com perfeição. O motivo da venda não desagradará o comprador. Para informações com Benedito de Toleio à rua Nova de São José, 43."[37]

Até mesmo os recolhidos à Casa de Detenção por culpas leves eram postos à venda. Ao anunciá-los, tinha-se sempre o cuidado de acrescentar "recolhidos à casa de correção desta cidade, por culpa leve, com que muitas pessoas não se importarão".[38] Havia quem comprasse até mesmo escravos doentes. No *Correio Paulistano* de 16 de dezembro de 1858, encontramos um anúncio onde se lê: "Casa de Saúde. Preço diário para o tratamento da hidropezia [sic] dez mil-réis. Escravo 5$. Para as bexigas 3$. Outras moléstias 2$. Tratamento por correspondência 200$. Cada um pode tratar de onde estiver. Curativo de escravos 400$, não sarando nada se exigirá. Comprão se os escravos não sendo velhos por 200$, ainda que seja com princípio de morfeia para tratar na barra de Santa. Ch. P. Etechecoin".

Examinava-se minuciosamente o escravo antes de comprá-lo, mas quando havia moléstias ocultas, desconhecidas pelo comprador no ato da compra, a venda era anulada. Muitas declarações aparecem nos jornais denunciando essas irregularidades. "Limeira: O abaixo-assinado, tendo passado um crédito de 17.300$000 a favor de José Joaquim Nobre Câmara, valor porque comprou do mesmo oito escravos e havendo entre estes

---

37 *Correio Paulistano*, de 1º de novembro de 1856.
38 *Correio Paulistano*, de 3 de dezembro de 1868.

o de nome Jerônimo que foi entregue ao vendedor por doente, e do qual o mesmo passou recibo, declara que aquela sua obrigação não representa maior valor que 14.900$000, visto ser o preço do escravo entregue 2.400$000 o que faz público para constar. Vicente José dos Campos."[39] "D. Maria Martins de Melo, cidade de Constituição, comprou três moleques por Rs. 5.600$000 a Aureliano de Souza Monteiro e protesta não pagar Rs. 1.800$000 porque um deles é completamente disforme de peito e incapaz para todo serviço. Vai intentar ação criminal contra o vendedor."

Agências de compra e venda de escravos, assim como de escravos alugados, multiplicavam-se nas cidades.

A busca de alugados era grande. Nas fazendas menores, que não contavam com grande escravaria, na época de serviços extras, era usual contratar escravos, aos quais se pagava um certo salário. Este salário era recebido integralmente pelo senhor. Nas cidades, o aluguel de escravos tornara-se um negócio. Alugavam-se amas, mucamas, cozinheiras, sapateiros, ferreiros, mascates, quitandeiras, pedreiros. Era principalmente no serviço doméstico que esse uso se generalizara. A população se habituara de tal forma ao trabalho servil que o próprio termo alugado passou a designar empregado doméstico. Assim, encontramos numerosos anúncios como este: "Alugadas. Uma família que se acha no Hotel de França precisa alugar duas criadas, forras ou cativas. Quem tiver dirigir-se à Rua Direita, n. 46".[40]

A preferência por empregados cativos é ainda, em 1880, muito frequente: "Alugada. Precisa-se de uma que saiba cozinhar e lavar. *Prefere-se cativa.* Largo de São Francisco n.3", anunciava A *Província de São Paulo* em 31 de dezembro de 1880.[41]

Mesmo nas cidades havia quem preferisse o trabalho escravo ao livre. Já nessa época, entretanto, começavam a aparecer os primeiros anúncios onde se exteriorizava a predileção pelo ele-

---

39 A *Província de São Paulo*, de 29 de dezembro de 1880.
40 *Diário de São Paulo*, de 11 de janeiro de 1874.
41 Anúncios idênticos em A *Província de São Paulo*, de 9 de outubro de 1879; *Diário* de São Paulo, de 1º de julho de 1874; *Correio Paulistano*, de 17 de fevereiro de 1871; *Diário de São Paulo*, de 2 de maio de 1875, de 2 de abril de 1861, de 3 de janeiro de 1872.

DA SENZALA À COLÔNIA

mento livre e estrangeiro. A boa reputação das criadas estrangeiras começava a formar-se.[42]

As compras de escravos faziam-se, no mais das vezes, a prazo. Os senhores chegavam a hipotecar as propriedades, esperando cobrir dentro de algum tempo o preço pago pela mão de obra. Quando isso não acontecia, ou porque a mortalidade era excessiva, ou porque os pretos fugiam, ou porque a safra não era boa, sua situação tornava-se crítica, havendo mesmo casos de alguns que, pelas dívidas contraídas na aquisição do braço escravo, perderam suas fazendas, as quais foram parar nas mãos dos credores: indivíduos em geral ligados ao tráfico ou representantes de casas comissárias que financiavam esse comércio.

O negro representava uma mercadoria e, como tal, podia ser trocado, por casas ou terrenos, assim como servia de fiança em caso de hipotecas.[43] Fazendeiros havia que, não dispondo de dinheiro, efetuavam suas compras entregando café, animais, couros, toicinho, arreios ou terras em troca de escravos.

Apesar da facilidade em adquiri-los, enquanto perdurou o tráfico, seu preço não deixou de crescer. A demanda de mão de obra, principalmente a partir de 1820-1825, provocava a alta. Aliás, o aumento do valor do escravo está também relacionado com o aumento geral dos preços. Em 1821, um negro custava de 250 a 440 mil-réis. Em 1843, o preço de um escravo havia subido a setecentos e mil. Em 1855, variavam entre quinhentos e um conto de réis. Os mais cotados eram os de dezessete a trinta anos. As crianças avaliavam-se a preços mais baixos. Enquanto uma escrava moça atingia um conto de réis, o preço de uma criança de cinco anos era de trezentos mil-réis. Rybeirolles fala em negros que custavam até um conto e setecentos.

---

42 Em *A Província de São Paulo* de 21 de julho de 1876, encontramos o seguinte anúncio: "*Criada* precisa-se na rua de São João, 10, de uma criada livre para todo serviço de uma casa de pequena família, prefere-se '*estrangeira*'". Anúncio semelhante no *Diário de São Paulo*, de 14 de dezembro de 1874: "*Alugada*, no Largo de Palácio n.4, precisa-se de uma livre ou escrava, nacional ou estrangeira, paga-se bom salário".

43 Livro de Tabelião de Jundiaí, 1845, p.10. Hipoteca de Escravos. *A Província de São Paulo*, de 30 de outubro de 1880. (Anúncio propondo troca de escravos por terrenos ou casas nos arrabaldes da cidade.)

Foi depois da cessação do tráfico que se acentuou a alta de preços pela dificuldade maior na obtenção de escravos, principalmente a partir do momento em que cessou definitivamente o contrabando e em que os fazendeiros se viram obrigados a apelar para o mercado nordestino, que passou a exportar mão de obra para as zonas cafeeiras, por altos preços. Em vinte anos, de 1855 a 1875, o preço de escravo quase triplicou, passando de um conto a dois e quinhentos e, às vezes, mais, o que tornou cada vez mais onerosa a aquisição desses braços para a lavoura e cada vez menos rendoso o seu emprego.

Apesar do aumento constante no preço de escravos, as fazendas povoaram-se de negros. Por volta dos meados do século, havia algumas com mais de quatrocentos escravos.

As primeiras fazendas abertas no Vale do Paraíba fluminense, na fase de pioneirismo, quando se começavam a experimentar as vantagens da cultura do café, até mais ou menos 1830, dispunham de uma dezena ou uma vintena de escravos. A partir do momento em que o café se impôs como cultura ideal e as fazendas se desenvolveram cada vez mais em extensão, aparecendo grandes latifúndios onde milhares de pés de café eram cultivados, o número de escravos cresceu.

Concentração de escravos nas regiões cafeeiras

Em 1836, a concentração destes no Vale do Paraíba paulista já era ponderável. Areias, Jacareí, Lorena, Taubaté contavam com mais de dois mil cativos, e, em Lorena e Taubaté, o número ia a mais de três mil. Bananal, Cunha, Guaratinguetá, Jacareí, entre outras, contavam mais de mil.

Entre 1836 e 1854, cresceu o número de escravos. Em certas regiões triplicou e até quadruplicou. Em Bananal, por exemplo, essa cifra passou de 1.679, em 1836, para 7.621, em 1854. O município de Areias viu crescer a sua população escrava, no mesmo período, de 2.830 para 6.730, e Pindamonhangaba passou de 524 escravos, em 1836, para 5.628.

Outra região em que a concentração de cativos era grande já em 1836 é o centro-oeste paulista, correspondente aos municípios

DA SENZALA À COLÔNIA

de Porto Feliz, Bragança, Campinas, Sorocaba, Jundiaí, Piracicaba e municípios vizinhos. Essa zona fora, e continuará sendo, até 1850, grande produtora de açúcar. Por esse motivo, apresentava, em 1836, um grande número de escravos. Os municípios de Piracicaba, Campinas, Itu e Porto Feliz continham, cada um, mais de três mil; Jundiaí, Sorocaba, Atibaia e Itapetininga, mais de dois mil. A população escrava continuou aumentando nos anos seguintes. Em 1854, em Campinas, atingiu a 8.190 e, em Sorocaba, a mais de cinco mil.

Sabemos quanto são precárias essas estatísticas, mas, de qualquer forma, expressam de maneira aproximada um aumento real da população escrava dessas regiões.

Em 1836, enquanto ela se aglomerava nessas duas áreas: o Vale do Paraíba fluminense, mineiro e paulista, e na zona centro-oeste, o interior da Província de São Paulo, que mais tarde se converterá na maior área produtora de café, apresentava índices de população insignificantes. Só nos meados do século é que a população escrava começaria a concentrar-se nesses municípios. Moji-Mirim, Casa Branca, São João da Boa Vista, São José do Rio Pardo, Caconde, Mococa, São Simão e Cajuru, em 1836, praticamente despovoados, apresentavam, por volta de 1850, população escrava superior a mil habitantes por município.

Também as zonas de Rio Claro, Araras, Araraquara e Limeira começavam a reunir escravos em número considerável. Em menos de vinte anos essa região, outrora despovoada, foi ocupada pelos cafezais. A população escrava representava, em certos distritos, cerca de 30% da população local.

Enquanto nas áreas de povoamento recente a proporção só excepcionalmente alcançava essa taxa, na zona do centro-oeste paulista e no vale ela chegava muitas vezes a 50% e até mais. Em Bananal, nos meados do século, para 11.482 habitantes, havia 7.621 escravos; em Areias, num total de 11.663 habitantes, 6.168 eram escravos; em Pindamonhangaba, em 14.645 habitantes, contavam-se 5.628 escravos. Campinas, sobre um total de 14.201 habitantes, registrava 8.190 escravos.[44]

---

44 José Francisco de Camargo, *Crescimento da população no Estado de São Paulo e seus aspectos econômicos*. São Paulo, 1952, v.II.

PROPORÇÃO ENTRE POPULAÇÃO LIVRE E ESCRAVA EM ALGUNS MUNICÍPIOS DO RIO DE JANEIRO – 1857

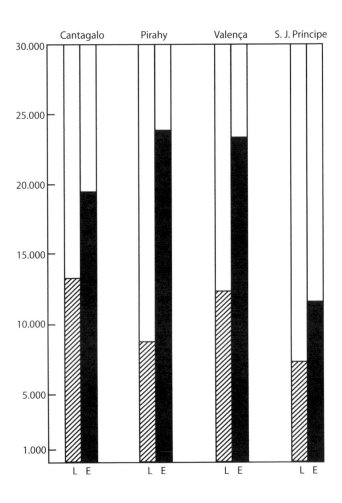

Fonte: Relatório do presidente da província – 1857.

DA SENZALA À COLÔNIA

A lavoura cafeeira instalara-se, em São Paulo, nos fins do século XVIII, em São José do Barreiro, Areias e Bananal, estendendo--se até a época da Independência pelo vale, e atingindo Jacareí e Taubaté, por volta de 1822. Na região central, mesmo antes de 1836 já começavam a aparecer as primeiras plantações de café, atingindo Moji das Cruzes e Campinas. Nos meados do século, as culturas do Vale do Paraíba estavam no seu apogeu. Bananal, em 1854, era o maior produtor de café na Província de São Paulo e, ao mesmo tempo, o município que apresentava maior número de escravos, não só em valores absolutos como relativos à população livre. A seguir, apareciam Areias e Pindamonhangaba, com mais de cinco mil escravos e valores mais altos na produção de café.[45]

Fica assim demonstrada a importância representada pela lavoura cafeeira no século XIX na fixação e no ritmo de crescimento da população escrava na Província de São Paulo. A onda verde dos cafezais que invadia o vale e alcançava o centro e médio oeste era acompanhada da onda negra da escravidão.

Isso ocorria em São Paulo, como no Rio ou em Minas. As lavouras que se desenvolveram até essa época, ainda na vigência do tráfico, cessado em 1850, e não interrompido de todo pelo menos até 1856, passaram a constituir os principais redutos da escravidão em toda a província.

Até essa época tinham predominado – nas fazendas de café os negros boçais – os africanos, que o tráfico despejava ano após ano nos mercados consumidores. A preferência dos fazendeiros voltava-se para eles. Eram considerados superiores aos "ladinos": escravos nascidos no Brasil, tidos como dados a insurreições e atos de rebeldia.[46] Cessado o tráfico e o contrabando, não havia outro jeito senão a aquisição destes. Daí por diante, recorreram os fazendeiros ao Nordeste para se abastecer de escravos. Os preços tornaram-se cada vez mais altos. A ampliação dos cafezais aguçava o problema de braços para a lavoura e estava a exigir novas soluções.

A menção à falta de braços torna-se um estribilho que se repete em todos os relatórios presidenciais e nas assembleias legislativas.

---

45 *Relatório do vice-presidente da Província de São Paulo de 1856*, Anexo.

46 W. D. Christie, op. cit. Veja-se, a respeito dessa preferência, o *Relatório do vice-presidente da Província do Rio de Janeiro*, José Darrigue Faro, em 1853, p.24.

Dizia-se que a escravidão não duraria sempre e que outras soluções precisavam ser buscadas. Muito tempo antes da cessação do tráfico, já se falava na necessidade de aproveitar o trabalho livre, fosse ele nacional ou estrangeiro.

Mesmo em Minas Gerais, onde o problema era menos agudo, as autoridades administrativas ocupavam-se dele. Em 1839, Bernardo Jacinto da Veiga, então na presidência da província, comentava que os fazendeiros mineiros, por força de um longo hábito, estavam persuadidos de que não poderiam prescindir em seus trabalhos do auxílio de braços africanos e prosseguia dizendo que esse prejuízo parecia a alguns desculpável "atenta a dificuldade, com que entre nós se encontram jornaleiros que se sujeitem aos aturados e penosos trabalhos da lavoura". Parecia-lhe, entretanto, provado pela experiência diária que, sem esse auxílio, outros países, "talvez menos favorecidos pela natureza que o nosso", "já pela introdução de novas máquinas, já pela gradativa importação de braços livres", vinham fazendo progressos. Finalmente, aconselhava aos fazendeiros que procurassem aumentar o número de escravos existentes promovendo casamentos entre eles, e dando melhor assistência aos recém-nascidos.[47]

Quase dez anos mais tarde, quando se intensifica a agitação política em torno do problema da cessação do tráfico, Bernardino José Queiroga apontava os riscos que adviriam para a lavoura mineira, toda ela baseada no trabalho dos escravos, se continuassem em aumento o número destes, enquanto, por outro lado, a agitação abolicionista progredia em seus projetos, e a colonização não era promovida.[48]

A insistência em fomentar a colonização representava ali o ponto de vista da administração, e nem sempre expressava a opinião das classes rurais pois, pelo sistema de indicação dos presidentes de província, esses cargos costumavam ser preenchidos por elementos provindos de outras regiões. O ponto de vista da presidência da província nem sempre correspondia, pois, aos interesses locais.

---

47 Fala dirigida à Assembleia Legislativa da Província de Minas Gerais por Bernardo Jacinto da Veiga, 1839.

48 Fala dirigida à Assembleia da Província de Minas Gerais pelo presidente da província, Bernardino José Queiroga, 1848.

DA SENZALA À COLÔNIA   103

De fato, a opinião oficial a propósito da colonização não chegou a prevalecer na Província de Minas Gerais. Cessado o tráfico, a lavoura, apesar dos apelos que fizeram os administradores em prol da colonização, continuará apegada ao braço escravo.

O problema do trabalho rural não se colocava aí de maneira tão urgente como no Rio e principalmente em São Paulo. As atividades mineradoras tinham propiciado a concentração de grande massa de escravos. Ao iniciar-se o século XIX, com a decadência das Minas havia abundante mão de obra escrava disponível. O desenvolvimento da lavoura cafeeira provocou a migração interna. Primeiramente, foram os proprietários que se deslocaram com seus escravos para regiões fluminenses e, mais tarde, encaminharam-se para as regiões cafeeiras paulistas. Ao mesmo tempo, a zona da mata mineira povoava-se de gente vinda de antigas zonas de mineração. O deslocamento da mão de obra escrava concentrada nas antigas áreas de mineração para as zonas de expansão econômica da mata ou sul de Minas suprirá, em parte, as necessidades de braços. Muitos foram os que, como os Monteiro de Barros, originários de Congonhas do Campo, onde possuíam minas, se deslocaram para a região cafeeira, quando estas se esgotaram. Outros vieram da região do Paraíba, margeando o rio pelo lado esquerdo, conquistando a mata do lado mineiro, como os Teixeira Leite e os Leite Ribeiro.[49] Numerosas famílias mineiras transplantaram-se para o Vale do Paraíba como os Soares de Sousa, Furquim Werneck, Ferreira Leal, Vieira de Carvalho, Toledo Piza, Barbosa de Castro. Algumas refluíram mais tarde para a mata mineira.

As áreas preferidas pela lavoura cafeeira atuavam como ponto de atração e absorção dos trabalhadores negros concentrados em regiões menos prósperas da província.

Mesmo depois de cessado o tráfico, os fazendeiros de Minas Gerais dependeram menos do que os fluminenses ou paulistas dos escravos do Nordeste. Tinham à disposição um mercado interno de mão de obra.[50]

---

49 Francisco de Paula Ferreira de Rezende, *Minhas recordações*. Rio de Janeiro, 1944, p.369, 396.
50 *Mss. Arq. Públ. Min.*, Livros 570, 1379.

104   EMÍLIA VIOTTI DA COSTA

Aparentemente, a falta de mão de obra não se fazia sentir em Minas Gerais, tanto quanto em São Paulo. Aqui a questão preocupava a todos os administradores e as queixas sobre a falta de braços repetiam-se todos os anos nos discursos das assembleias legislativas e nos relatórios presidenciais. Por isso não se pouparam esforços para promover experiências colonizadoras, visando, sobretudo, resolver o problema da insuficiência de braços para a lavoura cafeeira.

Em Minas, só excepcionalmente, encontramos um ou outro município a apontar a questão da mão de obra entre os problemas fundamentais que entravavam o desenvolvimento econômico. Por toda parte, fala-se em falta de capitais, deficiência dos meios de transporte, necessidade de se aperfeiçoarem as técnicas de cultivo ou de se aprimorarem os processos industriais. Só raramente mencionava-se a necessidade de mão de obra e quando isso ocorre é, em geral, nas áreas desfalcadas pelo êxodo dos negros encaminhados para as zonas cafeeiras ou nas regiões em que se vão estendendo os cafezais, como, por exemplo, Muriaé, Mar de Espanha e Rio Preto.[51]

Uma estatística de 1853 dá os maiores índices de concentração de escravos para as zonas cafeeiras e de mineração. Os dois municípios, onde se verificava a presença de maior número, eram ainda Mariana e Minas Novas. Com mais de cinco mil destacava-se Diamantina: 7.800 escravos para 15.200 habitantes; Paracatu: 7.576 escravos num total de 39.432 habitantes; Serro: 8.000 escravos sobre 40.000 habitantes; Ubá: 8.446 em 42.300; São José: 5.188 em 14.226; Lavras: 5.776 em 14.176; Aiuruoca: 9.500 em 15.650; Itabira: 7.821 em 30.000; Pombas: 5.521 em 19.789; e Mar de Espanha: 9.416 em 18.729, atingindo nesta região a população escrava cerca de 50% do total; e ainda Pitangui, com 8.760 escravos sobre 35.192 habitantes; Sabará: 6.704 em 23.460; Bonfim: 5.004 em 18.836; Queluz: 7.195 escravos num total de 19.972.[52]

O desenvolvimento das lavouras cafeeiras determinou uma redistribuição demográfica na província. Enquanto os municípios de tradicional área de mineração se despovoavam, o inverso sucedia nas zonas cafeeiras. Regiões até então quase desertas tinham rapi-

---

51 Ibidem, Livros 570, 956, 1006.

52 Extrato das informações prestadas pelas câmaras municipais da província em cumprimento das circulares de 28 de novembro de 1853 a 11 de novembro de 1854, anexo ao Relatório de Francisco Diogo de Vasconcelos.

DA SENZALA À COLÔNIA 105

damente aumentado sua população: Caratinga, Teófilo Otoni, Juiz de Fora, Carangola, Muriaé, Ponte Nova, Conceição, Cataguases, Ubá, Monsanto, Viçosa, Ouro Fino desenvolviam-se, enquanto Diamantina, Sabará, Mariana entravam em marasmo.[53]

Também no Rio de Janeiro, os principais distritos cafeeiros coincidiam com as maiores concentrações de escravos, com exceção da zona de Campos, onde prevaleciam as culturas da cana e o fabrico do açúcar.

Em 1850, Cantagalo possuía 9.850 escravos, menos de sete anos depois, as estatísticas já acusam um total de 19.537. Com mais de vinte mil, contam-se, também em 1857, Valença (23.468) e Piraí (23.862). Nesses municípios, a população de escravos continuara aumentando segundo o ritmo da prosperidade do café, atingindo, em 1873, cerca de 35 mil em Cantagalo; 27 mil em Valença. Por esse tempo, em Piraí, onde os cafezais já davam os primeiros sinais de decadência, a população escrava tinha decrescido sensivelmente (13.380). O mesmo sucedia em municípios, tais como Macaé, onde a população escrava que, em 1857, montava a 15.213 indivíduos, aparecia bastante diminuída na década de 1870.

Poucos municípios das diferentes áreas cafeeiras chegaram a apresentar concentrações de escravos tão altas quanto as da região fluminense: a primeira em que se desenvolveram as plantações de café antes da cessação do tráfico, a primeira a atingir o máximo da produção e também a entrar em declínio. Em meados do século, na maioria dos municípios cafeeiros localizados nessa zona, o número de escravos superava em muito a população livre. Em Piraí, por exemplo, chegaram a representar 75% da população (em 1850, 19.099 escravos para 6.913 livres) e em Valença mais de 70%.[54]

Abastecidos de numerosa escravaria, os fazendeiros do Vale do Paraíba não pareciam sentir a falta de braços tantas vezes alegada pelos agricultores paulistas. Por isso talvez estivessem também menos interessados em promover experiências com a colonização e o trabalho livre, que nessa época empolgavam a fazendeiros do centro e oeste de São Paulo.

---

53 Luís Amaral, op. cit., v.III, p.92.

54 *Relatório apresentado à Assembleia Legislativa da Província do Rio de Janeiro pelo vice-presidente João Manuel Pereira da Silva*. Rio de Janeiro, 1857; e *Relatório de 1884, Província do Rio de Janeiro.*

CAPÍTULO 2

PRIMEIRAS EXPERIÊNCIAS DE TRABALHO LIVRE

Malogro da política dos núcleos coloniais

Desde a época da Independência, todas as vezes em que se agitou a questão da emancipação dos escravos, veio à baila o problema da necessidade de braços para a lavoura. Tradicionalmente dependentes do trabalho escravo, as classes senhoriais não encontravam outra alternativa, a não ser o recurso à mão de obra estrangeira: a imigração. Emancipação e Imigração ficavam, dessa forma, intimamente relacionadas.

Tentativas de promover a colonização já se tinham esboçado na época de D. João VI com a criação de núcleos coloniais formados com imigrantes alemães, suíços ou açorianos. Os objetivos de tal política eram, sobretudo, demográficos. Reconhecia-se a necessidade de povoar o país e para isso recorria-se à colonização. A maior parte dessas experiências falhou e o malogro veio reforçar uma forte corrente de opinião contra esse tipo de iniciativa. Citando-se o exemplo dos Estados Unidos, dizia-se que a imigração deveria ser espontânea e não dirigida. Afirmava-se que o país necessitava de braços para a lavoura e não de núcleos de povoamento que consumiam verbas governamentais e revelavam-se, o mais das vezes, ineficazes e improdutivos. Essa opinião era manifestada principalmente em certos setores da lavoura, mais empenhados na obtenção de mão de obra para suas fazendas, do que numa política geral de povoamento, que só, remotamente, poderia vir a satisfazer seus interesses mais urgentes.

Intérprete desse ponto de vista em São Paulo foi o fazendeiro Nicolau de Campos Vergueiro, senador, algumas vezes ministro, que se destacou como pioneiro na criação de colônias de parceria. Por mais de uma vez, desaprovou as medidas tomadas pelo Estado visando à formação de núcleos coloniais autônomos. Em 1827, muito antes de se lançar na experiência da parceria, dava um parecer nesse sentido. Pretendia o governo imperial encaminhar alguns imigrantes alemães para São Paulo. Consultado a esse respeito, Vergueiro manifestou-se contrário, alegando, entre outras razões, a incompatibilidade entre esse tipo de colonização e o interesse dos proprietários. Conceder aos colonos terras localizadas perto dos núcleos urbanos, terras férteis e bem situadas não convinha aos senhores que as pretendiam para si. Aos colonos restavam apenas lugares distantes no sertão ou terras esgotadas e estéreis. Estas não lhes convinham.[1] A colonização estrangeira por conta do governo parecia-lhe, além do mais, excessivamente dispendiosa, este ficava obrigado a construir casas, estradas, e a sustentar os colonos até que pudessem produzir o suficiente para se prover.

A despeito da oposição que assim se exteriorizava, havia quem defendesse a ideia de que o governo deveria subvencionar a colonização em larga escala, possibilitando ao imigrante o acesso à terra. Medidas concretas foram tomadas com esse objetivo. No Espírito Santo, no Rio de Janeiro, em São Paulo, Santa Catarina e Rio Grande do Sul formaram-se os primeiros núcleos, estimulados pela política imperial, que insistia na necessidade de se multiplicarem as experiências desse gênero.

Em 1828, a inspeção da colonização estrangeira da Corte remetia, para São Paulo, 149 famílias e 72 pessoas avulsas, perfazendo um total de 928 colonos, dos quais 417 foram encaminhados para Santo Amaro, 238 para Curitiba, 39 para Itanhaém, 27 para Cubatão, tendo os demais se dispersado na lavoura, indústria e comércio. Entre 1827 e 1837, cerca de mil e duzentos colonos fo-

---

1 Djalma Forjaz, 1924, p.34 e Costa, 1963, p.275-309.

DA SENZALA À COLÔNIA 109

ram localizados em diferentes pontos da província. Encaminhados para zonas de difícil acesso, solos maus, ou cobertos de florestas, longe dos mercados consumidores, os colonos acabaram, na sua maioria, por debandar, abandonando seus lotes depois de terem, inutilmente, tentado enfrentar as numerosas dificuldades que se lhes deparavam. Outros deixaram-se ficar abandonando-se a um ritmo de vida comparável ao das populações nativas.[2]

Apesar dos insucessos, prosseguia o governo na tentativa de introduzir colonos estrangeiros. À medida que se expandiam as plantações de café, mais difícil e cara tornava-se a obtenção de trabalhadores para construção e conservação de estradas, reparo de pontes e outros serviços públicos. Os fazendeiros alugavam seus escravos, mas os salários eram cada vez mais altos. Havia africanos livres, mas não em número suficiente para satisfazer as necessidades da administração. Pensou-se no colono estrangeiro. Em 1836, chegaram a São Paulo 27 colonos com suas famílias, que o governo tinha mandado engajar no Rio de Janeiro, por intermédio da Sociedade Promotora de Colonização, a fim de empregá-los no serviço da Estrada de Santos. Em 1837 e 1838, chegaram mais 227 indivíduos, dos quais 56 foram destinados à Fábrica de Ferro, 88, aos trabalhos da Serra do Cubatão, ao passo que os demais se dispersaram.[3]

Experiências desse gênero repetiram-se em anos posteriores. Em 1838, o presidente da Província de São Paulo mandou engajar, na Europa, cem trabalhadores e dois mestres, além de canteiros, pedreiros, calçadores de estrada, ferreiros, carpinteiros, para serem empregados no serviço de construção e conservação de estradas e pontes da província. Os colonos chegaram de fato a vir, mas acabaram, como os demais, por se dispersar, abandonando os serviços para os quais haviam sido contratados. Apesar disso, em 1855, repetiam-se as tentativas. Saraiva, então na presidência da

---

2 *Mss. Arq. Est. S. Paulo* – T. I., Colônias, cx.1, doc. datado de dezembro de 1857, do subdelegado de Santo Amaro ao delegado de polícia do Termo da Capital.

3 Discurso com que o Dr. José Antônio Saraiva, presidente da Província de São Paulo, abriu a Assembleia Legislativa da Província de São Paulo, no dia 15 de fevereiro de 1855, em *Anais da Assembleia Legislativa da Província de São Paulo*, 1854, p.363 ss.

província, reconhecendo a dificuldade de encontrar braços para as obras públicas, providenciava para que fossem engajados na Europa 350 trabalhadores.

Assim, ao lado da experiência dos núcleos de povoamento, tratava a administração de subvencionar a vinda de colonos com o objetivo de formar um corpo de operários para os serviços públicos. Falharam sucessivamente umas e outras tentativas, mas o governo imperial, tendo em vista um plano mais amplo de âmbito nacional, insistia na criação de núcleos coloniais e encontrava para isso apoio na câmara dos deputados. Por ocasião dos debates travados em torno das concessões a serem feitas à Companhia Belgo-Brasileira de Colonização, propunha-se que os colonos não fossem dirigidos apenas à Província de Santa Catarina, como a princípio se pretendera, mas se encaminhassem também para a Província de São Paulo. Visava-se à criação de núcleos semelhantes aos que haviam sido fundados em Santa Catarina e Rio Grande do Sul e outros pontos do Império, com o objetivo de desenvolver estabelecimentos de agricultura, indústria e mineração. Já se pensava também na possibilidade de interromper-se definitivamente o tráfico. Em sessão de 5 de junho de 1845, um dos deputados, defendendo as pretensões daquela Companhia, lembrava que o mal do país não provinha da colonização estrangeira, mas da africana, e afirmava "é preciso desde já que nos preparemos para o estado miserável em que nos havemos de achar quando não tivermos mais braços para a nossa lavoura" e prosseguia dizendo que era necessário dar impulso à colonização.

Ainda dentro do mesmo espírito inclinado à promoção e criação de núcleos coloniais, a assembleia provincial de São Paulo autorizava o governo da província, pela lei n.313 de 1846, a contratar com a Casa Comercial de Delrue e Companhia de Dunquerque ou outra qualquer casa ou indivíduo o estabelecimento de colônias agrícolas na província, para o que era concedido, a título de aforamento, 25 léguas quadradas de terras escolhidas, entre aquelas que não estivessem ocupadas. Os colonos importados, logo que tivessem satisfeito seus empenhos com a referida firma, tornar-se-iam proprietários das terras em que se instalassem.

Ano após ano, o poder central concitava os presidentes das províncias a apoiarem as iniciativas de colonização e manifestava bem claramente os seus propósitos.[4] Em 1855, um aviso do governo imperial fazia saber que estaria pronto a subvencionar a introdução de colonos, "contanto que o empresário, por venda ou aforamento, os estabelecesse desde logo em lotes de terras de regular extensão".[5]

Interpretando esse ponto de vista, Saraiva, na presidência da Província de São Paulo, notava que o sistema de lotes era o mais agradável ao estrangeiro. Entretanto, talvez por conhecer de perto a opinião de muitos dos paulistas, dizia ele que era impossível fracionar a grande propriedade com rapidez, e que esse fracionamento tinha limites, chegando mesmo a afirmar que, em um país livre como o nosso, não era mister possuir propriedade territorial para se ter uma situação vantajosa.[6]

A oposição entre a política conduzida pelo poder central e os interesses dos fazendeiros paulistas manifestou-se várias vezes. O governo do Império visava, sobretudo, estimular a imigração de povoamento, o tipo de colonização levada a efeito em núcleos coloniais, nos quais o imigrante tinha acesso à propriedade. Ponderava que, só assim, se poderia estabelecer um tipo de imigração de efeitos realmente civilizadores, e que esse sistema era o único capaz de atrair imigrantes. Entretanto, todas as vezes em que os fazendeiros de café do oeste paulista conseguiram fazer prevalecer seus interesses, dominou a política que visava fornecer braços para as lavouras. Assim foi quando, em 1847, Vergueiro, ocupando a pasta da Justiça e, interinamente, a do Império, no ministério de 22 de maio, alcançou uma subvenção do governo para se lançar às experiências das parcerias. Assim será entre 1885 e 1887, quando Antônio Prado e Rodrigo Silva ocuparam, sucessivamente, a pasta da Agricultura. Pode-se dizer que a política imperial variou entre as duas orientações, na medida em que nos quadros ministeriais prevaleceram, ou não, os interesses dos fazendeiros ligados às zonas cafeeiras do oeste paulista – os mais empenhados em abastecer de mão de obra as lavouras em pleno desenvolvimento, numa época em que se tornava cada vez mais dispendiosa a aquisição de escravos.

---

4 *Anais da Assembleia Legislativa da Província de São Paulo*, 1852, p.29.
5 *Anais da Assembleia Legislativa da Província de São Paulo*, 1856, p.256.
6 *Anais da Assembleia Legislativa da Província de São Paulo*, 1854-1855, p.367 ss.

Os fazendeiros do Vale do Paraíba, fluminense ou paulista, e da zona mineira não partilhavam, em geral, esse pensamento. Abastecidos de escravos, despreocupavam-se do problema ou apoiavam a linha de ideias representada por Lacerda Werneck, herdeiro do barão Pati do Alferes, fazendeiro importante do Vale do Paraíba, para o qual a colonização só era compatível com a pequena propriedade e que afirmava, em artigos publicados no *Jornal do Comércio*, que os proprietários deveriam desesperar de formar em suas plantações eitos de colonos, como formavam de escravos.

As preferências do imperador parecem ter se fixado também nesse tipo de colonização. Visitando, em 1875, a Colônia Nova Lousã, onde Monte Negro introduzira um sistema de colonização assalariada, julgado modelar, manifestou a sua opinião de que tal sistema era um "tanto patriarcal" em relação às circunstâncias do Brasil, cujo progresso lhe parecia lisonjeiro, dizendo ainda que o sistema de colonização devia ser baseado no estabelecimento da propriedade.[7]

Apesar das opiniões favoráveis ao desenvolvimento dos núcleos coloniais, sérios obstáculos se antepunham à sua concretização. Eles pareciam, na sua maior parte, fadados ao insucesso e a imigração espontânea só raramente procurava o Brasil.

Muitas razões havia para isso. A primeira era, sem dúvida, a concorrência do braço escravo. Nas zonas cafeeiras, nessa época, eram precárias as possibilidades oferecidas ao colono. Até 1850, enquanto perdurou o tráfico, houve escravos em abundância, por toda a parte, e a estes eram entregues os misteres do campo e da cidade. Preferiam-se ainda os cativos, era mais fácil obtê-los e a este tipo de trabalho estava o fazendeiro habituado por uma longa tradição, que nada obrigava a interromper.

As fazendas produziam quase tudo o de que necessitavam. Visitando a fazenda de café de Antônio Clemente Pinto, na região de Cantagalo, Burmeister observava que aí se criava gado suíno, num total de quatrocentas cabeças, além de galinhas, pombos,

---

7 *Colônia Nova Lousã e Nova Colômbia* – Relatórios apresentados ao Exmo. Sr. Presidente da Província de São Paulo, em 6 de fevereiro de 1875, por João Elisário de Carvalho Monte Negro, São Paulo, 1875.

DA SENZALA À COLÔNIA   113

patos, gansos, cabras, ovelhas, gado em geral, produtos necessários à manutenção. Por outro lado, a população dos núcleos urbanos nessa primeira fase, com exceção da cidade do Rio de Janeiro, era muito pouco significativa. Faltava aos imigrantes dos primeiros tempos um mercado que consumisse seus produtos ou absorvesse diretamente o seu trabalho.

Forte empecilho à imigração espontânea e obstáculo ao desenvolvimento dos núcleos coloniais era o tipo de economia vigente: tipicamente rural, apoiada na agricultura de molde tropical, dentro de uma estrutura latifundiária. Economia de exportação, sustentada sobre um único produto, base da riqueza nacional, ficava na dependência do mercado internacional e inteiramente sujeita às suas oscilações. Ao lado desse tipo de economia comercial de exportação, havia uma faixa caracterizada pela lavoura de subsistência, praticada em roças rudimentares, em geral acompanhada de baixos níveis de vida. As empresas industriais eram ainda pouco expressivas. Dentro desse quadro, as perspectivas do trabalho livre eram muito limitadas.

A situação dos pequenos núcleos coloniais localizados em São Paulo e no Rio de Janeiro apresentava-se muito mais difícil do que a dos mais numerosos, fundados em Santa Catarina ou no Rio Grande do Sul. Feneciam por falta de mercados. Era impossível fazer progredir a pequena propriedade em regiões onde a grande propriedade funcionava de maneira autossuficiente e onde havia poucas possibilidades de escoar a produção para os centros urbanos mais próximos. Tudo isso se agravava com as más condições das vias de comunicação e meios de transporte, e com a dificuldade de acesso à propriedade da terra.

A obtenção de terras era extremamente difícil para o povo, em geral, e mais ainda para os estrangeiros, pois se achava monopolizada por um pequeno grupo de proprietários. A disputa da terra, o acúmulo de sesmarias, aforamentos, as posses ilegítimas vinham de uma larga tradição colonial. Ao iniciar-se o segundo reinado, tal era a confusão dos títulos de propriedade, que os interesses dos fazendeiros obrigaram o governo imperial a cogitar da necessidade de uma legislação nesse sentido.

A expansão cafeeira tornara a disputa de áreas devolutas mais acirrada. A intrincada política de terras prejudicava a colonização. O descrédito minara a confiança dos títulos de propriedade concedidos no Brasil.[8] Antes da lei que procurou regularizar a concessão de terras devolutas, decretada em 1850 e regulamentada em 1854, estas apresentavam-se extremamente confusas. Em 1842, a assembleia provincial de São Paulo representava ao imperador e ao corpo legislativo do Império a fim de obter a faculdade de dispor de vinte léguas de frente e vinte de fundo, de terras devolutas, em uma só localidade ou diversas. Justificava a solicitação, alegando que um dos obstáculos fundamentais para levar avante os planos de colonização estrangeira na província residia na confusão existente entre bens nacionais e bens provinciais.[9] Seis anos mais tarde, Carneiro de Campos requeria à assembleia que considerasse a oportunidade de se enviar ao governo geral um pedido para que fossem ampliados os meios para promover, em maior escala, a imigração, solicitando a solução do projeto de lei sobre concessões de terras, então em discussão no senado.[10]

As melhores terras eram atribuídas aos grandes proprietários e resultavam, em geral, de antigas sesmarias e aforamentos. Mais tarde, passou a vigorar apenas o sistema de posses. Era difícil resistir à avidez dos proprietários, pois contavam com os corpos legislativo e judiciário. A lei de 1850 procurou pôr fim à especulação, mas permaneceu letra morta até 1854, quando foi regulamentada. Estipulava a proibição de aquisição de terras devolutas por outro título que não fosse o de compra. Em 1854, determinou-se que as sesmarias ou outras concessões do governo imperial ou provincial seriam revalidadas desde que se achassem cultivadas ou com princípio de cultura e morada habitual. Entretanto, o artigo 6º dizia que não se tomariam, como princípio de cultura para legitimação da posse, as simples roçadas, derrubadas ou queimadas de mata ou campo, levantamento de ranchos ou atos de semelhante natureza, e o artigo 8º determinava que os posseiros, que deixassem de proceder às medições nos prazos marcados pelo governo, se considerariam caídos em comisso e perderiam, por isso, seu direito. É de crer que, dentro desse critério, resultaria fácil excluir as culturas caboclas. Poucos seriam os habitantes mais humildes

---

8 Straten Ponthoz, 1859, v.3, p.5.
9 *Anais da Assembleia Legislativa da Província de São Paulo*, 13ª sessão ordinária, 22 de janeiro, 1842, p.159.
10 *Anais da Assembleia Legislativa da Província de São Paulo*, 1848, p.72.

DA SENZALA À COLÔNIA

em condições de proceder a essas medições e de recorrer à ação legal para efetivar as posses. Com isso, propiciava-se a expansão da grande propriedade em detrimento da pequena.[11]

Os fazendeiros monopolizavam as melhores terras deixando aos colonos os lugares distantes e pouco produtivos. Dizia Expilly, em 1865, que quatro quintos da propriedade do solo estavam nas mãos dos grandes proprietários, enquanto o governo detinha apenas um quinto, e este constituído de terras afastadas dos cursos d'água, das estradas, do litoral ou dos centros de população, expostas aos ataques dos índios e animais. Os fazendeiros que detinham as boas terras cobravam preços exorbitantes por elas.[12] Nessas condições, o sistema da pequena propriedade era impraticável, o imigrante estava fatalmente condenado à parceria, ou ao regime assalariado.

O monopólio da terra impressionava a todos os que se preocupavam em estimular a colonização de povoamento. Muitos chegaram a sugerir uma espécie de reforma agrária com a substituição do latifúndio monocultor pela pequena propriedade policultora. Criticava, em 1855, Lacerda Werneck, a fundação de colônias em lugares ermos, onde o comércio era impossível e dizia que o monopólio do solo obstava "de um modo funesto e veemente" o desenvolvimento da pequena cultura, para o que também concorriam, na sua opinião, a falta de vias de comunicação e o alto custo dos transportes. Dizia ainda que o trabalho livre não se adaptava à grande cultura e que esta, por sua vez, excluía a interferência do trabalho livre. Para promover o desenvolvimento da pequena propriedade, sugeria a ampliação do crédito rural.

Quintino Bocaiúva, em 1868, falando na utilidade de uma lei que taxasse as terras baldias, dizia que, reformando os costumes e a

---

11 Em carta ao conselheiro Fernandes Torres, presidente da província, com data de 18 de setembro de 1858, o delegado de polícia de Iguape referia-se a uma zona boa para localização de colonos. Os únicos óbices pareciam-lhe estar no fato de se tratar de região afastada das vias de comunicações e existirem, ali, alguns moradores em posse. Entretanto, dizia, essas posses, enquanto não fossem medidas e demarcadas, teriam forçosamente de originar contestações com os colonos e acrescentava que os posseiros eram muito pobres e, portanto, não teriam meios para fazer medir as áreas (*Mss. Arq. Est. S. Paulo*, T. I, Colônias, cx.2).

12 Expilly, Paris, 1865.

tradição de nosso trabalho agrícola, se abriam novos horizontes à riqueza nacional, facilitando a subdivisão das grandes propriedades e a instalação de grupos coloniais.

"O país deve lembrar-se", afirmava, "de que cada jeira de terra inculta representa um algarismo no *deficit* de seu orçamento". E, mais adiante: "O Governo Imperial já experimenta os efeitos dessa viciosa organização da propriedade rural, com raras exceções, os terrenos que têm para oferecer à Imigração são impróprios para o fim a que se destinam. A distância a que demoram dos mercados de consumo e de exportação, a dificuldade das comunicações tornam os dons do Estado infrutíferos e desanimam completamente o espírito das fundações coloniais". Em 1878, Henrique de Beaurepaire Rohan afirmava: "O retalhamento da grande propriedade territorial é, com efeito, uma condição indispensável ao desenvolvimento de nossa lavoura, muito mais quando estiver de todo extinta a escravidão". O manifesto da Confederação Abolicionista do Rio de Janeiro, lançado em 1883, acusava o grande proprietário e o sistema escravista de levarem o país à ruína e matarem o estímulo ao trabalho. A Sociedade Central de Imigração – fundada a 17 de novembro de 1883 – aplicava seus esforços para conseguir a subdivisão das fazendas hipotecadas ou de todo adjudicadas aos bancos, em lotes compráveis pelos colonos imigrantes e nacionais. André Rebouças, que será um dos diretores dessa sociedade, já em setembro de 1874, publicava no *Jornal do Comércio* uma série de artigos sobre a agricultura nacional, mais tarde coligidos e ampliados, e publicados em livro sob esse título, onde defendia ponto de vista semelhante.

Alguns anos mais tarde, Alfredo d'Escragnolle Taunay, na Sociedade Central de Imigração, criticava o latifúndio, defendendo a tese da incompatibilidade entre este, a pequena propriedade e a colonização, comentando: "o monopólio da terra para deixá-la estéril e desaproveitada é odioso e causa de inúmeros e gravíssimos males sociais". Prosseguia afirmando que era de "todo iníquo e desorganizador que sem darem contas a sociedade, nem pagarem nenhum imposto pela sua vaidade, grandes proprietários" mantivessem "enormes e fecundíssimas regiões no estado de natureza bruta, quando o cultivo delas traria o desenvolvimento da riqueza pública e daria alívio à miséria de centenas de milhares de homens" que só pediam "uma nesga de terra a fim de se libertarem da pobreza e concorrerem com o seu trabalho honesto para a

DA SENZALA À COLÔNIA 117

prosperidade nacional". Alegava, a favor de sua argumentação, o fato de que, quando o governo precisava de terras, não era sem grandes dificuldades e queixas dos proprietários que as conseguia. Condenando essa situação, concluía enfaticamente, referindo-se à atitude dos proprietários que reagiam a qualquer medida que pusesse em risco o monopólio da terra: "*chamam de direitos a solidão, a esterilidade e a preguiça*".[13]

A política, levada a efeito pela Sociedade Central de Imigração, era toda ela no sentido de estimular a pequena propriedade, partindo da ideia de que o desejo, a aspiração fundamental do emigrante, é sempre tornar-se proprietário de um cantinho de terra por pequeno que seja.

Esse não era o pensamento da maior parte dos fazendeiros do centro e do oeste paulistas, cuja preocupação máxima sempre fora conseguir braços para as suas lavouras. Daí a incompatibilidade entre o pensamento da Sociedade Central de Imigração e a política levada a efeito por Antônio Prado, quando ocupava o ministério.

Tinham razão os representantes da Sociedade Central de Imigração, bem como todos os que mencionavam monopólio da terra, por parte dos proprietários, como um empecilho ao desenvolvimento da pequena propriedade. Por toda parte esse monopólio criara para o governo o problema da escassez de terras devolutas bem localizadas. Em resposta a um inquérito mandado fazer pelo governo imperial às câmaras municipais do Rio de Janeiro, contestaram na sua maioria negativamente quanto à existência de terras devolutas. Apenas alguns municípios indicavam a presença de terras localizadas em lugares estéreis ou inacessíveis. Nova Friburgo informava a existência de alguns terrenos devolutos em pequenas proporções, mas estéreis e colocados nos altos das serras e que, por esse motivo, não haviam sido apossados. A Câmara Municipal de Mangaratiba referia-se a terras no alto da Serra de Angra dos Reis e ocupadas por foreiros. A de Itaboraí informava não existirem terrenos devolutos; o mesmo diziam as demais câmaras municipais.[14] As terras que escapavam à avidez

13 Couty, 1887, p.69.
14 *Relatório de 1870 do Dr. José Maria Correa de Sá e Benevides à Assembleia Legislativa do Rio de Janeiro*, p.55.

dos proprietários ofereciam escassas possibilidades de exploração e desenvolvimento, longe dos mercados de consumo, falta de vias de comunicação, de penetração muitas vezes impraticável, permaneciam intatas. Estas bem pouca utilidade ofereciam aos planos colonizadores do governo imperial.

Em São Paulo e no Rio de Janeiro, a expansão cafeeira desalojou antigos posseiros, incorporando-os como agregados ou expulsando-os para os núcleos urbanos. O governo não encontrava terras devolutas em condições favoráveis para localizar núcleos coloniais, ficando obrigado a situá-los em zonas improdutivas e inconvenientes, ou a despender verba com a aquisição de terras. Em Minas, o quadro não era mais promissor. Aqui o problema tinha origens mais remotas: datava provavelmente da época da mineração, quando se disputara a terra, palmo a palmo. Por isso, já no século XIX, o governo tinha dificuldades em encontrar áreas devolutas, conseguindo-as apenas no sertão mineiro, nas zonas mais inóspitas próximas à fronteira baiana, ou nos limites com o Espírito Santo. Depois da Lei de Terras de 1850 e do Regulamento de 1854, o governo mandou proceder a inquéritos sobre a existência de áreas devolutas ou pertencentes a índios que pudessem ser consideradas como tais. A maioria dos municípios respondeu negativamente: não havia sesmarias a revalidar, nem posses a legitimar, nem terras devolutas. Apenas sobravam algumas nesgas em regiões de sertão, como, por exemplo, no município de Ponte Nova, a zona de matas confinantes com a Província do Espírito Santo, ou terras de índios como em Minas Novas. Nas vizinhanças dos territórios de índios, como, por exemplo, a região do Mucuri, eram frequentes os incidentes entre a população branca e os selvagens.[15]

Além do entrave ao desenvolvimento da pequena propriedade, outros motivos existiam a prejudicar o estabelecimento de uma corrente imigratória para o Brasil, entre os quais, a grande atração exercida nessa época pelos Estados Unidos, que ofereciam condições muito mais favoráveis do que as nossas, e para os quais era canalizada a maior parte da imigração europeia. Entre 1819 e 1856, saíram dos estados alemães 1.799.853, dos quais mais de

---

15 *Mss. Arq. Públ. Min.*, livros 569 e 1379.

DA SENZALA À COLÔNIA   119

um milhão e duzentos com destino aos Estados Unidos.[16] Maior proximidade, o que significa preços de passagem mais baixos, melhores condições econômicas, oportunidades mais amplas de ascensão social, condições climáticas mais ou menos semelhantes às europeias, liberdade de culto, maiores possibilidades de acesso à propriedade e organização política democrática atuavam como fatores favoráveis à imigração que era, assim, canalizada para esse país, principalmente para as regiões onde não existia o sistema escravista. Nada de semelhante poderia oferecer o Brasil, nessa primeira metade do século.

Enquanto uma família de cinco pessoas teria que pagar 1.200 francos para chegar ao Brasil, não despendia mais de quinhentos e poucos francos para ir aos Estados Unidos (573 francos). Com quantia inferior à desembolsada com o transporte de Hamburgo para o Rio de Janeiro, podia não só pagar sua passagem para aquele país, como ainda comprar cem braças de terra.[17]

Havia, ainda, o preconceito generalizado contra o clima tropical. Encarava-se com desconfiança um país, onde grassavam epidemias e onde, se dizia, o calor e a umidade minavam o organismo do homem branco. Somem-se, ainda, as restrições de ordem religiosa, que decorriam do fato de ser o catolicismo considerado pela Constituição como religião de Estado, e a ausência de Registro Civil, que legalizasse os nascimentos, casamentos e até mesmo óbitos daqueles que não professavam esse credo.

Em tais condições, as primeiras tentativas feitas, a fim de se promover a formação de núcleos coloniais, estavam fadadas, se não ao malogro, pelo menos a um resultado decepcionante. Havia dificuldades em motivar a imigração e, quando se conseguia atrair o colono, este defrontava-se com sérios problemas de ajustamento. Por tudo isso, os resultados de tais experiências tinham sido mesquinhos, acarretando desconfiança em relação ao sucesso da imigração, desanimando tais iniciativas, desprestigiando a política imigrantista, dando mesmo força de argumentação aos que viam no trabalho escravo a única solução para o problema da mão de obra.

---

16 Expilly, op. cit., 1865, p.59.
17 Reybaud, 1858, p.17. Esse autor refere que, enquanto o preço da passagem para os Estados Unidos era de 32 táleres, para o Brasil atingia a 56.

A parceria

A ameaça, que pairava sobre o tráfico desde 1831 e que se tornou realidade na década de 1850, serviu, entretanto, para estimular o prosseguimento das tentativas de colonização. A expansão cafeeira obrigava a pensar em alguma solução que importasse na substituição do braço escravo.

Em 1848, reconhecendo a urgência da introdução de braços livres na Província de São Paulo, a Comissão de Indústria e Comércio da Assembleia sugeriu que o governo fosse autorizado a contratar anualmente com qualquer indivíduo, companhia nacional ou estrangeira, o transporte de duzentos colonos do norte da Europa. Em 1852, autorizava a mesma assembleia a dotação de 25 contos anuais em benefício da colonização. O projeto inicial, apresentado a 3 de junho por Gabriel Rodrigues dos Santos, destinava-se a estabelecer auxílio para o transporte de famílias de trabalhadores do norte da Europa, devendo os lavradores interessados requererem ao governo uma prestação correspondente à metade do custo do transporte até o porto de Santos. Essa importância era dada sob a forma de um empréstimo resgatável num prazo de seis anos, sem juros. Com os aditivos que lhe foram acrescentados e modificaram o *modus faciendi*, esse projeto foi aprovado e incorporado ao orçamento provincial de 1853-1854.[18]

Pensava-se assim transferir para a iniciativa particular a responsabilidade de promover a imigração. Sobre os particulares e não sobre a administração, deveriam "recair todas as rixas e ódios que são inerentes a tais empresas".[19] O governo limitar-se-ia a oferecer garantia de financiamento.

Foi realmente a iniciativa particular, levada a efeito por Nicolau de Campos Vergueiro, que promoveu essa primeira experiência de uma forma ampla e sistemática. A par dos núcleos coloniais oficiais, organizados segundo o modo tradicional de distribuição de terras aos colonos, surgia um novo tipo de colonização — a

---

18 *Anais da Assembleia Legislativa da Província de São Paulo*, 1848-1849 e 1852-1854.

19 *Anais da Assembleia Legislativa da Província de São Paulo*, 1848-1849, p.53.

DA SENZALA À COLÔNIA   121

parceria – que visava à fixação dos colonos nas fazendas em substituição ao braço escravo.[20] A primeira tentativa do senador Vergueiro constara da introdução de colonos portugueses, isso já em 1840, antes mesmo que cessasse definitivamente o tráfico. Em dezembro daquele ano, estava reunido o primeiro grupo mandado vir a sua custa. Meses após, entretanto, se havia dispersado. Passados alguns anos, voltava ele à carga. Conseguindo uma subvenção do governo imperial, organizou uma sociedade visando promover a vinda de colonos. Voltava-se agora para a Suíça e a Alemanha, fazendo vir para sua fazenda de Ibicaba alguns colonos que aí chegaram em 1847. Em vão, tentou, nos anos seguintes, renovar a subvenção conseguida. Em 1849, obteve um ano de espera do reembolso da primeira importância; no ano seguinte, tendo a lei consignado outros duzentos contos para importação de colonos, a Sociedade Vergueiro & Cia. renovou seu requerimento, reiterando-o várias vezes, sem que o governo imperial se definisse. A política mudara e ele não encontrou, a seu favor, a mesma disposição que existira anteriormente. À sua solicitação o presidente do conselho respondeu com evasivas, acusando-o de querer monopolizar a colonização.

Vergueiro não desanimou enquanto não obteve do governo da província a ajuda de 25 contos, obrigando-se, por sua vez, a importar quinhentos colonos por ano.[21] Em virtude desse contrato, foram introduzidos 1.039 colonos, sendo 594 no ano de 1852, 445 no de 1853.[22] Em 1854, uma cláusula do orçamento estipulava que se nomeasse uma comissão incumbida de promover, inspecionar e dirigir a colonização para a província, e encarregar-se, além disso, das colônias já existentes, mandando inspetores para onde fosse julgado conveniente: estes serviriam como delegados da Comissão Central de Colonização. Em 31 de julho desse ano, Vergueiro & Cia. declarava ter cumprido integralmente seu contrato. Ul-

---

20 Davatz, 1941; Forjaz, 1924; Gentil, 1851; Costa, op. cit., 1963.
21 *Mss. Arq. Públ. Est. S. Paulo*, T. I, Colônias, cx.1, março 1853, carta datada de Ibicaba, enviada em janeiro de 1853 ao presidente da província, na qual faz Vergueiro a história da sua iniciativa.
22 *Relatório com que o ilustríssimo e excelentíssimo Sr. Josino do Nascimento Silva, Presidente da Província de São Paulo abriu a Assembleia Legislativa da Província, no dia 16 de fevereiro de 1854.*

trapassara mesmo o número de colonos que se comprometera a introduzir na província.[23] No ano seguinte, novo contrato era feito. Os empresários comprometiam-se a introduzir mil colonos anualmente. Para isso, era-lhes oferecido um empréstimo de vinte contos anuais, sem juros, reversível aos cofres provinciais em três anos, e subvenção anual de 1:500$000 por mil colonos.[24] A essa altura, o sistema Vergueiro havia entusiasmado muitos fazendeiros do oeste paulista. Associavam-se, assim, o trabalho livre e o escravo. Vieram para a Fazenda Ibicaba, em 1846, numerosos colonos, aí chegando em 1847. Ainda trabalhavam na fazenda, nessa época, 215 escravos.

A administração continuava a apoiar iniciativas desse gênero, pressionada pelos que viam no colono estrangeiro uma possibilidade de substituir o escravo, o que se tornava mais urgente, à medida que se multiplicavam as fazendas de café. O interesse pela colonização cresceu a partir de 1850, depois da cessação do tráfico. Para as lavouras novas, o colono parecia ser uma solução. Os resultados aparentemente vantajosos, obtidos em Ibicaba, encorajavam os fazendeiros a seguir o seu exemplo.

Em 1854, a assembleia provincial aprovava a concessão de um auxílio de sete contos a Joana Emília Velloso de Oliveira, Júlio Marciano Galvão, Joaquim Mariano Galvão de Moura Lacerda e Luísa Emília Galvão de Moura Lacerda, destinado ao transporte de colonos. Em 1855, recebia um requerimento de vários fazendeiros de Taubaté pedindo auxílio de vinte contos por empréstimo, sem juros, para importarem quatrocentos colonos. Em 1856, o orçamento incluía um artigo que autorizava o governo provincial a garantir na Europa as responsabilidades dos fazendeiros da província, pela importância do dispêndio com transporte de colonos que encomendassem a qualquer indivíduo ou sociedade, recebendo dos ditos fazendeiros garantias correspondentes. O governo obrigava-se a colher informações na Europa, acerca das condições com que se poderia obter remessa de colonos para a província, especialmente nas praças de Havre, Antuérpia, Ham-

---

23 *Mss. Arq. Públ. Est. S. Paulo*, T. I, Colônias, cx.1, carta de Vergueiro, datada de 28 de fevereiro de 1857.

24 *Discurso do Dr. José Antônio Saraiva, Presidente da Província de São Paulo*, fevereiro de 1855, São Paulo, 1855, p.19-24.

DA SENZALA À COLÔNIA

burgo e Brêmen, comprometendo-se a publicá-las pela imprensa. Nesse mesmo orçamento, o artigo 11 das disposições transitórias autorizava a contratar com a casa Theodor Wille e Cia. a importação de colonos e sua distribuição na província, consignando, para isso, verba até dez contos. O sistema de parceria, entretanto, iria dentro em breve revelar suas fraquezas.

Os colonos eram contratados na Europa e encaminhados para as fazendas de café. Tinham sua viagem paga, bem como o transporte até as fazendas. Essas despesas, assim como o necessário à manutenção, entravam como adiantamento até que pudessem sustentar-se pelo próprio trabalho. Atribuía-se a cada família uma porção de cafeeiros na proporção da sua capacidade de cultivar, colher e beneficiar. Era-lhes facultado o plantio de víveres necessários ao próprio sustento entre as filas de café, enquanto as plantas eram novas. Quando isso não era mais possível, podiam plantar em locais indicados pelos fazendeiros. Em caso de alienação de parte dos víveres, caberia ao fazendeiro a metade. Vendido o café, obrigava-se este a entregar ao colono metade do lucro líquido, deduzidas todas as despesas com o beneficiamento, transporte, comissão de venda, impostos etc. Sobre os gastos feitos pelos fazendeiros em adiantamento aos colonos, cobravam-se juros de 6%, que corriam a partir da data do adiantamento. Os colonos eram considerados solidariamente responsáveis pela dívida. Aplicava-se na amortização pelo menos metade dos seus lucros anuais.

O colono obrigava-se a cultivar e manter o cafezal limpo, e a concorrer em comum, com o serviço correspondente à quantidade de café entregue, para o trabalho que o mesmo exigia até entrar no mercado. Devia conduzir-se disciplinadamente. Não podia abandonar a fazenda sem previamente comunicar essa intenção e saldar primeiramente todos os compromissos. Em caso de dúvida entre os contratantes, era indicada a autoridade local para decidir do dissídio.

Essas normas sofriam, às vezes, pequenas alterações que não modificavam substancialmente seu conteúdo e que iam sendo ditadas pela experiência. Fazendeiros havia que cobravam 12% de juros em vez de 6%, alguns incluíam no contrato uma cláusula obrigando os colonos a concorrer com seus trabalhos para outros serviços na fazenda, ou especificavam o número de vezes em que o cafezal deveria ser limpo, outros determinavam que o colono replantasse as falhas que ocorressem no cafezal.

Por esse sistema de parceria, foram introduzidos em São Paulo, principalmente por intermédio da casa Vergueiro, numerosos colonos. A maioria localizou-se no oeste paulista. Em seu Relatório de 1855, Saraiva dava uma relação das principais colônias existentes em 1854, da qual constam as de Campinas, Constituição, Limeira, Rio Claro, Jundiaí e Ubatuba. No ano seguinte, o vice-presidente, Antônio Roberto de Almeida, registrava 3.217 colonos, sem contar os de Ubatuba, cujos dados não haviam sido fornecidos. Assinalava uma colônia em São Sebastião, quatro em Jundiaí, quatro em Rio Claro, sete em Campinas, uma em Constituição, duas em Bragança, uma em Paraibuna, cinco em Limeira, quatro em Ubatuba, uma em Taubaté. Comentava que era geral a tendência para a fundação de colônias por parte dos fazendeiros, levados, na sua opinião, quer pela falta de braços de que se ressentia a lavoura, quer pelo resultado aparentemente satisfatório das experiências até então feitas. Manifestava a esperança de que o número dessas colônias fosse progressivamente aumentando. Mais tarde instalavam-se colônias ainda em Piraçununga, Capivari e Moji-Mirim, Santa Isabel e Amparo.[25]

A maior parte dos estabelecimentos foi criada entre 1852 e 1854. A firma Vergueiro & Cia. prosseguia importando colonos em número cada vez maior, chegando a estender suas atividades a outras províncias. A importação de colonos tornava-se uma empresa de consideráveis proporções. Os agricultores interessados na experiência recorriam à firma que lhes fornecia os trabalhadores. Alguns, como Souza Queiroz, mandavam vir colonos diretamente da Europa, por sua própria conta. Os termos dos contratos acompanhavam sempre, nas linhas gerais, o sistema original de Vergueiro.

Na maioria das fazendas, não se abandonou de todo o trabalho escravo, que persistiu concomitantemente com as colônias de parceria. As tarefas ficavam estreitamente delimitadas e separadas. Só, raramente, encontravam-se colonos e escravos trabalhando

---

25 Relação das colônias existentes em 1860. *Mss. Arq. Públ. do Est. S. Paulo*, T. I, Colônias, cx.2, documento da Repartição das Terras Públicas e Colonização na Província de São Paulo, datado de 13 de dezembro de 1861.

DA SENZALA À COLÔNIA   125

lado a lado: eram colonos portugueses, ilhéus, os únicos que se adaptavam a esse tipo de trabalho.[26] Algumas fazendas chegaram a ter grande número de trabalhadores livres. Na de Luís Antônio de Souza Barros, viviam, em 1857, 329 alemães e suíços. João Elias Pacheco Chaves Jordão tinha, em 1854, na sua fazenda de Rio Claro, 180 colonos estrangeiros. Em Campinas, Floriano de Camargo Penteado mantinha, ao todo, 104, entre os quais 74 alemães, dezoito portugueses e doze brasileiros. Em Ibicaba havia, em 1857, mais de oitocentos, na sua maioria alemães, suíços e portugueses.[27]

A crise do sistema

Nessa época, entretanto, as contradições do sistema de parceria vieram à tona em uma revolta de colonos em Ibicaba. Fazendeiros e parceiros já agora manifestavam por toda parte seu descontentamento e decepção.

Os primeiros diziam-se desejosos de encerrar a experiência e livrar-se dos colonos logo que o pudessem. Alguns chegavam a confessar que preferiam o trabalho escravo. Floriano de Camargo Penteado, em carta ao juiz municipal de Campinas, escrevia em 1859: "pretendo desde já pôr fim à minha colônia substituindo os braços livres pelo braço escravo, o que irei fazendo paulatinamente".[28] Essa era também a opinião de Joaquim Franco Camargo, quando considerava de maneira pessimista o resultado de suas experiências com o trabalho livre. Não via vantagens em prosseguir com ele e afirmava mesmo que o trabalho escravo, apesar de alguns inconvenientes, parecia preferível.[29] Essa opinião tendia a generalizar-se. Em 1859, tecendo considerações sobre o fato, o presidente da província, Fernandes Torres, observava: "os colonos ultimamente vindos da Europa têm sido mais pesados que lucrativos aos fazendeiros, pois que, só assim, pode-se explicar a preferência que têm dado a despender somas enormes com a

---

26 Tschudi, 1953, p.131.
27 Mss. Arq. Públ. Est. São Paulo, T. I, Colônias.
28 Mss. Arq. Públ. Est. S. Paulo, T. I, Colônias, cx.2.
29 Documents concernant la question de l'immigration au Brésil, publicação por ordem do Conselho Federal, 1858, p.41.

aquisição de escravos comprados por preços que lhes absorvem anos de renda".

Fazendeiros, menos pessimistas quanto às possibilidades de trabalho livre, prosseguiam na experiência recorrendo ao elemento português. "Não tendo obtido vantagens com os colonos suíços e alemães, dizia Vieira de Macedo ao vice-presidente da província, em 1857, tanto, porque não tratam dos cafezais a seu cargo, deixando--os em completo abandono, e não haver meios de obrigá-los a cumprir nem em parte os artigos de seus contratos, como porque entendem que nosso trabalho agrícola não depende de atividade, quero pois experimentar o trabalho dos colonos portugueses, e se o resultado corresponder aos meus desejos terei de admiti-los em maior número."[30]

Os insucessos experimentados na maioria das fazendas em que se haviam estabelecido colônias de parceria desanimavam, entretanto, a grande maioria dos agricultores. O governo já encontrava dificuldades em colocar colonos chegados por intermédio do ministério do Império. A notícia da sua chegada foi publicada pela imprensa e custou a aparecer um pretendente. Comentando esse fato, o juiz municipal de Campinas comunicava, em julho de 1858, a Fernandes Torres, que até àquela data não havia se apresentado nenhum pretendente aos colonos e dizia: "duvido que apareçam, visto que os nossos fazendeiros, no geral, têm-se dado mal com a colonização". A despeito desse seu pessimismo que reflete a opinião geral sobre a questão da colonização, apresentou-se um pretendente a receber os colonos: o fazendeiro Joaquim Bonifácio do Amaral, que continuará a experiência do trabalho livre durante muitos e muitos anos, tornando-se um dos seus maiores defensores.

A essa altura, os proprietários que se haviam arriscado na empresa declaravam-se, na maioria, desejosos de pôr fim às suas colônias. Queixavam-se de que os colonos eram indisciplinados, desordeiros, preguiçosos, dados ao vício da bebida, violentos e avessos a cumprir certas tarefas quando não se achassem especificadas em contrato. Recusavam-se mesmo a fazer cercados para suas pastagens, a não ser mediante indenização. Pouco produtivos, não eram capazes de ocupar-se de mais de mil e quinhentos a

---

30 *Mss. Arq. Públ. Est. S. Paulo*, T. I, Colônias, cx.2.

DA SENZALA À COLÔNIA 127

dois mil pés de café, por família. Na Fazenda São Lourenço, em Rio Claro, citava-se o caso de uma família que cuidara apenas de 420 pés, o que não dava nem para cobrir as despesas com os juros sobre o adiantamento. Enquanto isso, o escravo cuidava, em média, de três mil pés, chegando às vezes até a 3.500. Diziam os fazendeiros que os colonos não se adaptavam aos trabalhos árduos que exigia a cultura do café. Quando a colheita chegava, solicitavam um número maior de pés. Passada esta, não mais se ocupavam das atividades necessárias à manutenção dos cafezais. Recusavam aceitar os pouco produtivos. Abandonavam, frequentemente, os que lhes haviam sido entregues, pondo em risco a produção. Na colheita, não tinham o menor cuidado, misturando bagas verdes e maduras. E o pior é que muitos deixavam a fazenda, sem saldar, previamente, suas dívidas.

Na fazenda de Cunha Morais, em Amparo, os colonos repreendidos pelo proprietário, por terem apanhado bagas verdes e maduras, abandonaram a colheita, deixando que se perdesse toda a safra. As relações entre estes e o proprietário se haviam tornado tão tensas que foi necessária a intervenção de um comissário do governo imperial, Machado Nunes, para que a situação voltasse à normalidade.[31] Também na fazenda de Elias Silveira Leite, situada a algumas léguas de Vila de Constituição, os colonos haviam abandonado a fazenda atraídos pelo boato de que o governo lhes daria terras. Com isso, ficou arruinada uma plantação recém-formada, num total de, aproximadamente, trinta mil pés.

Onde o cafezal era novo e ainda não estava em franca produção, o que ocorria muitas vezes nas zonas pioneiras, os conflitos multiplicavam-se.

Os colonos reagiam como podiam: abandonavam o trabalho colocando o proprietário em situação de desespero. Queixavam-se também de sua sorte, manifestando sua desilusão. Julgavam-se espoliados em todos os sentidos. Diziam que os proprietários reservavam para o trabalho do escravo os cafeeiros mais produtivos, entregando-lhes os mais novos que ainda não estavam produzindo de maneira compensadora, ou então os mais velhos e mirrados, de escassa produção. Outro motivo de descontentamento era o

---

31 Tschudi, op. cit., 1953, p.46, 163 ss.

sistema de contas feito para deduzir sua parcela de lucro sobre a produção obtida. Consideravam desonestos os cálculos de conversão de moeda, e a contagem dos juros que corriam sobre os adiantamentos. Reclamavam contra o peso das dívidas que os sobrecarregava já ao chegar à fazenda, em virtude dos preços da viagem e transporte até a sede, agravadas com o correr do tempo. Apontavam a mesquinhez das somas adiantadas antes do fim da safra, dois, cinco, dez mil-réis, que os obrigava a recorrer ao armazém da fazenda para as compras, como um dos fatores responsáveis por esse endividamento progressivo, do qual não viam maneira de escapar. Diziam que, nesses armazéns, os víveres eram vendidos a preços mais elevados do que nas vilas próximas. Queixavam-se, ainda, dos pesos e medidas utilizados, e que, no seu entender, funcionavam sempre a favor dos proprietários. Consideravam injusta a obrigação de dividir com estes os excedentes dos gêneros alimentícios cultivados. Referiam-se às dificuldades encontradas no trato com os senhores, às suas arbitrariedades, tolhendo os movimentos dos colonos, interditando-lhes o ausentar-se da fazenda sem sua ordem expressa e obrigando-os a outros serviços não especificados em contrato, como a construção ou reparo de estradas e caminhos, conserto de cercas etc. O desconforto das casas que lhes eram concedidas, a lembrar senzalas, constituía outro motivo de desagrado. Havia ainda os problemas de ordem religiosa criados do fato de não serem reconhecidos os casamentos realizados por escritura, o único possível para aqueles que não professavam o catolicismo. As mesmas complicações surgiam para os recém-nascidos: os pais viam-se obrigados a batizá-los na Igreja católica, para poderem obter um registro. Sentiam-se desamparados, sem ter a quem recorrer em caso de dissídio, uma vez que a Justiça estava sempre a serviço dos patrões. Enfim, consideravam-se espoliados pelos senhores e reduzidos à condição de verdadeiros escravos.

Os descontentamentos acumulados chegaram a explodir várias vezes em pequenas revoltas. Já em 1853, Souza Barros fora obrigado a solicitar intervenção policial para sufocar a agitação que se generalizara entre seus colonos.[32] Também em Ubatuba, ocorreram incidentes dessa natureza. O mais sério assumiu o aspecto de

---

32 Mss. Arq. Públ. Est. S. Paulo, T. I, Colônias, cx.1, 1853.

DA SENZALA À COLÔNIA 129

uma grande revolta em fevereiro de 1857, em Limeira, na Fazenda Ibicaba, a pioneira na adoção do sistema de parceria. Atingiu tais proporções que provocou uma série de inquéritos, promovidos uns pelo governo imperial, outros pelo governo provincial. Até o governo da Confederação Helvética enviou um emissário especialmente para averiguar a situação.

A visão dos proprietários

Solicitados a opinar sobre as soluções que poderiam resolver os desajustes existentes, os proprietários alvitravam, sobretudo, meios de obrigar os colonos a cumprir seus contratos e fórmulas de repressão às manifestações de indisciplina. Acrescentavam, ainda, a necessidade de diminuir as dívidas que recaíam sobre os colonos. Financiamento do governo, fiscalização e repressão policial, eis no que se resumiam as soluções sugeridas. Falavam, ainda, na necessidade de dar aos colonos assistência espiritual. Que se providenciassem pastores evangélicos, para se ocuparem do culto. Parecia-lhes também conveniente que fosse encontrada solução para o problema dos casamentos desses colonos.[33] "Entendo que é indiferente que os colonos sejão contratados ou a jornal ou a parceria, ou a um tanto por cada alqueire de café colhido, em fim qualquer sistema, contanto que não cheguem à colônia tão sobrecarregados de dívidas, como têm vindo por conta da casa Vergueiro", dizia Floriano de Camargo Penteado, em carta a J. J. Fernandes Torres, em 13 de dezembro de 1857. Opinando sobre os mesmos assuntos, Francisco Antônio de Souza Queiroz, outro grande fazendeiro de café, dizia que procurara remediar os embaraços havidos com os colonos "escasseando os suprimentos"! Afirmava que "seria muita vantagem se o Governo tomasse a si o pagamento das passagens, pelo menos de menores de dez anos,

---

33 A lei de 11 de setembro de 1861 reconheceu os efeitos civis dos casamentos de pessoas não católicas. Entretanto, as restrições prejudicaram sua eficácia: o casamento deveria ser acompanhado de ato religioso, para que fosse registrado e celebrado por um pastor reconhecido pelo governo. Art. 1º, § 3º da lei e dec. de 17 de abril de 1863, art. 5º. Cit. Tavares Bastos, 1939, p.115.

pois as famílias que traziam alguns filhos menores eram as que mais encontravam dificuldades em saldar suas dívidas". "Entendo também necessárias", continuava ele, "disposições legislativas sobre o assunto dos protestantes e mesmo providências para que algum pastor corra, periodicamente, a colônia." Um dos proprietários, consultado sobre as medidas que deveriam ser tomadas a fim de resolver os conflitos surgidos dentro do sistema de parceria, disse que tal sistema seria conveniente, uma vez que o governo garantisse por "leis adequadas" tanto os direitos dos proprietários como dos colonos, "leis porém de fácil e pronta execução, sem essas delongas e despesas insuportáveis que desanimam muitas vezes qualquer pugna por seus direitos". Solicitava, também, a criação de um juízo especial, falava da necessidade de que houvesse um inspetor-geral que visitasse as colônias. Referia-se, ainda, à oportunidade de um *Regulamento Policial* para melhor ordem dos estabelecimentos, sugerindo que a esse respeito fossem ouvidos os proprietários das colônias, "aos quais a experiência tem mostrado os abusos que se torna necessário reprimir".[34]

Essas opiniões, aliás, não eram novas desde 1854, diante das primeiras dificuldades havidas com seus colonos, Luís Antônio de Souza Barros falava na necessidade de estabelecer um regulamento provincial que obrigasse os colonos a cumprir os contratos. O próprio Vergueiro, manifestando-se várias vezes em 1854 a esse respeito, comentava que seria melhor se o governo pagasse as

---

34 Tais ideias persistirão durante muito tempo. Ainda em 1878 por ocasião da realização do Congresso Agrícola, ao qual compareceram representantes da lavoura cafeeira de Minas, São Paulo e Rio, a comissão nomeada pelos lavradores de São Paulo mencionava a necessidade de reformar a lei de locação de serviços e sugeria uma série de medidas tendentes a favorecer o proprietário e a cercear o colono, com a prisão por abandono ou mau cumprimento dos serviços locados. Só excepcionalmente algum proprietário dava-se conta desse equívoco. Souza Barros, cuja experiência com o trabalho livre datava dos primeiros anos de parceria, comentava, numa das sessões do Congresso Agrícola, que a maioria dos proprietários reclamava uma reforma da lei de locação de serviços, que os beneficiasse, garantindo a propriedade do patrão, sem se importarem com a miséria do trabalhador, que, a seu ver, muitas vezes ganhava em um ano apenas a quantia equivalente ao prêmio da dívida que haviam contraído. Sugeria, nessa ocasião, uma legislação que amparasse o colono. Sua voz isolada não encontrou eco entre os proprietários.

DA SENZALA À COLÔNIA 131

passagens dos menores de doze anos, fixando-as em metade do preço cobrado pelos adultos. Referia-se, nessa mesma ocasião, à necessidade de um regulamento policial "com uma autoridade proposta pelos proprietários para executá-lo". Na falta deste, vinha procurando remediar a situação recorrendo a multas, árbitro e, em última instância, despedindo o colono, o que, no seu entender, não chegava a constituir uma solução verdadeira, pois, quando este estava em débito, sua saída acarretava prejuízos ao proprietário. J. B. Queiroz Telles, escrevendo ao vice-presidente da província, em 1854, também manifestava ponto de vista semelhante. Ia mais longe ainda: dizia estar muito satisfeito por ter feito a experiência com muito pouco capital, pois esse, nem mesmo em dez anos, poderiam os colonos pagar. "Não falo do pessoal, é excelente, mas a enorme dívida porque vem", comentava ele, "faz perder as esperanças do pagamento da quantia empregada." E afirmava, categórico: "Enquanto não tivermos imigração voluntária ou mais barata estou convencidíssimo que é melhor perder os cafeeiros do que tê-los"; e concluía: "À vista, pois, das poucas observações que tenho feito, concluo que presentemente não convém a colonização...".[35]

A maioria dos fazendeiros não endossaria sua opinião quanto à boa qualidade da gente. O fator frequentemente apontado como responsável pelo malogro das parcerias, ao lado das dívidas excessivas que recaíam sobre os colonos, era justamente a má qualidade do elemento humano. Em 1863, depois das agitações que se sucederam em Ibicaba e algumas outras fazendas, quando a maioria dos fazendeiros estava convencida do insucesso da experiência, Casimiro de Macedo, deputado à Assembleia Legislativa Provincial, dava um depoimento eloquente das ideias gerais que pairavam sobre o sistema. "A colonização estrangeira", dizia, "tem caído em tal ou qual descrédito entre nós. Eu não sou do número daqueles que descreem da colonização estrangeira, desespero porém deste recurso mediante os meios que têm sido empregados em nosso país para levá-la a efeito. A colonização estrangeira, como já muito exuberantemente foi demonstrado na Câmara Quatrienal, encontrou o maior de todos os adversários,

---

35 *Mss. Arq. Públ. Est. S. Paulo*, T. I, Colônias, cx.1 e 2.

132 EMÍLIA VIOTTI DA COSTA

justamente nesse crédito de 6.000:000$000,[36] votado pelo corpo legislativo, para auxiliar o seu desenvolvimento. Essa medida, que, aliás, foi promulgada com vistas diametralmente opostas, excitou a cobiça e a avidez dos especuladores e o resultado tem sido, em regra geral, o que temos observado: a lavoura do país, em vez de adquirir braços apropriados para os serviços agrícolas, tem feito aquisição do *rebutalho das populações* da Suíça e da Alemanha. *Réus de polícia, homens de maus costumes, homens que ainda há pouco tempo habitavam as galés daqueles países têm sido importados para o nosso, a título de colonos*, e aqui nós os temos visto abandonarem os proprietários para irem estabelecer-se com pequenas tabernas ao longo das estradas. Não é desta colonização de que o país precisa." E concluía manifestando uma opinião que será muitas vezes repetida daí por diante, por aqueles que desesperavam das vantagens da colonização estrangeira. "Se nós não podemos ainda ambicionar os resultados da colonização estrangeira, porque realmente não tem havido ainda, definitivamente, um sistema de colonização, parece que devíamos pensar maduramente nos meios de acoroçoar a colonização nacional."

A ideia de que a má qualidade do colono era o principal fator do insucesso da colonização acabou por se fixar como uma das razões fundamentais do malogro do sistema de parceria entre nós. Só excepcionalmente algum fazendeiro tinha consciência de que havia outros condicionamentos. Souza Barros, um dos fazendeiros mais experientes, em carta enviada ao presidente da província, em abril de 1854, dizia que o sistema de parceria poderia convir enquanto se mantivessem altos os preços do café. Entretanto, ao comentar as dificuldades havidas entre proprietários e colonos, buscava outra explicação: a má qualidade daqueles que tinham emigrado e a falta de conhecimento, por parte do proprietário, da maneira pela qual deveria tratar os colonos. "Tratei-os demasiadamente bem", dizia ele, "querendo prendê-los pelo reconhecimento, mas enganei-me e por isso quando exigi que trabalhassem, conforme o contrato, se insurgiram." Diante disso, não via outra solução senão

---

36 Em 1856, foi votado pela câmara dos deputados um crédito de 6.000:000$ para a importação de colonos. Entretanto, até 1863, despenderam-se pouco mais de 1.300:000$. Tavares Bastos, op. cit., 1939, p.74.

DA SENZALA À COLÔNIA   133

recomendar que fosse estabelecido um regulamento provincial que obrigasse o colono a cumprir os contratos.

Analisando a situação das colônias, no Termo de Bragança, em 1859, o delegado de polícia, Matias Antônio da Fonseca Morato, destacava apenas duas colônias: a da Boa Vista, pertencente a João Leite de Morais Cunha, e a de São Joaquim, de Joaquim Mariano Galvão de Moura Lacerda, situada entre Campinas e Amparo. Nas demais fazendas dessa região, a maior parte dos trabalhadores ainda era constituída de escravos. Referindo-se à reação dos fazendeiros, em face da colonização, comentava: "No geral, dizem os fazendeiros que nenhuma vantagem tiram de tais estabelecimentos, antes se sentem bastante lesados porque, por um lado, o preço excessivo dos terrenos, os serviços empregados na plantação e tratamento do café até quatro anos [sic], tempo em que contratam com os colonos e o alto preço do jornal dos oficiais para a construção das casas para a colônia e, por outro lado, *sendo os colonos pela maior parte gente viciada e pouco dada ao trabalho, ao mesmo tempo carregados de enormes dívidas e algumas injustas, pela passagem ao Brasil, tudo isso concorre para a desmoralização e aniquilamento das colônias, e por conseguinte, o prejuízo é certo aos fazendeiros*".

Vergueiro, numa carta a Nabuco, então presidente da província, referia que o negócio da imigração estava a cargo dos armadores e seus agentes. Daí a má qualidade dos colonos, pois aqueles, o que queriam era carga para seus barcos e estes, comissão sobre as pessoas embarcadas. Reconhecia que a imigração espontânea seria difícil e tardia enquanto não se formassem núcleos de atração.[37]

As dívidas que oneravam os colonos já à sua chegada, em virtude de terem que desembolsar o preço das passagens, eram responsáveis pelo descontentamento desses homens, sua irritação e indisciplina. O mau recrutamento dos colonos contribuía para agravar o problema e explicaria a sua relutância e incapacidade em ajustar-se ao sistema de parceria. A falta de um mecanismo disciplinar facilitava desordem e desrespeito aos contratos. Era assim que a maioria dos fazendeiros explicava o insucesso do sistema. As acusações feitas pelos colonos a Vergueiro e Cia. fizeram que, a partir daí, muitas vezes, se identificasse o julgamento da questão

---

37 *Mss. Arq. Públ. Est. S. Paulo*, T. I, Colônias, cx.1 e 2.

da parceria com o juízo a respeito da referida Companhia. Não se julgava o mérito do sistema, mas a empresa Vergueiro. As críticas aos contratos de parceria convertiam-se em críticas a Vergueiro e as apologias do sistema em apologias de Vergueiro. A questão do mau sucesso das parcerias ficava, assim, confundida numa luta entre as boas intenções dos proprietários e as más intenções dos colonos, ou vice-versa. Com essa tomada de posição subjetiva, perdia-se a possibilidade de avaliar, concretamente, a realidade em termos de funcionamento do sistema. De uma forma ou de outra, o fato é que os proprietários não iam muito além na análise do malogro desse sistema. O erro básico, o vício de sua organização, suas contradições escapavam-lhes forçosamente.

Os resultados dos inquéritos

Os inquéritos feitos por ordem dos governos estrangeiro ou brasileiro, as observações dos viajantes que aqui estiveram nesse período responsabilizavam ora os colonos, ora os proprietários.

Valdetaro, um dos enviados do governo, em seu relatório de 7 de novembro de 1857, sobre as colônias Ibicaba e Angélica, apontava, entre as causas do malogro da experiência, primeiramente a crise de ajustamento que o colono atravessava no primeiro ano, por doenças provenientes de moléstias resultantes da mudança de clima e da alimentação. Referia-se, ainda, à escassa produção de que era capaz o colono recém-chegado, por desconhecer as práticas agrícolas locais. A seguir, mencionava que o grande número de crianças de baixa idade que acompanhava a maioria dos colonos onerava-os desde a viagem pelo alto preço das passagens. Em terceiro lugar, apontava o alto nível de vida a que estavam habituados. Acrescentava que, às vezes, se somava a essas razões a negligência do colono. Os suíços, na sua maior parte, eram homens estranhos à agricultura, que se teriam expatriado por estarem comprometidos em movimentos políticos em seu país de origem. Num relatório posterior mais detalhado, talvez mais influenciado pela opinião dos proprietários que tivera meios de auscultar, afirmava que o mau recrutamento dos colonos e a falta de inspeção necessária, e de uma boa administração judiciária e, finalmente, a assistência religiosa e educativa deficientes eram as principais causas do insucesso das parcerias.

DA SENZALA À COLÔNIA   135

Enviado pelo governo com a missão de averiguar os acontecimentos que haviam resultado da tensão existente entre colonos e proprietários no Estado de São Paulo, Valdetaro incorporou à sua explicação os motivos apontados pelos proprietários. Ao analisar o sistema de pagamento nas colônias de parceria, concluía que, em face da desconfiança gerada, talvez fosse melhor pagar aos colonos o "alqueire de café a um preço fixo", combinado antecipadamente, como já se fazia em algumas fazendas.

Já o cônsul suíço, no Rio de Janeiro, encarava o problema de maneira muito diversa. Em seu relatório feito também no ano de 1857, ao Conselho Federal da Suíça, fazia severas críticas à situação oferecida no Brasil aos imigrantes, chegando mesmo a dizer que a verba concedida pelo parlamento, com o objetivo de financiar a colonização, seria empregada na obtenção de escravos brancos em lugar de escravos negros. Comentava a legislação reguladora das relações entre colonos e proprietários, mostrando que permitia ao proprietário despedir o colono doente e estabelecia que este era obrigado a saldar suas dívidas, correndo o risco de ir preso se não o fizesse. Dizia ainda que os protestantes não gozavam de proteção legal e que o bispo do Rio de Janeiro declarava os seus casamentos ilegais; as mulheres dos colonos, concubinas; seus filhos, ilegítimos. Acrescentava, finalmente, que as colônias ditas de parceria não eram senão um sistema de servidão e engodo, e que o governo não tinha nem a coragem, nem o poder de reprimir tais abusos. À vista disso, lembrava as restrições que o governo da confederação germânica havia feito à emigração para o Brasil, o que se dera também em Portugal, concluindo por sugerir que se tomassem medidas idênticas na Suíça.[38]

Von Tschudi, que percorreu o Brasil na época da crise do sistema e que visitou a maioria das colônias com a finalidade de conhecer de perto a situação, atribuiu a culpa, em primeiro

---

38 Expilly cita uma carta de J. U. Sturz, datada do Rio de Janeiro, 5 de dezembro de 1857, onde este dizia: "*Si vous pouviez parvenir à sacrifier assez de vos compatriotes allemands pour que leur travail peut revenir au Brésilien à aussi bon marché que celui des nègres, vous seriez certes hautement loué, bien payé et même distingué. Si leur travail au contraire resta à un prix assez haut pour les maintenir un certain dégré de dignité humaine les brésiliens ne voudront que des nègres*" (Expilly, op. cit., 1865, p.27).

lugar, à firma Vergueiro & Cia., pela ambiguidade dos contratos, cobrança indevida de outras taxas e recusa em restituir às comunas o dinheiro por elas adiantado aos colonos. Grande parte da responsabilidade cabia, ainda, no seu entender, aos fazendeiros, administradores, feitores e aos próprios colonos, bem como à legislação deficiente que não os garantia e, também, ao governo brasileiro, que, por "falta de prestígio ou de boa vontade", não soubera pôr termo aos abusos e injustiças e fazer respeitar as leis em vigor, nem apresentar às câmaras legislativas novos projetos adaptados à situação.

As contradições do sistema

O sistema de parceria perdia rapidamente o prestígio, minado pelas próprias contradições. Os colonos sentiam-se reduzidos à situação de escravos, e os fazendeiros, por seu lado, viam-se burlados nos seus interesses. O regime pecara pela base. Pretendera-se criar um tipo de trabalho que pudesse substituir vantajosamente a mão de obra escrava na cultura cafeeira. Procurara-se a solução num regime misto que conciliasse o interesse do fazendeiro habituado à rotina do braço escravo com o do colono, ansioso por adquirir uma propriedade, melhorar as condições de vida e ascender na escala social.

As exigências do trato, o tipo da produção e rendimento da cultura do café resultavam, nesses primeiros tempos, pouco propícios aos colonos. Eles recusavam-se a formar um cafezal porque "a derrubada da mata e os trabalhos necessários para o preparo da terra assim como o tempo de espera que antecedia o período de produtividade da planta eram por demais cansativos e muito pouco rendosos para um colono recém-chegado, sobre o qual pesavam encargos financeiros numerosos". A solução de intercalar culturas de cereais, entre as linhas de pés de café, não chegava a oferecer lucro compensador para o colono. Isso só ocorria quando as fazendas ficavam muito próximas dos núcleos urbanos, o que lhes permitia vender os excedentes, obtendo um certo lucro, e quando o proprietário abria mão da metade dessa produção que lhe cabia por direito de contrato. Raros eram os fazendeiros do tipo

DA SENZALA À COLÔNIA 137

de um Joaquim Bonifácio do Amaral, que, para compensar o fato de ter entregue aos colonos cafezais novos e ainda improdutivos, resolveu desobrigá-los da cláusula contratual, mandando dividir com ele os gêneros que viessem a alienar.[39] Na maioria das vezes, via-se o colono cerceado na sua iniciativa de cultivar gêneros de primeira necessidade, pois os proprietários julgavam que isso resultaria no desvio da mão de obra destinada aos cafezais para outras atividades e temiam, ainda, que viesse a contribuir para a emancipação rápida do colono. Pagas as dívidas, o colono abandonava a fazenda em busca de melhor situação e os problemas do fazendeiro recomeçavam.

Aos parceiros só interessava a formação de um cafezal, quando lhes era atribuída, simultaneamente, outra área em franca produção. O interesse dos proprietários era exatamente o oposto: atribuir as lavouras de baixa produção aos colonos com quem deviam dividir os lucros e entregar aos escravos a melhor parte dos seus cafezais. Poucos fariam como Antônio Queiroz Telles, de Jundiaí, que entregava aos colonos os cafeeiros em franca produção e aos escravos, os menos produtivos.[40]

Recaíam sobre o imigrante pesadas dívidas, já à sua chegada à fazenda: a viagem marítima, o transporte até o local de trabalho, os primeiros mantimentos necessários à sua subsistência, até que produzissem algo para seu sustento, as ferramentas de trabalho, tudo isso era financiado pelo senhor que, também, adiantava mensalmente uma pequena verba. Sobre os adiantamentos feitos corriam juros de 6%, às vezes até 12%. Com isso, acumulavam-se as dívidas e passavam-se anos antes que o colono pudesse libertar--se delas, principalmente quando possuía muitos filhos menores, pouco capazes de ajudá-lo no trabalho, mas os quais tinha que sustentar.

Pior era a situação do colono quando a administração da fazenda, desejosa de auferir o máximo, cobrava preços demasiado altos pelos gêneros de que ele necessitava, oprimindo-o economicamente, o que às vezes acontecia, como o provaram os inquéritos realizados.

---

39 Mss. Arq. Públ. Est. S. Paulo, T. I, Colônias, cx.1.
40 Tschudi, op. cit., 1953, p.152.

Um dos motivos que muito contribuíram para aumentar as tensões entre colonos e proprietários foi o complicado sistema de contas feito para deduzir sua parcela de lucro sobre a produção do café obtido. Rezavam os contratos que, vendido o café, caberia ao colono metade do lucro líquido, proporcionalmente ao café por ele colhido. Ora, o cálculo para apuração do lucro líquido era complicado, envolvendo despesas de beneficiamento, transporte, impostos vários, comissões. Impossibilitados de acompanhar todos esses cálculos, sentiam-se os colonos roubados. Tinham vindo em busca de uma fortuna miraculosa, imaginavam os lucros fabulosos do proprietário e, depois da longa espera do fim da safra, pouco recebiam, e o que recebiam mal dava para cobrir parte das dívidas. Ficavam perplexos. Revoltavam-se. Para isso também contribuía a instabilidade da safra cafeeira, que sofria grandes oscilações de ano para ano, o que acarretava grande insegurança. Tschudi menciona um cafezal de treze anos que produziu, num ano, quatro libras e meia por pé, e, no ano seguinte, meia libra. Esse depoimento é confirmado por Davatz, ao relatar o caso de uma família que colhera 1.450 alqueires num ano e, no ano seguinte, não conseguira obter mais de 170 no mesmo cafezal.

Muitos outros obstáculos somaram-se a estes, convertendo o regime de parceria numa grande desilusão para o imigrante. A desadaptação ao meio rural, ao clima, aos hábitos locais; a cláusula contratual que fixava a responsabilidade coletiva considerando toda a família solidariamente responsável pelas dívidas de um de seus membros; o caráter artificial dessas "famílias", às quais foram, às vezes, anexados pelas municipalidades suíças, elementos estranhos e indesejáveis; a distância entre o sonho e a realidade; tudo contribuía para o descontentamento do colono e o malogro do sistema.

Os colonos, logo que podiam, abandonavam as fazendas. Às vezes nem esperavam saldar seus compromissos: fugiam. Na colônia do senador Vergueiro, em 1855, havia um total de 700 colonos. Dez famílias se haviam retirado, localizando-se em Rio Claro, onde compraram terras. Alguns dirigiram-se para Campinas, estabelecendo-se com pequenos negócios. Outros, ainda, foram para Piracicaba e Moji-Mirim, visando comprar terras. Uns poucos, decepcionados provavelmente com sua tentativa de estabelecer-se por conta própria, ingressaram em outras colônias

DA SENZALA À COLÔNIA

agrícolas. Esse fato repetia-se em todas as fazendas, embora num índice relativamente pequeno, dadas as dificuldades encontradas pela maioria dos colonos para se liberarem das dívidas. É de supor que os que mais rapidamente conseguiram fazê-lo encontravam-se em condições especiais, ou porque possuíam pecúlio, quando vinham da Europa, ou porque a família contava com a maioria de braços úteis e trabalhava em condições excepcionais.[41]

O desejo de evadir-se, de retirar-se da colônia, assim que pudesse, dava a essa mão de obra um caráter móvel e instável, ao qual os fazendeiros não estavam acostumados. Era-lhes difícil adaptar-se às exigências do trabalho livre. Na sua grande maioria, revelavam pouca disposição para aceitar os padrões de comportamento que esse sistema pressupunha. O longo hábito da escravidão gerara padrões de ajustamentos inadequados agora às novas condições. Um velho proprietário, cujo timbre de nobreza desde a juventude foi "sova e tronco", não pode tolerar o trabalho livre, pode no máximo inventar um estropiado sistema de parceria, comentava Avé Lallemant, um dos visitantes que percorreram o Brasil nessa época.

Todas essas razões, inegavelmente, atuavam para o malogro da experiência, ajudando a multiplicar os conflitos. Mas o motivo fundamental residia no próprio sistema de produção cafeeira desse período, que era pouco compatível com o sistema de parceria.

A cultura do café exigia mão de obra numerosa e permanente. Nos primeiros tempos eram a derrubada e o amanho da terra. Nas zonas de florestas densas, essa tarefa resultava dispendiosa e exaustiva. Com o auxílio de foices e machados, eliminavam-se as plantas menores, e o sub-bosque era reduzido. Depois vinha a queimada e a limpeza, embora precária, do terreno. Semeado o café, aguardavam-se as mudas. Quando as mudas atingiam certa altura, eram decotadas um pé acima das raízes e transplantadas. Durante o período seguinte, a carpa assídua do terreno mantinha o cafezal livre das ervas daninhas. Procedia-se a duas, três e, às vezes, mais carpas por ano. O barão Pati do Alferes fala em três carpas; Sousa Queiroz, num contrato feito em Hamburgo em 1852, determinava que o colono ficava obrigado a carpir os cafe-

---

41 Sobre a mobilidade dos colonos, vejam-se mapas das colônias nos *Mss. Arq. Est. S. Paulo*, T. I, Colônia, cx.1.

zais pelo menos cinco vezes por ano, durante os primeiros dois anos "se mais não fosse preciso".[42] Às vezes, já no quarto ano, o café frutificava, mas a época de maior produção corresponde ao período posterior ao sexto ano. Seu rendimento ótimo era tardio e de curta duração, pois, passados quinze ou vinte anos, os cafezais começavam a apresentar, na maioria dos casos, declínio da sua produtividade. Os cafezais de vinte e poucos anos em diante não produziam nem a metade do que haviam produzido em anos anteriores. O tempo de duração e vitalidade do cafezal ficava na dependência da fertilidade do solo. Talvez aí resida, em parte pelo menos, a explicação de avidez de terras virgens, que é característica. Quando os cafezais começavam a produzir, os trabalhos aumentavam. A colheita manual exigia grande cuidado, principalmente, nas regiões em que o café amadurecia, irregularmente. Havendo no mesmo pé grãos verdes e maduros, era necessário um cuidado maior na apanha e na renovação da colheita. O café colhido era transportado até o local do beneficiamento. O número de tarefas a serem cumpridas ainda era grande: a seca, o despolpamento, a classificação, tudo a exigir grande trabalho, além de mão de obra abundante e variada. Os cuidados na escolha, as tarefas no terreiro, o despolpamento, o ensacamento do produto e, finalmente, o seu transporte até os mercados exportadores exigiam, até 1850, pelo menos, um grande número de trabalhadores.

Faltavam máquinas que poupassem mão de obra. Quando Tschudi percorreu a Província de São Paulo, na década de 1860, observou que começavam a aparecer no oeste paulista máquinas despolpadoras, mas isso ocorria apenas nas fazendas mais importantes, dado o elevado custo dessa maquinaria. Na região de Vassouras, no Vale do Paraíba, a "mais aperfeiçoada máquina de beneficiar café que removia a casca e a polpa era o pesado engenho de pilões".[43] Como o seu custo era elevado, só os fazendeiros mais ricos podiam adquiri-la. Em grande número de fazendas, ainda se conservavam em uso os métodos tradicionais. Os escravos batiam o café com varas ou socavam-no em pilões. Às vezes, utilizavam-se de monjolos.

---

42 *Mss. Arq. Est. de S. Paulo*, T. I, Colônias, cx.1.
43 Stein, op. cit., 1961, p. 43-4; 1878, p.245-6, 261-7; Ramos, 1934, v.1, p.75.

DA SENZALA À COLÔNIA 141

Também no transporte do produto era empregado grande número de trabalhadores. Faltavam meios de transportes mais racionais. Todo ele era feito, nos primeiros tempos, exclusivamente em lombo de muar, mais tarde em carro de boi. O cuidado com a tropa mobilizava permanentemente um certo número de homens.

Nas fazendas de café que se desenvolveram até 1850, havia, ainda, os trabalhos necessários à produção de gêneros de subsistência. Plantavam-se o milho, o arroz, a abóbora, o cará, o feijão, a batata-doce, a mandioca. Criavam-se aves e porcos para o consumo. Era preciso conservar os caminhos, consertar as pontes, reparar as cercas.

Com tudo isso, até meados do século, o trabalho numa fazenda de café era incessante, durava o ano todo, mantendo ocupado um grande número de trabalhadores; exigia mão de obra abundante e não especializada, capaz de sujeitar-se a atividades diversas.

A cultura extensiva, pouco mecanizada, o sistema de produção e transporte pouco racionalizados tinham como resultado um elevado custo de produção, deixando margem de lucro relativamente pequena, quando o preço do café mantinha-se baixo.

Essas condições irão alterar-se a partir dos meados do século, principalmente depois da década de 1860, quando a utilização progressiva da maquinaria, a melhoria das estradas de rodagem e a construção das vias férreas contribuíram para economizar braços e aumentar a produtividade. Em 1883, Delden Laerne, visitando os cafezais paulistas, já podia escrever que, em numerosas fazendas por ele visitadas, o café era pilado, descascado, escolhido, brunido, ensacado e pesado, mecanicamente, o que liberava um grande número de braços.

A partir de então, com a racionalização do trabalho e um certo grau de especialização, o problema da mão de obra se colocará em novas bases. Essas mudanças do nível das forças produtivas modificaram as condições do trabalho, as relações de produção. Tudo isso será favorecido pela alta do preço do café no mercado internacional.

Por ocasião da experiência das parcerias, entretanto, esses processos mal se esboçavam, e o custo da produção era elevado. Em tais condições, o regime de parceria tornava-se impraticável. Descontentava fazendeiros e colonos. Àqueles só interessava o

142 EMÍLIA VIOTTI DA COSTA

trabalho livre na medida em que pudessem comprimir ao máximo seu custo, o que não ocorria no sistema de parceria. Em 1854, Silveira da Mota, deputado à Assembleia Provincial de São Paulo, referindo-se aos gravames que pesavam sobre a lavoura, entre os quais apontava o elevado preço do transporte e os altos juros dos capitais, foi aparteado por José Manoel da Fonseca: "Agora a nossa indústria agrícola deve desaparecer", dizia ele, "porque os colonos levam a metade dos lucros e outra metade para a condução, o que fica para o pobre paulista?".[44] Sem dúvida exagerava, tanto que a hilaridade foi geral e do plenário lhe veio uma resposta jocosa: "Trabalham para o bispo". Essa opinião reflete, entretanto, um ponto de vista que outros externavam mais objetivamente. Hércules Florence, cuja colônia era considerada na época um modelo, dizia que o que mais prejudicava o sistema de parcerias na sua região era a falta de estrada de rodagem, que ligasse Campinas a Santos, pois, enquanto o café estivesse gravado pelo preço da condução que absorvia a metade do seu produto líquido, colonos e proprietários teriam que viver descontentes e a colonização seria um logro para todos.[45] Deduzidas as despesas de transporte, beneficiamento, impostos, comissões, restava uma pequena margem para o parceiro, assoberbado por numerosas dívidas.

Quando o café andava a quatro mil e quatrocentos réis (4$400) a arroba, as despesas montavam a 1$602 réis, assim distribuídas:

Despesas de transporte de uma arroba	1$040 réis
Despesas de beneficiamento	400 réis
Despesas de imposto	30 réis
Despesas de comissão 3%	132 réis
	1$602 réis

O lucro líquido montava, pois, nessa época, a 2$798 réis por arroba. Convertendo-se uma arroba em três alqueires, conforme era estipulado nos contratos com os colonos, corresponderiam 932 réis a cada alqueire. Cabia ao parceiro 466 réis por alqueire ou 1$399

---

44 *Anais da Assembleia Legislativa da Província de São Paulo*, 1854-1855, p.47.
45 *Mss. Arq. Est. S. Paulo, Colônia, cx.2.*

DA SENZALA À COLÔNIA   143

réis por arroba. Ora, a maior parte dos colonos tinha a seu cargo uma média de 1.500 a dois mil pés de café. Mil e quinhentos pés de café podiam dar, no ano de muita abundância, 150 arrobas.[46] A partir daí, pode-se avaliar a precária situação em que se encontrava a maioria dos colonos. O que é atestado pelo depoimento dos fazendeiros, pelos relatórios das comissões de sindicâncias, e denunciado pelos conflitos que se multiplicavam nas fazendas.

Quando se tratava de família numerosa, a dívida subia, pois nem sempre o número de membros significava maior potencialidade de trabalho, dado o grande número de crianças (média de três a quatro abaixo de dez anos). Raramente uma família conseguia tomar conta de mais de três mil pés de café. A maioria encarregava-se de mil a dois mil pés. A única exceção que encontramos e que destoa flagrantemente dessa média é a colônia de Hércules Florence, considerada, aliás, modelo, onde dezenove indivíduos componentes de duas famílias tinham a seu cargo 14 mil pés de café, o que correspondia a cerca de sete mil pés para cada família (média de oitocentos pés por pessoa entre adultos e crianças).

Isso explicava a dificuldade que tinham os colonos em saldar as dívidas que subiam, às vezes, a mais de um conto de réis. Ilustrativo dessa situação é o processo havido entre Luciano Teixeira Nogueira, proprietário, e seus colonos Gilbert Collet, Carlos Zabet e outros. Escrevendo ao presidente da província a propósito desse processo, dizia o juiz municipal, depois de calcular o lucro líquido do colono Collet, que tinha a seu cargo 1.500 pés de café. Sua família constava de sete pessoas. Nessa ocasião, devia ao proprietário cerca de dois contos de réis, sujeitos ao prêmio de 12% ao ano, sobre a quantia de 1:454$683, e o restante a juros da lei de 6%, segundo o que fora estipulado pelo contrato. A primeira quantia, sobre a qual recaíam os mais altos juros, correspondia às despesas feitas até chegar à fazenda, o restante, aos compromissos assumidos no correr de um ano (quinhentos e tantos mil-réis). Comentando esse fato, dizia o missivista que o rendimento do ano anterior talvez não chegasse a 120 mil-réis e o do ano em curso também não seria muito favorável, pois não se esperava uma colheita abundante. Na melhor das hipóteses, teria o colono cerca de duzentos mil-réis,

---

46 Ibidem.

mas só o prêmio da dívida andava em muito mais. "Como há de o colono sustentar, vestir, curar a família e ainda amortizar a dívida?", indagava o juiz municipal. A situação do outro colono, embora menos grave, também não era muito promissora. Chegara à fazenda devendo uma quantia menor: cerca de seiscentos mil-réis. Ele, a mulher e um filho; mas já devia mais de mil, estando na colônia havia um ano. Que esperanças teria de pagar a dívida e os juros? Concluía o depoimento afirmando que a situação de muitos outros era mais ou menos essa, chegando mesmo a dizer que em seus cálculos exagerava em favor do colono e que, contados uns anos pelos outros, este, na realidade, não produziria "nem a metade" do que tinha calculado.[47]

Mesmo em fazendas como a de Hércules Florence, onde os colonos puderam obter altos rendimentos, como no ano de 1859, quando uma família colhera 1.850 alqueires de café, que, na razão de três alqueires por arroba e segundo o sistema de parceria, renderam ao colono 308 arrobas e um terço no valor de 752$959; e outra família obtivera 289, meia arroba no valor de 706$960, além de cultivar e vender alguns mantimentos que lhes sobejavam do seu gasto, cerca de trinta ou quarenta alqueires de milho, a vinte de feijão e alguns de batatas, por famílias, as condições não eram boas, pois o proprietário, consultado sobre se estava satisfeito com o regime das colônias e sobre o que poderia ser feito para melhorá-lo, respondia que não tinha colhido resultado equivalente aos sacrifícios. Mais eloquente do que os depoimentos pessoais sobre a situação dos colonos são as numerosas relações descritivas das colônias, onde se encontram dados sobre o número de pessoas que constitui cada família, o número de pés a seu cargo, rendimento etc. Por aí se verifica a verdadeira situação em que se encontram. Tomamos, por exemplo, a Relação da Colônia Senador Sousa Queiroz, da qual extraímos alguns dados:

---

47 *Mss. Arq. Est. S. Paulo*, T. I, Colônias, cx.2. Carta do juiz municipal Antônio Joaquim Sampaio Peixoto, datada de Campinas, 30 de maio de 1858, ao presidente da província, Fernando Tôrres.

DA SENZALA À COLÔNIA   145

Família 1 – 6 pessoas, dois mil pés, rendimento: 500 alqueires
de café e ainda 300 alqueires de milho.

Família 2 – 4 pessoas, 2.500 pés, 450 alqueires de café, 300 de
milho, 20 de arroz e 6 de feijão.

Família 3 – 7 pessoas (50 anos, 41, 10, 10, 17, 5, 1), cuidando de
3.500 pés, rendimento 790 alqueires de café, 300 de
milho, 25 de arroz e 8 de feijão.

Família 4 – 6 pessoas (acima de 13 anos), tendo a seu cargo três
mil pés de café, rendimento de 415 alqueires de café,
300 de milho, 25 de arroz e 8 de feijão.

Família 5 – 6 pessoas (58, 51, 22, 19, 13, 14 anos), tendo-se ocupado de dois mil pés de café, rendimento 630 alqueires
de café, 300 de milho, 20 de arroz e 5 de feijão.

Família 6 – 6 pessoas (48, 43, 13, 7, 5, 3 anos), tendo a cargo três
mil pés de café, rendimento de 480 alqueires de café.

Família 7 – 7 pessoas (35, 45, 20, 18, 14, 7, 5 anos); três mil pés
de café, rendimento 830 alqueires.

Família 8 – 7 pessoas (43, 44, 15, 14, 12, 6 e 4 anos); 3.500 pés
de café, rendimento 800 alqueires.

Família 9 – 3 pessoas (40, 35 e 2 anos); 1.500 pés, 235 alqueires.

Família 10 – 6 pessoas (63, 44, 14, 5, 2 e 4 meses); 1.800 pés, 415
alqueires.

Família 11 – 5 pessoas (36, 40, 14, 12, 9 anos); três mil pés, 300
alqueires.

....

Família 24 – 6 pessoas (56, 32, 10, 8, 6, 2 anos); 1.800 pés, 390
alqueires de café, 100 de milho, 10 de arroz e 4 de
feijão.

Família 25 – 6 pessoas (38, 32, 10, 6, 4, 1 anos); mil pés, 220
alqueires.

....

Família 57 – 6 pessoas (48, 28, 13, 11, 9 e 7 anos); três mil pés,
200 alqueires de café, 150 de milho, 10 de arroz e
4 de feijão.

Fazenda das Araras de José da Silveira Franco; dela extraímos, por exemplo, rendimento de uma família com seis pessoas (45, 32, 18, 6, 3 e 1 anos): 500 alqueires.

Esse quadro demonstra bem a má situação em que se encontrava a maioria dos colonos e o grande número de dependentes, que cada um tem a seu cargo. A maioria das famílias mantinha de mil a três mil pés de café. Só excepcionalmente encontramos algumas que conseguiam ocupar-se de quantidade superior (3.500 pés – famílias 3 e 8), e isso ocorria quando possuíam filhos em idade superior a doze anos, podendo, por isso, prestar algum serviço nas lavouras. De qualquer maneira, o rendimento era insuficiente. Quem alcançasse a produção média de quinhentos alqueires, que era normal, obteria 233$000 por ano, quando o café estava a quatro mil e quatrocentos réis a arroba. Com uma dívida superior a um conto de réis, o que era frequente, e mais os juros anuais, teria, evidentemente, grande dificuldade em se libertar da servidão em que se achava.

Em 1853, havia, na colônia do senador Vergueiro, 53 famílias cuja dívida total montava 16:765$145, tendo a receber o que lhes tocasse por 18.186 alqueires e três quartos de café que haviam entregue à fazenda (pouco mais de oito contos). Por toda a parte, a situação era a mesma. Vieira de Macedo informava de Ubatuba, em 1857, que a dívida de uma família estabelecida em sua fazenda orçava em mais de um conto e oitocentos.[48]

Em 1865, G. H. Krug escrevia ao presidente da Província de São Paulo, na qualidade de vice-cônsul da confederação suíça, relatando o estado de dissolução em que se encontrava Ibicaba. Os colonos fugiam, faltavam os meios de subsistência, viviam em estado de miséria, fome e nudez, sofrendo castigos corporais impostos pelo diretor da colônia que os mandava prender sem precatória e meirinho, chegando *mesmo a "metê-los no tronco"*, mandando-os para a cadeia. Relatava, ainda, que os colonos não conseguiam advogados para defendê-los, pois quando estes apareciam exigiam o pagamento adiantado de duzentos mil réis – quantia de que o colono não podia dispor.[49]

---

48 *Mss. Arq. Est. de São Paulo*, T. I, Colônias, cx.1 e 2.
49 *Mss. Arq. Est. de São Paulo*, T. I, Colônias, cx.2, doc. datado de Campinas, 23 de dezembro de 1865, assinado G. H. Krug.

DA SENZALA À COLÔNIA 147

Não é, pois, de admirar o pessimismo de Expilly quando dizia que seriam necessários, no mínimo, dez anos para que um colono pudesse se libertar das dívidas que recaíam sobre ele, e que Davatz, um dos líderes da revolta de Ibicaba, afirmasse que o colono que devesse dois contos, o que não era raro, estava na situação comparável à do escravo que precisava dessa quantia para obter sua alforria.

O abandono do sistema de parceria. Substituição pelo sistema de salário

Os descontentamentos comuns desacreditaram o sistema de parceria e as iniciativas de organização do trabalho livre nesses moldes, pelo menos. As vicissitudes e o malogro das experiências contribuíram também para desmoralizar a política emigratória para o Brasil, chegando a resultar em restrições sérias e até mesmo na interdição total, por parte de alguns Estados europeus, da emigração para o Brasil.

As queixas dos colonos chegavam à Europa e desanimavam novos sonhos de emigração. As sindicâncias realizadas repercutiam mal junto aos governos estrangeiros. Enquanto isso, os fazendeiros viam expirar seus contratos sem tomar nenhuma medida para renová-los. Raros eram aqueles que falavam em prosseguir com a experiência. O regime de parceria, que, em princípio, se apresentara como a solução ideal para o problema da mão de obra nas regiões de economia cafeeira, falhara na prática. No país e no exterior, desmoralizava-se.

Em 1858, o ministro do Império – Teixeira de Macedo – baixava uma instrução do governo, garantindo as passagens dos colonos. A grande maioria dos pedidos, que lhe foram apresentados pelos fazendeiros, referia-se a portugueses. Estes eram os únicos que pareciam adaptar-se ao sistema desejado pelos fazendeiros, pois, embora trabalhassem sob contrato de parceria, viviam como escravos, labutando lado a lado com estes, de sol a sol, sob as ordens de feitores.[50]

---

50 Tschudi, op. cit., 1953, p.131.

148 EMÍLIA VIOTTI DA COSTA

Aos proprietários convinha reduzir ao mínimo as despesas com o trabalhador e não lhes interessava dividir com este a metade dos seus lucros. Na falta de escravos, preferiam o sistema de salário que lhes possibilitava comprimir os gastos com a mão de obra. Em 1860, vegetavam ainda 29 colônias de parceria. Em 1870, havia apenas treze.[51] Em 1863, Manoel de Araújo Porto Alegre, cônsul do Império na Rússia, escrevia que os contratos de parceria continuavam existindo, mas que os proprietários não queriam saber mais deles.[52] Cinco anos depois, um dos fazendeiros que mais se empenhavam na substituição do braço escravo pelo livre e que insistiam na colonização recorrendo, para isso, aos portugueses, João Elisário de Carvalho Monte Negro, comentava que o tempo se tinha encarregado de demonstrar que do sistema de parceria só resultavam descontentamentos, queixas, motins, reclamações de autoridades consulares estrangeiras, intervenção de autoridades nacionais, discussões amargas e denúncias pela imprensa. O sistema de empreitada dera, a seu ver, melhor resultado e com o tempo talvez viesse a ser satisfatório. Naquela ocasião, entretanto, parecia-lhe mais adequado o assalariado.[53] Um relatório do inspetor-geral de terras e colonização, datado de 1877, observava que "em virtude das questões judiciais a que deram origem os contratos por parceria, outrora muito frequentes, têm eles cessado e quase desapareceram".[54]

A maior parte dos fazendeiros que mantiveram colonos em suas fazendas abandonava as antigas fórmulas de contrato de trabalho, substituindo-as pelo sistema de locação de serviços.

Pagava-se, nesse caso, um preço fixo por alqueire de café colhido ou estabelecia-se uma remuneração mensal ao colono: um salário fixado previamente. Nesse caso, o proprietário concedia-lhe a terra para o plantio do necessário ao seu sustento. Em certos casos, em vez da terra, fornecia os víveres. O colono ficava obrigado a fazer todos os serviços da fazenda. Dessas duas soluções,

---

51 Davatz, op. cit., prefácio de Sergio Buarque de Holanda, p.29-30.
52 Expilly, op. cit., 1865, p.93.
53 Monte Negro, 1875.
54 Mss. Arq. Nac., Seção Histórica, Códice 544. Relatório do inspetor-geral de terras e colonização, José Cupetino Coelho Cintra ao Sr. Cansanção de Sinimbu.

DA SENZALA À COLÔNIA　　　　149

a primeira foi a preferida. Os fazendeiros pagavam quatrocentos réis por alqueire colhido.[55] Em Campinas, na Fazenda Palmeiras, havia dois sistemas em 1857: a meação e a locação de serviço, pagando-se, neste último caso, 480 réis por alqueire carpido, cultivado e amontoado. O primeiro tipo de contrato vigorava para os colonos suíços, o segundo, para os portugueses. Na Fazenda Bery de Pacheco Chaves, as famílias brasileiras e alemãs, que entraram depois do primeiro contrato de parceria, passaram a tratar do café por ajuste ou empreitada anual. Na Fazenda de Lourenço Franco, em Limeira, no ano de 1863, os colonos recebiam quatrocentos réis por alqueire de café colhido, obrigando-se a cuidar de certo número de pés.[56]

Para os colonos, o pagamento de quatrocentos réis por alqueire colhido resultava, nessa época, um pouco inferior ao que lhes caberia normalmente em regime de parceria. Pelos cálculos feitos, deveriam receber, pelo sistema de parceria, 466 réis por alqueire, quando o preço da arroba andava a 4$400. Havia, pois, uma diferença de 66 réis em cada alqueire a favor do proprietário, quando este pagava quatrocentos réis ao colono. Apesar disso, o sistema funcionava melhor, tendo-se em vista que o colono ficava livre das oscilações de preço no mercado internacional. Não precisava também esperar que o café fosse vendido. Os benefícios ou prejuízos da especulação recaíam, nesse caso, unicamente sobre o proprietário.

Também os fazendeiros preferiram o sistema de locação de serviços à parceria. Em 1887, o barão de Parnaíba, num relatório apresentado à assembleia legislativa referindo-se ao sistema que viera substituir as parcerias, comentava que estas não existiam há muitos anos na província e eram muito mais convenientes ao colono que ao proprietário.

Os salários pagos aos colonos, nos primeiros tempos, eram extremamente baixos, condição essencial para que a empresa fosse compensadora. Em Nova Lousã, colônia de João Elisário de Carvalho Monte Negro, havia, em 1875, mais de noventa trabalhadores,

---

55　J. J. von Tschudi fala em quatrocentos réis e Sergio Buarque de Holanda (Davatz, op. cit., p.32) em quinhentos e até seiscentos. Essa diferença deve-se provavelmente às datas a que se referem esses dados.

56　*Mss. Arq. Est. de São Paulo*, T. I, Colônias, cx.1 e 2.

naturais de Portugal, que recebiam um jornal mensal de 14$000 no primeiro ano e, nos seguintes, 18$000. Tinham casa, comida em comum, roupa lavada e consertada, tratamento médico e farmácia gratuitos. Avaliando as vantagens desse sistema em relação ao das parcerias, dizia o proprietário, que o imigrante contratado por "jornal" sabia previamente quanto iria receber e nunca se poderia queixar, com razão, de que fora embaído por promessas enganadoras. Parecia-lhe que, também para o proprietário, esse sistema era o mais conveniente. Reconhecia, entretanto, que o salário de dezoito mil-réis, pago em sua fazenda, seria considerado elevado pela maioria dos fazendeiros. A maior parte dos agricultores não estava inclinada nem capacitada a pagar altos salários. Os salários baixos eram devidos não apenas aos interesses do fazendeiro e à margem relativamente pequena de lucro nessa fase em que os preços do café mantinham-se baixos e a produção era onerada por métodos pouco racionais do trabalho. A permanência do sistema escravista contribuía por si só para o aviltamento dos salários.

As condições oferecidas pelo sistema do salariado, que sucedeu às parcerias, não eram atraentes para o imigrante que, até então, fora encaminhado às fazendas de café. Analisando a situação da Fazenda Ibicaba, onde o sistema de parceria fora substituído pela locação de serviços, pagando o proprietário, José Vergueiro, de quinhentos a seiscentos réis por alqueire, Henrique Beaurepaire Rohan comentava que os colonos abandonavam a fazenda, logo que podiam, e que, se as vantagens oferecidas pelo Sr. Vergueiro fossem para os colonos uma garantia permanente de fortuna, não só conservariam o seu posto, como até o seu exemplo excitaria a cobiça da população brasileira. À vista disso, concluía que a condição se normalizaria se o colono fosse, simultaneamente, trabalhador e proprietário.

No Congresso Agrícola de 1878, comentava-se que a lavoura não comportava salários mais altos do que 1$000 por dia e que o colono não se interessava por salário mais baixo, sem a esperança de um dia vir a converter-se em proprietário. Essas condições excluíam um tipo de colono cujo nível de vida habitual fosse mais elevado do que o permitiria tal salário. As possibilidades de conversão dos parceiros em simples assalariados eram pequenas, no que se refere a alemães e suíços. Só os colonos portugueses sujeitavam-se na

DA SENZALA À COLÔNIA 151

época a essa situação. Mais tarde, com as modificações ocorridas no setor da produção e do transporte, as perspectivas oferecidas à imigração serão ampliadas.

Experiências com a colonização em Minas Gerais

Em Minas, o problema de braços não se revelava tão urgente quanto nas zonas cafeeiras paulistas, em virtude do deslocamento da mão de obra escrava das antigas árcas de mineração para as zonas de expansão econômica da mata ou do sul de Minas. A tentativa de recorrer à colonização estrangeira só esporadicamente se manifestou na província, em resposta à solicitação do governo imperial. A reação do meio rural foi pouco favorável a essas instâncias, denotando aqui e lá um interesse mais platônico do que real; só excepcionalmente alguma medida chegou a se concretizar, a despeito da insistência das circulares do governo e das ofertas de Vergueiro e Companhia.

Em 1855, alegando os bons resultados alcançados em São Paulo e no Rio, a Casa Vergueiro oferecia seus serviços ao governo de Minas.

"O pensamento de substituir o trabalho escravo pelo trabalho livre, que a alguns se antolhava inexequível, obteve em breve tempo a maior aquiescência, e bastantes Colônias se estabeleceram na província de São Paulo e algumas na do Rio de Janeiro", dizia Vergueiro, acrescentando que tudo fora possível graças aos esforços que vinha desenvolvendo nesse sentido, mantendo correspondência com diversos pontos da Europa, procurando agentes apropriados para poder dar execução pronta e vantajosa a seus compromissos. Concluía afirmando que, "com os precedentes de doze anos", estavam habilitados para preencher satisfatoriamente qualquer encargo que se lhes confiasse. Dava como garantia de sua conduta em futuros compromissos os encargos que tinha cumprido a contento com presidentes da Província de São Paulo e com o governo provincial do Maranhão.

Nesse mesmo ano, recebia o governo mineiro, da parte da Repartição Geral de Terras Públicas, uma carta referindo-se às calúnias que se levantavam na Europa contra o Brasil, movidas pelos seus inimigos ou por elementos interessados na emigração para os Estados Unidos. Considerando que a melhor maneira de neutralizar tais calúnias seria fazer conhecer tal qual era "o nosso belo país", solicitava do governo provincial que informasse sobre as condições econômicas da província: preço de cem braças em quadra de terra, despesas necessárias para cultivo de milho, feijão, mandioca, café, derrubada de matas, valor dos gêneros produzidos, preço médio do salário dos trabalhadores que cultivavam a terra, salário de oficiais mecânicos em cada município, quantia diária gasta com alimentação de um trabalhador, aluguel de casas nas povoações e despesas com vestuário. Pretendia-se com esse levantamento divulgar, no exterior, as "reais" condições existentes nas várias províncias, pois, segundo se dizia, quando na Alemanha, Suíça, Bélgica e mesmo na França e Itália se conhecesse, pelas publicações que o governo imperial estava promovendo, que o emigrante podia, no Brasil, viver "farto com muito moderado trabalho", sem receio de fome e miséria que afligiam a Europa, mudariam as disposições relativas à emigração para o Brasil.

Ainda em 1855, todas as câmaras municipais recebiam aviso do ministério do Império relativo às condições oferecidas pelo governo para o contrato de colonos na Europa.[57] Os resultados, entretanto, não corresponderam aos esforços. Raros foram os fazendeiros que se aventuraram nesse empreendimento, para o qual tinham muito pouca disposição. Só excepcionalmente um ou outro chegou a tentar o emprego de trabalhadores livres, dando, em geral, preferência aos colonos ilhéus. Animados a princípio, não tardavam em abandonar a empresa. Francisco Antônio de Lemos experimentou empregar colonos ilhéus sob sistema de parceria no cultivo de cana e de trigo, utilizando-se também do arado. Animado com os primeiros resultados, observava, em 1855, que, com dois homens e uma junta, conseguia trabalho igual ao de vinte escravos, e, entusiasticamente, concluía afirmando as vantagens do trabalhador livre sobre o escravo. Contava nessa ocasião com dezesseis trabalhadores e manifestava esperança de poder, dentro em breve, ficar livre do serviço do cativo, que, na sua opinião, se tornava cada vez mais oneroso. Sete anos mais tarde, era obrigado

---

57 *Mss. Arq. Públ. Min.*, livros 569 e 573.

DA SENZALA À COLÔNIA 153

a reconhecer que suas esperanças não se haviam concretizado totalmente, pois, embora continuasse satisfeito com o trabalho livre, passara a utilizar o trabalhador nacional, pois os colonos estrangeiros, logo que juntaram alguns centos de mil-réis, se haviam retirado da fazenda.[58]

Os conflitos surgidos em São Paulo, nas colônias de parceria, repercutiram em Minas e contribuíam para refrear as experiências. Desmoralizavam a colonização, aumentavam os receios, justificavam as apreensões daqueles que temiam lançar-se em tais inovações e reforçavam o argumento dos que consideravam o braço escravo o único capaz de se adaptar à lavoura de café.

Em 1859, o vice-presidente da província relacionava apenas os núcleos coloniais fundados pela Companhia União e Indústria, a Colônia Militar do Urucu, e pela Companhia do Mucuri. Referindo-se às dificuldades havidas, dizia que o diretor, com justa razão, apontava entre os fatores de desajustamento do colono as ideias exageradas com que, em geral, os "europeus mais necessitados e quase sempre menos instruídos emigram para a América, as promessas ilusórias de que alguns deles são vítimas pelo egoísmo da maior parte dos agentes que promovem a emigração na Europa". "Da Europa não nos tem vindo, não vem, e nem virá tão cedo a verdadeira colonização, isto é, aquela que consiste na emigração espontânea de indivíduos moralizados e industriosos que, vivendo independentes de socorros públicos, nutrem desejos de melhorar de fortuna e, assim, levam aos países a que se destinam, não só seus cabedais como o salutar exemplo de amor ao trabalho e novos e mais aperfeiçoados processos aplicados às artes e à agricultura, dando isto em resultado a felicidade desses indivíduos, e a prosperidade de quantos sabem imitá-los. O reverso deste lisonjeiro quadro é, porém, o que se nos apresenta como consequência necessária da colonização estipendiada, que tantos sacrifícios de todo o gênero nos tem custado." E repetia, mais uma vez, uma observação tantas vezes feita em São Paulo: "Vadios, mendigos e réus de polícia de que os Governos da Europa estimariam ver limpos os seus domínios, são, geralmente falando, os indivíduos que, em regra, os agentes, incumbidos de

---

58 *Mss. Arq. Públ. Min.*, livros 570 e 956.

angariar colonos, nos enviam, levados unicamente do incentivo dos preços correspondentes, e proporcionais ao maior número que podem contratar, sem que uma centelha de patriotismo lhes deixe ao menos entrever os grandes males que, assim, derramam sobre o seu país". Concluía lembrando que a maioria dos colonos que vinham para o Brasil, mediante o adiantamento integral de suas passagens, *em nada era superior aos brasileiros, que, em virtude de dificuldades de comunicações e por outras muitas causas, limitavam-se a empregar suas forças e atividade natural em plantar apenas quanto lhes bastava, para seu próprio consumo.*

Por isso, propunha ele a criação de colônias de nacionais, a exemplo do que fora feito na Província da Bahia, sob a ação de Sinimbu. Para levar avante essa ideia, pleiteava junto ao governo imperial autorização para venda de terras públicas em certas regiões do Vale do Rio Doce, visando, com isso, favorecer a agricultura e neutralizar as causas da carestia dos gêneros que se generalizara a partir de 1850, agravando-se em 1855.

Mais uma vez, não se tratava de fornecer braços para a lavoura de café, mas de tentar a formação de núcleos coloniais de povoamento à semelhança do que fora feito em outras regiões do país, obedecendo sobretudo aos planos do governo imperial. As raras experiências de colonização realizadas em Minas obedeceram a essa orientação. Foram tardias e pouco expressivas, a despeito de todas as advertências feitas pelos sucessivos governos, que reiteravam insistentemente a necessidade de seguir-se o exemplo paulista e estimular a colonização.

A Companhia União e Indústria, necessitando de trabalhadores para a construção de estradas, recorreu a imigrantes estrangeiros. Também a Companhia do Mucuri adotou essa solução. Ambas as iniciativas estavam inteiramente dissociadas da lavoura cafeeira. Em 1867, o governo concedeu a imigrantes americanos terras na região do Rio das Velhas, mas estes acabaram por dispersar-se pouco depois.

Os erros se repetiam. Colocadas em áreas agrestes, distantes dos mercados de consumo, isoladas pelo mau estado das vias de comunicação e dificuldades de meios de transporte, as colônias não prosperaram.

Na década de 1870, não se encontrava em Minas nada que se comparasse às experiências sistemáticas que, durante quase

DA SENZALA À COLÔNIA 155

vinte anos, tinham sido feitas em São Paulo. Em 1870, dizia o vice-presidente da província, que a emancipação era um fato que o tempo e a ordem das cousas se vinha encarregando de realizar, e a colonização ainda nem tinha começo em Minas Gerais. O mais grave, no seu parecer, era que a mão de obra local emigrava. Referindo-se à necessidade de pôr um paradeiro à situação, sugeria a criação de escolas práticas de agricultura, para as quais se fariam vir famílias de colonos.

As agitações em torno do problema da emancipação, as discussões travadas a propósito da Lei do Ventre Livre confeririam atualidade à questão da imigração. O exemplo paulista era sempre apontado com otimismo. "Vendo o que está se passando em São Paulo, a transformação que se opera no seu comércio e lavoura, e considerando as vantagens que tem a colher a Província com a introdução da imigração em grande escala", dizia o presidente, em 1871, "dirigi às câmaras municipais e juízes de direito, párocos e juízes municipais a circular de 16 do mês passado, a fim de que à imitação do que se está principiando em outras províncias e se praticou nos Estados Unidos da América, se promovam associações particulares que se incumbam da distribuição dos colonos contratados ou de os mandar diretamente contratar na Europa para os serviços das fazendas e das fábricas, substituir desde já quanto possível os escravos e preencher os vácuos deixados pela invalidez, manumissões, fugas, crimes e a morte." São Paulo dera o exemplo. Não segui-lo seria desconhecer os próprios interesses.

Toda sua eloquência não conseguiu convencer os fazendeiros. Não ignoravam que as dificuldades eram grandes para utilização do trabalho livre. Apegados à rotina, contando com o mercado de escravos para satisfazer a necessidade mais urgente de mão de obra, não se arriscavam em empresas novas e problemáticas. A resistência ao trabalho livre era grande. Desconheciam-se suas vantagens, descria-se das empresas desse tipo. Para isso muito contribuíra o fracasso de algumas tentativas, o que havia criado entre os fazendeiros uma desconfiança, difícil de ser vencida, em relação às possibilidades de vir o imigrante a substituir o trabalho escravo nas fazendas de café.

Até essa época, as únicas colônias existentes eram, ainda, a D. Pedro II, mantida pela Companhia União e Indústria, em virtude de uma das cláusulas do seu contrato, mas que vinha custando muitos sacrifícios ao Tesouro Nacional, e a do Mucuri e Urucu.

A colônia militar do Urucu, constituída por ordens do governo imperial e por exigência do senador Teófilo Otoni, quando diretor da Companhia Mucuri, visava garantir, por meio da força ali estacionada, o trânsito seguro da estrada que ligava Filadélfia a Santa Clara, povoando esse trecho, oferecendo um ponto de repouso e recurso para as tropas, carros e viandantes. Em 1870, continha essa colônia um total de 438 pessoas: holandeses, "chins", portugueses, belgas, alemães.

Além dessas colônias, não se verificaram outras tentativas. Aqui e lá existia um pequeno contingente de portugueses, e um ou outro italiano, em geral localizados nos núcleos urbanos, empregados como caixeiros, no comércio ou na "mascateação" de fazendas.

Em resposta a inquérito promovido pelo governo em 1870, apenas a Câmara Municipal de Pomba – um dos distritos cafeeiros em franco desenvolvimento – manifestava interesse na aquisição de imigrantes "laboriosos e ordeiros", considerando que esse "seria um dos meios de desenvolver a agricultura contribuindo poderosamente para o incremento da riqueza do Município e das rendas do Estado".[59]

Nada se fez de positivo até bem mais tarde. Na década de 1880 é que se tentou encaminhar colonos para as fazendas por meio de um contrato celebrado entre o governo provincial e a firma John Petty, estabelecida no Rio de Janeiro, para a introdução e colocação na lavoura de doze mil colonos, dentro do prazo de três anos, dando-se preferência aos oriundos das ilhas das Canárias e dos Açores.[60] Em virtude desse contrato, foram introduzidos 203 colonos até agosto de 1882. Alguns foram para a fazenda de Vicente Ferreira Monteiro de Barros, no município de Leopoldina, outros para a de João Antônio Alves de Brito, no município de São José de Além Paraíba, 52 para a de Joaquim Prudêncio Augusto Brandão, no município de Muriaé, 108 para Babilônia,

---

59 *Mss. Arq. Públ. Min.*, livro 1379. Carta da Diretoria da Colônia Militar de Urucu na Província de Minas Gerais, em 10 de março de 1870.

60 *Relatório que ao Ilmo. e Exmo. Sr. Dr. Teófilo Otoni, apresentou ao passar-lhe a administração no dia 31 de março de 1882 o Exmo. Sr. Conselheiro Cônego Joaquim José de Sant'Anna, 2º vice-presidente da Província*. Ouro Preto, 1882, p.13.

DA SENZALA À COLÔNIA 157

na fazenda de Joaquim Eduardo Leite Brandão, e 22 para Mariana. Seu número era ainda insignificante dentro do quadro geral do trabalho escravo. Tratava-se de casos isolados, e a experiência não prosseguiu. Um ano mais tarde, a autorização concedida ao governo, para contratar com a referida firma o engajamento de colonos, foi revogada por se considerar que a imigração subvencionada exclusivamente pelos cofres provinciais resultava onerosa e pouco produtiva, quando visava fornecer braços para a lavoura, segundo contrato de locação de serviço.

Inspirando-se na orientação da Sociedade Central de Imigração, o governo provincial criticava, em 1883, os moldes rotineiros e tradicionais, até então seguidos, e que se haviam desacreditado em presença de tantos e tão repetidos ensaios infrutíferos. Argumentava que, pelo sistema de locação de serviço, o colono reconhecia, cedo ou tarde, que havia sido mistificado – o que sempre ocorria, pois se ele fosse pago pelo preço corrente no país, tal contrato não seria necessário – e acabava por romper seus compromissos. Para demonstrar isso, invocava-se, mais uma vez, o exemplo da Província de São Paulo que começava a se desinteressar "desses infelizes ensaios de contrato de locação de serviços", inaugurando nova política imigratória que parecia ao administrador mineiro altamente recomendável.[61]

Até às vésperas da abolição, entretanto, quando eram encaminhadas para a lavoura de café do oeste paulista grandes levas de imigrantes, os lavradores tinham permanecido indiferentes aos apelos do governo mineiro. Ainda em 1887, instava este junto aos deputados para que tomassem providências com o fito de facilitar a imigração, sugerindo a criação de uma hospedaria dos imigrantes. Concitava a iniciativa particular a colaborar com esse empreendimento dirigindo-se em especial às empresas de estrada de ferro, para que não poupassem esforços nesse sentido.

A abolição virá apanhar a província sem que nenhum movimento mais significativo tivesse sido levado adiante. Em 1889, a lei de 13 de agosto autorizou o governo a reorganizar o serviço

---

61 Fala que o Exmo. Sr. Dr. Antônio Gonçalves Chaves dirigiu à Assembleia Legislativa da Província de Minas Gerais em 1º de agosto de 1884. Ouro Preto, 1883, p.13.

de colonização e imigração, por meio de subvenção ou garantia de juros de 6% até o capital máximo de 10.000:000$000, tendo sido abertos créditos especiais para ocorrer às despesas.[62]

Colonização no Rio de Janeiro

As experiências colonizadoras e o recurso ao braço imigrante na substituição do trabalho escravo não apresentavam, na Província do Rio de Janeiro, um quadro muito diverso deste, embora, desde cedo, estivesse o governo se empenhando em promover a colonização. A legislatura provincial de 1840 reconheceu que uma das mais urgentes e necessárias medidas era a introdução de braços livres, e para isso autorizou a contratar com empresários ou companhias o estabelecimento de colônias agrícolas na província, bem como o engajamento de colonos operários, para serem empregados nas obras públicas. Para esses fins, concedeu um crédito de sessenta contos anuais pelo espaço de cinco anos, através da emissão de apólices.

Em maio de 1843, foi feita uma concessão na região de Pedra Lisa a um tal Nelis. Em fevereiro do ano seguinte, chegaram 95 colonos, mas fosse porque se acharam mal acomodados, por não estarem prontas as casas onde deviam residir, ou pela falta de mantimentos, ou por se acharem desiludidos nas esperanças que o empresário lhes fizera conceber, o certo é que os colonos acabaram por desertar quase todos, tendo falhado a experiência.

Em outubro, o governo contratou, com o francês Luís José Maria Vergas, o estabelecimento de uma colônia agrícola. Para isso, foram-lhe concedidas duas léguas quadradas de terras. Novo insucesso: o empresário encontrou dificuldades em contratar colonos. No ano seguinte, o presidente da província, considerando o interesse em estabelecer um núcleo que viesse a incorporar os que se ocupavam das obras da Serra da Estrela, contratou com a casa Delrue de Dunquerque a introdução de seiscentos casais de

---

62 *Relatório apresentado ao Exmo. Sr. Dr. José Cesário de Faria Alvim, Presidente do Estado de Minas Gerais.* Ouro Preto, 1892.

DA SENZALA À COLÔNIA 159

colonos alemães. Não obteve melhor resultado: foram engajados vários colonos que, na maior parte das vezes, não preenchiam as condições requeridas.[63]

Ao lado de núcleos de povoamento surgiram, principalmente a partir de 1850, colônias de parceria. Depois de algumas tentativas fracassadas de instituir o regime do trabalho livre em fazendas da zona fluminense, como a do senador Saturnino de Sousa Oliveira, que redundara na dispersão dos colonos, alguns fazendeiros persistiram em prosseguir nessas iniciativas. Eugênio Aprígio da Veiga fundou, em 1847, a colônia do Valão dos Veados, no município de S. Fidélis, com 346 colonos, na maior parte portugueses. Nos dez anos seguintes, entraram cerca de seiscentos colonos, alguns engajados pelo próprio proprietário, outros como foreiros. Acabaram todos por se dispersar. Em fazendas de Palmital, Cantagalo, Santo Antônio etc., havia, dez anos mais tarde, numerosos colonos do Valão dos Veados. Em 1852, foi fundada a Colônia da Independência pelo veador, Nicolau Antônio Nogueira do Vale da Gama, que, em 1857, contava 175 colonos naturais de Holstein, Prússia, Turíngia, Hesse e Darmstadt. Nessa mesma ocasião, Brás Carneiro Bellens criou em Santa Justa um núcleo que, em 1856, continha 141 indivíduos de naturalidade alemã. O barão de Baependi também, naquela data, fundou na sua Fazenda Santa Rosa uma colônia que em 1856 possuía 128 colonos naturais, na maior parte, da Turíngia, havendo ainda alguns brasileiros. Além destes, o marquês de Valença inaugurou em sua Fazenda das Coroas uma colônia que, quatro anos depois, contava 144 colonos alemães. Havia, ainda, as colônias de José Joaquim de Sousa Breves, com 228 pessoas, naturais da Ilha da Madeira e as do barão de Nova Friburgo, espalhadas por suas numerosas fazendas situadas em Cantagalo: Santa Rita, São Martinho, Laranjeiras, Macuco, Boa Sorte e Boa Vista, totalizando mais de novecentos colonos, na sua maioria portugueses. Ainda na região de Cantagalo, Pio Correa de Azevedo se lançava em igual empresa, tendo feito vir sessenta pessoas de Portugal e das Ilhas. Na freguesia do Carmo, o padre Francisco Abreu Magalhães, associado a seu irmão, Fernando de Castro Abreu Magalhães, inaugurara na mesma ocasião um

---

63 *Relatório do Presidente da Província do Rio de Janeiro*, 1844.

núcleo com cerca de sessenta colonos portugueses, aplicados à plantação e colheita de café. Nessa época, a ideia de colonização empolgava alguns fazendeiros, entusiasmados pelas iniciativas idênticas promovidas em São Paulo e estimulados pelo governo. Estavam tentando cultivar parte de suas terras por braços livres: Inácio Rafael da Fonseca Lontra e José Francisco Relieni, em Cantagalo; João Rodrigues da Cunha e José Francisco de Oliveira, em Sumidouro, no Termo de Friburgo, com colonos portugueses; e o conselheiro Barreto Pedroso, que mandara vir da Suíça uma porção de trabalhadores, com a intenção de aproveitá-los nas suas lavouras em Itaguaí.[64] Numerosas dificuldades enfrentavam esses pioneiros. Na Fazenda das Coroas, onde, em 1858, havia 172 pessoas, a dívida a que se achavam obrigados os colonos montava a mais de trinta contos. A plantação de café, a seu cargo, era de 89 mil pés, tendo sido colhidos, em 1852, 12.273 alqueires e meio; em 1853, 3.208; em 1854, 11.351; em 1855, 6.616; em 1856, 12.944; em 1857, 660, num total de 47.054 alqueires.

O produto líquido desse café colhido pelos colonos, no decurso daqueles anos, orçava pela quantia de 21:476$928.

No Rio, como em São Paulo, as dificuldades surgidas desencorajavam os fazendeiros. Apesar do otimismo de alguns administradores que se empenhavam em promover a substituição do braço escravo, acenando com a ameaça que pairava sobre a lavoura depois da cessação do tráfico, a maioria dos fazendeiros não via com bons olhos aquelas experiências. Em vão, dizia Pereira da Silva, em 1857: o de que precisamos é que na nossa província se desenvolva o desejo e a prática de mandarem nossos lavradores buscar colonos livres à Europa; inutilmente, acenava com as tentativas já feitas, e afirmava que os resultados eram vantajosos cumprindo prosseguir. A mentalidade geral continuava avessa àquelas soluções, e no ano seguinte, Furquim de Almeida, analisando a situação em que se encontravam as colônias, exteriorizava o pensamento da maioria dos proprietários, ao duvidar que a colonização pudesse resolver o problema da mão de obra nos estabelecimentos rurais. "A colonização é nossa única tábua de salvação no futuro", dizia ele, mas

---

64 *Relatório apresentado à Assembleia Legislativa da Província do Rio de Janeiro pelo vice-presidente João Manuel Pereira da Silva em 1857.*

DA SENZALA À COLÔNIA   161

prosseguia apontando as grandes dificuldades e embaraços que se opunham ao seu desenvolvimento: o fato de os particulares se terem apossado de terras devolutas, espalhando-se os colonos pelos sertões, a falta de vias de comunicação que ligassem os mercados do litoral, com as terras devolutas ou de baixo preço do interior, a concorrência do trabalho escravo, tudo isso, afirmava ele, "contribui para demorar a realização deste grande pensamento. A prova desta verdade aí está, pouco se tem conseguido em matéria de colonização, apesar dos esforços e imensos sacrifícios feitos pelos poderes do Estado para este fim".

Também descria da possibilidade de se trazerem colonos para as fazendas, sob regime de parceria ou salariado, e, justificando seu ponto de vista, observava que o fazendeiro possuindo escravos, estando acostumado a governá-los com um poder absoluto, obtendo deles um trabalho de quatorze a quinze horas por dia, dando-lhes por alimento feijão e angu de milho, e por vestuário oito ou dez varas de algodão de Minas por ano, não poderia acomodar-se com o trabalho dos homens livres que não queriam trabalhar mais de dez horas por dia, exigiam alimentação diária de carne, pleiteavam aumento de salário e aspiravam constantemente a sair da posição de jornaleiro para obter outra mais elevada, mais independente e mais cômoda. Com interesses tão diversos, comentava: é impossível que se entendam, a experiência feita estava a demonstrar isso. Muitos fazendeiros tinham mandado vir colonos para suas fazendas, quer como trabalhadores contratados pelo sistema de parceria, quer como jornaleiros, mas na sua opinião – com exceção do senador Vergueiro, cujas colônias não tinham ainda, a seu ver, duração suficiente para servir de exemplo – os fazendeiros não haviam colhido vantagens. Ao contrário: o que ouvia dizer pelos que haviam experimentado empregar colonos em suas fazendas, *era que seria preferível comprar escravos a três contos de réis ou deixar de ser fazendeiro a se sujeitar ao serviço de colonos.* "Acostumados a servirmo-nos com escravos, habituados a governá-los com um poder absoluto", dizia ele, "dificilmente nos resignaremos à necessidade de admitir homens livres a nosso serviço." E comentava que a "relação entre o senhor e escravo era tão cômoda que, sem ser forçado a isso, o senhor não a abandonaria". "Vemos, reconhecemos que, vendendo nossos escravos, tiraremos vantagem de um capital morto e muito sujeito a riscos, nem por isso ninguém resolve a desfazer-se dos que tem." E prosseguia afirmando que era um contrassenso mandar buscar trabalhadores à Europa, com tanta dificuldade e despesa, quando os havia em casa "melhores e mais apropriados para os trabalhos agrícolas". Escravos havia de sobra nas cidades, enquanto faltavam na lavoura. Para satisfazer a necessidade de mão de obra das fazendas, bastava utilizar a escravaria que se encontrava inútil e perniciosamente nos núcleos urbanos, em número muito superior às necessidades, empregados às vezes em atividades industriais ou outras em que o serviço do homem livre seria muito mais eficaz. Que se recorresse aos escravos concentrados no Rio de Janeiro, Bahia, Pernambuco, Maranhão, Pará e outras cidades, que se tomassem medidas indiretas que permitissem a retirada gradual dos escravos urbanos para que fossem vendidos aos trabalhos agrícolas. Já que não se podia cortar de golpe esse "cancro da nossa civilização", ao menos que se circunscrevessem os seus limites. A despeito dessa adjetivação, fazia, na verdade, profissão de fé escravista.

Finalmente, aconselhava aos lavradores que não contribuíssem para distrair a mão de obra escrava das fainas agrícolas, empregando-a em outras empresas alheias à lavoura, pois o lucro eventual que daí resultasse seria um lucro ilusório e momentâneo.[65]

Uma vez que os imigrantes não queriam vir espontaneamente para trabalhar nas fazendas, ou povoar os sertões, melhor seria atribuir essa tarefa aos escravos acumulados nas povoações. "Podemos obrigá-los a isso", dizia. Pensava que se deveriam entregar aos imigrantes a indústria, as artes mecânicas e todos os mais trabalhos que, nas povoações, eram executados por escravos. Sugeria, ainda, que fosse proibido ao escravo o exercício de certos misteres, tais como o serviço da marinhagem na navegação de cabotagem ou na marinha mercante em geral, os ofícios de pedreiro, carpinteiro, marceneiro, alfaiate, sapateiro etc.; sobrariam mais escravos para as fazendas.

A ideia de colonização não frutificava em solo fluminense. Os fazendeiros na sua grande maioria teriam subscrito as palavras de Caetano Furquim de Almeida.

---

65 *Relatório apresentado à Assembleia Legislativa da Província do Rio de Janeiro pelo Presidente Conselheiro Antônio Nicolau Tolentino*. Rio de Janeiro, 1858, p.146.

DA SENZALA À COLÔNIA 163

O braço escravo concentrou-se cada vez mais na grande lavoura. A política de núcleos coloniais também não era promissora. Aqui, como em São Paulo, tais iniciativas encontravam escassa repercussão entre os proprietários. Só dois resultados concretos poderiam ser apontados nessa época: Petrópolis e Nova Friburgo, fundados em épocas muito anteriores e que haviam atravessado uma série de vicissitudes antes de poderem ser consideradas empresas bem-sucedidas. As mesmas razões que entravavam o desenvolvimento desse tipo de colonização em São Paulo atuavam aqui. A falta de terras devolutas aproveitáveis era uma delas. A distância dos mercados consumidores, o mau estado das estradas e, principalmente, a concorrência do escravo eram outras tantas circunstâncias a impossibilitar um bom resultado.

Em 1854, tendo sido feito um inquérito junto às câmaras municipais sobre a existência de terras devolutas, pôde-se verificar que pouco restava: apenas alguns terrenos de pequenas proporções, estéreis ou localizados nos altos das serras e que, por isso mesmo, não haviam sido apossados. Assim como terras contestadas ou ocupadas por foreiros.[66] Para ceder lotes aos colonos, o governo via-se diante das alternativas: dar-lhes terras improdutivas ou comprar terras para depois vender-lhes. Tudo isso obstava o desenvolvimento dos núcleos coloniais.

A tentativa de formação de núcleos coloniais ou de substituição do braço escravo pelo livre foi sendo abandonada. A maior parte das empresas fracassara.

Em 1862, consideravam-se malogradas em sua maioria as experiências feitas pelos fazendeiros com o intuito de estabelecer colônias de parceria em suas terras. As que haviam sido fundadas sob os melhores auspícios ou não apresentavam incremento algum ou se vinham extinguindo gradualmente. Os colonos não se ajustavam às fazendas. Muitos rompiam os contratos, alguns fugiam. Repetia-se aqui ao que se assistia em São Paulo.

Os alemães, sempre que podiam, demandavam as colônias do sul, na esperança de se converterem em pequenos proprietários. Outros iam para as povoações mais próximas, onde se fixavam.

---

66 *Relatório de 1870 do Dr. José Maria Correia de Sá e Benevides feito à Assembleia Legislativa da Província do Rio de Janeiro*, p.55.

O resultado era que os fazendeiros acabavam por enfrentar graves prejuízos.

Nessa ocasião, já eram consideradas extintas as colônias das Coroas, estabelecidas em terras da marquesa de Valença, as da Independência e Santa Justa, de Nogueira do Vale da Gama e a do veador Bellens, bem como a de Santa Rosa pertencente ao conde de Baependi. As únicas que ainda prosperavam eram as do barão de Nova Friburgo e de Sousa Breves, dois dos maiores potentados econômicos da região.

Apesar de tantos insucessos, insistia-se na política de colonização. Em 1869, o governo provincial contratava com Carlos Nathan a introdução de três mil imigrantes, comprometendo-se a financiar as passagens com a soma de cem mil-réis por adulto que chegasse e fosse aceito, e cinquenta para os que contassem de cinco a doze anos. Essa tentativa veio, como as outras, a malograr. No ano seguinte, o presidente da província comentava que a imigração era insignificante e que os ensaios feitos nesse sentido haviam sido muito infelizes, tendo malogrado numerosas experiências.

Em 1874, a administração provincial voltava a insistir no assunto, fazendo noticiar aos proprietários, através das câmaras municipais, que o governo imperial se propunha prestar auxílios aos lavradores que, por sua conta, quisessem mandar vir colonos. Apresentou-se apenas um fazendeiro: Antônio Francisco Torres Neto, que solicitou o pagamento de sessenta mil-réis por colono já estabelecido e por aqueles que, de futuro, mandasse vir.

O meio rural desinteressava-se da colonização, a despeito dos esforços do governo. Com a crise que atingira as plantações, a partir dessa época, a queda da produtividade pelo esgotamento do solo, o endividamento progressivo dos proprietários, o que será agravado pela baixa do preço do café no mercado internacional, tornou-se impossível para a maioria dos fazendeiros do Rio de Janeiro levar avante as tentativas de substituição do escravo pelo colono estrangeiro.

CAPÍTULO 3

PERMANÊNCIA DO SISTEMA ESCRAVISTA

Dificuldades na transição para o trabalho livre

O insucesso das parcerias e a precariedade das condições oferecidas pelos novos contratos de locação de serviço desacreditaram, momentaneamente, as tentativas de substituir o trabalho escravo pelo livre, nas fazendas de café. A maioria dos fazendeiros desanimou com as dificuldades surgidas. As esperanças e convicções dos primeiros tempos foram abandonadas. Poucos encaravam, de maneira otimista, a possibilidade de substituir o escravo pelo imigrante. Os insucessos das primeiras tentativas haviam redundado, aqui e no estrangeiro, no desprestígio da imigração e as dificuldades para obter mão de obra nos países europeus aumentaram. Durante muito tempo, foi quase impossível recrutar imigrantes na Alemanha ou na Suíça. Já em 1846, havia restrições na Prússia às manobras dos engajadores de colonos. Fundou-se a Sociedade Central de Berlim com o objetivo de impedir a emigração. Uma série de publicações difamatórias ao Brasil foi editada: espécie de contrapropaganda, como a de M. Kerst que aparecia em 1852. Em 1859, proibia-se a emigração para o Brasil e, ainda, em 1873, o visconde de Indaiatuba viu falharem seus esforços para introduzir famílias do Holstein em sua fazenda.[1]

---

1 Davatz, op. cit., prefácio de Sérgio Buarque de Holanda, p.33.

Essa prevenção subsistia na década de 1870. Os governos da França e da Itália tomavam providências com o objetivo de alertar suas populações para que não emigrassem para o Brasil. Em circular, datada de 31 de agosto de 1875, o conde de Meaux, em nome do governo francês, proibia terminantemente a emigração para o Brasil, e o governo italiano, em setembro, ordenava aos prefeitos que advertissem aos italianos que ao emigrarem para o Brasil se exporiam à miséria. A *Gazeta de Trento*, jornal oficial do Tirol, na Áustria, publicava, nessa ocasião, uma proclamação do clero a fim de serem conjugados todos os esforços visando impedir a emigração para nosso país.

O jornal *Il Secolo* de Milão, de 23 a 24 de setembro de 1875, qualificava a emigração para o Brasil de "comércio de carne humana". A imprensa italiana denunciava irregularidades havidas no Brasil. Os emissários do governo, que faziam suas gestões junto às municipalidades italianas, com o fito de conseguir imigrantes, despertavam desconfianças. Suspeitava-se que fossem farsantes ou especuladores e as municipalidades tomavam todas as providências para se certificarem de que estavam realmente credenciados pelo governo brasileiro.[2] Por esses motivos, tornava-se difícil obter colonos, e o índice geral da entrada de imigrantes caiu muito entre 1863 e 1870. Enquanto entre 1850 e 1860 entraram, aproximadamente, sete mil colonos, entre 1861 e 1871, as estatísticas registraram apenas 1.600 pessoas.

Diante dessa dificuldade, voltaram-se alguns para o trabalhador livre nacional. No relatório apresentado à assembleia provincial, em fevereiro de 1859, o presidente da província, José Joaquim Fernandes Torres, insistia na conveniência de se dar impulso à "colonização pátria", tendo em vista o descrédito em que caíra a colonização estrangeira entre os fazendeiros paulistas. Mais ou menos na mesma época, Lacerda Jordão afirmava, na assembleia legislativa provincial, que "a colonização que se quis trazer, como remédio da crise dos braços escravos, longe de curá-la antes aumentou este mal". Vivendo os problemas recentes das revoltas de

---

2 *Mss. Arq. Nac.* Seção Histórica. Memórias. Códice 807. Livro 14. Notícias concernentes a emigração para o Brasil dedicada a S. M. Imperador, por Luís R. de Oliveira.

DA SENZALA À COLÔNIA   167

colonos em Ibicaba e outras fazendas, demonstrava seu pessimismo quanto às possibilidades do sistema de parceria, sem deixar, contudo, de manifestar-se favorável à colônia de povoamento destinada ao abastecimento de víveres. Nesse mesmo estado de espírito, manifestam-se também Eufrásio de Toledo e Paula Sousa.[3] O primeiro frisava que era possível "dentro do próprio país" obter colonos e reclamava o auxílio do governo para os caboclos, mostrando, com lucidez, que a falta de meios de transporte e de vias de comunicação reduzia as possibilidades da colonização estrangeira. Paula Sousa, criticando os que encaravam a colonização exclusivamente do ponto de vista de núcleos de povoamento, observava que, embora importante, o problema do incremento da população não era o fundamental. Mais urgente era, a seu ver, o fornecimento de braços para os estabelecimentos agrícolas. Diante das dificuldades que entravavam a imigração estrangeira, propunha que os fazendeiros recorressem ao trabalhador livre nacional. Essa era também a opinião de Rodrigues Torres quando dizia: "É errado o caminho que trilhamos enquanto desprezamos os poderosos elementos de colonização que oferece o país, vamos somente procurá-los no exterior, sem escolha, sem reserva". Contra aqueles que afirmavam ser o trabalhador nacional indolente e infenso ao trabalho, invocava o exemplo dos que o haviam empregado com eficácia comprovada, e concluía: "Por que não aplicaremos à colonização pátria alguma parcela dessas enormes quantias que se despendem com as europeias?".

Na verdade, a utilização de mão de obra nacional não parecia possível à maioria dos fazendeiros que, nessa época – até 1870 aproximadamente –, consideravam o trabalhador livre nacional pouco produtivo e arredio ao trabalho.

Em 1855, ao debater-se na assembleia legislativa provincial a questão, argumentava-se que a população livre se recusava a trabalhar preferindo pescar e caçar: oferecia-se a um roceiro dez, doze e até dezesseis mil-réis para plantar um alqueire de milho e ele se recusava, preferindo viver da maneira mais primitiva. Comentando essa situação dizia um dos deputados: "Acham-se esses cidadãos como que na primitiva [sic], limitam-se à caça e à pesca metidos em

---

3 *Anais da Assembleia Legislativa da Província de São Paulo*, 1858-1859, p.156.

camisa e ceroula de algodão, estão contentes, recusam o serviço de camarada, não querem prestar-se ao serviço da lavoura". Diante da urgência da mão de obra, que as soluções imigrantistas não pareciam resolver, pensou-se num meio de obrigar ao trabalho as populações locais, mais ou menos ociosas. Recriminava-se a lei de 13 de setembro de 1830 que legislara sobre o assunto, limitando-se a obrigar ao cumprimento do contrato de prestação de serviços feitos por escritura, mas que, aos olhos dos fazendeiros, tinha um grave defeito: não *obrigava* a esses contratos, isto é, não forçava o homem ocioso ao trabalho. Pretendiam eles uma lei que obrigasse a população livre a contratar seus serviços junto às fazendas, só assim esperavam poder conseguir que o povo trabalhasse.

Em Minas como em São Paulo ou no Rio de Janeiro, clamavam os proprietários e as autoridades contra a ociosidade da população livre que, segundo se dizia, preferia viver no limiar da vadiagem. Um grande número de indivíduos vivia, por motivos eleitorais, sob a proteção das classes dominantes: pescavam, plantavam alguns pés de mandioca e contribuíam com seu voto para o prestígio político do fazendeiro ao qual estavam agregados. A lei era impotente contra semelhante modo de vida. Quando, por acaso, a autoridade procurava indagar quais os seus meios de vida, a resposta não tardava: "vive de suas agências".

Reiteradas vezes, as autoridades locais sugeriram a elaboração de uma lei que coagisse ao trabalho.[4] Visavam não apenas aos agregados, mas a toda população que vivia à margem do trabalho produtivo, nas povoações: "ociosos como zangões", nas zonas rurais: vivendo ao léu, "morando nos matos", sem probabilidades de trabalharem, mas também não se sujeitando ao serviço dos lavradores mais poderosos, a não ser muito acidentalmente. Acreditava-se que só um regulamento policial poderia garantir o trabalho necessário a certas regiões em que a escravidão estava quase extinta pelo êxodo de escravos em direção às áreas cafeeiras.

A opinião corrente era a da incapacidade do jornaleiro nacional em manter uma atividade contínua. Costumava-se caracterizá-lo pela sua aversão ao trabalho e sua ociosidade natural. Vadio,

---

4 *Mss. Arq. Públ. Min.* Livros 1379 – 570. Veja-se, ainda, Congresso Agrícola, op. cit.

DA SENZALA À COLÔNIA 169

ocioso, eis os qualificativos que se repetem em todos os tempos e por todas as partes. Esse é o pensamento da maior parte dos representantes da lavoura no Congresso Agrícola de 1878. Buscavam-se explicações para esse fato no clima, na falta de educação do povo, numa questão de mentalidade, como se a preguiça fosse uma vocação nacional.

Mais uma vez lhes escapava a razão profunda: as parcas necessidades de uma população que vivia à margem das grandes correntes econômicas do país, não incorporadas à economia básica de exportação – a única lucrativa no momento – condenada a uma economia rudimentar de subsistência, e raramente de posse da terra que cultivava.[5] Para essa população livre, trabalhar na fazenda, na situação de camarada, era o mesmo que aceitar sua redução à condição de escravo.

Esse fato não passou totalmente despercebido aos olhos dos homens mais avançados do Império. Anos mais tarde, Taunay, que desenvolvia intensa atividade na Sociedade Central de Imigração, referindo-se aos agregados que viviam em ranchos modestos, trabalhando em lotes cedidos pelos fazendeiros, sem, entretanto, jamais lograrem direito de propriedade sobre as terras, por mais que as cultivassem e beneficiassem, comentava: "A impossibilidade de imprimir cunho de domínio próprio a um cantinho de terra dá bons argumentos à preguiça e impede que esses agregados, livres embora, se distanciem demasiado do estado de baixeza e submissão peculiares ao escravo da fazenda".[6]

André Rebouças, autor de uma obra sobre a Agricultura Nacional, procurava desmentir que a população fosse ociosa como diziam, e criticava os que viviam a queixar-se da falta de braços. Recorrendo ao exemplo de outros povos, insinuava que esse pro-

---

5 Analisando a economia de subsistência, diz o economista Celso Furtado: "Tem-se repetido comumente no Brasil que a causa dessa agricultura rudimentar está no 'caboclo', quando o caboclo é simplesmente uma criação da economia de subsistência. – Mesmo que dispusesse de técnicas agrícolas muito avançadas, um homem da economia de subsistência teria que abandoná-las pois o produto de seu trabalho não teria valor econômico. A involução das técnicas de produção e da organização do trabalho com o tempo transformariam esse homem em 'caboclo'" (1961, p.141).

6 Couty, op. cit., 1887, p.80. Nota 18 de E. Taunay.

blema não era especificamente brasileiro: "Vimos por toda parte o homem, a mulher, o menino correndo como cães famintos atrás do trabalho e do salário. E em todos estes países, ouvimos os parasitas do capital, cínicos e egoístas, repetirem a grita: Há falta de braços, os salários estão elevadíssimos...". "A verdadeira interpretação da frase oficial – carência de braços – é que o Império necessita de reformas sociais, econômicas e financeiras importantíssimas que permitam o aproveitamento de milhares e milhares de indivíduos que vegetam em nossos sertões, e ao mesmo tempo atraiam a imigração espontânea da população superabundante da Europa".[7]

A maioria, entretanto, ignorava as razões verdadeiras e repetia apenas o que era observado superficialmente: que o caboclo era preguiçoso, pouco dado ao trabalho rotineiro e contínuo, e incapaz de se adequar às necessidades da lavoura cafeeira. Por toda parte, ouviam-se os mesmos comentários. Apenas aqui e lá uma voz discordava isolada, pleiteando maior atenção para o trabalhador nacional.

Revalorização do braço escravo

O insucesso das parcerias trouxe, por toda parte, a revalorização momentânea do escravo. Muitos fazendeiros subscreveriam, na década de 1860, a opinião de Lacerda Werneck, exposta no livro que publicou sob o título de *Ideias sobre colonização*.

Filho do barão do Pati do Alferes, renomado fazendeiro de café da região fluminense, analisava nessa obra o problema da colonização. Afirmava que a riqueza nacional residia na produção, para o que seria necessário desenvolver a população. A população era uma das condições de riqueza nacional, capaz de "promover a apropriação dos bens existentes no solo e criar produção". Por isso, a colonização encerrava, a seu ver, o germe de toda prosperidade.

Não via, entretanto, na colonização o meio de fornecer mão de obra para a lavoura de café. "Força é confessar", dizia, "que a grande cultura só poderá ser sustentada pelos agricultores que possuírem escravos em número suficiente para o custeio de suas fazendas.

---

7 Rebouças, 1883, p.380-3.

DA SENZALA À COLÔNIA 171

Tempo virá por certo em que a produção, fazendo crescer a população livre, autorize a abolição da escravidão, mas atualmente, sem pessoal livre no país, os instintos de nossa conservação nacional nos aconselham por certo o incremento da população escrava". Embora reconhecendo nisso uma "triste necessidade" e qualificando-o de "doloroso transe", recomendava a criação de escravos. Que se seguisse o exemplo da Virgínia, onde o comércio de escravos tomara tal incremento que eram comprados ainda no ventre materno. Não escondia ele sua aprovação aos esforços feitos para aumentar a população escrava. Na sua opinião, os lavradores deveriam promover, por todos os meios, a propagação dos negros, uma vez que esses meios fossem "de acordo com a moral e com a religião"(!). Para isso, aconselhava maior solicitude com os escravos adultos e maior zelo e cuidado com os recém-nascidos e crianças. Pretendia ele que nessa obra "meritória conciliavam-se os interesses do futuro da agricultura e, ao mesmo tempo, a caridade cristã": davam-se aos escravos melhor vestuário, melhor habitação e nutrição, maior assistência às doenças, alvitres que, no seu entender, eram em geral desprezados.

Apesar de sua profissão de fé escravista, afirmava que o trabalho livre já era mais barato do que o escravo e que, com o passar do tempo, mais se acentuaria essa diferença. Estava, entretanto, convicto de que a grande lavoura excluía a interferência do trabalho livre. Tais ideias eram típicas dos fazendeiros do Vale do Paraíba. Abastecidos de escravos, raramente se lançavam na experiência da parceria. Depois do insucesso desse sistema, o número dos que assim pensavam aumentou. Alguns proprietários que tinham acreditado nas possibilidades de utilização do trabalho livre nas lavouras de café renunciaram à colonização, voltando-se para o braço escravo, embora os preços estivessem cada vez mais altos.

Ainda em 1878, discursando sobre o futuro da grande lavoura e da grande propriedade no Brasil, Henrique de Beaurepaire Rohan dizia que o trabalho assalariado, a parceria ou a locação de serviços não vieram resolver o problema dos braços, porque o trabalhador livre trabalhava o menos que podia, querendo apenas receber o "jornal", sem se preocupar com os prejuízos do patrão. Enfaticamente, observava, referindo-se ao trabalhador livre: "Neste sentido produz menos que o escravo o qual tão pouco interessado nos lucros de seu senhor é entretanto impelido ao trabalho por esses meios violentos que estão em usos...". Vaticinando o fim da mão de obra escrava e a abolição para daí a dez anos, sugeria a conversão dos escravos em colonos e a transformação das fazendas em "colmeias agrícolas" por um sistema de retalhamento da grande propriedade, pelo qual o fazendeiro cederia o domínio útil da terra aos foreiros perpétuos. Propunha simultaneamente a criação de fábricas centrais, onde fossem preparados os produtos colhidos. Seguia, nesse sentido, as ideias de André Rebouças.

O Nordeste tornou-se o grande centro abastecedor de escravos. Em 1860, o barão do Pati dizia que a *abundância* de braços cativos era um dos entraves ao desenvolvimento do trabalho assalariado.

Dez anos depois de cessado o tráfico, a lavoura cafeeira ainda se apoiava, na sua quase totalidade, no braço escravo. Estes foram deslocados de outras atividades para a lavoura de café. Reduziu-se o plantio de gêneros de primeira necessidade. Buscou-se em outras províncias a mão de obra necessária. Os escravos vindos de outras áreas: das províncias do Norte ou do Sul, entraram em massa nas zonas cafeeiras.

Em 1853, saíram da Bahia, com destino ao sul do país, mais de 1.500 escravos. O governo preocupava-se com o fato de as companhias compradoras de negros percorrerem o interior da província oferecendo altos preços. A tal ponto chegava a evasão de mão de obra que com o objetivo de frustrar a sua saída, taxava-se em 80$000 cada escravo que fosse exportado para fora da província. Em 1854, João Maurício Wanderley, representando os interesses da agricultura baiana, apresentava, sem sucesso aliás, ao parlamento, um projeto de lei proibindo o tráfico interprovincial.

Os interesses das lavouras do Sul eram tão fortes que o projeto não chegou a converter-se em lei.[8] Em 1862, na Bahia, elevava-se a taxa sobre a saída de cativos para duzentos mil-réis. A província despovoava-se de escravos. Em 1815 seriam quinhentos mil; em 1874, não chegavam a 180 mil.

Em 1870, dizia-se na Assembleia Legislativa de São Paulo que esta era a província que menos deveria recear a diminuição de braços, pois aí estavam se concentrando todos os escravos do Norte do Império. Nessa ocasião, Paulo Egídio defendia a legitimidade do comércio de escravos, considerando-o "uma indústria muito

---

8 Prado Jr., 1949, p.184.

DA SENZALA À COLÔNIA

legítima e consagrada entre nós". Manifestava-se contra a restrição dessa liberdade pela sobrecarga de impostos: meia sisa, impostos imperiais e municipais, gravando as vendas.[9]

É impossível calcular o número de escravos que vieram de outras províncias para as regiões cafeeiras, durante esse período. Os jornais da época registram, frequentemente, na lista dos passageiros dos navios recém-chegados, alarmante número de negros. Só no mês de março de 1879, desembarcavam no Rio, procedentes das províncias do Norte: 1.008 cativos, o que fez supor um número muito mais alto do que registrava Ferreira Soares, em 1860. Calculava ele que entravam anualmente na cidade do Rio de Janeiro, no período de 1850-1858, entre 1.900 a 4.400 escravos, o que correspondia a uma média de 3.450 escravos, quantidade que deveria ser acrescida em 50%, correspondente àqueles casos em que não houvesse confissão expressa. Isso dava uma média de 5.195 escravos exportados anualmente do Nordeste para o Rio.

Na década de 1860, começavam a vir homens livres que fugiam às secas que assolavam o sertão nordestino, inaugurando um *rush* para o sul, que continuará até nossos dias. Só no ano de 1878, entre 1º de janeiro e 30 de setembro, entraram no Rio de Janeiro 4.293 retirantes do Norte e Nordeste.[10]

Em 1873, a Assembleia Provincial de São Paulo suprimiu o imposto de duzentos mil-réis que, até então, recaíra sobre cada escravo que entrasse na província. De Minas, da Bahia, do Nordeste e até do Rio Grande do Sul vinham levas de homens para as fazendas de café. Essa migração interna irá suprir momentaneamente a necessidade de braços.

Carestia dos gêneros

A alta que atingiu o café, a partir de 50, e a consequente expansão das áreas de cultura, bem como a transformação de fazendas dedicadas tradicionalmente ao cultivo da cana, em fazendas de café, provocaram a concentração da mão de obra escrava dispo-

---

9 *Anais da Assembleia Legislativa da Província de São Paulo*, 1870, p.674-5.
10 *Mss. Arq. Nac.* Códice 544. Relat. Inspet. Geral Terras e Colonização.

nível na lavoura cafeeira com abandono do plantio de gêneros de primeira necessidade.

O preço dos gêneros aumentou progressivamente entre 1855 e 1875. Um alqueire de arroz passou de 5$100, em 1855, para 11$000 em 1875 (aumento de 137%); o feijão passou de 4$200 para 9$000, tendo aumentado de 123% o alqueire. O açúcar e a farinha de mandioca foram os menos atingidos pela alta. O açúcar, provavelmente, por ser cultivado em muitas fazendas da zona cafeeira, e a farinha de mandioca pelo caráter amplo da sua produção, à qual podia se dedicar qualquer pequeno lavrador. A arroba de açúcar, entre 1855 e 1875, passou de 3$300 para 5$200 (cerca de 57%), enquanto a farinha de mandioca, no mesmo período, aumentou de 64%, passando de 2$500 para 4$000 o alqueire. Também o toucinho foi atingido pela alta de preços, passando no curso de vinte anos de 7$500 para 11$000 (aumento de 46%). A alta de preços dos gêneros era acompanhada pela alta do café que, no mesmo período, subiu de 4$200 para 10$200 (aumento de 142%).[11]

Preocupado com essa alta, Ferreira Soares, em obra publicada em 1860, com o título de *Notas estatísticas sobre a produção agrícola e carestia dos gêneros alimentícios no Império do Brasil*, tentou explicá-la pela prática que se generalizava entre 1850 e 1860 de se estocarem carregamentos de gêneros alimentícios para vendê-los posteriormente com subidos lucros. O aumento dos preços, nessa década, tinha sido, na sua opinião, uma alta artificial, fomentada pelos monopólios, pois, como procurava provar, a produção continuava e medidas haviam sido tomadas pelo governo para favorecer a entrada de gado em pé e derivados provenientes do Uruguai, assim como reduzira tarifas sobre certos produtos como o bacalhau e a farinha de trigo. Repelia as explicações que muitos davam para a alta atribuindo a falta de braços à cessação do tráfico e à epidemia de cólera, que, em 1855, dizimara parte da população escrava. Atribuía a carestia dos víveres ao deslocamento da mão de obra para as lavouras de café ou outras atividades remuneradoras, como o aluguel de escravos para construção de vias férreas e outras estradas, em virtude dos altos jornais pagos pelas empresas. Com isso, ficava abandonado o cultivo de víveres.

---

11 Dados extraídos dos jornais: *A Província de São Paulo, Correio Paulistano, Diário de São Paulo* e *Jornal do Comércio*.

DEMONSTRAÇÃO DOS PREÇOS MÉDIOS OFICIAIS DOS GÊNEROS COMESTÍVEIS DE 1850-1859.

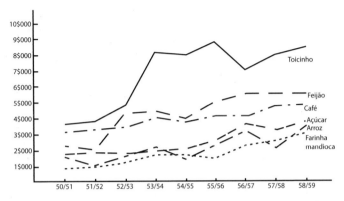

Fonte: Ferreira Soares, Notas estatísticas sobre a produção agrícola e carestia de gêneros alimentícios no Império do Brasil.

CURVA DE PREÇOS DE GÊNEROS COMESTÍVEIS ENTRE 1860-1870

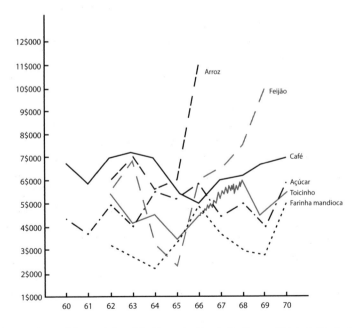

Fonte: Correio Mercantil, Jornal do Comércio, Correio Paulistano, Diário de São Paulo, A Província de São Paulo.

176 EMÍLIA VIOTTI DA COSTA

A carestia dos gêneros alimentícios não era registrada apenas em São Paulo, Minas e Rio. Era uma queixa geral atingindo o país de norte a sul e dando origem a estudos e pesquisas, preocupando os políticos e as autoridades administrativas. Os relatórios dos presidentes de província eram unânimes em referir a alta que atingira a todos os setores da produção agrícola nacional. O fato era focalizado nas câmaras, onde se discutiam suas prováveis soluções. Também não escapou ao estrangeiro que percorria as regiões cafeeiras naquela época. Tschudi assinalava que os altos preços atingidos pelo café haviam seduzido os fazendeiros, que aumentavam seus cafezais em detrimento de outras lavouras. Com isso, muitos escravos eram retirados de outros afazeres e concentrados na cultura desse produto. Os fazendeiros preferiam comprar ou importar os víveres necessários. O resultado era que o Brasil se via obrigado a importar milho, arroz e feijão dos Estados Unidos e da Europa.

Essa opinião, muitas vezes repetida pelos observadores do tempo, é apenas em parte verdadeira. Para explicar a carestia, é necessário lembrar a ação de outros fatores ligados à conjuntura internacional, entre os quais a alta geral de preços que atingiu não só o Brasil como a Europa ocidental e os Estados Unidos nesse período. Isso, aliás, já era reconhecido na época por alguns indivíduos mais avisados. Em 1858, Nicolau Tolentino, presidente da Província do Rio de Janeiro, apoiando-se em trabalho de Caetano Furquim de Almeida, observava que a carestia dos gêneros tinha, entre outras razões, o rápido crescimento do produto das minas de ouro e que era um fenômeno geral e não apenas brasileiro, embora houvesse causas especificamente locais que agravavam esse processo geral, tais como a cessação do tráfico e o desvio de braços das culturas de gêneros para as plantações de café.

As emissões de papel tinham feito aumentar a circulação monetária de 46.684:317$000, em 1853, para 91.216:425$000, em 1856. A reação anti-inflacionária, encabeçada por Salles Torres Homem, em 1858, acabara por determinar uma redução do meio circulante que, em 1862, atingirá 79.063:744$000.[12]

As oscilações do meio circulante, as emissões desenfreadas, bem como os problemas correlatos à conjuntura internacional contribuíram para a alta dos preços dos gêneros de primeira ne-

---

12 Ortigão, A circulação, evolução das leis monetárias, apud Taunay, 1939, v.IV, t.II, p.71.

DA SENZALA À COLÔNIA   177

cessidade e do preço de escravos. Essas conexões escapavam em geral à opinião pública do tempo, que enxergava apenas um lado do problema: o mais facilmente perceptível, isto é, que o abandono da cultura de gêneros de primeira necessidade preteridos pela cultura do café provocava alta de preços. Da mesma forma, imputava-se exclusivamente a cessação do tráfico à alta que atingira o preço dos negros.

Por toda parte, observava-se o mesmo: os escravos eram desviados da agricultura de subsistência para a de exportação. Os colonos, por sua vez, não se dedicavam à produção de víveres, porque os senhores exigiam dedicação plena aos cafezais.

Em 1858, o deputado Jordão denunciava à assembleia legislativa provincial que não havia uma só colônia em São Paulo que plantasse os gêneros suficientes para seu próprio consumo. Por isso, mesmo depois que o sistema de parceria revelou-se pouco eficiente nas fazendas de café, continuava-se a preconizar a imigração, com a intenção de formar centros produtores de gêneros de primeira necessidade. Os projetos apresentados à assembleia legislativa provincial, a partir de 1858, até a década de 1870, visavam, sobretudo, estimular a formação de núcleos coloniais. Com esse objetivo, foi apresentado projeto visando à fundação de uma colônia próximo a Jundiaí, dedicada a colonos nacionais e estrangeiros e destinada à plantação de milho, feijão, arroz, mandioca, batata e à criação de porcos, gado vacum e ovelhas.

A política de núcleos coloniais não vingou também nesse período, não tendo passado de medíocres tentativas feitas, algumas vezes, pelo governo provincial, outras por instâncias do governo imperial. Os fazendeiros de café continuavam a manifestar pouco entusiasmo por tais empreendimentos que tinham origem em pensamentos teóricos e idealistas, visando estimular a pequena propriedade. A maior parte dos projetos feitos permaneceu no papel. A lei de 25 de abril de 1880, autorizando o governo a comprar lotes de terra para o estabelecimento de núcleos agrícolas compostos de elementos nacionais e estrangeiros, bem como a lei de 16 de julho de 1881, autorizando o presidente da província a estabelecer núcleos coloniais e escolas técnico-práticas de agricultura, não chegaram a ter execução.[13] Os núcleos de Cascalho

---

13 Luz, 1948.

e Canoas, criados pela administração do barão do Parnaíba, o primeiro entre Lorena e Cachoeira e, o outro, no município de Rio Claro, vegetaram até as vésperas da Abolição.

Em 1886, a Comissão de Colonização, ao apresentar seu relatório, comentava o mau estado em que se encontravam: as casas abandonadas, os colonos sem recursos nem trabalho, sem conselhos práticos nem direção, ocupando lotes isolados, entregues a indescritível desânimo. Não estavam nem sequer na posse de títulos de propriedade provisórios e nem haviam recebido o auxílio prometido pelo governo da província com o qual contavam para vencer suas primeiras necessidades.[14]

A criação desses núcleos visava, segundo declarações do próprio barão do Parnaíba, "fazer uma experiência e dar uma satisfação àqueles que pensavam que, na pequena propriedade, estava a salvação do país". Em seu relatório feito em 1887, manifestava, entretanto, a opinião de que a política dos núcleos coloniais deveria ser deixada ao governo geral que estava capacitado a fazer os adiantamentos necessários aos colonos durante os primeiros tempos, a promover a feitura de estradas e outros melhoramentos, facilitando, assim, o trabalho aos imigrantes recém-chegados.

Assim, nos anos que se seguiram ao fracasso das parcerias, embora arrefecesse o primeiro entusiasmo pela imigração, a colonização apareceu como a solução para o problema da carestia dos gêneros de primeira necessidade, ou foi recomendada em nome de argumentos "progressistas", já muitas vezes invocados: favorecer o desenvolvimento da pequena propriedade, melhorar as artes, civilizar o país através de uma população laboriosa etc. "Artes, indústrias, ciências, todas as formas de progresso social, em suma, carecem de fomento da emigração para atingir mais depressa o grau de prosperidade que devem aspirar", dizia o Relatório da Agricultura de 1877.

Outras vezes, via-se no colono estrangeiro o elemento de resistência num sistema de vigilância contra possíveis insurreições de escravos. Em Vassouras, a Comissão Permanente, nomeada pelos fazendeiros, sugeria que fosse introduzido com esse objetivo, em cada fazenda, um colono para cada doze escravos e, assim, progres-

---

14 *Mss. Arq. Est. São Paulo*, T. I, Imigração, cx.1, 1856-1886.

DA SENZALA À COLÔNIA   179

sivamente, até atingir dez colonos para duzentos escravos, acima dos quais mais dois para cada cem![15] Para a lavoura cafeeira, o escravo continuava a aparecer como a única solução possível, a despeito das dificuldades cada vez maiores para sua obtenção. Calculava Tschudi, em 1863, que para substituir o braço escravo, em caso de emancipação, seriam necessários cerca de 160 mil colonos, para manter uma safra de dois milhões de sacos. Depois de mostrar que, além de braços para o café, seriam necessários trabalhadores para outras culturas, concluía que tais motivos induziriam o Brasil a manter a escravidão a todo o custo, "cedendo o mais tarde possível à pressão da opinião pública e às leis naturais do direito das gentes". Vinte anos mais tarde, Couty avaliava em quinhentos mil o número de colonos necessários para substituir a mão de obra escrava dedicada à lavoura. Van Delden Laerne, talvez interpretando a opinião ainda corrente, dizia que a substituição do negro pelo imigrante, nas lavouras de café, era uma solução impraticável. O governo despendera, entre 1847 e 1878, trinta mil contos com a imigração, e o resultado fora de tal forma decepcionante que, no seu entender, poucas eram as esperanças de promover uma imigração em larga escala que viesse a satisfazer os interesses dos fazendeiros, isto é, fornecer-lhes os instrumentos de trabalho para as plantações de café. Verificara em suas viagens que o colono não era plantador de café. Apenas mantinha o cafezal já formado e procedia à colheita – o que equivalia, segundo seus cálculos, a um terço do trabalho normalmente realizado pelo escravo. À vista disso, não acreditava possível a substituição deste pelo imigrante. Além do que, sem imigração em larga escala (falava em oitocentos mil colonos), a agricultura retrogradaria, pois a população negra, depois de emancipada, iria provavelmente dedicar-se apenas à lavoura necessária à própria subsistência.

Foi, sobretudo, junto aos fazendeiros do Vale do Paraíba que ele colheu essa impressão. Ouvira provavelmente, muitas vezes, considerações pessimistas a respeito do futuro da lavoura cafeeira, ameaçada, segundo se dizia, pela ação abolicionista. O visconde de Nova Friburgo, um dos mais poderosos cafeicultores, chegou mesmo a afirmar-lhe que, fracassado o plano de substituir o escravo

---

15 Stein, op. cit., p.60.

EMÍLIA VIOTTI DA COSTA

pelos *coolies*, nada poderia deter a ruína da grande lavoura. Nada esperava da imigração europeia. Esse também era o ponto de vista de Moreira de Barros, representante da lavoura paulista do Vale do Paraíba, que enxergava em 1878 a imigração chinesa como única solução para a questão da mão de obra, opinando ainda, em 1879, na câmara, que a imigração europeia no Brasil era de vantagem problemática para a grande lavoura.

Enquanto a descrença em relação à solução imigratória era geral nos meios rurais do Vale do Paraíba e mesmo na zona mineira, onde os proprietários, quando muito, inclinavam-se a favor da ideia da imigração chinesa, alguns fazendeiros do oeste paulista insistiam em continuar com os colonos europeus, a despeito de todas as dificuldades existentes. Eram poucos os que pensavam como Joaquim Bonifácio do Amaral, fazendeiro em Campinas, que insistia em fazer vir, em 1871, para sua Fazenda Sete Quedas, numerosos colonos.

Ainda em 1878, Jaguaribe Filho, de Rio Claro, presente ao Congresso Agrícola, dizia que o barão de Porto Feliz, Souza Queiroz, Silvério Jordão e o barão de Indaiatuba haviam despendido grandes quantias com a experiência colonizadora, sem com isso obterem, na sua opinião, resultado nenhum.

Tentativa de imigração chinesa

A tentativa de introdução de *coolies* não chegou a concretizar-se. Em 1855-1856, houve uma tentativa frustrada.[16] Nos anos seguintes, a ideia voltou a aparecer várias vezes. Panfletos foram escritos pró e contra a imigração chinesa. Para uns, era uma perspectiva abominável. O chinês, "pior que o negro", caracterizava-se pelo seu atraso intelectual e pouco amor ao trabalho, povo estacionário, avaro, preferindo voltar à sua terra vivo ou morto a permanecer nos países para onde imigrava; era ainda viciado, dado a "aberrações espantosas", "infanticida por convicção", "ladrão por instinto".[17] Para outros, era a salvação da lavoura cafeeira.

---

16 *Relatório apresentado pelo ministro Diogo Velho Cavalcanti de Albuquerque.* Ministério dos Negócios da Agricultura, Comércio e Obras Públicas, 1870.

17 *Mss. Arq. Nac.* Memórias, v.16: "Breves considerações sobre colonização por A. du Calpe", Rio de Janeiro, 1855.

DA SENZALA À COLÔNIA   181

Em 1868, Quintino Bocaiúva afirmava que, onerada de de compromissos, ameaçada de insolvibilidade, necessitava a lavoura de crédito agrícola e de braços. O lavrador brasileiro deveria reconhecer que chegara "por imposição do destino" ao regime do trabalho assalariado. A substituição do escravo não viria pela imigração europeia. Superior a esta, parecia-lhe a imigração chinesa. O sistema de engajamento de chins constituíra, a seu ver, a base do trabalho e da riqueza em certas colônias da Inglaterra e da França, e mesmo em certas regiões do Peru, Nova Granada e União Americana. A questão da necessidade, dizia ele, matou o preconceito. Recomendando a imigração chinesa, referindo-se às suas boas qualidades, não deixava de mencionar o que considerava seus defeitos: os chineses eram exigentes quanto a seus salários, não assimiláveis, amantes do jogo, resistentes à disciplina que os impedisse jogar, e de natureza moral pervertida. Sugeria as maneiras de levar a efeito a colonização chinesa, ou por conta do governo, ou pela iniciativa particular. Recomendava a fundação de uma companhia comercial sobre a base de uma coadjuvação oficial: um prêmio por colono efetivamente contratado. Concluía seu opúsculo dizendo: "Em minha opinião, só por tal meio se poderá promover o desenvolvimento da propriedade rural entre nós, sem alterar-lhe a forma e a essência. A subdivisão das grandes propriedades é, sem dúvida, salutar e há de chegar a sua época, mais cedo ou mais tarde. Porém, é convicção minha que, por muito tempo, ainda será impossível modificar o regime de trabalho agrícola no Brasil, fazendo desaparecer as grandes lavouras. O café, principal produto da cultura nacional, é talvez de todos os produtos do solo o que menos se presta à subdivisão absoluta. Além disso, aqui como em Cuba, sobretudo a princípio, será difícil aos fazendeiros suprimir de chofre todo o trabalho escravo. E em tal caso que gênero de colonização, a não ser o que indico, se prestará ao trabalho promíscuo em que as duas forças se equilibram?".[18]

Em 1869 e 1870, os relatórios do Ministério da Agricultura apresentavam a imigração chinesa como solução ideal. Durante o Congresso Agrícola, realizado no Rio de Janeiro em 1878, por convocação de Sinimbu, com o objetivo de atender às dificuldades

18 Bocaiuva, 1869, p.23 e 30.

e revindicações da lavoura e ao qual compareceram representantes das principais localidades cafeeiras de São Paulo, Minas e Rio de Janeiro, ouviram-se manifestações favoráveis e desfavoráveis à imigração chinesa. A comissão nomeada pelos lavradores de São Paulo, composta de Albino José Barbosa de Oliveira, Antônio Moreira de Barros e Campos Salles, depois de afirmar que "o braço escravo tem sido e é ainda a fonte principal da qual os lavradores tiram recursos para o custeio de seus estabelecimentos rurais", solicitava leis que propiciassem a imigração: liberdade de culto, igualdade política, casamento civil, registro civil, secularização dos cemitérios, naturalização fácil. Mencionava a ineficiência dos núcleos coloniais oficiais e concluía que o Estado deveria limitar-se a subsidiar a iniciativa particular. Finalmente, manifestava-se favorável ao emprego de *coolies* como elemento de transição do trabalho escravo para o livre. A estes deveriam ser entregues certos serviços necessários à vida da fazenda, aos quais não se adaptavam os colonos e que, dificilmente, poderiam ser contratados por empreitadas: limpar pastos, aviventar valos, fazer derrubadas, construir açudes, matar formigas, secar café, beneficiá-lo, salvá-lo das intempéries.

Muito semelhante era a conclusão da Comissão nomeada pelos lavradores do Rio de Janeiro, Minas Gerais e Espírito Santo, que depois de afirmar: "A sociedade não comporta transformações senão sucessivas e parciais", considerava que o "chim" era conveniente para resolver parcialmente os problemas que a lavoura cafeeira enfrentava, recomendando ainda projetos que favorecessem ao crédito, vias férreas, instrução agrícola elementar. Falava-se também na necessidade de se reformar a lei de locação de serviços que parecia obsoleta.

Não faltaram aqueles que denunciaram as desvantagens da imigração chinesa. Eduardo Pereira de Abreu, representando a lavoura de Silveira, considerava uma calamidade a introdução dos *coolies*: homens eivados de maus costumes e "corruptos por natureza", sem princípios de educação, elementos perigosos, fracos e indolentes, "narcotizados física e moralmente pelo ópio" não suportariam, na sua opinião, o trabalho braçal – "Não pretendo abastardar mais do que esta a nossa população jornaleira e laboriosa", concluía incisivamente. Também contra a imigração chinesa manifestou-se o conselheiro Otôni.

DA SENZALA À COLÔNIA 183

Entretanto, a maioria dos cafeicultores, convencida de que os milhares de contos despendidos com a imigração europeia não haviam trazido benefício algum à grande lavoura e desejosa de braços "baratos, sóbrios e dóceis", era partidária da imigração chinesa[19] e esse ponto de vista acabou por prevalecer no ministério Sinimbu.

Em 1879, manifestava-se este favorável à imigração dos chins, considerando o *coolie* o único elemento capaz de se sujeitar aos baixos salários que convinham à lavoura, bem como às condições de vida que esta podia oferecer aos trabalhadores rurais – em tudo semelhante à dos escravos. Nessa ocasião, Moreira Barros, alegando as vantagens problemáticas da imigração europeia, sugeria à câmara que se promovesse a imigração chinesa.[20]

Em São Paulo, no ano seguinte, digladiaram-se na assembleia legislativa provincial os dois grupos: os favoráveis à introdução dos chins e os que a repeliam. Tinha sido apresentado, no ano anterior, um projeto autorizando o governo a despender até 250 contos de réis, com a introdução de mil asiáticos. Alegava-se em favor dessa medida que ela viria salvar o país das consequências da lei de 28 de setembro de 1871. Apontavam-se a seu favor as experiências feitas na Guiana Inglesa, na Califórnia e em Cuba, alegando-se que os chins eram bons trabalhadores. Argumentava-se ainda que as condições oferecidas no Brasil não atraíam o imigrante europeu e que os chineses, menos exigentes e mais dóceis, constituíam mão de obra mais barata que viria substituir com vantagens o europeu, até que houvesse a libertação dos escravos. Houve mesmo quem afirmasse que os países que estavam contratando chineses, como o Peru, punham em risco a supremacia do Brasil no mercado mundial.

Contra essa argumentação, lembravam os seus opositores a má qualidade dos *coolies* anteriormente introduzidos e que, segundo se dizia, se haviam tornado ladrões e mercadores de peixes.[21]

Não faltaram os protestos e as insinuações contra os perigos da "mongolização". As tentativas de levar avante aquele projeto despertaram fortes resistências e assim como tinham ardentes

---

19 *Congresso Agrícola, Coleção de Documentos.* Rio de Janeiro, 1878.
20 *Anais do Senado do Império,* 1879, sessão de 1º de outubro. *Anais da Câmara dos Deputados do Império,* 3 de setembro de 1879.
21 *Anais da Assembleia Legislativa da Província de São Paulo,* 1880.

defensores, encontravam não menos violentos opositores, principalmente os que – como a Sociedade Brasileira de Imigração e a Sociedade Central de Imigração – se empenhavam em promover e estimular a imigração europeia. Porta-voz dessa opinião, junto à câmara, foi Martinho Prado, que, em 1882, atacava severamente os adeptos dos *coolies*.

Um decreto de 9 de julho de 1870 concedia a Manoel José da Costa Lima Viana e João Antônio de Miranda e Silva, ou à companhia que organizassem, autorização para importarem trabalhadores asiáticos. Fundou-se a companhia, que encontrou sérias dificuldades no setor internacional para levar avante seus projetos, tendo os governos inglês e português proibido o engajamento e embarque de trabalhadores chineses no porto de Hong-Kong e Macau.[22] A companhia Comércio e Imigração Chinesa foi dissolvida em 14 de novembro de 1883, dias após a partida precipitada do enviado chinês T. Kung Sing, mediador das negociações processadas.[23] As possibilidades de substituir o escravo pelos *coolies* ou pelos colonos europeus desvaneceram-se.

Progressos do trabalho livre

O trabalho livre esteve, desde o início, já nas primeiras plantações, associado ao escravo nas fazendas de café. Ao caboclo eram atribuídas certas tarefas mais perigosas e árduas, como as derrubadas, por exemplo, ou algumas para as quais o escravo não merecia confiança: carreiro, feitor etc. ... Alguns agregados, remanescentes dos antigos posseiros, permaneceram nas fazendas, dedicando-se ao cultivo de gêneros, prestando serviços extras quando isso se fazia necessário, percebendo jornal ou trabalhando por empreitada. Muitos viviam dedicando-se apenas à cultura de subsistência, sob o patronato dos fazendeiros formando a sua clientela para fins eleitorais.[24] Com o passar do tempo, sua participação se tornara cada vez mais ampla.

---

22 *Demonstração das Conveniências e Vantagens à lavoura no Brasil pela introdução dos trabalhadores asiáticos (da China)*, Rio de Janeiro, 1877.

23 Van Delden Laerne, op. cit., p.126.

24 *Congresso Agrícola*, p.32.

DA SENZALA À COLÔNIA 185

Já em 1866, o Relatório dos Ministros dos Negócios da Agricultura apontava a transformação que se operava no meio rural, quanto à transição do trabalho servil para o livre. Em São Paulo, ensaiava-se a cultura do café dentro do princípio econômico da divisão do trabalho, sendo incumbidos do preparo e amanho da terra, plantação do cafezal e seu tratamento até quatro e seis anos de idade, pessoas alheias à fazenda, especialmente contratadas para essa tarefa. Ao dono das terras reservava-se apenas a incumbência de colher e beneficiar mais tarde o fruto.

Em 1871, o Relatório do presidente da Província de São Paulo confirmava essa informação, dizendo que aí, à semelhança do que se observava em outros países, o cafeicultor começava a aplicar esse sistema de divisão do trabalho, pelo qual o indivíduo plantador não era o mesmo que beneficiava o produto para exportação e consumo, processo esse que lhe parecia muito vantajoso. Na década de 1880, tornara-se usual entregar a alguns trabalhadores livres, que se estabeleciam temporariamente na fazenda, um cafezal plantado por escravos, com a condição de manterem a plantação durante quatro anos consecutivos. Pagava-se nesse caso 340 réis por pé. Os trabalhadores ficavam obrigados a plantar as falhas e tinham permissão de cultivar, entre os pés de café, o necessário para seu consumo durante quatro anos.[25]

Nada indica que essas fórmulas de aproveitamento do braço livre fossem frequentes até os anos 70. Na grande maioria das fazendas, o pessoal empregado na lavoura do café consistia em escravos.

Enquanto a lavoura cafeeira apresentava-se mais ou menos suprida de braços, a dificuldade para obtenção de trabalhadores era geral em outros setores. As comunicações dirigidas aos presidentes de província, pelas autoridades administrativas municipais, sobre a dificuldade de obter trabalhadores livres para a conservação de estradas e abertura de outras, manutenção ou construção de pontes e serviços públicos em geral são numerosas durante esse período, particularmente na Província de São Paulo. Por isso, nas obras públicas, associava-se o trabalho livre ao escravo.

A transição para o trabalho livre far-se-á mais rapidamente nos núcleos urbanos do que nas zonas rurais. Nas cidades, esse

---

25 Van Delden Laerne, op. cit.

processo era visível já na década de 1860, mostram-nos, por exemplo, as estatísticas de Burmeister, referentes à população do Rio de Janeiro e zonas rurais.

Nos ramos artesanais, contavam-se ainda muitos cativos, mas o número de trabalhadores livres superava o de escravos. O processo tende a acentuar-se a partir de então.[26]

Em São Paulo, o decréscimo da população escrava no município da capital é muito significativo. Em 1872, havia ainda quase quatro mil escravos, enquanto, em 1886, existiam apenas 593. Reunindo a população referente a algumas freguesias de São Paulo, no ano de 1872, Roger Bastide e Florestan Fernandes dão-nos os seguintes dados, que revelam a importância do trabalho livre nos ofícios urbanos em 1872.[27]

ATIVIDADES ECONÔMICAS EXERCIDAS POR LIVRES E ESCRAVOS NA COMARCA DE SÃO PAULO, EM 1872

1872 – Recenseamento

Condição social	Escravo	Trabalhador livre	Total
Costureiras	67	583	650
Mineiros e cant.	1	41	42
Trabalhador em metais	19	218	237
" madeiras	33	260	293
" edificações	25	130	155
" tecidos	124	856	990
" vestuário	2	102	104
" couro e papel	30	189	219
" calçado	5	58	63
" agricultura	826	3.747	4.563
Criados e jornais	507	2.535	3.042
Serviços domésticos	1.304	3.506	4.810
Sem profissão. .	677	8.244	8.921

É também nas cidades que se observa uma grande diversificação profissional entre os escravos. Principalmente à medida que a vida

---

26 *Mss. Arq. Públ. Min.* Livro 956, numerosos documentos fornecendo dados profissionais.
27 Bastide & Fernandes, op. cit., p.45.

DA SENZALA À COLÔNIA 187

urbana se intensifica no decorrer da segunda metade do século passado. Já Rybeirolles notara isso e os anúncios da época o confirmam. Um ou outro escravo sabia ler. Quando isso acontecia, era motivo de referência especial. "Fugiu ontem da casa do Sr. Savério Rodrigues Jordão, um escravo de nação de nome Augusto, cinquenta anos de idade, alto, testa larga e bem barbeado. *Sabe ler e escrever e é bem falante.* É ótimo cozinheiro de forno e fogão. Quem o apreender e o levar a seu senhor será gratificado" (*Diário de São Paulo* de 12 de agosto de 1870). "Gratifica-se com 100$000 a quem entregar a Estanislau de C. P. o escravo Inácio de 30 anos de idade, mais ou menos, bem preto, barbado, boa dentadura, rosto comprido, nariz afilado, altura regular, ladino, olhos avermelhados, gosta de tocar viola, *sabe ler*, é natural da Província da Bahia..." (*A Província de São Paulo* de 15 de julho de 1879). Havia até alguns casos excepcionais de escravos que falavam francês. O *Diário de São Paulo* de 27 de julho de 1870 noticiava: "A Antônio Alves Galvão, de seu sítio em Limeira, fugiu o escravo Eduardo, mulato, meio vermelho, bonito de cara, sem barba, nariz afilado, boca pequena, boa dentadura, dezoito a vinte anos, altura regular, cabelos crespos, diz que é filho de francês, *entende francês*". "Fugiu da Fazenda Santa Maria, município de Campinas, no dia 13 de novembro do ano próximo passado, o escravo de nome Antônio, cor fula, altura regular, pés finos, boa dentadura na frente, tem sinais de bexiga na cara, quase invisíveis, sendo preciso esperar bem para se perceber, os dedos dos pés são muito unidos, fala bem, *fala também francês um pouco*, é oficial de pintor, cujo escravo é pertencente à herança do finado comendador, Dr. Teixeira Vilela. Quem o encontrar e prender e entregar em Campinas a João Fortunato Ramos dos Santos será bem gratificado", anunciava o *Diário de São Paulo* de 4 de abril de 1874.

Nas fazendas, as possibilidades de aprendizado eram mais reduzidas do que nas cidades. A maior parte dos braços aplicava-se à lavoura do café. Calculava-se que apenas 25% dos escravos eram deslocados para outras atividades, exercendo ofícios de carpinteiro, tropeiros, ferreiros, marceneiros, domésticos, tanoeiros etc.[28] Na

---

28 Nos livros de Matrícula de Escravos que se encontram às vezes nos arquivos locais, pode-se verificar o índice de diversificação profissional dos escravos. No município de Ponte Nova, em 1874-1875, a grande maioria dos escravos era de lavradores, além destes havia costureiras, cozinheiras, fiandeiras, tecedeiras, hortaleiras (profissões femininas) e carpinteiros, sapateiros, car-

zona rural, as oportunidades de iniciação, em setores profissionais não relacionados com as atividades agrárias, eram reduzidas, assim como de adaptação a uma eventual condição de liberdade. Por ocasião da emancipação, esses escravos, habituados à lavoura, não encontrarão outras possibilidades senão aquelas mesmas a que sempre haviam estado habituados. Nas cidades, serão durante muito tempo marginais.

Persistência do sistema escravista nas zonas cafeeiras

Enquanto a população escrava decrescia nas cidades, aumentava nas zonas rurais. Nos meados do século, ela representava, quase exclusivamente, a força de trabalho utilizado nas fazendas. Vinte anos depois, embora o escravo continue ainda a representar a mão de obra predominante na lavoura, tendo mesmo crescido o seu número em relação às épocas anteriores, já se observava que a sua proporção em relação ao total da população começava a diminuir. Assim é que na zona de Areias, Bananal, Guaratinguetá, Jacareí, Lorena, Moji das Cruzes e outras cidades do Vale do Paraíba concentravam-se, em 1836, 28.862 escravos. Em 1854, esse número subiu a 39.680 e, em 1874, a 48.702. A despeito desse aumento progressivo da população servil nesse período, ela representava 32% da população total, em 1854, e apenas 19,1%, em 1874. Na terceira zona, a população escrava era de cerca de 31.838 habitantes, em 1836, para 38.038, em 1854, e 52.138 em 1874. Em relação à população total, entretanto, o índice caíra de 31% para 22,8%, nesse mesmo período. Na quarta zona, observa-se fenômeno semelhante. Em 1836, registravam-se 2.737 escravos que correspondiam a 13,5% da população. Em 1854, os 15.551 cativos correspondiam a 27,2% do total. Em 1874, mais aumentada ainda aparecia a população escrava avaliada em 23.290 pessoas, correspondendo, entretanto, a apenas 10,1% do total da população. Na quinta zona, de povoamento mais tardio, a população escrava que, em 1836, se resumia a 937 indivíduos, sobe a 5.535 (25,3%) em

---

reiros, candeeiros, pajens, tropeiros, alfaiates, ferreiros, talheiros (profissões masculinas). (*Mss. Arq. Públ. Min. Códice 1390. Matrícula.*)

1854, atingindo 15.478 habitantes em 1874 (22%). Esses dados permitem-nos observar que até os anos 70 o número de escravos não deixou de aumentar de maneira geral em todos os distritos cafeeiros paulistas. Em relação à população total, entretanto, seu índice começava a diminuir, o que sugere uma participação progressiva do trabalho livre, uma vez que essas regiões atravessam uma época de notável desenvolvimento econômico.

GRÁFICO DA POPULAÇÃO ESCRAVA EM
ALGUNS MUNICÍPIOS DO RIO DE JANEIRO

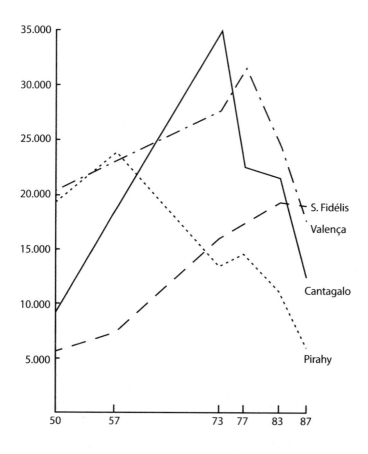

Fontes: Relatórios presidenciais.

Durante esse período, entraram em São Paulo cerca de doze mil imigrantes. Num cálculo grosseiro e aproximativo, podemos avaliar que, na década de 1870, havia nas zonas cafeeiras paulistas cerca de 170 mil escravos, e aproximadamente onze mil imigrantes. Enquanto os escravos concentravam-se nas zonas rurais, o contrário parecia suceder com os imigrantes. Estes, logo que podiam, abandonavam o campo pela cidade, onde se fixavam. Até essa época, o trabalho livre estrangeiro pouco representava na economia cafeeira. O verdadeiro aumento da imigração é posterior a essa data. Em onze anos, entre 1875 e 1886, entrarão na Província de São Paulo quatro vezes mais imigrantes que nos quarenta anos anteriores. Em 1886, havia 53.517 imigrantes e eles afluíam em número cada vez maior. Esse fluxo acentuou-se depois da abolição, registrando-se até 1900 a entrada de 909.969 imigrantes em São Paulo.[29]

A Província do Rio de Janeiro, cujos cafezais tinham sido plantados anteriormente à cessação do tráfico e que, em 1850, era a maior produtora de café, detinha o maior número de escravos em termos absolutos e relativos. A transição do braço escravo para o livre será, aí, mais lenta e difícil, e ainda em 1882 havia distritos como Cantagalo, Valença, Vassouras, São Fidélis, onde a população escrava subia a dezoito, vinte e até 25 mil escravos. Números só excepcionalmente alcançados, nessa época, nos distritos paulistas, onde as duas maiores concentrações de escravos, Bananal e Campinas, tinham, respectivamente, 7.168 e 15.656 escravos.[30]

---

29 Camargo, op. cit., v. II, p.28. Para melhor facilidade de exposição, conservamos aqui a classificação em zonas adotada por Camargo em sua obra. A segunda zona corresponde ao Vale do Paraíba, abrangendo os municípios de Bananal, Cunha, Guará, Jacareí, Lorena, Moji, Santa Isabel, Pindamonhangaba, Paraibuna, São Luís do Paraitinga, São José, Taubaté etc. A terceira zona corresponde ao oeste mais antigo: Itapetininga, Tatuí, Parnaíba, São Roque, Atibaia, Porto Feliz, Bragança, Campinas, Sorocaba, Capivari, Piracicaba etc. Quarta zona: Amparo, Sorocaba, Moji-Mirim, Itapira, Pinhal, São Simão, Ribeirão Preto, Cajuru, Batatais, Franca, Ituverava, Igarapava, São João da Boa Vista, Casa Branca, Mococa, São José do Rio Pardo. Quinta zona: Rio Claro, Araras, Araraquara, Jaboticabal, Descalvado, Limeira, São Carlos.

30 É de notar que esses só têm valor aproximativo, dada a precariedade dos dados estatísticos em geral, e, em particular, os referentes à população escrava. Utilizamo-nos de dados fornecidos pelos vários relatórios presidenciais e ainda alguns transcritos no *Diário de São Paulo* de 20 de março de 1874, idem de 5 de fevereiro de 1874, e de 7 de outubro de 1874, bem como em Van Delden Laerne, Stein e Camargo.

DA SENZALA À COLÔNIA   191

A população escrava do Rio de Janeiro passou de 119.141, em 1844, para, aproximadamente, 370 mil em 1877. Em 1857, a desproporção entre população livre e escrava era ainda grande em certos distritos. Cantagalo, que apresentava uma população livre de 13.250, tinha, na mesma época, 19.573 escravos. Entre 1850 e 1857, a população escrava desse município recebera grande aumento, passando de 9.850 a mais de dezenove mil, o que se explica pela expansão cafeeira nesse período. Também no município de Piraí, a desproporção entre população livre e escrava era grande em 1857; para 8.644 livres havia 23.862 escravos. Em Valença, registravam-se 12.426 livres e 23.468 escravos; e em São João Príncipe, 7.303 livres para 11.853 escravos. Na maioria dos municípios, a população escrava continuou crescendo de 1850 a 1880. A partir de então começara a diminuir. Valença, cuja população escrava atingira a mais de vinte mil em 1857 (23.468) e em 1877 chegava à casa dos trinta, tinha, em 1887, 17.607. O mesmo se verificava em Piraí, cuja população atingindo 23.862, em 1857, não ia muito além dos quatorze mil, vinte anos depois (1877 – 14.359), e, em 1887, descera a pouco mais de seis mil (6.038). Cantagalo, que, de 1850 a 1877, vira sua população escrava crescer de 9.850 para 22.485, contava, em 1887, com 12.232; e São Fidélis que, em 1850, registrava 5.781 escravos e, em 1877, 19.349, tinha, em 1887, aproximadamente, sete mil.[31]

O trabalho livre progredia por toda parte nos núcleos urbanos, enquanto o trabalho escravo se concentrava nas zonas rurais.

---

31 Dados extraídos dos seguintes relatórios: *Relatório do Presidente da Província do Rio de Janeiro na abertura da Assembleia Legislativa da Província. Relatório apresentado à Assembleia Legislativa Provincial do Rio de Janeiro no dia 8 de setembro de 1878. Relatório apresentado à Assembleia Legislativa da Província do Rio de Janeiro, pelo vice-presidente João Manuel Pereira da Silva, Rio de Janeiro, 1857. Relatório apresentado à Assembleia Legislativa da Província do Rio de Janeiro no dia 8 de setembro de 1879. Relatório de 1884, Rio de Janeiro. Relatório apresentado à Assembleia Legislativa da Província do Rio de Janeiro em 8 de agosto de 1886.*

GRÁFICO DA POPULAÇÃO ESCRAVA EM ALGUNS
MUNICÍPIOS MINEIROS (1877-1882-1887)

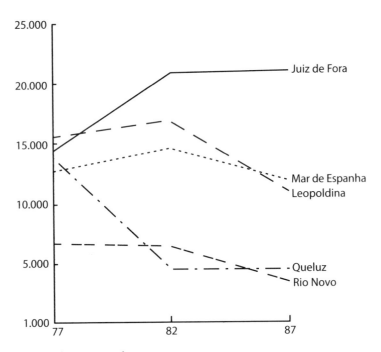

Fontes: Relatórios presidenciais.

Rio de Janeiro e Minas Gerais constituíam as duas províncias onde mais elevado número de escravos se concentrava. Em 1877, havia, nesta última, 365.851 escravos. Os municípios onde se verificam as maiores concentrações eram os de Leopoldina, com 15.253; Juiz de Fora, com 14.368; Mar de Espanha, com 12.658; e Queluz, com 13.993. A população escrava continuou a crescer nos anos seguintes, nesses três municípios: Juiz de Fora, em 1882, contava com mais de vinte mil escravos; Leopoldina, com 16.863; e Mar de Espanha, com 14.338. Já os municípios de Queluz, Ubá e Pomba apresentavam diminuição do número de escravos. Em Queluz, este baixara, em 1882, para 7.466. Daí por diante, a população escrava tenderá a diminuir em quase todos esses municípios. Em

DA SENZALA À COLÔNIA   193

1886, atingia em toda a província pouco mais de 230 mil. A nova matrícula, feita em 1887, relacionou apenas 180 mil escravos.[32] Rio e Minas Gerais concentravam população escrava em densidade muito superior à da Província de São Paulo. A transição para o braço livre irá fazer-se mais rapidamente nesta província do que nas outras abarrotadas de escravos. Esse processo não se circunscreve, aliás, à região paulista, é um fenômeno geral que atinge outras regiões do país. Já em 1866, o Relatório do ministro dos Negócios da Agricultura registrava que, no Ceará, a substituição do braço escravo pelo livre estava muito avançada e, em 1870, Diogo Velho Cavalcanti de Albuquerque assinalava que, em alguns distritos de Pernambuco, era maior o número de trabalhadores livres do que de escravos.

De fato, mais ou menos por essa época, a população escrava do Ceará representava uma pequena parcela em relação à população total: cerca de 4,6%. Igualmente baixa era a porcentagem de escravos no Rio Grande do Norte: 5,1%; Paraíba: 6,9%; Amazonas: 1,7% e Goiás: 5%. As províncias onde esses índices eram mais elevados eram as do Rio de Janeiro e Município Neutro: 34%; São Paulo: 20%; Rio Grande do Sul: 20%; Maranhão: 21%; Espírito Santo: 27%.

Até a década de 1870, entretanto, o escravo continua a ser a mão de obra fundamental para a lavoura cafeeira. O processo de desagregação do sistema escravista será acelerado pelas novas condições que dominam a conjuntura econômico-social do país, em particular, nas zonas em apreço, a partir de 1870.

---

32 Dados extraídos dos seguintes relatórios: *Relatório apresentado ao Exmo. Sr. Conselheiro João Capistrano Bandeira de Melo, por S. Exa. o Sr. Senador Barão de Camargo ao passar-lhe a administração da Província a 24 de janeiro de 1877*, Ouro Preto, 1887. *Relatório que o Exmo. Sr. Dr. Antônio Gonçalves Chaves dirigiu à Assembleia Legislativa da Província de Minas em 14 de agosto de 1884. – Relatório que ao Exmo. Sr. Dr. Antônio Teixeira de Sousa Magalhães, 1º Vice-presidente da Província de Minas Gerais, apresentou o Sr. Desembargador Francisco de Faria Lemos ao passar-lhes a administração da mesma Província em 1º de janeiro de 1887*.

CAPÍTULO 4

TRANSFORMAÇÕES NA ECONOMIA CAFEEIRA

A melhor conservação das estradas de rodagem e traçado de novos caminhos, a abertura de vias férreas, o progresso nos métodos de beneficiamento de café, com o emprego de máquinas cada vez mais aperfeiçoadas, contribuirão para modificar as relações de produção, favorecendo a passagem do trabalho servil para o trabalho livre, criando maiores possibilidades para a imigração. O crescimento demográfico e o incipiente processo de urbanização atuam no mesmo sentido.

Vias de comunicação e meios de transporte

Entre esses fatores, destaca-se o aperfeiçoamento dos meios de transporte e das vias de comunicação cuja deficiência, até a década de 1860-1870, foi atestada por toda a série de relatórios presidenciais.

Reclamava-se a construção de novas estradas e pontes, solicitava-se a conservação ou a melhoria das já existentes. As queixas a propósito da situação em que se encontravam os caminhos multiplicavam-se. "De todos os pontos da Província clama-se por feitura de pontes, por consertos de estradas, não para que elas fiquem boas, mas para que não fique de todo vedado o trânsito", dizia o brigadeiro Manoel Machado Nunes, em 1840.

196 EMÍLIA VIOTTI DA COSTA

Treze anos mais tarde, o presidente da província, brigadeiro Josino do Nascimento Silva, comentava: "A Província tem despendido grandes somas com estradas e a guiar-me pelas queixas que de todas as partes me dirigem as câmaras municipais, penso que não há uma só estrada que esteja em perfeito estado. Ainda hoje se fazem explorações para reconhecer a melhor direção que devem ter estradas entre pontos muito conhecidos! A nossa inexperiência, o desejo de cortar toda a província de estradas, comunicando povoações de muito pequena importância, o interesse particular em luta com o provincial, são, em meu conceito, as causas principais deste estado de cousas". Ainda em 1864, apontavam-se os prejuízos que a deficiência de vias de comunicação acarretava à lavoura, que era obrigada a consumir em transportes boa parte de seus rendimentos.[1]

Câmaras municipais, particulares, inspetores de estrada reiteravam em ofícios e comunicações ao governo provincial a urgente necessidade de reparações das vias que frequentemente se encontram interrompidas.

Em certas regiões existiam estradas em abundância, mas, em vez de obedecerem ao bem público, serviam em seu traçado aos interesses particulares. Essa multiplicidade de caminhos prejudicava sua boa conservação. Em outras áreas havia falta de estradas, e as poucas que existiam apresentavam-se, muitas vezes, em tão más condições que, em certas épocas do ano, toda circulação ficava interrompida.

Até então, eram excepcionais na Província de São Paulo as estradas carroçáveis. As que existiam, em geral, possibilitavam apenas a passagem de tropas de burro. Algumas não mereciam nem sequer o nome de estradas: eram veredas por onde mal passavam as tropas, em alguns pontos tão estreitas que tinham apenas largura necessária para uma mula carregada. Nesses lugares, ao cruzarem-se duas tropas, era necessário que uma delas recuasse, o que dava margem a brigas e ocasionava transtornos desagradáveis.[2]

Mesmo as artérias vitais para o escoamento da produção, como a que ligava Santos a São Paulo, encontravam-se em situação

---

1 *Anais da Assembleia Legislativa da Província de São Paulo*, 1864, p.443.
2 Saint-Hilaire, *Segunda viagem à Província de São Paulo*, p.31.

DA SENZALA À COLÔNIA   197

precária. Até 1840, todas as tentativas para se melhorar essa via tinham sido baldadas. Era indispensável passar pela Serra do Cubatão e a estrada que, a princípio, se lançara sobre ela, quase a prumo, constituía embaraço sério para as comunicações: "todos os volumes que não podiam ser transportados sobre bestas passavam por essa estrada à custa de trabalhos os mais incríveis e com despesas enormes". Registrando essa situação, o presidente da província, Miguel de Sousa Melo, comentava, em 1842, na assembleia legislativa: "vós sabeis que isto é um mal incalculável para o comércio e para a indústria, pois que os lucros do comerciante minguam necessariamente com o acréscimo das despesas de transporte". Qualquer indústria dependente do emprego de máquinas importadas do estrangeiro via-se prejudicada ante a impossibilidade de transportá-las para cima da serra, visto como eram de ordinário volumosas e de tal peso, que não podiam ser conduzidas em bestas.

Durante anos sucessivos, procurou-se aperfeiçoar seu traçado. Em 1842, essa estrada, considerada "impraticável até então", fora melhorada com a abertura de um trilho recentemente descoberto. Embora tosco e estreito, era preferido pelos viandantes por ser incomparavelmente melhor do que a estrada então existente. As buscas de um melhor trilho não cessaram. Em 1852, cogitava-se da mudança do traçado da estrada que ia de São Paulo ao alto da serra. "Os desmanchos repetidos, que ocorrem nesta estrada, de uma extensão de sete léguas", dizia Nabuco, em sua fala dirigida à assembleia provincial, "exigem para sua conservação que se consigne quota maior, sendo impossível que um pequeno pessoal, em tempo de crise, possa acudir, simultaneamente, a tantos pontos diversos e distantes". Mais adiante, referindo-se à estrada da Maioridade (do cume da serra até o Cubatão), afirmava: "não será jamais uma estrada normal e própria para rodagem: perigosa para o viajante, suscetível de ser interceptada e completamente obstruída pelos frequentes e numerosos desmoronamentos que todos os dias ela sofre, lançada na pior posição possível em relação aos ventos, muito dispendiosa, porque absorve para sua conservação as rendas que deveriam ser empregadas a outras estradas, mal construída e incapaz de uma reforma, que só poderia conseguir-se sendo completamente renovada com trabalho insano e por quantia mais enorme do que a que ela custou e sem ficar isenta de todos os inconvenientes atuais".

Anos mais tarde ainda, se clamava contra a precariedade dessa artéria, vital para a província. Avé Lallemant, ao passar por aí em 1858, embora elogiasse o traçado novo, comentava que a estrada era má, tão cheia de pedras, buracos e erosões, que seria muito perigoso fazer-se o caminho em sege de posta. Algum tempo depois, outro viajante registrava que a descida da serra se fazia por um declive bastante rápido e os caminhos eram mal conservados, dificultando a jornada. A despeito de tudo, o trânsito dos passageiros e das tropas era incessante, o que contribuía, na sua opinião, para tornar muitas vezes "até perigosa a estrada, ou antes os trilhos medonhos desta serra".[3]

Ainda em 1862, a situação era precária, pois as chuvas tinham estragado a via a tal ponto que por ela não se podia passar. Havia sorvedouros, onde morriam animais aos cinquenta e mais por semana. Nessa época, empreenderam-se consertos de vulto na estrada, ao mesmo tempo em que se tratava da melhoria do seu traçado. Até então, os carros que se ocupavam na baldeação de gêneros da capital a Santos não conduziam peso maior do que 40 a 45 arrobas, atingindo raramente 50 arrobas. Nunca se conseguia efetuar uma viagem "redonda" em menos de dez a doze dias. No fim de cada viagem, os donos das tropas ou dos carros tinham que contar como certo o prejuízo de alguns animais empregados nesse transporte. Com as melhorias feitas naquela ocasião, considerava-se notável progresso o poder realizar-se a viagem redonda em oito dias, bem como a possibilidade de aumentar a capacidade de transporte dos carros para 70 ou 75 arrobas.[4]

Poderia objetar-se que, até então, a região economicamente mais importante da província era representada pelos municípios do Vale do Paraíba. Mas mesmo nessa área, as obras de comunicação eram deficientes. Em 1844, pensava-se na construção de uma estrada que, partindo da vila de Bananal, seguisse com pequenas sinuosidades rumo ao sudoeste e "atravessasse as mais importantes povoações da Província, pondo-as não só em relação entre si, mas também com o grande mercado do Rio de Janeiro". Também se reclamava a feitura de outras estradas que, partindo

---

3 Zaluar, p.191.
4 *Anais da Assembleia Legislativa da Província de São Paulo*, 1863, p.379 e 396.

DA SENZALA À COLÔNIA 199

"dos mais valiosos e seguros portos de mar da Província, fossem ter pelo mais curto caminho e melhor terreno à via principal".[5] Na Província do Rio de Janeiro, uma das regiões do país mais cortadas por estradas, a situação não era muito melhor. Os caminhos deterioravam-se facilmente pela passagem constante de tropas e veículos, ou pela ação das copiosas chuvas de verão. As influências locais aqui, como alhures, haviam multiplicado a rede de estradas sem se ater, muitas vezes, aos interesses públicos fundamentais e as solicitações de novas estradas se reproduziam. Obedecendo aos interesses particulares, traçavam-se em certas regiões caminhos paralelos de pouca serventia, enquanto em outras áreas eles escasseavam. Em lugar de vias transitáveis, o que existiam eram picadas e carreiros para mulas. Um município como o de São Fidélis, que exportava cerca de trezentas mil toneladas de café por ano e que, aparentemente, poderia tornar-se centro comercial de um grande número de comarcas das províncias do Rio de Janeiro, Espírito Santo e Minais Gerais, via seu desenvolvimento prejudicado pela falta de boas vias de comunicação.

No Vale do Paraíba, não poucas vezes era o viandante obrigado a atravessar o rio em balsas, pois faltavam as pontes. As veredas que bordejavam o rio ficavam inutilizadas em tempos de cheia. As tropas carregadas de café que por aí passavam "arfavam sob o peso da carga e lutavam contra os acidentes do caminho".

As travessias dos cursos d'água nem sempre se faziam sem contratempos. A ligação da Aldeia de Pedra com a margem norte do Paraíba era feita por meio de canoas. Nessa altura, a largura do rio era tal que, dificilmente, os animais que iam a nado conseguiam atravessá-lo de uma só vez. Em geral, detinham-se numa ilha existente no meio do rio, para dali seguirem até a outra margem.[6] Com tão precárias condições de transportes, os acidentes eram numerosos: perdiam-se os animais, inutilizava-se ou deteriorava-se a carga. Durante o lento percurso, chuvas inesperadas desvalorizavam o produto: as precauções tomadas pelos experientes tropeiros nem sempre conseguiam proteger a carga da umidade.

---

5 *Anais da Assembleia Legislativa da Província de São Paulo*, 1844, p.62.
6 Tschudi, op. cit., p.29-30; Zaluar, op. cit., p.59 e 135.

A situação da Província de Minas Gerais, encravada no interior, longe dos transportes marítimos, não era menos grave. O mau estado de suas estradas representava um pesado ônus para a produção: as despesas de transporte prejudicavam seus produtos que não podiam concorrer com os de áreas mais bem situadas e sobre os quais incidia frete menor. Esse fato era observado em 1847 pelo vice-presidente da província, Quintiliano José da Silva, que mencionava a precariedade das comunicações com o Rio de Janeiro, por onde era exportada a maior parte dos produtos mineiros. Daí a urgência da construção de novas estradas e a melhoria das existentes.

A produção cafeeira estava aqui, como em toda parte, condicionada ao frete. Em resposta a uma circular enviada em 1853 às câmaras municipais e que pedia informações sobre o gênero de indústria mais importante, a população, número de fazendas de criação e cultura, engenhos de mineração ou de outra espécie, estado da indústria e seu desenvolvimento nos últimos tempos, o município de Mar de Espanha, um dos grandes produtores de café, informava que esta cultura se achava bastante aumentada e "mais seria não fossem as dificuldades de transporte pela falta de boas estradas" e a insuficiência de braços. Também o município de Rio Preto alinhava, entre os fatores que entravavam o seu desenvolvimento, a deficiência das vias de comunicação. Percorrendo-o não se encontrava "um só lugar que oferecesse cômodo trânsito e facilitasse a exportação". As lavouras de café desenvolviam-se nas regiões vizinhas ao Rio de Janeiro, onde os tropeiros achavam melhores estradas. Também, de Mariana, noticiava-se que a cultura do café, que existira anteriormente no município, estava quase totalmente abandonada por causa do excesso de despesa que requeria sua condução.[7]

Em janeiro de 1855, a câmara do município de Pomba, em resposta a outra circular do governo, indagando sobre o estado da economia local e medidas a serem tomadas para melhoria daquelas condições, indicava como principais produtos regionais o açúcar,

---

7 Extrato das informações prestadas pelas câmaras municipais em cumprimento das circulares de 4 e 29 de novembro e 29 de dezembro de 1853. Anexo *Relatório que à Assembleia Legislativa da Província de Minas Gerais apresentou na sessão ordinária de 1854 o Presidente da Província, Francisco Diogo Pereira de Vasconcelos*.

DA SENZALA À COLÔNIA

a aguardente, o café e o toucinho, sendo estes dois últimos os mais importantes artigos de exportação. Entre as medidas mais convenientes ao progresso da região, citava a abertura de estradas que a ligassem à União e Indústria.

De toda parte, chegavam queixas quanto ao mau estado das estradas: "em breve cairemos no mais deplorável estado, visto que as despesas de condução, sempre crescentes, virão cobrir os preços dos produtos", dizia um ofício de Lavras, datado de fevereiro de 1855.[8] O mesmo se repetia na Vila de Jaguari, na Campanha, em Pomba ou Mar de Espanha.

Por toda parte, a queixa era a mesma: a economia regredia ou estacionava e a causa desse atraso era o estado miserável em que se encontravam as estradas. A dificuldade dos meios de transporte dificultava toda a vida econômica. A região permanecia fechada numa economia de subsistência, que mal dava para seu consumo e a exportação se tornava impossível. Frequentemente o preço do frete era maior que o do produto. A única exportação compensadora era a do gado. Quando os informes das câmaras municipais acusavam prosperidade, apontavam que o maior entrave era a falta de boas vias de comunicação e observavam que o alto preço dos transportes, absorvendo o lucro, impedia o desenvolvimento da exportação. Só as zonas vizinhas da Província do Rio de Janeiro pareciam mais prósperas, e as esperanças voltavam-se para a estrada União e Indústria, que se apresentava como escoadouro natural para as áreas próximas.

As estradas eram más, os meios de transporte deficientes, as pontes insuficientes ou em precárias condições: construídas de madeira, danificavam-se rapidamente e por toda parte solicitavam as câmaras a construção de novas ou a melhoria das antigas.

A administração, consciente da necessidade de se aperfeiçoarem os transportes, instava junto à assembleia legislativa para que fossem tomadas medidas visando à melhoria das vias de comunicação. "A importância deste ramo da Administração Pública cresce todos os dias", dizia, em 1856, o presidente da província, Herculano Ferreira Pena, "à medida que a diminuição dos braços exige maior divisão do trabalho e mais pronto e fácil transporte dos

---

8 *Mss. Arq. Públ. Min.* Livros 569 e 570.

produtos de uns para outros lugares, segundo a variedade deles.

São, portanto, as vias de comunicação o indispensável elemento de nossa prosperidade material, atenta à posição topográfica da província, tão distante dos grandes mercados do litoral, e à extensão do território, pelo qual se acha disseminada a sua ainda escassa população". E concluía: "sem um plano regular de viação, no qual se atenda em primeiro lugar às linhas de comunicação e depois às de menor importância, teremos seguramente de fazer sacrifícios, cujos resultados não corresponderão a nossos desejos".

Nessa época, fazia o governo expedir, em virtude das leis provinciais n.628 e 791, um regulamento pelo qual era separada da secretaria do governo a seção de obras públicas.[9]

Entretanto, só dez anos mais tarde organizou-se a diretoria de obras públicas. As vias de comunicação foram sendo melhoradas muito lentamente pelo prolongamento da União e Indústria e pelos entroncamentos que se estabeleceram entre as regiões próximas a esta estrada. Apesar disso, a cultura cafeeira mantinha-se cerceada na sua expansão pelo alto custo dos transportes.

Em 1863, procedia o governo a um novo questionário sobre a vida econômica dos vários municípios. As respostas muito se assemelhavam às fornecidas anos antes.[10]

Na Província de Minas como no oeste paulista, o problema era semelhante: o frete condicionava a expansão da lavoura cafeeira.

Por toda a parte, as vias de comunicação tão necessárias ao desenvolvimento da lavoura eram deficientes e a urgência da melhoria da rede de estradas se evidenciava na grande preocupação dos administradores. Já insuficientes, diante da lavoura em expansão, os caminhos eram ainda constantemente deteriorados pelas pesadas chuvas que desabavam principalmente no verão, provocando desmoronamentos e profundas escavações, destruindo um sem-número de pontes, formando atoleiros, arruinando calçadas e aterrados, tornando instransitável a maior parte dos percursos, acarretando a interrupção do tráfego.

---

9 *Relatório que à Assembleia Legislativa da Província de Minas Gerais apresentou no ato de abertura da sessão ordinária de 1856 o Conselheiro Herculano Ferreira Pena, presidente da mesma Província.* Ouro Preto, 1857, p.38.

10 *Mss. Arq. Públ. Min.* Livros 1006 e 1379.

DA SENZALA À COLÔNIA 203

Em certos anos, quando as chuvas se prolongavam demasia-do, as obras de reparação das estradas ficavam prejudicadas. Mas não eram apenas as chuvas que contribuíam para a obstrução dos caminhos. Pontes e estradas danificavam-se com a passagem de carros muito cheios, cujas rodas, segundo se dizia, "são de tal construção que não há caminhos que não estraguem",[11] sulcando as estradas como verdadeiros arados.

Por isso, em 1851, o presidente da Província de São Paulo solicitava à assembleia que fossem tomadas medidas tendentes a fixar o máximo de arrobas que os carros poderiam transportar. Na fala dirigida à Assembleia Legislativa Provincial de Minas Gerais, em 1847, observava também o vice-presidente Quintiliano José da Silva: "Tem-se feito notável o estrago que causam na estrada os carros de rodas firmes; em consequência de representação dos engenheiros, resolvi mandar proibir de 1º de abril próximo futuro em diante, o uso de tais carros, não só na estrada de Paraibuna como nas mais que têm sido construídas por conta da Província, permitindo-se somente o uso dos carros que tiverem as rodas da largura e forma estabelecidas nas leis n.18 e 78, sujeitos os contraventores às penas cominadas nas citadas leis, com exceção somente das carruagens do uso particular e dos carros empregados na lavoura e colheita das roças".

Apesar das proibições, o problema não foi resolvido, pois, em 1853, Luís Antônio Barbosa, presidente da província, observava que o trânsito dos carros de eixo móvel "contrariava no tempo chuvoso todo o trabalho e conservação das estradas" e solicitava a revisão das leis n.18 e 78.

Algum tempo antes, comentando a deterioração das estradas pelo trânsito de certos tipos de carros, dizia Nabuco de Araújo, em São Paulo, a propósito da estrada que ligava Campinas a Moji--Mirim: "é uma das melhores estradas que temos, dependendo apenas de alguns aterrados e esgotos, esta estrada pode ficar em breve deteriorada se uma providência não houver, proibindo os carros denominados da Franca e todos os de eixo móvel, que tanto prejudicam as estradas".[12]

---

11 *Anais da Assembleia Legislativa da Província de São Paulo*, 1848-1849, p.425.
12 *Anais da Assembleia Legislativa da Província de São Paulo*, 1852-1853, p.193.
 Dez anos mais tarde, encontramos nova referência em São Paulo, aos carros

Nessas condições, as viagens eram uma verdadeira aventura, os animais atolavam, a carga perdia-se, a viagem eternizava-se em pousos e paradas obrigatórias, ficando às vezes interrompida durante dias e dias à espera de que a chuva passasse, que uma ponte fosse consertada ou uma estrada posta em condições de dar passagem. A ausência de pontes em lugares de trânsito obrigatório determinava a travessia do rio a vau. Quantas vezes se assistiu nessa época à dificultosa peripécia de atravessar o rio: os animais escolhendo os lugares mais rasos, nadando às vezes, a carga e os cavaleiros às costas. Havia, ainda, os problemas dos pousos, das forragens dos animais. O prolongamento da viagem e os inconvenientes de se transportarem certas mercadorias em lombo de animais acarretava prejuízos e deterioração dos gêneros. Descrevendo seu percurso entre Queluz e Areias, um viajante comentava, em 1861, que a travessia por aquelas paragens era "mais inglória e perigosa do que uma viagem aerostática".[13]

Os danos decorrentes dessa situação não escapavam aos homens do tempo, diretamente interessados em introduzir melhoramentos e modificações no sistema vigente. "Somos lavradores e a experiência nos mostra os graves inconvenientes do atual sistema de transporte: em uns anos vemos absorvido o fruto do nosso trabalho pela carestia das conduções, sempre os nossos gêneros entregues a acidentes que os deterioram em vagarosa viagem. Esta experiência, comum a todos os lavradores e sentidas pelos negociantes, produz unanimidade de pensamento em toda a população sobre o melhoramento dos transportes...". Com essas palavras, Vicente de Souza Queiroz e Antônio Paes de Barros iniciavam um requerimento, em 1851, apresentando projeto para a feitura de uma estrada para trânsito de carros, desde a capital até a vila do Rio Claro. Alegando as vantagens desse novo traçado, apontavam a celeridade dos transportes anunciando que permitiria conduzir cargas de Rio Claro a Santos em quatro dias.[14] "Que importa que

---

da Franca que já, pelas cargas que conduzem, arruínam consideravelmente a estrada porque as rodas calçadas de ferro são verdadeiros arados que abrem sulcos profundos na terra. *Anais da Assembleia Legislativa da Província de São Paulo*, 1862, p.236.

13 Zaluar, op. cit., p.56.

14 *Anais da Assembleia Legislativa da Província de São Paulo*, 1850-1851. São Paulo, 1926, p.389 ss.

DA SENZALA À COLÔNIA 205

a produção desta Província aumente rápida e progressivamente, como vai aumentando a olhos vistos, se ela não pode exportar os seus produtos por causa da deficiência desses meios, que, como sabeis, não estão em proporção da produção", exclamava Nabuco, tempos mais tarde, referindo-se à necessidade de se tomarem certas medidas tendentes a melhorar o sistema de vias de comunicação.[15]

Em 1855, Silveira da Mota, justificando um projeto de representação ao imperador solicitando meios para criação de uma estrada de ferro e favores para melhoria do sistema de crédito, dizia: "os transportes dos nossos gêneros matam a nossa indústria" e, mais adiante, afirmava: "o lavrador não lucra em sua produção, porque sacrificou a maior parte dela aos gastos de transporte".

A deficiência dos meios de transporte e das vias de comunicação resultava no alto custo do frete, o que onerava o produto, limitando os lucros.

Os interesses da lavoura paulista eram defendidos na assembleia legislativa pelos seus representantes e a importância de bons caminhos, principalmente dos carroçáveis, era por todos reconhecida. Interpretando essas ideias, Zaluar, depois de percorrer as principais zonas cafeeiras paulistas, comentava a propósito de José de Sousa Breves, cuja Fazenda Pinheiro estava localizada em Barra Mansa: "O Senhor Comendador José Breves compreende, o que felizmente já vai acontecendo também a muitos dos nossos lavradores, que as boas vias de comunicação são um dos meios mais eficazes de suprir, com vantagem, os braços que tanto escasseiam. O caminho aberto, uma vez, compensa em pouco tempo o gasto da construção e poupa o desperdício de muita força produtiva. Um carro puxado por alguns bois transporta a carga que, dificilmente, seria carregada por cinquenta ou sessenta escravos. Por aqui se pode já calcular quanto lucro o lavrador que manda abrir bons caminhos em seus terrenos e aumenta, por consequência, no cultivo de suas plantações o número de braços que retirou do transporte dos produtos. O mesmo acontecerá quando estiverem convenientemente construídos os grandes troncos de estradas e abertos os caminhos vicinais, acabando o fazendeiro com as tropas, em que, além da prodigiosa despesa que estas fazem, estão empregados os melhores serviços de sua

---

15 *Anais da Assembleia Legislativa da Província de São Paulo*, 1852-1853, p.177.

206 EMÍLIA VIOTTI DA COSTA

escravatura de um modo tão prejudicial para seus próprios interesses".[16]

Mais adiante, referindo-se à Fazenda Ribeirão Frio, de Joaquim Ferraz, observava que bons e largos caminhos de carro cortavam a fazenda em todas as direções, poupando "os braços que dantes se perdiam nesta rude tarefa" e que agora podiam ser aproveitados em outros misteres menos brutais.

A necessidade de conservação e melhoria das estradas já existentes e da construção de novos caminhos é unanimemente reconhecida. Entretanto, as dificuldades para resolver esse problema são, até essa época, assoberbadoras. Durante muito tempo, o sistema utilizado para a abertura de estradas e para a conservação das já existentes ressentira do seu caráter de improvisação e da falta de planejamento. Faltavam engenheiros competentes, operários capazes, sem falar no problema de uma adequada repartição dos recursos financeiros.

A dificuldade em conseguir engenheiros para a construção de estradas não era menor do que a de se obterem trabalhadores, não obstante se oferecessem salários reputados vantajosos. Via-se o governo obrigado a contratar escravos nas fazendas a dois mil-réis por dia, dada a urgência das obras e a impossibilidade de conseguir trabalhadores por salários mais baixos. Contava-se com pequeno número de operários, o que dificultava o reparo das estradas. Isto se agravava na época em que a lavoura exigia maior quantidade de mão de obra, retraindo-se a oferta.[17]

Em Minas Gerais, a situação não era melhor. Em 1843, o presidente da província propunha que se fosse buscar africanos livres à África, para serem empregados, sob tutela, por um certo número de anos, na construção de estradas e na exploração de minas, vencendo, nos primeiros anos, ração e vestuário e, nos seguintes, salários sucessivamente majorados, até igualar os preços correntes, compreendidos a comida e o vestuário.

Esse sistema, ao que se sabe, jamais vingou. Entretanto, a utilização de africanos livres – considerando-se como tais aqueles que eram apreendidos ao tráfico ilícito e "libertados" formalmente

---

16 Zaluar, op. cit., p.20.
17 *Mss. Arq. Est. São Paulo*. T. I, ofícios diversos. Limeira, Campinas, cx.60 e 61.

DA SENZALA À COLÔNIA   207

– na construção de estradas, foi frequente em Minas como em São Paulo. Recorreu-se, também, à colonização. A Companhia Mucuri e, principalmente, a Companhia União e Indústria, encarregada da construção de estrada desse nome, suas ramificações e vários outros empreendimentos da mesma natureza na Província de Minas Gerais, empenharam-se em obter a colaboração do braço estrangeiro para a construção e conservação das vias de transporte.

Em São Paulo, no ano de 1843, foi apresentado projeto à assembleia provincial visando regulamentar a abertura e conservação das estradas, classificando-as segundo sua maior ou menor importância e propondo que, quando houvesse falta de recursos, fosse obrigatória a prestação dos serviços que seriam executados pelo próprio indivíduo ou por trabalhador idôneo que o substituísse, ou, ainda, remidos por contribuição em dinheiro, correspondente ao custo do trabalho, para o que se faria o arbitramento na base do "jornal". Poucos anos depois, dois projetos, mais amplos e completos, voltaram a tratar do assunto. Rodrigues dos Santos apresentava, em 1846, um projeto, posteriormente convertido em lei, obrigando todos os jornaleiros "a trabalhar nas pontes e calçadas e outras construções feitas à custa dos cofres da Província e destinadas a facilitar as vias de comunicações". Havendo falta de trabalhadores voluntários, para qualquer dessas obras, estipulava a lei (n.277, de 29 de janeiro de 1846), que "os jornaleiros residentes na freguesia, onde elas estivessem sendo realizadas ou os residentes fora da freguesia, mas que habitassem a uma distância razoável, e que se empregassem em uma profissão adequada ao trabalho das estradas, acostumados a receber um estipêndio diário, seriam coagidos a trabalhar por tempo determinado". Essa mesma lei obrigava os fazendeiros a ceder "os seus escravos por dez dias para as obras declaradas", exceto pontes e calçadas, na razão de 20% do número total de escravos.

Apesar das medidas tomadas, o problema do recrutamento da mão de obra necessária à construção e conservação dos caminhos persistia. Nabuco de Araújo, discutindo em 1852 essa questão, dizia: "A aquisição de braços para as obras públicas é uma dessas medidas importantes de que se não pode prescindir, não só por causa da alta dos salários sem proporção alguma como os meios de subsistência tão baratos entre nós, como também porque é notória a dificuldade de braços para esta aplicação, certo não convém com o incentivo de salários extraordinários distraí-los da lavoura, que se acha em circunstâncias críticas em razão da cessação do tráfico". Tendo em vista atenuar essas dificuldades, resolveu Nabuco solicitar ao governo imperial a remessa de africanos livres para o serviço da província (Regulamento Provincial de 31 de dezembro de 1851). Em resposta, o governo imperial enviou cerca de 130 africanos. Esse número, entretanto, não era suficiente para o trabalho das estradas em andamento ou projetadas; por isso, a administração provincial resolveu renovar a pretensão de fazer vir colonos, que seriam destinados ao serviço público. Em 1854, no relatório presidencial, reconhecia-se que o serviço dos africanos livres estava sendo muito útil e econômico, embora insuficiente, pois continuavam os inspetores de estrada a lutar com a falta de trabalhadores e com a alta dos "jornais" que haviam subido a preços considerados extraordinários.

Procurando resolver a situação, Saraiva mandou engajar, na Europa, através da Casa Vergueiro e Cia., 350 trabalhadores que se destinavam aos serviços das estradas. Essa medida foi ratificada pela assembleia legislativa que, em 1855, decidiu, a despeito de oposição da minoria, criar um corpo de operários para as obras públicas da província, o qual deveria ser constituído por trezentos homens contratados na Europa, por ordem do governo. Entretanto, ao que parece, mais uma vez essa experiência falhava, pois no ano seguinte essa organização era extinta por ato da mesma assembleia, apesar de o vice-presidente da província, Antônio Roberto de Almeida, ter apontado aquele ano, ao abrir a assembleia, as dificuldades com que se defrontava a administração para obter jornaleiros destinados ao serviço das estradas.

Durante todo esse período, o problema subsistiu, apesar das medidas sucessivamente tomadas. A maior parte das estradas realizou-se com auxílio de braço escravo, que os fazendeiros, em virtude da variação da safra do café, entendiam mais lucrativo, em certas ocasiões, alugar às obras públicas. Alguns raros trabalhadores livres eram incorporados a essa atividade e as experiências feitas com elementos estrangeiros resultavam, em geral, decepcionantes.

As municipalidades e os particulares, durante muito tempo, procuraram eximir-se da responsabilidade de abertura e conservação das estradas, embora fossem os maiores interessados nisso.

DA SENZALA À COLÔNIA 209

Requeriam, sem cessar, ao governo provincial a abertura de novos caminhos, mas não se julgavam obrigados a fazer neles o menor benefício. Para as municipalidades, dizia, em 1850, Pires da Mota: "tudo são estradas gerais, não há estradas municipais". Entretanto, pouco a pouco, à semelhança do que se dava nas províncias do Rio e de Minas, os municípios incluíram em suas posturas a obrigação de que as estradas municipais e particulares fossem feitas "de mão comum" e que os proprietários de escravos fornecessem certo número destes.[18]

Evidenciava-se a preocupação em organizar melhor as vias de comunicação, corrigindo os principais defeitos do sistema vigente: a sobrecarga de responsabilidades que recaía sobre a administração provincial, o difícil problema da mão de obra destinada à construção e conservação das estradas, execução e reparo de pontes e demais atividades desse gênero, e sobretudo a falta de planificação que acarretava frequentes interrupções dos trabalhos por se haverem esgotado as somas decretadas.

O sistema até então utilizado era visivelmente deficiente. Faltava, até meados do século, um órgão administrativo que se ocupasse especificamente dessas questões e pudesse levar avante um planejamento mais eficaz, dedicando-se ao exame das estradas, suas direções, traçados e métodos de construção.[19]

A falta de especificação das responsabilidades respectivas contribuía para o mau andamento dos serviços públicos, estimulava a negligência das autoridades locais e dos interesses particulares. Discutia-se a quem pertencia a obrigação de conservar determinada estrada, se aos fazendeiros ou às câmaras, se a estas ou ao governo provincial; enquanto isso, os caminhos permaneciam em péssimo estado.

As várias medidas tomadas pelo legislativo e secundadas pelo executivo tendiam a superar as inúmeras dificuldades. Em 1851, um regulamento provincial, inspirando-se no exemplo dado pelo Rio de Janeiro, Bahia e Pernambuco, tentava pôr fim, em São Paulo, à desorganização. Dividiu-se a província em seis seções e cada qual ficou sob a responsabilidade de um engenheiro.

---

18 *Anais da Assembleia Legislativa da Província de São Paulo*, 1856, p.129.
19 Ibidem, p.44. Ibidem, 1862, p.11 e 22. Ibidem, 1863, p.401.

Pretendia-se, a partir daí, que as obras a serem realizadas fossem projetadas antecipadamente e que através desse novo sistema pudesse a administração obter as informações técnicas necessárias à boa execução das empresas.[20] Ainda em 1855, entretanto, Saraiva destacava, entre os obstáculos à melhoria do sistema de transportes: a falta de um centro científico convenientemente organizado, que assessorasse a administração; a ausência de dados geográficos que orientassem o traçado das estradas; a insuficiência de operários; a desorganização em que se encontravam a administração e inspeção dos trabalhos públicos e, finalmente, a má vontade de alguns fazendeiros em permitir a passagem de estradas por seus terrenos agrícolas, ou fervor em solicitar novos caminhos, em vez de se aperfeiçoarem artérias já existentes.[21]

O governo contratava, em geral, a construção das estradas com particulares. Frequentemente, interesses individuais e mesquinhos prevaleciam sobre os interesses gerais. Alguns arrematantes das obras públicas desviavam verbas recebidas por conta das incumbências assumidas e deixavam de executá-las. Os meios repressivos aos abusos praticados na execução das empresas eram deficientes. Informações incompletas e inexatas chegavam às autoridades responsáveis. Daí resultava a execução de estradas muitas vezes onerosas e pouco necessárias. A fiscalização do emprego dos dinheiros públicos era extremamente difícil.

A multiplicação das estradas, construídas sem nenhuma diretriz mais racional, resultava prejudicial à administração. Com uma população ainda pouco densa, separada por grandes distâncias e com recursos "proporcionalmente limitados" tornava-se impossível conservar essa "multiplicidade de linhas de estradas com suas infinitas ramificações apenas à custa do Tesouro Provincial".

---

20 *Fala proferida pelo vice-presidente da Província, Manuel Felizardo de Souza e Melo*, em 7 de fevereiro de 1844, p.63. *Anais da Assembleia Legislativa da Província de São Paulo*, 1843, p.375. Ibidem, 1845, p.63. Ibidem, 1846, p.47, 69, 320 e 321.

21 Procurando atenuar o problema criado pela resistência dos proprietários em permitir a feitura de estradas que atravessassem suas propriedades, foi apresentado um projeto de expropriação. *Anais da Assembleia Legislativa da Província de São Paulo*, 1854-1855, p.301.

DA SENZALA À COLÔNIA   211

As dificuldades que a administração enfrentava faziam que os presidentes da província reiterassem, em suas falas à assembleia legislativa, a solicitação que se estabelecesse um sistema para abertura e construção de estradas e fossem conservadas, às expensas da província, somente aquelas de reconhecida utilidade geral. Em Minas, como em São Paulo, as municipalidades tudo esperavam do governo provincial e os fazendeiros tampouco se ocupavam em melhorar as estradas. A Lei Provincial n.310, de 8 de abril de 1846, tentou estabelecer as responsabilidades recíprocas dividindo as estradas em provinciais e municipais e pondo a cargo dos habitantes dos municípios a construção e conservação destas últimas. Foi, entretanto, revogada posteriormente pela lei n.461, tal a resistência encontrada, e só muito mais tarde conseguiu-se restabelecê-la.[22] As medidas sucessivamente tomadas eram ineficazes. Ainda em 1861, solicitava Pires da Mota, presidente da província, que se adotasse um sistema de planejamento, a fim de que não se empreendesse a abertura de nenhuma estrada sem estudos prévios. Queixava-se ainda das municipalidades que só viam o seu interesse imediato e que pretendiam que tudo se fizesse à custa dos cofres provinciais.

À medida que crescia a produção, mais insuficientes revelavam-se as vias de comunicação. Os sistemas de transportes tradicionais não davam vazão à produção que aumentava em razão da demanda do mercado exterior. Já em 1855, reconhecia-se na Assembleia Legislativa de São Paulo que era impossível dar saída aos produtos da província. Os lavradores de café viam-se impossibilitados de exportar toda a sua safra, que ficava, em parte, retida nas tulhas, sujeita à fermentação e outros danos. Uma vez que um lote de bestas não conseguia (nas províncias do Vale do Paraíba) fazer o transporte de mil arrobas de café por ano e que raros eram os anos em que as bestas podiam trabalhar durante todo o período, tornava-se impraticável a permanência desse meio de transporte, em regiões que produziam, como as de Pindamonhangaba e Taubaté, mais de quinhentas mil arrobas anualmente. Quantos lotes de bestas seriam necessários para exportação dessa quantidade? Quanta

---

22 *Relatório apresentado à Assembleia Legislativa da Província de Minas Gerais*, na abertura da 1ª sessão da 12ª Legislatura, p.39 ss.

212 EMÍLIA VIOTTI DA COSTA

mão de obra mobilizada, uma vez que a tropa exigia trato e que, para conduzi-la, era necessário, pelo menos, um tocador para cada lote de sete animais?[23] Daí a impossibilidade de manter o sistema tradicional que, além de tudo, resultava extremamente oneroso. O cuidado com as tropas mobilizava grande quantidade de mão de obra. Calculava-se que, no mínimo, 20% da força de trabalho masculino da fazenda, tirada entre os melhores escravos, eram subtraídos à lavoura e desviados para as funções de tropeiro.[24] Por outro lado, dada a precariedade das vias de comunicação, muitos animais perdiam-se ou invalidavam-se. Uma quantidade imensa de capital empregado em bestas ficava imobilizada e talvez no fim de dez anos acabasse por desaparecer completamente.[25] Além das despesas com o aluguel ou sua aquisição, havia as de manutenção das tropas. As viagens demoradas obrigavam a paradas forçadas durante a noite para o repouso dos animais e das tropas, arreadores, carreiros, o que atrasava a marcha ainda mais. Descarregava-se a mercadoria e, no dia seguinte, novamente a carregavam. Nos ranchos, novas despesas com pousada e alimentação, forragem para os animais. Somavam-se a esses gastos os impostos das barreiras e os prejuízos eventuais, decorrentes das viagens acidentadas, pelas más condições dos caminhos ou pela instabilidade climática dessas regiões, onde, a qualquer momento, uma chuva inesperada punha em risco a integridade da carga, prejudicando a qualidade do café e o seu preço em virtude da umidade que o atingia. Ao atravessar os lamaçais, as poças d'água, ao percorrer os desfiladeiros e encostas íngremes, muita carga se perdia, se deteriorava e, às vezes, os próprios animais extraviavam-se. Tudo isso acarretava, segundo

---

23 Burmeister refere que uma tropa de 6 ou 7 lotes (sete animais constituíam, no seu dizer, um lote) era de tamanho considerável. Afirmava que a carga não devia ultrapassar o peso de 300 libras e que uma besta assim equipada percorria de três a quatro milhas por dia. Quem quisesse maior rapidez deveria diminuir o peso ou tomar dois animais, a fim de poder trocar (1853, p.71-2). Fala-se nessa época num máximo de oito arrobas por animal e que não há tropa nenhuma onde todos os animais estejam capacitados a tanto, em *Anais da Assembleia Legislativa da Província de São Paulo*, 1856, p.475. *Anais da Assembleia Legislativa da Província de São Paulo*, 1854-1855, p.160. Dados confirmados por Burmeister, op. cit., p.71 ss.

24 Stein, op. cit., p.61.

25 *Anais da Assembleia Legislativa da Província de São Paulo*, 1854-1855, p.160.

DA SENZALA À COLÔNIA   213

os cálculos da época, uma despesa correspondente a mais da terça parte do valor do café.[26] O custeio das tropas resultava caro em relação à pequena capacidade de transporte dos animais. Em 1855, chegava-se a dizer que certos lavradores ofereciam pela condução metade dos seus gêneros.[27] Dez anos mais tarde, a situação não se apresentava muito lisonjeira. Em virtude das deficiências das estradas e da dificuldade de escoamento da produção, a safra ficava imobilizada nos celeiros, enquanto os lavradores se viam, muitas vezes, na contingência de recorrer a empréstimos, pagando de 15% a 18% de prêmio. Ao mesmo tempo enfrentavam prejuízos pela deterioração do café estocado e, além de correr o risco de verem o produto fermentar ou corromper-se à espera, de uma safra para outra, nas tulhas, tinham um capital forçosamente imobilizado. Na opinião de Aguiar Whitaker, deputado à assembleia provincial, isso correspondia a juros de 30% a 36%, equivalente ao "prêmio do avanço e do capital que existe nas tulhas desses estabelecimentos rurais".

Em 1863, o frete pago de Campinas a Santos chegava a 2$500 por arroba, esperando-se que a construção de uma estrada de rodagem pudesse reduzi-lo a um quarto, isto é, a $540 ou $640 por arroba, no mesmo percurso. A *Revista Comercial* dava como preço médio de fretes entre Santos e a capital 1$280 a 1$440 por alqueire ou 3$840 a 4$320 por animal,[28] enquanto o preço médio da arroba de café oscilava entre 4$000 o ordinário e 7$200 o superior (Expilly, em sua obra publicada em 1863, dá como despesas de transporte de uma arroba de café 1$040 para o preço de 4$400), o que equivale dizer: um terço é consumido pelo transporte.

Com tudo isso, a margem de lucro do produtor era relativamente pequena. A construção de uma estrada de ferro impunha-se, tanto mais quanto o próprio desenvolvimento da cultura cafeeira e o aumento da produção tornavam impraticável a permanência daqueles meios tradicionalmente usados. A lavoura de café via-se limitada na sua expansão pelos altos fretes que tornavam

---

26 Relatório do Presidente da Província do Rio de Janeiro de 1855-1859. *Anais da Assembleia Legislativa da Província de São Paulo*, 1854-1855, p.41 ss.

27 *Anais da Assembleia Legislativa da Província de São Paulo*, 1854-1855, p.46-7.

28 Ibidem, 1864, p.443, 445 ss., 511.

impossível o cultivo, além de uma certa distância dos portos. Em 1855, Saraiva calculava que, com a construção da via férrea, os custos dos transportes deveriam reduzir-se pelo menos à terça parte. Silveira da Mota, consciente dessa necessidade, advogando a construção da estrada de ferro, dizia, nessa época: "A realização dessa ideia é, a meu ver, um dos remédios para os males da Província. O que sentimos hoje? O lavrador não lucra com sua produção porque sacrificou a maior parte dela aos custos de transporte. O lavrador não pode tirar de suas terras todo o proveito que deve tirar porque a maior parte dos gêneros a que a terra presta não se pode dar saída", e ainda: "É impossível que pelos meios atuais de transporte se possa dar saída a todos os produtos da província" ... "os meios de transporte na Província de São Paulo poderiam estar até certa época, talvez ainda em equilíbrio com a produção da província, mas hoje, os meios de transporte estão em desequilíbrio".[29]

Apesar disso, a estrada de ferro tardará ainda mais de uma década para ligar os dois pontos-chave Santos e São Paulo, e mais ainda para estender seus ramais em direção ao interior, ligando também esta cidade ao Rio de Janeiro.

É fácil imaginar que, com a sua construção, uma verdadeira revolução se operava na economia cafeeira: capitais liberados; braços até então desviados da lavoura porque aplicados ao transporte e que podiam agora voltar-se para as culturas; maior rapidez de comunicações; maior capacidade de transporte; mais baixos fretes; melhor conservação do produto que apresentava superior qualidade e obtinha mais altos preços no mercado internacional; portanto, possibilidades de maiores lucros para os proprietários; novas perspectivas para o trabalho livre.[30]

Em 1870, já podia Antônio Prado dizer na assembleia provincial que, enquanto, antes da construção da ferrovia, pagava-se dois

---

29 *Anais da Assembleia Legislativa da Província de São Paulo*, 1854-1855, p.47.

30 A melhoria das estradas de rodagem, o traçado de estradas novas reduziam o custo do transporte. Com a construção de uma estrada na região de Ubá, os fazendeiros conseguiram obter uma redução no custo de transporte de uma arroba de café, até Juiz de Fora, de quatrocentos a duzentos réis e até 160 réis. Sobre Estrada de Ferro em Minas, detalhadas informações em Marc, 1850 e Van Delden Laerne, op. cit.

DA SENZALA À COLÔNIA   215

mil-réis de condução de Jundiaí a Santos, depois da inauguração da estrada de ferro, passara o fazendeiro a pagar 460 réis por arroba. Desta forma, em quatro milhões de arrobas que por ali passaram, teria feito a província uma economia de quatro mil e tantos contos. A construção das vias férreas, entretanto, não se fez senão lentamente. E ainda nessa época era muito frequente ver-se o viandante obrigado a parar nas estradas de rodagem para não ser atropelado pelas tropas e carros que transitavam em todos os sentidos, pelas vias estreitas. Falava-se, ainda, em 1870, na necessidade de abandonar-se o transporte rotineiro das tropas e adotar os meios mais aperfeiçoados dos carros de eixo fixo. Apesar da inauguração da via férrea Santos-Jundiaí, continuava a circulação de tropas nas estradas de rodagem.[31]

Em 1867, inaugurava-se a estrada de ferro entre Santos e Jundiaí; em 1872, os trilhos da Paulista atingiam Campinas e, quatro anos após, chegavam a Rio Claro, estendendo-se também em direção a Descalvado. O prolongamento até Rio Claro resultou da ação conjugada de vários proprietários para a organização da Companhia Paulista de Estradas de Ferro, iniciada com cerca de seiscentos associados e um capital de cinco mil contos. A maioria dos acionistas provinha dos meios rurais.[32]

Em 1873, ligava-se Itu a Jundiaí e, nos anos seguintes, estendiam-se os trilhos a Piracicaba e a São Pedro. De 1875 a 1882, São Paulo era ligada a Ipanema e a Tietê, e, em 1886, a Estrada de Ferro Sorocabana alcançava Botucatu.

Inaugurada a Companhia Mojiana em 1872, pouco mais de dez anos após, já havia ligado Campinas a Moji-Mirim, com ramal para Casa Branca, São Simão e Ribeirão Preto.

O desenvolvimento das vias férreas prosseguiu daí para diante em ritmo acelerado. A Mojiana estendeu os trilhos até Caldas e Batatais, rumo à Província de Minas Gerais e ao extremo norte de São Paulo. Em 1884, a capital da província ligava-se a Bragança por Atibaia e, no mesmo ano, os trilhos que percorriam a zona de

---

31 *Anais da Assembleia Legislativa da Província de São Paulo*, 1870, p.95 e 211.
32 Companhia Paulista de Estrada de Ferro em *O Estado de S. Paulo*, 27 de abril de 1946.

Rio Claro e São Carlos eram prolongados até Araraquara. Data desse período também o ramal de Brotas, Dois Córregos e Jaú.

Além dessas estradas que penetravam o interior paulista, havia a que ligava São Paulo ao Rio de Janeiro, concluída entre 1870 e 1875. O surto ferroviário deu-se no Rio de Janeiro e em Minas na mesma época. Grande número de vias férreas foi aberto, a partir de 1870. A Leopoldina começara a ser construída entre 1874 e 1882, possuindo, nessa ocasião, 215 quilômetros de percurso.[33] As extensões para Pirapitininga e Alto Muriaé datam da mesma época. A União Mineira e a Oeste de Minas são um pouco posteriores: 1879 e 1881, respectivamente. Em 1883, havia 447,521 quilômetros construídos e 374,600 quilômetros em construção. Em Minas, a construção de vias férreas foi mais difícil do que em São Paulo.

Teófilo Otoni, em 1882, na qualidade de presidente da província, chamava atenção para algumas dificuldades que aí haviam entravado o desenvolvimento ferroviário. Só em 1871, o governo provincial autorizara a construção dos primeiros caminhos de ferro. Nessa ocasião, foi votado um crédito de vinte mil contos de réis para o prolongamento da estrada D. Pedro II até a Lagoa Dourada. No ano seguinte, concedia-se permissão à Companhia Leopoldina para construir a ferrovia de Porto Novo a Cataguases, mais tarde autorizada a prosseguir no seu traçado. Assim, inaugurava a rede ferroviária da província. O relevo montanhoso dificultava e encarecia a execução das ferrovias, para o que também contribuíam as grandes distâncias entre os centros populosos.[34] O ritmo ferroviário processava-se mais lentamente do que nas províncias vizinhas, mas prosseguia sem interrupção, favorecendo os centros produtores.

No Rio, esse ritmo assumia aspecto febril entre 1870 e 1888. O traçado das ferrovias obedecia ao interesse das áreas econômicas mais importantes: zonas de café e do açúcar. A estrada que ligou Cantagalo a Rio Bonito foi aberta entre 1869 e 1879. Pouco depois, entre 1873 e 1883, ligava-se Campos a Macaé. Também dos anos 70 datam as de Cantagalo, Passagem, Barão de Araruama, Campos, Carangola, União, Valença, Resende, Areias, Bananal.

---

33 Van Delden Laerne, op. cit., p.152.
34 Diretoria Geral das Obras Públicas da Província de Minas Gerais, Ouro Preto, 3 de julho de 1883. Relatório à Assembleia Legislativa, p.1883. Anexo 7.

DA SENZALA À COLÔNIA 217

Em 1882, o Rio de Janeiro possuía cerca de 1.634 quilômetros de estradas de ferro construídas e 289 em construção. São Paulo tinha, na mesma época, 1.400 quilômetros. As três províncias perfazem um total de 3.482 quilômetros de estradas construídas, enquanto todas as demais juntas somam, na mesma ocasião, um total de 1.421 quilômetros.[35] Esse surto ferroviário modificou, fundamentalmente, as condições de transporte das regiões cafeeiras e repercutiu, profundamente, na economia. Maior facilidade e rapidez dos transportes, abandono das tropas, que em muitas regiões foram substituídas pelo carro de boi, o que ampliava a capacidade de transporte, a liberação de muitos braços, até então absorvidos pelos métodos usuais de transporte, a valorização das terras próximas às ferrovias, a decadência de cidades e regiões mais afastadas e que, dificilmente, poderiam concorrer com as mais bem situadas, a possibilidade de fazer vir de fora, com mais facilidade, o que era necessário à vida das fazendas permitindo aos seus moradores dedicarem-se exclusivamente a uma só cultura, tudo isso repercutiu profundamente na economia da região e afetou consequentemente o problema da mão de obra.

Com a intensificação do processo já iniciado anteriormente, pelo qual a fazenda autossuficiente que, além do café, produzia grande parte do necessário ao consumo, cedeu lugar à fazenda monocultora, pôde-se dispensar parte da mão de obra anteriormente dedicada ao cultivo de víveres e outros produtos. O próprio ritmo de trabalho foi alterado. Tudo isso possibilitou sua organização em bases diversas.

A construção de vias férreas favoreceu ainda o processo de urbanização e facilitou a circulação dos senhores ou mesmo dos escravos. É conhecido o importante papel que hão de desempenhar as ferrovias nas fugas dos cativos. Inaugurou, finalmente, um novo campo de investimentos.

A modificação do sistema de transporte propiciou a transição do trabalho escravo para o livre. Esse processo foi favorecido parti-

---

35 Camargo, op. cit., v.I, p.173-4, fala em 1.852 quilômetros de estradas em 1886. Veja-se ainda Relatório da Secretaria dos Negócios da Agricultura, Comércio e Obras Públicas do Estado de São Paulo, 1889, publicado em 1890. *História da Viação Pública de São Paulo*, Adolfo Augusto Pinto, São Paulo, 1903. Van Delden Laerne, op. cit., p.152 e ss.

218 EMÍLIA VIOTTI DA COSTA

cularmente pela melhoria do sistema de beneficiamento do café, graças à utilização de máquinas de várias espécies.

Aperfeiçoamento dos processos de beneficiamento do café

A introdução de processos mecânicos no beneficiamento do café só se fez muito lentamente.[36] Até meados do século, a mentalidade dos fazendeiros parecia avessa às inovações. Apegados aos métodos rotineiros, temiam introduzir modificações. O "medo aos parafusos" levava muitos a ficarem nos engenhos dos pilões, dizia, em 1878, Teixeira Lessa, um dos lavradores presentes ao Congresso Agrícola, que se empenhava em demonstrar a necessidade de melhorarem-se os métodos de cultivo e beneficiamento. Nessa ocasião, observava Morais e Castro que, se para colher seis mil arrobas de café eram necessários sessenta pretos e duzentos mil pés plantados, o mesmo resultado obter-se-ia com vinte pretos apenas e 25 mil pés plantados, desde que se aperfeiçoassem as técnicas agrárias e os processos de industrialização.

O apego à rotina só foi vencido em certas regiões, depois da abolição. Conta Gomes do Carmo – em obra intitulada *Reforma da agricultura brasileira* – que, graças à introdução de máquinas na lavoura, pudera libertar seu pai e lavradores vizinhos da difícil situação em que se encontraram depois da abolição. Os escravos tinham desertado e os fazendeiros da região do Paraopeba viam-se obrigados a andar de palhoça em palhoça, mendigando trabalhadores. Quando conseguiam alguém, o trabalho era lento, pouco produtivo: o enxadeiro começava o serviço às oito e trabalhava até às oito e meia, das nove às dez almoçava, entre dez e onze "matava o bicho", ao meio-dia tomava café e descansava enquanto fazia o fumo em cigarrinho, às duas, nova dose de aguardente, às três jantava, e nova dose de aguardente e café, às quatro recomeçava o trabalho para suspendê-lo entre cinco e cinco e meia. Apesar

---

36 Ramos, 1934, v.I, p.75. Taunay, 1939, t.II: Brasil imperial, 1872-1889, p.255. Idem, v.V, t. III e v.III, t.I, p.223. Idem, 1934. Couty, 1883. O *Agricultor Paulista*. Canabrava, 1949. Van Delden Laerne, op. cit., p. 275 e ss.

DA SENZALA À COLÔNIA 219

do salário de dois mil-réis, não trabalhava mais de seis horas. Não obstante o exagero que transparece de suas palavras, sabe-se que a dificuldade em conseguir trabalhadores, que se sujeitassem ao antigo sistema de trabalho, obrigou os fazendeiros a recorrer a máquinas que até então sempre se haviam recusado a empregar. As primeiras experiências foram tímidas e, às vezes, decepcionantes. Conta como seu pai, já velho, foi obrigado a pegar do arado porque ninguém sabia manejá-lo. O escândalo da vizinhança foi geral. Como podia um fazendeiro tão ilustre rebaixar-se a tal condição? Multiplicavam-se os comentários: o pobre homem certamente enlouquecera abalado pela crise que o atingira com a abolição. Era visto no campo manejando o arado. Perdera o senso! Depois, com surpresa, verificaram sua persistência. Foram convidados a visitar as novas plantações. Duvidaram de seus resultados. Regozijaram-se com os primeiros malogros, vendo neles a confirmação das suspeitas. Mas a obstinação do velho foi recompensada. Dois anos depois, o número de "loucos" subira a 106. A lavoura de Paraopeba mecanizava-se. O arado começava a ser usado para a cana e o milho. Os lucros logo comprovaram a superioridade da máquina sobre o trabalho puramente braçal e remuneraram o capital empatado. O carro de milho, que custava, pelo sistema tradicional, 46$600, com a mecanização, saía por 9$850.

A luta em prol da mecanização da lavoura vinha de longe. Já José Bonifácio, na representação à assembleia constituinte, referia-se à importância do arado. A maioria dos que escreveram a favor da emancipação do escravo apontou a mecanização da lavoura e dos processos de beneficiamento do café como uma necessidade. Já em 1833, um dos números do *Auxiliador da Indústria Nacional* trazia um artigo sobre a Vantagem do Emprego das Máquinas, e outro apresentava uma relação abreviada das Máquinas, e Modelos, que se encontravam no Conservatório da Sociedade Auxiliadora da Indústria Nacional e que podiam ser examinados pelos interessados. Alguns anos depois, em 1837, o conde de Gestas, num artigo publicado no *Auxiliador da Indústria Nacional*, referia-se ao emprego de máquinas de socar, descascar e peneirar que poupavam não só a mão de obra, como ainda a saúde dos escravos, que muitas vezes sucumbiam de moléstias do peito em consequência desses penosos trabalhos. Sugeria ainda o emprego de estufas e tabuleiros cobertos, assim como ventiladores para melhorar os processos de secagem do produto, informando que vinha utilizando já há algum tempo estufas em sua fazenda na Tijuca.

Nos anos 30, na Província do Rio de Janeiro, havia três processos de beneficiamento de café: no pilão, no monjolo ou batido a vara. Anos mais tarde, começaram a aparecer novos sistemas, ensaiando-se algumas máquinas novas: despolpadores, ventiladores feitos de folha de flandres, e separadores. Os primeiros constituídos por duas mós, assentadas como as de um moinho de trigo ou fubá, eram uma novidade. Os ventiladores e os separadores resultavam numa grande economia de mão de obra. Custavam 350$000, mas eram capazes de separar 550 arrobas em doze horas, quando movidos a mão, e mil, quando movidos por força hidráulica. Realizavam o trabalho de quinze mulheres catadeiras de café.

Apesar dessas vantagens, não conseguiam entusiasmar a maioria dos fazendeiros que continuavam, ainda, apegados à rotina. Uma das poucas inovações que encontrou acolhida: o monjolo, que sucedera ao pilão, representara notável economia de mão de obra, pois realizava o trabalho de doze mulheres. Ao monjolo sucedera, em algumas regiões, um tipo mais aperfeiçoado, no qual cada mão de pilão fazia tanto trabalho em uma hora, quanto um monjolo em um dia, ou como doze monjolos em oito horas ou noventa homens no mesmo espaço de tempo, socando o café em pilões comuns.[37]

Os poderes públicos não descuravam de estimular o emprego da maquinaria, principalmente a partir do momento em que se intensificou a grita geral sobre a falta de braços.

Em 1852, Rodrigues dos Santos apresentava à Assembleia Provincial de São Paulo um projeto pelo qual propunha que fosse estabelecido na capital um "gabinete de máquinas e instrumentos aplicáveis à agricultura". Sugeria, ainda, que o governo patrocinasse a edição de jornais e outras publicações sobre os melhoramentos industriais aplicáveis especialmente à lavoura. Dois anos mais tarde, em 1854, as disposições transitórias do orçamento estabeleciam a criação de um conservatório industrial que conteria, entre outras coisas, máquinas e instrumentos, bem como seus modelos, desenhos e descrições – próprios para melhor aproveitamento

---

37 Burlamaque, *Monografia do café e do cafeeiro*.

DA SENZALA À COLÔNIA   221

dos trabalhos agrícolas e fabris da província. No ano seguinte, o orçamento consignou, nas disposições transitórias, Artigo 20: fica o governo autorizado a vender a lavradores da província, pelo prazo que julgar conveniente, as máquinas e instrumentos rurais que o mesmo governo mandou vir em virtude da autorização da lei do orçamento vigente.

Nos meados do século, já se podia registrar a introdução de alguns melhoramentos nas fazendas do Rio de Janeiro. O emprego de estufas para secagem rápida do fruto era considerado um progresso. Com a sua utilização, pretendia-se evitar os danos que as chuvas costumavam acarretar no café, durante a exposição nos terreiros. O vice-presidente da Província do Rio de Janeiro dizia, em 1857, que, graças às estufas, era possível obter uma economia imensa de trabalho braçal disponível para outras aplicações. Mencionava mais uma novidade: o uso de planos inclinados de madeira, para que o café colhido nos lugares montanhosos fosse levado pelo próprio peso aos depósitos. Esse melhoramento, de pouca monta à primeira vista, mas que lhe parecia altamente apreciável, por poupar tempo e trabalho, tinha sido introduzido como as estufas, nas propriedades do barão de Nova Friburgo, e começava a ser adotado em algumas outras. Apareciam também novos tipos de despolpadores para café seco. Até então, utilizavam-se despolpadores para café em cereja, que, embora de reconhecida vantagem, só aproveitavam parte mínima das safras. Os novos aparelhos satisfaziam mais amplamente, operando com maior rapidez do que os melhores engenhos de socar. Exigiam menor força motriz, tornando-se por isso admissíveis nas fazendas onde não abundasse a água e, além disso, não esmagavam o café como os engenhos primitivos, ficando o produto inteiramente livre de pó. Com isso, o café obtinha preços mais altos.

A introdução de processos novos na lavoura e beneficiamento só se fazia, entretanto, lentamente. A existência do braço escravo relativamente abundante estorvava esse progresso. Já em 1858, o fato era apontado na Assembleia Legislativa de São Paulo por Joaquim de Almeida Leite de Morais. Discutia-se, nessa ocasião, a necessidade de criação de escolas técnicas de agricultura que ensinassem o manejo das máquinas agrícolas. Leite de Morais afirmava que, enquanto os escravos haviam sido derramados em nossas praias, em grande quantidade, os lavradores tinham desprezado as máquinas que, nessa época, custavam muito caro, porque eram escassas no mercado. Não sabendo usá-las, preferiam comprar escravos. Hoje, dizia: "os braços escravos também escasseiam completamente, o nosso lavrador já procura empregar os meios para, com mais facilidade, cultivar e já recua diante do alto preço dos escravos, procurando comprar as máquinas, porque elas já não são vendidas por esses preços fabulosos dos tempos passados", e concluía afirmando mais adiante, "se queremos introduzir a colonização em grande escala, devemos necessariamente procurar introduzir essas máquinas...".

Vinte anos antes, Leopoldo César Burlamaque, numa obra sobre os males da escravidão, apontara de maneira mais objetiva a incompatibilidade entre o regime escravista e a adoção de maquinaria. "Muitos homens têm observado", dizia ele, "que a escravidão doméstica opõe obstáculos quase invencíveis à adoção e uso das máquinas; em primeiro lugar, não é possível conseguir-se dos escravos que as manejem ou as não deteriorem em pouco tempo; em segundo lugar, os proprietários acham mais cômodo empregar as forças brutas dos seus escravos, desprezando o auxílio que a arte faz prestar às máquinas...".

Apesar dos obstáculos à adoção de processos mais racionais na lavoura, as dificuldades para obtenção de escravos, o alto preço que estes atingiram, estimulavam a mecanização.

Em 1863, comentava-se na Assembleia Provincial de São Paulo que as duas principais dificuldades com que se defrontava o lavrador paulista eram a falta de braços e a deficiência dos meios de transportes, com os quais estavam os fazendeiros obrigados a despender vultosas somas, "de sorte que não podiam auferir grandes lucros dos seus produtos" e viam, muitas vezes, os capitais comprometidos. Diante das dificuldades que minavam a lavoura, então às voltas com a praga que atingira os cafezais e prejudicada pela baixa dos preços do açúcar no mercado internacional, sugeria-se a introdução de processos mais racionais de trabalho. Inácio de Morais apresentava um projeto pelo qual ficava o presidente da província autorizado a mandar vir, por conta dos agricultores, máquinas e aparelhos necessários ao desenvolvimento da lavoura, devendo a despesa com a compra e condução desses instrumentos ser paga pelo agricultor, na ocasião em que melhor o pudesse fazer, desde que não excedesse o prazo de um ano. Justificando esse projeto, dizia: "A diminuição de braços, que cada vez mais se vai

DA SENZALA À COLÔNIA   223

tornando sensível, faz com que tenhamos necessidade de admitir um outro sistema de trabalho mais fácil e menos dispendioso, qual seja o produzido por máquinas". E concluía, afirmando que os agricultores encontravam dificuldades em utilizá-las, não só por falta de conhecimentos, como principalmente por falta de capitais. Por isso, deveria o governo facilitar os meios para que pudessem sair do sistema rotineiro.

Em 1864, foi apresentado novo projeto de igual teor. Pretendia-se oficiar "aos altos poderes do Estado, solicitando a isenção de direitos para a introdução na Província de São Paulo de todos os instrumentos aratórios e máquinas tendentes a facilitar e aperfeiçoar a indústria agrícola", uma vez que esses instrumentos vinham pagando, na alfândega, direitos muito pesados. Justificando o seu projeto, o deputado Antônio Carlos dizia: "O aperfeiçoamento da indústria agrícola tem encontrado, em nosso país (terei franqueza para dizê-lo), infelizmente, um grande obstáculo na rotina que se não quer desapegar dos carunchosos meios de que se tem usado até hoje. A introdução dos melhoramentos agrícolas não se tem feito senão com muita dificuldade e quase que forçada".

Na lavoura, a adoção de métodos novos começava a generalizar-se na década de 1860, na região Centro-Oeste paulista. As primeiras experiências não despertaram grande entusiasmo. Em 1866, algumas famílias de americanos, ali estabelecidas, divulgaram esses processos. Em 1872, afirmava-se que a maioria dos agricultores da região já os tinha aplicado em maior ou menor escala. Os instrumentos mais usados eram os arados, cultivadores, rodos e grades.

Na economia cafeeira, entretanto, os processos de mecanização mais importantes circunscreviam-se ao preparo do café, ao seu beneficiamento. Durante muito tempo, somente o pilão e o carretão haviam sido usados. Pouco a pouco, começaram a ser substituídos por outros mais aperfeiçoados. Primeiramente, haviam sido difundidas máquinas americanas, mas desde logo começaram a ser fabricadas no país. Em Rio Claro, um alemão, de nome Kleiner, construiu com êxito máquinas desse tipo. Em Belém do Descalvado, o fazendeiro Antônio Joaquim Teixeira montou outra com grandes resultados. Em Limeira, José Vergueiro conseguira aperfeiçoar uma máquina dessas. Introduzidas poucos anos antes e por preços altos, começavam a aparecer em maior número. Em 1870, contavam-se na província 150 ou mais.[38] Na sua quase totalidade, concentravam-se no terceiro distrito, isto é, na zona Centro-Oeste paulista.

Em 1872, já se assinalava, na região de Campinas, a introdução de sistemas mais aperfeiçoados, dentre os quais se destacava o Lydgerwood-Contado. Algumas dessas máquinas continuavam a vir dos Estados Unidos, mas a maioria era de invenção e fabrico nacionais, revelando-se, frequentemente, mais eficazes e adaptadas às condições locais do que as importadas.[39] No ano seguinte, o *Almanaque da Província de São Paulo*, organizado por A. B. Luné, trazia uma longa notícia sobre os sistemas de beneficiamento do café, dando as principais inovações e referindo a seu custo, observando que os mecanismos mais aperfeiçoados eram, todavia, raros, continuando a prevalecer métodos tradicionais.

Entre os novos descascadores, citavam-se os de galgas ou de mós fabricados no Rio de Janeiro, por Araújo Delforge, com dois cavalos de força e produção de oitocentas arrobas de café, descascadas em dez horas de trabalho. Havia, ainda, o de Lenoir e Filhos, que consta de descascador-ventilador e separador, com dois cavalos de força, preparando trezentas arrobas de café por dia, e vários descascadores de dentes, que compreendem descascadores e ventiladores separados, como os de Lydgerwood e Comp. e Albion Coffee Huller & Comp.

Quanto aos despolpadores, havia os de disco e de cilindro. Os primeiros, com força de quatro cavalos, podiam despolpar mais de 1.200 arrobas de café, em dez horas de trabalho e custavam apenas 800$000, preço inferior ao custo de um escravo. Os despolpadores de cilindro – considerados superiores aos precedentes porque não estragavam o café – pequenos e movidos a mão, tinham o rendimento de setenta arrobas diárias e custavam 350$000, enquanto os maiores, que davam 150 voltas por minuto e eram movidos mecanicamente, conseguiam despolpar setecentas arrobas e valiam 950$000.[40]

---

38 *Anais da Assembleia Legislativa da Província de São Paulo*, 1870, p.785.

39 *Almanaque de Campinas*. Seguido do *Almanaque de Rio Claro* para 1873, publicado por José Maria Lisboa, Campinas, 1872, p.77.

40 Em *O Correio Paulistano* de 11 de março de 1886, encontramos uma lista dos privilégios concedidos durante o ano de 1885, segundo o Art. 85 do Regulamento 8.820 de 30 de dezembro de 1882, entre os quais destacamos:

DA SENZALA À COLÔNIA 225

A administração procurava estimular a divulgação desses métodos, bem como as invenções, concedendo privilégios e prêmios aos que inventassem novos descascadores, máquinas de escolher café, novos tipos de brunidores, ventiladores, melhoramentos nas enxadas etc. Entretanto, até a década de 1870, o emprego da maquinaria era excepcional, sobretudo no Vale do Paraíba. O barão do Pati de Alferes, em sua *Memória sobre a fundação e custeios de uma fazenda na Província do Rio de Janeiro*, atacava a rotina dos fazendeiros e referia-se ao pequeno uso do arado, à ausência de processos mais adiantados de cultivo no Vale do Paraíba, e apontava o exemplo da Fazenda Ibicaba, onde o café era beneficiado em máquinas a vapor, o terreiro ladrilhado com tijolos vidrados. Na sua opinião, a lavoura do Rio de Janeiro, em lugar de extasiar-se com os "contos de mil e uma noites" das cifras de Botucatu, Jaú e Casa Branca etc., deveria imitar seus processos de lavoura.

<hr>

Mac Hardy – decreto de 12 de dezembro de 1885, máquinas para escolher café e melhoramentos introduzidos nas máquinas de descascar e brunir café. 5 de dezembro de 1885 – Ahrens e Irmãos, máquina para beneficiar café a que denominou Progresso. Idem, os mesmos melhoramentos adaptáveis a quaisquer ventiladores de café. Idem, José de Sales Leme, aparelho a que denominou Carpideira Paulista. 7 de novembro de 1885, Samuel Bevn, máquinas destinadas a limpar e colher café e outros grãos de qualquer espécie. José Barroso Pereira e Antônio Fernandes Lima, máquina destinada a descascar café, arroz e outros quaisquer cereais congêneres. 10 de outubro, Antônio Júlio Dupraz, aparelho destinado a beneficiar café – Descascador Dupraz, idem, Brunidor Dupraz. Idem, José Rodrigues Moreira, ventilador de café, descascador de café. 8 de agosto de 1885, Guilherme van Vleck Lidgerwood, máquinas para descascar café e despolpá-lo. 2 de maio de 1885, Johanne Breuer, separador de café Breuer – separação de café moca dos grãos chatos. 21 de março de 1885, Domingos Alves Pinto, aparelho denominado Progresso da Lavoura, destinado a ventilar café em côco e pilado. 21 de fevereiro de 1885, Carlos Bastos, secador de café, denominado Secador Industrial Americano. 14 de fevereiro de 1885, Guilherme van Vleck Lidgerwood, máquina denominada ventilador-apartador duplo para café, destinado a abanar e limpar o café. Em *O Correio Paulistano* de 19 de maio de 1886, encontramos o anúncio do Catador Mac Hardy – moderno privilegiado. Inaugurado na Exposição Regional de Campinas, com a seguinte observação: "Garantimos a máquina dupla de escolher com muita perfeição, de 450 arrobas a 500 de café por dia". Preços de Catador duplo 350$000, catador simples 250$000.

Na primeira exposição brasileira de café, feita em 1881, uma relação das máquinas de beneficiar empregadas nas fazendas da Província do Rio mostrava que o engenho de pilões ainda conservava a preferência de 186 fazendeiros e indicava a existência de 141 tipos de máquinas diversas, de 138 Lidgerwood e uma máquina "Brasileira" de Bernardes de Matos. A maioria do café produzido continuava sendo beneficiado no engenho de pilão e nos despolpadores.

De fato, já nessa época, observava-se diferença entre as técnicas agrárias e de beneficiamento do café em uso no Vale do Paraíba e no oeste paulista, aquele mais rotineiro, este mais modernizado.

As inovações mecânicas estrangeiras ou nacionais apresentavam-se como soluções parciais para o problema da mão de obra. Racionalizar o trabalho era reduzir a mão de obra necessária, multiplicando o rendimento. A adoção de máquinas exigia, entretanto, grande investimento de capitais, o que estava acima da capacidade econômica de uma área em via de esgotamento, como muitas das regiões do Vale do Paraíba.

Apesar do interesse que tais máquinas despertavam entre os fazendeiros, poucos podiam organizar suas fazendas nesses moldes. Quando as primeiras plantações de café tinham surgido no Vale do Paraíba, todas as etapas da produção eram exclusivamente manuais. Mais tarde, nos meados do século, quando as máquinas começaram a aparecer com mais frequência, além de difíceis de se obterem, eram dispendiosas e nem sempre davam o rendimento almejado.[41] Até então, a mão de obra escrava fora abundante e facilmente adquirida. As fazendas do vale, que já se haviam organizado com base no braço escravo, não se sentiam ainda impelidas a providenciar sua substituição. O emprego de máquinas demandava não só investimento de capital, como era pouco compatível com o trabalho escravo. Exigia trabalhadores com certa qualificação, capazes de manobrá-las e conservá-las. O escravo, pela sua própria condição, não tinha interesse algum no trabalho. Faltava-lhe o interesse, faltava-lhe a liberdade de ação, faltava-lhe também a responsabilidade: qualidades necessárias para se lidar com máquinas dispendiosas que, avariadas, exigiam técnicos para o reparo.

---

41 Stein, op. cit., p.284.

DA SENZALA À COLÔNIA   227

Por essas razões, pareciam os fazendeiros do Vale do Paraíba pouco propensos à adoção da maquinaria. A decadência que atingiu a região provocou crise na situação financeira dos fazendeiros das zonas fluminense e paulista do vale, deixando-os sobrecarregados de dívidas. Por isso, na época em que a maquinaria tornava-se mais acessível e aperfeiçoada, e que o problema da mão de obra se agravava, viam-se impossibilitados de recorrer àquela solução. Daí o contraste entre essa região de lavoura mais antiga e as zonas novas, onde não só o espírito receptivo às inovações, peculiar às zonas pioneiras, mas, sobretudo, o alto rendimento do café e as dificuldades para obtenção de escravos e maiores facilidades para adoção do trabalho livre estavam a favorecer a mecanização.

Em 1876, na Fazenda Ibicaba, apontada como exemplar, era o cafezal tratado com arado e a fazenda equipada de máquinas a vapor, terreiros imensos ladrilhados com tijolos de ferro, permitindo recolher o café, com maior presteza.

Na década de 1880, no centro e oeste paulistas, despenderam--se grandes somas com a maquinaria, visando economizar mão de obra. Em muitas delas, o café era transportado para a casa de máquinas, pilado, descorticado, escolhido, brunido, ensacado e pesado, tudo mecanicamente.

Esses processos mecânicos visavam sobretudo melhorar a técnica do beneficiamento do produto. Já na cultura propriamente dita, prevaleciam os métodos manuais, ditados pela rotina. Na maior parte das fazendas, continuava-se a cultivar a terra apenas com o auxílio da enxada.

Achavam-se os lavradores do oeste paulista em melhores condições para introduzir as inovações técnicas no setor da lavoura e beneficiamento de café do que os do Vale do Paraíba. Compeliam--nos tanto o problema acarretado pela desorganização do trabalho servil e a perspectiva do trabalho assalariado.

Construíram-se terreiros de tijolos ou macadame, os métodos de despolpagem e secagem foram sendo aperfeiçoados. Abandonaram-se processos antigos e rotineiros. Ventiladores rústicos movidos a mão foram substituídos por ventiladores mecânicos. Um dos mais reputados foi lançado por Taunay e Silva Teles. Despolpadores, ventiladores, classificadores movidos a vapor multiplicaram-se nas fazendas do oeste paulista. Tudo isso resultava num aperfeiçoamento do produto que alcançava cotações mais altas no mercado. A introdução de processos mecânicos no beneficiamento do café, favorecida pelos altos preços atingidos por esse produto no mercado internacional, contribuiu para melhorar a rentabilidade; aproveitava-se melhor a safra e o café, assim preparado, gozava da preferência do mercado consumidor. Esse fato já era observado em 1870. O café preparado na "máquina americana" encontrava, em geral, uma vantagem de quatrocentos a seiscentos réis em arroba sobre os chamados de terreiro. Por outro lado, o café tratado por sistemas mais primitivos começava a encontrar pouca aceitação nos mercados europeus.[42]

Em 1883-1884, a arroba do despolpado valia oito mil-réis, enquanto a de terreiro superior apenas cinco mil-réis. O fazendeiro que obtivesse 40% de despolpado e 40% de terreiro superior poderia dobrar seu lucro sem fazer variar muito os trabalhos de cultura e preparação.[43]

Novas condições para a imigração

Os altos preços atingidos pelo café no mercado internacional, a melhoria das vias de comunicação, o aperfeiçoamento dos meios de transporte, a possibilidade de empregar, cada vez em maior escala, processos mecanizados para o beneficiamento do café, o fenômeno da urbanização característico da segunda metade do século, o crescimento da população modificavam as condições econômicas das áreas cafeeiras, criando novas perspectivas para o trabalho livre.

Mesmo depois de malogrado o sistema das parcerias e embora o escravo tivesse parecido a alguns a melhor solução para a lavoura do café, não cessaram as tentativas de promover-se a imigração.

Os nossos tradicionais fornecedores de braços livres, como a Alemanha e a Suíça, tinham praticamente barrado a emigração para o Brasil. Os lavradores voltaram-se para outras áreas: Portugal, Espanha, Itália. Em 1870, Joaquim Bonifácio do Amaral, impor-

---

42 *Anais da Assembleia Legislativa da Província de São Paulo*, 1870, p.785.
43 Taunay, 1945, p.155-6.

DA SENZALA À COLÔNIA

tante fazendeiro do município de Campinas, dirigia-se à Europa, a fim de contratar colonos para sua fazenda. Nesse mesmo ano, o *Diário de São Paulo* publicava um artigo sobre as novas possibilidades da imigração e frisava que todos os países civilizados tinham abolido a escravidão e que, com auxílio do governo, a imigração seria bem-sucedida.[44]

Em outubro de 1870, José Vergueiro apresentava no *Correio Paulistano* um cálculo visando demonstrar que o trabalho do colono era mais rendoso que o do escravo. Cem escravos, dizia, importam não menos do que 200:000$000, à razão de dois contos cada um, incluída a sisa. Com esse capital, era possível obterem-se 1.666 trabalhadores livres. Calculando em seguida sobre o termo médio que produzia o imigrante colocado em plantações já feitas, avaliava em cerca de 372$000 a produção anual ou em 350$000 em se tratando de terras incultas. Admitindo que o escravo produziria o mesmo que o imigrante, calculava em 361$000 o termo médio da produção anual por trabalhador, com a diferença, dizia, que foram empregados na aquisição dos braços livres menos do que na aquisição do escravo.

As transformações econômicas e sociais que atingiram a Itália, a partir de 1870, criaram um clima de disponibilidade para a emigração. Por outro lado, a partir dessa década, o governo brasileiro passou a financiar, cada vez mais, a vinda de imigrantes, subvencionando-a de várias maneiras. Em 1871, era baixada uma lei autorizando o governo a emitir apólices até seiscentos contos para auxiliar o pagamento das passagens de imigrantes (Lei Provincial n.42, de 30 de março de 1871), de preferência originários do norte da Europa. Deveria ser atribuída a cada pessoa a quantia de vinte mil-réis. Por um contrato feito entre o governo imperial e provincial, a verba foi elevada a cem mil-réis por pessoa. O governo imperial associava-se dessa forma ao da província para intensificar a corrente imigratória. Por um decreto de 8 de agosto de 1871, era constituída a Associação Auxiliadora de Colonização, congregando importantes fazendeiros e capitalistas. A despeito dessas medidas e embora alguns fazendeiros, como o senador Sousa Queiroz, o comendador Sousa Barros e

---

44 *Diário de São Paulo*, 1º de julho de 1870. Idem, 19 de agosto de 1870.

230 EMÍLIA VIOTTI DA COSTA

Joaquim Bonifácio do Amaral e o desembargador Gavião Peixoto (obtendo os dois últimos auxílio do governo imperial, na razão de trinta mil-réis por pessoa), tivessem insistido no emprego do imigrante, dizia o presidente da província em 1872, que "a colonização se não pode julgar-se paralisada também por ora muito pouco aumenta a massa da população que se consagra ao trabalho agrícola".

Em 1874, recebia a Associação cem contos para colaborar no financiamento da passagem dos imigrantes (lei n.44, de 16 de abril de 1874). O Estado chamava a si, cada vez mais, a responsabilidade por esse financiamento, passando a subvencionar a entrada de pequeno número de imigrantes. Atendia-se, com isso, a uma das principais queixas de colonos e proprietários que, desde as primeiras experiências da parceria, tinham considerado as dívidas com o transporte dos colonos um dos grandes fatores do insucesso da colonização do país.[45]

Pelo contrato celebrado entre o governo e a Associação de Colonização, comprometia-se aquele a auxiliar com a quantia de 60$000 por colono a ser empregado como simples trabalhador nos estabelecimentos rurais, e 70$000 em se tratando de contratos de parceria. Aos menores de quatorze anos e maiores de dois, seria atribuída quantia correspondente à metade oferecida aos adultos. Na hipótese de serem os imigrantes estabelecidos pelo sistema de propriedade, o governo se obrigava a pagar a quantia de 150$000 por adulto e 75$000 por criança.[46]

A Lei Provincial n.36, de 21 de fevereiro de 1881, consignava 150 contos para o pagamento de passagens de imigrantes e determinava a construção de uma hospedaria. Em 1884, novos créditos

---

45 As subvenções do governo para imigração foram, segundo dados fornecidos pela Comissão Central de Estatística, em

1881-1882	–	52:732$969
1882-1883	–	27:266$900
1883-1884	–	71:257$180
1884-1885	–	234:346$500
1885-1886	–	808:147$600

46 Relatório à Assembleia Legislativa da Província de São Paulo pelo Presidente da Província, João Teodoro Xavier, em 5 de fevereiro de 1874, anexo 12.

DA SENZALA À COLÔNIA 231

foram concedidos, visando à criação de núcleos coloniais e auxílio à imigração destinada à grande lavoura. Em 1885, outras leis nesse sentido. Entre 1881 e 1882 e 1890 e 1891, as despesas feitas pelo Tesouro do Estado com a obra da colonização, estimulando a iniciativa particular, montou a elevada soma de 9.244:226$550.[47] Apenas num exercício, o de 1886-1887, despendeu a província a soma de 1.133:422$681.

Nos últimos anos, a imigração era favorecida pelos auxílios pecuniários concedidos aos imigrantes, as passagens e conduções gratuitas nas estradas de ferro, a hospedagem durante oito dias nos alojamentos e outros favores.[48] Graças a essas subvenções, ficava o colono liberado das dívidas que, até então, haviam pesado sobre ele. Ao mesmo tempo, generalizava-se, em certos meios, a convicção de que o único meio para se chegar à abolição era a intensificação da corrente imigratória. Ilustrativo desse pensamento são os artigos que Pereira Barreto escreveu em *A Província de São Paulo*, em 1880, nos quais afirmava que a escravidão era um estado transitório e que a sociedade, espontaneamente, a rejeitaria, desde o momento em que estivesse preparada e com forças para tanto. Assim, a seu ver, a escravidão não deveria ser eliminada através de decreto "motivado por considerações éticas, mas pelo desenvolvimento do trabalho livre", que haveria de tornar antiquado e antieconômico o trabalho escravo. Por isso, recomendava a imigração.[49]

Nem todos pensavam assim. A política de subvenção provincial à imigração encontrava ainda núcleos de resistência entre os fazendeiros abarrotados de escravos que tinham momentaneamente resolvido o seu problema. Isso talvez explique, em parte, a divergência de posições assumidas, já em 1870, pelos representantes do oeste paulista e do Vale do Paraíba. Bloquearam estes o

---

47 Relatório apresentado ao Ilmo. Sr. Dr. Jorge Tibiriçá, digno Secretário do Estado dos Negócios da Agricultura, Comércio e Obras Públicas, pelo Inspetor de Engenharia, Leandro Dupré, em 19 de março de 1893. Entre outras leis favoráveis à imigração, destacamos: lei de 29.4.1884: lei n.14 de 11.2.1885, lei n.124 de 28.5.1886 e lei n.96, de 11.4.1887.

48 Relatório de Frederico Abranches, Inspetor-Geral da Imigração, anexo ao Relatório do Visconde de Parnaíba, em janeiro de 1887.

49 *A Província de São Paulo*, nov.-dez. 1880 e jan. 1881.

projeto de lei visando auxiliar aquelas iniciativas que nasciam do interesse da lavoura do oeste, empenhada em promover a imigração. Os dois grupos dividiram-se nitidamente na assembleia. Os fazendeiros do oeste, liderados por Antônio Prado e Rodrigo Silva, opuseram-se aos do Vale do Paraíba, encabeçados por deputados como Abranches (que embora não fosse ele mesmo fazendeiro, representava, nessa ocasião, Guaratinguetá), e Vicente de Azevedo (de Lorena). Os representantes do vale acusavam seus colegas do oeste de pretenderem obrigar toda a província a arcar com as despesas que eram principalmente do interesse particular de certos fazendeiros. Defendiam-se os outros dizendo que esse era o interesse da província, pois sua maior riqueza vinha exatamente da região em franca expansão, sobretudo da lavoura cafeeira. A oposição que dividia uma assembleia conservadora em maioria e minoria, separando representantes do mesmo partido em grupos opostos, manifestou-se outras vezes a propósito da construção de ferrovias e da melhoria das estradas de rodagem e refletia a realidade econômica subjacente.

Votou, na ocasião, contra o projeto de colonização, a quase totalidade dos deputados do segundo distrito que correspondia aos municípios do vale, e alguns do primeiro distrito, capital. A favor, manifestou-se a maioria dos deputados do terceiro distrito (centro e principalmente oeste paulistas e litoral) e alguns da capital.[50]

Em virtude dessa oposição, as leis elaboradas pela assembleia, visando incrementar a entrada de imigrantes, nem sempre foram executadas em toda a sua largueza pelo governo provincial. Em 1881, o legislativo autorizou o governo a despender, com o serviço de imigração, 150 contos de réis. Entretanto, no decorrer de 1881 e 1882, não foram gastos nem 50% da verba votada.[51] O mesmo sucedeu em 1884, quando a assembleia autorizou despesas no valor de seiscentos contos, sendo quatrocentos para auxílio aos imigrantes e duzentos para a criação de núcleos coloniais. No

---

50 *Anais da Assembleia Legislativa da Província de São Paulo* 1870, p.44 ss.; 458 ss.; 508 e 520.

51 Luz, op. cit., p.86.

DA SENZALA À COLÔNIA 233

período em questão, despenderam-se apenas 385 contos. Alegava o executivo falta de recursos do Tesouro Provincial.

Apesar da ameaça que pairava sobre o "regime servil", embora os preços de escravos atingissem cifras excessivamente altas, ao mesmo tempo em que as condições econômicas se apresentavam mais favoráveis ao desenvolvimento do trabalho livre e da imigração, o número de imigrantes entrados, nesse período, até 1885, ainda foi pouco significativo. De 1875 a 1885, ingressaram na Província de São Paulo cerca de 42 mil,[52] com o predomínio de italianos e portugueses. Nos dois anos seguintes, a população estrangeira entrada na província superou de muito a dos dez anos anteriores. Assim é que, em 1887, São Paulo recebeu 32 mil imigrantes e, em 1888, mais de 92 mil.[53] Foi, entretanto, a partir da Abolição que se deu o verdadeiro surto de imigração para São Paulo, que, entre 1888 e 1900, recebeu mais de oitocentos mil imigrantes.

A intensificação da corrente imigratória, a partir de 1886, corresponde a uma série de novas medidas tomadas pela administração.

Data dos anos 80 a formação dos organismos interessados na empresa, tais como a Sociedade Promotora de Imigração (1886), dirigida por Martinho Prado Jr., Nicolau de Sousa Queiroz e Rafael de Aguiar Pais de Barros e as associações locais, como a Sociedade Taubateana de Imigração, filial da Sociedade Central de Imigração.[54]

---

52 Dados da Comissão Central de Estatística. Em 1882: 2.743; em 1883: 4.912; em 1884: 4.879; em 1885: seis mil e, em 1886: 9.530.
53 Camargo, op. cit., v.I, p.115. Marc, op. cit., 1850, p.347.
54 Mss. Arq. Est. de São Paulo, T. I, cx. Imigração, 1854-1886.

GRÁFICO DOS IMIGRANTES ENTRADOS NA PROVÍNCIA DE SÃO PAULO ENTRE 1850 E 1888

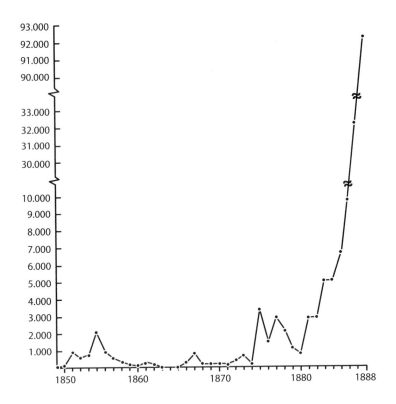

Fonte: Relatório apresentado ao Exmo. Sr. Dr. Jorge Tibiriçá, Digno Secretário de Estado dos Negócios da Agricultura, Comércio e Obras Públicas pelo Inspetor Engenheiro Leandro Dupré em 19.3.1893.

O serviço de colonização foi favorecido em 1886 pela nomeação do Dr. Antônio Prado, ilustre fazendeiro do oeste paulista, para a pasta da Agricultura.

A ascensão à presidência da província, de Antônio Queiroz Teles, barão do Parnaíba, grande fazendeiro do oeste que fora, já na década de 1850, um dos primeiros a instalar colonos estrangeiros em sua fazenda de Jundiaí, concorreu também para isso. Embora pertencendo ao partido conservador, identificou-se com a política imigratória de maioria liberal da assembleia legislativa.[55] Tomou medidas visando resolver o problema da importação de braços livres para a província. Com esse objetivo, foi votada uma verba vultosa, sendo empregada na imigração quantia superior a mil contos. Em pouco tempo, entravam mais imigrantes na província do que nos últimos 25 anos. A Sociedade Promotora de Imigração celebrou contrato para a introdução de imigrantes. Assim, no ano de 1887 chegaram mais de 32 mil. Em fevereiro de 1888, a assembleia autorizava o governo da província a contratar a introdução de cem mil imigrantes.

QUADRO DO MOVIMENTO GERAL DE IMIGRAÇÃO NO PORTO DO RIO DE JANEIRO, DE 1855 ATÉ OUTUBRO DE 1878

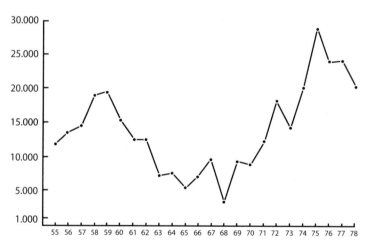

Fonte: Mss. Arq. Nac. Cod. 544 – Relatório do Inspetor-Geral de Terras e Colonização apresentado ao Sr. Cansanção de Sinimbu, 1878.

Entre 1884 e 1888, várias leis foram aprovadas pela assembleia legislativa destinadas a favorecer a imigração: Lei Provincial de 29 de março de 1884, lei de 11 de fevereiro de 1885, de 21 de março de 1805, de 28 de maio de 1886, de 11 de abril de 1887.

---

55 Luz, op. cit., p.152.

236 EMÍLIA VIOTTI DA COSTA

Data também desse período a tentativa de ampliação e reorganização dos núcleos coloniais de povoamento. Muitos dos que se achavam abandonados foram restaurados e outros criados: São Bernardo (1887), São Caetano (1887), Senador Antônio Prado (1887), Barão de Jundiaí (1887), Conselheiro Rodrigo Silva (1887) e outros.[56] A partir de então, o Brasil passou a atrair maior número de imigrantes. O *Correio Ítalo-Americano* noticiava, em 1887, que tinham saído para a América 162 mil italianos. Desse total, 132.553 se teriam dirigido ao Brasil.[57]

O imigrante italiano e o português, principalmente o primeiro, vinham preencher a necessidade de mão de obra nas lavouras de café. Os sistemas de trabalho adotados desde a decadência das parcerias fora o da locação de serviços ou o salariado. Recebia o imigrante um salário variável conforme a região, mas em geral baixo. Em 1879, imigrantes portugueses foram contratados à base anual de 240$000, num regime de trabalho de dez horas por dia.[58] Em 1883, o salário-dia era de 1$200; 1$500 para trabalhadores no campo, de 1$200 a 2$000 para operários de fábricas, na zona açucareira de Porto Feliz. Em Piracicaba, na mesma época, oscilavam entre 25$000 e 30$000 por mês, com comida, recebendo os diaristas de 1$400 a 1$500. Já na região de Lorena, o pagamento era mais baixo. Variava entre 12$000, 14$000, 16$000 e, no máximo, 20$000 por mês com comida, e o diarista recebia de 1$000 a 1$200. Esses salários correspondiam ao preço do aluguel de escravos. Nas fazendas Santana, Aliança e Monte Alegre, de propriedade do barão do Rio Bonito, num total de 390 escravos, quarenta eram alugados à razão de vinte mil-réis por mês com comida e roupas. Às vezes, os salários atingiam até 25$000 com comida. Calculava-se que a alimentação do escravo

---

56 Comissão Central de Estatística. Relatório de 1888.
57 A *Província de São Paulo*, de 23 de junho de 1888.
58 Laerne, op. cit., p.155, 318. Em 1884, o Relatório da presidência da Província do Rio de Janeiro mencionava os seguintes salários: jornal diário para todo serviço: $640. Jornal mensal para todo serviço 12$000 a 15$000. Carpas de cafezal por mil pés: de 6$000 a 10$000. Apanha de café por 50 litros: $320. Derrubadas de mata virgem por dia: 1$000. Empreitada para plantação de café, por mil pés: 100$000 a 500$000.

DA SENZALA À COLÔNIA

custava, então, cerca de 600 réis diários, o que dava uma despesa de 18$000 mensais, 219$000 por ano. O salário "a seco" era mais alto, atingindo 2$000 diários.[59] Os trabalhos de derrubada da mata virgem, e as roçadas, os cuidados com o café no terreiro eram remunerados em outras bases. Pagava-se, nessa época, 75 a oitenta mil-réis pela derrubada do alqueire de mata. Para a mesma extensão da capoeira ou capoeirão: 35$000 a 50$000, variando as cifras conforme a região. Em geral, empreitavam-se roçada e derrubada por 100$000 a 130$000.[60]

Em 1885, numa discussão sobre salários, na Sociedade de Imigração de São Paulo, um dos fazendeiros ali presentes, Pais de Barros, informava que, em condições normais, o salário máximo nas fazendas podia ser de trinta mil-réis mensais. Aparteou-o Jaguaribe, para quem esse preço só poderia manter-se nos bons estabelecimentos, pois, na maioria dos casos, absorveria os lucros do senhor.[61]

Os colonos italianos e portugueses acomodaram-se bem ou mal à baixa remuneração desse período, em que, embora ameaçado, persistia o braço escravo.

Novos tipos de contrato foram elaborados à medida que mudavam as condições socioeconômicas. Começou a generalizar--se um regime misto, pelo qual o imigrante recebia casa, pasto e um hectare de terra para plantar o necessário ao seu sustento, e mais 50$000 por ano, para tratar de mil pés de café, incluídos os serviços de capina, replantio das falhas, limpeza, varreduras. Ganhava ainda trezentos réis por 50 litros de café colhido. Pelos cálculos feitos em 1888, um indivíduo poderia obter, em média, 100$000 por ano, correspondente à manutenção de dois mil pés de café e mais cem mil-réis pela colheita. Os colonos ficavam obrigados pelos contratos à capinagem e a carpa, quatro a cinco vezes por ano. Nas zonas onde havia só escravos, reduziam-se a duas ou três.[62]

---

59 Laerne, op. cit., p.256.
60 Ibidem, p.244. Couty (1883) refere que a derrubada era frequentemente entregue aos caboclos por 50$000 ou 60$000 o alqueire.
61 *Correio Paulistano*, 22 de dezembro de 1885.
62 Comissão Central de Estatística, p.267. Laerne, op. cit., p.254-5.

Com esse sistema de remuneração e as novas possibilidades oferecidas pela imigração, o fazendeiro de café encontrou a maneira de substituir vantajosamente o escravo pelo trabalhador livre. Nas zonas mais novas, Campinas, Descalvado, Araras, Casa Branca, Rio Claro, Limeira, que eram também as mais produtivas, cabia, em média, ao escravo, a conservação de dois a três mil pés.[63] No Vale do Paraíba, onde a produção estava em decadência, a média era de três a quatro mil arbustos, por escravo. À medida que decaía a produtividade, ele era obrigado a manter um número cada vez maior de pés, chegando a ocupar-se, nas zonas mais antigas, de quatro, cinco e até seis mil.

A produção variava conforme a fertilidade da terra e a idade do cafezal. Em São Paulo, cafezais de oito a dezesseis anos davam, facilmente, cem arrobas e mais por mil pés, enquanto os de vinte a trinta anos produziam, em média, cinquenta arrobas e os de 35 a cinquenta anos não davam mais de vinte a trinta por mil pés.[64] Essa variação de produtividade afetará as possibilidades de transição para o trabalho livre. As regiões em decadência dificilmente poderão concorrer no mercado de trabalho com outras em franco progresso. Estão condicionadas, inevitavelmente, a oferecer salários mais baixos.

Nas zonas novas, de alta produtividade, onde o processo de beneficiamento estava aperfeiçoado e a melhoria das estradas de rodagem, a extensão das vias férreas tinham reduzido as despesas com o frete, o trabalho livre começara a aparecer como a solução ideal. A manutenção do escravo importava nessa época (1883-1884) em cerca de 20$000 mensais, ou seja, 240$000 anuais, por pessoa.[65] Representava, ainda, um empate vultoso

---

63 Laerne, op. cit., p.310.

64 Couty, op. cit, 1883, p.137.

65 As despesas feitas com a manutenção dos escravos são calculadas na seguinte base: dois conjuntos de roupa por ano – 7$000 mais um cobertor, uma camisola de baeta e uma japona 9$000, cada dois anos, totalizando 11$500 anuais para homem e 13$350 para mulher. Calculando-se a despesa de alimentação em 600 réis diários, têm-se a despesa de 219$000 anuais (Laerne, op. cit., p.309). Em um trabalho publicado na Bahia, em 1870, Elisiário Pinto calcula em 150$000 anuais mais 10% de juros sobre o valor total do escravo as despesas anuais (Pinto, 1870). Tschudi (op. cit., p.179), nos anos 60, informava que antigamente se calculava no Rio de Janeiro a alimentação

DA SENZALA À COLÔNIA 239

de capital, sujeito a desaparecer de uma hora para outra. O escravo precisava ser mantido durante todo o ano, adoecia, fugia, prejudicava o rendimento. Tudo isso resultava na valorização do trabalho livre. É verdade que o escravo labutava de sol a sol e ocupava-se indiscriminadamente de qualquer serviço. Já o imigrante recusava-se, frequentemente, a executar tarefas improdutivas, ou pouco rendosas. Chegava-se a dizer que ele realizava apenas um terço do que o escravo era obrigado a fazer. Joaquim Floriano de Godoi afirmava, ainda, em 1888, que os imigrantes europeus só eram aptos para os serviços fáceis e de pronta remuneração. Só aceitavam as carpas dos cafezais formados e as colheitas, o que lhes podia dar interesses imediatos ou próximos.[66] Mas com o crescimento da população do país, aquelas incumbências puderam ser atribuídas cada vez mais ao trabalhador livre nacional, pago com salários tão baixos que, muitas vezes, equivaliam às despesas feitas pelo proprietário com o escravo.

Com a especialização das funções de trabalho resultante das transformações ocorridas no sistema de produção, houve um processo de diversificação e especialização. O ritmo de trabalho modificou-se, as atividades não eram mais incessantes.

Havia períodos em que se podia, facilmente, dispensar parte da mão de obra. Por outro lado, essas modificações estavam a exigir trabalhadores mais qualificados.

As novas condições permitiam certa economia da mão de obra, bem como ofereciam possibilidades de maior rentabilidade. Mesmo na década de 1880, durante um período de crise em que os preços que se haviam mantido elevados, tendo atingido até dez e doze mil-réis a arroba, caíram para quatro,[67] a lembrar os da época em que se tentara introduzir a parceria, nos meados do século,

---

de um escravo em 80 réis por dia, sendo a melhor alimentação avaliada em 120 réis. Atualmente, diz ele, não é possível gastar menos do que trezentos a quatrocentos réis por dia.

66 Godoi, 1888, p.106.

67 Essa crise que atingiu o café pode ter contribuído para intensificar o interesse na eliminação do sistema escravista, uma vez que as condições eram incompatíveis com a manutenção de uma economia de desperdício – típico desse sistema.

a margem de lucro era provavelmente maior do que naqueles primeiros tempos.

VARIAÇÃO DO PREÇO MÉDIO DO CAFÉ DE 1839 A 1899

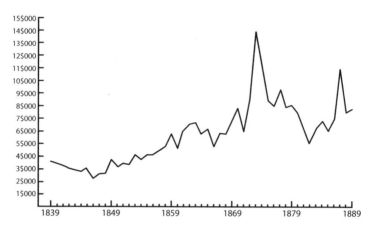

Fonte: Nicolau Joaquim Moreira - *Breves Considerações sobre a História e Cultura do Cafeeiro e Consumo de seu Produto* - Rio de Janeiro - 1872. Afonso Taunay - História do Café - *Correio Paulistano*, 1873 - *Diário de São Paulo*, 1870.

A melhoria do sistema de transporte não só possibilitara uma redução do frete como permitira maior rapidez da circulação evitando o que sucedia, frequentemente, nos meados do século, que o café se deteriorasse nas tulhas, enquanto aguardava a ocasião de embarque por falta de meios de transporte. Diminuíam também os prejuízos que, anteriormente, ocorriam ao longo das penosas viagens, quando animais e cargas se perdiam. Aumentava a capacidade de transporte. Rapidez, melhor circulação, menores perdas e danos, melhor qualidade do produto, tudo isso significava aumento da produtividade, maiores possibilidades de racionalização do trabalho, liberação de certos capitais anteriormente imobilizados e de mão de obra. Em outros tempos, dada a dificuldade de transporte, o lavrador era obrigado a recorrer a empréstimos, pagando juros que atingiam, em certos casos, a 15% e 18%, até poder exportar a safra, enquanto essa permanecia nas tulhas a deteriorar-se.

DA SENZALA À COLÔNIA

Para melhorar a situação, também concorriam os benefícios resultantes do aperfeiçoamento do processo de beneficiamento do café. Todas essas transformações tinham vindo beneficiar o fazendeiro. A situação em que se encontrava a maioria dos colonos deixava muito a desejar. O sistema que se generalizara nas últimas décadas era-lhes menos favorável do que a parceria. Pelos novos contratos não eram nem meeiros nem assalariados. Pagava-se-lhes um preço mínimo para cada atividade desempenhada, o que lhes assegurava uma parte muito pequena: cerca de um sexto a um sétimo do preço de venda do produto, por volta de 1879.[68]

Na Fazenda Saltinho, do visconde de Indaiatuba, onde havia uma importante colônia de italianos, recebiam estes, nessa época, 1$200 por arroba;[69] sendo a média de produção, por família pequena, de duzentas arrobas por dois mil pés, num cálculo favorável de produção, poderiam receber, anualmente, 240$000, quantia inferior à despendida pelo fazendeiro com a alimentação e vestuário dos escravos.

Numa relação que informa sobre a situação dos colonos da Fazenda Saltinho do visconde de Indaiatuba, para os anos de 1879-1880, verifica-se que a média, às vezes, era ainda mais baixa.

	Por trabalhador:	
	Anual	Mensal
	aproximadamente	
Família Simeoni	246$000	20$000
" Fontana	134$000	11$000
" Stenico	195$000	16$000
Ano 1879		
Família Simeoni	535$000	44$000
" Fontana	114$000	9$000
" Stenico	139$000	11$000

---

68 Couty, op. cit, 1883, p.20.
69 Couty, op. cit., p.188. Esses dados são todos mais ou menos coincidentes: os fornecidos por Couty, Van Delden Laerne e pela Comissão Central de Estatística. Diz Couty que uma família pequena podia colher vinte a quarenta mil litros de café por ano, informa a Comissão Central de Estatística que se pagava à razão de trezentos réis por cem litros, o que dá cerca de 120$000 por colheita.

Max Leclerc, visitando o Brasil em 1889, observava que os colonos da Fazenda Santa Veridiana, do conselheiro Antônio Prado, eminente político e um dos mais prósperos fazendeiros paulistas, achavam-se, na sua maioria, sobrecarregados de dívidas. Em oitenta famílias ali existentes, apenas 28 possuíam um ativo maior do que o passivo. Outras, chegadas cerca de quatorze meses antes, ainda não tinham conseguido libertar-se das dívidas dos primeiros tempos, em que gastaram sem produzir. Dizia, ainda, o mesmo autor que os paulistas, muito atentos aos próprios interesses, incentivavam a imigração, mas não sabiam tratar convenientemente o imigrante, pois viam neste apenas um substituto do escravo, o instrumento de sua própria fortuna e mais nada. O que faziam era perpetuar o antigo sistema colonial com pequenas mudanças.

De fato, quando comparamos os preços obtidos pelo café no mercado internacional aos rendimentos dos colonos em 1855 e trinta anos mais tarde, o que observamos é que, apesar do aumento da produtividade, dos altos preços atingidos pelo café até 1880, as quantias recebidas pelos colonos não são proporcionalmente maiores. Sua situação melhorara graças principalmente à subvenção estatal que passara a financiar as passagens.[70]

Com esse tipo de imigração e com esses contratos de trabalho, a lavoura de café parecia ter encontrado um dos caminhos para

---

70 Alfred Marc, cuja obra sobre o Brasil data de 1890, informava que um indivíduo apto a cuidar de dois mil pés de café chegaria a receber, segundo seus cálculos, 200$000 por ano, mais 100$000 pela colheita. Esses dados vêm mais uma vez confirmar os cálculos anteriormente compilados por nós a partir de outras fontes. Procurando demonstrar que a situação em que se encontram os colonos não é má, cita o relato do vice-cônsul da Itália em São Paulo, Enrico Perrod, que informa que as propriedades adquiridas por seus compatriotas em São Paulo montavam em 1882 a 5.233.518 francos. Transcreve ainda a favor dessa opinião um quadro fornecido por Martinho Prado sobre a colônia estabelecida na Fazenda Campo Alto em Araras, relativo ao ano de 1888 e outro por Martinho Prado Jr., referente à colônia Albertina em Ribeirão Preto. Gaffré, entretanto, em obra de 1912, informa que na fazenda do conde de Prates, cada família recebia 70$000 por mil pés de café e pela colheita de cinquenta litros mais quinhentos réis. Referindo-se ao proletariado rural e agrícola, diz que não passa de "poussière de peuples", e menciona o perigo de agitação socialista, embora os colonos no momento não sonhassem com uma reação brusca que os retirasse do estado de inferioridade em que vegetavam.

DA SENZALA À COLÔNIA   243

a solução do problema do braço. A necessidade de substituir o escravo pelo trabalhador livre acentuara-se a partir de 1870, com a intensificação do movimento abolicionista e a desagregação progressiva do regime servil abalado pelas fugas de escravos, agitações nas senzalas, insurreições (que se tornaram cada vez mais frequentes, principalmente na década de 1880), alforrias, leis abolicionistas e ameaças de extinção do regime servil, diminuição da população escrava, seu envelhecimento progressivo e alto custo a que chegara, representando vultoso empate de capital. As novas perspectivas de investimentos em setores novos como o transporte, bancos, indústrias, melhorias urbanas que se ampliavam nessa época, tornavam inconvenientes a imobilização do capital. A extraordinária expansão dos cafezais, principalmente a partir de 1885, quando se verifica notável surto da lavoura cafeeira, que se prolonga até 1896, estava a demandar pronta solução para o problema do trabalho.

CAPÍTULO 5

DECADÊNCIA DO SISTEMA ESCRAVISTA

Com os progressos da Revolução Industrial e do novo capitalismo, o sistema escravista desaparecera do mundo colonial. A partir da Guerra de Secessão e, principalmente, depois da vitória dos nortistas e a extinção da escravidão nos Estados Unidos, o escravismo perdeu rapidamente suas bases. Nas Antilhas francesas, não havia mais escravos desde meados do século. Em Porto Rico, decretou-se, em 1873, a abolição da escravatura e o mesmo ocorreu em Cuba, sete anos mais tarde. O Brasil permanecia isolado: bastião da escravatura. Mas a febre abolicionista ameaçava a escravidão. Em 1868, o parlamento fora abalado pelo empenho de alguns políticos em fazer passar medidas mais radicais tendentes à abolição do "regime servil". Prevaleceram, entretanto, as atitudes moderadas: em 1871, votou-se a Lei do Ventre Livre. Com isso, conseguiu-se protelar por mais algum tempo a questão. A agitação cresceu a partir de 1880, atingindo um período crítico em 1884-1885, quando se aprovou outra medida paliativa: a Lei dos Sexagenários, de efeito mais psicológico do que real. Por tudo isso, o regime servil se desmoronava moralmente. Criava-se um clima de insegurança quanto à possibilidade de prolongar uma situação cada dia mais ameaçada.

Cresciam as dificuldades para a aquisição de escravos. Os preços subiam cada vez mais. Depois da alta sofrida imediatamente após a cessação do tráfico, agravada pelo fenômeno inflacionário, eles oscilaram durante mais ou menos dez anos entre 500$000 e um conto, conforme a idade, sexo e mais atributos. Mantinham-se, em regra, entre 650$000 e 700$000. Foi nesse período, provavelmente, que o suprimento de mão de obra, nas áreas cafeeiras, se fez de maneira mais ou menos regular através da entrada de grande número de negros provenientes do Nordeste. Depois, passaram os preços a variar entre 800$000 e 1:500$000, seguindo-se outra alta acentuada. Entre 1876 e 1880, atingiam os mais altos níveis: 1:000$000 a 2:500$000 e até, excepcionalmente, 3:000$000. Estes dados tornam-se mais expressivos se comparados à curva geral de preços de gêneros de primeira necessidade, os quais, desprezadas as variações anuais particulares, ou crises circunstanciais, apresentam uma tendência à baixa em 1876-1877 e uma alta entre 1878 e 1879, a partir daí uma queda progressiva que parece atingir os níveis mais baixos por volta de 1880-1881.

Entre os extremos, há variações de acordo com o sexo e a idade. Em 1855-1865, enquanto o preço de uma mulher atingia um conto, as crianças eram vendidas a 300$000, 400$000 e até 500$000. Negociavam-se até recém-nascidos. Em 1872, por exemplo, anunciava-se no *Diário de São Paulo*, por cem mil-réis, uma criança de seis meses. Os fazendeiros não tinham grande interesse em comprar infantes. Seu espírito imediatista e a ameaça que pairava sobre a escravidão faziam que se voltassem especialmente para os escravos do sexo masculino, em perfeito vigor físico: entre os vinte e os trinta anos de idade. São estes os que custam mais, os que podem, de imediato, render mais.

Até a década de 1870, o preço de escravos, embora aumentasse sempre, mantivera-se em correspondência com a alta geral dos preços. Sem embargo das crescentes dificuldades para a aquisição de cativos que sobrevêm à cessação do tráfico, a sua obtenção continuava a ser relativamente fácil. Nessa fase, os embaraços à utilização de trabalhadores livres, nacionais ou estrangeiros, tinham sido consideráveis e, a despeito das tentativas quanto a estimular-se o trabalho livre, o negro continuava a ser o suporte natural da lavoura de café. Só nas cidades é que a escravidão se achava em vias de desaparecer.

A partir de então, a situação vai mudar. Na década de 1870, os preços de escravos passam de 1:500$000 a dois e até três con-

DA SENZALA À COLÔNIA 247

tos, enquanto os das diferentes mercadorias, inclusive o do café, começavam a cair.[1] O aumento do preço dos escravos, as restrições antepostas à circulação interprovincial, cumulando de impostos a entrada e saída de escravos, tornaram cada vez mais onerosa a posse desse instrumento de produção. Foi só a partir de 1885 que houve uma depreciação do escravo e os preços caíram a 1:500$000 e 1:000$000. Desde a cessação do tráfico, tornara-se difícil a renovação da população escrava. Os elevados índices de mortalidade infantil prejudicavam, ainda mais, essa renovação. A partir da Lei do Ventre Livre, o envelhecimento progressivo da escravaria tornava-se inevitável: era uma questão de tempo. É verdade que a lei possibilitara a perpetuação de um regime semisservil, pois estabelecia que, atingindo os filhos das escravas os oito anos, poderia o senhor optar pela indenização no valor de 600$000, pagos pelo Estado, ou utilizar-se dos serviços do menor até que este chegasse aos 21 anos completos. Essa obrigação em que incidia o ingênuo era transferível a terceiros, fosse por venda da mãe, fosse por morte do senhor. Com isso, a escravidão prolongava-se e o ingênuo, embora livre *de jure*, estava de fato preso à vontade do senhor e com as mesmas obrigações que recaíam sobre os escravos. A situação, entretanto, não era exatamente essa, pois com o progresso da agitação abolicionista, a tomada de consciência da opinião pública e as revoltas nas senzalas, há de ser cada vez mais difícil sujeitar-se o ingênuo à condição de escravo. As perspectivas de uma libertação a prazo fixo criavam para ele condições de autovalorização, que faltavam anteriormente.

Mais grave do que o envelhecimento progressivo da escravaria era o seu pequeno crescimento demográfico. Em 1854, a população escrava da Província de São Paulo montava a 117.731; em 1872,

---

1 A baixa no preço afetava os rendimentos. Em 1870, o café, que anteriormente rendia 10% a 15% caiu para 8% e 12% no máximo, em virtude de uma baixa observada no mercado europeu (*Anais da Assembleia Legislativa da Província de São Paulo*, 1870, p.815). Ainda há quem compre escravos até às vésperas da Abolição. O *Diário Popular* de 7 de fevereiro de 1887 noticiava que o cidadão José Leonardo, de Dois Córregos, comprara cerca de trinta a quarenta escravos, transportando-os num bonde especial, o que provocara espanto, por onde passavam, por serem "raras essas cenas". Admirava-se o articulista de que houvesse ainda quem empregasse capital na compra de "seus semelhantes!".

atingia 156.612; em 1883, 174.622. Nessa fase, que corresponde ao período de grande importação de escravos do Nordeste, registra-se um aumento de 43%. A partir de então, ela começou a decrescer. Em 1886, contavam-se cerca de 160.665 escravos, sem incluir os ingênuos nascidos depois de 1871, e que teriam, no máximo, quinze anos. Nas outras províncias observava-se fenômeno semelhante. A população escrava atingira o máximo por volta de 1874, apresentando, daí por diante, sensível decréscimo. Em Minas, passou de 370 mil, aproximadamente, em 1872, para 226 mil em 1885, e 191 mil em 1887. Na Província do Rio, idêntico fenômeno. O número de escravos reduzia-se a olhos vistos. Um máximo por volta de 1873-1874, com cifra superior a trezentos mil e, em 1887, cerca de 160 mil.

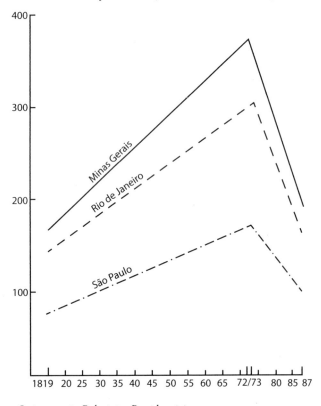

POPULAÇÃO ESCRAVA EM SÃO PAULO, MINAS E RIO DE JANEIRO (1819-1872-1873-1887)

Fonte: Stein, op. cit. Relatórios Presidenciais.

Enquanto os escravos diminuíam, crescia a população livre. Em São Paulo, ela passou de 417.149, em 1854, para 837.354, em 1874, tendo atingido, em 1886, cerca de 1.221.380. Por esses dados, verifica-se que os índices percentuais da população escrava, depois de atingirem o máximo em 1854, correspondendo a 28,2% do total da população (em 1836, os escravos correspondiam a 27,4% do total), caem para 18,7% e, em 1886, para 8,7%. Em Minas, a população livre era de 425 mil em 1823, e de 1.669.276, em 1872. Na Província do Rio, nesse mesmo período, passou de 301.099 para 490.087. Esse aumento é devido, em parte, ao crescimento vegetativo, em parte, à migração interna, outro tanto à imigração estrangeira e às várias formas de emancipação do escravo ocorridas nesse período: a Lei do Ventre Livre, libertações pelo fundo de emancipação, alforrias espontâneas, fugas, estas muito aumentadas nos anos que antecederam imediatamente à Lei Áurea.

CRESCIMENTO DA POPULAÇÃO LIVRE E ESCRAVA NO BRASIL

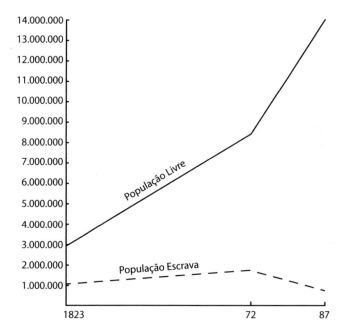

Fonte: Stein, op. cit. Relatórios Presidenciais.

Crescia a população livre, o café expandia-se, o número de escravos não aumentava na mesma proporção, e eles tornavam-se cada vez mais caros, cada vez mais difíceis de serem obtidos.

Restrições ao tráfico interprovincial

As restrições ao tráfico interprovincial multiplicavam-se. Na Bahia, já em 1862, taxava-se em 200$000 a saída de escravos. O mesmo sucedia em outras províncias do Norte. Em São Paulo, no ano de 1871, a assembleia provincial tributou com o imposto de 200$000 o escravo importado. O objetivo era embaraçar a entrada de escravos na província, pois começava-se a pensar que, enquanto houvesse escravidão, não haveria emigração. Essa medida foi revogada.[2] Em 1874, o presidente da província, João Teodoro Xavier, solicitava da assembleia um novo tributo sobre os escravos que entrassem na província.

Correspondendo a esse apelo, a assembleia legislativa votava uma lei taxando em quinhentos mil-réis o escravo averbado na província.

Em 1878, apresentava-se projeto criando um imposto de um conto sobre cada escravo chegado à província. Aprovado pela assembleia, depois de numerosos debates em plenário e discussões pela imprensa, não chegou a converter-se em lei, tendo sido vetado pelo executivo, pressionado pelos representantes de certos meios rurais, principalmente pelo Clube da Lavoura de Campinas, que solicitaram o veto à lei.[3]

A taxa estabelecida em Minas Gerais pela lei n.2.314, de julho de 1876, pela anotação da mudança de escravos procedentes de outra província, com transferência de domínio, foi elevada em dezembro de 1880 a dois contos de réis. Contra esse ato, em Minas, como sucedera em São Paulo, levantou-se vivíssima oposição e inúmeras reclamações partiram daqueles cujos interesses haviam sido diretamente atingidos, principalmente negociantes de escravos. Apesar disso, o governo provincial manteve em vigor a lei.

---

2 *Anais da Assembleia Legislativa da Província de São Paulo*, 1871, sessão de 27 de fevereiro de 1871.

3 *Mss. Arq. Est. São Paulo*. Ofícios diversos, T. I, Campinas, cx.63.

DA SENZALA À COLÔNIA 251

Na Província do Rio de Janeiro, mais ou menos nessa mesma época, em janeiro de 1880, o averbamento passou a ser taxado em um conto e quinhentos. Dois anos depois, comentando a oportunidade dessa lei e a conveniência de mantê-la, Gavião Peixoto, na presidência da província, observava que ela contribuía para equilibrar a concentração de escravos nas várias províncias evitando que eles se acumulassem nas províncias cafeeiras: "O equilíbrio dos interesses", dizia ele, "e, ao mesmo tempo, uma garantia para a propriedade, uma segurança para a transição do trabalho e uma facilidade para a futura resolução do grande problema. Subdividir a população escrava é saldar os prejuízos prováveis com o menor sacrifício, mantendo a flutuação do valor que baixa, regularizando a ação espontânea das manumissões etc.".

Em São Paulo, voltou-se a insistir na questão em 1880-1881, taxando-se, finalmente, em dois contos a transferência de escravos procedentes de outras províncias (Lei Provincial n.1 de 2.1.1881). Mudara a opinião do Clube da Lavoura; o receio da insurreição de negros, a necessidade de incentivar o movimento imigratório, prejudicado pela entrada contínua de escravos, e o temor ao desequilíbrio que se acentuava entre o norte e o sul do país, favorecendo o movimento abolicionista nas regiões que se desinteressavam da escravidão, tudo isso deve ter contribuído para essa mudança. Em 29 de agosto de 1880, a direção do Clube da Lavoura de Campinas tomava, entre outras medidas, a deliberação de representar aos deputados gerais, fazendo-lhes sentir a necessidade da aprovação pelo corpo legislativo do projeto de lei relativo à proibição do tráfico de escravos de umas para outras províncias.

Comentando a conveniência da proibição imediata e completa do comércio interprovincial de escravos, da saída deles para outras províncias de qualquer modo e sob qualquer pretexto, Campos Sales dizia que era uma medida excelente, pois o fazendeiro buscaria braços livres.[4]

Moreira Barros, na câmara do Império, apresentava um projeto proibindo a venda e o transporte de escravos de uma para outra

---

4 Sales, A propaganda abolicionista e a lavoura, em *A Província de São Paulo*, 5 de dezembro de 1880.

província, visando acabar com o tráfico entre as províncias do Império. "Eu creio", dizia ele nessa ocasião, "que o projeto terá a vantagem política de sustar o antagonismo que eu vejo com pesar desenvolver-se, entre as duas partes do Império, sobre este assunto, e colocar todas as províncias no mesmo pé de interesses para resolver, quando seja oportuno, a grande questão do elemento servil".[5]

O gabinete Paranaguá incluiu no seu programa, em 1882, a proibição do tráfico interprovincial e o problema foi focalizado pela Fala do Trono em 1883. Lafayete Rodrigues Pereira apresentou à câmara dos deputados do Império um projeto nesse sentido, em 2 de agosto de 1883.

Por outro lado, as tentativas feitas, em São Paulo, visando impor à propriedade escrava novos gravames, fracassaram na maior parte das vezes. Em 1884, tributavam-se com uma quantia irrisória os cativos empregados na lavoura: três mil-réis por cabeça, pagando os demais, ocupados em outros misteres, cinco mil-réis (lei n.25). Em 1885, entretanto, essa taxa, apesar de pequena, foi reduzida a um e dois mil-réis, respectivamente (lei n.19). Em 1888, falhou também a tentativa de se cobrar o imposto de quatrocentos mil-réis sobre cada escravo. A lei chegou a ser aprovada pelo legislativo, mas não foi sancionada pelo executivo.

Ainda em 1884, o trabalho da grande lavoura e da criação encontrava-se nas mãos dos escravos, sendo a participação do habitante livre muito restrita. A diminuição da oferta de mão de obra africana fora compensada pelos deslocamentos de escravos do norte para o sul, pelo aperfeiçoamento dos meios de transporte, vias de comunicação e métodos de beneficiamento do café, o que permitira que a força de trabalho escrava se concentrasse quase exclusivamente na lavoura. Calculava-se, nessa época, que havia, em todo o país, cerca de quatrocentos mil escravos na lavoura de café e oitocentos mil dedicados a outras culturas e criação.[6]

Eram raras as fazendas em que o trabalho cabia exclusivamente a colonos: umas quatro ou cinco, talvez. Na maioria das vezes, ele era realizado simultaneamente por colonos e escravos, embora o

---

5 *Anais da Câmara dos Deputados Federais*, 1880, p.3-4.
6 Couty, 1884, p.103.

DA SENZALA À COLÔNIA   253

contato entre uns e outros fosse o menor possível. Para isso, os
setores de atividade e as atribuições recíprocas ficavam nitidamente
separados.

Até 1886, o número de imigrantes entrados em São Paulo não
fora ponderável. Apesar de grande divergência de dados, pode-se
calcular o seu número aproximadamente em cinquenta mil, o
que corresponderia, *grosso modo*, a 4% da população total. Graças,
entretanto, ao incremento de imigração nos anos seguintes, eles
chegarão, em 1888, a ultrapassar a casa dos 150 mil. De julho a
novembro de 1887, entraram mais imigrantes do que nos cinco
anos anteriores.[7]

O braço escravo era ainda, até meados da década de 1880,
predominante na lavoura do café. Mesmo em São Paulo, as zonas
relativamente novas como Rio Claro, Araras, Jaboticabal, Araraquara, Descalvado, Limeira, São Carlos, pertencentes ao chamado
oeste paulista, cujo desenvolvimento fora posterior a 1850, apresentavam, ainda em 1886, um elevado índice de população escrava:
12,9%, índice comparável ao das zonas mais antigas, como o Vale
do Paraíba e o oeste mais antigo que, nessa época, apresentavam
respectivamente, 8,5% e 10,5%.

Em termos absolutos, a região, que contava maior número de
escravos em 1886, era a terceira zona (zona do oeste mais antigo),
com 31.184 escravos, enquanto o Vale do Paraíba dispunha de
28.556. Entretanto, nas duas zonas do oeste propriamente dito,
a quarta e quinta zonas, o número de escravos ainda era grande:
respectivamente 21.503, 17.253, enquanto o índice relativo dava
para estas duas zonas uma porcentagem maior: 12,6% e 12,9%,
respectivamente. Isto nos leva a concluir que, mesmo nas zonas
do oeste paulista, que se desenvolveram mais tardiamente e onde
as soluções imigrantistas encontravam maiores possibilidades e
maior receptividade, o número de escravos utilizados na lavoura,
até 1886, ainda era relativamente grande.

A região de Campinas e mesmo a quarta zona apresentavam
um número comparável ao das zonas mais antigas: correspondentes ao Vale do Paraíba, um total de cinco mil estrangeiros
aproximadamente, para cada região. Era na zona mais nova, de

---

7 Camargo, op. cit.

Araras, Descalvado, São Carlos (a quinta zona) que havia maior concentração de imigrantes, 7.739, correspondendo a 5,8% do total da população.

Quando o grande surto imigratório atingiu, a partir de 1886, as áreas cafeeiras, foram sobretudo as zonas novas que dele se beneficiaram, tirando partido das condições econômicas, particularmente da alta produtividade dos cafezais. A partir de então, acentuaram-se as diferenças entre o norte (Vale do Paraíba) e o sul (oeste).

Desde a década de 1870, mas, principalmente, na de 1880, quando aumentaram as facilidades para utilização do trabalhador livre estrangeiro, as lavouras do Vale do Paraíba, fluminense e paulista, estavam em decadência. Essas regiões enfrentavam, de maneira dramática, o problema da substituição da mão de obra escrava. Os cafezais, que outrora haviam produzido cem, duzentas e, excepcionalmente, até trezentas arrobas de café beneficiado por mil pés, não rendiam mais do que cinquenta arrobas. Em menos de trinta anos, os cafezais que haviam sucedido à mata virgem eram abandonados. A região de Vassouras, por exemplo, já em 1878, era considerada decadente e, em 1883, exausta. O relatório do presidente da Província do Rio, em agosto de 1886, alude à decadência dessas áreas.

Sua baixa produtividade, contrastando com a prosperidade das zonas mais novas, condenava-as rapidamente ao abandono e à decrepitude. Aqueles que podiam largavam as terras cansadas, os horizontes estreitos do vale, em busca das promissoras colheitas do oeste. Muitos vendiam, outros alforriavam seus escravos. Alguns deslocavam-se com eles. Os que ficavam, procuravam resolver o problema, ampliando desmesuradamente suas fazendas. Em Vassouras, em 1890, 70% da terra encontrava-se nas mãos de 20% dos proprietários. Quarenta e um proprietários controlavam 4.715 alqueires de uma área total registrada de 6.631 alqueires.[8] Entre 1870 e 1883, o preço do alqueire de terras virgens passara nessa região de 450$000 a um conto de réis, enquanto o preço da terra já aproveitada para pastos, ou abrangendo capoeiras e capoeirões, oscilava entre cinquenta e 150 mil-réis o alqueire. Alguns fazendeiros, mais avisados, criticavam os métodos roti-

---

8 Stein, op. cit., p.263 e 269.

DA SENZALA À COLÔNIA 255

neiros de exploração e apelavam para a introdução de processos mais racionais. A maioria, entretanto, enterrava-se em dívidas e hipotecas, pelo baixo rendimento de seus cafezais, sem meios de reter os trabalhadores livres que se deslocavam para as áreas mais novas e mais produtivas e remuneradoras, onde os salários eram mais compensadores.

Era natural, pois, que se tornasse difícil ao fazendeiro do Vale do Paraíba impedir que a mão de obra se movimentasse em busca de melhores condições de trabalho. Em 1888, às vésperas da Abolição, Joaquim Floriano de Godoi comparava a situação do Vale do Paraíba e do oeste paulista e queixava-se de que os agricultores de "além Guararema se atiravam sobre o norte (Vale do Paraíba), para promover, em grande escala, a colonização dos naturais, ainda que as terras ali ficassem abandonadas e incultas, e as famílias entregues à miséria".[9]

A procura dos trabalhadores nacionais tornava-se cada vez maior e as regiões esgotadas e pouco produtivas do Vale do Paraíba não podiam oferecer concorrência às áreas mais prósperas para as quais também se encaminhava a preferência dos imigrantes.

Embora o Vale do Paraíba paulista não tivesse ficado alheio às tentativas de imigração, contando, em 1886, com um número de estrangeiros equivalente ao de outras áreas do oeste (entre quatro e cinco mil), tornava-se, daí por diante, difícil prosseguir em larga escala a substituição do braço escravo pelo imigrante.

Em 1885, efetuava o governo da província o pagamento de diversas parcelas, destinadas a subvencionar os imigrantes. Entretanto, dos que vieram destinados à lavoura do norte da província, só ali permaneceram uns poucos. Cerca de 184 colonos recusaram-se a contratar com os lavradores dessa região, e recolhidos à hospedaria, seguiram para o oeste da província.

Em 1888, comentava Rodrigues Alves que, no ano anterior, haviam entrado na província mais de trinta mil imigrantes, na sua maior parte italianos. Procuravam, de preferência, a zona oeste e sul da província. Quando localizados na parte norte ou nordeste, abandonavam os trabalhos assim que tinham notícia de colocação mais vantajosa em outras regiões.

---

9 Godoi, 1887, p.106.

O preconceito de que o colono não servia para a grande lavoura, principalmente a lavoura cafeeira, foi desmentido no oeste paulista. Nas regiões mais novas, poucos ainda pensariam assim na década de 1880. Nas zonas fluminense e paulista do Vale do Paraíba, e em certas áreas de Minas, muita gente, entretanto, continuava a julgar que não podia existir café sem escravo. Mesmo depois da Abolição, um fazendeiro de Minas escrevia: "Sejam quais forem as vantagens do serviço livre, um fato para mim está, desde já, verificado e vem a ser que bem ou mal, o escravo trabalha muito mais do que o homem livre, uma vez que o seu trabalho seja feitorizado".[10] Essa era, também, a opinião que Martinho Campos exteriorizava em aparte a um discurso de Antônio Prado no senado: impossível a cultura de café sem o escravo.

Em 1884, Couty observava que, à exceção de São Paulo, onde o número de imigrantes era suficiente para suprir em parte a lacuna deixada pelos negros mortos ou libertos, os proprietários nada haviam feito para substituir os escravos que iriam faltar brevemente e que já se revelavam insuficientes. Por motivos de ordem social, hábitos intelectuais e mentais, continuavam apegados ao "trabalho servil". Criados entre escravos, estavam vinculados a esse modo do trabalho. Muitas vezes, ouvira fazendeiros afirmarem que preferiam deixar perecer seus cafezais a terem que lidar com colonos desobedientes e grosseiros. Alguns confessavam-lhe sua incapacidade para se ajustarem a outras formas de trabalho. Havia ainda os que se fixavam no malogro de certas experiências e nas atribulações sofridas pelos fazendeiros, às voltas com colonos açorianos ou italianos. Esses, quando muito, colocavam sua esperança na imigração chinesa. Muitos aceitavam a ideia de emancipação, sem estarem plenamente convencidos das vantagens do trabalho livre. Apegados à fazenda e ao "estalão" de fazendeiro, permaneciam inacessíveis às sugestões no sentido de se transformarem em industriais, de lotearem as fazendas entre colonos e limitarem-se a receber o produto para industrialização e comercialização, ideia tantas vezes lembrada por André Rebouças, e patrocinada pela Sociedade Central de Imigração, que chegou mesmo a formular projeto nesse sentido. Dizia Couty, analisando esse comportamento: "Serem executados

---

10 Rezende, op. cit., 1944, p.442.

DA SENZALA À COLÔNIA 257

por um banco e perderem suas fazendas lhes pareceria natural, mas posso afirmar, porque conversei a esse respeito com muitos deles, que se acreditariam quase desonrados, se permanecessem ricos em meio a suas plantações, deixando de ser fazendeiros".[11]

Passeando uma hora na Rua do Ouvidor, pudera ouvir quatro ou cinco vezes a afirmação de que o colono não servia para a grande lavoura. Em São Paulo, tal ponto de vista já tinha sido superado e Martinho Prado chegava mesmo a dizer que um colono valia três escravos.[12]

Os fazendeiros do Vale do Paraíba, cujas culturas tinham entrado em franco declínio e que estavam insolvíveis, não podiam substituir os escravos que morriam, nem melhorar os engenhos, nem despender as somas necessárias à instalação dos colonos; todo progresso era para eles impossível. Em 1883, calculava-se que a dívida total da lavoura cafeeira no Império montava a trezentos mil contos; a maior parte recaía sobre as fazendas do Vale do Paraíba. Cerca de 50% desses proprietários encontravam-se em situação deficitária e sem perspectiva de recuperação.

Enquanto estes encontravam-se impossibilitados de introduzir melhoramentos em suas fazendas e de concorrer, em situação favorável, no mercado do trabalho, os fazendeiros do oeste achavam-se em situação muito mais promissora. Para eles, as perspectivas de supressão do trabalho escravo não se mostravam necessariamente catastróficas, em virtude da alta produtividade dos cafezais, das possibilidades de substituição do escravo pelo trabalhador livre: nacional e estrangeiro, com exceção talvez do oeste mais antigo que, embora em 1886 se apresentasse como uma das áreas de maior produção total, já revelava inequívocos sinais de esgotamento. A produtividade média em Campinas era de 500 gramas por pé, quando zonas mais a oeste, como Araras, produziam de 700 a 1.000.

Às vésperas da Abolição, muitos fazendeiros arruinados possuíam, como única riqueza, os seus escravos que representavam 3/4 partes do seu patrimônio.

Numa relação de hipotecas de 1883, observe-se que o valor do escravo chega a representar 80% e até 90% do valor da fazen-

---

11 Couty, 1887.
12 Idem, 1884, p.207.

da, havendo regiões em que supera o valor das terras, como, por exemplo, em Sapucaia, Barra de São João e Taubaté. Apenas no oeste paulista é que se reduz essa proporção, embora nunca se afaste dos 50% e até 60%.[13]

Províncias do Rio de Janeiro	Valor do escravo	Valor das fazendas
Sapucaia	375:200$	322:759$
Cantagalo	2.433:750$	2.765:383$
Barra Mansa	1.209:200$	1.254:962$
Valença	3.460:100$	3.573:403$
Paraíba do sul	1.744:350$	2.036:866$
Barra de S. João	279:250$	193:790$
S. Fidélis	12.530:950$	11.120:198$
Províncias de Minas Gerais		
Leopoldina	1.627:350$	2.145:255$
Juiz de Fora	1.539:625$	1.620:578$
Ubá	199:600$	204:312$
Províncias de São Paulo		
Pindamonhangaba	27.210:155$	8.968:781$
Bananal	565:900$	731:826$
Taubaté	793:600$	612:632$
Campinas.	3.662:200$	4.912:092$
Descalvado	695:300$	1.438:888$
Casa Branca	631:200$	1.073:817$
Araras	21:400$	59:756$
S. Simão	43:800$	197:6558$
Jaú	117:200$	185:992$

Para os lavradores arruinados, sem possibilidade de fazer frente à crise que se avizinhava, a ideia de abolição sem indenização apresentava-se como um pesadelo.

Em Vassouras, a 20 de março de 1888, dois meses, portanto, antes da Abolição, houve uma assembleia de fazendeiros da região para discutir a ameaça de abolição que os últimos acontecimentos pareciam tornar iminente. Cenas violentas, por

---

13 Laerne, op. cit., p.185-91.

DA SENZALA À COLÔNIA 259

toda parte, entre abolicionistas e escravistas, fugas em massa dos escravos das fazendas, agitação na imprensa e nas câmaras, tudo anunciava um desenlace próximo. Reunidos os fazendeiros, todos concordaram em que a abolição era necessária, divergindo apenas quanto ao *modus faciendi*. Sobre um ponto, entretanto, não havia discrepância, a saber, que ela deveria ser acompanhada de indenização. Mais de duzentos fazendeiros ali reunidos enfureceram-se quando um deles, José de Vasconcelos, depois de se referir à extensão que havia tomado o movimento abolicionista, apontou como única solução a libertação espontânea antes da emancipação oficial. Por essa sugestão, quase foi linchado.[14]

A opinião da maior parte dos cafeicultores do Vale do Paraíba era que a escravidão ainda deveria perdurar alguns anos, e que a substituição do trabalho escravo fosse feita com cautela e acompanhada de medidas que não perturbassem a ordem e a riqueza. Assim confundiam necessariamente o problema que diretamente os atingia, peculiar a seu grupo, com os interesses da coletividade.[15]

Essa posição emancipadora, que vinte anos antes poderia considerar-se radical e avançada, era agora, em março de 1888, insustentável. Os argumentos invocados em seu favor não constituíam novidade: o perigo de subversão da ordem, a desorganização da economia do país, tinham sido mencionados ao longo do Império todas as vezes em que se agitou a questão do braço escravo. Esses argumentos, que eram reais para um grupo mais ou menos considerável, até 1850, e em menor escala até 1870, tinham perdido, pouco a pouco, o apoio da maioria que os sustentara. Agora, o número daqueles para quem a abolição representava uma catástrofe, uma perturbação profunda na economia, um prejuízo irreparável para seu patrimônio, era sem dúvida menor. Limitava-se aos fazendeiros das zonas cafeeiras mais antigas, incapazes de adotarem uma solução radical para o problema de mão de obra. Para estes, a indenização aparece

---

14 Stein, op. cit., p.305.
15 Godoi, 1887, e, ainda, Aroldo de Azevedo, "Última etapa da vida do barão de Santa Eulália. O ocaso do Segundo Império através de documentos inéditos", *Revista de História*, n.10, ano III.

como a única forma capaz de atenuar os efeitos de um sistema econômico crítico.

Ao lado de tal grupo, surgira outro, mais poderoso, para quem a manutenção da escravidão não se apresentava como uma questão de vida ou morte. O escravo deixara de ser, nas regiões mais novas, a base exclusiva da economia cafeeira. Às vésperas da Abolição, ao lado da corrente imigratória, que se tornava cada vez mais intensa, crescera a participação do trabalhador livre nacional. Para muitos, a permanência do sistema escravista afigurava-se um empecilho à imigração europeia. Nas cidades, o trabalho livre desalojara o servil. Nas zonas rurais, fenômeno semelhante era observado, embora em ritmo mais lento.

Dez anos antes da Abolição, já se verificava que, na Província de São Paulo, a proporção de trabalhadores livres superava de muito a população escrava. Sem falar no grande número de desocupados livres que figuram nas estatísticas. Esse fenômeno coincide com o processo de urbanização peculiar às décadas posteriores a 1870.

Aumentava a população livre, enquanto o número de escravos mantinha-se sem grandes alterações. Impossibilitada que estava de renovar-se depois da cessação do contrabando, e desde que se acentuaram os entraves opostos à circulação interprovincial, mas sobretudo a partir da Lei do Ventre Livre, a população escrava era atingida por um envelhecimento progressivo que muito a depreciava como força de trabalho.

Em conclusão, o escravo que nos primeiros tempos fora de baixo custo e fácil aquisição tornara-se pouco a pouco caro e difícil de obter. Ao mesmo tempo, ampliavam-se as possibilidades de aproveitamento do imigrante.

A multiplicação das vias férreas, os aperfeiçoamentos técnicos do processo de beneficiamento do café, a especialização progressiva da fazenda, o fenômeno de urbanização das últimas décadas, as novas perspectivas econômicas criavam aos poucos, quando não impunham, novas condições de trabalho. O braço escravo revelava-se cada vez mais oneroso e improdutivo dentro da nova realidade econômica.

POPULAÇÃO ESCRAVA NA PROVÍNCIA DE SÃO PAULO, MINAS E RIO, EM RELAÇÃO ÀS DEMAIS PROVÍNCIAS

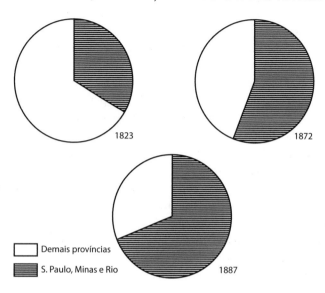

Fonte: Stein, op. cit. Relatórios Presidenciais.

POPULAÇÃO ESCRAVA E LIVRE EM TODO O PAÍS

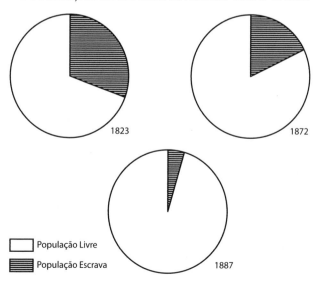

Fonte: Stein, op. cit. Relatórios Presidenciais.

Ao fazendeiro, não mais convinha uma população fixa durante o ano inteiro e que não pudesse ser dispensada nas épocas de menor atividade. Graças aos métodos de racionalização do trabalho e aos baixos salários a que se acomodavam os imigrantes italianos e portugueses, cuja introdução passara a ser feita por conta do Estado, ofereciam estes a mão de obra mais conveniente, salvo para o fazendeiro das zonas decadentes, que, impossibilitado de recorrer ao trabalhador livre, tratava de compensar a baixa da produtividade dos seus cafezais exigindo mais do escravo: ampliando seu horário de trabalho e confiando-lhe um número cada vez maior de pés de café, ao mesmo tempo que reduzia as carpas a duas por ano. Nessas áreas, a situação dos proprietários era precária e o escravo representava, ainda na década de 1870, a parte mais importante do seu patrimônio. Por tudo isso, apegavam-se às ideias de emancipação com indenização. Mas as transformações ocorridas na economia ao longo do século XIX tinham contribuído para a desagregação do sistema escravista e para a formação de um grupo acessível ao abolicionismo e, em certos casos, diretamente interessado na Abolição.

ANEXO DA PARTE I

Resumo do contrato de locação de serviço adotado na colônia de Santo Antônio da Fortaleza, propriedade do Dr. Joaquim Cornélio dos Santos, em Santa Maria Madalena, p. 27 do Relatório do Presidente da Província do Rio de Janeiro, ano de 1884.

Artigo I - Os colonos (locadores) chefes de família, solidariamente com suas mulheres, filhos e parentes se obrigam:

1º - A receber e tratar da forma mais conveniente o cafezal formado que lhes foi entregue a si e a sua família, na razão de dois a três mil pés de café para cada homem e mil pés de café para cada mulher, e em proporção às demais pessoas da família, conforme as idades, capinando-o anualmente quatro vezes pelo menos (além dos varrimentos e preparo do chão nas vésperas da colheita).

2º - A colher os frutos do cafezal acima mencionado, quando lhes for determinado, recebendo a paga de quatrocentos réis de cada alqueire (correspondente à medida de 45 litros) que entregarem ao recebedor da colônia, em lugar por ele indicado.

3º - A receber mais dos cafezais novos da fazenda tanto quanto possam capinar pela forma supradita, percebendo neste caso a paga de 5$000 de cada capina de um mil pés de café, e no tempo da colheita (caso já produzam frutos) a paga de 200 réis de cada alqueire (correspondente a 45 litros) que colherem deste cafezal: além da vantagem que terão de plantar cereais de seu exclusivo interesse, que não danifiquem o cafezal como sejam milho e feijão, que plantarão como lhes foi determinado.

4º – A dar começo à colheita dos frutos no dia e pela forma que lhes foi indicada, entregando o café por medida ao recebedor da colônia no lugar por este determinado, livre da terra, cisco, folha ou outro qualquer corpo estranho.

5º – A apanhar os frutos só à mão, desde a primeira árvore até a última do cafezal a seu cargo, empregando todo o cuidado para evitar qualquer estrago nos galhos, flores e folhas das mesmas.

6º – A não empregarem-se em serviço algum outro durante a colheita da colônia ou da fazenda, nem mesmo depois de finda ela, antes de terem primeiro capinado todo o cafezal a seu cargo.

7º – A conservar em bom estado a casa em que morarem, fazendo-lhe reparos, logo que sejam precisos, e bem assim a ter limpos os pastos para animais, dando-lhes pelo menos duas capinas de enxada em cada ano, quando neles tenham animais seus.

8º – A aceitar e fazer aceitar e cumprir, por si e pelos membros de sua família, o presente contrato de conformidade com as instruções que lhes forem dadas pelo proprietário ou seu agente para boa execução do mesmo em todas as suas cláusulas sujeitando-se nos casos nele omissos, ao que preceitua o decreto n.2.827 de março de 1879 e o Regulamento Interno e Policial da colônia.

9º – A responsabilizarem-se solidariamente com sua mulher, filhos e parentes, com os quais se tenham constituído em família, pela dívida e pagamento de tudo quanto houverem recebido do proprietário, ou por conta dele em moeda corrente ou gêneros necessários para sua subsistência, passagens, transportes e instalação.

10º – A conduzirem-se pacificamente sem perturbar a ordem ou prejudicar os habitantes da colônia, da fazenda ou seus vizinhos.

DA SENZALA À COLÔNIA   265

Artigo II – O proprietário (locatário) obriga-se:

1º – A fornecer em dinheiro ou gêneros tudo quanto seja indispensável para subsistência dos colonos durante os primeiros meses em que não puderem obter recursos de seu próprio trabalho; este fornecimento consistirá em feijão, fubá, toicinho, arroz, sal, café, açúcar, tudo pelos preços do mercado mais próximo, assim como médico e medicamentos quanto estejam doentes.

2º – A fornecer-lhes grátis terras (sob condição de as não poderem alienar por forma alguma) pelo tempo do contrato, somente para nelas plantarem gêneros alimentícios, além da concessão feita no § 7º do artigo 2º.

3º – A fornecer-lhes grátis casa para si e sua família e pasto para seus animais que não excederem de uma vaca com cria e um cavalo ou mula para cada família, os quais só poderão possuir depois de terem meios para os comprar e sustentar, dois terços do ano em estrebaria e o resto do ano no pasto.

4º – A entregar-lhes cafezal correspondente ao pessoal de sua família pela forma estipulada no § 1º do art.I.

5º – A fornecer-lhes em tempo apropriado as mudas de café que forem precisas para a replanta do cafezal (formado ou novo) a seu cargo, a qual replanta será feita conforme lhes for determinado.

6º – A pagar-lhes quatrocentos réis de cada alqueire de (45 litros) de café colhido no cafezal formado que receberem para tratar e colher (nada pelas capinas) e 5$000 de cada capina dada em cada um mil pés dos cafezais novos que receberem para tratar, os frutos quando comecem a aparecer devem ser colhidos pela forma determinada nas condições 2, 3, 4, 5 do art. 1º, recebendo neste caso duzentos réis de cada me- dida de 45 litros de café colhido.

7º – A conceder-lhes a faculdade de plantarem os cafezais novos de cujo trato se incumbam, mediante as condições supra-citadas, os cereais, que não danifiquem o cafezal, como sejam exclusivamente o milho e feijão, cuja plantação será feita conforme lhes for determinado.

8º – A ajustar e verificar todos os anos as contas dos colonos a 31 de dezembro.

Artigo III – O prazo de duração do contrato é de cinco anos, findos os quais poderá ser reformado por outro tanto tempo ou menos, sendo perdoado aos colonos o que deverem de seu transporte ou passagem de sua pátria para o Brasil, se durante os cinco primeiros anos tiverem cumprido à risca todas as cláusulas e condições deste contrato.

Seis meses antes de findarem os cinco primeiros anos deverão os colonos declarar por escrito, se querem ou não permanecer na colônia. A falta desta declaração importa a reforma de seus contratos por mais cinco anos.

Além do contrato havia um regulamento interno agrícola e disciplinar da Colônia Santo Antônio que reforçava os termos do contrato especificando ainda que todos os colonos seriam obrigados, quando capinassem o cafezal, a cortar com serrote ou facão os galhos secos que nele encontrassem, assim como a arrancar todos os troncos das árvores mortas que estivessem dentro do terreno que lhes fora entregue para tratar (§ 6º), tendo o máximo cuidado em não deixar uma só folha entre as árvores do café plantado, quer no cafezal formado, quer no cafezal novo, que lhes fosse entregue para tratar, a cuja minuciosa replanta ficavam rigorosamente obrigados (§ 2º). Constavam ainda proibições quanto à retirada de legumes, cereais, frutas de hortas pertencentes à fazenda ou dos pomares, embora se especifique que poderiam, pedindo licença para isso, colher laranjas, bananas, ananás etc. das roças e dos cafezais das fazendas, enquanto seus próprios pomares não produzissem estas frutas.

Estipulava que ficava ao arbítrio do proprietário ou dos diretores da colônia dar ou não dar, aos que por seu bom comportamento e assiduidade no trabalho merecessem, os primeiros animais (porcos) ou aves (galinhas ou patos) para começarem a criação, e as primeiras sementes para plantação dos cereais, hortas e pomares de cada família da colônia.

Pelo art. 11º, contrariando o disposto no contrato, ficavam os colonos obrigados a dar duas capinas por ano nos pastos da fazenda, tivessem ou não neles animais seus. Os colonos que não trouxessem em dia seus serviços, capinas, colheitas etc., além de incorrerem em multa (§ 14) e indenização calculada conforme o prejuízo a que dessem causa por sua negligência e atraso de serviços, deveriam pagar ao pessoal da fazenda ou de fora dela 1$000

DA SENZALA À COLÔNIA 267

por tantos dias e por tantos indivíduos quantos fossem precisos para pôr em dia os serviços que estivessem atrasados (§ 13).

Finalmente, os filhos dos colonos maiores de quatro e menores de quatorze anos, meninos ou meninas, que "por sua idade e pouco desenvolvimento físico" não pudessem se sujeitar ao trabalho braçal da lavoura e não tivessem ocupação reconhecida como necessária em casa de seus pais, seriam obrigados a fazer os chamados "serviços leves": rodar café nos terreiros, arrancar vassourinha nos pastos da fazenda e separar ou escolher os caroços de café descascados, nas salas de catar café; "trabalhos a que se prestarão", rezava o regulamento policial, como compensação da promessa condicional, feita pelo proprietário da colônia nos respectivos contratos, de relevá-los do integral pagamento de suas passagens. Aqueles menores que se não prestarem a este serviço, explicitava o § 15º do regulamento policial, não terão direito a este benefício, sendo levada à conta de seus pais metade de suas passagens, como determina a lei. Pelo artigo 2º os colonos eram obrigados ainda ao toque de recolher dado pelo sino da fazenda às nove horas da noite. Os que estivessem fora de suas habitações deveriam recolher-se a elas e dado o sinal de silêncio às dez horas da noite deveriam apagar o fogo e as luzes em suas cozinhas e habitações e guardar silêncio a fim de não perturbar a ordem e a disciplina da fazenda, e o repouso de seus companheiros e vizinhos da colônia. Rigidamente estipulava o regulamento que não poderiam, depois desse sinal, estar fora de suas casas e, mesmo estando dentro delas, falar alto, gritar, cantar, tocar qualquer instrumento e dançar depois de dez horas da noite: salvo quando para isso obtivessem licença por motivo de festa na fazenda. Ficava expressamente proibida a saída da fazenda sem licença prévia, assim como receber visitas de pessoas estranhas. Com tantas restrições que mantinham o colono num regime muito próximo da escravidão é de espantar que alguém estivesse satisfeito.

.

PARTE II

CONDIÇÕES DE VIDA
NAS ZONAS CAFEEIRAS

CAPÍTULO 1

ASPECTOS DA VIDA DO ESCRAVO NAS ZONAS URBANA E RURAL

O escravo urbano

Desde a época colonial, um grande número de escravos concentrara-se nos portos, principalmente no Rio de Janeiro. Nas cidades e no campo, o trabalho era entregue, ao iniciar-se o século XIX, quase exclusivamente ao escravo, o que dava às paisagens urbana e rural um aspecto característico. A primeira impressão do viajante chegado da Europa era a de que estava num país de mestiços e negros. Ao aproximar-se do porto, as faluas que deveriam buscar os passageiros cortavam as águas em direção ao navio. Em movimento ritmado, os negros, dirigidos pelo capataz, remavam, com o dorso suado e desnudo, reluzindo ao sol. Durante muito tempo, na Guanabara ou em Santos, em virtude das más condições do cais, o passageiro assustado era carregado ao colo do remador que o fazia atravessar a lama fétida e os baixios inundados e sujos, depositando-o em terra firme. Conta-nos uma parisiense que esteve entre nós, nos meados do século, que nos braços de negros minas chegara a terra firme[1] e as primeiras irmãs de São

---

1 Samson, 1883.

José aportadas a Santos, nessa época, tentaram resistir a esse tipo de transporte, mas acabaram por aceitá-lo, horrorizadas, já que era a única maneira de chegar à praia. Foi o seu primeiro contato com a escravidão. Desembarcado, o estrangeiro deparava com o espetáculo de uma multidão de escravos, ruidosa e colorida. Ao longo dos cais, junto ao Mercado, oferecendo doces ou frutas, angu ou feijão, uma tigela de café quente e batatas-doces fumegantes, sardinhas fritas e milho assado, por toda parte estava o escravo. Eram vendedores ambulantes aglomerados às esquinas e praças, junto aos chafarizes, carregadores à espera de serviço, oficiais de vários ofícios que se ofereciam a quem os alugasse.

A maioria andava descalça e miseravelmente vestida; as mulheres mal cobriam o corpo com uma camisa e uma saia de tecido grosseiro, a cabeça envolta num pano, em forma de turbante. Os homens traziam o dorso nu e uma calça de riscado. Apesar de as posturas legais proibirem aos negros se apresentarem andrajosos ou sujos, e responsabilizarem os senhores cujos escravos fossem encontrados nesse estado, andavam eles muitas vezes com as vestes esfarrapadas, deixando entrever o corpo.[2]

Raras as negras que melhor se aparentavam; e quando o faziam, excediam-se em enfeites e joias: o caso, em geral, das libertas. Estas podiam usar fina camisa guarnecida de renda, saia de musselina branca sobre outra de cores vistosas, turbante à cabeça e chinelas de tacões altos, lembrando tamancos, braços cobertos de rústicas pulseiras, ostentando anéis, às vezes colares nos quais se misturavam pedaços de marfim, dentes, conchas, feitiços que, ao seu entender, conjuravam a má sorte, e o infalível pano da costa de fazenda riscada, jogado sobre as espáduas, que servia para atar o filho às costas. Constituíam essas negras reduzida minoria, que atraía a atenção do estrangeiro. O andar provocante, o seu porte altivo faziam esquecer seus traços grosseiros, sua origem escrava. Caminhavam de cabeça erguida, o busto empinado, os braços em ânfora, sustentando à cabeça os tabuleiros ou as cestas, meneando os quadris de maneira ritmada.

---

2 Fica proibido andarem os escravos quase nus ou com roupas extremamente sujas pela cidade. Multa de 10$000 ao senhor do escravo de cada um que assim for encontrado. Lei Provincial n.105 art.107. *Diário de São Paulo*, de 24 de julho de 1870.

DA SENZALA À COLÔNIA 273

Todo o sistema de transporte até meados do século parecia estar relegado aos negros.

Robustos africanos, trazendo, em geral, apenas um calção curto, caminhavam em cadência pelas ruas, ou passavam correndo em marcha acelerada, ao som do chocalho, para grande espanto dos viajantes. Tudo levavam à cabeça; desde telhas até sacas de café, móveis pesados e frágeis espelhos, caixas de açúcar, pianos e dejetos que, à noitinha, iam lançar aos córregos. Sem falar nos carros puxados pelos "negros de ganho". Debret teve ocasião de ver no Rio de Janeiro uma carreta levada por seis negros: quatro iam à frente e puxavam por uma corda, e dois, atrás, a empurrá-la.[3] Os pretos carregadores substituíam quase totalmente outros sistemas de transporte de carga na cidade. Uma ruidosa multidão atravancava as ruas.

Na cidade, como no campo, o escravo trabalhava ao som de uma toada rítmica ou de chocalho. Cantavam os barqueiros, cantavam os carregadores; nas horas de repouso, aglomeravam-se nas praças ou junto aos chafarizes e ao menor pretexto faziam sua batucada, com instrumentos improvisados: cacos de pratos, pedaços de ferro, conchas ou pedras, latas e paus. Às vezes, o canto era acompanhado de uma pantomima, representando quase sempre histórias de amor. Os de Angola eram os mais dados à música, notabilizando-se por instrumentos, tais como a marimba, a viola de Angola, o violão e o urucungo. Às vezes, os ajuntamentos degeneravam em pancadaria e as autoridades, para evitar essas desordens, colocavam soldados a montar guarda junto aos chafarizes. Chegou-se mesmo a estabelecer um regulamento no Rio de Janeiro proibindo que fizessem muito barulho.

Para a venda das mercadorias, nas ruas, eram escolhidas, em geral, as negras de melhor aparência. Levavam, frequentemente, consigo, as criancinhas às costas, seguras por meio de um largo pedaço de fazenda, com o qual davam duas ou três voltas ao corpo. A criança aí ficava com os braços e pernas abertos, escarranchada às costas da mãe, enquanto esta trabalhava.

Aos vendedores, que se situavam nos pontos mais estratégicos da cidade e aí permaneciam durante horas, juntavam-se os

---

3 Negros de ganho eram os que trabalhavam para fora, obrigando-se a entregar o produto do trabalho ao senhor (Debret, op. cit., p.238). Veja-se ainda Ribeyrolles, 1941, v.II, t.II, p.167.

ambulantes: barbeiros, vendedores de aves que batiam de porta em porta, ou os que, vindo das fazendas próximas, traziam ovos, palmitos, lenha, leite, frutas, flores, bolos e doces.

Nos arredores, em chácaras, junto aos ribeirões, amontoavam-se as lavadeiras. Eram, na maioria, escravas. Entre algumas famílias da classe média, tornara-se costume alugar as chácaras próximas aos ribeirões para dedicar-se à lavagem de roupa para fora.[4]

Por toda parte, em todos os ofícios, encontrava-se o escravo: pedreiros, carpinteiros, sapateiros, funileiros, a trabalhar por conta do senhor, a quem entregavam o que ganhavam. Havia, no Rio de Janeiro, proprietários que mantinham no "ganho" até trezentos negros. O senhor taxava-o a tanto por dia ou semana.

De manhã, saíam os cativos. Às seis horas, já era grande o movimento nas ruas. Às dez, voltavam à casa dos patrões, onde almoçavam para depois regressar ao trabalho. Às seis da tarde, estavam de volta. Poucos eram aqueles que ainda tinham alguma folga depois dessa hora.

Com todos os pequenos subterfúgios de que era capaz, dificilmente, porém, conseguia o escravo juntar dinheiro suficiente para a compra da alforria. Na realidade, o senhor taxava o escravo a tanto por dia ou semana, segundo sua força, atividade e inteligência.

Os criados domésticos ou os alugados tinham pior sorte. Maiores eram as possibilidades de conquistar a liberdade para os que tinham um ofício: marceneiros, sapateiros, alfaiates, barqueiros ou carregadores.[5]

Os jornais estavam repletos de anúncios de aluguel de escravos. Alugavam-se domésticos: amas, mucamas, cozinheiras, pajens, oficiais. Todos os que não podiam comprar algum, tomavam-no de aluguel. Repugnava ao branco o trabalho manual e a facilidade de obter quem se sujeitasse a ele era grande. Os anúncios se repetiam: Alugada. Precisa-se de uma que saiba cozinhar, engomar e de bom comportamento – na rua do Comércio, 36. – Precisa-se alugar um criado escravo sem vícios, para todo o serviço de uma casa de pequena família, exceto cozinhar e lavar roupa. Paga-se bem. – Precisa-se alugar um rapaz para andar pela rua de mascate, prefere-se cativo

---

4 Debret, op. cit., t.I, p.234, 252-3, 274. Kidder, op. cit., v.I, p.73.
5 Koster, *Travels in Brazil*, p.366.

DA SENZALA À COLÔNIA 275

e com boa conduta. Paga-se 30$000 mensais.[6] A preferência pelo trabalho cativo era manifestada até a década de 1870.

Através desses anúncios, pode-se estabelecer uma lista pormenorizada de todas as funções exercidas pelos escravos, o que nos permite ver que não somente para serviços caseiros se empregavam os alugados, mas também no artesanato e nas pequenas indústrias. A partir da cessação do tráfico, principalmente depois da década de 1870, com o deslocamento da população escrava das cidades para os campos, o número de trabalhadores livres aumentou nos centros urbanos. Os mascates e ambulantes ombreavam agora com os cativos. Já em 1860, pudera Ferreira Soares observar que, na cidade do Rio de Janeiro, progredia a transição para o trabalho livre. Os transportes e outros misteres da capital eram feitos por braços livres, vendo-se menor número de escravos a obstruir as ruas.[7] Grande número de mercadores e mascates era constituído de homens livres, exercendo, por conta própria, esses misteres.

Durante todo o período da escravidão, as posturas municipais e as leis provinciais procuraram cercear as possibilidades de roubo, evitar possíveis insurreições e vadiagem. Era proibido comprar a escravo café, açúcar, aguardente, sem que este apresentasse licença escrita do senhor. Também se vedava a compra de objetos de prata, ouro, brilhantes ou qualquer traste caseiro. Dava-se autorização a qualquer pessoa para prender o escravo apanhado em desrespeito à lei, desde que levasse consigo duas testemunhas. Ao denunciante e às testemunhas era atribuída uma recompensa em dinheiro, paga pelo dono do negro. Eram multados em 30$000 e oito dias de prisão os transgressores da determinação. Em caso de reincidência, as penas eram duplicadas.

Legislava-se a fim de evitar aglomerações de escravos. Em 1870, as leis provinciais de São Paulo proibiam aos donos de qualquer casa de negócio permitirem ajuntamento de escravos e mesmo a permanência além do necessário às compras, multando-se em 6$000 os contraventores. Interditavam ao escravo frequentar casas

---

6 *Correio Paulistano*, 17 de fevereiro de 1871. *A Província de São Paulo*, 10 de novembro de 1879.

7 Soares, 1860, p.25.

de jogo, reprimiam a vadiagem fácil e convidativa. Quando se inauguraram as linhas de bonde de burro, era proibido ao escravo entrar num coletivo, salvo em se tratando de pajens ou amas acompanhando os patrões.

Não era permitido vender pólvora ou armas a escravos, bem como consertar armas ofensivas a eles pertencentes, sem ordem escrita do senhor. As medidas de segurança multiplicavam-se na legislação e eram reforçadas a cada passo. O escravo encontrado na rua, depois do toque de recolher, sem bilhete do patrão, era sumariamente aprisionado pelas patrulhas e conduzido à presença do senhor ou encerrado na cadeia pública, de onde só saía mediante multa paga pelo dono.

A ninguém era permitido alugar casa ou quartos a escravos, sem que estes apresentassem licença por escrito de seus senhores. Quem desse asilo a negro fugido ou o acoitasse, sem prevenir as autoridades dentro de 48 horas, sujeitava-se à multa de 20$000.[8]

Apesar de todas as proibições tendentes a reprimir-lhe os abusos, o vício da bebida, que não era, aliás, privilégio de negros, tornava-se uma calamidade, chegando a preocupar, em São Paulo, a assembleia legislativa, que tentou reprimi-lo por várias formas. Não obstante, o registro policial acusava, com frequência, prisões de escravos e escravas encontrados a vagar, ébrios, pelas ruas da cidade, depois do toque de recolher.

Os negros deslocavam-se pelas ruas, em sua faina diária, mas todas as suas atividades eram estreitamente regulamentadas: não podiam andar à noite sem bilhete do senhor, não podiam vender nada sem sua autorização, não podiam servir-se de condução coletiva nem dispor livremente do próprio pecúlio.

Às vezes, conseguiam escapulir e, à noite, nas praias, à hora em que os brancos dormiam, reuniam-se em grupos da mesma nação: congos, moçambiques, minas, a dançar suas danças primitivas, reminiscências de rituais religiosos. As posturas municipais procuraram inutilmente impedir essas reuniões.

Nas cidades, as ocasiões de sobrevivência dos ritos africanos eram maiores do que nas zonas rurais, dada a concentração de escravos da mesma nação, e a relativa liberdade com que se

---

8 Leis Provinciais n.100, art.70. *Diário de São Paulo*, 9 de julho de 1870.

DA SENZALA À COLÔNIA 277

deslocavam de um para outro lado. Depoimentos de numerosos viajantes confirmam a permanência de alguns ritos "pagãos", a propósito da morte e enterro dos negros. Na Confraria do Rosário dos Homens Pretos, em 1827, o culto dos mortos, reminiscência africana, transparecia claramente através da superestrutura católica. Enquanto jogavam terra sobre o cadáver, falavam:

> *Zoio qui tanto vio*
> *Zi boca, qui tanto falô*
> *Zi boca qui tanto zi comeo tanto zi bebeo*
> *Zi mão qui tanto trabaiô*
> *Zi perna qui tanto andô.*

Tipo de discurso comum na África e em outras partes da América, para onde os negros o levaram.[9] Kidder presenciou o enterro de um negrinho. Sobre uma bandeja de madeira, que um negro carregava à cabeça, o cadáver, coberto de um pano branco, estava enfeitado de flores e tinha um ramalhete atado à mãozinha. Atrás ia uma multidão promíscua, quase todos adornados de cores berrantes, cantando o que lhe pareceu um canto etíope.[10] Eram impressionantes esses enterros de escravo, onde se misturavam uma animação selvagem, um tom festivo à mais rumorosa infelicidade. Não era raro ver passar pelas ruas um cortejo: os negros em fila adornados como para uma festa, entoando cantigas, acompanhavam o corpo, que, enfeitado de flores, balouçava numa rede cujas pontas eram atadas a um largo pau apoiado ao ombro dos companheiros. Iam à Misericórdia ou ao cemitério público, onde o morto era enterrado na mais completa promiscuidade. O enterro das negras era, em geral, acompanhado apenas pelas mulheres, com exceção dos dois carregadores e um "mestre de cerimônias", que batia o tambor.

Se múltiplas eram as etnias a que pertenciam os grupos negros introduzidos no Brasil, diversas eram também as tradições religiosas e as vias de reinterpretação do cristianismo. A escravidão rompia as antigas estruturas sociais, equiparando na mesma situação social

---

9 Bastide, 1946b, p.53.
10 A propósito de enterros há numerosas informações deixadas pelos viajantes Chamberlain, 1822, p.173. Kidder, op. cit., v.I, p.142-3. Roy, 1857, p.110.

elementos pertencentes à nobreza africana e ao povo, misturando povos de origens várias e tradições culturais diferentes. O culto familiar, quando existia, desarticulava-se, as divindades e os ritos modificavam-se. Desarticulava-se o núcleo familiar sobre o qual se assentava, em geral, toda a superestrutura religiosa de procedência africana. Variavam os padrões sociais, o meio, a paisagem, as condições de trabalho: os cultos transportados da África, assim como as antigas tradições, só podiam sobreviver se reinterpretados a partir dos novos quadros. As divindades e os ritos mudavam. Uma outra orientação imprimia-se às representações coletivas tradicionais e a seus significados mais profundos.

As festas de fecundidade ou as festas agrárias, propiciatórias fundamentais nos cultos africanos, perdiam seu significado, sua razão de ser, enquanto Ogum, deus da guerra, Xangô, deus da justiça, e Exu, deus da vingança, ocupavam lugar considerável dentro da religião dos escravos, embora modificados em certas facetas tradicionais.

"As resistências da civilização e da religião africana não puderam impedir a ação do meio católico e essa civilização ou essa religião não conseguiu subsistir, a não ser através de um processo de sincretização mais ou menos profundo, com o cristianismo."[11]

Nas cidades, as confrarias reuniam pretos livres e escravos e, na segunda metade do século XIX, quando as libertações se intensificaram e o número de negros livres aumentou, assumiram uma importância não só religiosa, como social, organizando caixas de auxílio mútuo e participando do movimento abolicionista. Destas, a principal foi a Confraria de Nossa Senhora do Rosário.

A Kidder parecia que nenhum outro grupo se entregava com maior devotamento às demonstrações religiosas que os negros, lisonjeados, a seu ver, com o aparecimento, de vez em quando, de um santo de cor, ou de uma Nossa Senhora preta.[12] Os escravos costumavam acompanhar as procissões, formando compo à parte.[13]

O cristianismo devia aparecer ao negro como instrumento de sua ascensão social. Na maior parte das vezes, entretanto, sua

---

11 Bastide, op. cit., 1946b, p.91, 151.
12 Kidder, op. cit., v.I, p.118; v.II, p.345. Outras existem como Santa Ifigênia, São Domingos L. Gusmão, do Parto etc. (Ramos, 1938.)
13 Ewbank, *Life in Brazil*, p.182-3 e Ferdinand Denis, *Brésil*, p.257.

DA SENZALA À COLÔNIA 279

aquiescência era apenas exterior e a aparente assimilação do cristianismo tinha como resultado a distorção do rito e da essência, e a incorporação de certas tradições africanas. Isso verifica-se, por exemplo, nas congadas, imbuídas de um caráter tipicamente africano, onde se uniam danças profanas a festas religiosas cristãs.[14] A intromissão de certos elementos das culturas negras, nessa forma de catolicismo desnaturado, possibilitava a preservação de valores africanos nativos, embora disfarçados sob a máscara cristã. Essas práticas tinham lugar sobretudo nos núcleos urbanos. Nas áreas rurais, a sobrevivência era mais difícil, em razão da heterogeneidade da população estimulada, aliás, pelos senhores, que, temerosos de possíveis levantes, tinham o cuidado de evitar agrupamento de escravos da mesma "nação". Nas cidades, era mais fácil a aproximação entre elementos da mesma origem.

Enquanto algumas posturas proibiam e outras regulamentavam a realização dos batuques, as congadas eram, geralmente, autorizadas. O Código de Posturas de Serra Negra estabelecia, em 1863: "São permitidas as Congadas que fazem os pretos pelo Natal, os quais não devem exceder as horas de recolhida, quando excedam serão dispersos e, no caso de desobediência, recolhidos à cadeia". Associavam-se às festividades negras a Igreja e a camada senhorial, que pareciam encontrar nelas um elemento preservador da ordem, uma vez que satisfaziam o escravo, sem pôr em risco a segurança coletiva.[15]

A festa de Nossa Senhora do Rosário era de grande importância para os negros que, durante as celebrações, pareciam escapar momentaneamente à situação de oprimido. Burmeister, que assistiu a uma dessas festas na Lagoa Santa, deixou uma descrição que pode dar ideia aproximada do que deveria ocorrer em outras

---

14 Bastide, op. cit., p.166-7. Sobre congadas: Koster, *Voyages pittoresques*, v.II, p.112 e Debret, op. cit., v.II, p.225.

15 Em 23 de dezembro de 1855, a Sociedade de Dança do Rei Congo enviava ao presidente da Província de Minas Gerais um ofício no qual dizia que essa sociedade "legalmente estabelecida no Distrito de Ouro Preto", tendo de se apresentar em público pela primeira vez, pretendia antes de romper os bailes no átrio da igreja do Rosário no dia 25, ir cortejar o presidente da província, pedia por isso autorização. Assinavam o ofício o Rei Congo da Dança e o Cacique Chefe da Chusma (*Mss. Arq. Públ. Min.*, Livro 573).

regiões. Os escravos escolhiam entre si rei e rainha, ministros, príncipes e princesas reais, damas e cavalheiros da Corte e todos os servidores do Paço. Cada dignitário enfeitava-se da melhor maneira, usando velhas fardas e mantas, calçados de seda, e tudo quanto podiam obter, dando sempre grande valor aos enfeites brilhantes e às joias. O rei usava uma coroa de papelão dourado e um cetro, enquanto a rainha se apresentava com um vistoso diadema. Os dignitários levavam chapéu de dois bicos. Acompanhado de toda a corte, o rei desfilava pela localidade ao som da banda de música, com estandartes e cantores. Dirigiam-se até a Igreja, onde recebiam a bênção do padre. Continuava o cortejo até a hora em que um lauto banquete encerrava a cerimônia. O patrão da rainha costumava pagar as despesas do festim. Os demais gastos e os emolumentos da Igreja eram custeados com o dinheiro obtido de uma coleta. A festa prolongava-se até altas horas da noite, com músicas e danças.[16]

Festas como estas houve muitas na época da escravidão, persistindo mesmo em nossos dias, embora profundamente modificadas conforme as regiões.

Raramente conseguiam os negros preservar, mais ou menos intatas, suas tradições. Dos grupos africanos, ao que parece, foram os haussás, bem como certos nagôs, os bornus ou adamanas, os guruncus, mandingues, goulahs ou peuhls, os que mais resistência ofereceram à penetração do cristianismo, conservando até certo ponto as festas tradicionais maometanas. Contava Gobineau, que foi embaixador no Rio de Janeiro, como certos escravos, extremamente pobres, faziam enormes sacrifícios para comprar o Corão. Em São Paulo, chegou a haver mesquita com o aspecto de casa particular que reunia negros maometanos.

No Rio e em São Paulo, entretanto, nada houve que se comparasse às práticas religiosas do Nordeste ou da Bahia, onde era maciça a concentração de negros provenientes das regiões em que prevalecia o culto islâmico. Tratava-se, na maioria, de sudaneses que, a partir de 1815, aportaram ao Brasil, cada vez em menor número, em virtude dos tratados feitos nessa época. Por toda

---

16 Burmeister, op. cit., p.238. Veja-se ainda José de Alencar, *Til*, e Rezende, op. cit., p.183.

DA SENZALA À COLÔNIA 281

parte, ao que parece, os cultos islâmicos, que aqui já chegavam muitas vezes modificados, sofreram um processo de sincretização e se desagregaram, adotando divindades e cerimônias de outras religiões. Durante o regime da escravidão, tornava-se impraticável preservar o ritual maometano, dada a impossibilidade de obediência às prescrições do culto: regras que disciplinam as preces, tabus e interdições alimentares, como a do toicinho, que constituía no Brasil a base da alimentação escrava.[17]

Os negros ladinos – isto é, nascidos no Brasil – passaram a predominar na população escrava, principalmente a partir da década de 1870. O processo de desafricanização já atuava largamente sobre estes. O inevitável cruzamento das raças contribuíra para a multiplicação dos mestiços e mulatos. Até escravos de cor branca apareciam à venda nos anúncios. O escravo abandonava os cultos africanos, movido, muitas vezes, pelo próprio interesse em aproximar-se da cultura dominante. O catolicismo aparecia como o denominador comum.

A aceitação, entretanto, do cristianismo e a assimilação de suas práticas era mais difícil na cidade do que nas zonas rurais.

Referindo-se à pouca assistência religiosa dada aos negros urbanos, disse Agassiz que certos padres tratavam-nos mesmo com rudeza. Nem sempre os senhores da cidade se empenhavam em desenvolver nos escravos o espírito cristão e ensinar-lhes as práticas da religião católica. Burmeister, percorrendo a região de Cantagalo, nos meados do século, viu passar uma Semana Santa despercebida, os escravos trabalhando normalmente: "ninguém notou que era dia santo". Apesar disso, um grande número era iniciado ao cristianismo pelos negros mais velhos, e em algumas igrejas, como a de Lampadosa, São Domingos, a Sé Velha, podiam encontrar-se padres negros.

A aceitação do cristianismo era, em geral, puramente exterior. O negro que recebia o batismo, que assistia à missa aos domingos, era o mesmo que frequentava batuques e participava dos rituais processados altas horas da noite, no interior das senzalas, ou, mais frequentemente, no escuro das matas. Aquele que entrava para a Confraria do Rosário era o mesmo que comparecia aos calundus.

---

17 Bastide, 1960, p.202 e 208.

Daí, as aproximações, os sincretismos já tão estudados pelos especialistas. Longe de contribuir para a evangelização, a escravidão corrompia o cristianismo.

A propósito da alegação de que a escravidão favorecia a propagação do cristianismo, Thomas Clarkson, o líder britânico do movimento em prol da cessação do tráfico e da emancipação dos escravos, afirmava, já em 1821, que seu efeito era exatamente o oposto.

Os que imaginam que a religião de Cristo pode jamais estender-se ou lançar raízes à sombra da violência, porque veem que várias vítimas por fora se submetem às cerimônias exteriores que a religião dita, deverão sempre ter presente aquele terrível dito do cacique que posto em tormento pelos espanhóis conquistadores da América e oferecendo-lhe o céu se recebia o batismo, perguntou se entravam no céu os espanhóis, ao responderem-lhe que sim, contestou: se é assim não quero ir para o céu. O mesmo com mais razão dirão os africanos, a quem se lhes prega a religião de Cristo. Como pode ser bom sendo a religião dos negociantes de escravos?

Citando o depoimento de certo inglês que vivera na África por muitos anos, junto a uma feitoria envolvida no tráfico, afirmava Clarkson que os negros consideravam uma desgraça a chegada dos europeus àquelas terras e diziam que aonde ia o cristianismo, ia com ele a espada, a peça, as pólvoras e as balas. Comentava que o ódio dos escravos pelos seus senhores necessariamente os obrigava a desprezar a religião cristã, que encaravam como protetora da opressão e da crueldade. Que acolhida poderiam dar os escravizados a uma doutrina que lhes vinha de seus dominadores? E nem sempre vinha, pois no Brasil, como nas Antilhas, muitos senhores mostravam-se negligentes quanto à educação religiosa dos escravos: nem sequer os batizavam. Esse zelo era menor na cidade do que no campo, o que coincidia, por outro lado, com as maiores facilidades existentes nos núcleos urbanos para preservação das práticas africanas.

Só nos centros urbanos mais importantes, principalmente no Rio de Janeiro e, secundariamente, em São Paulo, têm-se notícias da continuidade desses ritos.

O sistema escravista orientava as representações religiosas no sentido da magia. O escravo vai servir-se de Exu ou de Ogum ou

DA SENZALA À COLÔNIA 283

das ervas de Osaim para lutar contra a opressão econômica e racial da classe dominante. O caráter sinistro de certas divindades se foi intensificando sem chegar, entretanto, a destruir completamente as imagens tradicionais. Com a destruição das linhagens, em virtude do tráfico, tornava-se impossível para certos grupos conservar a religião familiar ou continuar o culto dos ancestrais. A solidariedade, que em terras africanas se estabelecia no plano familiar, convertia-se numa solidariedade étnica: os negros reuniam-se em "nações". "O candomblé tornava-se o sucedâneo da vida africana, ou dos burgos rurais."[18]

À medida que o número de negros livres aumentava, multiplicavam-se os grupos de religião e recreio, assim como as associações: confrarias e irmandades. Caixas de empréstimo e juntas de alforria existiram aqui como em várias províncias do Brasil, fundadas por negros livres ou escravos.

No Rio, ficaram famosos os capoeiras. Formavam maltas que reuniam, às vezes, uma centena de homens. Quando um senhor vendia um escravo da cidade para a fazenda, os demais, filiados à malta, reuniam-se e designavam quem o deveria vingar.[19] Tiveram os capoeiras papel importante durante a campanha abolicionista.

A despeito desse espírito associativo, dos laços que os uniam às vezes em torno de certas tradições e crenças, também havia no mundo dos escravos numerosas distinções sociais a separá-los. As distinções trazidas do continente de origem, que os isolavam em "nações": os minas, os cassanges, os moçambiques, ou os congos, e às posições hierárquicas que os dividiam em reis e vassalos, somavam-se às distinções estabelecidas com base na superioridade do ofício e da posição dentro do regime escravista. Uma escrava de categoria – bem vestida e bem apresentada – não experimentava compaixão nem simpatia pelo parceiro maltrapilho e sujo. "A aristocracia do comércio negro que tem prerrogativas e patentes e arrogante e impiedosa com os seus irmãos de pés descalços", comentava Ribeyrolles. A posição do senhor refletia-se também na do escravo. Uma grande distância separava o escravo de um rico proprietário do que servia a um pobre oficial. Quase a mesma

18 Ibidem, p.522.
19 Ramos, 1938.

distância que levava o súdito de um antigo rei etíope ou príncipe das selvas africanas, agora reduzido a condição, a saudá-lo humildemente quando com ele cruzava nas ruas. O antigo chefe, embora reduzido à situação dos demais, continuava respeitado. Os súditos beijavam-lhe as mãos, pediam-lhe a "bênção", buscavam conselhos.[20] Esquecendo momentaneamente sua posição, presidia, anualmente, na sua pobre maloca ritos africanos. Quando morto, eram-lhe prestadas as últimas homenagens. Exposto na esteira, era visitado pelos súditos e representantes de outras tribos. Acompanhavam-no ao túmulo, entoando cantos africanos, numa verdadeira procissão que se anunciava nas ruas, pelo estouro das bombas, pelo ruído das palmas e pela toada dos cantos. As rivalidades dividiam os negros em nações: o de Moçambique não suportava o do Congo; o da Mina ao do Koromatum; e a polícia era, frequentemente, chamada para apartar desordens entre eles. Esboçava-se, entretanto, uma solidariedade natural oriunda da sorte comum – os malungos – isto é, os negros que tinham vindo no mesmo navio mantinham, quando podiam, laços de amizade.

O escravo urbano gozava inegavelmente de uma situação superior à do parceiro do campo.[21] As possibilidades que tinha de conseguir a alforria eram maiores, melhores em geral suas condições de saúde, e mais suave o tratamento que recebia, pois os olhos da lei andavam mais perto.

---

20 Debret, *Viagem pitoresca e histórica ao Brasil*, t.II, p.185.
21 D'Assier, 1867, p.98. Depoimento confirmado, aliás, por outros viajantes.

Negro fugido, usando gargalheiras e argolas.

Máscara que eram obrigados a usar os negros que comiam terra ou se embebedavam.

Castigos públicos na Praça de Santana no Rio de Janeiro.

Máquina primitiva de pilar café.

Casa de máquinas e terreiro da Fazenda Ibicaba em São Paulo nos anos 1880.

O escravo rural

Muito diversas parecem ser as condições de vida nas zonas rurais. Senhores houve que, preocupados em manter o bom rendimento do trabalho escravo, procuravam conferir aos seus negros um regime alimentar e uma assistência sanitária razoáveis. Apesar disso, as convicções profundamente arraigadas, os preconceitos de todo tipo impediam que encarassem o preto como ser humano igual ao branco e de necessidades idênticas às deste. Mesmo os senhores mais benevolentes procuravam convencer-se de que nada de melhor havia para o negro do que a "proteção" oferecida pela situação de escravo. Consideravam-nos alegres e felizes, pois viviam a cantar.[22]

No campo, imperava livre a autoridade senhorial. O senhor representava a Igreja, a Justiça, a força política e militar. Seu domínio era sem limites, a benevolência, a austeridade, assim como a crueldade tinham ampla oportunidade para agir.

Na zona rural, o horário e o ritmo de trabalho eram marcados pelas atividades da fazenda; atingiam, em média, de quinze a dezoito horas diárias.

Mal se anunciava a madrugada, antes mesmo de o sol despontar, o som do sino ou do clarim ecoava pelos confins da fazenda despertando os escravos. Em filas, apresentavam-se ao feitor para receber as incumbências do dia. Os carros de boi levavam-nos para os cafezais mais distantes. A pé, enxada ao ombro, iam outros para os lugares mais próximos. Divididos em pequenos grupos, distribuíam-se entre linhas de café. Fizesse sol ou chuva, frio ou calor, trabalhavam até nove ou dez horas, sob as vistas do feitor. Cantigas ritmadas acompanhavam o movimento das enxadas: jongos, canções inspiradas nos acontecimentos miúdos da vida quotidiana, falando de senhores e escravos, de feitores e iaiás, cantadas em duas ou mais vozes, às vezes numa mistura de palavras portuguesas e africanas. Havia a superstição de que, quando o jongo não fosse bom, também era mau o resultado do trabalho. Alguns desses jongos foram registrados por viajantes que aqui passaram. Burmeister, por exemplo, dá-nos o conteúdo de uma canção muito sugestiva:

---

22 Rezende, 1944.

Meu patrão me bateu
Ele não procedeu bem
Nada de mal fiz eu
Mas ele bateu em mim.

Tal cantiga era repetida inúmeras vezes, sempre da mesma maneira. Às nove ou dez horas cessava a labuta. Era hora do almoço. As cozinheiras preparavam a refeição ao ar livre, em grandes caldeirões. Consistia, em geral, de feijão, angu e farinha de mandioca, às vezes enriquecida de um pedaço de carne seca: 150 gramas de charque, abóbora, inhame etc. Em algumas propriedades maiores, o alimento era mais rico: angu, canjica, feijão preto, toicinho ou carne seca, farinha de mandioca e frutas: laranja, banana, mamão e goiaba. Nas fazendas mais pobres, reduzia-se a feijão, um pouco de farinha de mandioca umedecida, laranja e banana.

Imbert, no *Manual do fazendeiro*, comentava que o sustento do negro era, em geral, inferior às suas necessidades e esse depoimento é confirmado por muitos outros.[23] Havia senhores que alimentavam os escravos unicamente com feijão cozido, sem nenhum condimento e uma só vez por dia. Em algumas fazendas, os escravos recebiam mais "bacalhau" nas costas do que no ventre. O barão do Pati de Alferes, rico fazendeiro do Vale do Paraíba, dizia que, nas fazendas de serra acima, era costume dar aos escravos apenas feijão temperado com sal e gordura e angu de milho.

O alimento era despejado em cuias. De cócoras, os negros engoliam a comida, usando colher de pau ou servindo-se dos dedos, à guisa de talher.

Meia hora mais tarde, recomeçava o serviço, interrompido a uma hora para o café com rapadura. Nos dias frios ou chuvosos, a cachaça substituía o café. Algumas fazendas, principalmente do Vale do Paraíba e na região Centro-Oeste paulista, possuíam destilarias. O uso da cachaça generalizara-se não só na população negra, como entre os brancos.

---

23 Laerne, op. cit., p.293; Debret, op. cit., p.196; Ribeyrolles, op. cit., v. II, t. III, p.33-4. José Bonifácio, Koster, Burlamaque e Rugendas referem-se, em suas obras, à precária alimentação do escravo.

DA SENZALA À COLÔNIA 289

Às quatro horas, jantavam refeição semelhante à das nove e o trabalho prosseguia até o escurecer, quando voltavam à sede da fazenda. Ao cair da tarde, repetia-se a cena matinal. Reuniam-se junto à varanda da residência, o administrador conferia o número de escravos, procedia à chamada e em algumas fazendas fazia-se uma breve oração. Mas o trabalho não cessava aqui. De volta do campo, dedicavam-se às fainas no terreiro ou nas casas de engenho, no paiol ou no engenho de mandioca.[24] À luz de candeeiros, tochas de taquara, ou lamparinas de óleo de mamona, preparavam o alimento para o dia seguinte: a farinha de mandioca, a farinha de milho, o fubá. Debulhavam o milho, pilavam e torravam o café, cortavam a lenha e, às vezes, na época da colheita, escolhiam o café apanhado. O serão durava invariavelmente até às dez horas, o que dava a média de trabalho de dezessete horas por dia. Alguns fazendeiros, como o barão do Pati de Alferes, recomendavam que não se estendesse o serão além das nove da noite, pois o cansaço do escravo tornava-o pouco produtivo, desservindo os interesses do senhor.

Esse horário era mais ou menos o mesmo em todas as fazendas. Em alguns casos, o escravo iniciava a faina diária às quatro, em outros, às cinco. Aqui, o serão estendia-se até às dez horas, ali prolongava-se até às onze. Era mais longo nas épocas em que o serviço aumentava, como por ocasião da colheita.

Uma ceia ligeira encerrava o serão: os pretos recolhiam-se às senzalas, onde ficavam fechados até o dia seguinte.

Os edifícios, na grande maioria, eram alongados, de forma retangular, construídos de pau a pique e cobertos de sapé, sem janelas, tinham uma porta única, e aberturas de trinta a quarenta centímetros na parte superior, junto à coberta. Quando sucedia de haver janelas, eram fechadas por grades, o que refletia a preocupação de impedir fugas.

As senzalas localizavam-se, em geral, nas proximidades da residência do fazendeiro, dada a necessidade de fiscalizar melhor a escravaria.[25]

---

24 Laerne, op. cit., p.293.
25 Tschudi, op. cit., p.53. Outros viajantes deixaram boas descrições das senzalas, apresentando às vezes algumas diferenças. Veja-se, por exemplo, Ribeyrolles, op. cit., v.II, t.III, p.32-3. Laerne, op. cit., p.318.

Homens e mulheres dormiam em casas separadas. As crianças tinham suas camas, junto às mães. As divisões internas formavam pequenos cubículos, onde o mobiliário era escasso. Apenas uma tarimba e um jirau. Aquelas feitas de madeira, dois e meio a três pés de largura, encimadas de esteiras ou cobertores, e um pequeno travesseiro de palha. No jirau, o escravo guardava seus pertences. Às vezes, a tarimba era mais alongada, de forma a permitir que se colocasse um baú na extremidade. Em algumas fazendas, encontravam-se, ao lado das senzalas, pequenas cabanas de pau a pique, cobertas de sapé ou folha de bananeira e sem aberturas. Esses casebres destinavam-se aos casais.

Nos últimos anos da escravidão, muitos senhores, principalmente no oeste paulista, prevendo a substituição do escravo pelo colono, mandaram derrubar as antigas senzalas, substituindo-as por casas de três a quatro cômodos e cozinha, construídas ainda junto à sede, o que se revelou, mais tarde, um grave inconveniente, quando se generalizou o sistema de colonização, pois os colonos preferiam maior liberdade de ação. A maioria dos fazendeiros do Vale do Paraíba não cuidou, entretanto, dessas modificações, e depois da abolição as senzalas abrigaram os trabalhadores livres.

No longo corredor das senzalas, eram construídos fogões primitivos, onde os negros preparavam, uma vez ou outra, algum prato simples: peixe, caças do mato, principalmente tatus, iguanas, pacas, cutias ou capivaras. À noite, terminado o serão, quando fazia frio, amontoavam-se de cócoras em redor do fogo, fumando e conversando em grande algazarra.

Atrás das senzalas, ficavam as privadas, às vezes, substituídas por barricas com água até o meio e colocadas no corredor, onde eram, diariamente, esvaziadas e limpas.

As senzalas ficavam abertas até às dez ou onze horas da noite, quando, a um sinal do feitor, recolhiam-se os escravos às suas habitações.

O programa de cada dia servia para o ano inteiro. Apenas aos domingos ou feriados, alterava-se esse ritmo. O respeito ao domingo não impedia o trabalho, ao menos pela manhã. Em geral, antes do almoço, os negros ajuntavam e cortavam lenha, reparavam estradas, limpavam córregos, consertavam cercas e exterminavam formigueiros que ameaçassem devastar as plantações. Só à tarde tinham folga. Em certas fazendas, era costume dar a

DA SENZALA À COLÔNIA   291

alguns escravos, a título de recompensa, um lote de terra, onde podiam cultivar gêneros de subsistência, cujo lucro lhes pertencia. Acreditavam os fazendeiros que isso suavizava o cativeiro e dava aos escravos certo senso de propriedade. Para o senhor, essa concessão representava uma forma de segurança: mantinha o cativo ocupado e evitava as concentrações ruidosas. Com o objetivo de impedir ajuntamentos nas estradas, muitos fazendeiros substituíam o dia de folga do escravo, que passava a trabalhar aos domingos, descansando em algum dia da semana. Com isso, visavam impedir as reuniões às portas de vendas de beira de estrada ou nas vilas próximas. O temor das insurreições era maior do que o respeito ao dia de guarda. "Na minha fazenda, eu sou o papa", dizia um fazendeiro que, arbitrariamente, optara pelo repouso semanal dos seus escravos.

Senhores havia, porém, que, extremamente devotos, impediam qualquer trabalho aos domingos e dias santificados. O major Manuel Bernardino de Almeida Lima incluíra nos estatutos, que regulavam a vida na sua fazenda, um item proibindo, terminantemente, o trabalho aos domingos e dias santos: "Nos domingos e dias santos de guarda, nem um serviço farão os escravos nem o de varrer o terreiro que se fará no sábado". "Nos dias santos e dispensados, até a hora do almoço, podem os escravos, com enxadas, arrancar espinho e outros arbustos arredor da casa, abrir esgotos e outros pequenos serviços, menos no tempo da moagem do café, e quando se tenha muito serviço, trabalhará nos dispensados, dando-se-lhes a cada um duzentos réis e, aos mais fracos, cento e sessenta réis, tendo-se rezado o terço de madrugada, visto não haver missa".[26]

Dia de repouso era dia de festa. Recebiam muda de roupa limpa, e aquele que conseguia adquirir alguma peça melhor não hesitava em envergá-la.

Ao escravo que labutava no campo, davam-se, em geral, dois conjuntos por ano. Do Rio de Janeiro, vinham as baetas, as chitas de Londres, os panos grossos de ourelas, os xales de algodão. O vestuário era simples. Os homens usavam calça e camisa de algodão grosseiro. Como agasalho o surtum: espécie de jaqueta sem man-

---

26 Castro, 1944, p.33-4.

gas, de pano grosso, forrado de baeta. Toda roupa levava a marca da matrícula. Na maioria das fazendas, as roupas eram renovadas apenas uma vez por ano. Nas que primavam pelo tratamento dispensado aos negros, recebiam estes três camisas, três pares de calças e os respectivos casacos, um chapéu (uma espécie de turbante), e dois cobertores por ano. Esse fornecimento correspondia, em 1861, a uma despesa de dez a doze mil-réis por pessoa.[27] As máquinas americanas introduzidas nas fazendas, em meados do século, disseminaram-se rapidamente pelo interior do país, onde passaram a ser usadas na confecção das vestes dos escravos.

As roupas eram, em geral, trocadas aos domingos e lavadas uma vez por semana. Expostas ao sol e à chuva, às lavagens semanais, convertiam-se rapidamente em andrajos. Negros esfarrapados, mesmo nas melhores fazendas, escandalizavam os viajantes, acentuando aos seus olhos o caráter aviltante da escravidão. Nas cidades, as leis provinciais e municipais tentavam impedir os abusos mais escandalosos, proibindo aos escravos apresentarem-se quase nus ou sujos pelas ruas e multando os senhores responsáveis. Nas fazendas, tais medidas não tinham a menor eficácia. O senhor vestia o escravo como lhe convinha, reduzindo ao mínimo as despesas com a mão de obra.

As escravas utilizadas no serviço doméstico eram, em geral, mais bem vestidas. Assim, marcavam-se as distinções. Escolhiam-se as mucamas entre as negras de presença mais agradável. Ocupavam estas posição invejada, embora estivessem sujeitas mais diretamente aos caprichos da ama e do senhor, e fossem muito mais fiscalizadas. Já pela roupa, diferenciavam-se das demais.

O pouco dinheiro que o escravo conseguia acumular em horas de trabalho domingueiro, vendendo o produto de suas pequenas

---

27 Tschudi, op. cit., p.54. Laerne, op. cit., p.308, dá-nos uma relação de despesas feitas com roupa de escravos em 1883: camisa e calça a 3$000; dois conjuntos por ano, 6$000; uma camisola de saeta e um cobertor totalizando 9$000; para mulher: uma saia e camisa de cretone a 3$000, dois conjuntos 6$000; um couvre-chef, 1$000, uma saia de baeta, 4$500, um cobertor de lã, 5$000. Nessa mesma ocasião, avaliava a alimentação do escravo em seiscentos réis por dia e duzentos a dezenove mil-réis por ano. Sobre roupas de escravos, veja-se ainda Debret, op. cit., v.I, p.165, e Koster, op. cit., p.380; Ribeyrolles, op. cit., v.I, t.III, p.36.

DA SENZALA À COLÔNIA 293

roças, ou que recebia como presente do senhor, gastava em fumo, bebida, bugigangas e roupas. Talvez, daí, nos venha, em parte, esse gosto de ostentar roupas, de avaliar os indivíduos pela maneira de trajar, como também a preocupação, entre negros e mulatos, de se vestirem bem. Podem morar mal e comer pior, mas se preocupam em manter cuidada a roupa.

Só raramente conseguia o escravo na zona rural acumular algum dinheiro. O que conseguia juntar, gastava nas vendas de beira de estrada. Nestas, a pretexto de se vender cachaça às populações rurais acobertavam-se o roubo e o contrabando. Os vendeiros agiam muitas vezes como receptadores. Galinhas, porcos, objetos de prata, café eram desviados das fazendas. Na calada da noite, escapulindo das senzalas, entregavam os escravos o produto do furto ao vendeiro, em troca de dinheiro ou crédito. As posturas municipais tentavam em vão coibir esses abusos. Em 1832, na cidade de Areias, os negociantes de "fazenda, seca e gênero de além-mar" só obtinham licença para seus negócios se os requerimentos fossem assinados por um fiador e desde que se obrigassem a não comprar gêneros de escravos sem autorização do senhor.[28]

Apesar de todas as tentativas a fim de reprimir esses abusos, eles continuaram durante todo o tempo da escravidão provocando severas queixas por parte dos fazendeiros, que viam nos retalhistas uma ameaça constante à sua segurança. As leis provinciais reforçavam as posturas municipais. Em 1865, a Lei Provincial n.104, artigo 42, proibia fazer negócio com escravos, sem bilhete do senhor, no qual se declarasse o nome do escravo e quais os gêneros que iria vender. Eram multados em dez mil-réis os contraventores.[29] Alguns anos mais tarde, em 1870, a pena era reforçada. As leis provinciais proibiam que se comprassem a escravos gêneros que não pudessem ser considerados da lavoura que lhes era permitida pelos senhores, tais como açúcar, café, aguardente. Os contraventores incorriam

---

28 Mss. Arq. Est. São Paulo, T. I, Ofícios diversos, Areias, cx.14, doc. datado de abril de 1832.

29 Ibidem, doc. datado de 7 de janeiro de 1832. Leis Provinciais n.104, art.42, em Correio Paulistano, de 17 de agosto de 1865, suplemento anexo ao n.2.767 da mesma data.

em multa de 30$000, além de oito dias de cadeia.[30] Todo aquele que comprasse a escravo, de dia ou de noite, café, objetos de prata, ouro, brilhantes, ou qualquer traste de casa, sem ordem por escrito do seu senhor, seria multado em 30$000 e encarcerado oito dias. Os reincidentes teriam as penas duplicadas, ficando, além disso, sujeitos ao artigo 257 do Código Penal. Autorizava-se qualquer pessoa do povo a prender o escravo que encontrasse vendendo qualquer dos objetos já mencionados, desde que testemunhado por duas pessoas. Receberia o apreendedor 4$000 e cada uma das testemunhas, 3$000.

Comentava-se, na Assembleia Provincial de São Paulo, em 1870, que a maior parte dos negociantes fazia fortuna com o café e outros produtos furtados, que compravam aos escravos. Discutindo-se as posturas de Silveiras, que taxavam os lojistas, dizia-se que elas não pretendiam acabar com o comércio ou as indústrias, mas pôr um fim às "ratoeiras que se costumam colocar em meio do caminho para alta noite recolher o café e outros gêneros", que eram levados por escravos das fazendas próximas. Visavam pôr a salvo desse comércio ilícito os fazendeiros que se achavam muitas vezes em dificuldades para punir aqueles que compravam aos seus escravos objetos furtados.

As leis se repetiam, o que demonstra a sua ineficácia. A prática persistia. Ainda em 1888, às vésperas da Abolição, noticiavam os jornais um grande roubo de café, ocorrido na fazenda do capitão Tomás José da Mota, onde noites seguidas os escravos penetraram no quarto da tulha levando o café que entregaram a um taberneiro de nome Rosa Manso. Calculava-se em 150 arrobas o total do café desviado.[31]

Para coibir mais diretamente esses abusos, os fazendeiros, à menor desconfiança, convocavam a milícia local. Onde o braço da lei não chegava e a polícia era incompetente, eles próprios, com meia dúzia de capangas, invadiam, varejavam a venda e apreendiam o que lhes fora roubado. Na expectativa de evitar todos esses dissabores, alguns abriram armazéns em suas fazendas. O escravo

---

30 Lei Provincial n.107, em *Diário de São Paulo*, 7 de agosto de 1870, e Lei Provincial n.99, em *Diário de São Paulo*, 8 de julho de 1870, art.10.

31 *Correio Paulistano*, 16 de fevereiro de 1888.

podia adquirir neles tudo o que desejava. O negócio aparecia assim duplamente lucrativo: evitava aglomerações às portas das vendas, reduzia as possibilidades de roubo.

Um dos recursos utilizados pelos senhores para conter a população escrava era a religião. Não é de hoje que ela aparece aos olhos de muitos como o meio ideal para submeter o povo. O barão do Pati de Alferes, grande fazendeiro fluminense, via na religião o freio que sustentava os escravos. Do confessor esperava que os exortasse à moralidade, e aos bons costumes, ao amor, ao trabalho e obediência cega aos senhores.

A religião aparecia como mediadora entre senhor e escravo: "o freio do homem impetuoso, o consolo do aflito, o alento do fraco, a esperança do desgraçado", apaziguadora do escravo; o confessor: "o conselheiro ideal do escravo" a recomendar-lhe resignação, conformismo, obediência ao senhor, pintado como um pai, a ser temido e respeitado.

Alguns senhores exigiam que os escravos confessassem uma vez por ano. "A confissão é o antídoto de insurreições", dizia o padre Antônio Caetano da Fonseca, nos seus conselhos aos fazendeiros, "porque o confessor faz ver ao escravo que o seu senhor está em lugar de seu pai e, portanto, lhe deve amor, respeito e obediência; que o trabalho é necessário ao homem para sua subsistência; que esta vida é nada em comparação com a eternidade; e que o escravo que sofre com paciência o seu cativeiro tem a sua recompensa no reino do céu, onde todos são iguais perante Deus." Por isso, os proprietários não deveriam descurar da assistência religiosa aos escravos: "Posso assegurar, sem receio de errar, que se todos os fazendeiros do Brasil conservassem esta regra, a insurreição seria um crime desconhecido entre nós, mas, infelizmente, as doutrinas irreligiosas do século passado, espalhadas entre o povo pela leitura de escritos licenciosos, têm causado males incalculáveis à nossa moral, esfriando aos pais de família o cumprimento deste salutar dever", dizia ele, referindo-se à confissão.

Essa doutrina caracterizava, em suma, o pensamento da Igreja. Ajustada à realidade social vigente, pactuava com a classe senhorial procurando realizar seu papel de mediadora na tentativa de eliminar conflitos e atenuar tensões. Aos proprietários, aconselhava moderação. Resignação, passividade e esperança na vida eterna, humildade e obediência, eis o catecismo do negro.

A humildade, devida pelo escravo nas suas relações com os amos, exteriorizava-se num vocabulário eivado de termos religiosos: "'A bênção', pede o escravo ao senhor quando com ele cruza na estrada ou então: 'Louvado seja Nosso Senhor Jesus Cristo', ao que o senhor responde: 'Deus te abençoe, Amém'".

A entrada do negro para o catolicismo era uma imposição de sua situação de escravo.

As fazendas, dificilmente, dispunham de um padre permanente. A maioria era dotada de oratórios e capelas, mas raramente recebiam a visita do capelão da paróquia. Apenas de tempos em tempos este aparecia: era quando se legalizavam as uniões e se procedia aos batizados. À falta de assistência religiosa do clero, numericamente insuficiente para a extensão do país, agravada pela deficiência dos meios de transporte, ficava a população rural entregue a si mesma. Prevaleciam o culto doméstico, a prática familiar. No âmbito da fazenda, o cristianismo se enternecia no culto dos santos e da Virgem Maria, e se misturava às crendices ingênuas, humanizando as figuras divinas: uma Nossa Senhora e um Menino Jesus, que assumiam proporções humanas, numa convivência diária e íntima com o escravo. Tal era a Nossa Senhora do Rosário dos Homens Pretos, altamente estimada entre os negros, que a festejavam no campo como na cidade, com batuques e festas, onde se misturavam, à devoção à Virgem, práticas africanas.

O negro aprendia as preces, cujo sentido lhe escapava, a elas submetia-se aparentemente passivo como a tudo o mais. Muitos aprenderam a "puxar rezas".[32]

Em algumas fazendas, a prática limitava-se a uma reza vespertina. Em outras, a curtas preces de manhã e à noitinha. Em certos casos, reservavam-se as orações para os domingos e dias santificados. Às vezes, os senhores ou os escravos mais velhos conduziam a reza. Na sua obscura compreensão do cristianismo, embrulhavam o latim como embrulhavam as práticas religiosas e de tudo isso resultava um sincretismo extremamente complexo.

---

32 A esse respeito, ver Maria Graham, *Voyage to Brazil*, p.146; Tollenare, *Notas Dominicais*, p.140; Ribeyrolles, *Brasil Pitoresco*, p.33 ss.

DA SENZALA À COLÔNIA   297

"Reco, reco Chico disse", traduzia o latim litúrgico "*Ressurrexit sicut dixit*".[33] Às vezes, ao toque de recolher, os cativos desfilavam diante do senhor, levantando as mãos e dizendo: Kist! Kist! Kist! – tudo o que restava de uma fórmula ditada pelos cânones do papa Bento XIII: Louvado seja nosso Senhor Jesus Cristo.

Um viajante, que assistira a uma prece dominical conduzida por um escravo que rezava o Padre-nosso seguido dos demais, exclamava: "Pobre gente, dizem todos Pai Nosso, mas nenhum deles talvez compreenda o que essas palavras encerram de esperança e de verdadeira consolação. Que amarga ironia ouvir da boca dos escravos essas palavras: Pai Nosso, que há quase dois mil anos, lançaram os primeiros fundamentos da fraternidade humana!".[34] Ter escravos que rezam, comentava ele, é uma espécie de luxo para o plantador que se vangloria de possuir uma escravatura moralizada.

Não menos penosa foi a impressão de Mme. Toussaint Samson, ao assistir a uma cerimônia de culto realizado em certa fazenda das proximidades do Rio de Janeiro. Dois negros recitaram alguns pedacinhos de latim que um capelão, outrora adido à fazenda, lhes havia ensinado, além de outro que eles próprios tinham composto e que servia de exórdio à ladainha dos santos. Depois do culto que se encerrou com um Miserere Nobis, acompanhado da prosternação de todos os escravos, desfilaram eles perante os brancos ali presentes, pedindo-lhes a bênção.

O cristianismo permanecia, entretanto, uma capa exterior a recobrir tradições e práticas africanas, no campo menos do que na cidade. A diversidade de origem dos negros e a multiplicidade das tradições religiosas africanas, assim como a vigilância estreita dos senhores e capatazes não eram favoráveis à manutenção das tradições africanas. Temerosos de insurreições, os senhores tiveram sempre o cuidado, na região do café, de comprar seus escravos em pequenos lotes de cada vez, para evitar a concentração de elementos de uma só região. Por outro lado, temendo que as reuniões de escravos se convertessem em movimentos sediciosos, proibiam, em geral, essas manifestações. Para dar vazão às suas crendices e tradições, os negros refugiavam-se, quando podiam, nas florestas.

---

33 Taunay, *História do café*, p.190.
34 Pradez, 1872, p.84.

Aí, cantavam e dançavam batendo os pés e as mãos. Nessas cantorias, misturavam palavras africanas ao coro de Santa Maria e ao Ora pro Nobis. A música e a religião estavam intimamente ligadas e exerciam força poderosa na vida dos escravos. Alguns senhores permitiam, aos sábados ou domingos e dias de festa, como casamentos e batizados, que eles promovessem, no terreiro, os seus batuques. Era a capoeira que Ribeyrolles definiu como dança de evoluções atrevidas e combativas ao som do tambor do Congo: era o batuque com suas atitudes frias ou lascivas, que o urucungo acelerava ou retardava, o lundu ou o jongo. Em círculo a cantar e sapatear, um dançador ao centro, em requebros, saltava, dava cambalhotas, gesticulava e, em seguida, tirava outro que ficava em seu lugar e assim por diante. Como instrumento, o "caxambu", espécie de barril afunilado com a extremidade coberta por um couro, os chocalhos, a marimba, que Ferreira de Rezende define como uma espécie de tartaruga com dentes de ferro sobre a parte chata e que tocavam com os dois polegares, e o urucungo, descrito como uma corda de arame estirada contra um arco e corda, trazendo a uma das pontas uma cabaça.[35] Os cantos eram, em geral, monótonos e repetidos.

Muitas vezes, as autoridades viram nessas reuniões inofensivas uma séria ameaça à segurança pública e proibiram sua realização. Em 1862, na freguesia de Santo Antônio do Rio Bonito, município de Valença, ajuntaram-se alguns escravos de fazendas vizinhas em reuniões noturnas conhecidas pelo nome de Canjerês. Alguns espíritos timoratos enxergaram nesses ajuntamentos planos sinistros de insurreição e o alarme estendeu-se aos municípios vizinhos. As reuniões foram proibidas como perigosas e opostas à ordem pública,[36] assim como o foram muitas vezes os batuques.

A devoção aos santos, comum entre a população branca, encontrava-se igualmente difundida entre a escravaria. A exemplo dos senhores, faziam-lhes promessas. Os preferidos eram São Bene-

---

35 Rezende, 1944, p.178, 182-187. D'Assier, 1867, p.93-5. Codman, op. cit., p.90-2. Samson, op. cit., p.104, 128 ss. Ribeyrolles, op. cit., v.II, t.III, p.38.
36 Relatório apresentado ao Exmo. Vice-presidente da Província de Rio de Janeiro, o Sr. Dr. José Norberto dos Santos, pelo presidente e desembargador Luís Alves de Oliveira Belo ao passar-lhe a administração da mesma Província no dia 4 de maio de 1862, p.7.

DA SENZALA À COLÔNIA 299

dito, São Jorge, São Sebastião, São Cosme e Damião. A devoção a N. S. do Rosário reuniu, em confrarias, negros livres e escravos. A preferência pelos santos parece ter estado sujeita à ação da moda. Santo Antônio gozou de grande prestígio desde o tempo colonial. Sua imagem, com o Menino Jesus ao colo, era vista por toda parte. Na senzala e na casa grande, a religião materializava-se. Fazia-se "chantagem" com o santo, despojava-se Santo Antônio do Menino Jesus, prometendo devolvê-lo quando um pedido fosse satisfeito. Religião e superstição confundiam-se. Impregnavam a vida quotidiana do escravo, que, a cada passo e em tudo, divisava artes maléficas: o mau-olhado, o feitiço, as artimanhas marotas do saci. A morte nunca era considerada acontecimento natural, aparecia sempre como fruto de um malefício. A criança adoeceu? Foi mau-olhado. A enxada quebrou: arte do saci, responsável também pela louça que se quebra ou pelas coisas que desaparecem. O escravo vivia num mundo mágico hostil que procurava dominar à custa da magia. Daí o prestígio de que gozava o feiticeiro, respeitado e temido por todos, curando males do corpo e do espírito, doenças e mal de amor. Com remédios de ervas e palavras mágicas "curava" desde picada de cobra até bicheira de animal, intoxicações ou bronquites. Mesmo os brancos se serviam deles. Para os negros, como para os índios do Brasil, toda doença era obra de uma força hostil, obscura, de um poder sobrenatural. Por mais óbvias que estivessem as causas internas e ocasionais, o acidente mórbido era sempre atribuído a qualquer força pessoal inimiga. Procuravam a causa no vento, na chuva, nos alimentos ou nas forças maléficas do desafeto. O doente era considerado enfeitiçado; se tinha inimigos, eram estes responsabilizados; quando não, a culpa recaía sobre determinado indivíduo que, por qualquer motivo, atraíra a desconfiança dos parentes. A cura era procurada através de mezinhas e exorcismos. A mesma crença que existia entre os índios de que a mulher pode produzir efeito pernicioso, o que o levava a evitá-la quando ferido por animal peçonhento ou com febre,[37] encontrava-se entre os negros. Mme. Toussaint Samson conta-nos um caso em que, chamado para atender a um escravo mordido de cobra, o curandeiro afirmou que curaria o escravo se

---

37 Martius, op. cit., p.148.

nenhuma mulher entrasse no quarto durante sete dias; sem isto, não se responsabilizaria pela cura. Seguiram-se as prescrições do feiticeiro: cuidou-se em não mandar levar comida ao doente, a não ser por homens, e o negro mordido pela cobra, que chegara à sede da fazenda vomitando sangue, ficou perfeitamente curado.

Apesar dos benefícios que prestava à coletividade, o feiticeiro, capaz de controlar as forças hostis, aparecia sempre como pessoa perigosa, vivia frequentemente afastado dos demais e causava-lhes pavor. Os medicamentos eram feitos à base de ervas, cinzas, pedras, excrementos etc. Brancos e negros invocavam determinados santos para protegê-los contra certas doenças: Santa Luzia, a protetora dos olhos; Santa Ágata, contra doenças pulmonares; Santa Apolônia, contra dor de dente; São Lázaro, contra a lepra; São Tomé, contra as verminoses, e assim por diante. Usavam também orações e palavras santas. Em suas viagens pelo interior do Brasil, Gardner relata uma das muitas "simpatias" usadas contra o veneno de cobra: escrevia-se num pedaço de papel, em linhas separadas, as letras SATOR AREPO TENET OPERA ROTAS. Enrolava-se o papel e dava-se para a pessoa comer em forma de pílula. Ainda em 1855, vendia-se "oração para benzer casas", contra a epidemia de cólera-morbo.[38]

Para curar tuberculose, infusão de erva-de-santa-maria, passarinho e erva-grossa. Para disenteria, "sete sangrias e tapoeiraba, imersão até a água esfriar"; para bronquite, cipó-chumbo.[39]

A própria ciência médica da época não estava nessas regiões muito longe desse primitivismo. É o tempo das maravilhas curativas. Do purgante Leroy, aplicado contra a pneumonia, disenteria, hidropisia e o envenenamento. A maior parte das zonas rurais, nos primeiros anos da cultura cafeeira, encontrava-se numa fase ainda primária da medicina. Não se ia muito além do "purgare et sangrare". É a época das mezinhas, do "chá de milícia", da erva-cidreira, do chá de losna, de flor de laranja ou de sabugueiro, da folha de goiaba ou quebra-pedra, da qual ainda não saíram muitas regiões do país.

Nas fazendas, raramente havia assistência médica. Nos primeiros tempos, o isolamento em que viviam, a dificuldade dos meios

---

38 Santos Filho, 1947, v.I, p.163.
39 Stein, op. cit., p.187-9.

DA SENZALA À COLÔNIA 301

de transporte, a falta de conforto nas sedes, cujas instalações eram precárias, e, principalmente, o escasso número de médicos disponíveis obrigaram o fazendeiro a transformar-se em médico prático. Os manuais de Medicina gozavam de grande prestígio. Os Vade--Mecum, os Langgaard e, mais tarde, os Chernovitz descrevendo os sintomas e indicando a terapêutica muito auxiliaram, nas regiões isoladas, a população local. A *Medicina doméstica* de Buchanan foi traduzida para o português, o Chermoviz publicou-se em 1841. O *Formulário ou guia médico* aparecia em 1842 e o *Dicionário de medicina popular* atingia, em 1888, sua 14ª edição. Também os medicamentos homeopáticos, pela facilidade em controlar sua administração, uma vez que os libretos explicativos eram pequenos Vade-Mecuns, encontravam grande receptividade nas zonas rurais.[40]

Numerosos foram, além disso, os tratados escritos na época sobre doenças que mais frequentemente achacavam os negros: o caso, entre outros, de um *Tratado das doenças dos negros*, impresso em 1818; o do *Manual do fazendeiro ou tratado das enfermidades dos negros*, de Imbert, que saiu pela primeira vez em dois volumes em 1834; do *Dicionário de medicina doméstica popular*, editado em 1865 em três volumes; e do *Guia médico do fazendeiro*, de Joaquim de Paula Sousa, com data de 1880.[41]

A insuficiência dos conhecimentos médicos que levavam os fazendeiros a considerar sintoma de doença apenas a febre,[42] o primitivismo da terapêutica improvisada, o atraso dos meios rurais agravavam o índice de mortalidade. As más condições higiênicas das senzalas, onde se aglomerava, muitas vezes, uma população superior à capacidade dos edifícios, as penosas condições de trabalho sob o sol e a chuva, a precariedade do vestuário e da alimentação, os estragos causados pela cachaça minavam o corpo do escravo. Os banhos de rio onde os dejetos eram lançados, a ausência de latrinas, tudo isso concorria para que os índices de mortalidade fossem muito elevados. Ferreira Soares relatava, na década de 1860, como um fazendeiro que comprasse um lote de cem escravos possuiria, após três anos, na melhor hipótese, um

---

40 Santos Filho, op. cit., v.II, p.236.
41 Spix e Martius, *Viagem pelo Brasil*, p.85, e Luccock, *Notas sobre o Rio de Janeiro e partes meridionais do Brasil*, p.318. Santos Filho, op. cit., p.158.
42 Padre Caetano da Fonseca, *Manual*, 1861.

quarto dos escravos adquiridos em boas condições de saúde e aptos ao trabalho. A duração média da força de trabalho era de quinze anos e, nas fazendas, havia sempre certo número de escravos momentaneamente incapacitados, numa cifra que variava de 10% a 25%. A mortalidade infantil atingia, às vezes, até 88%.[43] Morriam os recém-nascidos do mal de sete dias e muitas mães perdiam a vida no parto, pela incúria das comadres que, com as práticas mais grosseiras, procuravam ajudar a parturiente. A falta de higiene alimentar também consumia grande número de crianças. As mães eram obrigadas a iniciar cedo a desmama. As crianças que, até então, se haviam desenvolvido bem, logo definhavam e morriam. Preocupados com a alta mortalidade infantil, todos aqueles que escreviam sobre escravidão recomendaram aos fazendeiros certos cuidados com as gestantes, as parturientes e os recém-nascidos. José Bonifácio, mais tarde também Burlamaque, e o barão do Pati do Alferes aconselhavam o fazendeiro a que não mandasse ao campo, nos últimos meses de gravidez, a escrava prenhe, nem mais tarde, quando amamentasse; desse melhor assistência aos recém-nascidos, cuidando da higiene da alimentação. Tudo em vão. Em muitas fazendas, as mulheres que estavam amamentando levavam os filhos aos cafezais, carregando-os em jacas ou panos atados às costas. As crianças maiorzinhas, entregues às pretas velhas, ficavam junto às senzalas, até poderem executar os chamados serviços leves: rodar café nos terreiros, apanhar vassourinhas nos pastos da fazenda e separar ou escolher os grãos descascados nas salas de catar café.[44]

Os índices de mortalidade continuaram altos durante todo o período da escravidão. Já ao chegar ao Brasil o estado sanitário dos lotes era mau, principalmente a partir do momento em que se intensificou a fiscalização contra o tráfico e em que os traficantes, para não despertar suspeitas, encerravam os negros em porões de navios, impedindo-os de subir ao convés. As péssimas condições higiênicas desses lugares deficientes em iluminação e ventilação, levando

---

43 Couty, 1883.

44 Alguns lavradores pretendiam mais tarde que os filhos de colonos se prestassem a esse trabalho. Veja-se, por exemplo, a cópia do contrato de locação de serviços na colônia de Santo Antônio de Fortaleza em 1884, em anexo. (Parte I).

DA SENZALA À COLÔNIA

carga muito superior à sua capacidade, favoreciam a propagação de epidemias. A longa travessia, a má alimentação eram responsáveis pelas manifestações de escorbuto, tão frequentes entre escravos recém-chegados. Mesmo depois de cessado o tráfico, o estado sanitário dos lotes de escravos era mau e os índices de mortalidade, elevados. Esses índices referentes à população negra permaneceram, aliás, muito altos mesmo depois de abolida a escravidão. O *Anuário médico brasileiro* de 1891 referia-se à grande mortalidade dos africanos provocada pela febre amarela e malária. Chegava mesmo a vaticinar que, em breve, desapareceriam os negros do Rio de Janeiro.

Durante o período da escravidão, os maiores índices recaíam sobre a população infantil.[45] Dizia-se que era mais fácil criar três ou quatro filhos de brancos do que uma criança preta e atribuía--se esse fato à maior fragilidade da raça negra. Alguns fazendeiros conseguiam criar apenas um quarto dos negrinhos nascidos na fazenda: mesmo naquelas onde o tratamento era bom. Procurando outras razões para explicar o fato, Tschudi apontava o descuido das mães, que pouco se incomodavam com os filhos.

O barão de Piabanha, fazendeiro da Paraíba do Sul, na Província do Rio de Janeiro, confessava, mais tarde, que, apesar do bom tratamento e cuidados, o número de escravos reduzia-se em 5% ao ano, dada a elevada mortalidade infantil e ao pequeno número de mulheres, que, nessa época, estavam na proporção de uma para cinco.

É muito difícil hoje, a despeito dessas informações, avaliar a situação real, nos anos anteriores à abolição. Durante a campanha abolicionista, a partir do momento em que se agitou a questão no parlamento e se acenou com a possibilidade de vir o governo a intervir no regime de propriedade, declarando a emancipação gradativa ou imediata, os interesses envolvidos na questão deram força de argumento aos altos índices de mortalidade. Exageraram esse fenômeno com fitos muitas vezes contraditórios. Alegavam que, em vista da mortalidade elevada, não seria necessária ne-

---

45 Malte Brun, em 1830, fornecia no *Tableau statistique du Brésil*, os seguintes dados:
população branca: nascem 4,04%
população branca: morrem 2,83%
população escrava: nascem 4,76%
população escrava: morrem 6,86%
citado em Karl Seidler, *Dez anos no Brasil*. São Paulo, p.8.

nhuma medida que apressasse a extinção da escravatura, uma vez que, em alguns anos, deveria estar extinta a escravidão no Brasil.

Os abolicionistas, por sua vez, tomavam aos opositores essa argumentação, para convertê-la em mais um elemento a favor de sua causa. Acentuavam os horrores da escravidão que acarretavam a morte de milhares de criaturas.

Desde a época da Independência, a maioria dos que apresentaram projetos emancipadores mencionava o mau tratamento dado aos escravos, a falta de assistência à maternidade e à infância, que dizimava a escravaria. O simples fato de a população escrava, em vez de crescer, ter diminuído no decurso do século XIX tem sido apontado como prova da alta mortalidade. Entretanto, em um relatório do presidente da Província do Rio de Janeiro, Martinho Campos, que se dizia "escravocrata da gema", argumentava que ela "não era muito superior à de outros países do globo".[46]

É de supor que, à medida que os preços aumentaram e cresceram as dificuldades para aquisição de escravos, as condições de vida tenham melhorado, na maioria das fazendas, e a taxa de mortalidade se tenha reduzido. Grande número de escravos escapava às matrículas, principalmente depois das leis emancipadoras, pois os senhores tinham interesse em subtraí-los à fiscalização oficial. As sucessivas alforrias e os negros liberados pelas leis de 1871 e 1885 impediam um cálculo mais seguro sobre a mortalidade do escravo, nas últimas décadas da escravidão.

Entretanto, quando se sabe que, um século depois das informações de Ferreira Soares e Tschudi, a mortalidade infantil continua a atingir, em certas regiões do Brasil, a casa dos 75%, somos levados a crer que, até 1888, era elevada.

As epidemias grassavam facilitadas pelas más condições higiênicas e pela promiscuidade em que viviam. Assolavam periodicamente a população escrava nas zonas rurais ou urbanas. As mais graves eram a cólera, a febre amarela e a varíola. A febre amarela atingia principalmente a zona litorânea. Os portos de Ubatuba, Cananeia, Iguape e Santos eram vitimados por ela, frequente-

---

46 Relatório apresentado à Assembleia Legislativa da Província do Rio de Janeiro no dia 8 de setembro de 1878 pelo Presidente Visconde de Prados, Rio de Janeiro, 1878. Dá como índice de mortalidade da população escrava um total de 9,1%.

DA SENZALA À COLÔNIA 305

mente, chegando mesmo a interromper-se momentaneamente o comércio com essas regiões. Registraram-se surtos epidêmicos importantes em 1850, 1874 e 1886. A cólera-morbo, outra causa de grande mortalidade, surgiu, ao que parece, tardiamente no Brasil. A partir de 1855, houve numerosos casos.[47]

Nesse ano, assumiu tais proporções que o governo, preocupado, tomou medidas para sufocá-la, aconselhando aos fazendeiros o maior desvelo quanto à habitação, vestuários e tratamento dos negros. Decretou a quarentena de escravos provindos de lugares suspeitos de infestação, chegando mesmo a proibir expressamente a sua entrada.[48] Aconselhava-se, nessa ocasião, aos fazendeiros que lhes fornecessem cada semana uma muda de roupa limpa, estimulassem os banhos diários nos rios ou ribeirões, dessem-lhes nutrição mais abundante do que a habitual, diminuíssem as horas do serviço prolongando o intervalo destinado a refeições. Recomendava-se, em particular, que, durante o verão, se desse aos escravos, nas horas de maior calor, uma ração de aguardente de cana de mistura com água, açúcar, limão azedo ou laranja, impedindo-lhes de beber água, quando transpirassem. Aconselhava-se que não se construíssem, junto a habitações dos escravos, galinheiros, chiqueiros ou depósitos de alimentos. As senzalas, devendo abrigar o mínimo possível de trastes, seriam conservadas limpas, o terreiro várias vezes varrido, às águas paradas se daria vazão, e os pântanos seriam aterrados. Deveriam ainda os fazendeiros acudir à menor manifestação de mal-estar entre os escravos para que prontamente se atalhassem as enfermidades.[49]

As epidemias de varíola sucediam-se nas fazendas e cidades. Antes da cessação do tráfico em 1850, e nos anos imediatamente posteriores, chegou-se mesmo a relacionar o aparecimento de casos de varíola com a presença de escravos boçais recém-desembarcados: sintoma de contrabando. No Rio de Janeiro, foram numerosos os surtos de varíola: 1834-1836, 1841-1850, 1865, 1873, 1882, 1887. A Província de São Paulo foi também duramente atingida

---

47 Mss. Arq. Est. São Paulo, Ofícios diversos, Bananal, cx.33; Queluz, cx.39.
48 Anais da Assembleia Legislativa da Província de São Paulo, 1855, p.285.
49 Artigo publicado no Correio Paulistano em 16 de outubro de 1855, assinado por Joaquim Floriano de Godói.

pela varíola. Em 1863, 1864, 1865, graves epidemias assolaram as populações. Em 1870, foram atingidos, particularmente, a capital e os municípios de Lorena e Jundiaí. Em 1873, irrompeu violenta, ceifando vidas em vários municípios. Em 1875, a despeito da vacinação levada a efeito, continuava a causar vítimas.[50] As sucessivas epidemias inquietavam a população e reduziam o número de escravos. Vários males igualmente graves atingiam o plantel dos fazendeiros. Imbert relacionava entre as principais afecções que afligiam os escravos, disenterias, morfeia, tétanos, impaludismo e escorbuto, este atingindo, sobretudo, os carregamentos de escravos, nas longas travessias oceânicas, enquanto perdurou o tráfico. Apontava, ainda, as verminoses, moléstias venéreas, alporcas, pústulas malignas, ascites, boubas ou piã, gastrite, hepatite, pleuris, tuberculose, reumatismos, varíola e moléstias de pele tais como a sarna, a erisipela e impingem.[51]

O "banzo" foi romanticamente considerado o mal da escravidão e na opinião então generalizada nascia das manifestações de nostalgia que suscitava o regime da escravidão, comparado à liberdade antiga. Só no século XX foi dado identificar esse mal conhecido desde os tempos coloniais e que se caracterizava entre os negros pela apatia e por mortal tristeza. Acreditava-se que não passava de melancolia, amargor, saudade. Esses sintomas, que tanto intrigavam os brancos, eram nem mais nem menos os da moléstia do sono. Infectados na África, traziam os negros consigo a enfermidade. Felizmente, não encontrou ela condições para aclimatar-se. Faltou aqui a mosca tsé-tsé, transmissora do germe.[52]

As deficiências alimentares registradas durante a travessia e mesmo em numerosas fazendas propiciavam formas várias de escorbuto e outras manifestações de avitaminose, que, aliás, não eram "privilégio" do escravo, atingindo igualmente os brancos, em virtude de maus hábitos alimentares. Os africanos desembarcavam em geral tão atacados de escorbuto que esse mal passou a

---

50 *Relatório apresentado à Assembleia Legislativa pelo Ministro e Secretário dos Negócios do Império, João Alfredo Correa de Oliveira*. Rio de Janeiro, Tipografia Nacional, 1875. Anexo F (Saúde Pública).

51 A respeito de moléstia dos africanos, além das obras anteriormente citadas, consulte-se Freitas, 1935.

52 Von Martius, 1939, p.31.

ser conhecido com o nome de mal-de-luanda. Nas fazendas, era mais raro e provavelmente corrigido pela ingestão de frutas cítricas, especialmente limões e laranjas.

Causa frequente da mortalidade eram as picadas de animais venenosos: principalmente aranhas e cobras. Descalços, na lide da lavoura, ficavam sujeitos a serem atacados por elas. Os tratamentos rústicos, então utilizados, pareciam, às vezes, dar bom resultado, e isso deixava perplexos os observadores. Evidentemente, essa impressão nascia do fato de muita cobra inofensiva ser confundida com outras realmente venenosas, o que, em alguns casos, explicava o sucesso dos curandeiros.

Descalços, os escravos infestavam-se também de vermes de todos os tipos. O bicho-de-pé era afecção habitual. A esquistossomose, trazida da África, minou, por toda a parte, grande número de negros, sempre que surgiram condições propícias à infestação. Casos mórbidos, catalogados simplesmente como hidropisia, tiveram provavelmente origem na esquistossomose. Outros confundiam-se com ascite resultante da ingestão excessiva de cachaça.

Saia da frente senão ficas esmagado! – Então vomcê julga que eles não podem aguentá? – Com toda a certeza e nessa ocasião eles terão o cuidado de se pôr de lado e você terá de aguentar com o todo o choque. Trate pois já de te salvar. O seguro morreu de velho.

Eu não te dizia, infeliz Lavoura, que eles eram incapazes de impedir que ela rolasse? Onde irá ela parar agora?

Capitão do mato.

DA SENZALA À COLÔNIA   309

A ancilostomíase, a ascaridiose e todas as outras verminoses que, hoje, ainda infestam a grande maioria das populações rurais do Brasil reduziam a capacidade de trabalho, produzindo cansaço e apatia. Eram responsáveis pelas frequentes perturbações digestivas e hepatites crônicas, em geral atribuídas à alimentação má ou deficiente. Certos tipos de tosses, convulsões, perfurações de órgãos, febres inexplicáveis também tinham origem nesses vermes, provocando até mesmo a morte. A geofagia – hábito de comer terra –, comum entre escravos, era proveniente da necatoriose. Preocupados com essa manifestação e desconhecendo suas causas mais profundas, os senhores costumavam castigar os que se apresentavam com esse hábito, obrigando-os ao uso de máscara de zinco ou folha de flandres: punição também aplicada aos culpados de embriaguez contumaz.[53] A infestação pelo *Necator americanus* produzia dermatoses diversas nos membros inferiores, depauperava os indivíduos, tornando-os incapazes para o trabalho. As disenterias, as gastrenterites, as diarreias assolavam a população das fazendas. A filária de Bancroft, a bancroftose, conhecida como elefantíase, deformava os escravos. Mais graves ainda eram os numerosos casos de tétano. Trabalhando nas zonas rurais, o escravo, muitas vezes, contaminava-se com o micróbio do tétano e morria entre convulsões e enrijecimentos progressivos, aparentemente inexplicáveis.

Outra moléstia, ao que parece importada da África, era o maculo: retite gangrenosa que, desde a época colonial, vinha dizimando a população negra.[54] Numerosos eram os casos de lepra. Na promiscuidade das senzalas, disfarçada durante certo tempo pela coloração escura da pele do escravo, a lepra – enfermidade comum nas regiões africanas – proliferava. A maioria dos senhores alforriava os leprosos, assim como outros cuja moléstia não tinha cura. Estes perambulavam pelas estradas, assaltando ou esmolando, abandonados à própria sorte, aterrorizando as populações. As queixas contra lázaros, que vagavam pelas estradas e acampavam junto

---

53 Debret, op. cit., v.I, p.148. Samson, op. cit. Saint-Hilaire, 1940, p.339.
54 Foi descrita por Piso como flagelo das populações escravas (Von Martius, op. cit., p.150). Sobre a bancroftose entre os escravos, veja-se Afrânio do Amaral, op. cit., 1916.

às cidades, pondo em pânico a população, multiplicavam-se. De vários lugares, solicitavam-se da administração medidas que obrigassem os senhores a interná-los, bem como a construção de hospitais com essa finalidade. Em 1843, a Câmara Municipal de Taubaté enviava ao presidente da província um ofício requerendo providências sobre a multidão de pretos lázaros que habitavam os arredores da cidade: "É gravíssimo, ilustríssimo senhor, o mal que podem eles causar, ou estão causando a este termo, não só por toda sorte de comércio que há entre eles e os escravos moradores desta referida cidade, porque também, de ordinário, se arrancham nas proximidades das fontes de servidão pública e as infectam com a lavagem de suas roupas".[55]

O problema chegou a ser alvo de projeto apresentado por Queiroz Teles à Assembleia Legislativa Provincial de São Paulo, visando a que os escravos afetados por aquele mal não fossem abandonados pelos senhores, os quais seriam obrigados a recolhê-los ao hospital mediante pagamento de certa quantia anual.[56] Entretanto, esse projeto, que, embora apresentado por um ilustre fazendeiro, propunha uma medida onerosa ao proprietário, foi retirado pouco tempo depois, tendo sido proposto em seu lugar que o governo regulamentasse o hospital dos lázaros da capital, determinando gastos, inspeção e vigilância, assim como providenciando para que os afetados de lepra, que vagabundeassem pelas povoações da província, fossem recolhidos ao mesmo hospital. O orçamento desse ano autorizou o governo a organizar um regulamento policial e sanitário para os morféticos mendigos, sem entretanto fazer nenhuma menção à responsabilidade dos senhores.

Era comum os jornais denunciarem a presença de escravos velhos ou inutilizados abandonados pelos seus amos. Incapazes de produzir, representando para o senhor um ônus, eram alforriados, conquistando assim a liberdade, quando esta menos lhes convinha. Sem saber o que fazer dela, incapazes de se manterem, perambulavam pelas estradas ou pelas ruas da cidade, em andrajos, mendigando a caridade pública. Inutilmente tentaram as posturas municipais cercear esses abusos. Em 1854, Cotegipe, presidente

---

55 *Mss. Arq. Est. S. Paulo*, Ofícios diversos, Taubaté.
56 *Anais da Assembleia Legislativa da Província de São Paulo*, 1852-1854, p.504, 513.

DA SENZALA À COLÔNIA 311

da Província da Bahia, apresentava à câmara dos deputados, sem obter nenhum resultado, um projeto pretendendo obrigar os senhores a sustentarem e manterem os escravos alforriados por doença ou moléstia. Pretendia, ainda, que aqueles que mendigassem com o consentimento dos seus senhores fossem *ipso facto* considerados livres. Obedecendo a uma orientação diametralmente oposta, o marquês de Abrantes, então ministro das Finanças, cogitava, em 1862, de um projeto de lei pelo qual seria concedida alforria aos escravos de nação, em virtude da elevada idade ou de moléstia grave.[57]

Baldados eram os esforços dos legisladores que procuravam impedir que os senhores os abandonassem, impondo-lhes multas ou obrigando-os a receber de volta os escravos abandonados, intimando-os a sustentá-los e vesti-los. Na prática, essas leis não funcionavam. Em 1865, a Lei Provincial n.14, artigo 43, rezava: "Todo o senhor que, dispondo de meios suficientes, abandonar seus escravos morféticos, leprosos, doidos, aleijados ou afetados de qualquer moléstia incurável e que consentir em que eles mendiguem, sofrerá 30$000 de multa e será obrigado a recebê-los com a necessária cautela, sustentá-los e vesti-los".

Escravos esfarrapados, doentes, mutilados, inutilizados pela lepra ou pela elefantíase eram vistos vagando pelas estradas, e nas cidades a esmolar. As câmaras reclamavam, a imprensa protestava, mas os negros continuavam aos bandos, famintos, percorrendo os caminhos, importunando a população. Haviam sido alforriados. Seu trabalho não podia mais ser aproveitado pelo senhor, sua manutenção representava um encargo oneroso que bem poucos estavam dispostos a manter.

Nas fazendas de café, foram frequentes também as moléstias das vias respiratórias. As "moléstias de peito, febre, pneumonias ou pleuris roturadas de maneira confusa como formas várias de tuberculose". A aspiração de poeira do café contribuía para provocar essas irritações. Muitas vezes, era realmente a tuberculose que consumia brancos e pretos. Moléstia da época, a tuberculose atingiu famílias inteiras, poucas ficaram imunes. Também a sífilis e o tracoma eram comuns.

---

57 Christie, *Notes on Brazilian Questions*, p.70, 219.

Nos primeiros tempos, quando ainda era fácil a aquisição de escravos, os cuidados dedicados à sua alimentação, vestuário e à assistência médica eram raros. Depois da cessação do tráfico, tornando-se cada vez mais difícil a sua aquisição, passou ele a ser alvo de maiores atenções. Essa época coincide também com a melhoria dos meios de transporte, o menor isolamento das fazendas, o aumento do número de médicos disponíveis no país. Mesmo assim, continuavam escassos nas fazendas. Preferiam a vida nos centros urbanos, onde a clientela era mais numerosa e remuneradora. Alguns poucos, localizando-se nas cidades, percorriam uma vez por semana as fazendas vizinhas. Outras vezes, europeus de formação mais ou menos duvidosa e obscura: enfermeiros, ex-estudantes de medicina, que não haviam chegado a concluir seus cursos, improvisavam-se em médicos.

As Academias Médico-Cirúrgicas, fundadas quando da vinda de D. João VI, tinham sido transformadas na época da Regência em faculdades. Em São Paulo, em 1808, havia apenas dois diplomados que praticavam Medicina: o cirurgião-mor das tropas e o físico-mor, Mariano José do Amaral. Em 1822, já eram sete os profissionais. Em 1839, existiam cinco médicos e quatro cirurgiões.[58]

Em Campinas, em 1850, exerciam a clínica apenas dois médicos: Cândido Gonçalves Gomide e Ricardo G. Daunt. Os facultativos concentravam-se nas cidades e vilas mais importantes. Seu número continuava insuficiente e bem poucas fazendas podiam, como Ibicaba, manter uma assistência médica permanente. Nessa fazenda, em 1855, o médico contratado pelo senador Vergueiro recebia 6$000 por ano, de cada família da colônia.[59] A assistência médica provavelmente se tornou uma imposição à medida que o braço escravo foi sendo substituído pelo colono.

Na fazenda Santa Rita, de Antônio Clemente Pinto, uma das maiores da região de Cantagalo, havia, em 1853, um hospital dirigido por um médico alemão, o Dr. Teuscher, sob cuja orientação se encontrava também o hospital da Fazenda Areias, distante da primeira cerca de duas léguas. Residia o facultativo na cidade e visitava as fazendas,[60] com certa frequência. De maneira geral,

---

58 Santos Filho, op. cit., p.225.
59 Davatz, op. cit.; Ribeyrolles, op. cit., v.II, t.III, p.37.
60 Burmeister, op. cit., p.137.

DA SENZALA À COLÔNIA 313

entretanto, continuava a haver carência de médicos no interior do Brasil. A maior parte dos que se apresentavam como tais não passava de charlatães ignorantes. A crendice e o caráter supersticioso da população favoreciam esses impostores. Todo estrangeiro era tomado por médico e alguns viajantes, como o príncipe Maximiliano, viram-se mesmo obrigados a receitar, tal a insistência da população.[61] Na falta de especialistas, o interior ficou nas mãos dos curandeiros benzedores, falsos médicos ou práticos. As Santas Casas, já existentes ou que se fundaram durante o século XIX, prestaram muitos serviços nesse particular. Nelas, obtinha o senhor tratamento gratuito para seus escravos que eram internados em casos extremamente graves.

Tal valor econômico representavam os escravos, que o fazendeiro não podia correr o risco de ter um escravo inutilizado. Por isso, criaram-se companhias de seguro que salvaguardavam os interesses do proprietário em caso de morte ou de roubo: "Companhia de Seguros contra a mortalidade de escravos Previdência", "União Seguros de Vida de Escravos",[62] "Auxiliadora do Trabalho Nacional e dos Ingênuos",[63] que indenizavam o proprietário em caso de morte e liberdade forçada. Algumas asseguravam contra o roubo, a fuga e certas moléstias de escravos.

Durante todo o tempo da escravidão, houve roubo de cativos. Em 1837, referia-se Burlamaque, na *Memória Analítica*, a escravos "seduzidos por um exército de especuladores, que parecia ter-se organizado para espoliar de maneira sistemática aos senhores". Os cativos eram ludibriados com promessas de liberdade e seguiam o sedutor que se apressava em desembaraçar-se deles, vendendo-os logo que podia. Dessa forma, organizaram-se verdadeiras quadrilhas de ladrões de escravos.[64]

Enquanto a taxa de mortalidade atingia cifras elevadas, a natalidade permanecia baixa. As condições de vida nas senzalas

---

61 Vários viajantes entre os quais Von den Steinen, Spix e Martius, Kidder e Fletcher, Karl Seidler e Gardner referiram-se a impostores que passaram por médicos. O príncipe Maximiliano relata que se viu obrigado a receitar, tal a insistência do povo.

62 Stein, op. cit., p.228.

63 *Leis do Brasil*, 1856: Decreto n.1.725, de 16 de fevereiro de 1856.

64 *Mss. Arq. Est. São Paulo*, Ofícios diversos, Areias, cx.15.

não lhe eram favoráveis, prevalecia um sistema de uniões livres. O número reduzido de mulheres, em geral, na proporção de quatro para um, às vezes cinco para um, estimulava o caráter temporário das ligações. Essa desproporção entre elementos masculinos e femininos era, aliás, típica de toda zona colonial, onde vigorava o sistema escravista. Thomas Clarkson, em suas obras escritas nos fins do século XVIII e princípios do século XIX, sobre os males do tráfico negreiro e da escravidão, tomando como ponto de partida de suas análises as condições nas Antilhas, chamava atenção para fato idêntico.

Até a cessação do tráfico, a população masculina representava, em certas áreas, a grande maioria: cerca de 70% da população escrava. Essa diferença tendia a diminuir à medida que passaram a predominar os escravos nascidos no Brasil. Assim sendo, cessado o tráfico, com o passar dos anos, a proporção entre escravos de um e outro sexo tendia a equilibrar-se. Apesar de tudo, a população masculina continuou a predominar, embora numa margem relativamente menor: 56% de homens, 44% de mulheres, nas zonas rurais, entre 1880 e 1888.[65]

Em 1844, o total da população da Província do Rio de Janeiro era de 72.807 pretos cativos e 39.844 mulheres. Já, entre os pardos cativos, a diferença quase desaparecia, havendo 3.401 homens para 3.089 mulheres. Em 1873, portanto, quase trinta anos mais tarde, havia na província 164.581 homens e 136.771 mulheres, e dez anos depois, em 1883, o total de escravos montava a 143.353 homens e 120.492 mulheres.[66]

Na zona rural, era mais acentuada a diferença entre o número de homens e mulheres do que nos núcleos urbanos, o que é perfeitamente compreensível, dada a preferência pelos homens, mais capazes de trabalhos pesados. A proporção de quatro para um é frequente, principalmente nas zonas em que as fazendas formadas antes da cessação do tráfico se abasteceram de escravos importados diretamente da África.

---

65 Stein, op. cit., p.90.

66 *Relatório do Presidente da Província do Rio de Janeiro na abertura da Assembleia a 1º de março de 1844. Relatório do Presidente da Província do Rio de Janeiro, 1844.*

DA SENZALA À COLÔNIA   315

A escassez de mulheres nas fazendas conduzia necessariamente à instabilidade da vida familiar. Os senhores, por sua vez, não estimulavam os casamentos entre escravos, preferindo as ligações passageiras às mais estáveis. Consciente desse problema, José Bonifácio incluía na sua representação à assembleia geral constituinte e legislativo, a propósito da escravidão, um artigo a esse respeito. "O senhor não poderá impedir o casamento de seus escravos com mulheres livres, ou com escravas suas, uma vez que aquelas se obriguem a morar com seus maridos ou estas queiram casar com livre vontade", rezava o artigo XX, e o artigo XXI estipulava: "O Governo fica autorizado a tomar as medidas necessárias para que os senhores de engenho e grandes plantações de cultura tenham, pelo menos, dois terços de seus escravos casados".

Nada de concreto se fez a respeito. Aproximadamente trinta anos mais tarde, um viajante observava que os casamentos legítimos entre escravos não eram tolerados pelos senhores[67] e, dez anos depois, outro viajante assinalava que era muito raro haver entre os negros casamentos religiosos. O fazendeiro permitia que os pares se unissem segundo a oportunidade, ao acaso. O seu pronunciamento bastava para que se considerassem marido e mulher, numa união que só muito raramente perdurava a vida inteira. As negras tinham filhos de vários homens diferentes, e os senhores fechavam os olhos ao que se passava nas senzalas. Nem mesmo o batismo obrigatório respeitavam, davam eles mesmos um nome qualquer à criança recém-nascida.[68]

Já em 1837, na *Memória analítica acerca do comércio de escravos e acerca dos males da escravidão doméstica*, Burlamaque apontava as contradições entre o regime servil e os preceitos religiosos sobre o casamento. "O Evangelho ordena expressamente à mulher: abandonarás teu pai e tua mãe e seguirás teu esposo." Ora, de um casal de escravos casados, o marido desagrada ao senhor, e este quer vendê-lo, mas não à mulher, que fará esta se quiser cumprir o preceito do Evangelho? Resistirá? A força e os castigos separarão infalivelmente o marido da mulher contra os princípios que lhes

---

67 Burmeister, op. cit., p.54.
68 Tschudi, op. cit., p.53-4.

inculcaram. Se uma escrava recebe ordem do seu senhor e outra diferente de seu marido, a quem obedecerá? Se a seu senhor, peca contra o Evangelho que ordena a submissão da esposa ao esposo, e se a este, será infalível e asperamente castigada. A religião e a moral ordenam aos pais que protejam aos filhos e a estes que obedeçam e respeitem seus pais. Mas se uns e outros quiserem restritamente [sic] cumprir o que se lhes ensina, estas relações de família estarão de contínuo em oposição ou com o exercício do poder dos senhores, ou com o cumprimento dos deveres morais e religiosos dos escravos. A religião ordena a castidade e não admite outros laços, que não sejam os do matrimônio. Mas que fará uma filha, ou uma esposa para resistir a seu senhor que as quer seduzir? Ou há de sucumbir, ou sofrerá todo o gênero de suplícios. Mais adiante, referindo-se ao grande número de escravos de cor branca, dizia que tinham sua origem em "uma não interrompida série de imoralidades e de violências de parte da população livre sobre a escrava".

De fato, se alguns fazendeiros se empenhavam em sacramentar a união dos escravos, a maior parte preferia ignorá-las. Raramente, eram confirmadas por ato religioso. Embora contrariando os preceitos da religião básica do país, o cristianismo, essa promiscuidade sexual em que viviam os escravos coincidia com os interesses do senhor, pois eliminava os problemas que surgiriam por ocasião da venda de escravos casados. Raramente interferiu a Igreja para atenuar essa situação. Quando da sua viagem ao Brasil, Agassiz chocava-se com o fato de, nos arredores do Rio, os negros não disporem de uma assistência caridosa por parte dos padres. De uma cerimônia a que assistira, guardara más recordações: tratava-se de um casamento. O senhor havia tornado obrigatória a cerimônia religiosa (irreligiosa, dizia Agassiz), "o padre, um português de ar arrogante e olhar ousado", interpelara os noivos com precipitação pouco respeitosa, e lhes dirigira rudes palavras sobre os deveres do matrimônio, aproveitando-se da ocasião para censurar-lhes brutalmente a falta no cumprimento dos rituais da Igreja. "Mais com um tom de imprecação do que de prédica", ordenara-lhes que se ajoelhassem diante do altar, depois, tendo dado a bênção, grita um amém jogando ruidosamente o livro das orações sobre o altar, apagando os círios e despedindo os recém-casados "da mesma forma que teria expulsado um cão para fora da igreja". Assim se cumpriu esse sacramento, no qual a graça única pareceu

DA SENZALA À COLÔNIA   317

ao escandalizado viajante "um punhado de pétalas de rosa que a mãe da noiva espargira sobre a sua cabeça".

Que estranha confusão não deveria surgir na mente dos pobres escravos aos quais se ensinava que o casamento não sacramentado era um pecado e que, quando vinham buscar o sacramento, eram assim tratados. Quando assistiam o senhor desmentir com sua conduta aos mandamentos de fidelidade, e observar que, ao lado de seus filhos, cresciam crianças escravas de pele branca que, praticamente, lhes ensinavam que o homem branco não observava a lei que impunha aos negros. "Que monstruosa mentira lhes deve parecer todo esse sistema, se é que alguma vez é objeto de suas meditações", comentava o viajante.

Evidentemente, havia bons sacerdotes e bons senhores, mas a realidade da vida quotidiana criada pelo sistema escravista propiciava a negligência dos senhores, no que se refere à legalização das uniões dos escravos. Por isso, o mais das vezes, fechavam os olhos à licenciosidade das senzalas, da qual não raro se beneficiavam. Os numerosos bastardos, os mulatos que aumentavam a população escrava ou forra eram a testemunha viva desse fato.

Com isso, multiplicavam-se os conflitos sociais. O sistema escravista impedia a vida familiar do escravo, favorecendo as uniões múltiplas e instáveis. Aniquilava a vida familiar do senhor criando uma família de "fachada" que funcionava para uso externo, na qual, à ausência de companheirismo intelectual, se somava a falta de entendimento físico. A organização da família patriarcal incitava os senhores a procurar satisfação sexual fora da órbita familiar, junto às escravas.

Esse fenômeno foi de todos os tempos. Existia na Colônia, perdurava no Império. Criticado por todos os que levantaram suas vozes contra a escravidão, servia de argumento para abolicionistas que acusavam o regime servil de corromper a família brasileira.

Só tardiamente procurou a legislação garantir a família escrava e a Igreja, só na fase mais avançada do abolicionismo, tomou posição na defesa do casamento dos escravos. Em 1885, divulgava-se, pela *Província de São Paulo* de 14 de janeiro, trecho das "Constituições do arcebispado da Bahia", que regiam a diocese de São Paulo e quase todas as do Império e cujo título LXXI rezava sobre o casamento de escravos: 303.

Conforme o direito Divino e Humano, as escravas e escravos podem casar com outras pessoas cativas ou livres, e seus senhores lhes não podem impedir o matrimônio nem o uso dele em tempo e lugar conveniente, nem por esse respeito os podem tratar pior, nem vender para outros lugares remotos, para onde o outro por ser cativo, ou por ter outro justo impedimento não possa seguir, e fazendo o contrário pecam mortalmente e tomam sobre as suas consciências as culpas de seus escravos, que por este temor se deixam muitas vezes estar, e permanecer em estado de condenação. Pelo que lhe mandamos e encarregamos muito, que não ponham impedimentos a seus escravos para se casarem, nem com ameaças e mau tratamento lhes encontrem [sic] o uso do matrimônio em tempo e lugar conveniente, nem depois de casados os vendam para partes remotas de fora, para onde suas mulheres por serem escravas, ou terem outro impedimento legítimo, os não possam seguir. E declaramos que, posto casem, ficam escravos como antes eram e obrigados a todo o serviço do seu senhor.

Determinava ainda o item 304 que os sacerdotes recebessem os escravos que desejassem contrair matrimônio, quando se revelassem conhecedores da doutrina cristã, pelo menos o Padre-nosso, a Ave-maria, Creio-em-deus-padre, Mandamentos da Lei de Deus e da Santa Madre Igreja e entendessem a obrigação do Santo Matrimônio, manifestando sua intenção de nele permanecer. Neste caso, deveriam os sacerdotes recebê-los, mesmo que seus senhores os contradissessem.

A legislação procurou impedir a separação dos cônjuges escravos. Em 1869 proibia a separação de marido e mulher, bem como a dos filhos de escravos menores de quinze anos. Mais tarde, em 1871, a Lei do Ventre Livre estipulava: "Em qualquer caso de alienação ou transmissão de escravos é proibido, sob pena de nulidade, separar os cônjuges e os filhos menores de 12 anos, do pai ou mãe". Nas relações de escravos matriculados nessa época pode-se perceber que o número de escravos casados já era relativamente grande em certas regiões.

As normas então traçadas, que regulavam a distribuição das verbas do Fundo de Emancipação, davam preferência à alforria de pessoas casadas. O Regulamento de 13 de novembro de 1872 dava prioridade de libertação aos cônjuges que fossem escravos de diferentes senhores, aos que tivessem filhos nascidos livres

DA SENZALA À COLÔNIA 319

em virtude da lei e menores de oito anos, em terceiro lugar aos cônjuges com filhos livres menores de 21 anos, em quarto aos que tivessem filhos menores escravos. Vinham depois as mães com filhos menores escravos e os cônjuges sem filhos menores. No item referente à libertação por indivíduos, preferiam-se as mães e pais com filhos livres.

Em vão, tentou-se desde a época da independência incluir na legislação um dispositivo que obrigasse o senhor a alforriar a escrava que desse à luz um filho seu. Um ato dessa natureza seria a confissão pública da imoralidade oculta nas senzalas. Preferiu-se a situação ambígua em que viveram muitos senhores, mantendo no cativeiro os próprios filhos e irmãos. Uma decisão posterior à Lei do Ventre Livre decidia que, sendo a escrava de seu próprio filho, poderia ser preferida para libertar-se pelo fundo de emancipação.[69]

Já em 1823, José Bonifácio, em seu projeto de emancipação de escravos, estipulava no artigo XI: "Todo senhor que andar amigado com escrava ou tiver tido dela um ou mais filhos será forçado pela lei a dar liberdade à mãe e aos filhos e a cuidar na educação destes até a idade de quinze anos". O projeto não chegou a ser discutido.

Meio século mais tarde, um acórdão proibia a venda dos filhos naturais com escravas e obrigava o senhor incurso nessa situação a continuar com ambos como seus escravos.[70]

A opinião pública começava a mudar sobre esses casos. O jornal A *Província de São Paulo*, de 16 de janeiro de 1875, transcreve um parecer do procurador-geral da Coroa sobre a apelação civil n.67 de Amparo, que indagava se deveria ser considerada liberta a escrava, mãe daquele que o respectivo senhor em seu testamento reconheceu por seu filho e instituiu herdeiro. A escrava Luísa, considerada escrava do menor Martinho, requereu nomeação de curador, que em juízo promovesse sua liberdade alegando que, sendo mãe do réu, herdeiro dos bens do senhor, não podia ser escrava do mesmo. Juntou documentos, certidões de testamento etc. O juiz de direito julgou improcedente a ação por considerar que o ajuntamento ilícito do senhor com a escrava não era razão

---

69 Sentença no Direito, v.23, citado por Carvalho, 1937.
70 Morais, op. cit., p.174.

suficiente para impetrar a liberdade desta, e para fundamentar seu parecer apoiou-se na jurisprudência, e em segundo lugar porque julgava não estar suficientemente demonstrado que de fato a escrava era mãe do réu. Indo os autos ao procurador da Coroa, este oficiou assim: "A sentença do juiz deve ser reformada para decretar-se a liberdade da escrava, baseado nas razões do curador da mesma, como baseado nas próprias alegações do curador e tutor do réu que se conforma com a intenção da autora". Em verdade, nada mais repugnante e imoral que o espetáculo de uma mãe sujeita a cativeiro de seu próprio filho. Não pode o direito outorgar um fato tão revoltante, porque não há direito contra a razão, contra a justiça e contra a própria natureza.

As ligações extraconjugais, os filhos naturais, as cenas de ciúmes, todo o quadro usual da escravidão se mantinha. Em consequência disso, criavam-se situações as mais ambíguas e revoltantes como a escravização dos filhos pelos pais e, às vezes, das próprias mães pelos filhos, quando ocorria um senhor libertar um filho natural mantendo a mãe no cativeiro, como no caso aqui referido.

Muitas vezes esses escravos revelavam a origem na cor clara da pele, no tom dos olhos ou por seus cabelos lisos.[71]

Nem tudo eram conflitos. As imagens da mãe negra, do Pai João, do moleque companheiro dos brinquedos na infância, da escrava fiel fixavam-se na literatura, mas esta não ignorava também o escravo vingativo, que tentava contra a vida do senhor, envenenava, agredia, incendiava os campos. A escrava que o enredava nas tramas do vício, tornando-o seu cativo, destruindo lares ou insuflando ódio na senzala.

O tratamento dado aos escravos parece ter melhorado ao longo do século XIX, principalmente depois da cessação do tráfico quando os preços subiram progressivamente e à medida que

---

71 Encontramos vários anúncios de escravos de cor quase branca ou mesmo escravo de cor branca. *A Província de São Paulo*, de 11 de setembro de 1881, anuncia: "Estevam muito claro". *A Província de São Paulo*, de 2 de agosto de 1881, refere-se a escravo quase branco. O mesmo jornal, em 9 de novembro de 1875, refere-se a Francisco, mulato claro de 26 anos, cabelos corredios, olhos pequenos gateados, nariz pequeno e pontudo, beiços finos que passa por branco. *A Província de São Paulo*, de 26 de setembro de 1882, noticia fuga da escrava Desidéria de cor branca, fugida desde fevereiro, cabelos corridos.

DA SENZALA À COLÔNIA

o processo abolicionista evoluiu e a opinião pública passou a se interessar mais pela sorte dos escravos, o que não impediu que alguns senhores continuassem a maltratá-los barbaramente até a véspera da Abolição.

Enquanto o abastecimento de negros fora relativamente fácil, os proprietários não se haviam preocupado em lhes dar boas condições. Todos os publicistas dessa primeira fase falavam na necessidade de se dar maior assistência aos escravos e espantavam-se diante da negligência do proprietário que se conduzia contra os próprios interesses, permitindo que aqueles vivessem em estado de subnutrição, minados por doenças e ceifados por uma alta mortalidade. Coincide com tais depoimentos os de alguns viajantes que, como Saint-Hilaire, chocavam-se, na década de 1820, com os maus-tratos dados aos negros. "Ficam os escravos à infinita distância dos homens livres", escrevia ele: "São burros de carga a quem se despreza, acerca de quem se crê só podem ser levados pela arrogância e ameaças". "Assim um brasileiro poderá ser caridosíssimo para com um homem de sua raça e ter muito pouca pena de seus negros a quem não considera seus semelhantes."

Os conselhos do barão do Pati do Alferes, as anotações do padre Antônio Caetano da Fonseca e as observações de Burlamaque trazem um argumento de peso em favor da melhoria das condições de vida do escravo: a alusão ao seu valor. Os fazendeiros que tratassem de defender o seu capital não deteriorando a saúde de seus escravos. Que não exigissem demasiado deles, pois isso seria "matar a galinha dos ovos de ouro".

Cessado o tráfico, o preço dos negros subiu espantosamente, atingindo dois e até três contos. Na década de 1870, quando eles andavam entre um conto e quinhentos e dois, uma fazenda com quatrocentos alqueires, no município de Santa Bárbara, com casa de moradia, três casas na Capuava, olaria, moinho, monjolo, engenho e seus pertences, paiol, senzalas, pastos etc., era avaliada em 27 contos[72] e a doze léguas de Piraçununga, vendiam-se mil alqueires de terras e matas virgens por trinta contos.[73] Nessa mesma época, comprava-se uma casa no centro da cidade de São Paulo, à rua

---

72 *Diário de São Paulo*, 3 de agosto de 1875.
73 *A Província de São Paulo*, 29 de agosto de 1878.

das Flores, ao preço de um conto e seiscentos.[74] Com menos de quatrocentos mil-réis, isto é, cerca de um quinto do valor médio de um escravo, poderia alguém arrematar quatro bois carreiros, uma junta de novilhos e duas vacas, tudo avaliado pela quantia de 338$000.[75]

A partir de então, os fazendeiros preocuparam-se mais com o tratamento dado aos escravos. Os recém-nascidos foram mais cuidados, e a alimentação tornou-se mais abundante e melhor. A sorte do cativo dependia, entretanto, da riqueza e prosperidade do senhor, da sua maior ou menor benevolência e humanidade. Variava, também, de região para região. Dizia-se que era melhor no Rio do que no Maranhão e que em Campinas se encontravam os piores senhores de escravos, os mais severos e desumanos.

Nas fazendas, apenas um terço dos escravos, às vezes metade, dedicava-se normalmente a atividades diretamente ligadas ao plantio e cultivo do café. Os demais aplicavam-se a outras atividades: construções de galpões e abrigos, desde o preparo das madeiras e a estrutura de pau a pique ou taipa até as cobertas de sapé; a abertura e conservação dos caminhos, construção e reparo das cercas, a manutenção das tropas, as plantações de milho, feijão ou mandioca, a criação de porcos e aves, o fabrico da farinha e, às vezes, de aguardente, os trabalhos de beneficiamento do café. Havia os tropeiros, amansadores, lenhadores e carreiros, cesteiros, vaqueiros e hortelãos e um sem-número de oficiais. Onde se mantinha a produção mista de açúcar e café, o escravo ocupava-se também dos serviços nos canaviais e nos engenhos. Todos trabalhavam, mesmo os velhos e as crianças eram aproveitados em atividades compatíveis com sua capacidade, com a construção de cestas, cabos de enxada ou a escolha de grãos.

Depois da cessação do tráfico e em face da alta dos preços do café, a melhoria dos meios de transporte e racionalização dos métodos de beneficiamento do café tornou-se não só possível, como necessário, um melhor aproveitamento da mão de obra disponível. Os escravos foram deslocados de outras atividades e concentrados na lavoura do café.

---

74 *Diário de São Paulo*, 1º de fevereiro de 1872.
75 A *Província de São Paulo*, 22 de janeiro de 1876.

DA SENZALA À COLÔNIA 323

Além dos negros que trabalhavam no campo, havia os que eram aproveitados no serviço da casa grande; estes pertenciam a um mundo à parte. Eram invejados e respeitados como se essa ocupação lhes conferisse um grau hierárquico superior. Muitas vezes, o próprio orgulho separava-os dos companheiros. Mucamas, babás, cozinheiras, lavadeiras, amas, costureiras, meninos de recado, cocheiros, copeiros e pajens eram mobilizados no serviço direto dos senhores. Ao contrário do que ocorria nas cidades, tinham melhor sorte: a vida mais suave, os castigos mais brandos. Encontravam maiores oportunidades de conquistar a amizade dos proprietários e obter cartas de alforria, do que os parceiros que labutavam de sol a sol na lavoura e pequeno contato tinham com os senhores. Ficavam, entretanto, excluídos das reuniões de escravos e sujeitos a uma fiscalização mais rigorosa. As amas e pajens dormiam junto às crianças, isoladas da massa de cativos, raramente partilhando de seus segredos e suas dores. Apesar de viverem na intimidade dos amos, nem sempre chegavam a conquistar verdadeiramente sua confiança, sendo submetidos a severa vigilância. Constituíam, assim, um grupo à parte que já no trajar se distinguia dos demais. Distanciavam-se dos negros da roça. Dividia-os mesmo uma surda rivalidade. Os primeiros, ao mesmo tempo em que experimentavam um sentimento de superioridade e eram invejados pela sua promoção ao serviço da casa grande, sofriam pelas restrições que lhes eram impostas. Sua superioridade segregava-os do seu grupo natural, separava-os dos antigos companheiros e lhes impunha todo um cortejo de interdições novas.[76]

As pretas utilizadas nos serviços domésticos eram escolhidas, em geral, entre as mais bonitas. Das inúmeras ligações irregulares havidas entre brancos e negras resultava uma população de mestiços que também se diferenciava da multidão dos trabalhadores da roça. Constituíam para as mães motivo de orgulho. O mulato, fruto de amores escusos, é servido antes dos outros, mais acariciado e mais bem vestido que os demais. Adèle Samson conta-nos os dengues que as mães tinham com esses filhos. "Ouvi algumas vezes as mães dizerem às cozinheiras: 'meu mulato não pode comer isto'", recusando a ração dos negros. Comumente, esses mestiços

---

76 José de Alencar, *Til*, p.80.

eram empregados como copeiros ou criados graves dos filhos da casa, que, de fato, eram seus irmãos.

Embora as negras se orgulhassem dessa progênie bastarda, eram geralmente desprezadas pelos parceiros de nação, por terem tido comércio com branco.

Mestiços e negros empregados no serviço pessoal do senhor formavam um mundo à parte da senzala: "Negro no eito, vira copeiro, não oia mais pra seu parceiro", dizia-se na época. Mas nem sempre ficavam tão isolados que não fosse possível a circulação de boatos e mexericos, quando não de sortilégios e artifícios mágicos entre os dois mundos. Às vezes, um desses escravos de confiança tornava-se subitamente o porta-voz da hostilidade que grassava nas senzalas: sucediam-se os envenenamentos inexplicáveis, as mortes súbitas que ceifavam membros da família do senhor. Outras vezes, prevalecia o sentimento de fidelidade ao amo, e o escravo denunciava a trama dos parceiros.

Várias formas de rivalidade dividiam a senzala. Na região de Vassouras, por exemplo, os escravos locais não se ligavam aos baianos, consideravam-se superiores e os desprezavam.[77]

Quando libertos, muitos deles repudiavam seu grupo, esqueciam seu passado. Não era sem razão que Luís Gama, nas suas primeiras trovas burlescas de Getulino, publicadas no Rio de Janeiro, em 1861, ironizava os negros que renegavam suas origens:

Se os nobres desta empanturrados
Em Guiné têm parentes enterrados
E cedendo à prosápia ou duros vícios
Esquecem os negrinhos seus patrícios

Se mulatos de cor esbranquiçada
Já se julgam de origem refinada
E curvos, à mania que os domina
Desprezam a vovó que é preta mina

Não te espantes, ó Leitor, da novidade
Pois que tudo no Brasil é raridade!

---

77 Stein, op. cit., p.146.

CAPÍTULO 2

RELAÇÕES ENTRE SENHORES E ESCRAVOS

O branco e o negro

O convívio quotidiano, a intimidade forçada com o escravo marcavam a camada senhorial. Essa intimidade tornou-se menor com o passar dos anos. Continuará a ser típica das regiões antigas, onde a tradição perdurou por mais tempo. Nas áreas novas, no oeste paulista, à medida que se desenvolviam as experiências imigratórias, começavam os fazendeiros a preocupar-se mais com a educação das filhas, enviando-as a colégios como o do Patrocínio, fundado por irmãs francesas, em Itu, na década de 1860 ou contratando governantas estrangeiras. A distância entre senhores e escravos ampliava-se. As mulheres europeizavam-se e aprendiam muitas vezes o francês, antes de dominar perfeitamente o português.

Entretanto, mesmo na fase de maior intimidade, o preconceito separava as duas categorias: ao mesmo tempo tão íntimas e tão distantes. Suas manifestações evidenciavam-se a cada passo. Afirmavam-se em todas as circunstâncias, na rua, nos salões, na mesa do chefe de família, até na Igreja, onde a nuança mais ou menos escura dos fiéis estabelecia barreiras intransponíveis. Mais do que isso: o preconceito era consagrado pela Constituição do Império que recusava formalmente aos libertos os direitos eletivos.

A esse respeito escrevia Expilly, nos meados do século: "O homem de cor pode obter condecorações, alcançar as mais altas posições, mas uma branca desposar um mulato? – isso raramente se vê nas altas rodas, pois seria repelida por todos, apontada e excluída da sociedade. O mais opulento mulato é inferior ao branco, ele o sabe, e lhe será lembrado".

Os libertos, embora restituídos à sua natural condição, entrando para a comunhão social, ficavam submetidos a várias restrições: não podiam ser eleitores, só lhes sendo autorizado votar nas eleições primárias desde que obedecessem aos requisitos gerais para isso. Era-lhes interditado também exercer qualquer cargo de eleição popular, para o qual a condição essencial era ser eleitor ou ter qualidades para sê-lo. Assim, ficava proibido seu acesso à posição de jurado, deputado, senador, juiz de paz, delegado, subdelegado, promotor, conselheiro, ministro, magistrado ou ao corpo diplomático, bem como a certos cargos eclesiásticos hierarquicamente superiores como o de bispo. Comentando essas restrições, dizia Perdigão Malheiros, em 1866, que seria conveniente ampliar o exercício dos direitos políticos e do poder público dos libertos.[1]

Conscientes de suas limitações, formavam, às vezes, sociedades secretas – uma espécie de "franco-maçonaria" cuja palavra de ordem era proteção mútua. Numa destas os símbolos de grau eram representados por anéis de prata no polegar esquerdo. O que possuísse cinco era comandante chefe; quatro, general-de-divisão; três, general-de-brigada. Se havia os que se propunham a lutar pela libertação dos seus parceiros, e muitos prestaram auxílios valiosos ao movimento abolicionista, havia também os que compravam escravos e, ao que se dizia, os escravos pertencentes a alforriados ou libertos eram os mais maltratados.[2]

Dos escravos, esperava-se humildade, obediência, fidelidade. Do senhor, autoridade benevolente. Nem sempre as expectativas eram satisfeitas: o escravo roubava, era infiel, fugia, quando não praticava desatinos. O senhor excedia-se nos castigos, era violento e cruel.

Até às vésperas do movimento abolicionista, o depoimento do escravo nada valia. Comentando esse fato, um viajante dizia que

---

1 Malheiros, 1867, v.I, p.207.
2 Pradez, 1872, p.142.

DA SENZALA À COLÔNIA 327

dez zeros não fazem uma cifra e que nenhum depoimento de negro contra um branco faria efeito. O branco é infalível e quando lhe sucede cometer um crime, é seu escravo o culpado, é este quem há de aceitar a responsabilidade.[3] Com o desenvolvimento do movimento abolicionista, essa situação mudou e Luís Gama conseguiu algumas vezes fazer valer o depoimento de negros livres e de escravos, contra os interesses senhoriais. Esses casos, entretanto, não constituíam regra, embora ocorressem cada vez em maior número, à medida que o sistema escravista se desintegrava e a opinião pública se transformava, desenvolvendo uma consciência nitidamente adversa a ele.

As duas camadas raciais permaneciam, a despeito de toda sorte de contatos, intercomunicações e intimidades, dois mundos, cultural e socialmente separados, antagônicos e irredutíveis um ao outro. "As diferentes modalidades através das quais se processou a discriminação racial tinham por função manter as distâncias sociais intransponíveis que dividiam os dois mundos coexistentes e superpostos, e garantir a partilha desigual de direitos e deveres, assegurada pelo regime servil."

Quer do ponto de vista legal, quer do ponto de vista político, o contraste entre as duas camadas sociais era completo. Todas as garantias sociais desfrutadas pela camada dominante não se aplicavam à camada servil. A lei consagrava o sistema escravista: a espoliação de um grupo pelo outro. "As fronteiras que separavam o senhor e o escravo só permitiam que eles se encontrassem nessa qualidade, em todas as circunstâncias, ainda que existissem laços afetivos entre ambos."[4]

Não faltaram senhores benévolos e dedicados que tratavam seus escravos com humanidade, nem escravos que revelaram sua devoção, às vezes, de forma patética, mas a instituição escravista propiciava os excessos, os crimes, a espoliação de um grupo pelo outro. A idealização da escravidão, a ideia romântica da suavidade da escravidão no Brasil, o retrato do escravo fiel e do senhor benevolente e amigo do escravo que acabaram por prevalecer na literatura e na história foram alguns dos mitos forjados pela sociedade

---

3 Expilly, 1864, p.270.
4 Bastide e Fernandes, 1955, p.33-4.

escravista na defesa do sistema que não julgava possível prescindir.

A esse propósito, Christie, referindo-se à situação dos escravos no Brasil, responsabilizava a imprensa paga pelo governo brasileiro e a literatura de viajantes – verdadeiros agentes do governo brasileiro – por criarem na Europa uma visão falsificada da realidade brasileira, pintando com cores favoráveis a situação do escravo.[5] Todas as barreiras eram impotentes para impedir as influências recíprocas.

Visitando o Brasil em 1889, Max Leclerc observava que, como consequência fatal da escravidão, a família deixara de ser a célula social: não tinha limites precisos nem a disciplina moral que fazem dela o elemento primordial das sociedades modernas. Maculada pelo contato permanente do escravo, perdera sua pureza e chefes de família havia que introduziam em seu lar os filhos naturais tidos do comércio com escravas. A mulher legítima, inerte e resignada, dava a impressão de sofrer tais afrontas sem revolta e parecia mesmo ter perdido a consciência da humilhação. A autoridade do pai e a dignidade da mãe eram, assim, profundamente atingidas e entre as crianças o respeito filial e o orgulho doméstico se esvaíam.

A escravidão, dizia, não teve apenas uma influência dissolvente sobre a sociedade inteira, mas corrompeu a noção do dever e do respeito, desonrou o trabalho, enobreceu o ócio, abalou a hierarquia e destruiu a disciplina. Segundo a opinião corrente, trabalhar – submeter-se a uma regra qualquer – é coisa de escravos.

Nessa sociedade, governada pelos interesses materiais de uma oligarquia de grandes proprietários rurais exploradores de escravos – prosseguia causticante, mas não sem boa dose de verdade –, os interesses do povo jamais foram atentamente considerados e seriamente defendidos. Daí a debilidade da instrução primária, a ignorância e a preguiça, pois não havia condições para sair delas.

Sistemas disciplinares

"O direito do senhor fundamentado na violência está fatalmente condenado à violência para se manter."
(Victor Schoelcher, *Esclavage et colonisation*)

---

5 *Notes on brazilian questions*, p.XVII.

No regime da escravidão, em que o trabalho se desmoraliza e é resultante de uma imposição, o grupo dominante vê-se frequentemente obrigado a recorrer à violência física, quando queira alcançar seus desígnios. Para manter o ritmo de trabalho, impedir atitudes de indisciplina ou reprimir revoltas, para atemorizar os escravos, mantê-los humildes e submissos, evitar ou punir fugas, os senhores recorriam aos mais variados tipos de castigo, pois os acordos e reprimendas pouco valiam. Não se concebia outra maneira de regular a prestação de serviços e a disciplina do escravo. O que se podia condenar era o excesso, o abuso cometido por alguns senhores ou seus mandatários: feitores ou "cabras". O castigo físico impunha-se, na opinião do tempo, como única medida coercitiva eficaz. Generalizara-se a convicção de que muitos escravos não trabalhavam se não fossem devidamente espancados.

No *Manual do agricultor brasileiro*, publicado pela primeira vez em 1837, o major Carlos Augusto Taunay, brasileiro de adoção, e ardoroso abolicionista que caracterizava a escravidão como um "contrato entre a violência e a não resistência que tira ao trabalho a sua recompensa e às ações o arbítrio moral", uma "violência do direito natural" pelo qual os povos que a cometem pagam bem caro, dizia que ela só subsistia sob um clima de contenção e pavor. Chegou mesmo a aventar que se estatuísse um código geral do trabalho servil, ideia abominada pelos que viviam a invocar o direito de propriedade. Apesar de todos os seus protestos abolicionistas, reconhecia a necessidade de vigilância contínua e da aplicação de penas corporais para que o rendimento do trabalho não baixasse e recomendava, quando fosse necessário, o castigo: um máximo de cinquenta chibatadas, podendo ser repetidas com intervalo de uma semana. "Tudo o que passar daí", dizia, é "antes dado à raiva e vingança do que à emenda do castigado". Condenava todo o arsenal de instrumentos de tortura, tão conhecidos entre os senhores de escravos: cepos, troncos, anjinhos, "reminiscências da barbaridade antiga", dizia, aconselhando que aos pretos fujões e insurretos se aprisionasse, e se lhes pusessem colares de ferro, "para envergonhá-los aos olhos dos parceiros".

Espírito europeu, mais esclarecido do que a maioria dos senhores de sua época, formado no convívio com as ideias revolucionárias de 1789, Taunay era capaz de compreender as condições que num regime de escravos tornavam necessário o uso do castigo.

Numa visão liberal, de um liberalismo da primeira metade do século XIX, explicava: "Os homens livres excedem muitas vezes, por ambição, a tarefa regular do trabalho, mas o lucro e satisfação fazem o contrapeso de tal excesso". O preto que nada tem a ganhar com este excesso de fadiga, entrega-se ao desespero e brevemente definha. Por isso, impunha-se a vigilância: sem esta, baixaria o rendimento do trabalho. A maior parte dos proprietários, entretanto, não buscava causas, nem procurava soluções. Aceitava uma situação de fato: a escravidão – com todo o seu inevitável cortejo. Os castigos incluíam-se entre as medidas obrigatórias. Mesmo os mais bafejados pelo idealismo, os mais moderados, reconheciam a sua necessidade. Limitavam-se, quando muito, a recomendar moderação e justiça. "O senhor deve ser justiceiro e humano. Demasiada severidade ou frouxidão são coisas igualmente condenáveis", dizia o barão do Pati de Alferes em obra que se tornou famosa em seu tempo: a *Memória sobre a fundação e custeio de uma fazenda na Província do Rio de Janeiro*. O que caberia entender por demasiada severidade, frouxidão e humanidade? Quais os limites que as dividiam?

Os padres, como representantes da religião e da Igreja, viram-se mais do que outros, comprometidos na tentativa de conciliar os interesses financeiros com os ditames da religião e da filantropia. Esperava-se que servissem de mediadores entre senhores e escravos, pregassem paciência, resignação e obediência absoluta aos senhores. "A disciplina nas fazendas", dizia um viajante, nos meados do século, "compreende duas fases: a do azorrague e a do dogma: a do padre e a do feitor."[6]

Alguns religiosos chegavam a dizer que os negros, filhos do maldito, constituíam uma raça de condenados, para os quais não havia reabilitação possível a não ser na obediência passiva e no trabalho.

Nem todos pensavam assim: no seu *Manual* publicado em 1847, o padre Antônio Caetano da Fonseca, entre os conselhos dados aos fazendeiros, lembrava que o escravo, embora de cor preta e reduzido à servidão, era filho do mesmo Pai e obra do mesmo Deus que mandava não fazer a outrem o que não queremos que

---

6 Ribeyrolles, op. cit., v.II, t.III, p.34-5.

DA SENZALA À COLÔNIA 331

nos façam (!) e que quando um escravo merecesse castigo, este deveria ser aplicado com moderação. Nunca a ira deveria tomar o lugar da justiça. O senhor jamais haveria de tratar seus escravos com rigor, salvo quando se mostrassem incorrigíveis. Lembrava àqueles que se excediam nos castigos, obrigando-os, sob a ação do chicote, a um labor desproporcionado à sua capacidade, que "estes infelizes esgotando-se até o último alento, terminavam a existência em pouco tempo" com grande prejuízo dos bárbaros senhores. "Os homens desalmados acabam pobres, ordinariamente, como tenho muitas vezes observado. Pelo contrário, os fazendeiros humanos que tratam bem dos escravos e dão-lhes trabalho proporcionado às suas forças, têm prosperado à vista dos olhos."

Falhando os argumentos cristãos, e o apelo aos sentimentos humanitários, invocava, mais uma vez, o argumento tantas vezes repetido: os senhores deveriam poupar os escravos, não deteriorar a sua saúde para defender o próprio capital.

O negro das fazendas era tratado mais brutalmente do que o da cidade, onde era mais fácil o controle das arbitrariedades, embora a proteção da justiça fosse, nos primeiros tempos, muito mais teórica do que prática. A situação agravava-se nas regiões distantes subtraídas à ação da lei. No isolamento das fazendas, o proprietário exercia, sem controle, um ilimitado poder. Nenhuma garantia possuíam os escravos. Árbitro supremo, o senhor dispunha à sua vontade da pessoa do cativo, do seu repouso, da sua honra, do seu trabalho. "O protesto dos oprimidos se extingue sem eco em meio do terror de seus companheiros de infortúnio e do silêncio da solidão."[7] As decisões do senhor não são suscetíveis de apelo e para todos os atos que pratica depende apenas do tribunal de sua consciência.

A lei negava-lhe o direito de vida e morte sobre os escravos, só lhe concedendo a faculdade de dar-lhes castigo moderado. Já na década de 1870, autorizava o escravo seviciado a requerer que o senhor o vendesse. Mas as experiências diárias demonstravam a impraticabilidade da execução dos dispositivos legais. A própria lei impedia o escravo de ir pessoalmente queixar-se do proprietário

---

7 A esse respeito, dizia Expilly que eram "uma proteção ilusória a uma raça a quem o código apenas reconhecia o direito de obedecer" (1864, p.334).

ou denunciá-lo. Só o faria, até essa época, através do senhor ou do promotor público ou de qualquer pessoa do povo. Também não podia ser testemunha jurada; no máximo comparecia, se preciso, como informante.[8] Todas as restrições à ação jurídica do escravo se foram atenuando na prática, em razão do movimento abolicionista. Na medida em que a opinião pública ia-se convertendo a essas ideias, ampliava-se o campo de ação do escravo. Nas fazendas, o progresso era muito mais lento do que nas cidades. Os conselhos reiterados aos fazendeiros para que fossem benevolentes e moderados nas penas aplicadas aos escravos sugerem os excessos cometidos na solidão das fazendas e que a crônica do tempo confirma. Nas cidades a lei intervinha, regulava e fiscalizava. Nas fazendas, porém, a vontade do senhor decidia e os feitores executavam.[9]

Não que a maioria dos feitores fosse necessariamente recrutada entre os que gostavam de "dar pancadas", como sugere um publicista sergipano: O. Moniz, que denunciava em 1845 os horrores da escravidão. Mas em uma sociedade que aceitava como medida imprescindível a aplicação dos castigos corporais para manutenção da ordem era fácil chegar aos excessos criminosos cometidos por inúmeros deles.

Os critérios de avaliação das penas e de aplicação dos castigos ficavam quase sempre ao arbítrio do senhor, mas sua execução dependia da índole dos feitores. E estes, não raro, se excediam ao aplicá-los.

Rude e ignorante, odiado, muitas vezes viciado pelo conceito, que o cativeiro generalizara, da inferioridade racial do negro, o feitor tinha os escravos à sua mercê. Se magnânimo, aplicava moderadamente as penas. Se desumano e grosseiro, dava vazão à sua brutalidade, espancando-os em excesso, castigando também pelo simples prazer de contemplar o sofrimento alheio.

Nos seus conselhos aos lavradores, o padre Caetano da Fonseca recomendava que, ao contratar um feitor, atentassem os senhores para as suas qualidades morais: devia ser humano, e de bons cos-

---

8 Malheiros, 1867, v.I, p.7, 17 e 27.
9 Ribeyrolles, op. cit., v.II, t.III, p.34-5.

DA SENZALA À COLÔNIA   333

tumes, pois os feitores desumanos e imorais provocavam muitas vezes a sublevação dos escravos. Em certos casos, a responsabilidade pelos excessos cabia aos próprios senhores. Quando impetuosos, brutos, ou sádicos, exageravam o poder que tinham em mãos. Contavam para isso com a cumplicidade do meio. Outros, habituados por uma longa tradição patriarcal a serem obedecidos sem discussão, davam largas à sua prepotência.

O escravo raramente tinha a quem apelar. Seu sofrimento, seu aviltamento, as torturas a que era submetido, preso ao tronco, açoitado, seviciado pela brutalidade dos castigos, ocorriam em ermos distantes, longe da ação da justiça. Se, porventura, acontecia de haver alguém de visita à fazenda, podia recorrer ao visitante e pedir-lhe os bons ofícios. O escravo castigado ou sob ameaça de punição implorava à pessoa da casa ou de fora que intercedesse junto ao senhor para a revogação ou atenuação da pena. Bastava muitas vezes uma carta, um bilhete ou uma palavra e o perdão era obtido.[10] Mas, na maioria das vezes, esse recurso falhava, e a vítima cumpria a pena.

Os castigos mais usados foram o "bacalhau", a palmatória, o tronco, e mais raramente a golilha, as algemas, os anjinhos, a máscara de latão e o aprisionamento.[11]

Os tipos de chicotes e açoites variavam das simples varas de marmelo aos rebenques de couro retorcido e com várias pontas. O "bacalhau" era um chicote pequeno, de cabo de couro ou madeira, com pontas de couro retorcido. Foi o castigo mais generalizado nas fazendas de café. O açoite e a palmatória constituíam também pena disciplinar comum, reconhecida e autorizada pela própria legislação.

Punia-se o roubo, a fuga, a embriaguez e a preguiça. O número de chibatadas variava, os castigos mais rigorosos recaíam sobre chefes de quilombo: trezentas chibatadas durante vários dias.[12] Os que assassinassem senhor ou pessoa de sua família eram condenados à morte – em virtude da lei excepcional de 10 de junho de 1835. Quando o número de chibatadas era grande, dividia-se em etapas o

---

10 Adolphe D'Assier, 1867, p.93 ss. Ribeyrolles, op. cit., v.II, t.III, p.34-5. Mme. Toussaint Samson relata que conseguiu facilmente o perdão para uma escrava que andava acorrentada por ter fugido (op. cit., p.120).
11 Ramos, 1938.
12 Debret, op. cit., p.195.

castigo. Todos os dias, o escravo era atado a um poste ou amarrado de bruços, o dorso nu, a um banco, e açoitado certo número de vezes. Essa flagelação repetia-se dias seguidos e isso abria antigas feridas, prejudicando a cicatrização. Um fazendeiro paulista, que chegara à perfeição de redigir um estatuto para regular a vida de sua fazenda, determinava que nenhum escravo recebesse mais de cinquenta chibatadas (!) por dia, podendo reiterar-se conforme o crime, nos dias seguintes.[13]

As feridas resultantes eram curadas com sal, vinagre, limão e pimenta, o que agravava os sofrimentos.

Embora a lei limitasse a cinquenta o número de chibatadas, os fazendeiros pouco se importavam considerando o escravo propriedade absoluta.

Pequenas faltas eram passíveis de punições severas. Relata um viajante que percorria São Paulo, em 1859, como um conhecido proprietário mandara surrar seu escravo e amarrá-lo ao tronco, por ter saído no domingo sem autorização sua.[14]

Numa época em que os castigos corporais ainda se achavam incorporados à educação – como meio eficaz – adotados em escolas de renomada, não é de estranhar que os senhores recorressem, sem hesitar, a esses processos para contenção da escravaria. O açoite tornara-se tão normal aos olhos da sociedade que a própria legislação o consagrava como corretivo disciplinar. A justiça legalizava a ação privada. O chefe policial concedia ao senhor uma autorização para aplicar o castigo, mencionando o número de chibatadas que o escravo deveria receber.[15]

A palmatória, aplicada de preferência nas mulheres e crianças, era de uso frequente para as pequenas faltas. Várias vezes procurou-se substituir a pena de açoites pela palmatória. O procurador fiscal da Província de São Paulo sugeria, em 1854, à Câmara Municipal de Campinas, que no Código de Posturas substituísse o açoite por um "castigo mais razoável", como a palmatória. Passado algum tempo, insistia a câmara na necessidade de manter aquela forma de castigo, argumentando que era impossível aplicar a palmatória

---

13 Castro, 1944, p.34-44.
14 Lallemant, op. cit.
15 Debret, op. cit., t.I, p.169 ss.

DA SENZALA À COLÔNIA

quando o escravo se recusava a dar a mão para receber o castigo. Considerava como único recurso açoitá-lo nas nádegas, onde se dizia não haver perigo para a saúde.[16] Nem mesmo os ingênuos escapavam aos castigos excessivos. Livres juridicamente, escravos de fato, sofriam o mesmo tratamento dado a estes. Em 1885, um preto apresentou-se em Rio Claro com seu filho, ingênuo de treze anos, para exibi-lo às autoridades, queixando-se de que o senhor o tinha surrado com "bacalhau". O menino tinha as mãos inchadas e as nádegas cortadas pelo chicote.[17] Durante muito tempo, foi costume marcar o escravo com ferro em brasa, como se faz hoje com o gado. Ainda poucos anos antes da abolição, apareciam anúncios nos jornais descrevendo, com minúcias, os traços que pudessem identificar o escravo fugido, entre os quais o aviltante estigma.

> Escravo fugido. Acha-se acoutado nesta cidade o escravo pardo de nome Adão de 29 anos de idade, pertencente ao fazendeiro abaixo assinado. É alto, magro, tem bons dentes e alguns sinais de castigos nas costas, com a marca S. P. nas nádegas. É muito falador e tem por costume gabar muito a Província da Bahia de onde é filho. Quem o prender e levar à casa de correção será gratificado com a quantia de 200$000. São Paulo, 17 de dezembro de 1884. Saturnino Pedroso.

Tão frequente nas senzalas, quanto o do açoite e da palmatória, foi o uso dos troncos. Seu objetivo era imobilizar o escravo. Obrigava a posições mais ou menos forçadas, torturava-o pelo cansaço, pela impossibilidade de se defender dos insetos que o atacavam, pelo desgaste físico e moral. Havia os de madeira e os de ferro. Em geral, consistiam em toras de madeira retangulares, serradas ao meio, com aberturas onde eram presos os membros e, às vezes, a cabeça. Em muitos troncos, o escravo era mantido sentado; em outros, permanecia em pé. Às vezes, dois ou mais negros viam-se atados ao mesmo instrumento. O castigo prolongava-se por vários dias. No tronco, a escrava amamentava o filho, e alguns cativos

---

16 Mss. Arq. Est. São Paulo, Ofícios diversos, Campinas, cx.60.
17 A Província de São Paulo, 31 de julho de 1885.

definhavam e pereciam em consequência de sevícias sofridas antes de serem atados.

Outras formas de tortura usuais eram as argolas de ferro, presas ao pescoço: gargalheiras, gorilhas ou golilhas, ou nos pés e mãos: peias e algemas. Aos escravos fujões acorrentavam-se peias no nível do tornozelo. Com isso, ficavam impedidos de andar depressa. Igual objetivo parecem ter tido as gargalheiras, de onde pendiam, às vezes, grossas correntes atadas em sua extremidade às pernas ou braços.

O uso dessas argolas tornou-se menos frequente à medida que o pensamento abolicionista ganhava adeptos, mas, ainda às vésperas da Abolição, os periódicos registravam a presença de negros com gargalheiras e ganchos ao pescoço. Os anjinhos: argolas de ferro que comprimiam os dedos pouco a pouco, num arrocho progressivo e que eram empregados com relativa frequência como instrumentos de tortura até meados do século, também desapareceram do uso. O mesmo sucedeu com as máscaras de ferro. Até 1850, os viajantes ainda registravam com espanto o emprego de máscaras de ferro que cobriam o rosto do escravo e cuja finalidade era corrigir o vício da bebida, o hábito de comer terra. Depois, elas não foram mais mencionadas.

Os castigos deixavam estigmas nos ombros, nos rins, nas faces, nas nádegas. Por eles, conhecia o comprador a índole do negro. Durante muito tempo, esses sinais não constituíram boa recomendação para o escravo. Às vésperas da Abolição, quando a campanha pela libertação sacudira a opinião pública denunciando os horrores da escravidão, eles passaram a ser considerados má recomendação para o senhor. Os anúncios de escravos fugidos quando mencionavam sinais de castigo explicitavam: castigos antigos, castigos provenientes de antigo senhor. Foi lenta essa evolução da opinião pública, essa tomada de consciência da sociedade. Ainda nas décadas de 1860 a 1870, registravam-se, amiúde, mortes de escravos por espancamento.

Habituados a recorrer aos castigos corporais, os senhores continuaram a usá-los durante todo o período da escravidão. Mesmo o clero, que, em princípio, condenava os excessos cometidos pelos senhores, não escapava à regra. Com estes, a opinião pública era mais impiedosa. Principalmente aquela parte da opinião pública que associava o abolicionismo ao anticlericalismo, tão frequente entre certos meios ilustrados do século.

DA SENZALA À COLÔNIA 337

Na qualidade de senhores de escravos, viam-se os prelados às voltas com as mesmas dificuldades que os demais. Os escravos fugiam, desobedeciam, revoltavam-se. E, como os demais senhores, os padres recorriam aos castigos corporais para obter disciplina, embora esses atos contrariassem a piedade evangélica que pregavam. Por isso, não os perdoava a opinião pública.

Um ofício de Jaboticabal denunciava certa ocasião que o reverendo Antônio Soares da Silva César pusera em castigo rigoroso uma escrava de nome Bárbara, crioula de doze anos mais ou menos, que viera a falecer em virtude do castigo.[18] Em janeiro de 1864 no *Correio Paulistano*, queixava-se certo cidadão de um vigário que infligia bárbaros castigos aos escravos.

Nesse mesmo ano, foi preso em Taubaté Francisco Manoel de Souza Braga, acusado de ter assassinado um escravo e cortado as orelhas a vários outros.[19] Cogitava-se de inocentá-lo. No ano anterior, fora absolvido um fazendeiro que infligira castigos imoderados a uma escrava.

Algum tempo depois, em 1877, foi recolhido à cadeia em Sorocaba e submetido ao júri o réu Francisco Martins Bonilha, pronunciado como incurso no artigo 193 do código criminal, por ter causado a morte de um escravo com castigos excessivos. Dois anos depois, em Barra Mansa, o delegado de polícia conseguia prender Manoel de Ávila, pronunciado mais de um ano antes como autor da morte de um cativo.[20] Ainda em 1880, noticiava *A Província de São Paulo*, a 14 de maio, o sepultamento de um escravo barbaramente castigado: "os ferimentos eram terríveis, os ossos estavam de fora, as partes genitais gravemente cortadas pelos açoites, as feridas da perna pelo ferro, cheias de verme".

As mulheres, como os homens, excediam-se nas punições de escravos, provocando-lhes a morte. Célebre foi o caso de Rosa Mourão, pronunciada em 1882 como autora dos "flagicídios" da parda Mônica.[21] Pouco tempo antes da Abolição, em 1886, foi presa e remetida à casa de detenção Francisca da Silva Castro, autora de bárbaros castigos infligidos às escravas Eduarda e Joana, dos

---

18 *Mss. Arq. Est.* São Paulo, Ofícios diversos, Araraquara, cx.11.
19 *Correio Paulistano*, de 27 de agosto de 1864.
20 *A Província de São Paulo*, de 11 de março de 1877.
21 *A Província de São Paulo*, de 8 de agosto de 1882.

quais resultara a morte da última.[22] A imprensa abolicionista fazia escândalo em torno dos casos reais e provavelmente noticiava outros inexatos, para chocar a opinião pública. Os crimes que ocorriam no interior das senzalas nem sempre chegavam ao conhecimento público, mas quando isso acontecia, embora a lei nesses casos determinasse a punição do senhor, este acabava absolvido. A justiça era, na maior parte das vezes, conivente e aceitava as suas justificativas. A princípio, era raro ver um fazendeiro às barras dos tribunais por ter castigado excessivamente seus escravos. Mais tarde, com a agitação abolicionista, esses casos tornaram-se mais frequentes, e já em 1878, queixavam-se os proprietários da interferência de delegados e juízes na sua autoridade. No Congresso Agrícola que reuniu representantes de grande número de municípios cafeeiros, convocados pelo ministro Sinimbu, para discutir os problemas da lavoura, dizia um fazendeiro de Barra Mansa: é necessário

> que os lavradores não estejam sujeitos a ser desmoralizados por autoridades como são os juízes municipais, moços inexperientes e precipitados que, à mais leve queixa de um escravo ou de um ingênuo, por ter recebido uma simples e leve correção (indispensável a tais indivíduos para manter a disciplina na fazenda), fazem vir à sua presença os senhores, os repreendem e maltratam, muitas vezes, diante dos injustos queixosos, e assim os deixam desmoralizados. É preciso que os atos do procedimento dos senhores para com seus escravos e ingênuos sejam unicamente sujeitos aos conhecimentos e fiscalização dos juízes de direito que, como autoridades mais práticas e de mais critério e experiência não exporão ao desprestígio e à desmoralização os senhores lavradores.[23]

Entravam em choque as duas mentalidades. A antiga e a nova. A da lavoura tradicionalmente ligada ao sistema escravista, e a da geração nova, urbanizada, muitas vezes desligada dos interesses rurais, mais acessível às ideias novas, empolgada pelo movimento abolicionista, que daí por diante mais se acentuava.

As denúncias contra os excessos cometidos pelos senhores na pessoa dos escravos, castigos imoderados, sevícias, maus-tratos, multiplicam-se a partir de então.

---

22 *Diário Popular*, de março de 1886.
23 *Congresso Agrícola*, p.50.

DA SENZALA À COLÔNIA 339

Os elementos abolicionistas que vinham de há muito explorando esses fatos estavam vigilantes para denunciá-los, e até mesmo para imaginar quadros comoventes que chocassem o leitor. Exploravam o horror dessas cenas, pintando-as nos seus aspectos mais lúgubres ou dramáticos: com o objetivo de desnudar os horrores da escravidão e torná-la cada vez mais odiosa aos olhos do povo. Procuravam, assim, dar maior vigor às convicções antiescravistas. É de supor que, na sua atividade revolucionária, forjassem situações inexistentes, fizessem denúncias fictícias; enfim, trabalhassem como verdadeiros agitadores. Essa pelo menos é a impressão que nos fica da leitura da documentação da época. Ao que parece, mesmo os escravos estavam sendo instruídos, nos últimos anos, para apresentar denúncias contra seus senhores.

Quanto maior fosse a agitação social, quanto maior a confusão reinante – os choques entre senhores e escravos, a agitação nas senzalas, as fugas de escravos –, tanto mais se forçava a mudança da situação e se preparava o clima para a medida decisiva que resultaria na supressão definitiva da escravidão.

Os abolicionistas tinham tomado a peito a defesa do escravo. Em 1886, promoviam em São Paulo uma festa emancipadora na Igreja Nossa Senhora dos Remédios, expondo vários instrumentos de suplício como ganchos, ferros, correntes, encontrados pelos irmãos da confraria.[24] Exibições desse tipo tornavam-se usuais, assim como o costume de fazer seguir nas procissões escravos que ostentavam esses instrumentos de tortura aos olhos da gente da cidade.

Para maior escarmento dos culpados e maior escândalo da opinião pública, exibiu-se certa vez, em Atibaia, um cativo, de cerca de dezoito anos de idade, com um enorme ferro preso ao pé esquerdo, instrumento de tortura que pesava três quilos e oitocentos gramas. Nessa ocasião, foi feito corpo de delito, ficando o escravo sob proteção do abolicionista Artur Bigbie.[25]

Outra vez, um fazendeiro, para escapar à ação da justiça, que começara a fazer investigações sobre os castigos infligidos a um seu escravo, resolveu desfazer-se dele, enviando-o por trem a São

---

24 *Diário Popular*, de 1º de fevereiro de 1886.
25 Idem, de 7 de fevereiro de 1888.

Paulo. Deu ordens aos capangas que o acompanhavam para fazê-lo sumir em Campo Limpo. Nessa vila, um rapaz o comprou por duzentos mil-réis e levou-o à capital da província, para apresentá-lo à polícia. Avisados da sua chegada, elementos abolicionistas acorreram à estação e, por pouco, não espancaram o protetor do escravo, julgando-o um dos capangas. Comentando a atitude do fazendeiro, dizia o redator do *Diário Popular* que o escravo Benjamin era um "mártir da vingança insaciável de um fazendeiro" que desonrava a classe a que pertencia.[26]

A atividade abolicionista, a evolução da opinião pública davam aos cativos maior segurança para se apresentarem à polícia exibindo seus ferimentos e solicitando proteção. Sabiam que encontrariam acolhida. Os jornais noticiavam: "Apresentou-se no dia 25 ao senhor dr. Juiz municipal dessa cidade a parda Galdina escrava de Elias Galdino de Vasconcelos, queixando-se de ter sofrido castigos bárbaros. Essa autoridade mandou proceder a auto de corpo de delito e recolher a paciente ao hospital de Caridade".[27] "Escrava maltratada. Vitalina escrava de Balbino de Tal apresentou-se horrivelmente queimada com sinais recentes de sevícias queixando-se que sua senhora dona Brasilina lhe arremessara sobre as costas uma panela com gordura fervente. A autoridade mandou prender a autora."[28] Em julho de 1887, em Campinas, apresentou-se ao delegado, com um gancho de ferro ao pescoço, um escravo, queixando-se dos maus-tratos por parte do feitor.[29]

A revolta estendera-se às senzalas. Sentindo-se apoiados pela opinião pública, os escravos protestavam e recorriam às autoridades, às vezes isoladamente, às vezes em grupo. Em 1882, 49 negros, pertencentes a Joaquim Bueno, fugiram da fazenda do seu senhor, no município de Araras, com o fito de queixar-se ao presidente da província dos maus-tratos que recebiam.[30] Esses fatos repetiam-se por toda parte, nos anos anteriores à Abolição.

Realmente, a despeito de um acórdão da Relação do Rio de Janeiro que, em 1º de abril de 1879, decidia: – Não pode o escravo

---

26 Idem, maio de 1887.

27 *A Província de São Paulo*, de 28 de fevereiro de 1877.

28 *Diário Popular*, de 1º de fevereiro de 1886.

29 Idem, de 27 de junho de 1887.

30 *A Província de São Paulo*, de 26 de setembro de 1882.

DA SENZALA À COLÔNIA 341

dar queixa contra pessoa alguma, ainda que seja contra aquele que o quer reduzir à escravidão –,[31] as denúncias contra os proprietários que aplicavam castigos imoderados encontravam receptividade cada vez maior. É de supor que esses excessos tivessem diminuído com o tempo. A reprovação coletiva que se forjara nos últimos anos agiria como um freio sobre o fazendeiro que "desonrava sua classe", mas a verdade é que eles não desapareceram enquanto perdurou a escravidão.

As próprias autoridades continuavam a aplicar penalidades de açoites, reservando-os para crimes graves.

Em 1882, foi um escravo condenado a cem açoites e a usar ferros no pescoço por um ano, em virtude de ter matado seu parceiro.[32] Em 27 de outubro de 1802, o juiz de Franca condenava um escravo a trezentos açoites, penalidade que deveria ser aplicada no Corpo da Guarda da Cadeia de Franca.[33] As violências cometidas pelos senhores continuavam a encontrar, em certos casos, o apoio da polícia. A *Província de São Paulo*, de 14 de fevereiro de 1885, noticiava que as autoridades de São José dos Campos haviam dado proteção a um indivíduo que concorrera pela barbaridade dos castigos para o suicídio de um escravo. E, no ano seguinte, o *Diário Popular*, de 5 de fevereiro, relatava o caso de um cativo de Rio Claro que fugira da fazenda onde trabalhava e empregara-se como condutor de bondes, conseguindo ajuntar algum pecúlio. Escrevera então ao seu amo pedindo-lhe alforria mediante o pagamento de uma boa quantia. O senhor, porém, viera à corte, falara com o desembargador, chefe de polícia, e conseguira ordem de prisão para o escravo, que foi barbaramente espancado e remetido de volta à fazenda.

Vários viajantes assinalaram a excelência da legislação que pretendia proteger os escravos no Brasil. Esqueciam-se de que as boas intenções não bastavam. A eficácia da legislação depende de quem a cumpre e as faz cumprir. O intuito protetor da lei podia ser verdadeiro, mas sua eficácia era duvidosa. O corpo de jurados escolhia-se segundo princípios que levavam em conta a

---

31 Carvalho, 1937, p.26.
32 A *Província de São Paulo*, 23 de junho de 1882.
33 A *Província de São Paulo*, 27 de outubro de 1882.

representação social do indivíduo, de sorte que, em sua maioria, era recrutado entre os fazendeiros proprietários de escravos.[34] A precariedade da ação judicial era por todos reconhecida. Até 1838, o recrutamento para o júri fora confiado a uma junta composta de vereadores, juízes de paz e párocos. O critério utilizado na seleção era escolher cidadãos de reconhecido bom senso e probidade. Essas vagas disposições favoreciam a parcialidade. A lei da Reforma do Código do Processo pretendera melhorar a justiça, tirando-a da dependência das influências locais. Em 1842, entretanto, Honório Hermeto Carneiro Leão dizia, num Relatório à Assembleia Legislativa de São Paulo, que, apesar da lei de 3 de dezembro de 1841, a justiça continuava precária: todos temiam que os criminosos fossem absolvidos pelo júri e achavam mais seguro recorrerem às vinditas privadas.

O interesse de grupo raramente permitia que os ideais humanitários prevalecessem e impedia mesmo a ação da justiça. A representação do crime e da culpabilidade era inconscientemente deformada pelos estereótipos vigentes, pela caracterização do escravo como primitivo, ignorante, culposo permanente. O senhor, aos olhos do júri, parecia sempre ter razão. À impunidade do senhor e dos feitores nos abusos cometidos contra escravos opunha-se frequentemente a imputabilidade legal.

Essa situação mudou sensivelmente, com as transformações ocorridas na sociedade na segunda metade do século, ante o processo de urbanização e o desenvolvimento de uma camada burguesa que, embora vivesse muitas vezes na órbita dos fazendeiros e proprietários, apresentava uma mentalidade diversa. Menos comprometida com o sistema escravista, estava também muitas vezes, embora não necessariamente, menos vinculada à visão escravista. Ao lado desse grupo novo constituído de professores, advogados, jornalistas, médicos e pequenos empresários, colocavam-se os imigrantes e todos aqueles que, pertencentes às camadas senhoriais, renunciavam ao trabalho escravo, na medida em que o sistema escravista se revelava insuficiente e se desarticulava.

---

34 Mss. do Arq. do Est. São Paulo, Ofícios diversos, Rio Claro, cx.396, doc. datado de 17 de janeiro de 1846, referente à lista de jurados.

DA SENZALA À COLÔNIA 343

Dentro dessas novas condições sociais, o movimento abolicionista encontrava maior receptividade, contribuindo por sua vez para acelerar a tomada de consciência que as mudanças socioeconômicas tinham possibilitado. Passou-se a exercer vigilância sobre os que se excediam em castigos. Os jornais apareciam cheios de denúncias anônimas, referindo-se a senhores que espancavam brutalmente seus escravos. A opinião pública começava a escandalizar-se com tais fatos. Muito provavelmente nas cidades, onde a população aumentava, os novos elementos sociais em ascensão, pertencentes a categorias não comprometidas com a escravidão, entre os quais se recrutava grande número de abolicionistas, passavam a fazer parte do corpo de jurados. As novas condições sociais e psicológicas estabeleciam maiores condições de segurança para o escravo e conferiam à legislação, de data muito anterior, a autenticidade que durante tanto tempo lhe faltara.

Os ideais de tolerância e benevolência que se haviam fixado na letra dos códigos, graças aos esforços de alguns elementos mais avisados e altruístas que lutaram desde os primeiros tempos a favor da melhoria das condições de vida do escravo, mas que tinham permanecido letra morta, encontravam, enfim, condições para se efetivar.

Se a legislação fora, durante tanto tempo, pouco eficaz na defesa do escravo, ela se revelara pelos mesmos motivos anteriormente apontados sempre atuante na defesa dos interesses senhoriais.

Nem sempre convinha ao senhor que seu escravo ficasse detido nas cadeias públicas ou fosse encarcerado. Em 1855, um deputado dizia na Assembleia Legislativa de São Paulo que era contrário à pena de galés perpétuas imposta ao escravo porque entendia que, nesse caso, quem sofria a pena era o senhor.

Certa vez, por ocasião de uma tentativa de insurreição havida em Taubaté, como um escravo se visse condenado às galés, seu proprietário recorreu do julgamento e o criminoso foi absolvido. O promotor público sofreu pressão para não apelar, tendo sido mesmo desacatado por não querer anuir aos apelos. Por fim, foi o preso retirado da cadeia, apesar da apelação. Nesse mesmo ano, um proprietário de Taubaté, Pedro Pereira, cujos escravos haviam matado o feitor e estavam pronunciados no foro local, negociava os criminosos enquanto o processo se retardava por dois ou três meses.

Consciente dos prejuízos que recaíam sobre o senhor, quando decretada a prisão para o escravo, sugerira Queiroz Teles, em 1853, à Assembleia Provincial de São Paulo, que fosse feita uma representação aos poderes superiores para que tal pena não fosse imposta aos cativos. Argumentava-se, nessa ocasião, que essa penalidade, sem dúvida uma das mais graves para o cidadão, nenhuma influência moral exercia sobre o escravo, cujo destino era, de qualquer forma, o trabalho forçado. Longe de ser profícua, tornava-se um recurso prejudicial, pois os negros preferiam as galés ao eito. Em 1860, insistia-se novamente no assunto. Um deputado sugeria que as galés fossem substituídas pelos açoites ou outro castigo qualquer, pois faziam sofrer mais ao senhor do que ao escravo. Nessa ocasião, o juiz de direito da comarca de Campinas enviava uma petição de graça referente a um escravo condenado por ter assassinado o feitor. "A pena de galés para o escravo", escrevia, "não preenche suas finalidades. Ao contrário, é um incentivo para crimes deste tipo. Matam seus senhores ou feitores para se verem livres deles, depois apresentam-se para serem enviados à casa de correção." Concluía que seria melhor negar a pena de galés para escravos ou, pelo menos, comutá-la em açoites e trabalho, sendo depois os réus entregues a seus donos.[35] De fato, embora essa penalidade tivesse parecido aos olhos dos viajantes coisa aviltante e abjeta, o maior prejudicado, na realidade, era o senhor, que perdia seu instrumento de trabalho. Para o escravo, a situação pouco mudava: de trabalhos forçados para trabalhos forçados, das argolas para as galés, não havia grande diferença.

As galés desagradavam aos senhores que procuravam outras formas de punição, menos nocivas aos seus interesses. Também em casos de condenação à morte, foram muito frequentes os recursos.

Ainda em 1871, o relatório do chefe de polícia insistia, junto ao presidente da província, a fim de serem as galés banidas do Código Criminal. "Tal pena é uma monstruosidade em Direito Penal", dizia. "Em vez de remédio é veneno, não regenera, mas deprava o culpado. Para o cidadão, ela é a morte moral, para o escravo é a liberdade."[36]

---

35 *Mss. Arq. do Est. de São Paulo*, Ofícios diversos, Campinas, cx.61.

36 Relatório do Chefe de Polícia, Sebastião José Pereira, ao Presidente da Província, Dr. Antônio da Costa Pinto Silva, em 7 de janeiro de 1871.

DA SENZALA À COLÔNIA 345

O assunto foi discutido em 1873, na câmara federal. Mais tarde, cogitou-se também de abolir a lei de 10 de junho de 1835, que condenava à morte o escravo que matasse o senhor, mas os motivos que inspiravam essa pretensão eram outros. O movimento abolicionista produzia seus frutos e, em 1885, João Penido, médico e deputado por Minas Gerais, apresentava na câmara dos deputados um projeto mandando revogá-la. Tratava--se, dizia então, de uma

> nódoa que rebaixa e afeia o nosso código criminal; além de draconiana é inconcebível; servirá para atestar aos vindouros o nosso estado de barbárie e ferocidade. O escravo, perante a lei, não é um homem, é considerado um bruto feroz, sem direitos, sem regalias, e indigno de qualquer sentimento humanitário. Não se tomam em conta as torturas, as sevícias, as privações que levam o mísero escravo ao desespero, à alucinação. Toma-se o fato brutal sem atenção a circunstância alguma e impõe-se a pena capital. Os juízes na infernal lei são possuidores de escravos e, por conseguinte, juízes suspeitos e imprestáveis.

Se à medida que se aproxima a data da abolição a mudança na opinião pública se refletia no tratamento dado aos negros, fazendo parecer cada vez mais odiosos os castigos violentos, e tendendo a suavizar a legislação, outro tanto não parece ter acontecido com as posturas que visavam eliminar os riscos de insurreição, agressões ou fugas de escravos. Estas foram reforçadas à medida que se agravava a tensão e as fugas e ameaças de sublevação se intensificavam.

Baldados eram os esforços do legislador: não conseguia impedir tais manifestações. A prova está na reiteração contínua de medidas repressoras e no agravamento das multas e punições aos contraventores. As ordens de prisão pouco efeito surtiam. Os escravos preferiam, às vezes, passar alguns dias na cadeia, a prosseguir em seus trabalhos normais e recebiam com displicência, se não de bom grado, as ordens de prisão.

Diante do pouco efeito da repressão legal, os senhores recorriam a outros métodos mais drásticos para reprimir as revoltas, recapturar os escravos fugitivos e punir os culposos. Mais eficiente e ativa, parecia-lhes a justiça senhorial, que se exerce quase sem contraste nas zonas rurais.

Quando, às vésperas da Abolição, se multiplicaram as insurreições e fugas e as tropas se revelavam insuficientes em número e pouco atuantes, os fazendeiros organizaram suas próprias milícias, reunindo-se em clubes, sociedades, mais ou menos secretas, que tinham como uma de suas finalidades a defesa do patrimônio escravo e a organização da resistência a possíveis agressões dos oprimidos. O temor das insurreições apavorou-os durante todo o período da escravidão. Ao menor boato, medidas severas eram postas em prática, com o objetivo de reprimir a subversão da ordem. Viviam a tomar precauções que impedissem as revoltas e agressões. Multiplicavam as proibições: os escravos só podiam sair da fazenda com permissão do senhor ou do feitor; à noite, eram trancados nas senzalas, cuja disposição arquitetônica já testemunhava o intuito de impedir fugas ou ajuntamentos de cativos nas horas tardas da noite. Havia senhores que impediam seus escravos de sair aos domingos, dando-lhes outro dia de folga na semana, de modo a impedir que se reunissem ao pessoal das fazendas próximas.

Enquanto o fazendeiro se cercava de todas as medidas possíveis para impedir as insurreições, as câmaras municipais legislavam procurando reforçar essas precauções. As leis provinciais referendavam tais dispositivos. Todo escravo que, depois do toque de recolher, fosse encontrado a vagar pelas ruas sem bilhete do dono, ou dentro de tabernas e botequins, era recolhido à cadeia. Ninguém podia alugar quartos ou casas a escravos sem licença escrita dos senhores. Os donos de casas de negócio eram obrigados a impedir ajuntamentos de escravos além do tempo necessário para suas compras. Proibia-se a venda de drogas venenosas, assim como pólvora ou armas.

Nas grandes cidades, nos pequenos centros, as posturas dizem sempre o mesmo. Variam apenas a forma de expressão e o grau da penalidade, mas seu objetivo é impedir a fuga de escravos, as revoltas e a agressão.

CAPÍTULO 3

O PROTESTO DO ESCRAVIZADO

Apesar de todos os boatos de insurreição de escravos que faziam estremecer a sociedade agrária de tempos em tempos, não foram muitos os movimentos de grande vulto que chegaram a concretizar--se de uma forma organizada, nessas regiões. Se projetos havia de levante geral, o certo é que não tinham condições para se efetivar mais amplamente. A insurreição era punida com penas excepcionais pelo Código Criminal.[1] Aos escravos não era permitida a posse de armas e procurava-se cercear de todas as maneiras sua aquisição. A comunicação entre eles não era fácil, em vista dos empecilhos antepostos à sua circulação. Tornava-se, assim, impossível a trama de uma revolta de largas proporções. Por outro lado, não faltavam denúncias capazes de frustrar os projetos nascentes. Na convivência da casa grande, a intimidade que se desenvolvia, às vezes, dava margens a rasgos de fidelidade de escravos que, prontamente, denunciavam quaisquer planos subversivos. Mal vistos entre os companheiros, eram fartamente recompensados pela classe senhorial. Em sessão de 9 de maio de 1854, a Assembleia Legislativa de São Paulo resolvia que o governo da província mandaria pagar ao escravo que denunciara o plano de insurreição em Taubaté a quantia de dois contos, o que equivalia, nessa época, ao preço de sua alforria.

---

1 Malheiros, op. cit., v.I, p.33.

A amizade, o desejo de angariar as simpatias do senhor, o interesse em receber um prêmio, às vezes até a liberdade, atuavam como incentivos para tais delações. De outro lado, a pronta repressão policial, sufocando a rebelião, e as severas penalidades impostas aos cabeças do motim diminuíam as possibilidades de êxito. Por isso, os movimentos de grandes proporções, tão temidos nas áreas em que a população escrava predominava largamente sobre os livres, foram raros nas zonas cafeeiras. As rebeliões mais frequentes tinham âmbito local e, raramente, assumiam o aspecto assustador da havida em 1838 na região de Vassouras, quando foi necessário recorrer às forças de Caxias para sufocá-la.[2] Nas zonas cafeeiras, a revolta contra a escravidão exteriorizava-se mais frequentemente nos crimes, nas fugas e nos pequenos quilombos.

Algumas das insurreições mais famosas do Nordeste tiveram na sua origem um estímulo religioso, mais do que uma animosidade de classe. Foram principalmente os negros islamizados que provocaram as maiores agitações nas Alagoas ou na Bahia, onde ficaram famosas as revoltas dos malês, em 1815 e 1835. O núcleo desses movimentos tinham sido as escolas e templos maometanos, criados por negros livres, mas frequentados pelos escravos urbanos.

Concentravam-se eles na Bahia, para onde haviam ido em grande número até 1815 pelo menos, quando, em virtude das disposições assumidas em tratado com a Inglaterra, ficou proibido o tráfico ao norte do equador, interditando-se toda a região da Costa da Mina, de onde eles provinham. Apesar das restrições, os traficantes encontraram meios para frequentar aquelas áreas e negros islamizados continuaram a chegar, embora em número cada vez menor. Com o passar do tempo, abandonou-se a Costa da Mina em favor de outras áreas.

As convenções posteriores limitaram o comércio de escravos a uma faixa entre oito e dezoito graus de latitude sul. Daí por diante, diminuiu o número de sudaneses, passando os bantos a predominar.

O comércio interno que se generalizou, a partir da cessação definitiva do tráfico, deslocou, provavelmente para as zonas cafeeiras, elementos de origem sudanesa, mas estes não chegaram a formar massas compactas. Isso só ocorria em Minas Gerais, para

---

2 Stein, op. cit., p.174.

DA SENZALA À COLÔNIA   349

onde tinham sido canalizados, na época da mineração, negros provenientes daquela área. Mas, no século XIX, tratava-se de crioulos de segunda ou terceira geração. É difícil dizer quais as insurreições de cunho religioso ocorridas nas regiões cafeeiras. Quando muito, pode-se supor que foram raras. Sabe-se de uma, no município de Vassouras, onde cerca de trezentos cativos, na maioria haussás, se sublevaram sob a chefia do preto Manoel Congo, tendo sido violentamente reprimidos pelas tropas legais. O chefe foi condenado à forca e os demais líderes, a 650 açoites, além de uso de gargalheira com haste pelo prazo de três anos. Verificou-se, nessa ocasião, a existência de uma organização secreta de escravos, dividida em círculos de diversas categorias e fortemente hierarquizada. À vista disso, houve quem pretendesse atribuir-lhe caráter religioso.

Nas regiões cafeeiras, o negro passa do plano da resistência cultural para o da resistência política, da fidelidade às religiões africanas, à colaboração com os abolicionistas,[3] e a maioria dos levantes parece ter obedecido a motivos outros, que não religiosos, em particular a uma inconformidade natural com o regime da escravidão, capaz de explodir em revoltas surdas. As insurreições de largas proporções foram pouco numerosas, mas os assassinatos, as fugas, o quilombo mantinham em permanente temor a população branca, que os boatos de agitação de escravos traziam em frequente alarma.

Muitas vezes, esses boatos eram espalhados por pessoas interessadas em criar um clima de inquietação. Em épocas de eleição, quando se precisava de algum reforço de tropas, bastava mandar dizer ao presidente da província que corriam suspeitas de sublevação de escravos, com planos sinistros de levante geral, para surgirem as tropas.

Durante a Guerra do Paraguai, invadiam as zonas cafeeiras avalanchas de boatos. As autoridades de Guaratinguetá, Lorena, Campinas, Limeira solicitavam constantemente a proteção do governo provincial. Ao que parece, os maiores interessados em engendrar tais notícias eram elementos que, devendo ser convocados, pretendiam com isso criar um ambiente de desassossego que os livrasse do

---

3 Bastide, 1960, p.69.

350 EMÍLIA VIOTTI DA COSTA

recrutamento. Como mandar tropas para a frente, quando estas se faziam necessárias para a manutenção da ordem local?[4] Em Minas, ocorria o mesmo. Proprietários e guardas nacionais exageravam os riscos de insurreições que fugirem às convocações. Nos primórdios da guerra, houve muita agitação entre a escravaria. Diziam alguns que a Inglaterra e o Paraguai protegiam os negros e que a declaração de guerra fora feita com o objetivo de libertá-los. Em 1865, escrevia o delegado de polícia de Campinas ao presidente da província uma carta onde dizia:

> A escravatura deste município é copiosa, as fazendas estão amontoadas todas, umas nas vizinhanças das outras e em um pequeno número de fazendas assim unidas, pode-se levantar com facilidade uma força de 2.000 escravos, o que é bastante para assolar uma população quase sem meios de defesa. Pondero a V. Excia. que, nesta cidade, há muita gente de classe baixa que se liga com a escravatura, dizendo-lhes coisas que podem ser fatais, por exemplo, que a Inglaterra e o Paraguai protegem os escravos e que os paraguaios nos declararam guerra para libertá-los da escravidão. Entre os indivíduos que assim procedem figuram principalmente alguns portugueses, vendeiros e carcamanos italianos que percorrem as ruas desta cidade e mesmo as fazendas, com vários objetos de lata às costas. Acredito que essa gente baixa, senhores de vendas, assim procedem, não pelo desejo de uma insurreição, mas por quererem ganhar-lhes a simpatia, a fim de mais barato comprar os seus roubos. Como quer que seja, os efeitos são os mesmos. Tenho preso um italiano por ter sido encontrado no meio de vários escravos discorrendo sobre os motivos da guerra e sobre liberdade de escravatura, estou processando-o por isso.

Como alguns senhores alforriassem seus escravos, para enviá-los aos campos de batalha, espalhara-se também a notícia de que todos eram convidados a largar as terras e ficar forros.

As agitações continuaram durante todo o tempo da escravidão, recrudescendo na medida em que se aproximava o seu fim. Já em

---

4 *Mss. do Arq. do Est. de São Paulo*, Ofícios diversos, Campinas, cx.62; Limeira, cx.298; Guaratinguetá, cx.236; Lorena, cx.307.

DA SENZALA À COLÔNIA 351

1871, eram os abolicionistas acusados de levar a intranquilidade às zonas rurais com a sua propaganda. Observavam as autoridades que muita gente da "classe baixa" se ligava aos escravos, instigando-os à revolta. Em Campinas, Vespasiano Rodrigues da Costa foi acusado de estar incitando os cativos a se amotinarem exibindo-lhes munições que conduzia para Mato Grosso. Entre os agitadores desses primeiros tempos, destacam-se os estrangeiros. Em 1863, em Araraquara, denunciavam-se as atividades subversivas de um alemão. A simples presença de trabalhadores portugueses, na construção das estradas de ferro, constituía motivo de apreensão para as autoridades locais, pelas desordens que provocavam ou poderiam provocar.[5] Sabiam que não poderiam contar com eles num caso de revolta de escravos. Muito ao contrário: costumavam instigar esses movimentos. Já em 1871, o presidente da Província de Minas Gerais referia em seu relatório que, em Juiz de Fora, manifestavam-se constantes receios de sublevação, porque vinte ou trinta escravos, que, segundo se dizia, eram "acolitados" pelos italianos residentes naquela cidade, procuravam constantemente a proteção da polícia "figurando-se vítimas de maus-tratos de seus senhores". Comentava que a ideia de emancipação discutida na imprensa, no parlamento e em toda a parte, afagava as esperanças dos cativos, "especialmente nos termos da mata" onde existiam importantes estabelecimentos com grande número de negros, os quais, muitas vezes, aconselhados por aventureiros que esperavam tirar proveito dos desmandos, manifestavam sintomas de insurreição.

As notícias de insurreição de escravos não constituíam fato novo. Desde os tempos coloniais, viam-se as municipalidades às voltas com ameaças de levantes. Em 1820, um motim em Minas dinamizara a escravaria. Em Ouro Preto, levantaram-se cerca de quinze mil negros. Em São João do Morro, mais de seis mil. O movimento assumira caráter ameaçador; os pretos que não aderiam à rebelião eram mortos. Falavam que em Portugal e no Brasil fora jurada a Constituição e que brancos e pretos tinham

---

5 *Mss. do Arq. do Est. de São Paulo*, Ofícios diversos, Campinas, cx.62; Limeira, cx.298; Araraquara, cx.12.

sido equiparados. A agitação alastrou-se sobre outros municípios. Em Caeté, Pitangui, Queluz, Baependi, os escravos falavam em Constituição e Liberdade. A reação não tardou, contudo, e a decepção chegou rápido.[6] As convulsões que abalaram os negros da Bahia tiveram repercussão na zona cafeeira. A revolta dos nagôs provocou a prisão, no Rio de Janeiro, de vários negros, e a assembleia provincial votou leis de segurança e emergência, determinando o repatriamento de alguns pretos livres.

Nas vilas de Areias e Rezende e na freguesia do Bananal, sucederam-se, durante os meses de abril, maio e junho de 1831, várias insurreições de escravos, obrigando as autoridades a tomar severas medidas de repressão.

Em 1833, notícias de levantes de cativos na Província de Minas puseram em polvorosa as câmaras de Lorena, Rezende e Areias, que recorreram, como de costume, aos presidentes de província, para que lhes fossem fornecidas armas necessárias à guarda nacional. Em 1835, falava-se novamente na cidade de Areias em revolta de cativos e solicitava-se ao governo da província reforço do policiamento e aumento no número de praças.[7]

Os boatos sucediam-se com uma regularidade impressionante. Algumas vezes, justificavam-se as apreensões dos senhores e as tentativas de levante eram severamente reprimidas.

É facilmente compreensível o pânico que se apoderava das populações livres ao menor rumor de insurreição em áreas próximas. A desproporção entre a população livre e escrava, dando à última, em certos distritos, grande superioridade numérica tornaria realmente dramática a situação dos brancos, se as insurreições não fossem, desde logo, prontamente dominadas. Por isso, desenvolveu-se todo um mecanismo de defesa e repressão. Ao menor boato, as autoridades mobilizavam forças policiais, comunicavam à administração superior solicitando reforço de policiamento, e noticiavam às cidades vizinhas, chegando, às vezes, a apelar para o governo imperial. Quando as denúncias se positivavam, prendiam-se imediatamente

---

6 Notícias de uma revolução entre pretos no ano de 1821 em Minas Gerais. *Revista do Arquivo Público Mineiro*, v.V, p.158 ss. e Dornas Filho,1939, p.20 ss.

7 *Mss. do Arq. do Est. de São Paulo*, Areias, cx.14.

DA SENZALA À COLÔNIA 353

os cabeças. Só quando os fazendeiros se interessavam em reavê-los para os trabalhos do eito é que as autoridades mandavam soltá-los. Em 1855, chegavam ao delegado de Taubaté notícias sobre um plano de insurreição de escravos. Foi descoberto um grupo de negros que se reuniam em casebres e possuíam armas. Levados à prisão, um deles foi julgado e condenado às galés, mas outros que contavam com a proteção dos senhores acabaram absolvidos. O advogado que se apresentou para defender um dos réus foi bastante censurado. Diziam seus detratores que defender um homem pertencente a essa classe que queria insurgir-se era abalar a força moral dos habitantes da localidade.[8]

Em 1872, tendo notícias da existência de um plano de insurreição em Itajubá de Minas, o juiz de direito de Guaratinguetá escreveu ao juiz municipal de Queluz e este ao presidente da província, e às municipalidades vizinhas. Os fazendeiros foram avisados, e convidados a exercer rigorosa vigilância sobre os seus escravos. Telegrafou-se ao ministro da Justiça solicitando-lhe que enviasse reforço de tropas. A guarda nacional foi avisada para que estivesse pronta a fornecer, quando requisitado pelas autoridades, um destacamento de cinquenta praças de cavalaria e 150 de infantaria. Entretanto, não chegou a concretizar-se o anunciado movimento.

Certa ocasião, em Campinas, diante das constantes ameaças de revolta dos escravos, fazendeiros e comerciantes enviaram uma petição ao governo pleiteando um efetivo de cem praças para policiamento da região. Referiam nesse documento ao antagonismo "congênito" entre as duas raças – uma que sempre dominara, outra que relutava em obedecer – e concluíam que o município sempre teria a esperar dos escravos toda sorte de males que a sua própria condição lhes inspirava. "Reconhecendo esta amarga e dura verdade", solicitavam força pública permanente e numerosa, capaz de zelar pela prosperidade do município.[9]

Tempos mais tarde, em Barra do Piraí, na Província do Rio de Janeiro, uma força de 75 praças e 150 "paisanos" sufocou uma rebelião, tendo sido presos dezoito escravos como cabeças do motim.[10]

---

8 *Anais da Assembleia Legislativa da Província de São Paulo*, 1855, p.108.
9 *Mss. do Arq. do Est. de São Paulo*, Ofícios diversos. Queluz; Campinas, cx.62.
10 *A Província de São Paulo*, 1º de junho de 1880.

Com o passar dos anos, foi-se agravando a situação. A cenas como essa assistia-se amiúde. As tentativas de insurreição repetiam-se ameaçadoras e as autoridades sentiam-se impotentes para resolver o problema que, bem o sabiam, estava indissoluvelmente ligado à escravidão. Os destacamentos policiais e as medidas de repressão revelavam-se insuficientes, incapazes de manter a ordem que se via ameaçada.

À medida que aumentava a tensão entre senhores e escravos, crescia a animosidade entre escravistas e abolicionistas, intensificavam-se as revoltas e ameaças de sublevação, as fugas em massa das fazendas, assim como as solicitações dos fazendeiros às câmaras municipais, aos governos da província e do Império para o envio de reforços policiais. O pânico estava sempre prestes a generalizar-se, e a cada passo a vigilância era reforçada. Os boatos alastravam-se com rapidez vertiginosa. Na maior parte das vezes, não passavam de meras invenções nascidas do terror em que viviam os moradores.

A propaganda abolicionista e as perspectivas de libertação tornavam o cativeiro mais difícil de suportar. As leis emancipadoras, o fundo de emancipação, as alforrias criavam situações paradoxais. Libertavam-se os filhos e mantinham-se os pais no cativeiro. As mulheres eram libertas enquanto os maridos continuavam no eito. Situações ambíguas como estas multiplicavam-se a despeito de todas as recomendações feitas no texto da lei de 1871, que concedia preferência na emancipação a escravos pertencentes à mesma família.

Tudo isso levava inquietação às senzalas e aumentava a insatisfação e o descontentamento.

A coexistência do trabalho livre e escravo tornava mais gritantes a injustiça e o caráter espoliativo da instituição.

Escravos fugidos ou libertos, cada vez mais numerosos, trabalhavam como agitadores inscrevendo-se nos quadros do movimento abolicionista. Viam-se escravos a discutir o direito de propriedade e a duvidar da legitimidade e procedência desse direito. Um escravo, que matara o senhor em São João do Rio Claro, indagado dos motivos que o haviam levado a cometer o crime, respondeu que não sabia por que razão deveria trabalhar toda a sua vida em proveito exclusivo de um homem igual a ele. A situação havia mudado, já não era a mesma de outros tempos, e os proprietários estavam bem conscientes disso.

DA SENZALA À COLÔNIA 355

A princípio, enquanto perdurara o tráfico e o elemento negro fora diretamente importado da África, os senhores tiveram o cuidado de evitar as aglomerações de indivíduos da mesma procedência, procurando impedir a formação de quistos de uma só família tribal. As diferenças de língua, tradição, hierarquia, assim como as rivalidades tradicionais haviam retardado a formação da consciência dos interesses comuns. No entanto, pouco a pouco, ela se foi esboçando dentro das novas condições que abalavam a estrutura do sistema escravista, e à medida que se generalizava a convicção de que a escravidão era injusta. Passava-se da crença na superioridade natural do branco e inferioridade racial do negro e das justificativas da ordem escravista para a denúncia do caráter explorador do sistema. Nos primeiros tempos, tudo se fizera para convencer o negro da pretensa inferioridade que o condenava à situação de escravo. Depois, rompera-se o isolamento das fazendas e aí chegara a propaganda abolicionista divulgando as ideias da injustiça e da desumanidade da condição do escravo. A câmara municipal de Campinas enviava ao presidente da província um ofício em 18 de março de 1871[11] solicitando reforço de tropas, no qual alegava que "as ideias da época em relação à escravidão, hoje imprudentemente espalhadas ou em escritos públicos ou por particulares estouvados produzem seus frutos". Mais ou menos na mesma ocasião, o Relatório da Repartição da Polícia referia-se a agitações havidas em Pinhal, Campinas, Jundiaí, Indaiatuba e Pindamonhangaba. "Hoje não há a temer só os escravos", comentava o chefe de polícia, "mas também os especuladores que os excitam."

Viajando pelas províncias de São Paulo e Rio de Janeiro, em 1883, um arguto observador dos problemas da escravidão e da lavoura do café escrevia sobre os perigos de uma revolução social que lhe parecia iminente.[12] Por toda parte, vira sinais precursores de uma crise violenta. Revoltas de escravos, fugas em massa, atentados contra a vida dos senhores, assassinatos de feitores, cada vez mais frequentes, tudo parecia justificar aquela apreensão. Mais grave do que essas manifestações que sempre haviam existido, embora

---

11 Mss. do Arq. do Est. de São Paulo, Ofícios diversos. Campinas, cx.62, doc. de 18 de março de 1871.

12 Couty, op. cit., 1887.

tivessem recrudescido nos últimos tempos, era, a seu ver, o fato de os negros se recusarem a obedecer e contarem com a cumplicidade tácita ou confessa de grande parte da população.

Por vingança, por dinheiro, a mando de alguém, como protesto contra as injustiças e castigos, por desvario e loucura, alguns negros assassinavam senhores, feitores ou administradores, e apresentavam-se espontaneamente à polícia. As notícias de crimes bárbaros ocorridos no interior das fazendas sucedem-se durante todo o período com uma frequência espantosa. As maiores vítimas eram os feitores: prepostos dos senhores, requintavam-se às vezes no executar punições e castigos. Sobre eles, particularmente, recaía a sanha da escravaria. Acuados nos caminhos, atacados a enxadadas e foiçadas em pleno cafezal, não raro sucumbiam às ciladas que lhes preparavam os escravos. Às vezes, sem que houvesse nenhum motivo aparente, o ódio acumulado dias e dias, mês após mês, explodia numa chacina em que pereciam, além do feitor, pessoas da família do proprietário. Cogitou-se de rever a legislação com o objetivo de melhor reprimir esses delitos. Nos últimos anos da escravidão, contavam os negros com a complacência do espírito abolicionista que considerava justa a sua revolta e tendia a perdoar o agravo, justificando-o como um impulso incontrolável por parte de quem sofria as injustiças do cativeiro. Havia mesmo os que iam mais longe chegando a recomendar aos escravos a agressão e a revolta.

É impossível dizer se, à medida que se aproximaram os anos finais da escravidão, o índice de criminalidade aumentou na mesma proporção das insurreições e fugas. Durante todo o tempo em que vigorou o regime, eram correntes na zona cafeeira as notícias de crimes hediondos cometidos por escravos contra senhores e feitores. Tais notícias alarmavam as fazendas e pareciam chocar a sensibilidade do meio senhorial, mas não chegavam propriamente a abalar suas convicções escravistas. A escravidão, com toda a procissão de horrores que a acompanhava, parecia-lhes um mal inevitável. Assim pensava a maioria dos fazendeiros até meados do século. Só encontravam uma solução para o perigo a que se achavam expostos: reforçarem-se as medidas acauteladoras e repressivas.

Legislava-se para impedir o escravo de adquirir armas, munições ou venenos, mas, na falta desses meios, o escravo usava a foice, a enxada, o facão ou o machado.

DA SENZALA À COLÔNIA 357

A maior parte dos crimes cometidos nos últimos anos da escravidão tinha por origem as revoltas dos negros contra castigos recebidos por eles ou por pessoas de sua família. Em 1887, na Fazenda Pântano,[13] um escravo assassinou a proprietária por lhe ter castigado a mulher. Em Batatais, aproximadamente na mesma época, uma preta assassinara o senhor. Realizadas as sindicâncias, encontrou-se na fazenda um escravo amarrado na posição de crucificado. Era o marido da criminosa.

Mesmo os senhores mais brandos tornavam-se vítimas, não raro, da situação criada pelo sistema escravista.

Houve casos de cativos que eliminaram seus amos na certeza de que seriam livres em virtude de cláusulas testamentárias. Outros mataram ou depredaram lavouras em troca de dinheiro. Quantas vezes teriam sido induzidos a crimes, ante a promessa de virem a receber o preço da liberdade? Em 1870, dois irmãos da família Sá e Albuquerque foram envenenados por um escravo que confessou que assim procedera induzido por alguém que lhe prometera um conto de réis para alforriar-se.[14] Nessa ocasião, denunciava-se na assembleia provincial que a escravatura andava insubordinada, as fugas repetidas e multiplicados os assassínios de feitores.[15]

Insurreições, crimes, fugas, suicídios, trabalhos mal ou lentamente cumpridos, a obstinação em resistir a ordens dadas eram os meios de que dispunha o escravo para manifestar-se contra a situação em que era mantido e que só uma mudança radical, fora de seu alcance, poderia dissipar.

De todos os mecanismos de protesto, o mais frequente foi a fuga. A proximidade das matas era um convite permanente. Nem sempre o escravo conseguia ir longe. Acoitava-se nas florestas próximas à fazenda e aí construía pequenos ranchos. Durante algum tempo vivia sem ser descoberto até que os povoados vizinhos começavam a registrar assaltos e roubos. Imediatamente, interferia a polícia. Os soldados embrenhavam-se pelas matas seguindo a pista dos assaltos. Não raro, eram os negros avisados pelos parceiros e escapuliam a tempo. Quando chegava, a polícia encontrava apenas

---

13 *Diário Popular*, 8 e 28 de janeiro de 1887.
14 *Diário de São Paulo*, 22 de julho de 1870. *A Província de São Paulo*, 17 de janeiro de 1882.
15 *Anais da Assembleia Legislativa da Província de São Paulo*, 1870, p.391.

uma choça abandonada, restos de mantimentos e, às vezes, um princípio de lavoura.

Quando apanhado, o fugitivo era recambiado ao senhor e severamente castigado para que servisse de exemplo aos demais. Amarrado ao tronco e açoitado, passava depois a carregar pesadas argolas nos pés e mãos ou, mais raramente, gargalheiras. Nada disso bastava para sustar as fugas. Havia escravos que se evadiam duas, três vezes e repetiam sempre que possível a façanha. Habilidosos no disfarce, mudavam de nome, diziam-se forros e procuravam alugar--se como empregados por outras bandas, atravessando às vezes as fronteiras da província. Em 25 de outubro de 1875, anunciava-se no jornal A Província de São Paulo, a recompensa de 500$000 a quem capturasse três escravos da Fazenda Ventania, no Amparo, que, chegados ao Rio de Janeiro, tinham escapado, refugiando-se em Ouro Fino, Minas Gerais, até que os capturaram. Tornaram depois a escapar, dirigindo-se para o Rio de Janeiro, onde foram novamente presos, conseguindo evadir-se uma terceira vez.

Tal era o afã de fugir que alguns escravos não hesitavam em esconder-se entre leprosos. O pavor que então inspirava a morfeia – tão grande que, quando passavam os lázaros num povoado, fechavam-se portas e janelas e os viandantes fugiam espavoridos – não impedia que em aldeamentos de leprosos se ocultassem muitos escravos sob os andrajos de mendigos.[16]

Havia alguns cativos que assentavam praça em quartel e, assim, permaneciam até serem localizados. Foi o que fez um famoso negro: Luís Gama, o mesmo que, livre, há de batalhar muito pela libertação de seus parceiros.

Precária, em geral, era a liberdade conquistada pelos negros fugidos, que viviam sob a ameaça de captura. Os senhores não desistiam enquanto não os recuperassem. Durante anos e anos noticiavam a fuga fornecendo dados minuciosos capazes de identificar o escravo.

---

16 Relatório do chefe de polícia Sebastião José Pereira, ao presidente da província, Dr. Antônio da Costa Pinto Silva, em 7 de janeiro de 1871. Esse fato, aliás, não era novo, pois dez anos antes um viajante anotava: "Os escravos fugidos vão ordinariamente acoutar-se nos albergues de leprosos e aí se conservam muitas vezes dias e meses até regressarem de novo para casa de seus senhores, já inoculados do mal que não tarda em propagar-se por seus companheiros, afetando até os próprios brancos" (Zaluar, 1953, p.89).

DA SENZALA À COLÔNIA 359

Havia anúncios que primavam pela minuciosidade. Assim, por exemplo, o que aparecia a 31 de janeiro de 1874, no *Correio Paulistano*:

Escravo fugido: Frederico, mulato escuro, estatura mais que regular, sem barba, tem no queixo um lobinho, ao lado do queixo um sinal de dente que furou para fora, umas pintinhas no grão dos olhos, falta de dentes, duas unhas grandes dos pés desmanchadas, fala pausada, é bem ladino, inclinado a dançar, cara fina, pernas finas, peito largo, anda muito limpo e às vezes calçado, diz que é forro, há onze meses que tem estado acoitado em roda da cidade. Quem o pegar embora o machuque tem 200$000, se entregar em Itu a seu amo. João Pereira Escobar.

Ou este outro também publicado no *Correio Paulistano*, a 25 de abril de 1871:

No dia 30 de março do corrente ano, fugiu o escravo Antônio, pertencente a José Manuel d'Arruda Penteado, morador no distrito de Piraçununga, no sítio denominado Boa Esperança. Sinais: idade 25 anos, cor mulato claro, altura regular, olhos azulados, cabelos ruivos e avermelhados, cortados a escovinha, quando crescido ficam crespos, pés grandes e os dedos pequenos, nas juntas dos dedos é bem largo e perto do dedo mínimo a carne é mais saliente, conservam-se sempre rachados os pés, levou uma calça de algodão mineiro, uma dita de brim d'Angola, uma camisa de morim, um chapéu de pano, um poncho pequeno. Está principiando a buçar. Gratifica-se com a quantia de cem mil réis a quem capturá-lo. É só trabalhador de roça, com especialidade para enxada.

Mobilizavam os proprietários, seus familiares, comissários e associados em várias províncias e recorriam sem esmorecer aos capitães do mato. Durante muito tempo, essa curiosa profissão de caçador de negro fugido parece ter sido altamente lucrativa, e os jornais viviam cheios de anúncios onde se ofereciam seus préstimos: "Quem tiver escravos fugidos e quiser pegá-los, pagando por cada um 100$000 e carceragem, dirija-se ao capitão abaixo assinado que lhe dirá quem é o capitão do mato com quem se deve tratar", anunciava A *Província de São Paulo* de 3 de novembro de 1877.

"A quem tiver desaparecido um mulatinho claro, sem barba, de quinze anos, ladino, sabendo ler e escrever, dirija-se a casa de

José Maria Barcas, rua do Brás, 37, hotel, que achará quem lhe dê informações. A mesma pessoa incumbe-se de pegar escravos dando-lhe os sinais", noticiava o mesmo jornal a 4 de janeiro de 1875.

Também a polícia das cidades, em obediência a dispositivos legais, agia para prender qualquer escravo ou negro que andasse sem documentos onde se provasse seu direito à livre circulação. À menor suspeita, o negro era encarcerado.[17]

Já em 1854, aprovava a Assembleia Legislativa de São Paulo um projeto autorizando o governo a estabelecer na casa de correção um calabouço onde pudessem ser recolhidos os escravos fugidos que fossem presos, os mandados por seus senhores para correção, ou depositados pelas autoridades. Os apresamentos efetuados pela polícia eram noticiados nos jornais:

> Secretaria da Polícia de São Paulo. Por esta repartição se faz público que na cadeia desta capital se acham três escravos de nomes: Jacob, Luís Mateus e Manuel. O primeiro, escravo de Antônio Pires, morador na cidade de Bananal, o segundo pertence a Antônio Guerra, morador em Goiás, e o terceiro que pertence a Francisco Dias residente em Resende. Quem tiver direito aos mesmos escravos compareça nesta secretaria munido dos documentos legais que provem o seu domínio diante dos quais se procederá na conformidade da lei.

Avisos deste tipo não eram raros nos periódicos do tempo.[18] Uma lei de 1860 estipulava que, capturados em qualquer parte da província, esses escravos fugidos seriam conservados durante quinze dias na cadeia mais próxima do local da prisão. Durante esse tempo, seriam sustentados pela municipalidade, debitando-se ao senhor as despesas. Num prazo de três dias, depois da prisão, as autoridades policiais competentes fariam afixar na povoação e em lugares próximos, editais onde se declarariam a nação e os sinais característicos dos escravos, o dia e lugar da apreensão, convidando os senhores a verificar seu domínio.

---

17 Fala que o Exmo. Sr. Dr. Carlos Augusto de Oliveira Figueiredo dirigiu à Assembleia Legislativa da Província de Minas Gerais, em 5 de julho de 1887.
18 *Correio Paulistano*, 1º de junho de 1855. Idem, 23 de maio de 1855. Idem, 21 de setembro de 1855.

DA SENZALA À COLÔNIA 361

Passados quinze dias, seria o preso remetido ao chefe da polícia, que o faria recolher à caso de correção, devendo ser empregado nos trabalhos para os quais fosse apto, vencendo salário. Deste, seria deduzida a despesa do sustento, curativos e vestuários, o que sobrasse, guardado para ser entregue ao senhor quando fosse reclamar o escravo. Ficava decidido que, não havendo serviço na casa de correção, seria empregado em quaisquer obras públicas da capital, sem por isso perder a condição de preso. A repartição policial faria publicar durante dois meses a notícia da sua detenção. Expirado o prazo, era entregue à jurisdição do juízo da provedoria para que se procedesse segundo as disposições sobre a arrecadação dos bens do evento. O escravo continuava nos trabalhos públicos até ser reclamado ou arrematado. Não lhe sobrava, pois, qualquer esperança de liberdade.[19]

Alguns anos mais tarde, em 1868, dizia-se na assembleia legislativa que se pagava aos capitães do mato salários fabulosos, por vezes duzentos mil-réis, e que as despesas com apresamento do escravo eram excessivas.

Na esperança de recuperar os negros, prometiam os senhores farta recompensa a quem os entregasse ou deles desse notícia. As gratificações acompanharam a alta geral do preço do escravo. Em 1855, oferecia-se pela captura de um preto fugido a quantia de quinze a trinta mil-réis, excepcionalmente cinquenta mil-réis. Vinte anos mais tarde, a recompensa subira a cem e duzentos, trezentos e até quatrocentos mil-réis.

A despeito de toda vigilância nem sempre era fácil recobrar o escravo. Em 5 de novembro de 1875, Antônio Carlos Pereira de Queiroz, fazendeiro em Amparo, recompensava com 300$000 a quem apreendesse um escravo fugido dois anos antes. A *Província de São Paulo* de 22 de janeiro de 1876 anunciava uma recompensa de 300$000 a quem apreendesse um negro fugido do município do Tietê, cinco anos antes, pertencendo a João de Camargo Penteado.

Muitos jamais chegavam a ser localizados. Iam aumentar a população de negros e mestiços livres, miseravelmente abrigados

---

19 *Anais da Assembleia Legislativa da Província de São Paulo*, 1860, p.454 (lei n. 668, de 21 de março de 1860).

nos centros urbanos, ou empregavam-se como assalariados nas fazendas do oeste, onde era mais frequente o trabalho livre.

Às vezes, diziam-se a serviço dos patrões e continuavam a fazer pedidos e a tirar outras vantagens usando o nome do senhor. Daí o cuidado que tinham os proprietários, ao denunciar a fuga, em declarar simultaneamente que se eximiam de qualquer responsabilidade por atos que os escravos viessem a cometer em seu nome. Assim é que José Vergueiro, ao noticiar, a 6 de março de 1888, o desaparecimento do seu escravo Tito, crioulo muito conhecido em São Paulo, Rio, Santos e Campinas, declarava não se responsabilizar por nenhum pedido que ele viesse a fazer. O aviso foi publicado dias seguidos no *Diário Popular*.

Fatores de inquietude das populações livres durante todo o período da escravidão, desde a época colonial, foram os quilombos. Reunidos em grupos, os escravos fugidos assaltavam as fazendas e as estradas, pondo em perigo a vida dos passantes. Ocultos nas matas, plantavam suas roças, insuficientes na maioria das vezes, para o próprio sustento. Acuados, viviam de furtos.

Os pequenos núcleos que se formaram nas zonas cafeeiras estavam muito longe de ter a importância de um Palmares. Em geral, reuniam reduzido número de pessoas: três, quatro, cinco, dez, no máximo uma vintena de escravos. Já na última década que antecedeu à Lei do Ventre Livre, surgiram alguns mais numerosos. Em Campinas, por volta de 1885, formou-se um quilombo que reunia mais de setenta escravos fugidos.[20] Destes, alguns andavam armados. De posse de armas e munições roubadas, ou trocadas nas vendas por produtos desviados das fazendas, ficavam mais agressivos. Muito dificilmente, entretanto, conseguiam fazer frente às forças policiais. Os únicos realmente importantes nesse período foram o do Jabaquara, em São Paulo, e o da Gávea, no Rio de Janeiro. Santos tornara-se, desde os primeiros tempos da campanha abolicionista, um centro atraente para os fugitivos, que lá se acoitavam em número cada vez maior. Quem chegasse ao Cubatão era homem livre. Nos últimos anos que antecederam à Lei Áurea, surgira no lugar um novo bairro. Notável foi então a ação de um ex-escravo, Quintino de Lacerda que, com o auxílio de Júlio

---

20 *Correio Paulistano*, 10 de outubro de 1885.

DA SENZALA À COLÔNIA 363

Maurício de Wansuit e Santos Garrafão, fundou um quilombo em terras altas e férteis, até então desabitadas. Socorrendo-se de subscrições feitas entre comerciantes, ergueram os quilombolas as primeiras favelas. Casas de madeira, choças de palha ou taipa, cobertas de zinco, folhas de bananeira, ou sapé, subiram os morros. Abriram-se logo caminhos, e surgiu um pequeno comércio. Regurgitava o quilombo de vida e liberdade, contando com o apoio da população santista que parecia tirar da façanha um padrão de glória. Baldados foram os esforços das autoridades em todo esse período para impedir a descida de escravos. A solidariedade da população aos quilombolas frustrava qualquer ação policial. Certa vez, já às vésperas da Abolição, tendo sido enviado um trem com numerosa força e um delegado para pôr termo ao quilombo, não foi possível nem o desembarque. Um grupo de mulheres, provavelmente pertencentes a algumas das associações femininas em prol da Abolição, que se tinham multiplicado na década de 1880, cercou o trem, barrando as portinholas e manifestando ruidosamente seu desagrado. Só se resolveu o impasse com a intervenção do superintendente da São Paulo Railway, William Speers, e do chefe do tráfego, Antônio Fidelis, que decidiram fazer remover o trem. Voltou este para São Paulo, com toda a tropa. Naquela noite "acendeu-se uma imensa fogueira no Jabaquara e o samba retumbou festivo e exultante até a madrugada".[21]

As condições tornavam-se cada vez mais favoráveis à fuga. À medida que crescia o número de negros livres e alforriados, mais difícil se tornava diferenciá-los dos cativos. Aumentava simultaneamente a demanda de trabalhadores assalariados e as preferências começavam agora a dirigir-se para o trabalho livre. Graças à ampliação do mercado de trabalho, o escravo fugido podia, facilmente, encontrar serviço.

Ao mesmo tempo em que se davam essas transformações na estrutura econômica, modificavam-se as representações coletivas

---

21 José Maria dos Santos diz que a palavra Cubatão deriva de cubata – palhoça (1942, p.178). Já em 1835, denunciava-se na Assembleia Legislativa da Província de São Paulo a presença de um quilombo nessa região (*Anais da Assembleia Legislativa da Província de São Paulo*, 16 de janeiro de 1835). Em 1850, encontramos novamente o quilombo nas fraldas da Serra (*Anais da Assembleia Legislativa da Província de São Paulo*, 1850-1851, p.43).

sobre o regime escravista e aumentava a complacência com os fugitivos. A despeito dos protestos dos senhores contra quem acoitasse escravo fugido, organizava-se um sistema de evasão que começava no eito e conduzia o escravo à liberdade. Algo que fez lembrar o *under ground rail road* dos Estados Unidos. Já em 1875, denunciava-se a ação de um tal Rafael Pereira da Silva, que andava favorecendo a fuga de escravos. "Desde quando e em que cartilha de moral se ensina que a liberdade consiste em, por despeito, favorecer-se a evasão de trabalhadores, obrigados judicialmente a serviços, de um estabelecimento rural, promover-se a insubordinação e facilitar-se cômodos aos que dele fogem?", protestava-se na seção livre de um dos periódicos da capital paulista.[22]

A partir de então, mas principalmente nos anos 80, cresceu o número de indivíduos que colaboravam nas fugas de escravos. O meio rural resistia, às vezes violentamente, a essa interferência no direito de propriedade. Em Jacareí, no ano de 1884, o coronel Francisco Félix da Rocha Martins, o capitão Antônio Henrique e Fonseca e um italiano, Nicolau Chioffi, receberam, de grupos armados, intimação para sair da cidade sob alegação que ali se tinham tornado inconvenientes como amotinadores e perturbadores da ordem e sossego público, por isso que aconselhavam escravos a matarem os senhores, garantindo-lhes completa impunidade.

No termo de Limeira, foi preso, nessa mesma época, Felipe Santiago, que vivia oculto nas matas, com o propósito, segundo se dizia, de "mal aconselhar os escravos contra seus senhores".[23] Em 1885, foi capturado em Itu um negro fugido havia mais de cinco anos, que ali se escondera ajudando evasões de escravos.

Em 1887, vários proprietários de Campinas queixavam-se ao visconde de Parnaíba da audácia de indivíduos que se dedicavam a levar a revolta e o descontentamento aos trabalhadores, incentivando os cativos a evadirem-se e auxiliando-os a embarcar nos vagões da estrada de ferro com destino a São Paulo.[24] À câmara do Império chegavam constantemente representações de vários

---

22 *A Província de São Paulo*, 4 de dezembro de 1875.
23 *Relatório do Presidente da Província de São Paulo*, 1884, p.97.
24 *Mss. do Arq. do Est. de São Pauto*, Ofícios diversos, Campinas, cx.65, doc. de 6 de junho de 1887.

DA SENZALA À COLÔNIA 365

setores cafeeiros, pedindo providências contra os abolicionistas, que estavam agitando as zonas rurais.

Em São Paulo, os principais agentes eram os "Caifazes" de Antônio Bento, que levavam anarquia às fazendas, instigando e ajudando os escravos a fugir. Os libertos demonstravam, em geral, solidariedade para com seus companheiros, auxiliando-os na fuga e dando-lhes abrigo. Trabalhada pela campanha abolicionista, a força policial agia com menos rigor. O público, por sua vez, começava a insurgir-se contra as apreensões de escravos e a imprensa criticava os capitães do mato que se incumbiam da caça aos pretos. Quando surpreendidos no exercício de sua profissão, estes eram apupados: fiau! fiau! Fora! Fora!

> Sapato *"veio no monturo tem bolô"*
> Amarra negro *"pra levá pro seu sinhô"*
> Não tem dinheiro *"prá comprá um cobertô"*
> Anda dormindo nas *"casa de favô"*.[25]

Durante os festejos do Carnaval também eram satirizados. Em 1888, a verve popular apoderava-se da dramática questão, figurando grupos de pretos fugidos a pedir serviço e auxílio às autoridades e capitães do mato à procura de escravos fujões.[26] Durante muito tempo, puderam exercer livremente sua profissão, que fora mesmo legalizada por um regimento datado de 1724. Seus anúncios figuravam nos jornais, tão naturalmente como os que ofereciam recompensas pela captura de escravos fugidos. Nos últimos anos, entretanto, a atuação das sociedades protetoras de escravos, dos clubes abolicionistas e a divulgação das ideias antiescravistas iam tornando difícil, aviltante, até perigosa a ação dos capitães do mato, que contavam cada vez menos com a colaboração do povo. Quantos não eram surrados por ex-escravos ou pelo povo revoltado?

A *Província de São Paulo* relatava, em maio de 1882, uma cena ocorrida no dia anterior na Estação da Luz, quando um escravo

---

25 Afonso de Freitas, em seu livro *Tradições e reminiscências paulistas*, diz que esse gênero de vida era conhecido, desde os primórdios do século anterior. Mas é de imaginar que a idiossincrasia crescente pelos capitães do mato tenha contribuído para divulgar vaias semelhantes.

26 *Correio Paulistano*, fevereiro de 1888.

que devia ser embarcado num trem com destino a Campinas resistiu às ordens.

Aos gritos, soluços e lágrimas, pedia pelo amor de Deus que o não deixassem embarcar e resistia aos esforços dos que o conduziam. O povo que enchia a estação começou a comover-se e indignar-se, levantaram-se protestos enérgicos no intuito de fazer cessar uma cena tão revoltante, e se não é a pronta intervenção do chefe da Estação e de alguns empregados da Companhia Inglesa que declararam não poder aceitar como passageiro um homem naquelas condições, que só poderia ir amarrado, o que o Regulamento da Estrada não permite, tinha por certo feito explosão a indignação popular.[27]

À vista de toda essa agitação, não se deu o embarque. O redator comentava: "É incontestavelmente um espetáculo bárbaro e, felizmente, o nosso povo já o não vê com bons olhos e sem um sentimento natural e espontâneo de revolta".

Essas cenas repetiam-se cada vez em maior número. Em 1886, registraram-se incidentes por toda parte. Em Santos, por ocasião das comemorações em homenagem a José Bonifácio, os conflitos foram numerosos. Tentou-se impedir o embarque de escravos apresados naquela cidade. Um grupo de pessoas composto na sua maioria de carregadores concentrou-se propositadamente na gare da estrada de ferro inglesa tentando reagir contra a força policial que conduzia os cativos, agredindo-a a pedradas e pauladas.[28]

Os escravocratas, por seu lado, também reagiam com violência. Em 1877, o *Diário Popular* denunciava que, na estação de Jundiaí, um proprietário conseguira do delegado local dois sargentos e praças a fim de verificar se no trem havia escravos seus. Tendo visto num dos vagões dois pretos, indicou-os aos soldados que, apesar dos protestos dos empregados e do chefe da estação, deram ordem de prisão aos negros. Acabaram estes por se declararem escravos fugidos, mas de um outro senhor. A ocorrência provocou espécie, e o comentarista do jornal concluiu ao relatá-la: "Foi um fato que assombrou a todos pela maneira brutal com que foi

---

27 A *Província de São Paulo*, 2 de maio de 1882.

28 Relatório do Barão de Parnaíba em 17 de janeiro de 1887, p.33.

DA SENZALA À COLÔNIA 367

desempenhado. Se a coisa continua assim, a qualquer hora pode passar por igual vexame um cidadão que nunca fora cativo!"". Já às vésperas da Abolição, em fevereiro de 1888, na Penha do Rio do Peixe, um grupo de escravocratas revoltados com a acolhida dada pelo delegado de polícia a escravos fugidos assassinou-o.[29]

O ano de 1888 iniciava-se para os escravistas sob maus prognósticos. A agitação social atingira o auge, nos últimos meses. As posições tinham se radicalizado. A violência sucedera à argumentação. A fuga em massa das fazendas ameaçava em certas localidades a ordem pública, alarmando os proprietários e as classes produtoras. Em algumas localidades, tinham ocorrido fatos graves. Em Piracicaba, na fazenda do barão de Serra Negra, os cativos revoltados por pouco não eliminavam o senhor. Mesmo os alforriados, com cláusula de prestação de serviço, abandonavam as fazendas. Aglomeravam-se nos centros urbanos, entregando-se, às vezes, à vadiagem e à bebida. Nada podia a polícia contra semelhante agitação. Os senhores já nem mais reclamavam seus escravos. Se estes eram presos, os juízes concediam-lhes *habeas corpus*, pondo-os em liberdade. Tudo isso estimulava atos de insubordinação e revolta. Comentando a situação, o chefe de polícia escrevia, em janeiro de 1888: "É o magistrado a principal garantia da ordem, mas também se torna um perigo quando esposa interesses alheios à causa da justiça como está acontecendo, perdendo o seu prestígio e força nas sociedades bem constituídas".

Sucediam-se os conflitos. Em outubro de 1887, na cidade de São Paulo, dera-se um choque entre praças da Companhia dos Urbanos e grande número de pretos, reunidos por motivo de uma festa na Igreja de São Francisco. No dia seguinte, praças da polícia foram agredidos a cacete. Generalizou então o tumulto. Negros dando vivas à Liberdade e morras aos escravocratas apedrejaram os soldados que guardavam os portões da entrada do Palácio. Outra vez, nas imediações da Estrada de Ferro de Santos, um grupo superior a trezentos pretos armados de cacetes reuniu-se com o intuito de obstar ao embarque de uma escrava que vinha para a

---

29 Relatório apresentado à Assembleia Legislativa da Província de São Paulo pelo presidente da província, Exmo. Sr. Dr. Francisco de Paula Rodrigues Alves, no dia 10 de janeiro de 1888.

capital. A agitação estendera-se aos municípios de Itu, Indaiatuba, Capivari. A polícia empenhava-se inutilmente em acalmar os negros e recambiá-los aos seus locais de trabalho. A revolta atingira definitivamente as senzalas. Nada mais poderia detê-la.

Diariamente, recebia o governo notícias de desordens ocorridas em vários pontos da província, acompanhadas da requisição de força para garantia da população livre. O choque mais grave ocorreu em outubro de 1887. Pressionado pelos interesses de alguns fazendeiros, o presidente da província, conde de Parnaíba, solicitara forças do exército, esperando com isso deter o êxodo dos escravos que, na sua maior parte, buscavam a estrada do mar em direção ao "território livre".

Magotes de escravos, já em marcha, foram surpreendidos e dispersados, ou recambiados às fazendas de onde tinham escapado. Alguns, temendo o pior, voltavam espontaneamente ou se apresentavam à polícia. Cerca de 150 escravos fugidos do município de Piracicaba foram surpreendidos perto do Salto por oito praças enviados pelo delegado, logo reforçados com tropas provenientes da capital. Mesmo assim conseguiram vencer a polícia.[30] Com os fugitivos, iam a cavalo dois homens brancos que parecia dirigi-los. Na estrada de São Bernardo, organizou-se verdadeiro cerco. O encargo da diligência fora atribuído a uma força do exército, sob o comando dos alferes Gasparino Carneiro Leão. Informado de que numeroso grupo de capitães do mato e vários capangas a soldo de fazendeiros tinham posto tocaia em certo ponto, não tanto para deter os foragidos, e sim para, a título de exemplo, massacrá-los sumariamente, mandou o oficial que uma patrulha composta de um anspeçada e dois soldados fosse ao encontro dos escravos e os avisasse do que os esperava, com a recomendação de que se dispersassem ou viessem voluntariamente pôr-se ao abrigo da força. Conduzia-os o ex-escravo Pio, caifaz de larga folha de serviços à causa abolicionista. Não hesitou em atirar-se contra a tropa abatendo o chefe da patrulha. Os soldados mataram-no enquanto os escravos fugiam. Mais adiante, caíram na emboscada. Alguns poucos conseguiram salvar-se do massacre.[31]

---

30 Relatório de Rodrigues Alves, janeiro de 1888.
31 Santos, op. cit., 1942, p.267.

DA SENZALA À COLÔNIA 369

O fato, ao que parece, provocou a mudança do presidente da província: Queiroz Teles foi substituído por Francisco de Paula Rodrigues Alves.

Em Campinas, os choques ainda foram mais sérios. O capitão Colatino, cujas façanhas acabaram por repercutir até na assembleia provincial, enviara um destacamento de quatorze praças de linha com armas embaladas, para uma fazenda vizinha, a fim de conter os que se haviam sublevado. Em caminho, depararam com cerca de sessenta negros, entre homens, mulheres e crianças, todos desarmados, pertencentes a Antônio Pinto Ferraz, e que haviam abandonado a fazenda, queixando-se de maus-tratos. Conduzidos a Campinas, foram eles recolhidos à cadeia, na calada da noite, provavelmente para evitar manifestações dos abolicionistas. No dia seguinte, alguns dos escravos foram reconduzidos à fazenda, acompanhados por praças de baioneta calada. Grande multidão aglomerou-se junto à porta da cadeia e imediações, criticando o procedimento da polícia. Chegou mesmo a haver violentas trocas de palavras entre o capitão e a turba.[32]

O jornalista Henrique de Barcelos empreendeu uma campanha contra o capitão Colatino, acusando-o de invadir domicílios de pacíficos cidadãos à cata de escravos fugidos. Numa réplica às acusações do jornalista ao oficial, os fazendeiros, que se consideravam bem servidos por este, apressaram-se em manifestar-lhe solidariedade. Menos comprometido com a escravidão, o povo da cidade não regateou, por sua vez, aplausos ao jornalista, que recebeu ruidosas aclamações. À manifestação aderiram dois oficiais do destacamento comandado pelo capitão Colatino: o tenente Félix Barreto e o alferes Petra de Almeida, numa afrontosa demonstração de desobediência ao chefe. Ambos foram presos, enviados ao Rio de Janeiro e recolhidos à prisão militar de Santa Cruz, onde receberam a solidariedade dos elementos abolicionistas cada vez mais numerosos nas fileiras do exército.[33]

Foram conflitos como este que determinaram o memorial do Exército à princesa regente solicitando dispensa de tais misteres.

---

32 *A Província de São Paulo*, 10 de janeiro de 1888.
33 Santos, op. cit., p.268, e *Anais da Câmara dos Deputados*, 1887, v.V, p.193.

Ainda a 14 de março de 1888, o *Correio Paulistano* defendia a intervenção da polícia no apresamento de escravos fugidos, argumentando que ela era tanto mais necessária quanto se tornara praticamente impossível aos capitães do mato realizar seu ofício, tal a animosidade com que os encarava grande parte da população. "O Governo e a polícia têm o direito de apreender escravos fugidos porque está na Lei, desde a ordenação do livro 5º e consagrado inteiramente na Lei de 3 de dezembro de 1841."

Os fazendeiros queixavam-se às autoridades e estas respondiam que não podiam converter soldados de Sua Majestade em capitães do mato.

Em dezembro de 1887, um grupo de proprietários reuniu-se em São Paulo com o fito de dar impulso e direção ao movimento emancipador que se tornara anárquico. Ficou assentado o prazo máximo de três anos para extinção na província do "sistema servil". Antes, porém, que a comissão incumbida de executar as deliberações pudesse organizar definitivamente as bases do seu trabalho, os acontecimentos precipitaram-se. Em vários municípios, simultaneamente, os escravos abandonaram em massa as fazendas, procurando abrigo, a princípio, em Santos, e depois, colocando-se nas localidades vizinhas, não raro à vista dos senhores.

Em Taubaté, em fevereiro de 1888, centenas de pessoas dando vivas à liberdade e ao abolicionismo invadiram trens da Estrada de Ferro São Paulo–Rio, em busca de escravos e pessoas de cor que presumiam escravos, para convidá-los a se empregarem nas lavouras do município. Não tardou que o exemplo fosse reproduzido. Dias depois, em Pindamonhangaba, um cidadão vindo de Guaratinguetá em companhia de sua mãe, pessoa de cor, viu-a arrancada do trem pela multidão que dizia pretender libertá-la. Foi preso como principal responsável um ex-escravo recém-liberto.

A agitação era grande por toda parte e as autoridades nada podiam fazer, já pelo seu pequeno número, já pela multidão de agitadores, à frente dos quais muitas vezes figuravam pessoas de importância.

Em Santa Rita do Passa Quatro, sucediam-se as desordens. Alguns fazendeiros da localidade haviam feito vir de Santos alguns ex-escravos para trabalhar em suas lavouras. Em janeiro de 1888, cerca de cem pretos reuniram-se nos altos da vila e, armados

DA SENZALA À COLÔNIA 371

de bambus e folhagens com bandeiras vermelhas, acenderam fogueiras, soltaram foguetes e bateram caixa, aos gritos de Viva a República e Viva a Liberdade. Isso atemorizou a população, tendo alguns pretendido atacar os sediciosos, nas próprias fazendas em que estavam contratados, só não levando a efeito tais desígnios por intervenção policial.[34] A tal ponto chegara a agitação que os proprietários, na tentativa de reter os escravos, começaram a conceder alforria com a cláusula de prestação de serviço. A princípio, por mais cinco anos, limitaram-se depois a exigir que fizessem a colheita pendente. Finalmente, verificada a insuficiência de tais concessões, pois os escravos continuavam a fugir, resolveram que as alforrias seriam imediatas e incondicionais, pagando-se os salários aos libertos. Soltavam os escravos, na esperança de conservá-los depois como trabalhadores. Os retardatários viam esvaziar-se as senzalas e os cafezais ficarem ao abandono. "A libertação a prazo já não satisfaz e os libertos condicionais deixam a lavoura dos ex-senhores e saem à procura de serviços e salários em outros pontos." "Uns sofrem já a deslocação dos trabalhadores, outros esperam sofrê-la. No meio de tudo isso, força é reconhecer que a desorganização do trabalho nas fazendas ou é uma realidade ou um receio justificável", comentava o jornal *A Província de São Paulo*, em janeiro de 1888, e aproximadamente o mesmo se dizia na *Gazeta de Ouro Preto*.

As notícias de libertações e alforrias apareciam todos os dias nos periódicos. Em janeiro de 1888, os escravos de vários municípios do oeste paulista ficaram praticamente livres, graças a esse movimento. Na região de Laranjal, os proprietários reunidos resolveram entregar cerca de trezentas cartas de alforria, comprometendo-se a pagar, daí por diante, a cada um, sessenta a cem mil-réis anuais, de acordo com as aptidões reveladas, e as mulheres receberiam a metade da soma. Continuariam a fornecer roupa e alimentação e tratamento aos trabalhadores, aos quais permitiram sair de uma fazenda para outra, sempre que apresentassem "carta limpa" ou atestado, e desde que as fazendas não pagassem mais do

---

34 Relatório com que o Exmo. Sr. Dr. Francisco Paula Rodrigues Alves, passou a administração da Província de São Paulo ao Exmo. Sr. Dr. Francisco Antônio Dutra Rodrigues, primeiro vice-presidente, no dia 27 de abril de 1888.

que os salários supramencionados. Combinaram ainda os fazendeiros não adiantar quantia alguma aos pretendentes a ajuste de serviço. Garantiam-se, assim, contra possível especulação em torno da mão de obra. Em Araraquara, resolveram libertar o município no dia 28 de setembro de 1888, tendo vários fazendeiros concedido liberdade imediata aos escravos, passando a pagar-lhes salários.

Em Itatiba, o número de libertações concedidas subia nos primeiros dias de janeiro a quinhentas, esperando-se que, em breve, estivesse totalmente livre o município. Em Rio Claro, alguns fazendeiros reuniram-se e concederam liberdade imediata a mais de trezentos escravos. Menos de um mês depois, festejava-se a libertação total do município. Os cativos recusavam-se a trabalhar e exigiam remuneração. Um editorial do *Diário Popular*, ao comentar o fato, dizia que os senhores de escravos e os próprios escravos se encarregavam de libertar o município da deplorável instituição.[35] Alguns fazendeiros tentavam entrar em entendimento com eles, mas a maioria não aceitava as exigências dos escravos e os despedia, ou estes abandonavam as fazendas, indo para as cidades ou outras fazendas, à procura de colocação, por meio de agentes, que, nesse período, pululavam. Desmantelava-se, assim, o trabalho "servil".

Por toda parte, eram convocadas reuniões com o objetivo de regularizar a situação da mão de obra. Em Amparo, os proprietários reuniram-se a 20 de janeiro, por solicitação da câmara municipal. No município de Descalvado, as manumissões particulares, já em fevereiro, permitiam esperar que em pouco tempo o município estivesse totalmente sem escravos. Em Caçapava, também a câmara reunia os fazendeiros e comerciantes com o fito de marcar a data final da escravidão no município. Pouco depois noticiava-se a libertação total. Em Pindamonhangaba e Taubaté, o movimento avançava, e vários senhores libertavam incondicionalmente os escravos. O município de Limeira, nos primórdios de fevereiro, era considerado livre de cativos. O mesmo sucedia na cidade de Redenção. Nos primeiros dias de março, festejava-se na câmara a libertação total dos escravos com *Te Deum* e discursos. Em Jacareí, designava-se o dia 18 de março para solenizar a emancipação total. O mesmo ocorria em Taubaté e Franca. Por toda parte,

---

35 *Diário Popular*, 2, 5, 9, e 14 de janeiro e 3 de fevereiro de 1888.

DA SENZALA À COLÔNIA 373

aconselhava-se aos libertos não abandonarem as fazendas. Os fazendeiros enviavam seus prepostos às estações ferroviárias com o fim de aconselhar seus escravos a não deixarem o município e a empregar-se em outras fazendas.

Noticiava-se no mês de março que Itu, Piracicaba, Moji-Mirim e Tatuí estavam prestes a completar a total emancipação dos municípios. Também na região de São Luís do Paraitinga, resolveram os fazendeiros promover ativamente a libertação. Um editorial do *Correio Paulistano* louvava a decisão, pois os lavradores dessa região, assim como de todo o nordeste da província, lutavam com sérias dificuldades para pagar salário razoável aos trabalhadores agrícolas. O movimento prosseguia de maneira acelerada. Em alguns municípios, entretanto, resistia-se, violentamente à ação abolicionista, e nem sempre as coisas se passavam facilmente. Algumas autoridades persistiam em intervir contra a obra emancipadora. Em fevereiro de 1888, repercutiam na assembleia da província fatos ocorridos na cidade de Pindamonhangaba. Dizia-se que o governo mandara para essa cidade um destacamento de trinta praças, que efetuaram prisões arbitrárias e praticaram atos de violência contra os que faziam a propaganda abolicionista. O deputado Teófilo Braga protestou contra tais fatos e solicitou do governo a expedição de ordens ao delegado de polícia daquela e de outras localidades a fim de se manterem em posição neutra e imparcial. A questão da emancipação tem duas fases importantes, dizia-se na assembleia, uma relativa ao escravo, a outra, ao senhor, e muitas dificuldades para a solução do problema vêm mais do senhor do que do escravo. Os cativos limitam-se a fugir, mas, uma vez livres, revelam amor ao lugar do trabalho, hábitos de disciplina e diligência, tudo de mistura com certa ingenuidade infantil, mas revelam, além disso, tendências pacíficas e fácil sujeição, enquanto de outra parte, o que ainda se vê em várias localidades são os proprietários a armarem conflitos, "que, no estado presente da questão, são tantos outros embaraços e enormes que levantam à boa terminação dessa fatal e ineludível transição do trabalho". À vista disto, apelava-se para os senhores: deviam convencer-se da necessidade de uma modificação profunda nos seus hábitos. Olhassem para o sucedido nas Antilhas, onde a emancipação evoluíra de maneira diversa, conforme as regiões: nas áreas em que os proprietários haviam colaborado, tudo se processa facilmente; onde houvera resistência, o trabalho ficara completamente desorganizado.

Se a alguns parecia impossível impedir a marcha avassaladora do movimento, outros apegavam-se até os últimos instantes à instituição, procurando defendê-la, se necessário, à força. "Veio da Corte e está na Cadeia da Cidade de Pindamonhangaba um escravo do Major Manuel Tomás Marcondes de Souza, vice-presidente da Câmara Municipal, e quem propôs a criação do Livro de Ouro. Agora, este mesmo senhor mandou fazer 'gancho' para o pobre escravo e desafiou os abolicionistas a que o fossem tirar", noticiava o *Diário Popular* de 13 de janeiro de 1888. Em algumas localidades, os escravocratas chegaram às vias de fato, agredindo aos agitadores que procuravam instigar a escravaria à revolta e à fuga.

A imprensa andava cheia de boatos e notícias falsas propaladas com o fito de aumentar a confusão e criar um clima de insegurança que levasse os proprietários a aderir ao movimento. Não faltavam os desmentidos.

Em janeiro de 1888, noticiavam os jornais que o conde de Parnaíba, João Tibiriçá Piratininga e Antônio Correia Barbosa haviam libertado condicionalmente seus escravos. Pouco depois, oficiaram estes ao coletor declarando que não haviam dado tais liberdades condicionais.[36]

O *Correio Paulistano* de 11 de março noticiava que, em Brotas, tinham sido libertos 135 escravos e que se cogitava de marcar o dia para a libertação total. Uma semana depois vinha o desmentido de Brotas: "Os jornais têm anunciado que trata-se aqui de marcar dia para festejar a emancipação da freguesia e até do termo. Oh! vontade de dar notícias!... Quem estas linhas escreve afirma que infelizmente estamos muito longe de tão feliz dia, como certos lavradores que chegam a passar dos partidos monárquicos para o republicano por causa da emancipação servil [sic], não será tão cedo infelizmente que Brotas cantará também o hino da liberdade".

A despeito das resistências, o movimento avançava. Pela matrícula de 30 de março de 1887, o número de cativos existentes na província era de 107.329. No espaço de um ano, o total das

---

36 Dados colhidos nos jornais: *Correio Paulistano, Diário Popular, A Província de São Paulo*, de janeiro, fevereiro e março de 1888.

DA SENZALA À COLÔNIA 375

alforrias averbadas nas diversas coletorias da província ascendera a quase quarenta mil (39.538). Um grande número de escravos fugidos gozava de liberdade, sem que os proprietários se resolvessem a dar baixa nas matrículas. Por isso, em abril de 1888, dizia o presidente da província que a população servil se achava consideravelmente reduzida. Comentava que a agitação abalara a vida rural, pois se em algumas fazendas o liberto continuava servindo com regularidade mediante o salário e, em outras, o estrangeiro substituíra completa e eficazmente o agente escravo, algumas havia em que o trabalho se desorganizara completamente. A despeito "dos embaraços derivados naturalmente da crise que atravessava a Província", considerava que a transformação se operava enérgica e corajosamente, o trabalho prosseguia e a colheita pendente, se não fosse completamente aproveitada, seria feita com insignificante prejuízo.

A tal ponto haviam chegado os conflitos e a desorganização que a assembleia provincial acabou solicitando do parlamento, por unanimidade de votos, fosse feita a emancipação. Tudo havia colaborado para esse desfecho.

O esforço decidido dos abolicionistas, as libertações em massa, a fuga numerosa e contínua dos escravos que desamparavam as fazendas dos seus senhores, sem que ninguém pudesse embargar-lhes o passo, sendo baldada e impotente a interferência da Força Pública, a quem eles não acatavam principiando esta a não querer prestar-se mais a diligências daquela natureza, criavam para a vida social e econômica da Província uma situação perigosa e intolerável, de que era urgente sair.

Por isso, ao comentar a lei que extinguiu definitivamente a escravidão no país, dizia o presidente da Província de São Paulo, Pedro Vicente de Azevedo, em janeiro de 1889: "Em que pese aos poucos retardatários que se mostravam sentidos com a solução dada às dificuldades que cresciam e cada vez mais se agravavam, atendendo exclusivamente para os prejuízos pessoais que podiam sofrer, por isso que não queriam se convencer que a libertação dos cativos era aspiração nacional, impossível de ser retardada em sua realização, a Lei de 13 de Maio foi ato do mais acrisolado patriotismo, porquanto veio restabelecer a ordem pública perturbada e garantir o futuro do país ameaçado em suas mais melindrosas relações". "Se algum defeito pode ser encontrado nessa grande Lei, é o de ter chegado um tanto tarde, quando a negra instituição já não passava de mera e desorientada ficção. Pode-se, pois, dizer sem exagero que ela apenas selou um fato consumado."

PARTE III

ESCRAVIDÃO E IDEOLOGIAS

CAPÍTULO 1

IDEIAS ESCRAVISTAS E ANTIESCRAVISTAS

Emancipadores e escravistas

Enquanto as transformações ocorridas na economia cafeeira durante o século XIX, a melhoria do sistema de transporte, o aperfeiçoamento da técnica de beneficiamento, possibilidades maiores de promover a imigração estrangeira, o crescimento da população livre, a extensão das lavouras em direção a terras mais férteis, bem como os altos preços atingidos pelo produto no mercado internacional criavam novas condições para a solução do problema da mão de obra, evoluía também a opinião pública a propósito do sistema escravista e as ideias abolicionistas encontravam uma receptividade cada vez maior em certos setores da população.

A formação de uma opinião favorável à abolição, o desenvolvimento e a aceitação da crítica ao chamado "regime servil" estão condicionados, evidentemente, a um fenômeno mais amplo que transcende os limites regionais das zonas estritamente cafeeiras. Trata-se de um problema nacional, e mais do que nacional, internacional, uma vez que a liquidação do regime escravista se iniciara desde os fins do século XVIII e prosseguira durante boa parte do século XIX nas regiões coloniais inglesas e francesas e nos Estados Unidos.

A economia baseada na mão de obra escrava entrara em colapso em várias regiões e as contradições geradas pelo desenvolvimento da revolução industrial haviam multiplicado os antagonismos e acentuado as divergências de interesses entre os proprietários, de mentalidade escravocrata, e os líderes emancipacionistas que viam, dia a dia, engrossar as suas fileiras e ampliar a eficácia da sua argumentação nas assembleias representativas e nos parlamentos europeus.

A crítica ao "regime escravista", a argumentação em prol da libertação dos escravos tinham livre curso no parlamento inglês, no legislativo francês, na imprensa periódica, e um grande número de publicistas aparecera a teorizar sobre a questão. Nos Estados Unidos, o conflito se aguçara de tal forma que as incompatibilidades entre a sociedade escravocrata e senhorial do sul e a sociedade industrializada do norte redundaram, finalmente, em 1866, numa guerra civil. Aí também a questão gerara um movimento de opinião apaixonado e veemente, que encontrara expressão na literatura. Os livros e as ideias se exportavam. No Brasil, o romance A cabana do Pai Tomás despertava entusiasmos e servia de inspiração, da mesma maneira que os argumentos utilizados pelo duque de Broglie na França, em plena campanha abolicionista, serviriam de suporte para articulistas e parlamentares brasileiros. As ideias e os panfletos atravessavam as fronteiras e o exemplo estrangeiro era frequentemente invocado para justificar as novas posições.

Por outro lado, o processo abolicionista, quer no conteúdo ideológico, quer na ação concreta que foi desenvolvida a fim da emancipação, só pode ser compreendido quando examinado no plano nacional. A questão da abolição do "sistema servil" terá que ser decidida pela nação. A marcha da opinião pública nas várias províncias, a atuação dos seus representantes no parlamento, o desempenho das autoridades governamentais contribuirão para o encaminhamento do processo, da mesma forma que as condições estruturais, modificando-se ao longo do século XIX, possibilitavam uma colocação do problema do trabalho em termos que irão favorecer, se não forçar mesmo, a transição para o trabalho livre, e a desintegração definitiva do sistema escravista.

Já nos meados do século XVII tinham começado alguns sacerdotes residentes no Brasil a insistir na necessidade de se dar ao escravo um tratamento mais humano, embora aceitassem sem restrições a existência da escravidão. Vieira, num sermão pregado em 1657, recriminava a crueldade dos proprietários e chegava a

DA SENZALA À COLÔNIA   381

afirmar que "a natureza como mãe, desde o rei até o escravo, a todos fez iguais, a todos livres". Em outra ocasião, condenava o tráfico e, no Sermão do Rosário, afirmava a igualdade básica das duas raças: branca e negra. Não hesitava, entretanto, em recomendar a introdução de negros para resolver os problemas do Maranhão, ao mesmo tempo que defendia a legalidade de certo tipo de escravidão.

Só no século XVIII aparecem as críticas que atingem mais diretamente o sistema: talvez ecos do pensamento ilustrado que, na Europa, condenava formalmente a escravidão. O padre Manuel Ribeiro da Rocha atacava, em 1758, numa obra de curioso título *Etíope resgatado, empenhado, sustentado, corrigido, instruído e libertado*, as próprias bases legais da escravidão, argumentando contra o tráfico, acusando-o de ilegítimo, e chegando mesmo a considerar que os escravos deveriam ser libertados mediante resgate, por pagamento em dinheiro ou através da prestação de vinte anos de serviço. Suas palavras parecem ter ficado perdidas no tempo, sem encontrar receptividade entre os coevos.

Datam da segunda metade do século as medidas de Pombal visando melhorar a condição do tráfico e a sorte dos cativos. O alvará de 6 de junho de 1755 sobre a liberdade dos índios do Brasil apresentava uma promessa de providências a serem tomadas sobre a escravidão negra e, em 19 de setembro de 1761, declaravam-se livres os escravos introduzidos em Portugal, a partir de certa época. Alguns anos depois, em 16 de janeiro de 1773, novamente se legislava a respeito, estipulando-se, entre outras coisas, que as crianças nascidas de ventre escravo, a partir da data do alvará, seriam consideradas livres e "hábeis para todos os ofícios, honras e dignidades sem a nota distintiva de libertos". Essas medidas tomadas em relação ao reino de Portugal e Algarve deixavam, entretanto, fora de sua jurisdição o território brasileiro.

Foi no século XIX que os argumentos antiescravistas começaram a aparecer com certa insistência. A geração da Independência, cujos líderes se formaram, na maioria, em contato com a cultura europeia, impregnara-se de um verniz de teorias correntes na Ilustração, conhecera as primeiras afirmações dos economistas clássicos e não raras vezes a literatura do pré-romantismo. Os homens dessa geração familiarizaram-se com os argumentos que começavam a ter livre curso no parlamento inglês.

Datam desse período as ideias antiescravistas divulgadas no *Correio Brasiliense*, em opúsculos como os de Maciel da Costa e José Bonifácio, ou José Eloy Pessoa da Silva, preocupados sobretudo com a extinção do tráfico, problema que entrara para a ordem do dia, com a ação desenvolvida na Inglaterra. Hipólito da Costa escrevia, de Londres, já em março de 1811, que a escravidão era perversa, contrária às leis da natureza e às disposições morais do homem,[1] sugerindo a substituição do trabalho escravo pelo do imigrante.

Em 1821, João Severiano Maciel da Costa publicava uma "Memória sobre a necessidade de abolir a introdução de escravos africanos no Brasil, sobre o modo e condições com que esta abolição se deve fazer e sobre os meios de remediar a falta de braços que ela pode ocasionar". Nascido em Mariana, capitania de Minas Gerais, no ano de 1769, formado em Direito pela Universidade de Coimbra, exerceu a magistratura em Portugal e no Brasil, governou a Guiana Francesa, de 1809 a 1817. Membro da assembleia constituinte em 1823 e, em seguida, conselheiro de Estado, representou a província da Paraíba no senado brasileiro, a partir de 1826. Ocupou, ainda, o cargo de ministro do Império, de 1823 a 1824, e de presidente da Província da Bahia em 1825-1826 e ministro dos Negócios Estrangeiros e Fazenda em 1827. Típico representante dos políticos brasileiros do Império, com acesso a vários cargos, espírito imbuído do pensamento ilustrado, denotando influências dos pensadores franceses como Montesquieu, Turgot e de economistas como Say ou Adam Smith e Bentham, da escola liberal inglesa, as quais cita em seus trabalhos.

Defende, em sua obra, a ideia da necessidade da continuação do tráfico por mais algum tempo, e afirma que ele não é tão dramático como pintam os seus opositores. Reconhece, entretanto, que o sistema de trabalho por escravos "ofende os direitos da humanidade, faz infeliz uma parte do gênero humano, põe em perpétua guerra uns com os outros homens, e paralisa a indústria que nunca pode prosperar solidamente, senão em mão de gente livre", ao que acresce o risco iminente e inevitável que corre a segurança do Estado com a multiplicação indefinida de uma

---

1 *Correio Brasiliense*, v.VI, p.238.

DA SENZALA À COLÔNIA   383

população heterogênea, desligada de todo vínculo social e, por sua mesma natureza e condição, inimiga da classe livre.

A verdadeira população, diz ele, a que faz a sólida grandeza e a força de um Império, não consiste em massas de escravos negros, bárbaros por nascimento, educação e gênero de vida, sem pessoa civil, sem propriedade, sem interesses nem relações sociais, conduzidos unicamente pelo medo do castigo e por sua mesma condição, inimigos dos brancos, mas sim em grande massa de cidadãos interessados na conservação do Estado e prosperidade nacional... Continua afirmando que, no Brasil, não há uma classe que se chama povo, por efeito do sistema de trabalho. Antecipando uma das alegações do abolicionismo doutrinário, afirma que a ausência de povo influi poderosamente nos métodos de governo. Analisando os efeitos da escravidão sobre o trabalho livre, observa: "O maldito sistema de trabalho por escravos, além de outros males, fez-nos o grandíssimo de infamar de tal sorte o trabalho agrícola que os homens livres da mais baixa classe, antes querem morrer de fome, e entulhar as vilas e cidades na mendicidade e miséria do que receberem um pão honrado, ganhado por seus braços". E descrevendo uma realidade tantas vezes apontada pelos políticos do Segundo Reinado, continua:

> Famílias infinitas de brancos e pardos, vegetam no interior das casas, em ociosidade, miséria e mesmo libertinagem, e por nenhum partido se sujeitam ao serviço mesmo doméstico, de famílias ricas e honradas, como na Europa. O seu sumo bem é possuírem um escravo para o serviço de porta fora, e uma escrava para o doméstico, do trabalho para ganhar o pão não se cura, em uma palavra a ociosidade é no Brasil nobreza, e a preguiça aqui fundou seu trono.

Também o trabalho industrial, relegado à classe dos escravos, se avilta aos olhos da multidão e, por isso, a classe livre o repele. Prossegue dizendo que nenhum aperfeiçoamento se pode esperar de homens que trabalham para seus senhores, forçados e descontentes e sem emulação procurando fazer quanto baste para evitar o castigo, e com o menor incômodo possível: "O corpo pode ser dominado, não a vontade, e onde esta falta, morre a indústria, a força pode obrigar o escravo ao trabalho, mas a vontade não admite coação e desgraçadamente os meios com que os homens livres se estimulam são inaplicáveis aos escravos".

A negligência e a má vontade: fazer o menos possível e o pior possível, no maior tempo possível, seria a regra geral entre os escravos. Por isso, o seu trabalho é, a seu ver, mais improdutivo do que o do homem livre. Para reforçar sua opinião, cita os argumentos invocados por Smith, Turgot, Stewart, Herrenschwand, Bentham e Bailleul, os quais afirmavam que não se encontrando no coração dos escravos os princípios morais que estimulam o homem livre a aumentar e aperfeiçoar o trabalho, este será menor e menos lucrativo nas suas mãos. Remata dizendo que, à vista dos imensos inconvenientes do trabalho por escravos, os proprietários a ele habituados não hesitariam em abandoná-lo se lhes fosse fácil achar outro meio de cultivar suas terras.

Além de aviltar o trabalho, dar rendimentos inferiores aos do trabalho livre, inibir o desenvolvimento industrial, colocar em risco a segurança nacional, dividir a sociedade em grupos antagônicos, enfraquecendo a coesão, a escravidão é a responsável pela caducidade das fortunas e pelo abastardamento total da raça portuguesa.

Apesar dessa análise pessimista, não chegava a manifestar-se favorável à emancipação rápida. Temia, sobretudo, um levante dos cativos, insuflados pelas ideias libertárias. Comentando os horrores cometidos em São Domingos e Barbados, observava que, felizmente, a "empestada atmosfera que derramara ideias contagiosas de liberdade e quimérica igualdade" nas cabeças dos africanos das colônias francesas, que as abrasaram e perderam não haviam infiltrado no Brasil; lastimava, entretanto, que "os energúmenos filantropos" não se tivessem extinguido e estivessem "vendendo blasfêmias em moral e política". Argumentava que, sendo a população branca ainda muito diminuta e estando o trabalho confiado a braços africanos, se estes viessem a faltar subitamente, o país assistiria a uma desordem incalculável.

Convindo pois na necessidade de mudar o método de trabalho por escravos, parece-nos todavia indispensável que se faça a mudança de maneira que a nossa indústria atual, se não aumentar, ao menos não retrograde, que haja tempo suficiente para que os proprietários possam cobrir-se das despesas avançadas, e para buscarem novos trabalhadores ou darem nova direção a seus capitais,

DA SENZALA À COLÔNIA   385

e bem assim para que as providências auxiliares que se esperam do Governo possam produzir o fruto desejado.

Faz uma série de sugestões, visando resolver o problema dos braços, uma vez cessado o tráfico. Poupar os escravos existentes e promover a propagação entre eles. Inspirar o amor ao trabalho, aos homens livres da classe do povo e forçá-los mesmo a isso. Empregar os indígenas, tanto os que já estavam avilados, como os que fosse possível atrair. Procurar trabalhadores europeus. Melhorar a assistência aos escravos, cuidando do seu estado sanitário, já os examinando à sua chegada, já oferecendo tratamento, graduando--lhes os trabalhos e nunca os obrigando a tarefas superiores à força comum dos homens, nutrindo-os e vestindo-os bem, tratando de suas enfermidades, vigiando-os para que não se entregassem à libertinagem e às bebidas espirituosas. Estimular os casamentos, e dar assistência à infância e à maternidade: "É na verdade cegueira deplorável", dizia, "que podendo os proprietários criar uma grande e bela população crioula, promovendo a propagação entre seus escravos, não só o não façam, senão a embaracem". Mencionava a falta de cuidado com a educação dos negros e a alta mortalidade das crianças, desde cedo levadas ao campo, expostas ao rigor do tempo ou abandonadas nas cabanas até o regresso das mães, e falava na necessidade de organizar um regulamento para proteger as crianças escravas.

Na série de sugestões que apresentava para resolver o problema da mão de obra, depois de mencionar a necessidade de estimular a vinda de europeus, através de uma propaganda sistemática que destruísse os "preconceitos" existentes no estrangeiro sobre nossas instituições e polícia interna, referia-se à necessidade de que o trabalho complicado dos engenhos até então concentrado nas mãos de um só empresário e seus escravos, fosse, cada vez mais, distribuído pelas mãos de muitos, à semelhança do que já sucedia com o sistema de plantadores de cana, agregados aos engenhos.

Nessa época, pequeno era o número daqueles que pensavam assim. A representação à assembleia geral constituinte e legislativa do Império brasileiro sobre a escravidão, escrita por José Bonifácio, em 1823 e publicada em 1825, apresentava um projeto de emancipação gradual de escravos. Prevenindo a contestação que lhe fariam em nome do direito de propriedade, afirmara no seu tom ardoroso e combativo: "Não vos iludais, Senhores, a Propriedade foi sancionada para o bem de todos, e qual é o bem que tira o escravo de perder todos os seus direitos naturais e se tornar de pessoa a coisa?". E acusava: "Não é direito de propriedade que querem defender, é o direito da força". Argumentava que se fossem introduzidos melhoramentos na agricultura diminuiria a necessidade de mão de obra. Que se introduzissem arados e outros instrumentos. Se vinte escravos precisavam de vinte enxadas, eles poderiam ser substituídos por um só arado, e comentava: "Vê-se 20 escravos carregando vinte sacos de açúcar, quando estes poderiam ir em duas carretas puxadas por bois ou mulas". Se fossem calculados o custo da aquisição das terras, dos escravos, dos instrumentos rurais que cada um deles necessitava, seus sustentos, vestuários, as doenças que os atingiam, as repetidas fugas, os quilombos, ficaria claro que o lucro da lavoura deveria ser muito pequeno.

Embora reconhecesse que um povo livre e independente não podia ter uma Constituição Liberal e duradoura, abrigando em seu seio uma imensa multidão de escravizados, embora se insurgisse contra o tráfico que lhe parecia contrário às leis da moral, e das Santas Máximas do Evangelho, apesar de mencionar a baixa produtividade do trabalho escravo, e responsabilizá-lo pelo aumento dos vadios brancos, e considerar a escravidão como desagregadora da sociedade ("que educação podem ter as famílias que se servem desses infelizes sem honra e sem religião!") e afirmar que "os pretos inoculavam nos brancos sua imoralidade e seus vícios", não se arriscava, no seu projeto, a ir mais longe do que propor a cessação do tráfico dentro de quatro ou cinco anos. "Não desejo ver abolida a escravidão de repente, tal acontecimento traria consigo grandes males...", dizia ele, e na tentativa de conquistar para sua causa indivíduos cujos interesses mantinham-nos ligados à escravidão, argumentava que "se os grandes proprietários conhecessem a proibição do tráfico, ficariam mais ricos, porque os escravos existentes teriam mais valor." Pintava um quadro otimista que deveria surgir: os escravos seriam mais bem tratados, os senhores promoveriam casamentos e a população cresceria. Os forros, para ganharem a vida, teriam pequenas porções de terras e os bens rurais seriam estáveis.

No seu projeto, além de propor a cessação do tráfico dentro de quatro ou cinco anos, sugeria registro em livro público das vendas

DA SENZALA À COLÔNIA   387

de negros, avaliação legal para a alforria dos que não fossem registrados, decréscimo desse valor em função da menor idade e ainda alforria imediata ao escravo que apresentasse um sexto da quantia correspondente ao seu valor. Estipulava ainda que o proprietário que forrasse escravo velho, doente, ou incurável, seria obrigado a sustentá-lo durante sua vida, e que não se poderiam separar marido, mulher e filhos por motivo de venda. O senhor que tivesse filhos com escrava seria forçado a dar liberdade às mães e aos filhos e a cuidar destes até os quinze anos. Procurando limitar os excessos de castigo, estabelecia que não se poderiam punir escravos com surras ou castigos cruéis, a não ser no pelourinho público, com licença do juiz policial, a quem caberia determinar a pena. O que fosse cruelmente maltratado teria o direito de denunciar ao juiz policial e de buscar novo senhor, e se tivesse sofrido mutilação seria imediatamente forro pela lei. Garantia ainda o seu projeto uma certa assistência à infância e à maternidade. Antes dos doze anos, dizia o artigo 16, não pode o escravo ser empregado em trabalhos pesados e insalubres, e o artigo 18 determinava: a escrava durante a gravidez e depois do terceiro mês não será obrigada a trabalhos pesados; depois do oitavo mês, só trabalhará em casa e, depois do parto, terá um mês de convalescença e um ano de trabalho perto da cria. Gozaria também de mais uma hora de folga para cada filho que tivesse e com cinco filhos seria considerada forra. Procurava ainda nesse projeto obrigar os senhores de grandes engenhos e plantações a terem pelo menos dois terços de escravos casados, e a lhes darem instrução religiosa e moral. Determinava que os párocos e outros eclesiásticos que possuíssem recurso dessem liberdade aos seus cativos, ficando impossibilitados de adquirir novos. Procurava recompensar aos senhores que concedessem alforrias, estipulando que aquele que libertasse mais de oito famílias e lhes distribuísse terras, teria direito a requerer mercês e condecorações públicas. Para vigiar a execução das leis e promover o bom tratamento e a emancipação dos escravos, sugeria a criação, na capital de cada província, de um Conselho Superior Conservador de Escravos.

Continha o projeto, redigido em 1823, os germes de boa parte do pensamento abolicionista que atuará no Brasil até a Abolição da escravatura em 1888. Na época, foi escassa sua repercussão.

Os interesses senhoriais estavam surdos a tais argumentos. Chegou-se mesmo a insinuar mais tarde que uma das razões da queda de José Bonifácio do ministério em 1823 foi esta sua posição a propósito do "regime servil" que o indispunha com os que estavam empenhados na continuação do tráfico: senhores de escravos e traficantes.[2] Foi necessário aguardar 1850 para que seu plano viesse a se efetivar e mais alguns anos foram necessários para que se legislasse a respeito da separação de famílias de escravos (1869). As disposições tendentes a proteger a infância e a maternidade e a garantir a educação do escravo nunca chegaram a se concretizar.

Entretanto, os argumentos de que a escravidão era um desrespeito ao direito natural, ao Evangelho e ao espírito cristão, que a sua permanência num país livre e independente, regido por uma constituição liberal, era um paradoxo, e, finalmente, que seus efeitos eram nefastos sobre o trabalho livre e sobre a família, atingindo toda a sociedade, fazem parte do pensamento abolicionista e serão invocados inúmeras vezes na luta em prol da emancipação.

Também a observação de que o trabalho escravo é pouco produtivo será mais tarde repetida por aqueles que se empenharam na introdução de imigrantes e advogavam a causa do trabalho livre.

José Bonifácio fez mais do que argumentar: procurou com o próprio exemplo mostrar que era possível substituir com vantagem o escravo pelo colono estrangeiro, mandando vir da Europa vários colonos para uma de suas propriedades.

Apesar de não encontrar acolhida no seio da assembleia constituinte, suas ideias tiveram seguidores que continuaram a tradição antiescravista no decorrer do Primeiro Império.[3]

Em 1826, José Eloy Pessoa da Silva publicava sob iniciais (J. E. P. da S.) uma "Memória sobre a escravatura e projeto de colonização dos europeus e pretos da África no Império do Brasil", na qual, depois de considerar os males da escravidão e os benefícios que resultariam para a indústria agrícola e fabril, da introdução de colonos, e do trabalho livre, propõe a extinção do tráfico, de forma gradual, para não desorganizar as plantações e fábricas, e aventa três medidas auxiliares: a colonização dos índios, a colonização dos europeus e a colonização dos pretos da Costa Ocidental da África. O governo deveria oferecer garantias aos interessados em

---

2 Nabuco, 1938, p.35. Essa ideia foi retomada por Otávio Tarquínio.
3 Sayers, 1958.

DA SENZALA À COLÔNIA 389

promover empresas colonizadoras, condecorando os proprietários que chegassem a ter em trabalho útil cem colonos durante três anos, e concedendo regalias de crédito aos que utilizassem colonos em suas propriedades, e lhes pagassem salários.

Anos mais tarde, em 1837, divulgando as ideias de Charles Conte, Frederico Leopoldo César Burlamaque escrevia um livro intitulado *Memória analítica acerca do comércio de escravos e acerca dos males da escravidão doméstica*. A Sociedade Defensora da Liberdade e Independência Nacional no Rio de Janeiro, logo mais dissolvida, instituiu um concurso para trabalhos que mostrassem a odiosidade do comércio de escravos "refutando os sofismas" com que usualmente era "defendido" pelos seus apologistas, e que sugerisse os meios para suprir a ausência de escravos, apontando as vantagens do trabalho livre, fazendo ver a nociva influência que a introdução dos africanos exercia nos costumes, civilização e liberdade.

Convencido de que o Brasil não poderia prosperar, apoiando-se no trabalho servil e que suas instituições e talvez sua existência como nação estavam a cada passo ameaçadas, Burlamaque resolveu escrever uma "Memória", que não se limitasse a condenar o tráfico, mas considerasse principalmente os males "permanentes e duradouros" da escravidão doméstica. Confiava em que, "por meio de escritas cheias de lógica", os proprietários começariam a persuadir-se da "nenhuma utilidade dos escravos, dos inconvenientes que causavam ao país e aos particulares essa multidão de infelizes, que só serviam para desmoralizar nossos costumes e atrasar todas as nossas cousas".

Os objetivos de sua "Memória" estavam claros: persuadir a todos dos inconvenientes e malefícios do regime servil. Ele mesmo o confessa no prefácio, ao esclarecer o critério da divisão de sua obra em duas partes. Na primeira, procurara convencer os patriotas "ilustrados" apelando para a razão e a lógica, chamando sua atenção para "os perigos que corre a liberdade" conquistada à custa de tantos sacrifícios, o atraso em que vivia o país em consequência do sistema da escravidão, que impedia, a seu ver, o desenvolvimento das luzes e da indústria, a propagação da civilização e a multiplicação de uma população livre e homogênea. Na segunda parte, dirigia-se à massa em geral: de que serve dizer aos egoístas que a "palavra liberdade está em contradição com a existência de escravos", que "a escravidão é oposta à religião, que a filantropia e caridade são nomes vãos em um país dividido em opressores e oprimidos". Para esses, reservava uma argumentação que se dirigia ao interesse: procurava demonstrar que os escravos, longe de produzirem lucros, não lhes davam interesse algum; ao contrário, consumiam em pouco tempo tudo quanto seus proprietários pudessem alcançar por outras vias. Comparando o trabalho e o custo, e o produto dos escravos e dos homens livres, pretendia demonstrar a superioridade do trabalho livre.

Sua exposição esgota os numerosos argumentos invocados pelos abolicionistas de todos os tempos. A escravidão contraria os preceitos do Evangelho,

> reduzindo o Ente feito à semelhança de Deus, de pessoa a cousa, de tudo a nada! Já o tráfico é desumano! Amontoar indivíduos da espécie humana no interior de um navio, carregá-los de ferros, exterminá-los ao menor sinal de resistência, dar-lhes um sustento insalubre e mesquinho, negar-lhes as vestimentas que cubram a nudez, trazê-los ao mercado como brutos animais e vender para sempre a sua liberdade, a de seus filhos e descendentes, degradar assim uma parte do gênero humano, negando a seu respeito a existência de todos os deveres morais, e entregá-la ao exercício contínuo de todas as violências de que a mais refinada tirania pode ser suscetível: eis o quadro resumido dos crimes de que são responsáveis perante Deus e os homens, os primeiros introdutores de escravos, e seus imitadores!

A escravidão resulta no aviltamento das pessoas, e das profissões industriais na divisão da população em opressores e oprimidos, e numa multidão de prejuízos a opor barreira insuperável ao progresso de toda ordem, finalmente na ameaça de uma guerra civil entre castas.

Refutando os argumentos daqueles que não viam outra solução para a grande lavoura, senão recorrer ao braço escravo, diz: "Que mal seguiria da mudança de cultura? Outro não poderia haver, que o de mudar um gênero na verdade mais importante, mas que exige grandes dispêndios e trabalhos, por outros que se alcançassem com menos capitais, e menos braços, sem esterilizar as terras, sem que fôssemos obrigados a oprimir uma raça inteira".

A escravidão entrava, a seu ver, o desenvolvimento das faculdades humanas, a ampliação do império do homem sobre a natureza, e mais do que isso, constitui "obstáculo invencível ao desenvolvimento das faculdades de todas as classes de indivíduos, exercendo sobretudo a sua funesta influência sobre a classe laboriosa, não deixando meio nenhum de subsistência aos indivíduos dessa classe, que, para viverem honestamente, têm necessidade de exercer a sua indústria, expondo-os à alternativa de mendigarem ou de roubarem. Afirma ainda que, nos países explorados por escravos, o trabalho é menos produtivo do que nos países onde ele é exercido por homens livres. Onde há escravidão, a pequena quantidade de riqueza que pode ser distribuída, reparte-se da maneira mais contrária à igualdade, à moral e à justiça e a classe dos senhores se acha comprimida e constantemente ameaçada. Vive exposta a ser massacrada pelos inimigos domésticos que são os escravos, dilacerada por facções que apelam para o apoio da raça oprimida e sujeita a ser subjugada pelas nações estrangeiras.

Para preservar seu domínio e sua segurança, a classe dos senhores aplica os castigos, os suplícios e embrutece a raça dominada. "Se a escravidão é para a raça oprimida uma origem de calamidades, é igualmente para os opressores uma causa de ruína; o trabalho escravo avilta o trabalho, fazendo que ele seja visto com desprezo, pois todas as atividades são exercidas por mãos de indivíduos, ou antes de coisas reputadas vis." Atinge igualmente a família, deprava os costumes, a moral, "acarreta o esquecimento de todos os deveres morais, de todas as afeições paternas e fraternas. O arbítrio o mais extenso de um lado, e a exigência da submissão a mais vil do outro, eis o que se encontra nos países de escravos." O adultério, o incesto são estimulados, a religião se conspurca, se converte em superstição. A escravidão favorece a ignorância, pois o interesse dos senhores está em impedir o desenvolvimento das faculdades intelectuais de seus escravos.

O sistema escravista gera a violência. Por parte do escravo: a revolta, a insurreição; por parte do senhor: a repressão, os castigos, as atrocidades. "Para obrigar ao trabalho homens, a quem sem cessar se roubam os frutos, recorre-se à crueldade: para conter a população escrava, outros meios se não têm achado que não sejam os da estupidez, a divisão e o terror." Por outro lado, os castigos depravam, desde o nascimento, os indivíduos da raça dominante.

Não lhe escapa nem sequer a funda contradição que, em virtude da existência da escravidão, surge entre o plano moral e o da conduta... "não há um só crime, de qualquer natureza que seja", diz ele, "que um indivíduo não possa impunemente cometer como senhor, e que não deva julgar e punir como juiz. De uma tal oposição entre a conduta e os princípios que devem dirigir os julgamentos, resulta que os sentimentos morais se extinguem e que a justiça vem a ser uma força brutal, dirigida pelo orgulho e o interesse". E, mais adiante: "poderá esperar-se que homens habitualmente entregues ao arbítrio, à violência, e a todos os vícios e paixões se tornem repentinamente justos, humanos, desinteressados e que um tal milagre se faça pela simples mudança de nome?".

A par disso, o trabalho escravo elimina a possibilidade do trabalho livre, fornece rendimentos ínfimos e impede consequentemente o acúmulo de riquezas. Imobiliza os capitais, desviando-os de empresas mais produtivas: indústria, manufaturas, transportes terrestres ou marítimos. É responsável pelo atraso da lavoura e manutenção de uma economia extensiva e exclusivamente voltada para o exterior. Como representa um capital imobilizado e que se desgasta em pouco tempo, impede a capitalização.

Comparativamente ao trabalho livre, o trabalho escravo é necessariamente pouco produtivo. Sem interesse que o estimule, o escravo trabalha o menos que pode e da pior maneira. A demonstração prática dessa baixa produtividade encontra ele na situação precária dos senhores de engenho, principalmente os ligados às atividades açucareiras que viviam endividados: "Senhor de Engenho, morto de fome, cheio de empenho"; esse provérbio brasileiro, diz ele, "pinta bem o estado da nossa agricultura e dos nossos agricultores".

Entre as vantagens do trabalho livre que representa uma liberação de capital, e maiores rendimentos da lavoura, aponta a possibilidade de dispensar parte dos braços em certas etapas do trabalho agrícola: "Acabados os trabalhos para que foram chamados, os obreiros são despedidos, e eis um objeto de grande economia, o que não pode acontecer com os escravos; haja ou não trabalhos que os ocupem a todos", o proprietário é obrigado a nutri-los, vesti-los, curá-los etc. etc. Afirmava que, com o trabalho livre e o emprego de maquinarias, que então se tornará possível, se conseguirá diminuição das despesas e, portanto, o barateamento dos gêneros, além de um maior rendimento. Calculando as despesas de manutenção do escravo e mais os juros do capital empatado, procura demonstrar que o lucro do proprietário é pequeno.

DA SENZALA À COLÔNIA

À vista de todas essas desvantagens, concluía:

> Se a escravidão é oposta à moral e à religião, se os escravos não dão interesses aos seus proprietários e ao contrário absorvem as poucas riquezas que produzem, é evidente que da sua existência não provindo benefício algum, a sua abolição não trará mal nenhum ao Estado, nem aos particulares; bem longe de tal acontecer, a extirpação de um tão grande mal nos porá ao nível dos outros povos; com ele a Nação não poderá esperar, nem poderá haver: costumes, civilização, liberdade e independência verdadeira.

Retrucava à alegação dos proprietários de que os negros libertos se recusavam ao trabalho: "Se o mais infalível efeito da escravidão é o aviltamento de toda a espécie de trabalho; se ser livre é ser ocioso, claro fica que os libertos julgarão da mesma maneira e procurarão imitar a seus antigos senhores". Mas, na sua opinião, essa situação duraria pouco. A liberdade, o desejo de constituir família, a esperança de melhorar sua sorte levariam o liberto ao trabalho. "A libertação desenvolverá uma atividade mais enérgica que todos os castigos não podem obter." Citando Conte, afirma que a liberdade é a ordem:

> A mais horrível das desordens reina em toda a parte onde a porção mais numerosa da população está submetida sem defesa a alguns indivíduos, que podem entregar-se sem reserva a todos os vícios e a todos os crimes, isto é, em toda a parte em que a escravidão existe. A ordem reina, pelo contrário, em toda a parte onde ninguém pode impunemente entregar-se às injúrias e às violências, onde ninguém pode faltar aos seus deveres sem expor-se às punições, onde cada um pode preencher os seus deveres sem sofrer uma pena: a liberdade é a ordem.

Os proprietários enumeravam os riscos que adviriam da abolição, mas estes eram muito maiores e mais atuantes persistindo a escravidão, do que se ela fosse regularmente abolida. Arrancada à força, obra de desespero e revolta, a emancipação traria catástrofes; concedida, despertaria, talvez, a gratidão: o exemplo das nações, que haviam procedido à libertação espontaneamente e sem conflitos, confirmava esses prognósticos.

A abolição devia ser feita de forma gradual. Era preciso tornar os escravos, primeiramente, dignos de liberdade, convertendo-os gradualmente de simples máquinas em homens ativos, ilustrados e laboriosos. Ao mesmo tempo, o governo cuidaria de suprir os braços que viriam a faltar, pois, na sua opinião, os negros deveriam ser transportados para seu país de origem, onde se fundariam colônias para recebê-los. Como primeira etapa da emancipação, sugeria que todo aquele que nascesse de mãe escrava fosse considerado livre, chegado à idade de 25 ou trinta anos para os do sexo masculino, e vinte a 25 anos para os de sexo feminino. Seria criada uma "caixa de piedade" (uma espécie de fundo de emancipação). Sugeria ainda um imposto que recairia sobre a população escrava concentrada nas cidades, visando deslocar os escravos dos núcleos urbanos para o campo. O imposto de meia sisa deveria também recair mais severamente sobre as transações efetuadas de cidade para cidade, ou do campo para cidade. A grande dificuldade, diz ele, não é achar meios indiretos de remover o maior número de escravos das cidades para os campos, é melhorar sua sorte. Um tal benefício depende absolutamente da vontade dos proprietários; mas como persuadi-los de que não maltratem os homens que a Providência lhes submeteu, que os nutram melhor, que os vistam, que tenham, em uma palavra, com eles, a caridade e a misericórdia que a religião e a humanidade recomenda? "Quem tal intentasse persuadir-lhes perderia seu tempo: hábitos adquiridos desde a infância de arbítrio, tirania e violência nunca se perdem; a eloquência, a persuasão, a razão seriam fracas armas contra prejuízos bebidos com o leite." É regra geral que o homem não se abstém de fazer o mal se o seu caráter moral o não retém: multas, castigos, regulamentos, tudo é debalde se uma autoridade coercitiva não obrigar, pela força, a que se abstenham de cometer malefícios, e mesmo esta força será fraca, se o interesse for maior que o medo. As leis podem ser magníficas, mas seus efeitos serão sempre ilusórios se contrariam o interesse da maioria que detém o poder.

Analisando a situação com grande objetividade, comentava Burlamaque, que nenhuma lei conseguiria impedir que o senhor maltratasse o escravo, e não lhe desse alimentação e vestuário adequado, mesmo que se criassem júris especiais e autoridades policiais para fiscalizarem o seu comportamento. Se os senhores desrespeitassem as leis, quem os julgaria, quem testemunharia contra eles, quem os condenaria? Testemunhariam os escravos contra seus senhores?

DA SENZALA À COLÔNIA   395

"Pobres deles se tal ousarem!". Os senhores? Qual será o homem que queira ir denunciar ou servir de testemunha, em processo, onde um escravo é parte, e um senhor é réu? O escravo só poderia testemunhar contra seu senhor se a legislação, à semelhança das leis romanas, tivesse o cuidado de libertá-lo antes, subtraindo-o à ação senhorial, e nem isso surtiria resultado, tendo-se em vista as limitações intelectuais do escravo, facilmente impressionável e seduzido. Também se podia desesperar de que os brancos viessem a exercer a fiscalização necessária para reprimir os abusos de autoridade cometidos pelos senhores, ou suas negligências criminosas em relação à escravaria: a solidariedade de classe os impedia, pois, dizia, "os proprietários fazem de tal sorte causa comum entre si, contra a raça escrava, que nunca se poderá esperar que concorram para se convencer mutuamente". Ninguém desejará ver punido um proprietário por faltas que todos cometem.

Como que a antecipar as transformações futuras que caracterizarão o processo histórico brasileiro em anos vindouros, diz:

> Se entre nós houvesse uma classe intermediária algum tanto ilustrada, que não possuísse escravos mas que não fosse miserável e dependente, fácil seria então firmar um júri que punisse as violências e crimes dos senhores, fácil seria achar testemunhas e mesmo acusadores; porém uma tal classe não existe; porque dos indivíduos que a ela pertencem momentaneamente, uns em breve alcançam meios de entrarem na dos proprietários e outros vegetam toda a vida na mais profunda miséria e estupidez.

Apesar de suas ideias sobre as desvantagens e as implicações negativas da escravidão no Brasil, detém-se em recomendar medidas graduais. Posterga qualquer ação mais radical.

> Não digamos, como esse energúmeno francês: pereçam nossas colônias, mas salvem-se os princípios. A ideia de marcar um prazo para a abolição total da escravidão, referindo-se a uma época apartada e que provavelmente só alcançará a segunda geração da raça dominante, não trará consigo os perigos de uma revolta fatal ao país e a todas as raças; uma medida cujos resultados só podem alcançar os netos dos atuais proprietários, não irritará o seu egoísmo: contanto que possam exercitar em toda a sua plenitude o poder arbitrário a que estão acostumados desde a infância, pouco lhes importará que os filhos de seus filhos sofram ou gozem.

Como medida paralela, aconselha a colonização, recomendando o sistema de colonos proprietários, a quem seriam distribuídas terras devolutas. Salienta a superioridade dos trabalhadores suíços, alemães e açorianos. Sugere ainda a criação de empresas particulares de engajamento de colonos nas fazendas sob regime assalariado, responsabilizando-se o proprietário pelas despesas de viagem e outras necessárias. Critica os que consideravam o clima brasileiro incompatível com a colonização europeia. Recomenda ainda a adoção de máquinas, principalmente nas fases de industrialização do produto, e nos setores de transporte. Os arados, as charruas e muitos outros instrumentos que poupem mão de obra e melhorem a qualidade do produto, tais como máquinas a vapor e alambiques aperfeiçoados.

O trabalho de Burlamaque, sem dúvida o mais completo escrito nesse período, resumia a principal argumentação empregada contra o sistema escravista e a favor da cessação do tráfico que apareceu na primeira metade do século.

Assim, a bater nas mesmas teclas, sucediam-se os publicistas a caracterizar de maneira pessimista a escravidão, condenando-a nos seus mais variados aspectos. Não lhes preocupava tanto a situação do escravo como ser humano. Da sua perspectiva senhorial – da qual dificilmente se poderiam libertar – viam o problema do ângulo dos dominadores. Enxergavam os inconvenientes que derivavam desse estado de coisas, que atingia a sociedade, como um todo, e aos proprietários, em particular. Um desses articulistas chegou mesmo a perceber as vinculações entre sistema colonial e escravidão:

A escravidão pode convir às metrópoles que querem desfrutar as colônias, reduzindo-se a cultura de um ou outro gênero que lhes convenha, e vendendo-lhes tudo o mais, conservando-as por esse modo na estupidez e no serviço e tornando-as impróprias para a produção e residência de varões ilustres e patriotas que advoguem os seus interesses ou as queiram separar, quando se lhes não concedem vantagens reclamadas; mas um povo livre deve ter outras ideias e muito mofino seria e miserável se não atrevesse a responder pela sua existência, e confessasse que não era capaz de viver senão à custa do trabalho alheio, como os estúpidos ou paralíticos,

DA SENZALA À COLÔNIA 397

escrevia Veloso de Oliveira, desembargador da Relação de Pernambuco, em um opúsculo publicado em 1845, sobre a substituição do trabalho escravo pelo livre.

Já criticava a escravidão e propunha uma série de medidas para favorecer o desenvolvimento do trabalho livre. Sugeria a imposição de uma taxa sobre as terras desaproveitadas, que excedessem uma certa extensão, a multiplicação das estradas, a distribuição de mercês aos grandes proprietários que mais se distinguissem no aproveitamento de braços livres, a criação de organizações de crédito destinadas a auxiliar a lavoura. Chega a falar na criação de cidades, com o objetivo de estimular o comércio e a formação de um exército de trabalhadores rurais que seriam recrutados para prestar serviços em colônias agrícolas espalhadas por todo o país.

Em 1852, a sociedade contra o tráfico de africanos e promotora da colonização da civilização dos indígenas apresentava uma série de sugestões visando à "progressiva e total extinção do tráfico e da escravatura no Brasil".[4] Entre outras medidas, propunha a formação de depósitos de colonos ou trabalhadores livres nos lugares centrais e apropriados, designados de antemão pelo governo, aos quais pudessem ir os fazendeiros buscar e contratar os colonos de que necessitavam para o trabalho de suas fazendas. Para isso, deveria o governo estimular a formação de empresas, garantindo-lhes capital e juros. Só assim se poderia pôr termo a "este opróbrio da nossa civilização, a este escândalo da moral, a este princípio de humilhação nacional" que constituía o trabalho escravo. Propunha, simultaneamente, que a legislação se ocupasse em garantir os locadores e locatários, e que se promovesse a divisão das grandes propriedades territoriais, "utilidade esta que", no seu entender, "só por si compensaria abundantemente qualquer sacrifício de dinheiro à Fazenda Pública, pelo estímulo ao desenvolvimento do trabalho livre e extinção progressiva da escravatura". Alvitrava ainda a criação de alguns impostos sobre a propriedade escrava, e a elaboração de uma lei que libertasse os nascituros.

Nessa época, todo arcabouço teórico que será desenvolvido quase vinte anos mais tarde já se delineava. A libertação do ventre

---

4 O *sistema de medidas adaptáveis à progressiva e total extinção do tráfico e da escravatura no Brasil*. Rio de Janeiro, 1852.

deveria ser acompanhada de indenização, não pela propriedade de que se privava ao senhor, pois esta, de fato, não lhe pertencia ainda, mas pelos ônus da criação do filho da escrava. Argumentava-se que essa medida defenderia não só o interesse dos proprietários, como o dos escravos, evitando que as crias fossem abandonadas e aniquiladas pela miséria.

Confiava-se em que a libertação dos nascituros faria cessar, dentro de trinta anos, no máximo, a escravidão no Brasil, uma vez que os restantes escravos obteriam gratuitamente a sua liberdade, graças à caridade pública e generosidade, e ação das ideias a favor dos escravos que se iam infiltrando nos ânimos "cada vez mais vivas e poderosas".

Chegava-se mesmo a afirmar que, na forma da lei de 9 de setembro de 1826, poderia ser decretada a desapropriação não só por necessidade, como também por utilidade pública. Que outro caso se pode encontrar de maior utilidade pública, "do que a liberdade dos homens que vivem na mesma Sociedade, do que a restituição dos direitos naturais àqueles, a quem foram tirados contra as vistas da Providência, contra os interesses verdadeiros da Sociedade"?

Considerava-se, entretanto, prematura qualquer medida violenta, e que não tivesse sido preparada pela substituição dos braços. Enquanto a instituição fosse mantida, o máximo que se poderia fazer por aqueles que a moral e a religião professada ensinavam que eram igualmente filhos de Deus, irmãos perante o Criador, era elaborar regulamentos que melhorassem sua sorte.

Os argumentos que os abolicionistas utilizarão em plena campanha, quando a ação se organizava por toda a parte em clubes e sociedades pró-emancipação, a partir da década de 1870, já estavam todos contidos em 1823, no pensamento de José Bonifácio ou de Burlamaque, em 1837. Antecipavam eles as alegações e os arrazoados dos publicistas e dos políticos que cerraram fileiras em prol da abolição. Nada de novo será dito quanto aos malefícios da escravidão, ou sobre a incompatibilidade entre a moral cristã, ou a ética do liberalismo e a manutenção da população escrava. Com o passar dos anos, apenas se acentuará "a nota de comiseração pelo sofrimento do escravo". O que vai variar será o comportamento do público a quem eram dirigidas aquelas considerações de ordem prática ou moralizantes. Palavras que não encontravam ressonância naqueles primeiros anos, que não conseguiam chegar a concretizar-se num movimento de opinião, que não atingiam propriamente a ação legislativa, passaram a magnetizar auditórios, a movimentar grupos, a comover multidões, a provocar apaixonados debates parlamentares. Uma profunda mudança se processara na realidade objetiva, de forma que as palavras, outrora de escasso efeito e pouca penetração, adquiriam o poder de convencer. Ao mesmo tempo, avançava-se na direção das soluções drásticas, para a ideia de abolição total e imediata.

Se perduram através dos tempos os argumentos abolicionistas, o pensamento escravista sofre algumas alterações, esvazia-se de conteúdo e perde visivelmente sua força.

Antes da cessação do tráfico, quando pressões de várias naturezas se exerciam visando interrompê-lo definitivamente, os interesses ligados à sua permanência mobilizaram-se na defesa da instituição. Dizia-se que transportar os habitantes da África para as colônias era realizar um ato de caridade, porque dessa forma escapavam eles ao cutelo dos Régulos,[5] assim eram salvos de uma escravidão mais horrível, e até mesmo da morte mais brutal. Transportados para a América, escapavam à barbárie, a um clima agressivo, a um estágio selvagem de civilização, e seriam iniciados na luz do Evangelho. O comércio dos escravos "conquanto contrário à humanidade não é tão horrível como o figuram os seus antagonistas", dizia Maciel da Costa, em 1821, embora estivesse, como vimos, muito longe de ser um escravista. Na sua "Memória" sobre a necessidade de abolir a introdução dos escravos africanos no Brasil, escrevia:

> Comprar e vender homens ofende sem dúvida a humanidade, porque os homens nascem livres. Mas que argumento se pode tirar daqui? Nós sabemos, pela história, que de todo o tempo eles abusaram dessa liberdade original e até com ela traficaram. Tais são as fraquezas, miséria e calamidades que eles estão sujeitos sobre a terra ... Nações houve que instituíram a escravidão, incorporando-a à sua organização política ... Que é muito pois que os bárbaros ferozes africanos sejam transportados de seus areais ardentes para o belo clima do Brasil, e aí empregados no suave trabalho da agricultura?

---

5 Burlamaque, op. cit., p.4.

Prosseguindo, procurava argumentar que, na África, já viviam os negros sujeitos à escravidão. Seu estado "em sua triste pátria (se é que este nome merece)", comentava ele, "é horrível, porque vivendo sem asilo seguro, sem moral, sem leis, em contínua guerra e guerra de bárbaros, vegetam quase sem elevação sensível acima dos irracionais, sofrem cruel cativeiro, e são vítimas dos caprichos dos seus déspotas, a quem pagam com a vida as mais ligeiras faltas". Analisando a situação dos escravos no Brasil, dizia que, se era inegável que alguns senhores maltratavam os escravos, não era menos certo, no seu entender, que as leis os puniam por excessos criminosos(!), e aqueles fatos se perdiam na grande maioria dos que praticavam tantos outros senhores, em favor dos seus negros: tratando-os como homens, e olhando para eles como para uma parte principal de suas fortunas, que não lhes interessava dissipar. Afirmava que, por toda a parte, os grandes proprietários, como os senhores de engenho, nutriam, vestiam, curavam as enfermidades de seus escravos, não os obrigavam a trabalhos superiores às suas forças, davam-lhes folgas para seus divertimentos e até recompensavam o bom comportamento, com a liberdade, ajudando-os depois a viver. Assim, os escravos seriam instruídos nos deveres da religião – tanto quanto permitiria sua capacidade e muitos se achavam entre eles, tementes a Deus, inclinados ao bem, obedientes e afeiçoados a seus amos. Depois dessas considerações – que idealizavam a realidade –, observava não sem certa ironia:

> Louvemos, pois, muito embora, o zelo dos amigos da Humanidade que, abrasados no fogo dela, têm advogado esta causa tão energicamente, mas eles nos perdoem se dissermos que têm visto os males do cativeiro dos africanos da América por vidros de engrossar, e se sustentamos que a introdução deles deve ainda durar algum tempo entre nós por amor da causa pública.[6]

Em 1837, no mesmo ano em que Burlamaque escrevia seu apaixonado libelo contra o sistema escravista, Domingos Alves

---

6 Em nota, Maciel da Costa insinuava maliciosamente que o abade Raynal tinha interesses no comércio dos escravos africanos que faziam as casas de Nantes e Marselha, e dizia que notícias desse gênero eram o melhor preservativo que se podia aplicar a moços inexpertos, contra o veneno oculto nas fogosas e patéticas declamações de autores incendiários como o abade Raynal.

DA SENZALA À COLÔNIA 401

Branco procurava justificá-lo, afirmando que a escravidão era natural na África e permitida pelos usos e costumes e que, por outro lado, com a escravização, aqueles gentios vinham a entrar no centro do cristianismo e da verdadeira religião. Os que advogavam a causa do tráfico criticavam a política britânica que visava à sua supressão. Já em 1821, dizia Maciel da Costa que a Inglaterra instava com tanto afinco pela abolição universal do comércio de escravos africanos, por que pretendia arruinar a agricultura das Antilhas francesas e holandesas e que tinha um plano de colonização da África, que se chocava com a permanência do tráfico. Chegava mesmo a insinuar que ela não via com bons olhos a possibilidade de o Brasil vir a ter marinha mercante de guerra, frutos da prosperidade brasileira que decorria, em última análise, do progresso agrícola condicionado à introdução de braços. Alves Branco desenvolvia tese muito próxima a esta. O que o governo inglês pretendia era explorar o comércio e a indústria, tornando todas as nações tributárias suas e a proscrição do comércio da escravatura, apesar de ser marcada com o "santo nome de zelo pela liberdade", não patenteava, contudo, no seu entender, uma linha de conduta reta, não sendo seu fim outro, senão o de converter o Brasil em universal miséria, privar a agricultura dos braços necessários para lavrar a terra, e levar à decadência as Minas. Na sua "Memória" sobre a abolição do comércio da escravatura, procurava apontar os inconvenientes e prejuízos consideráveis que decorreriam de repentina falta daquele comércio, não só para a agricultura, como para outros ramos da indústria. Também haveria prejuízo para os reais direitos, particularmente dos que o comércio de escravos pagava na alfândega. À vista de tudo isso, propunha um plano gradual para extinção da escravidão, chegando mesmo a sugerir que em seu lugar se promovesse o engajamento de braços africanos assalariados.[7]

---

7 Alves Branco sugere que fossem feitas leis autorizando o escravo a libertar-se mediante a apresentação do resgate, quando provasse, perante o Juízo dos Cativos ou das Liberdades, que morria de fome, andava nu e não era curado na enfermidade, ficando então liberto, sem obrigação de apresentar o seu valor. Assim também os escravos que provassem ter seis filhos seriam considerados libertos e a escrava que fizesse prova de viver amancebada com o senhor ficaria livre e com todos os filhos. Os recém-nascidos que

Um opúsculo de 1840, "Justificação das reclamações apresentadas pelo governo brasileiro ao de S. M. britânica", verdadeiro libelo contra a política levada avante pelo governo inglês em relação ao tráfico de escravos, escrevia:

> Prudente em decretar a abolição do comércio da escravatura, quando se tratava de seus súditos, nenhum princípio de pública utilidade foi mais respeitado desde que tratou a Inglaterra de o fazer acabar nas outras nações. Dezoito anos, discutiu no seu Parlamento a total proibição deste comércio indigno da Cristandade: então todo o tempo era pouco para que os capitais nacionais não fossem subitamente removidos dali: todo o tempo era pouco para advertir às colônias inglesas que era de mister e forçoso procurar para sua agricultura braços que não fossem escravos. A humanidade então não merecia o mágico culto que se lhe deu depois quando não eram já as colônias inglesas que deveriam ser providas de trabalhadores: quando não eram já os capitais ingleses que iam ser sacrificados, mas sim os capitais, a agricultura, e toda a indústria nascente de países que apenas começavam a aparecer no grande quadro das nações independentes. A respeito destes, toda a concessão era demasiada, toda a prudência um crime atroz aos olhos da filantropia.

Entre os argumentos utilizados para justificar a escravização do negro, figurava a sua pretendida inferioridade racial. A despeito da inegável ascensão de mulatos e de um pequeno número de negros na sociedade imperial, o preconceito estava profundamente arraigado entre as classes senhoriais. Mesmo indivíduos mais ilustrados, como Sílvio Romero e Pereira Barreto, acreditavam na inferioridade racial do preto e chegavam a considerar benéfico o cativeiro, que assumia aos seus olhos aspecto civilizador.

Houve mesmo alguns estrangeiros, como Martius e Debret, que registraram a crença de que o sangue dos negros era mais escuro, assim como a substância medular e cerebral, sua bílis eram mais pretas. Seu crânio seria menor que o do homem branco europeu. A essa peculiar fisiologia, atribuíam uma extrema disposição para instabilidade nervosa e exibições emotivas. O negro era caracterizado como uma espécie à parte da raça humana e desti-

---

os padrinhos quisessem libertar na pia batismal, pagando o prego, seriam considerados libertos.

DA SENZALA À COLÔNIA 403

nado à escravidão pela sua apatia e organização cerebral inferior. Referindo-se ao povo brasileiro, uma turista francesa comentava que o "comércio" com os negros fora em parte responsável pelo empobrecimento da raça: as negras, com seus ardores africanos, estiolavam a mocidade do Rio de Janeiro e das províncias: "Há no sangue delas um princípio acre que mata o branco", dizia a parisiense, "o dente mesmo das negras é perigoso", soubera de um caso em que o senhor, ao castigar um escravo, fora mordido por este e precisara cortar o membro ferido.[8]

As ideias sobre a incapacidade intelectual da raça negra, seu primitivismo, sua inferioridade, enfim, estavam profundamente arraigados no pensamento coletivo e mesmo entre os abolicionistas havia os que não hesitavam em subscrevê-las. Entretanto, tais concepções já tinham sido refutadas inúmeras vezes, desde o início do século. Os abolicionistas ingleses se haviam servido das informações de Mungo Park, entre outras, para demonstrar que tudo não passava de preconceitos. Thomas Clarkson não foi o único a afirmar que os africanos possuíam em comum com os europeus caráter moral e intelectual. Diziam os interessados na manutenção do tráfico que os negros eram criaturas de outra espécie, não tinham as faculdades nem os sentimentos dos demais homens: estavam no nível dos brutos e que, depois de séculos de colonização, continuavam selvagens. Respondia Clarkson que faltaram aos africanos meios para obter as "luzes" e que os contatos entre europeus e africanos realizados na base do tráfico de escravos tinham sido e continuavam sendo necessariamente degradantes.[9]

Entretanto, ainda em 1864, Expilly[10] encontrava no Brasil quem justificasse a escravidão, dizendo que os africanos representavam uma raça intermediária entre o branco e o gorila: macacos

---

8 A. T. Samson, *Viagem de uma parisiense ao Brasil. Estudo de crítica dos costumes do Brasil*, p.30.
9 T. Clarkson, 1821; 1823, p.10-1. A maioria dessas considerações foi consubstanciada nas palavras de um dos líderes mais conhecidos do movimento contra o tráfico na Inglaterra, Wilbeforce, que as apresentara ao parlamento já em 1789 (*Breve resumo sobre a natureza do comércio de escravatura e das atrocidades que dele resulta seguido de uma relação histórica dos debates que terminaram afinal com a abolição*. Londres, 1821).
10 Expilly, op. cit., p.356.

aperfeiçoados e não homens, e anos mais tarde, às vésperas da Abolição, alegava-se ainda a superioridade da raça branca e a inferioridade da raça negra, como justificadora do sistema escravista. Ao lado das teorias que invocavam o caráter civilizador e cristianizador da escravidão – que arrancaria homens do estado de paganismo e barbárie em que se encontravam para enquadrá-los no mundo civilizado e iluminar-lhes a alma –, desenvolvia-se outro tipo de racionalização: a escravidão era um mal necessário e o braço escravo insubstituível na situação em que se achava o país. Atingir o sistema era acabar com a prosperidade nacional, condenar à desorganização a lavoura, principal base da riqueza do país. É inquestionável, dizia em 1821 Maciel da Costa, que, sendo a nossa população branca ainda muito diminuta e estando o nosso trabalho em geral confiado a braços africanos, se nos faltasse subitamente o recrutamento deles, teríamos que sofrer uma desordem incalculável.

Outros diziam que, a não haver escravos, os possuidores de "terras se veriam obrigados a mudarem as culturas, e não poderiam exportar gêneros que exijam grandes dispêndios e trabalhos e isto em países onde o clima se opõe a que eles sejam explorados por mãos de colonos industriosos, pois que os habitantes livres desses países são frouxos e preguiçosos".[11] Poucos ousavam fazer de maneira declarada e confessa a defesa doutrinária da escravidão.

Mais frequente era uma argumentação que ora se fundamentava nos benefícios que recaíam sobre os negros escravizados, ora denunciava a política britânica de perseguição ao tráfico, atribuindo-lhe intenções menos idealistas e puras, ora se escudava na alegada impossibilidade de recorrer ao trabalho livre, e na inevitabilidade da escravidão, que passava a ser caracterizada como um mal necessário. Todos os escritores desse período, mesmo os mais avançados como Burlamaque, que combatia a escravidão veementemente, recusavam-se a qualquer solução mais precipitada. Os interesses escravistas acenavam com o espantalho da desordem social, a explosão do ódio racial, a desorganização da lavoura.

Esse tipo de arrazoado é característico do período anterior à cessação do tráfico e encontrou seu maior divulgador na obra de

---

11 Burlamaque, op. cit., p.4.

DA SENZALA À COLÔNIA

um bispo ilustre empenhado na luta contra os que invocavam o Direito Natural e os postulados de igualdade entre os homens para criticar a instituição escravista. Numa obra dedicada aos brasileiros, publicada pela primeira vez em francês, em 1798, e mais tarde editada em português, o então bispo de Elvas, que outrora fora bispo de Pernambuco, criticava os que se diziam observadores da lei natural e que a partir dessa posição negavam o respeito às leis vigentes. O seu direito natural é arbitrário, dizia, e sua humanidade é só de nome. "Os novos filósofos que se dizem os defensores da Humanidade oprimida, que de males não têm eles feito sofrer a Humanidade." A revolução da França e a carnificina da Ilha de São Domingos não bastam ainda para desmascarar esses "hipócritas da Humanidade". Declarando guerra aberta aos seguidores dessa seita filosófica que se opunham ao tráfico de escravos, em nome da humanidade oprimida, mas que no seu entender nada mais pretendiam do que ir "espalhando a semente dos seus infernais princípios de barbaridade", para então darem a lei a seu modo, faz a defesa desse comércio.

Parte da ideia de que a justiça das leis humanas não é absoluta, mas relativa às circunstâncias, e que só os soberanos legisladores estão autorizados a dar leis às nações; pertence-lhes pesar as circunstâncias e aplicar o direito natural, que lhes manda fazer o maior bem possível de acordo com as circunstâncias. Comparando a situação do trabalho livre à do escravo, insinua que este, em certas circunstâncias, é mais livre, pois tem quem o sustente quando doente ou impossibilitado de trabalhar, não só a ele como à sua família. Considera a desigualdade social pertencente à lei geral da natureza, reconhecida por todas as nações e em todos os tempos como justa e necessária para o maior bem dos homens no estado da sociedade ou em corpo de nação. Que o amo viva na opulência, no luxo e na abundância e na "moleza", enquanto o servo, exposto às inclemências do tempo, arca sob o peso do trabalho para obter o absolutamente necessário ao seu sustento, é da lei natural e aqueles que pretendem reduzir os direitos de todos os homens à igualdade, ou tratam de uma igualdade abstrata e quimérica ou são impostores e hipócritas que se arrogam o título de filósofos. Pretextando o amor da humanidade, o que querem é "reduzir o estado das sociedades e dos homens juntos em corpo de nação a um montão de ruínas...".

Na defesa do tráfico, alega ainda o atraso, ignorância e indolência dos negros, seus maus costumes, referindo-se finalmente ao interesse que tinham os traficantes em tratar bem os escravos. As ideias de Azeredo Coutinho devem ter servido de suporte teórico a muitos daqueles que se empenharam em manter o tráfico e o sistema escravista. Ainda em 1870, num opúsculo publicado em Lisboa, Peixoto de Brito considerava a escravidão "tutela benéfica" que exerce o senhor sobre o escravo, o qual, se fosse entregue a si mesmo, não teria a precisa capacidade para reger-se de maneira a passar uma vida folgada e sem privações. Considerava que eram piores as condições de vida do trabalhador livre, pois, enquanto este ficava sujeito às oscilações da economia, o escravo era sustentado pelo senhor, houvesse ou não trabalho, estivesse capaz ou impossibilitado, são ou doente. Enquanto o trabalhador livre doente é obrigado a viver da caridade pública e, ao envelhecer, sua única perspectiva é a miséria; o escravo ignora todas estas calamidades: "desconhece as amarguras da miséria e da mendicidade ... o senhor nunca abandona o seu escravo por seu estado de enfermidade ou velhice"(!).

E dentro desse tipo de argumentação prosseguia pretendendo demonstrar que a escravidão se assemelhava a um contrato de trabalho vitalício, idêntico à maior parte dos que ligavam os funcionários ao Estado; os magistrados, os professores, os oficiais militares e muitas outras classes da sociedade. Quanto aos castigos, não se devia estranhá-los, pois países civilizados como a Inglaterra conservavam a pena de açoite para os soldados e marinheiros. Além disso, não seriam tão rigorosos quanto se falava, pois, representando o escravo um valor importante, não era crível que o dono deste valor o quisesse perder, infligindo-lhe castigos que o levassem à morte. As afirmações em contrário eram, a seu ver, exagerações e mentiras. Era de opinião que, no Brasil, não havia preconceito de cor. Negros e mulatos subiam aos mais altos cargos, usufruindo dos mesmos direitos e convivendo com os brancos em um clima de verdadeira fraternidade.

Quanto à abolição da escravatura, só poderia ser feita por indenização: "A lei criou o direito de propriedade do senhor sobre o escravo, a lei pode tirar-lhe este direito como pode expropriar qualquer propriedade para benefício público, mas a lei não o pode fazer senão mediante a devida indenização; se a lei fizer o

DA SENZALA À COLÔNIA 407

contrário será a lei do roubo da propriedade particular, a lei do roubo da riqueza nacional". Como a indenização era impraticável, dado o elevado número de escravos, sugeria a emancipação gradual a iniciar-se com a libertação do ventre da escrava. Tanto mais que a emancipação brusca resultaria, a seu ver, numa catástrofe social, pois os negros abandonariam o trabalho, procurariam asilo nas matas e muitos se dedicariam ao roubo e assalto. Assim, a transformação não seria a do escravo para o homem livre, mas a transformação de uma população que vivia "acomodada e satisfeita"(!), para uma população flutuando infeliz no terreno da miséria, e mendicidade, desgarrada da sociedade, no terreno do crime. Enfim, a emancipação total acarretaria "a completa decomposição da sociedade brasileira ... um suicídio nacional", que só poderia achar apoio na ausência completa de bom senso ou na "mais completa alienação mental".

Durante todo o período em que perdurou a escravidão, os defensores da ordem estabelecida invocaram o direito de propriedade, acenaram com os perigos da emancipação e ameaças de carnificinas terríveis, o atraso, a miséria, a perturbação da ordem pública e da vida econômica do país.

Escudando-se no direito de propriedade garantido pela Constituição, opunham-se à ideia de emancipar sem indenização: "Todos sabem o valor da propriedade que representa esse objeto no país", dizia, em 1866, Câmara Leal, referindo-se ao escravo, embora reconhecesse que o trabalho livre era mais produtivo e considerasse que uma das causas do entorpecimento do progresso do Brasil era a permanência da escravidão. Invocando, entretanto, a intangibilidade da Carta Magna, acrescentava: "Todos sabem que o direito de propriedade é garantido em toda sua plenitude pela constituição política do Império e que a emancipação repentina dos escravos, sem indenização de seus proprietários, seria um golpe profundo naquela lei fundamental do Estado, que deve ser escrupulosamente respeitada como intangível, como uma carta santa e principal alicerce em que se firma o nosso edifício social...". Prosseguia considerando que a passagem rápida de um ou dois milhões de indivíduos cativos para a condição de livres e a subsequente formação de uma enorme massa de proletários seria nociva à ordem pública, onerosa para o Estado e que não havia ainda no Império o número de braços livres que substituíssem os cativos. Por isso, se não fossem atendidos esses inconvenientes que resultariam da extinção do sistema escravista, seguir-se-ia a "ruína da nação", "o seu desaparecimento do mundo social", enfim, um "verdadeiro suicídio em relação à existência moral da corporação político-social que se denomina Império do Brasil". Por mais humanitários que fossem os princípios em prol da emancipação dos escravos, eles não autorizavam, a seu ver, a abolição do sistema escravista.

Esta linha de pensamento corresponde à tendência predominante, na ocasião em que se votou a Lei do Ventre Livre.

Alencar Araripe, numa série de artigos sobre a emancipação, escrevia, nessa época, que não se tratava de discutir a conveniência da abolição; esta era, no seu entender, reconhecida por todos. A dificuldade estava em fazer desaparecer o escravo no Brasil, "sem quebra no direito de propriedade, nem abalo na riqueza pública". "O escravo é propriedade tão legítima como outra qualquer: portanto, não deve jamais ser violada." A solução brusca desrespeitaria o direito de propriedade e estancaria de repente uma fonte importantíssima das rendas particulares. Crises e catástrofes adviriam. A escravidão no Brasil não era um acidente, era uma instituição de mais de três séculos que se enraizara na família e no Estado, não podia, pois, ser arrancada de improviso. Conviria seguir o exemplo da natureza, que procedia sempre gradualmente em suas obras de transformação e nunca por saltos violentos.

Criticava, ao mesmo tempo, os que ele considerava homens "sentimentalistas" que na exaltação de ideias generosas não cuidavam dos óbices: "Não nos devemos levar só pelos sentimentos de filantropia em favor dos escravos quando arruinamos as nossas próprias famílias e prejudicamos o Estado ... Que prurido de liberdade é esse, pois temos vivido com a escravidão por mais de três séculos e não podemos suportá-la mais alguns anos?" Defendendo a doutrina do *partur sequitur ventrem*, condenava a ideia de libertação do ventre sem indenização, por julgá-la um esbulho da propriedade, e dizia que em trinta anos poderia a escravidão ser abolida, desde que se deixassem as coisas seguir o curso natural. Finalmente, punha suas esperanças em que a salvação do escravo não fosse a perdição do senhor.

Nos anos de 70 e 71, apareceram numerosas publicações em torno da "questão servil", agitada na câmara e no senado pelo projeto de libertação do ventre da escrava. De todos os lados, levantaram-se vozes a favor e contra a emancipação. Os arrazoados não continham nada de novo: repetiam-se uns aos outros, em chavões surrados pelo tempo. José Martiniano de Alencar, um dos mais fortes opositores ao projeto Rio Branco, dizia, em sessão de 31 de julho de 1871, que este teria como resultados a anarquia social e a miséria pública, e acenava com os perigos e horrores de uma insurreição geral. Também Pereira da Silva previa calamidades inauditas, crises medonhas.

Protestando contra a interferência do Estado, contra a violência e o esbulho que os ameaçava, falavam os arautos da manutenção da ordem escravista: Capanema, Paulino de Sousa, Alencar. Acusaram o governo de querer forçar os proprietários a sacrifícios de direitos importantes e de interesses respeitáveis, criados à sombra da lei. Chegou-se mesmo a insinuar que, com esse projeto, se pretendia provocar a revolução: "Esse papel, senhores, contém uma ousada provocação, um cartel de desafio lançado à opinião na esperança de que ela aceite o repto não para combatê-lo aqui, na imprensa e na tribuna com as armas da razão, mas para atacá-la com a baioneta, o fuzil, o sabre e o canhão", dizia José de Alencar, acusando o governo de estar conspirando e pretender provocar a desordem para decretar por um ato de ditadura a extinção da escravidão, mesmo à custa da ruína da propriedade, da miséria pública, e "descalabro da sociedade".

Mencionava-se a benignidade dos senhores, a suavidade das relações domésticas e dizia-se novamente que a escravidão assegurava ao escravo situação invejável, superior à do jornaleiro europeu, do proletário dos grandes centros industriais. Nébias, representante de São Paulo, chegava mesmo a exclamar entre apoiados do plenário: "Se eles trabalham, nós também trabalhamos!". Repetia-se que o tratamento do negro era bom, tinham do que vestir, a alimentação não lhes faltava e os senhores "por sentimento inato e hábito comum" eram verdadeiros pais de seus escravos, e estes poderiam ser considerados verdadeiramente emancipados.[12] Dizia-se mais: que só se deveria abolir o cativeiro depois de educar o cativo, de prepará-lo para a vida livre. A partir de uma visão totalmente romântica,

---

12 *Anais da Câmara e Senado*, 1871, t.III e IV. Veja-se Rui Barbosa, 1884.

José de Alencar argumentava: "É preciso esclarecer a inteligência embotada, elevar a consciência humilhada para que um dia, no momento de conceder-lhes a liberdade, possamos dizer: Vós sois homens, sois cidadãos. Nós vos remimos não só do cativeiro como da ignorância, do vício e da miséria, da animalidade em que jazeis".[13] Escudando-se mais uma vez no direito de propriedade, considerava-se inconstitucional o projeto de emancipação do nascituro: o filho da escrava pertencia ao senhor pelo mesmo título que sua lavoura ou seu gado e a mera possibilidade do nascimento constituía para o proprietário do escravo uma propriedade perfeita. Paulino de Sousa dizia, nessa ocasião, que os escravos eram propriedade, assim como os filhos que tivessem, ou os que haviam tido até então: sujeita aos mesmos princípios que regulam o direito de propriedade em geral. Já em 1868, quando se discutia no Conselho do Estado um projeto de libertação do ventre da escrava, o barão do Bom Retiro alegava que levar avante tal projeto era uma violação flagrante do direito da propriedade que a Constituição mandava respeitar em toda sua plenitude. Na câmara, Barros Cobra ia mais longe ainda: não hesitava em dizer que o fruto do ventre escravo pertencia ao senhor tão legalmente como a cria de qualquer animal de seu domínio, no que era acompanhado por Pereira da Silva, que justificava sua posição dizendo: "Não é propriedade o fruto da árvore, o produto da terra, a colheita da sementeira? A lei hipotecária não estabelece que se podem com os escravos hipotecar os seus filhos futuros?".

Por tudo isso, considerava-se um atentado, um roubo, um esbulho, uma inspiração "comunista" o projeto que pretendia libertar nascituros. Almeida Pereira, na câmara dos deputados, em 30 de julho de 1871, dizia que o tal "projeto desfraldava as velas por um oceano onde vagava também o navio pirata denominado Internacional". Acusava-se o governo de estar, por instigações filantrópicas, a comprometer o futuro da nação, a levar inquietação aos proprietários rurais: "os maiores produtores agrícolas, esses primeiros operários da riqueza nacional e de nossa civilização".

---

13 Não escapou a Rui Barbosa a impossibilidade desse programa teórico e ideal. Como esperar que, dentro da ordem escravista, fossem os senhores dar educação aos escravos. Por isso, chamou a Alencar de escravista mascarado.

DA SENZALA À COLÔNIA 411

A despeito de toda essa argumentação que representa de maneira típica o pensamento senhorial, comprometido com a ordem escravista, o projeto converteu-se em lei. Na realidade, significava um compromisso com o pensamento abolicionista, um adiamento da questão fundamental, através de um dispositivo conciliatório que, necessariamente, teria de se revelar ineficaz, como de fato sucedeu. Seus efeitos serão de imediato muito mais psicológicos do que reais, e quando poderiam começar a atuar, vinte anos depois, encontrava-se a nação emancipada.

Em 1871, prevalecia a ideia de que a abolição da escravatura importava numa profunda transformação social e envolvia não só direitos preexistentes à Constituição do Estado, respeitados e garantidos por ela, como interesses essenciais à ordem pública. Por isso, julgava-se que, para atingir aquele ideal, era necessário proceder muito cautelosa e lentamente de modo que não se ferissem aqueles direitos nem se pusessem em sobressalto os proprietários rurais e os interesses "numerosíssimos e legítimos" que estavam ligados com o desta "importantíssima classe da nação". Assim se expressava, em 14 de maio de 1870, o presidente do Conselho, visconde de Itaboraí.

Assim pensava a grande maioria que se opunha a qualquer tentativa de emancipação e reclamava que fossem feitos estudos prévios, e se procedesse com prudência, protelando assim indefinidamente a questão. Esse era o pensamento do Clube da Lavoura e Comércio. Os escravistas passavam a condicionar a abolição às estatísticas, às reformas sociais e econômicas profundas, à construção de vias férreas, canais, ao incremento da colonização e a outras exigências desse tipo, que possibilitariam um dia a abolição definitiva do sistema escravista, sem afetar o interesse dos proprietários.

Durante os anos seguintes, quando se acendeu a campanha abolicionista, continuaram a repetir à saciedade os mesmos argumentos. Ainda em 1884, no *Manual do súdito fiel ou cartas de um lavrador à sua Majestade o Imperador*, sobre a questão do elemento servil, recriminava o anônimo publicista os métodos empregados pela propaganda abolicionista que, no seu dizer, se levantava "furiosa e infrene em nome do direito dos escravos, em ódio aos direitos do senhor (que os sofre, sem ter concorrido para sua triste condição e apesar da Constituição e das leis, como se estas não fossem a medida da liberdade de todos e a garantia dos direitos de cada um)". Baseando-se nas palavras de Cristiano Otoni, dizia, mais uma vez, que a situação dos escravos não era inferior à dos operários nos países mais desenvolvidos da Europa, que eles viviam muito satisfeitos com a sua condição podendo mesmo ser considerados felizes com a vida que levavam, até o momento em que lhes tinham soprado aos ouvidos ideias novas, subversivas da ordem, e que, por toda parte, estavam a surtir seus efeitos provocando desordens, fugas e a desvalorização da propriedade rural.

A despeito da advertência de Nabuco e Rui Barbosa, de que os defensores da imobilidade eram os maiores abolicionistas e que estavam, assim, mal servindo à classe que representavam, estes continuavam em 1884 a acusar os emancipadores, os adeptos do projeto que libertava os sexagenários, sem nenhuma indenização, de estarem pondo em risco a economia nacional, a segurança pública, levando a desordem às fazendas, instigando por meios indiretos a fuga e agitação nas senzalas, de estarem, enfim, "alçando em terras brasileiras a bandeira vermelha da comuna". Inutilmente, dizia Rui Barbosa a estes reacionários: "As concessões moderadas que hoje recusardes, amanhã não satisfarão ninguém".[14] "Recusar ceder é incrementar o movimento para libertação total incondicional." Não surtiam melhores resultados as acusações de que os que assim agiam não estariam defendendo um direito e sim um "privilégio transitório e amaldiçoado", a que ninguém no país dava mais vinte anos de duração. A resistência escravocrata no parlamento protelava mais uma vez a grande questão e fazia cair o ministério Dantas, que representava o princípio mais avançado da emancipação dos sexagenários sem indenização, para fazer passar, alguns meses após, a lei que a aprovava, ditando o prazo de prestação e que consagrava uma vez mais o princípio da indenização. Isso a despeito de toda pressão que o pensamento abolicionista começara a fazer na década de 1880, e que culminava nessa ocasião com a emancipação da Província do Ceará.

Dos emancipadores aos abolicionistas

Com o tempo reduzira-se, entretanto, a base que sustentava o pensamento escravista. À medida que se desintegrava o "sistema

---

14 Rui Barbosa, op. cit., p.42.

DA SENZALA À COLÔNIA 413

servil" e aumentavam as possibilidades de transição para o trabalho livre, reduzia-se o número dos que apresentavam a escravidão como um benefício que se prestava aos negros, e crescia o daqueles que a consideravam um mal necessário que deveria ser extinto quando as condições o permitissem, evitando-se qualquer interferência no direito de propriedade e limitando-se os riscos de uma possível catástrofe social.

Enquanto isso, a argumentação antiescravista, favorecida pelas novas condições socioeconômicas, encontrava uma aceitação cada vez maior, seus adeptos multiplicavam-se, e muitos daqueles que em 1871 se haviam apegado às posições mais conservadoras, como Antônio Prado, convertiam-se à necessidade da mudança gradual, e reconheciam que era melhor ceder um pouco para não perder tudo.

Desacreditava-se aos poucos a instituição e desmoralizava-se o direito senhorial. As palavras dos publicistas que haviam feito a denúncia dos males da escravidão, na primeira metade do século, foram revalorizadas na pena dos representantes de gerações novas. Dentre estes, o mais famoso foi, sem dúvida, Joaquim Nabuco, que, através de sua ação no parlamento e na imprensa, e em suas campanhas políticas, pôs em circulação ideias enumeradas cinquenta anos antes, mas que surtirão agora efeito muito maior. Somava-se a esses argumentos do passado uma nova ênfase dada à perspectiva do escravo. Escrevia Nabuco em 1883:

Ninguém compete em sofrimento com esse órfão do Destino, esse enjeitado da Humanidade, que, antes de nascer, estremece sob o chicote vibrado nas costas da mãe, que não tem senão os restos do leite que esta, ocupada em amamentar outras crianças, pode salvar para o seu próprio filho, que cresce no meio da senzala, que aprende a não levantar os olhos para o senhor, não reclamar a mínima parte do seu próprio trabalho, impedido de ter uma afeição, uma preferência, um sentimento que possa manifestar sem receio, condenado a não se possuir a si mesmo inteiramente uma hora só na vida e que por fim morre sem um agradecimento daqueles para quem trabalhou tanto, deixando no mesmo cativeiro, na mesma condição, cuja eterna agonia ele conhece, a mulher, os filhos, os amigos, se os teve![15]

---

15 Nabuco, 1938, p.40 e *O eclipse do abolicionismo*, Rio de Janeiro, p.39.

414 EMÍLIA VIOTTI DA COSTA

Considerando-se investido de um mandato da raça negra, impossibilitada pela condição em que vivia, de se manifestar-se em prol de sua libertação, Nabuco acentuava o caráter espoliador do sistema escravista e os danos que ele acarretava para o negro. Não conseguia, entretanto, desligar-se totalmente da "visão senhorial" que buscava no abolicionismo antes uma libertação da raça branca que da raça negra e que via na abolição uma maneira de se desvencilhar dos malefícios do sistema tradicional. Repelia a agitação das senzalas, a mobilização dos escravos. "É no Parlamento e não em fazendas ou quilombos do interior, nem nas ruas e praças das cidades que se há de ganhar ou perder a causa da liberdade", escrevia em 1883, em *O Abolicionismo*. Em Nabuco, encontramos retomados os argumentos de José Bonifácio e Burlamaque. Quase cinquenta anos depois destes, dizia referindo-se à escravidão:

> O que esse regime representa já o sabemos. Moralmente é a destruição de todos os princípios e fundamentos da moralidade religiosa ou positiva – a família, a propriedade, a solidariedade social, a aspiração humanitária, politicamente é o servilismo, a degradação do povo, a doença do funcionalismo, o enfraquecimento do amor da pátria, a divisão do interior em feudos, cada um com o seu regime penal, o seu sistema de provas, a sua inviolabilidade perante a polícia e a justiça, econômica e socialmente é o bem-estar transitório de uma classe única, e essa decadente e sempre renovada, a eliminação do capital produzido pela compra de escravos, a paralisação de cada energia individual para o trabalho na população nacional, o fechamento dos nossos portos aos imigrantes que buscam a América do Sul, a importância social do dinheiro, seja como for adquirido, o desprezo por todos os que, por escrúpulos, se inutilizam ou atrasam numa luta de ambições materiais, a venda dos títulos de nobreza, a desmoralização da autoridade desde a mais alta até a mais baixa...

Assim, a escravidão aparecia como a prejudicar o desenvolvimento industrial, impedindo a mecanização, desviando os capitais do seu curso natural, conduzindo à bancarrota, produzindo uma aparência ilusória de ordem, bem-estar e riqueza, a encobrir "abismos de anarquia moral e de miséria". Ela criava antagonismos, e "ódios entre classes". Levava à desagregação da família, à conspurcação da religião. A escravidão condenava as populações brasileiras à ociosidade, à imprevidência, à rotina. De um lado, deturpava os senhores, de outro, aviltava os escravos. Em vez de beneficiar aos proprietários, criava riqueza instável: "pai rico, filho nobre, neto pobre", esse adágio popular representava, na sua opinião, a longa experiência da escravidão. A raça negra, pelo seu "desenvolvimento mental atrasado", "seus instintos bárbaros", ainda, "suas superstições grosseiras impregnara o catolicismo de feitiçaria", minara a constituição física de parte de nosso povo com a introdução de doenças africanas, corrompera a língua, as maneiras sociais, a educação. Igualmente nefasto fora o resultado da escravidão para a raça escravizada: "manteve toda aquela massa pensante em estado puramente animal, não alimentou, não a vestiu suficientemente ... nunca lhe pagou salários", deixou-a cobrir-se de doenças e morrer ao abandono, tornou impossíveis para ela hábitos de previdência, do trabalho voluntário, de responsabilidade, e dignidade pessoal, "fez dela o jogo de todas as paixões baixas, de todos os caprichos sexuais, de todas as vinditas cruéis de uma outra raça", manteve-a na ignorância e no analfabetismo.

Impedindo o consórcio do homem com a terra, a escravidão realizava obra predatória, riquezas efêmeras, que cedo deixavam lugar à miséria e desalento; as cidades rapidamente entravam em decadência, "em parte alguma o solo adquire vida"; criava uma ilusão de riqueza que escondia atrás de si uma outra realidade, "um povo antes escravo do que senhor do vasto território que ocupava, a cujos olhos o trabalho foi sistematicamente aviltado, ao qual se ensinou que a nobreza está em fazer trabalhar, afastado da escola; indiferente a todos os sentimentos, instintos, paixões e necessidades, que formem dos habitantes de um mesmo país, mais do que uma simples sociedade: uma nação". Assim como entrava o real aproveitamento do solo, pelos métodos rotineiros a que obriga, pela impraticabilidade da mecanização, a escravidão incompatibiliza o país com o desenvolvimento industrial, inibe o comércio, impede o processo de capitalização essencial ao desenvolvimento da nação.

A esses prejuízos de ordem social e econômica somam-se os que atingem a essência política, pondo em risco a própria nacionalidade, desprestigiando o país perante as demais nações do mundo, criando um clima de instabilidade política que ameaça a segurança nacional. Cria ao mesmo tempo um clima de servilismo, estimulado pela instabilidade econômica das classes dominantes. Nem mesmo o mecanismo da política interna consegue escapar da corrupção social causada pela escravidão. Contagiando assim todos os setores da vida nacional, atingindo os dominadores e os dominados, a escravidão aparecia como um mal a ser extirpado para redenção de todos. Era, portanto, todo o sistema escravista que as palavras de Nabuco condenavam. "A propaganda abolicionista é dirigida contra uma instituição e não contra pessoas. Não atacamos os proprietários como indivíduos, atacamos o domínio que exercem e o estado de atraso em que a instituição que representam mantém o país".

Na década de 1880, quando Nabuco iniciava sua campanha mais ativa em prol da emancipação dos escravos, publicando, em 1883, *O abolicionismo*, e alguns anos mais tarde, *O eclipse do abolicionismo*, proferindo conferências e promovendo comícios, reuniões e almoços, organizava-se também no Rio e em São Paulo a maior parte das associações abolicionistas ou emancipadoras, fundavam-se clubes, e a luta em prol da libertação dos negros assumia caráter popular, atingindo, a partir de então, um clima de agitação que repercutia nas senzalas. O "Manifesto da Confederação Abolicionista do Rio de Janeiro", publicado em 1883, não trazia, entretanto, nada de novo em matéria de argumentação. Invocava, a favor da emancipação, o direito natural, a liberdade natural, a ilegalidade da propriedade escrava, observava que, enquanto subsistisse a escravidão, a grande propriedade, as populações do interior não se afeiçoariam ao trabalho agrícola, pois, conforme era dito, sempre que a paga não indeniza o trabalho, este desaparece e a indústria é abandonada, de onde o estado deficitário em que se encontrava grande número de fazendas incapazes de saldarem os empréstimos levantados no Banco do Brasil. Enfim, baseados em consideração do direito positivo, oriundo de leis como as de 1755 e 1831, alegações de ordem moral, tantas vezes invocadas, e razões de ordem econômica e política, surgidas em face da depreciação da terra e do trabalho, exigiam a abolição da escravidão.

Nessa época, entretanto, difundia-se uma forma de argumentação relativamente nova. Aos tradicionais motivos, inspirados no pensamento da Ilustração, no romantismo e na economia clássica,

DA SENZALA À COLÔNIA 417

tantas vezes repetidos por aqueles que condenavam o sistema escravista, acrescentavam os positivistas outros elementos. Partindo da ideia de Augusto Comte, de que nenhuma ordem real poderia surgir nem perdurar se não fosse plenamente compatível com o progresso, e que nenhum progresso se realizaria efetivamente se não tendesse, finalmente, à consolidação da ordem, Brandão Junior publicava, já em 1865, um trabalho sobre a escravatura no Brasil, com um estudo especial sobre o Maranhão. Depois de caracterizar os malefícios econômicos e sociais oriundos do sistema de trabalho usual no Brasil, afirmava que os sentimentos altruístas dados pelo impulso do coração eram emudecidos nesse quadro de anarquia moral pelos sentimentos egoístas de dominação, interesse e ambição. Concluía que a humanidade marchava para o estado positivo e à proporção que a raça branca fosse cultivando mais o sentimento e fazendo abstração do eu pessoal pelo bem geral dos homens, a ordem iria aumentando e o interesse de todos seria o fim de todos. Com isso, manifestava sua confiança em que a escravidão seria inevitavelmente eliminada, não por métodos violentos, mas graduais, sem perturbação da ordem.

Reconhecendo a legitimidade da propriedade escrava, pois, na sua opinião, todos e quaisquer haveres sancionados pela sociedade são legais, afirmava que os que herdaram escravos estavam no legítimo gozo de seus bens, como de todos ou quaisquer outros haveres legalizados pela sociedade, a despeito de ser a instituição da escravidão anacrônica e monstruosa. Reconhecia o direito dos senhores sobre seus escravos, mas rejeitava a ideia de abolição incondicional e até mesmo a de libertação do nascituro por considerar a primeira juridicamente falsa e desastrosa do ponto de vista econômico e, a segunda, política e socialmente, um perigo.

Aplicando à realidade brasileira a lei geral da evolução humana de Comte, Brandão Junior propunha a transformação da escravidão num regime de servidão. O Brasil estaria, do ponto de vista econômico, numa fase histórica correspondente à organização feudal e deveria repetir a marcha evolutiva atravessada pelo Ocidente. Para isso, propunha fossem proibidas as vendas de escravos e estes transformados em servos da gleba, cabendo aos proprietários fixar o salário e estipular o preço da liberdade. Assim, em pouco tempo, a seu ver, "o trabalho escravo seria substituído pelo trabalho livre, sem crises ou revoluções".

É muito difícil seguir a pista das influências positivas no Brasil e avaliar até que ponto as ideias de Brandão Junior foram conhecidas na ocasião de sua publicação e chegaram a impressionar os leitores. Foi principalmente na década de 1880 que os positivistas brasileiros começaram a manifestar-se com maior frequência, a propósito da questão escravista, e ao fazê-lo, irão refletir, inevitavelmente, seus interesses de grupo, seus comprometimentos com a ordem social vigente. Os mais vinculados ao meio rural, como Pereira Barreto ou Ribeiro de Mendonça, assumirão posição conciliatória emancipadora moderada, enquanto Miguel Lemos, representando uma perspectiva urbana, desligado dos interesses agrários, condenará formalmente a escravidão.

Em 1880, Teixeira Mendes, Anibal Falcão e Teixeira de Sousa publicavam na *Gazeta da Tarde* um projeto abolicionista: "Apontamentos para a solução do problema social no Brasil", onde comentavam trechos de Comte sobre questões econômicas. Afirmavam que o homem não podia ser propriedade de ninguém e reconheciam a impossibilidade da abolição imediata, em virtude do estado mental e moral do cativo: incapaz, segundo diziam, de enfrentar essas circunstâncias. Havia, ainda, o fato de o trabalho nacional estar eminentemente ligado ao braço escravo. Propunham, à vista disso, a supressão imediata do sistema escravista, e a adstrição ao solo do ex-trabalhador escravo, sob a direção dos respectivos proprietários, supressão de todos os castigos corporais e de toda legislação especial, constituição de um regime moral pela adoção sistemática da monogamia, fixação do número de horas de trabalho quotidiano, descanso no sétimo dia, criação de escolas de instrução primária mantidas nos centros agrícolas às expensas dos grandes proprietários rurais e estabelecimento de salário razoável. Esse não era o ponto de vista de Miguel Lemos que, na Introdução ao *Positivismo e escravidão moderna*, criticava os projetos tendentes a transformar a escravidão em servidão, e mostrava a sua inexequibilidade pela impossibilidade de qualquer fiscalização, o que necessariamente levaria a permanência do *status quo*, sob o rótulo de uma nova situação.

Ainda em 1880, Pereira Barreto escrevia uma série de artigos em *A Província de São Paulo*, manifestando-se contra as posições extremadas. O problema é econômico, dizia, e como tal deve ser considerado.

DA SENZALA À COLÔNIA 419

De um lado estão os abolicionistas armados na metafísica revolucionária, estribando-se no sentimentalismo retórico, de outro, os lavradores na defesa de seus interesses mais imediatos. Em auxílio dos abolicionistas, atuam as ideias do século que empolgam todas as camadas sociais, em amparo dos lavradores militam irrefragáveis motivos de ordem econômica e condições sociais.[16]

Diante dessas duas posições antagônicas, assumia uma posição mediadora: "Cada campo tem a seu lado uma meia razão, e só na fusão dos dois pontos de vista poder-se-á chegar a uma transação satisfatória". "É nossa firme intenção", frisava – como obediente discípulo de Comte –, "conciliar a ordem com o progresso."

Os abolicionistas exageravam, a seu ver, os males da escravidão, contribuindo para criar uma falsa visão do problema, cultivando a ilusão de que se poderia realizar de pronto um ideal, que, no seu entender, era impraticável no momento. Apesar disso, um grão de verdade existia nessa propaganda, e era necessário que ele viesse a germinar e frutificar em condições "normais e salutares". A ação abolicionista parecia-lhe fecunda, na medida em que, agitando o problema, redimia a nação aos olhos dos estrangeiros e obrigava os lavradores a prepararem-se para a transição que, cedo ou tarde, se deveria operar.

Estes tinham, entretanto, a seu favor as "leis da história". Primeiramente, porque, no seu entender, toda reforma radical e imediata é absurda, e, segundo, porque não se destrói senão aquilo que se pode substituir. Toda História o prova: nenhuma transformação social houve que não tivesse sido precedida por uma série de preparações correspondentes. "Não há milagres em política como não os há em domínio algum", escrevia.

Criticando a orientação geral conferida aos assuntos políticos no Brasil, dizia que o povo deveria ser consultado acerca de qualquer ideia de reforma e que, aqui, o que se via era justamente o oposto. "Nós procuramos ainda hoje, dizia, converter a política num cenário de prestidigitações, em que, como sob a condução da vara mágica, podemos fazer surgir as transformações sociais ao grado de nossa fantasia." E enfaticamente concluía: "O progresso jamais está na legislação, mas sim no meio da própria sociedade".

---

16 *A Província de São Paulo*, 24 de novembro de 1880.

É o organismo social que tira do seu próprio fundo, em todos os tempos, os elementos da sua força e de seu aperfeiçoamento e as leis mais sábias serão sem efeito sobre um povo que para elas não esteja preparado. Mas, por outro lado, qualquer reforma antes de se tornar um fato precisa ser por muito tempo uma ideia assimilada, uma parte integrante da circulação mental da época. "O passado não se refaz, não se modifica, não se anula", "o presente não pode ser modificado senão nos limites da esfera das tradições, leis e costumes, que nos legou o passado e mais ou menos nos limites do ideal que fazemos do futuro". Por tudo isso, para realizar uma reforma, há necessidade de "preparação psicológica" e econômica. No seu entender, o ponto fraco do abolicionismo era exatamente esse. Seus promotores não haviam tido o cuidado de preparar o terreno social. A Abolição deveria ter sido precedida, de longa data, de outras reformas, tais como a supressão da religião de Estado, a grande naturalização, o casamento civil, a secularização dos cemitérios, a elegibilidade dos católicos, reformas que poderiam garantir as simpatias da Europa e atrair para o Brasil as correntes de imigração, sem o que lhe parecia impossível resolver a questão do trabalho.

Assim, a solução do problema da emancipação dos escravos apresentava-se-lhe clara: criadas primeiro as condições para imigração, a abolição viria depois naturalmente. A isso, responderiam os abolicionistas mais extremados, alegando que o maior empecilho à imigração era justamente a permanência da escravidão; abolida esta forma de trabalho, a outra preencheria os claros.

Prosseguindo na sua crítica ao abolicionismo, Pereira Barreto condenava o caráter romântico desse movimento: para ele, o abolicionismo pecava pelo lado do patético. Dentro de sua fé positivista, não havia lugar para a metafísica: esta é impotente, a seu ver, para o papel orgânico da direção social. Não seria apelando para os sentimentos generosos do país que os abolicionistas conseguiriam abrir caminho para sua bandeira. A escravidão teria que ser condenada principalmente pelo positivo mal que essa instituição causava "a nós e a nossa vida doméstica, ao movimento ascendente de nossa civilização". Repelia, entretanto, a perspectiva de uma abolição súbita: "O problema da abolição se reduz a estes termos: convém abalar já a ordem social e sacrificar a civilização futura, ou será mais consentâneo com os princípios da ciência

DA SENZALA À COLÔNIA   421

social contemporizar com o atual estado de coisas para salvar os interesses da civilização futura?". Comentando um projeto apresentado por Nabuco na câmara, observava que este instituía um sistema de "servagem" que lhe parecia perfeitamente de acordo com as exigências da marcha da civilização: "Há um movimento ascendente: o progresso que eleva o homem do estado de selvageria primitiva ao da escravidão e deste ao da servidão, do de servidão ao de plena posse de si mesmo". Por isso, o projeto de Nabuco parecia-lhe digno de atenção: consolidava na legislação uma etapa natural das sociedades, sem subverter a ordem como pretendiam os abolicionistas.

A posição de Pereira Barreto não poderia satisfazer tampouco aos abolicionistas. Ele não só os combatia, como ia mais longe: chegava a afirmar que a escravidão fora incontestavelmente um grande bem relativo para os infelizes filhos da "bárbara África"[17] e que não tinha sentido colocar a questão em termos éticos. A escravidão era um estado transitório que a sociedade rejeitaria, exatamente no momento em que se sentisse preparada e com forças para se adaptar a outro tipo de organização superior.[18] Argumentava que o Brasil não fora a única nação a utilizar essa forma de trabalho, e que no seu país de origem viviam os africanos em condições de vida piores; pois não se viam, na sociedade brasileira, filhos de escravos destacados homens de pensamento? Isso jamais teria sucedido se permanecessem na África, onde imperava a barbárie.

Essa tomada de posição, fundamentada no pensamento positivista, encontrou certamente adeptos entre os leitores do jornal *A Província de São Paulo* e entre aqueles que, reconhecendo a inevitabilidade das reformas, procuravam adiá-las e que solicitavam dos poderes públicos maior apoio à imigração. O sistema de fixar o trabalhador ao solo pela servidão parecer-lhes-ía, a esta altura, uma solução conveniente, uma vez que se tornava cada vez mais difícil resistir à pressão abolicionista.

Nem todos ousavam tanto: muitos apegavam-se ainda ao estabelecido pela Lei do Ventre Livre e julgavam-na suficiente para proceder à tão esperada transição para o trabalho assalariado. Não

---

17 Idem, 23 de dezembro de 1880.
18 Idem, 15 de janeiro de 1881.

lhes convencia o pensamento conciliador de Pereira Barreto. Seu cientificismo soava-lhes duvidoso e talvez tão teórico e abstrato, tão irreal quanto o pensamento abolicionista.

No mesmo ano em que Pereira Barreto escrevia seus artigos em *A Província de São Paulo*, Campos Sales, representando o pensamento da lavoura paulista do centro e oeste, condenava tanto os abolicionistas exagerados conduzidos pelo sentimentalismo, como os proprietários que se pretendiam opor tenazmente àquelas ideias. Apelando para os exemplos da história, sempre saqueada pelos políticos que recorrem a ela com o fito de comprovar as suas teses, afirmava que "a História nos ensina que em toda a parte a resistência tem dado maus frutos", "o princípio tem sobrepujado o direito, a lei natural tem vencido a lei civil". A resistência, quando não é desastrosa, é simplesmente inútil. Por isso, os proprietários não deveriam ficar inertes nem se colocar numa posição de inútil reação. À lavoura competia, a seu ver, tomar a posição ativa que lhe pertencia, examinar a questão e o modo de resolvê-la, evitando catástrofes. Não deveria abandonar a solução aos menos competentes que, incapazes de compreendê-la na complexa variedade de seus aspectos práticos, iriam inspirar-se nos moldes sentimentalistas. A lavoura é que poderia levar a questão para o terreno prático de onde viria a solução adequada. Melhor seria que ela utilizasse seus elementos de força, estabelecendo a uniformidade da deliberação e a unidade de ação, procurando tirar da própria experiência, do conhecimento exato da situação um desenlace que se harmonizasse com seu direito e interesse. Optava pela emancipação gradual e essa, a seu ver, já estava contida no texto da lei de 28 de setembro. Qualquer alteração no seu mecanismo traria repercussões nefastas ao espírito dos senhores e escravos. Pela prática da lei, a escravidão seria abolida sem sacrifícios para a lavoura e, dentro de um prazo mais ou menos curto, não haveria mais escravos no país. Por que então continuar agitando a questão? Bastariam, a seu ver, algumas medidas paralelas, que viriam reforçar a eficácia da lei de 28 de setembro de 1871, para que nada mais fosse necessário fazer naquele sentido. Primeiramente, proibir de imediato o comércio interprovincial de escravos e a saída deles de umas para outras províncias, sob qualquer pretexto. Com isso, seriam os fazendeiros obrigados a orientar-se para o trabalho livre; em segundo lugar, libertar os escravos maiores de 55 anos e os que

DA SENZALA À COLÔNIA

fossem sucessivamente completando essa idade; terceiro: taxar em dez mil-réis cada escravo empregado na lavoura, e em trinta, os utilizados na indústria ou nos serviços urbanos, sendo o produto desses impostos aplicados para ampliar o fundo de emancipação. Com tais medidas, julgava que se poderia resolver o problema, ou, pelo menos, preparar o terreno para golpes mais decisivos.

Se nada havia a fazer em prol da emancipação, muito poderia ser realizado em benefício da lavoura, para que esta não recebesse um grande choque quando se desse a crise que parecia iminente: criar estabelecimentos de crédito e legislar a fim de se atrair a imigração e oferecer-lhe garantias.

Na sua opinião, a escravidão teria influído apenas de modo indireto para obstar o desenvolvimento da imigração, pois os colonos existentes em São Paulo estavam dando conta de seu trabalho sem se preocupar com a escravidão que jazia ao lado. O que lhe parecia necessário era a liberdade dos cultos, a igualdade destes perante a sociedade temporal e política, o estabelecimento do casamento civil, sem prejuízo das cerimônias religiosas, para os que quisessem observá-las, execução da lei e dos regulamentos referentes ao registro civil de nascimentos e óbitos, secularização dos cemitérios, naturalização, ampliação da competência dos poderes locais e concessão ao estrangeiro naturalizado de todos os direitos políticos.

Campos Sales aparecia, até certo ponto, como o porta-voz do Clube da Lavoura de Campinas, que, nessa mesma ocasião, tomava uma série de deliberações que acompanhavam passo a passo aquelas ideias.[19]

Criticava-se o movimento abolicionista, tachando-o de romântico, demagógico, agitação inútil e desorganizadora da ordem vigente, prejudicial aos interesses da nação.

A posição moderada de Campos Sales e, mais particularmente, de Pereira Barreto não era considerada válida pelos mais ortodoxos como Miguel Lemos. Esse não aceitava a tese da superioridade da raça branca. Para os positivistas ortodoxos, dizia, "não se pode falar em raças superiores ou inferiores", o que existem são apenas raças diversas, em virtude da preponderância da inteligência,

---

19 Idem, artigos publicados durante o mês de dezembro de 1880.

afetividade ou atividade, e se a escravidão no Mundo Antigo poderia ser justificada historicamente, o mesmo não se dá com a escravidão moderna que aparece como uma aberração, um crime que mereceria ser resgatado. O positivismo brasileiro nas mãos de Miguel Lemos opor-se-á, cada vez mais, à escravidão. Assim, em 1883, Ribeiro de Mendonça foi severamente admoestado por ter anunciado uma gratificação a quem lhe entregasse um escravo fugido, e sob inspiração de Miguel Lemos, o Centro Positivista Brasileiro proibiu a seus membros a posse de escravos por compra, herança, donativo ou empréstimo. Aqui, como em toda parte, os homens achavam-se divididos. Havia republicanos escravistas e abolicionistas, conservadores abolicionistas e escravistas, liberais favoráveis à abolição com indenização, ou contrários a qualquer alteração da ordem, e até mesmo os que propugnavam a abolição imediata sem qualquer indenização. A questão dividia os homens em dois grupos. Também entre os positivistas: a divergência que separava as ideias de Miguel Lemos e Ribeiro de Mendonça simbolizava essas facções dentro do movimento comtista nacional. Em carta a Ribeiro de Mendonça, indagava o chefe do positivismo brasileiro, qual a legitimidade histórica e social dos direitos dos senhores sobre os descendentes dos africanos escravizados. Retrucando a uma insinuação que lhe fora feita pelo amigo, de que desconhecia os esforços que a lavoura vinha realizando a fim de promover o trabalho livre, dizia Miguel Lemos: "O que eu sei, porém, com história na mão, confirmado pela observação de todos os dias no Brasil, é que foram sempre os fazendeiros (salvo raríssimas exceções) que se opuseram a todas as medidas tendentes a extinguir a escravidão". Continuava afirmando que não era necessário o testemunho histórico, bastava o conhecimento positivo da natureza humana, para saber que os interessados é que haveriam de se opor a esta obra de purificação e justiça social. Referindo-se ao companheiro, acusava-o: "O amigo mesmo, apesar da influência positivista e dos seus excelentes dotes morais, não consegue vencer as desvantagens de sua situação pessoal e adquirir a imparcialidade necessária para resolver com calma este problema. Haja vista a maneira apaixonada e agressiva com que sempre se refere ao partido abolicionista".[20]

---

20 Carta de Miguel Lemos a Ribeiro de Mendonça, Rio de Janeiro, 13 de março de 1883, apud Costa, 1950.

DA SENZALA À COLÔNIA

Perseverava na opinião de que um positivista não poderia ter escravos, devendo colocar sua religião acima de seus interesses particulares. Em 1883, escrevendo para o *Jornal do Comércio*,[21] ao comentar o opúsculo de José Bonifácio sobre a escravidão, julgava encontrar nele os princípios que, mais tarde com a fundação da sociologia por Augusto Comte, receberam sua demonstração científica, a saber, que a propriedade tem uma razão de ser social e só pode estender-se ao capital material da humanidade, composto de instrumentos e provisões, com exclusão dos agentes do trabalho. Acentuava que, apesar de a obra de José Bonifácio ter sido escrita em 1823, a situação perdurava. "O cego interesse dos senhores de escravos impediu então, e tem impedido até o presente, como impedirá no futuro, qualquer medida decisiva. O resultado dessa má vontade", prosseguia ele, "combinada com a insuficiência política dos dois imperadores, têm sido as medidas sofísticas, destinadas antes a assegurar a prolongação da monstruosa posse, do que a lhe acelerar o desaparecimento." Afirmava, a seguir, a superioridade moral da raça negra.

Discutindo a questão da indenização pleiteada pelos senhores de escravos, dizia nessa mesma ocasião: "Não lhes assiste o mínimo direito à indenização, pelo prejuízo resultante do fato de deixarem de ser opressores de mais de um milhão de nossos compatriotas para se tornarem realmente trabalhadores. Porventura, já se lembraram de reclamar indenização para os atuais escravizados? ... No Brasil, como no Mundo, não deve haver escravos, tal a fatalidade a que as condições morais do nosso século nos submetem, com a mesma inflexibilidade com que as condições cosmológicas nos impõem o movimento da Terra".

Daí por diante, continuará a manifestar, intransigentemente, sua oposição à escravatura. Em 1884, ao publicar uma monografia com título *O positivismo e a escravidão moderna*, onde reiterava sua opinião de que nenhum positivista podia possuir escravos, declarava que, na qualidade de chefe do positivismo no Brasil, vinha envidando todos os esforços nesse sentido, não hesitando mesmo em eliminar dos quadros do grêmio elementos divergentes e equívocos. Aludia ao episódio ocorrido entre ele e Ribeiro de Mendonça e que resultara na saída deste do Centro Positivista.

---

21 *Jornal do Comércio*, 7 de agosto de 1883, citado em Lins, 1938.

Apoiando-se em Comte, e divergindo das interpretações daqueles que, como Lafitte, toleravam a escravidão colonial moderna, Miguel Lemos estabelecia uma nítida diferença entre esta e a escravidão antiga: fenômeno natural na evolução humana. Em sua carta a Ribeiro de Mendonça, dizia que a escravidão, na Antiguidade, era uma "instituição legitimada pela evolução natural da sociedade e, portanto, as ligações entre senhores e escravos eram completamente normais". Entretanto, faltava à escravidão colonial essa justificativa: "O proprietário atual de escravos é simplesmente uma pessoa que continua a gozar as consequências de um crime que os nossos pais cometeram, crime atroz que deve ser expiado, e a expiação consiste não em conservá-los escravos embora tratados com caridade (para tanto não precisava ser positivista), mas em transformá-los em cidadãos livres".[22] Pensava na incorporação do proletariado à sociedade moderna e mais especificamente do escravo ao proletariado. Daí o seu apoio aos abolicionistas mais extremados, sua luta pela libertação imediata e incondicional, e a recusa em apoiar a pretensão de indenização pleiteada pelos fazendeiros.

A cisão que minava os positivistas não tardou a se manifestar. Em 1883, Ribeiro de Mendonça, que se separara finalmente do Centro Positivista, pressionado por Miguel Lemos, escrevia em *A Província de São Paulo* um artigo criticando-o, fazendo referências à questão da abolição e invocando as ideias de Lafitte para justificar sua posição. Confessava-se inteiramente favorável à indenização dos proprietários. No seu *Curso de política positiva* de 1872, Lafitte escrevera que toda indústria perturbada por um novo progresso deveria ser indenizada na pessoa do chefe e dos proletários, assim privados repentinamente de seus meios de existência. Apoiando--se nesse pensamento, pretendia Ribeiro de Mendonça defender sua atitude.

Fundamentando-se em Lafitte, os positivistas proprietários de escravos ou adeptos da ordem escravista elaboravam argumentos para explicar a própria situação. Foi esse, aliás, um dos motivos que levaram Miguel Lemos e Teixeira Mendes, bem como seus

---

22 Costa, op. cit., p.365, transcreve correspondência trocada entre Ribeiro de Mendonça e Miguel Lemos a esse respeito.

DA SENZALA À COLÔNIA 427

seguidores mais próximos a romper com Lafitte. "Levamos ao abolicionismo o poderoso apoio da autoridade do nosso Mestre contra os sofistas que reclamavam uma impossível e falaciosa transformação gradual e que sustentavam o pretenso direito de uma indenização pecuniária", escrevia mais tarde Miguel Lemos.[23] Em 1886, por ocasião da apresentação ao senado do projeto Dantas, que marcava um prazo de cinco anos para a extinção da escravatura, os positivistas enviaram ao ministro uma carta de apoio.

Em 1888, Miguel Lemos e Teixeira Mendes publicavam *A liberdade espiritual e a organização do trabalho*: "Considerações histórico-filosóficas sobre o movimento abolicionista. Exame das ideias relativas às leis de organização do trabalho e locação de serviços, programa das reformas políticas mais urgentes", onde ofereciam um plano de ação completamente teórico e romântico, desligado da realidade nacional, fortemente idealizado, apelando para a generosidade e os sentimentos altruísticos.

O número de positivistas subscritores do subsídio positivista brasileiro era diminuto em 1882 – cerca de cinquenta – e em 1891, atingiam a duas centenas em todo o país. Mas suas ideias divulgadas pela imprensa exerceram em certos meios poderosa influência, cuja extensão evidentemente é impossível medir, mas que pode ser avaliada pelo tipo de argumentação a que deu origem, contribuindo com novos elementos para o pensamento abolicionista. Entretanto, conforme as circunstâncias, os interessados ou em preservar o sistema escravista, ou em reclamar uma indenização pelos prejuízos que a Abolição acarretaria, encontraram, no positivismo, argumentos para justificar seus interesses mais imediatos. O contexto teórico moldava-se à realidade.[24]

---

23 *A mistificação democrática e a regeneração social*, p.29-30, citado por Costa, op. cit., p.227. A respeito dos serviços prestados pelo positivismo à abolição, veja-se a VIII circular do Positivismo.

24 É flagrante o paralelismo entre as ideias escravistas ou antiescravistas que circulavam em outras regiões que atravessavam idêntico período de desorganização do sistema escravista colonial. Na obra dos abolicionistas ingleses e franceses invoca-se o direito do homem à liberdade e acentuam-se a improdutividade da economia escravista e os prejuízos de ordem moral decorrentes da escravidão não só para o escravizado, como para o escravizador. Não há nenhuma diferença entre a inteligência do branco e a do negro, dizia Clarkson, na Inglaterra, e Schoelcher, na França. Se o negro é desatento e

428 EMÍLIA VIOTTI DA COSTA

despreocupado é porque nada pode interessar ao homem na situação de escravo, ele é preguiçoso porque seu trabalho não é remunerado, é ladrão porque nada possui, é viciado porque ignorância e servidão, mais ainda do que a ociosidade, são fontes de vício. Um homem assalariado fez mais em uma hora do que um prisioneiro em quatro. O preconceito de cor contra os negros liga-se intimamente ao domínio e opressão que o branco exerce sobre o negro. "Os negros não são estúpidos porque são negros mas porque são escravos." "A atrofia das faculdades do espírito está no âmago de toda servidão, branca ou negra", dizia Schoelcher (1948, p.2, 36-7, 71-2).

CAPÍTULO 2

FORMAÇÃO DA CONSCIÊNCIA EMANCIPADORA

O despertar

A penetração das ideias emancipadoras e a formação de uma consciência antiescravista foram lentas e atingiram, desigual mente, os vários meios sociais, e as diversas regiões geográficas do país. As províncias de São Paulo, Minas e Rio de Janeiro, principalmente as duas últimas, foram as que mais se apegaram ao sistema escravista. As camadas senhoriais, mais dependentes do trabalho escravo, mostraram-se, em geral, mais resistentes às ideias abolicionistas, que implicavam não só a extinção da escravatura, mas também o abandono da visão senhorial do mundo e a renúncia a uma série de valores com ela relacionados. Casos individuais houve que divergiram da linha média do comportamento coletivo: fazendeiros, senhores de engenho que aderiram às novas ideias, chegando a desempenhar ação importante no movimento emancipador e mesmo abolicionista, como Nabuco ou Dantas, engenheiros, médicos ou advogados, cujo sistema de vida e categoria profissional lhes davam certa independência em relação à escravidão, mas que fizeram a defesa da instituição, quer por estarem comprometidos com a visão senhorial, quer por representarem os interesses agrários, aos quais estavam de fato ligados, ou por laços familiares ou por viverem na sua órbita e de seus serviços, tais foram Andrade

Figueira, Pereira Barreto ou Ribeiro de Mendonça. De maneira geral, entretanto, foram os elementos urbanos e as categorias não comprometidas diretamente com o sistema que participaram ativamente do movimento abolicionista quando esse tomou força, o que coincidiu, aliás, com o processo de urbanização incipiente, mas característico dos últimos anos do Império.

Dificilmente se poderá encontrar nos indivíduos uma coerência perfeita que os tenha conservado, durante toda vida, numa posição inequivocamente escravista ou abolicionista. São raros os que, como Andrade Figueira ou Paulino de Sousa, se mantiveram até o último instante contrários à Abolição, e fiéis a suas ideias, votaram, ainda em 1888, contra a Lei Áurea, manifestando repulsa à libertação dos escravos numa época em que ela era consagrada nas ruas e nas praças. A maioria dos homens revelou-se contraditória nas suas convicções e na sua conduta. Não teriam sido raros os casos como o daquele fazendeiro de Pindamonhangaba que, depois de ter inaugurado, na sua cidade, o Livro de Ouro, em prol da libertação de escravos, mandava pôr no gancho um escravo fugido e desafiava os abolicionistas a virem buscá-lo. Outros converteram-se à última hora. Antônio Prado que, em 1871, rompia com João Mendes por ter este manifestado seu apoio à Lei do Ventre Livre e que, durante toda sua atuação política, resistira às pretensões abolicionistas, converter-se-á a essas ideias nos últimos anos, o mesmo sucedendo a Rodrigo Silva, Cristiano Otôni e Afonso Celso, igualmente ligados aos interesses cafeicultores. Mudam uns porque não querem sair, mudam outros porque querem entrar, dizia ironicamente Martinho Campos, no senado, em 1885, citando palavras de Andrade Figueira.

Diante da aparente inexorabilidade do processo que culminaria em breve com a abolição definitiva, muitos resolveram ceder um pouco para não perder tudo, e de escravistas passaram a emancipadores, embora não concordassem com a abolição total. Cada um, à sua maneira, contribuiu para a desagregação do sistema. "Ninguém, afinal, sabe quem fez mais pela Abolição, se a propaganda, se a resistência, se os que queriam tudo, se os que não queriam nada", escreverá Nabuco, anos mais tarde.[1]

---

1 Nabuco, 1934, p.200.

Durante esse largo período, que vai de 1822 a 1888, que abrangeu duas gerações, e durante o qual profundas transformações se operaram na estrutura econômica e social do país, em particular nas áreas cafeeiras e açucareiras mais diretamente ligadas ao modo escravista de produção, o comportamento da sociedade transformou-se definitivamente em face da escravidão. Em 1822, discutia-se a necessidade de abolição do tráfico e essa ideia encontrava fortes resistências na constituinte. A despeito de todas as medidas, o tráfico continuou até meados do século. Entre 1850 e 1870, apresentaram-se vários projetos que favoreciam o escravo. Estes encontravam numerosos opositores e, quando não eram sumariamente rejeitados, sua discussão na câmara e no senado era indefinidamente postergada, o que dava bem a medida da escassa receptividade da grande maioria dos representantes das classes senhoriais às propostas julgadas contrárias a seus interesses mais imediatos. Surdos à argumentação dos publicistas e teóricos que apontavam os malefícios do sistema, indiferentes à pressão internacional, continuavam apegados ao "regime servil" como única solução possível para o problema do trabalho na grande lavoura.

A lei de 1831, que correspondeu à ação desenvolvida na época da Independência pelos que agitaram a questão escravista, como José Bonifácio, Eloy Pessoa e outros, e que resultara, sobretudo, da pressão internacional, principalmente da Inglaterra que exigira a interrupção do tráfico como condição para o reconhecimento da independência do país, permaneceu letra morta. Por essa lei, os africanos introduzidos daí por diante foram considerados livres. O tráfico, posto fora da lei, continuou, entretanto, ininterrupto, tendo havido mesmo um recrudescimento das importações de negros, à medida que a lavoura cafeeira em plena expansão exigia maior número de braços. A própria legislação foi afrouxada nos anos seguintes com a determinação, em 1834, de que os africanos apreendidos por ocasião do contrabando fossem distribuídos para o serviço público. Um aviso de 29 de outubro de 1834, considerando as dificuldades de reexportação dos emancipados, determinava que estes ficariam sob a jurisdição dos juízes de órfãos e do chefe de polícia, estipulando-se que os negros prestariam serviços à municipalidade do Rio de Janeiro e, no ano seguinte, estendeu-se esta concessão às províncias. Consumava-se, assim, a escravização de fato daqueles que, pela lei anterior, eram considerados homens livres. O prosseguimento do tráfico e o comprometimento da parte da nação interessada e participante do contrabando de escravos repercutia no parlamento e junto ao governo por meio de numerosas tentativas de supressão da lei de 1831. A tanto, não ousaram os legisladores. Era mais fácil fechar os olhos ao contrabando do que revogar um dispositivo nascido em grande parte da política internacional que continuava vigilante. Nos anos seguintes, algumas medidas foram tomadas com o objetivo de cercear o contrabando que prosseguiu impunemente. Na sua maior parte, tendiam a diminuir a tensão que se criara entre a realidade escravista nacional e a política britânica antiescravista.

A lei de 1831, embora desrespeitada a todo instante, continuou em vigor, passada a segunda metade do século, mesmo quando a de 1850 veio formalizar novamente a interdição do tráfico e, desta vez, com maior sucesso.

A lei de 1850, que estabelecia severas medidas para a sua repressão, incluíra um artigo determinando a exportação dos escravos ilegalmente introduzidos, por conta do Estado, para os portos de onde tivessem vindo ou para qualquer ponto mais conveniente ao governo situado fora do Império. Acrescentava, entretanto, que enquanto essa exportação não se concretizasse os africanos seriam postos a trabalhar sob a tutela do governo. Determinava-se, nessa ocasião, de maneira incisiva, que os serviços desses africanos não seriam de forma alguma concedidos a particulares.

Mais uma vez, a realidade veio desmentir os desígnios do legislador. Os "africanos livres", que assim passaram a ser chamados os apreendidos em tráfico ilícito, foram entregues a particulares. Um decreto de 1853 declarava que aqueles cujos serviços tivessem sido arrematados por particulares seriam emancipados depois de quatorze anos, quando o requeressem, ficando porém com a obrigação de residir em lugar designado pelo governo e de tomar ocupação ou serviços mediante salário. Durante esse período, as raras denúncias de escravidão ilegal de africano livre ficavam esquecidas em processos arquivados. As próprias autoridades governamentais se empenhavam em que os interesses senhoriais não fossem prejudicados pelo excessivo escrúpulo de algum de seus representantes locais. A realidade desmentia os intuitos filantrópicos da legislação. Baldados eram os esforços do governo britânico para fiscalizar o destino dado aos africanos livres.

DA SENZALA À COLÔNIA 433

Transferiam-nos de senhor a senhor, passavam-se certificados falsos de óbito ou desaparecimento. As autoridades brasileiras não pareciam ver essas transações e os africanos livres acabam por diluir-se na população escrava, sem deixar traços. Só em 1864 aparece um novo decreto determinando a emancipação de todos os africanos livres existentes no Império a serviço do Estado ou de particulares. Determinava ainda que os filhos de africanos livres seriam também emancipados. Nesta questão, como na do tráfico, foi a pressão inglesa o fator decisivo.[2]

Depois da lei de 1850, todos os esforços do governo se tinham concentrado na repressão ao contrabando. Essa questão tornara-se ponto de honra dos ministérios. Em 1854, ampliou-se a competência dos auditores da Marinha, que receberam autorização para processar os réus incursos na lei de 4 de setembro de 1850, mesmo posteriormente ao desembarque e em qualquer ponto do território em que a carga fosse encontrada.[3] Retirava-se, além disso, dos tribunais locais a competência para julgamento dos crimes de contrabando localizando-se o júri nos grandes centros onde teria maior independência. Nos anos seguintes, embora não se possa dizer que o pensamento antiescravista emudecera, parece ter havido um arrefecimento das publicações sobre a questão. A lei aparentava um grande passo para a eliminação do sistema escravista.

Aqueles ideais, entretanto, não haviam desaparecido. Na câmara dos deputados, eram apresentados numerosos projetos visando melhorar a sorte dos escravos e promover a emancipação gradual, mas não encontravam eco e adormeciam esquecidos nas gavetas ou eram simplesmente rejeitados. Silva Guimarães reclamava, desde 1851, a liberdade dos nascituros e a proibição da separação dos cônjuges escravos. Silveira da Mota exercia ação incessante no mesmo sentido. Ano após ano, entre 1857 e 1865, apresentava projetos visando ao deslocamento da população escrava dos núcleos urbanos para as zonas rurais, a proibir a posse de escravos a estrangeiros, conventos e ao Estado, e a venda sob pregão, bem como em exposição pública, estabelecendo limites de idade para a separação de pais e filhos, tudo isso, aliás, sem sucesso. Os proje-

---

2 Christie, *Notes on Brazilian Questions*, p.XXXV e 9.
3 *Livro do Estado Servil*, op. cit., p.13.

tos, quando aprovados no senado, eternizavam-se na câmara, nas comissões, ou eram rejeitados. Só em 1869, nove anos depois da apresentação do projeto, punha-se em execução a lei que proibia as vendas de escravos debaixo de pregão e em exposição pública, interditando os leilões, substituindo as praças judiciais em virtude de execuções por dívida ou partilha entre herdeiros, por propostas escritas que os juízes receberiam dos arrematantes por espaço de trinta dias, anunciando os juízes, por editais, contendo os nomes, idades, profissões, avaliações, e mais característicos dos escravos. Proibia-se ainda a separação de marido e mulher, de pais ou mães, salvo "sendo os filhos maiores de quinze anos". O projeto de Silveira da Mota, pretendendo a libertação dos escravos da nação e da propriedade escrava dos conventos, só se concretizou, e apenas até certo ponto, na lei de 28 de junho de 1871.

Durante a Guerra do Paraguai, foi decretada a liberdade dos escravos da nação que viessem a servir no Exército.

Isso, entretanto, pouco representava. Prevalecia a resistência. O marquês de Olinda que, às instâncias que lhe eram feitas para que levantasse no parlamento a questão servil, respondia: "uma só palavra que deixe perceber a ideia da emancipação por mais adornada que seja abre a porta a milhares de desgraças", parecia nessa opinião interpretar o pensamento da maioria. Não tocar no assunto, evitar, se possível, o debate de tão melindrosa questão e, quando isso não fosse possível, deixar correr os projetos sem nada fazer para aprová-los, era a regra de conduta assumida pela maioria.

Em 1866, os projetos de Pimenta Bueno, visando à emancipação gradual e marcando prazo para a abolição definitiva em dez anos, com indenização, foram encaminhados a uma seção do Conselho de Estado, da qual faziam parte Eusébio de Queiroz, Nabuco, visconde de S. Vicente, Abaeté, Paranhos, Sousa Franco e Itaboraí, que opinaram pela inoportunidade da medida. Contra esta, votou o barão de Muritiba e, a favor, o visconde de Jequitinhonha que, em 1865, sugerira, entre outras medidas, o prazo de quinze anos para abolição da escravatura.[4]

Nesse ano, a Junta Francesa de Emancipação enviara ao imperador um apelo em prol da libertação dos escravos. Assinavam-na

---

4 *Trabalho sobre a extinção da escravatura no Brasil*, Rio de Janeiro, 1868.

DA SENZALA À COLÔNIA 435

os nomes mais expressivos do abolicionismo francês, o duque de Broglie, Montalambert, Guizot, Laboulaye, Cochin, Henri Martin, Young e outros.

O fato de o país estar envolvido numa guerra exterior mobilizava todas as atenções e fazia que qualquer medida que pudesse provocar agitação aparecesse como inoportuna e perigosa, e a questão servil era das mais incendiárias. Tal alegação parecia suficiente para afastar de discussão qualquer projeto nesse sentido. Aguardava-se época mais oportuna.

Apesar da resistência dos meios políticos em abordar o assunto no parlamento, a opinião pública progredia no sentido abolicionista e a participação do escravo nas fileiras do Exército Imperial projetava uma auréola romântica sobre ele.

A questão tornava-se cada vez mais do domínio público e a ação abolicionista começava a organizar-se nos centros urbanos. As vozes de abolicionistas como Rui Barbosa, Luís Gama, Pamplona, Américo de Campos faziam-se ouvir. Diante da mobilização da opinião pública, os partidos políticos converteram a ideia de emancipação numa questão política. A agitação vinha das ruas para o parlamento e dos bancos parlamentares voltava para as ruas pela ação interessada dos políticos. Preparava-se, assim, o clima para a Lei do Ventre Livre, que será aprovada em 1871, depois de uma intensa campanha, durante a qual os vários setores de opinião se definiram e as posições se radicalizaram. Afirmou Tobias Monteiro, em *Pesquisas de depoimentos para a história*, que a questão foi eminentemente parlamentar. Osório Duque Estrada, em uma obra de caráter testemunhal, sobre a Abolição, refutou essa opinião dizendo que o que caracterizou a campanha abolicionista no Brasil foi justamente o fato de ter sido ela transportada vitoriosamente das ruas para o parlamento, como uma imposição e uma conquista da imprensa e da tribuna popular. Ao que parece, ambos tiveram razão. O movimento estava no parlamento porque estava fora dele, e a recíproca também era verdadeira: uma questão de opinião transformada em instrumento de ação política, e uma questão política que atuava sobre a opinião pública. Não seria a primeira nem a última vez que os anais políticos registrariam um processo dessa natureza.

A ideia da libertação dos nascituros não era nova. Em outros países havia sido adotada como etapa para a emancipação total. No Brasil, já no Primeiro Império, recomendara-se a libertação do ventre da escrava. Em 1837, Antônio Ferreira França, cuja ação em prol da emancipação foi notável nesse período, apresentava à câmara um projeto visando libertar os nascituros. Daí por diante, todas as vezes em que se agitou a questão servil, veio à baila essa medida, tanto mais quanto nessa época parecia impossível, à maioria dos políticos, qualquer solução mais radical, uma vez que o trabalho rural ainda repousava quase exclusivamente no braço escravo.

Na década de 1860, um grande número de projetos, aditivos, emendas foi apresentado ao parlamento, tendo alguns, como o de Jequitinhonha e, mais tarde, o de Pimenta Bueno, marcado um prazo para a abolição total.

Em 1867, liberais e conservadores, esquecendo-se de suas rivalidades políticas, tinham-se unido para se opor a que fosse considerado o problema de emancipação colocado pela Fala do Trono. Consideraram inoportuna qualquer medida que pretendesse suscitar uma reforma social de tão grande alcance, estando o país em condições anormais. Liberais como Martinho Campos, Sousa Carvalho e Gavião Peixoto, representantes das províncias agrícolas, uniram-se a conservadores como Paranhos e Wanderley ou Vieira Tosta, considerando a proposta intempestiva e perturbadora do trabalho. Esboçavam-se duas facções que se sobrepunham aos partidos: os escravistas e os emancipadores, os que eram adeptos da ação e os que cerravam fileiras na reação.

O imperador voltou a insistir, em 1868, na Fala do Trono, sobre a questão. Paradoxalmente, entretanto, formava o ministério com aqueles mesmos que, no ano anterior, se haviam oposto no parlamento a focalizar a questão servil: Itaboraí na presidência, Vieira Tosta ocupava a pasta do Ministério da Guerra, Wanderley a da Marinha, Silva Paranhos a dos Estrangeiros, Paulino de Sousa a do Império e José de Alencar a da Justiça, tendo, em 1870, sido substituído este último por Nébias, político paulista, que se colocava entre os que se opunham à alteração do *status quo*.

Nabuco, no senado, conseguia fazer passar uma emenda ao orçamento atribuindo mil contos para a alforria dos escravos, o que evidentemente, dado o seu preço, surtia apenas efeito psicológico.

Diante da pressão da opinião pública que parecia avolumar-se, o ministério Rio Branco resolveu reabrir a questão.[5] Paulino de

---

5 Em sua tese, *Teoria e ação do pensamento abolicionista*, Paula Beiguelman pretende que a decisão do partido conservador de assumir a liderança na

DA SENZALA À COLÔNIA

Sousa, político fluminense, de grande influência, embora fosse conservador, portanto pertencendo ao mesmo partido de Rio Branco, passou a fazer-lhe oposição. Convocou uma reunião em sua residência, à qual compareceram cinquenta políticos pertencentes às duas casas: câmara e senado, conservadores uns, liberais outros. Mais uma vez prevaleciam os interesses pessoais sobre a disciplina partidária.

A maior resistência encontrada pelo ministério no projeto de emancipação dos nascituros veio das deputações do Rio de Janeiro, São Paulo e Minas, secundados pelos deputados do Rio Grande do Sul e Maranhão. Destacaram-se, pelos ardorosos discursos pronunciados e pela ação política desenvolvida a fim de impedir a tramitação do processo: Paulino de Sousa, Ferreira Viana, Andrade Figueira, Francisco Belizário Soares de Sousa, Duque Estrada Teixeira, representantes da bancada do Rio de Janeiro e, ainda, João Pinto Moreira e Perdigão Malheiros, representando Minas Gerais, Antônio da Silva Prado e Rodrigo Silva, de São Paulo, José de Alencar, eleito pelo Ceará.

Acusou-se Rio Branco de ter saído do seio do partido conservador, desligando-se dele para provocar uma guerra civil. Falou-se no abismo em que cairia a nação, caso fosse aprovada tal medida. Rodrigo Silva, representante paulista, interpretando as vozes dos lavradores de Itu, afirmava estarem suas propriedades em decadência pela ameaça que pairava sobre eles, em virtude da proposta do governo sobre o elemento servil.[6] Um ano antes, Teixeira Júnior dissera da mesma tribuna que a inconsideração e a imprudência com que o gabinete de 3 de agosto de 1866 derramara sobre o país a maior "cornucópia de calamidades, suscitando intempestivamente, sem nenhuma medida preparatória, a grave questão da emancipação", e que a propaganda que a tal respeito levantaram seus acólitos em quase todos os pontos do Império, não podia deixar de produzir os seus perniciosos efeitos. A "fatal semente" brotara, e produzira todas as calamidades esperadas: a principal indústria do país, a agricultura, que constituía a máxima parte da fortuna pública,

---

questão emancipadora em 1871, resultou da concorrência interpartidária: ameaçado pelos liberais, que se recomendavam à coroa para realizar a medida emancipadora, o partido conservador viu-se obrigado a realizá-la, sob o risco de perder a liderança que detinha (Beiguelman, 1961, p.100 ss.).

6 *Anais da Câmara dos Deputados*, 1871, sessões de 5 e 24 de julho.

ressentira-se desde logo dessa indecisão. As incertezas do futuro, a diminuição progressiva do valor dos estabelecimentos agrícolas, a que estava ligado a propriedade de escravos, a insubordinação e um cortejo infinito de males tinham vindo pesar com mão de ferro sobre os destinos do país. Fora enfim, como já dissera em 1867, "uma faísca elétrica que levara o pasmo, a consternação e o abalo a todo o país, aumentando os perigos e riscos em que já viviam os cidadãos das zonas mais remotas".[7]

Em sessão de 29 de maio de 1871, Paulino de Sousa, líder da oposição, reputava a questão do elemento servil uma questão melindrosa e importantíssima, que a todos preocupava pela sua gravidade, pois iria abalar as bases mesmas da sociedade brasileira, afetava as relações criadas pela lei e cimentadas pelo tempo e costumes: "Entende com a organização do trabalho, pode interessar a segurança pública, tem posto em sobressalto os proprietários rurais e pode comprometer todos os interesses que se acham ligados com o desses nossos cidadãos", dizia ele acusando o governo de estar impondo uma reforma de cima para baixo, pois a opinião pública não estava, a seu ver, suficientemente esclarecida, dada a precipitação em formular a reforma sem estudos prévios. Citando palavras do visconde de Cairu, afirmava: "contra o mal da escravidão não cabe no engenho humano achar remédio, para provimento do remédio a tamanho mal só nos pode valer a Divina Providência". Previa catástrofes inauditas, exigia cautela. Algum tempo mais tarde, em 15 de junho, voltando à questão, na qualidade de representante dos lavradores e proprietários do município de Valença, apresentava a representação que aqueles dirigiram à câmara manifestando-se contra a proposta do governo relativa ao elemento servil, que viria, na sua opinião, "ferir de morte trazendo a desorganização e a indisciplina aos estabelecimentos rurais".

A oposição não descansava: recorria a todos os argumentos para condenar a iniciativa governamental. Alegava-se a inconveniência da lei, pois o governo teria que inspecionar sua execução, varejando as fazendas, violando o asilo dos cidadãos, perturbando a paz da família, e José de Alencar, um dos mais assíduos membros da oposição, chegou a dizer que a lei transformaria a família num

---

7 *Anais da Câmara dos Deputados*, 1870, sessão de 14 de maio.

DA SENZALA À COLÔNIA 439

antro de discórdia, extirpando do coração do escravo o amor materno, criando famílias híbridas, pais sem filhos e filhos sem pais, desmoralizaria o trabalho livre, misturando nas habitações comuns livres e escravos, aniquilaria o trabalho escravo porque o colocava diante da imagem da liberdade, contaminaria as novas gerações criadas no seio da escravidão, no contato dos vícios que ela gera (esquecendo-se do que sucederia se continuassem simplesmente escravos) e entre "apoiados" concluía: "Senhores, não defendo aqui unicamente os interesses da classe proprietária, defendo sobretudo essa raça infeliz que se quer sacrificar"(!).

Um deputado por Minas, Gama Cerqueira, chegou mesmo a condenar os autores da lei à execração dos conterrâneos e aos suplícios eternos. Outro representante mineiro que se declarava abolicionista convicto, Perdigão Malheiros, autor de uma notável obra sobre a escravidão no Brasil, publicada em 1866, falava em anarquia, abismo e gravíssimo dano que, com essa lei, se causaria aos próprios escravos existentes e à infeliz geração futura que seria de fato escrava (no que, aliás, não se enganava se se considerar a questão apenas deste ângulo, esquecendo os efeitos psicológicos e reais a longo prazo).

Na sessão de 31 de julho de 1871, vaticinava-se que, se o projeto Rio Branco chegasse a se concretizar, o resultado seria a anarquia social e a miséria pública com todas as suas desastrosas consequências, e acenava-se com os perigos e horrores de uma insurreição geral. Pereira da Silva, deputado pela Província do Rio de Janeiro, previa calamidades inauditas. Chegou-se mesmo a insinuar que seria necessário um exército para reprimir os excessos que viriam a ser cometidos.

Assim, sessões após sessões, voltavam os adeptos da ordem vigente a invectivar os reformistas e a prever catástrofes, caso se levassem avante as reformas a propósito da questão servil.

Nenhuma proposta do governo sofreu, até então, batalhas parlamentares tão prolongadas, tão apaixonadas como essa. De parte a parte, foram empregados todos os subterfúgios e recursos políticos. O governo contava com uma maioria muito pequena que precisava ser permanentemente vigiada, encorajada e até "ameaçada e fustigada pelo ministério". A oposição deixava de comparecer às sessões. Paranhos e Paulino de Sousa, chefes das duas facções, rivalizavam-se na vigilância, nos cálculos, nos manejos, nos discursos, nos requerimentos promovidos no intuito de adiar ou adiantar a discussão, na exploração, enfim, dos menores incidentes. Os oradores sucediam-se na tribuna, incansáveis, os deputados eram coagidos a não faltar, a não arredar pé do recinto. Momentosos discursos, violentos no conteúdo e no dizer, eram acompanhados de uma infinidade de apartes e as ameaças de desforço pessoal produziam, por vezes, a suspensão dos trabalhos. "Que de doestos, de insultos, de gritos descompassados." E o recinto da câmara repleto de povo, e as galerias apinhadas de espectadores que não se continham e vociferavam, aumentando o ruído e dando um tom mais apaixonado às discussões. Os lavradores confabulavam, a cidade regurgitava de interesse. Esqueciam suas desavenças e rixas para se unir contra a proposta do ministério.[8] Chegavam à câmara protestos provenientes dos meios rurais: de Minas, Rio de Janeiro e São Paulo. Mas o artigo 1º do projeto que dera margem a tão apaixonadas discussões, acabou passando por 62 votos contra 37. De lado a lado, viam-se conservadores e liberais. Dos que votaram "não", 26 estavam representando na ocasião as províncias de Minas, Rio e São Paulo.

A oposição vinha liderada pelas províncias onde prevaleciam os maiores interesses escravistas: aquelas em que o café constituía importante riqueza, onde se concentrava numerosa escravaria. Curiosamente, foram os deputados paulistas do 3º distrito os que votaram contra a Lei do Ventre Livre, isto é, os representantes do chamado oeste paulista. Dos três deputados de São Paulo que votaram a favor – João Mendes, Floriano de Godói e Francisco Paula Toledo –, o primeiro representava o primeiro distrito, que incluía a capital, e os dois outros figuravam como representantes do 2º distrito: correspondendo ao Vale do Paraíba. No senado, o projeto tramitou mais rapidamente, tendo sido aprovado e sancionado pela princesa então regente.

Apesar do tom apaixonado com que se manifestaram na câmara os representantes da lavoura paulista, fluminense e mineira, contrários à lei que libertava o ventre da escrava, ela correspondia, na realidade, a uma medida apenas protelatória da decisão final,

---

8 Pereira da Silva, Memórias, v.I, p.143 ss., e Duque Estrada, 1918.

DA SENZALA À COLÔNIA 441

uma pequena concessão às exigências emancipadoras. No artigo 1º, estipulava:

Os filhos de mulher escrava que nascerem no Império desde a data desta lei serão considerados de condição livre. § 1º: Os ditos filhos menores ficarão em poder e sob a autoridade dos senhores de suas mães, os quais terão obrigação de criá-los e tratá-los até a idade de oito anos completos. Chegando o filho da escrava a esta idade, o senhor da mãe terá a opção ou de receber do Estado a indenização de 600$000, ou de utilizar-se dos serviços do menor até a idade de 21 anos completos. No primeiro caso, o governo receberá o menor, e lhe dará destino, em conformidade da presente lei. A indenização pecuniária acima fixada será paga em títulos de renda com o juro anual de 6%, os quais se considerarão extintos no fim de 30 anos. § 2º: Qualquer desses menores poderá remir-se do ônus de servir, mediante prévia indenização pecuniária, que, por si ou por outrem, ofereça ao senhor de sua mãe, procedendo--se à avaliação dos serviços pelo tempo que lhe restar a preencher, se não houver acordo sobre o quantum da mesma indenização. § 3º: Cabe também aos senhores criar e tratar os filhos que as filhas de suas escravas possam ter quando aquelas estiverem prestando serviços. Tal obrigação, porém, cessará logo que findar a prestação dos serviços das mães. Se estas falecerem dentro daquele prazo, seus filhos poderão ser postos à disposição do Governo.

Tais disposições possibilitavam de fato a perpetuação do regime de escravidão, pelo menos por mais duas gerações. Se uma escrava nascida em 1870 desse à luz uma criança quarenta anos depois, esta seria mantida no cativeiro pela cláusula de prestação de serviços até 1931, pois embora estivesse juridicamente livre, era obrigada a servir ao senhor até a idade de 21 anos completos!

Estipulava ainda a lei de 1871 que, no caso de alienação da escrava, seus filhos livres, menores de 12 anos, a acompanhariam, ficando o novo senhor sub-rogado nos direitos e obrigações do antecessor. Amparando-se nesse dispositivo, numerosas transações foram feitas daí por diante negociando-se o "ingênuo", ao qual também se atribuía valor, embora pequeno, pois contava-se com a cláusula de prestação de serviços.

O artigo 6º pretendera cercear os abusos cometidos pelos senhores que se excedessem em castigos, determinando que aquela obrigação cessaria antes do prazo marcado se, por sentença do juízo criminal, fosse reconhecido que os senhores os maltratavam. Entretanto, não poucas vezes a imprensa denunciou tais abusos, que a lei era impotente para impedir.

Autorizava-se também a criação de associações destinadas a receber os filhos das escravas, cedidos ou abandonados pelos senhores, ou tirados de seu poder. A essas associações, atribuíam-se os serviços gratuitos dos menores até a idade de 21 anos, podendo, inclusive, alugá-los, desde que se obrigassem à sua manutenção, e a constituir um pecúlio correspondente à quota que, para esse fim, fosse reservada nos estatutos, que seriam submetidos à aprovação do governo. Deveriam ainda procurar-lhes, findo o tempo de serviço, colocação apropriada. Entretanto, esse dispositivo não parece ter despertado grande interesse, pelo menos em São Paulo, pois quando o presidente da província enviou uma circular aos municípios, indagando sobre a existência de tais associações, a maioria das respostas foi negativa.[9]

A quase totalidade dos senhores optou pela prestação de serviços. Em 1882, registrava o Relatório do Ministério da Agricultura apenas 58 renúncias do serviço de ingênuos, mediante a indenização fixada pela lei; os menores haviam sido entregues ao Estado e confiados a particulares. Nessa ocasião, não havia verba para o pagamento de juros de 65% ao ano sobre os títulos de renda de 600$000, com que deveriam ser indenizados os proprietários, como fora estipulado pela lei.

Determinara ainda a lei de 1871 que, anualmente, seriam libertados em cada província do Império tantos escravos quantos correspondessem à quota anualmente disponível ao fundo, especialmente criado para a emancipação. Esse fundo compunha-se da taxa de escravos, de impostos gerais sobre transmissão de propriedade escrava, do produto de seis loterias anuais isentas de impostos, e da décima parte das que fossem concedidas daí por diante para correrem na capital do Império, e ainda das multas impostas em virtude da lei, das quotas que eventualmente fossem determinadas nos orçamentos: geral, provincial e municipal, assim como subscrição de ações e legados. Era permitida também, ao es-

---

9 *Mss. Arq. Est. de São Paulo*, Ofícios diversos, Queluz.

DA SENZALA À COLÔNIA 443

cravo, a formação de um pecúlio com o que lhe proviesse de ações, legados e heranças e com o que, por consentimento do senhor, obtivesse do seu trabalho e economias. Por morte do escravo, metade do seu pecúlio deveria pertencer ao cônjuge sobrevivente e a outra metade, aos seus herdeiros. Na falta destes, seria adjudicado ao fundo de emancipação, o que evidentemente seria difícil de controlar. O escravo, cujo pecúlio fosse suficiente para indenizar seu valor, teria direito à alforria; se esta não fosse acordada amistosamente, seria fixada por arbitramento. Nas causas em favor da liberdade, o processo seria sumário, havendo apelações *ex officio*, quando as decisões fossem contrárias à liberdade.

Eram declarados livres os escravos pertencentes à nação. A estes, o governo daria a ocupação que julgasse conveniente. Esse dispositivo estender-se-ia aos dados em usufruto à Coroa, aos das heranças vagas, e aos escravos abandonados por seus senhores. Ressalvando-se que, se estes os abandonassem por invalidez, seriam, salvo o caso da penúria, compelidos a alimentá-los, sendo os alimentos taxados pelo juiz de órfãos. Os libertos ficariam sob inspeção do governo, sendo obrigados a contratar seus serviços sob pena de serem constrangidos a trabalhar nos estabelecimentos públicos se vivessem vadios.[10]

Para execução da lei, mandava o governo que se procedesse à matrícula especial de todos os escravos existentes no Império, com declaração do nome, sexo, estado, aptidão para o trabalho e filiação de cada um, quando fosse conhecida. Os escravos que, por culpa ou omissão dos interessados, não fossem dados à matrícula, no espaço de um ano, depois do encerramento, seriam considerados libertos. Incorreriam ainda os senhores omissos, por negligência, em multa de 100$ a 200$, repetida tantas vezes quantas fossem os indivíduos omitidos. Caso se positivasse fraude, incorreriam nas penas do artigo 179 do Código Criminal. Os párocos eram obrigados a ter livros especiais para o registro dos nascimentos e óbitos dos filhos de escravos nascidos desde a data dessa lei. Em caso de omissão, ficariam igualmente sujeitos à multa de 100$.

A despeito de toda essa severidade de linguagem, as burlas foram numerosas. Batizavam-se como escravos meninos

---

10 *Livro do Estado Servil.*

livres.[11] Os senhores deixavam de matricular, em tempo, os ingênuos e solicitavam isenção das multas.[12] Um decreto de maio de 1872 ampliava o prazo da matrícula dos ingênuos. Os escravos que possuíam pecúlio não conseguiam fazer valer seus direitos.[13] Já no ano seguinte, em 1872, o Regulamento Geral para a execução da lei de 28 de setembro observava que a declaração errada dos párocos que, no assentamento do batismo, inscrevessem o filho livre de mulher escrava como de condição servil era causa de multa ou punição criminal, e que eles deveriam exigir dos senhores declarações assinadas sobre as circunstâncias necessárias ao assentamento do batismo, valendo também a declaração verbal do senhor ou seu representante, feita perante duas testemunhas.

As maiores irregularidades ocorreram na matrícula dos escravos e na distribuição do fundo de emancipação. Este era atribuído anualmente ao município neutro e às províncias do Império, na proporção da respectiva população escrava. Nas instruções para alforrias, dava-se preferência às famílias; e, nesse caso, seriam indicados em primeiro lugar os cônjuges que fossem escravos de senhores diferentes; a seguir, os cônjuges que tivessem filhos nascidos livres em virtude da lei, e menores de oito anos; os cônjuges com filhos livres menores de 21 anos, os que tivessem filhos menores escravos, as mães com filhos menores escravos; os cônjuges sem filhos menores. Na libertação por indivíduos eram preferidos a mãe ou o pai que tivesse filhos livres, e os de 12 a 50 anos de idade, começando pelos mais moços do sexo feminino e pelos mais velhos do sexo masculino.

Na escala de emancipação, eram ainda preferidos os que, por si ou por outrem, apresentassem certa quota para sua libertação, bem como os mais morigerados, a juízo dos senhores.

Para o arrolamento e classificação dos escravos a serem libertos, seria organizada em cada município uma junta composta do presidente da câmara, do promotor público e do coletor, ou pessoas indicadas para substituí-los, que deveriam reunir-se anualmente no primeiro domingo do mês de julho. Estavam excluídos da

---

11 *A Província de São Paulo*, 18 de maio de 1882, e *Mss. Arq. Est. de São Paulo*, cx. Escravo, doc. Campinas, 21 de agosto de 1887.

12 *Mss. Arq. Est. de São Paulo*, Ofícios diversos, Campinas, cx.63.

13 *A Província de São Paulo*, 1º de agosto de 1882.

classificação os alforriados com cláusula de serviços, ou qualquer outra cláusula condicional; os indiciados nos crimes de morte ou atentado à vida do senhor e feitor; os pronunciados em sumário de culpa; os condenados em geral; os fugidos ou que o houvessem estado nos seis meses anteriores à reunião da junta; e os dados a embriaguez. Esperava-se, com esse dispositivo, melhorar o comportamento da escravaria. Não eram também contemplados os que estivessem litigando pela sua liberdade, até a decisão do pleito. Poderiam apelar das classificações os proprietários e os escravos, desde que estes fossem representados por curador *ad hoc*. O preço da indenização era avaliado sobre as condições da idade, saúde e profissão. Os que estavam sujeitos a usufruto ou a fideicomisso eram estimados sem atenção a essas cláusulas. Eram deduzidas as quantias que o escravo apresentava para sua alforria. A verificação do valor dos escravos deveria estar concluída até 31 de dezembro de cada ano e compreenderia tantos indivíduos quantos pudessem ser emancipados pela quota disponível. O escravo era obrigado a contribuir até a importância do preço de sua alforria ou da família a que pertencesse, com as doações, legados e heranças que tivesse obtido com essa finalidade, perdendo seu lugar na ordem de classificação e sendo preteridos aqueles que não o quisessem fazer. O pecúlio a que tinha direito ficava em mãos dos senhores ou, com a prévia autorização do juiz de órfãos, era recolhido às estações fiscais, caixa econômica ou banco de depósitos idôneos. Quando atingisse o preço da indenização, teria direito à alforria. Entretanto, quando não houvesse acordo sobre o valor do escravo e se tornasse necessário o arbitramento, aquele não poderia requerê-lo sem antes ter apresentado em juízo dinheiro ou títulos de pecúlio, cuja soma fosse equivalente ao seu preço razoável. Não se permitia a liberalidade de terceiros para a alforria, a não ser que fosse feita para constituição do pecúlio, e só por meio deste e por iniciativa do escravo seria admitido o exercício do direito à alforria.

A resistência encastelou-se na não execução da lei. As juntas classificadoras custaram a reunir-se e o prazo da matrícula determinado pela lei foi adiado. Ainda em 1875, o presidente da Província de São Paulo mandava publicar um aviso do ministério da Agricultura solicitando às juntas que trabalhassem regularmente, a fim de que pudesse o governo imperial promover a libertação dos escravos pelo fundo de emancipação. Medidas severas eram tomadas contra os que ou se recusassem, sem motivo justo, a fazer parte das juntas, ou não comparecessem aos trabalhos.[14] Mas os trabalhos se processavam lentamente e entre mil dificuldades. As autoridades recebiam, com frequência, solicitações para eximir das multas os senhores que não matriculassem em tempo os ingênuos, e o serviço de matrícula geral do Império deixava muito a desejar.[15]

Até 1873, não se tinham conseguido ainda os elementos necessários à aplicação da lei. Conheciam-se apenas os dados referentes a onze províncias, onde haviam sido matriculados duzentos mil escravos no todo. Os dados concernentes a Minas e Rio de Janeiro não tinham sido apresentados e, em São Paulo, apenas 933 escravos haviam sido matriculados.[16]

O ministro da Agricultura queixava-se, em 1875, da irregularidade do funcionamento das juntas de classificação. As longas distâncias, as dificuldades de fiscalização dos serviços, a gratuidade do trabalho prestado e, sobretudo, a resistência dos senhores contribuíam para dificultar o desempenho das funções. No Rio de Janeiro, apenas quatro municípios tinham apresentado a classificação; em São Paulo, 31 totalizando 39.663 escravos; em Minas Gerais, 16 municípios, nos quais foram relacionados 9.649 indivíduos: números insignificantes dentro da totalidade da população "servil". Em todo o país haviam sido classificadas, até essa data, apenas 199.456 pessoas, para um total de quase um milhão e meio de escravos então existentes. Em São Paulo funcionaram, naquele ano, apenas 28 juntas e, no ano seguinte, 32.[17]

Terminada a matrícula geral, com exceção de alguns municípios, verificou-se a existência de 1.410.668 escravos em todo o Império. As províncias em que se apurou maior concentração foram as do Rio de Janeiro (304.744); Minas Gerais (235.115); Bahia (173.639); São Paulo (169.964); Pernambuco (92.855) e Rio Grande do Sul (69.366).[18]

---

14 *Diário de São Paulo*, 26 de fevereiro e 9 de maio de 1875.

15 *Diário de São Paulo*, 4 de junho de 1875. *Mss. Arq. Est. de São Paulo*, Ofícios diversos, Campinas, cx.63.

16 *Relatório da Agricultura de 1873*, p.3-5.

17 *Relatório do Presidente da Província de São Paulo*, 1875, p.65.

18 *Relatório* apresentado à Assembleia Geral Legislativa na Quarta Sessão da Décima Quarta Legislatura, pelo Ministro e Secretário de Estado dos

DA SENZALA À COLÔNIA · 447

Depois de todos os esforços feitos para se conseguir o arrolamento dos escravos, obtida a classificação, o efeito emancipador mostrava-se minguado: até 1879, foram libertados pelo fundo de emancipação apenas 4.438 escravos (correspondentes a uma despesa de 2.880:467$000). Em 79 municípios paulistas, tinham sido emancipados, pelo fundo, 372 pessoas (correspondendo a 338:441$). Nesse mesmo período, a liberdade da ação particular alforriara mais de 25 mil escravos em todo o país e, em São Paulo, 3.410.[19]

Um decreto de 1876 simplificara em grande parte o serviço da classificação e libertação de escravos ao ordenar que as relações compreendessem somente aqueles que pudessem ser libertados com a importância da quota distribuída ao município.

Mas os subterfúgios e as burlas continuavam. Eram classificados para serem libertados pelo fundo de emancipação os escravos doentes ou incapacitados para o trabalho, enquanto se preteriam outros em pleno vigor físico, embora mais qualificados pelos dispositivos da lei. Os direitos dos cativos eram omitidos, o que, às vezes, dava origem a demandas e reclamações.[20]

Para se furtarem à lei, os senhores emancipavam, com cláusula de prestação de serviços por vários anos, os escravos que se achavam em condições de ser incluídos, preferencialmente, na classificação.[21] Desrespeitava-se o dispositivo que assegurava ao escravo que possuísse pecúlio certa prioridade de classificação.

Os preceitos legais eram insuficientes para impedir as burlas. Um aviso de 11 de junho de 1882, do ministério da Agricultura, mandou reformar as classificações inquinadas de nulidades abso-

---

Negócios da Agricultura e Comércio e Obras Públicas, José Fernandes da Costa Pereira Júnior, *Estado Servil*, p.6 ss.

19 A Província de São Paulo, 9 de fevereiro de 1879. Novos dados sobre a distribuição do fundo de emancipação no ano seguinte 1880, por província em *A Província de São Paulo*, de 21 de maio de 1880. Idem, 18 de junho de 1880.

20 *Mss. Arq. Est. de São Paulo*, cx. Escravos.

21 *Mss. Arq. Est. de São Paulo*, cx. Escravos, Campinas 21 de agosto de 1887. *A Província de São Paulo*, 1º de agosto de 1882. Para pôr termo a tais abusos, apresentava-se, em 1885, um projeto à câmara substituindo-se o § 2 do artigo 3 pelo seguinte: não será libertado pelo fundo de emancipação o escravo inválido, considerado incapaz de qualquer serviço, pela junta classificadora. O escravo assim considerado permanecerá na companhia de seu senhor.

lutas ou em que se verificassem preterições manifestamente ilegais, que, por outra forma, não pudessem ser corrigidas. Entretanto, as preterições continuavam, e os interesses dos senhores prevaleciam sobre o intuito da lei.

Mais eficaz do que a legislação será a ação da opinião pública; à medida que se tornava mais receptiva às ideias emancipadoras, arvorava-se em fiscalizadora de irregularidades.

Os resultados da lei de 1871 não satisfaziam aos abolicionistas, que passaram a denunciar as irregularidades e solicitar novas medidas. Mudavam-se as posições; os que mais haviam combatido a lei por iníqua, subversiva, perigosa para os interesses dos senhores tornaram-se seus maiores defensores e, invocando a Lei do Ventre Livre, negavam-se a aceitar qualquer modificação que viesse acelerar o processo de emancipação. Por outro lado, os abolicionistas e mesmo alguns emancipadores mais avançados, que tinham batalhado por ela, apontavam sua ineficácia e exigiam novas medidas. Denunciavam as matrículas forjadas, os erros de cálculo nas taxas de mortalidade de escravos, o número insignificante de libertações que haviam sido concedidas pelo fundo de emancipação, comparadas às alforrias por liberalidade particular. Em dez anos, de 1873 a 1883, tinham conseguido libertar-se em todo o país cerca de setenta mil escravos, dos quais apenas pouco mais de doze mil pelo fundo de emancipação. Fraudes e desvios de verbas foram revelados. Já em 1874, André Rebouças, no seu livro sobre a agricultura nacional, mencionava a existência de quatro mil contos destinados ao fundo de emancipação e imobilizados no Tesouro. Pior do que isso era o fato de continuarem os ingênuos a viver como escravos, a ser castigados e vendidos como tais, sem receber nenhuma educação que os preparasse para a liberdade.[22]

A tomada de consciência coletiva

Já na década de 1870, começaram a aparecer sociedades emancipadoras, e o pensamento antiescravista passou a encontrar maior receptividade da imprensa.

---

22 Dados a esse respeito em *Rel. Min. Agric.*, 1882, *Rel. do Pres. Prov. de São Paulo*, 1884. *Relatório do Pres. da Prov. de Minas Gerais*, 1884. *Diário Popular*, 13 de março de 1886.

DA SENZALA À COLÔNIA 449

Durante a Guerra do Paraguai, um decreto do governo concedera liberdade gratuita aos escravos da nação designados para o serviço do exército, estendendo-se esses benefícios a suas mulheres, se fossem casados.[23] Numerosos foram os senhores que, obrigados ao recrutamento, enviaram escravos em seu lugar, outros, na esperança de comendas e títulos, fizeram o mesmo.[24] Terminada a guerra, os cativos foram considerados homens livres. Esse dispositivo estendia-se mesmo aos escravos fugidos que se haviam alistado nas fileiras do exército.

Aviso da Justiça de 9 de fevereiro de 1870 declarava que um indivíduo que se achava há mais de três anos no gozo de sua liberdade e como livre servira na Armada, não só não deveria ser entregue a sua senhora, que o reclamava como escravo, como deveria ser imediatamente solto. Nesse mesmo ano o chefe de polícia de São Paulo expedia uma circular nos seguintes termos: Não devendo voltar à escravidão os indivíduos de condição servil que fizeram parte de nosso exército na Guerra do Paraguai, embora se alistassem ocultando sua verdadeira condição, é dever providenciar no sentido de serem restituídos à liberdade, pondo a salvo de seus supostos senhores o direito de reclamar do governo imperial a indenização com a prova de domínio, a fim de que não se repita o fato de Paraíba do Sul, onde um voluntário da pátria, violentamente preso e conduzido para o poder de um particular que se dizia seu senhor, só foi finalmente posto em liberdade pela intervenção da autoridade (São Paulo, 12 de julho de 1870). Em 15 de junho de 1870, o barão de Muritiba fazia saber ao chefe de polícia que o fato de um preto ter sido praça constituía uma presunção de liberdade e que não podia, por isso, ser preso como escravo, sem que houvesse autorização do Juízo competente.[25]

Um movimento de simpatia cercou os escravos que haviam combatido pela "salvação nacional".

A partir de então, cresceu o número de alforrias espontâneas. Estas sempre existiram. Libertava-se a pajem, a ama, a mãe preta pelos seus serviços, um moleque por ser filho do senhor ou seu

---

23 *Coleção das leis do Império do Brasil*, 1866, t.XXIX, parte II, p.313.
24 *Arq. Est. de São Paulo*, Ofícios diversos, Campinas, cx.62.
25 *Coleção das decisões do Governo do Império do Brasil*, de 1870, t.XXXIII, p.190, n.54.

companheiro de folguedos. Atos dessa natureza ocorriam por ocasião dos batizados, das formaturas, dos casamentos, dos nascimentos, por motivo de cura de moléstia, de negócios bem-sucedidos, de promessas feitas, pelos mais variados motivos de regozijo. Beneficiavam-se, principalmente, mulheres e crianças abaixo de doze anos. A liberalidade pública era mais restrita em relação aos escravos moços, mais necessários à produção. Mas, inegavelmente, o número de alforrias espontâneas aumentou a partir de 1870. Nos últimos anos, principalmente a partir de 1885, tornaram-se frequentes as libertações com cláusula de prestação de serviços.

Já em 1870, os jornais noticiavam fatos dessa natureza, salientando o seu caráter meritório: "Atos desta ordem devem ser publicados não só para mostrarem que a ideia de emancipação se está generalizando como para servir de estímulo aos indiferentes", comentava o redator do Correio Paulistano, em 27 de setembro de 1870, ao noticiar a libertação de uma escrava e filha.

Nessa época, a Loja Maçônica América, sob o influxo de Luís Gama, empenhava-se em São Paulo em libertar negros escravizados, ilegalmente. Também a Loja Sete de Setembro trabalhava no mesmo sentido.[26]

O *Correio Paulistano*, de 1º de agosto de 1872, informava que duzentos escravos do comendador Ferreira Neto venceram o pleito contra os herdeiros deste. Tinham sido declarados livres por acórdão do tribunal. Representantes da maçonaria defenderam os direitos dos escravos.

O número de alforrias vai crescer nos dois últimos anos que antecederam à Lei Áurea. Em São Paulo, Rodrigues Alves, ao passar a administração a Dutra Rodrigues, registrou, em seu relatório, 40.398 alforrias, averbadas nas diversas coletorias. Já não se tratava mais de concessões isoladas, de casos individuais, eram alforrias em massa.

As sociedades emancipadoras e abolicionistas que se criaram nesse período empenhavam-se, através de coletas, quermesses e leilões de prendas, em comprar a liberdade de alguns escravos. Cresceu o número de grêmios, clubes, associações, cujo objetivo era

---

26 *Correio Paulistano*, 14 de fevereiro de 1871, 7 e 13 de novembro e 1º de agosto de 1872.

DA SENZALA À COLÔNIA 451

a liberação dos cativos. Instalava-se, em 1870, em São Paulo, uma sociedade composta unicamente de mulheres, cujo objetivo era redimir crianças do cativeiro:[27] a Sociedade Redentora de Crianças Escravas. Nesse mesmo ano, a Loja Maçônica Amizade criava a Sociedade Emancipadora Fraternidade. Outros núcleos fundaram-se iguais a esses, centros emancipadores e mais tarde abolicionistas, denotando adesão cada vez maior da população das cidades às ideias antiescravistas. Muitos destes frutos do entusiasmo juvenil e acadêmico tiveram duração efêmera, outros encontraram maior receptividade e sua ação foi mais longa e eficaz. Em São Paulo, na década de 1880, eram vários: Centro Abolicionista, do qual faziam parte, entre outros, José Batista de Azevedo, Campos Porto, Júlio Lemos, Guilherme de Mendonça e que publicava um jornalzinho: *Ça Ira*, cujos redatores eram Raul Pompeia, Alcides Lima e Ernesto Correa; *Emancipadora Acadêmica*, na qual colaboravam vários estudantes: Gabriel Dias da Silva, João Gonçalves Pedreira Ferreira, Ernesto Silva, Alfredo Bernardes, Artur Basílio e outros; Centro Abolicionista de São Paulo, cuja diretoria, em 1882, era ocupada por Bernardo Monteiro, Las Casas, Correa, Macedo Soares e Luís Gama.[28]

Grupos de pessoas, liderados por um ex-escravo, Luís Gama, empenhavam-se, já nos anos 1870, em promover a libertação, através de uma campanha jurídica, apoiada na lei de 1831, que declarara livres todos os escravos entrados no país a partir daquela data. Invocando esse dispositivo, tinham conseguido libertar um certo número de escravos. Mais importante foi o efeito psicológico dessa atividade. Desenterrar a lei cujos efeitos haviam sido anulados pelo tempo, era ameaçar a propriedade escrava, constituída na sua grande maioria por negros entrados posteriormente àquela data, ou por seus descendentes. A consagração jurídica desse princípio, pelos atos dos tribunais que deram ganho de causa a Luís Gama, levava inquietação aos proprietários.

Na cidade do Rio de Janeiro, o movimento emancipador também ganhava força. Em março de 1870, fundou-se uma sociedade

---

27 *Diário de São Paulo*, 8, 12 e 26 de julho de 1870.
28 Dados extraídos do jornal A *Província de São Paulo*, 4 de setembro de 1880, 4 de junho, 20 de agosto e 2 de outubro de 1882.

composta unicamente de mulheres; em abril, criaram-se outros núcleos: a Sociedade de Libertação e a Sociedade Emancipadora do Elemento Servil.[29] Nos anos seguintes, a propaganda adquiriu amplitude. Em 1880, fundava-se a Sociedade Brasileira Contra a Escravidão. Pouco tempo depois, havia numerosas agremiações emancipadoras e abolicionistas: o Clube dos Libertos de Niterói, Libertadora da Escola Militar, Libertadora da Escola de Medicina, Caixa Libertadora José do Patrocínio, Centro Abolicionista Ferreira de Menezes, Clube Abolicionista dos Empregados do Comércio, e muitos outros. Alguns, apenas emancipadores, outros, já abolicionistas. Em 1883, um grupo mais avançado, liderado por José do Patrocínio,[30] resolveu congregar algumas destas agremiações, formando-se a Confederação Abolicionista, sob a presidência de João Clapp.

Desde então, o movimento que fora predominantemente emancipador converte-se em abolicionista. Recrutava adeptos entre a população das cidades: estudantes, elementos das profissões liberais, jornalistas, médicos, advogados, pessoas pertencentes às classes populares, ligadas às atividades artesanais, ao sistema de transportes, imigrantes, alguns negros livres e libertos.

Os políticos encontravam nesse ambiente de agitação promovida pelos abolicionistas os motivos para sua atuação. No Parlamento, a questão entrava definitivamente para a ordem do dia. Será usada como um trampolim para os homens públicos ou para os partidos. A ideia abolicionista convertia-se definitivamente numa questão parlamentar.

Enquanto isso, a opinião pública era incitada através da imprensa a participar do movimento.

Inicialmente, a literatura oferecera apenas um retrato convencional do negro. O que chamara atenção na primeira fase do

---

29 Pradez, op. cit., p.203.

30 José do Patrocínio era filho de preta quitandeira e de um padre de Campos, um dos principais redutos escravistas do Segundo Império. Desde cedo revelou sua revolta contra a escravidão em que viviam os de sua cor. Formado em Farmácia no Rio de Janeiro, entrou em 1877 para a imprensa, colaborando em *A Gazeta de Notícias*. Casando-se com moça de família de certa posse, pôde comprar *A Gazeta da Tarde*, que se tornará um dos mais importantes órgãos abolicionistas do Rio de Janeiro.

DA SENZALA À COLÔNIA 453

romantismo fora o aspecto pitoresco da escravidão: os negros, o batuque, o trabalho no eito, a vida nas fazendas, os amores infelizes dos escravos, as atividades urbanas. Acentuavam-se os traços paternalistas das relações entre brancos e negros, valorizavam-se as qualidades de humildade e fidelidade do escravo. Mais raramente, aparecia alguma referência ao ódio votado pelos negros à raça que os escravizava.

Não faltaram vozes isoladas a denunciar o estatuto da escravidão, mas de maneira geral, na literatura da primeira metade do século, negro e cativeiro não chegaram a constituir tema central. O que se encontra, às vezes, é o registro de uma situação de fato e não uma acusação ao sistema. Os tipos mais retratados são: o negro heroico, o escravo fiel, do qual se delineia uma imagem convencional. O cativo, quando aparece, é apenas uma peça do romance, um elemento natural à paisagem, e que, por isso, não pode ser ignorado.

Nos meados do século, a condenação e a crítica a esse estado de coisas aparecem esporadicamente em algumas obras isoladas. A *escrava*, de Gonçalves Dias, publicada em 1846, e *Meditação*, que apareceu anos mais tarde, foram inspiradas no tema da escravidão.

Fixavam-se os retratos do negro melancólico, saudoso da pátria, o negro torturado no eito que se converterá, alguns anos mais tarde, num dos motivos preferidos da poética condoreira.

Data daí certo gosto pelo sertanejo, um tom de regionalismo que marca a poesia de um grupo de poetas menos conhecidos, na maior parte nordestinos: Juvenal Galeno, Trajano Galvão de Carvalho, Francisco Leite Bittencourt Sampaio e Joaquim Serra. Entre estes, também se incluiria um poeta mineiro, João Salomé Queiroga, cuja obra, embora escrita em parte na primeira metade do século, só foi publicada bem mais tarde.

Mucamas, escravos velhos, quilombolas, o cativo açoitado, a escrava virtuosa perseguida pelo senhor, o escravo justiceiro que via sua companheira ultrajada: toda uma galeria de personagens desfila no cenário rural que serve de tema de inspiração para essas obras, onde repontam, às vezes, protestos contra o sistema escravista.

Certamente, não foi por acaso que a denúncia da escravidão foi feita nessa fase, principalmente por autores nordestinos, das regiões que seriam as primeiras a transitar para o trabalho livre, e que destes tenha sido Galeno – o escritor cearense – o mais nitidamente abolicionista, e Salomé Queiroga, poeta mineiro, o que mais tardiamente revela tendências emancipadoras num poema escrito posteriormente à Lei do Ventre Livre. A consciência emancipadora parecia amadurecer mais lentamente nas áreas que mais dependiam do braço escravo.

O movimento de opinião que se esboçava encontrará em Castro Alves seu maior poeta. Suas obras de vigoroso protesto aparecem ainda como esforço isolado a clamar contra a escravidão. Já Fagundes Varela retratara o sofrimento do escravo torturado, amarrado a ferros, seviciado, desrespeitado no mais íntimo de sua humanidade, às vezes vingativo, odiando o senhor. Entretanto, tais motivos de inspiração são raros momentos na poesia de Fagundes Varela. Em Castro Alves, eles se tornarão dominantes. Nascido na Bahia, em 1847, foi na sua curta vida um ardoroso arauto do sentimento antiescravista. Suas poesias de entusiástico ritmo e vibrante expressão denunciavam o sistema tradicionalmente aceito. Ninguém encontrou maior público do que ele. Viu auditórios arrebatados, magnetizados pelas imagens violentas que sugeriam os horrores da escravatura. Anos mais tarde, muito depois de sua morte, durante a agitada campanha abolicionista, sua poesia foi lembrada a todo instante. Na sua época, entretanto, mais empolgara a beleza do verso, o arrebatamento das palavras, do que a argumentação antiescravista.[31] Mas à força de serem repetidas, suas poesias contribuíram para desenvolver a consciência emancipadora.

Também o teatro acolheu os dramas sociais que passaram a predominar na década de 1860. Em 1857, Alencar compunha O demônio familiar, comédia de costumes, revelando os hábitos das camadas superiores do Rio de Janeiro, denunciando os malefícios da escravidão. Pouco depois, escrevia Mãe, igualmente inspirada no drama do cativeiro. Em 1861, representava-se pela primeira vez a peça de Pinheiro Guimarães, História de uma moça rica, na qual pretendia demonstrar que a escravidão era um mal para os escravos e, também, para os senhores. Anos mais tarde, Artur Azevedo lançava O escravocrata.

Foi o romance muito mais receptivo do que o teatro às ideias antiescravistas.

---

31 Sayers, op. cit., p.225.

DA SENZALA À COLÔNIA   455

Nas duas últimas décadas, publicaram-se muitas obras que abordaram a questão desse ponto de vista. Entre as mais contundentes, não tanto pelos efeitos quanto pela intenção, destaca-se a obra de Macedo, *Vítimas e algozes*, publicada em 1869. "É nosso empenho", escrevia no prefácio, "levar à reflexão um mal enorme que afeia, infecciona, avilta, deturpa e corrói nossa sociedade e a que a nossa sociedade ainda se apega, semelhante à desgraçada mulher que, tomando o hábito de prostituição, a ele se abandona com indecente desvario." Justificando sua posição, dizia que o empenho que tomava coadunava-se com a "exigência implacável do século". Lembrando a Guerra de Secessão, afirmava que apenas o Brasil e duas colônias da Espanha mantinham ainda a escravidão. Convencido de que nada poderia impedir o processo que levaria à condenação do "regime servil", manifestava-se favorável à emancipação gradual com indenização. A abolição brusca parecia-lhe louco arrojo que poria em convulsão o país e faria soçobrar a riqueza particular e pública, lançando à miséria o povo, e à bancarrota o Estado. Reconhecia, entretanto, todos os efeitos nocivos da escravidão, quer sobre o dominado como sobre o dominador. "A escravidão perverte as qualidades humanas: a liberdade moraliza, nobilita, e é capaz de fazer virtuosos os homens"; "a escravidão desumaniza, aniquila todos os sentimentos instintivamente piedosos e fraternais daquele que nasceu homem e a escravidão tornou fera". O ódio que separa o escravo do senhor, a necessidade dos métodos repressivos violentos no regime da escravidão aparecem largamente caracterizados em sua obra. O escravo, diz ele, "por melhor que seja tratado é, em regra geral, pelo fato de ser escravo, sempre, natural e logicamente, o primeiro e mais rancoroso inimigo do seu senhor". "O escravo é matéria-prima com que se preparam crimes horríveis, que espantam a nossa sociedade. No empenho de seduzir um escravo para torná-lo cúmplice do mais atroz atentado, metade do trabalho do senhor está previamente feito pelo fato da escravidão." "O escravo prejudica o senhor trabalhando maquinalmente, sem incentivo e com má vontade. Furtando, embebedando-se, adoecendo, fugindo, depredando instrumentos e animais, abandonando-se à rotina, sem amor à propriedade alheia, incendiando canaviais, envenenando pessoas e animais, e corrompendo moralmente seus senhores."

Referindo-se aos numerosos crimes cometidos pelos cativos e que chocavam a sensibilidade do público, procurava apresentá-los

456 EMÍLIA VIOTTI DA COSTA

como consequência inevitável do sistema escravista, ao mesmo tempo que denunciava a ineficácia das formas de acomodação desenvolvidas pela sociedade senhorial: se o escravo é bem tratado cedo paga com a ingratidão, ingratidão que não é fruto da raça, mas de perversão do seu coração pelo sistema em que vive. Se o escravo é maltratado, reprimido, essa compressão provoca reação, crueldade e vingança feroz. "Onde há escravos é força que haja açoite, onde há açoite é força que haja ódio. Onde há ódio é fácil haver vingança e crime."

Dentro dessa perspectiva antiescravista, coloca-se também a obra de José do Patrocínio: *Mota Coqueiro*, publicada em 1877, que constitui um verdadeiro libelo contra a escravidão.

No romance e no teatro desenvolvia-se toda uma temática de protesto contra essa instituição e suas consequências, tais como: *Os homens de sangue* ou os *Sofrimentos da escravidão* de Vicente Feliz de Castro; *A escrava Isaura*, de Bernardo de Guimarães, publicada em 1875; *O mulato*, de Aluísio de Azevedo, que data de 1881.

Já por esse tempo, começavam os jornais a aparecer cheios de folhetins de caráter sensacionalista, de tons melodramáticos, impregnados de antiescravismo, que descreviam com abundância de adjetivos o sofrimento do escravo.[32]

Os artigos e comentários da imprensa periódica desencadeavam a luta contra a escravidão.

A poesia e a prosa tornavam-se cada vez mais acessíveis ao abolicionismo, transformando-se, por sua vez, em instrumentos de propaganda das ideias antiescravistas e preparando a opinião pública para a adesão às ideias emancipadoras.

A partir de 1870, os panfletos abordando diretamente a questão da emancipação se tinham tornado mais numerosos. A discussão parlamentar dava origem a uma enxurrada de publicações, justificando pontos de vista, apresentando projetos, sugerindo medidas que viessem resolver o problema que a todos preocupava. Na década de 1880, o movimento ganhava força. Em São Paulo, o *Correio Paulistano*, *A Província de São Paulo*, periódicos tradicionais, dedicavam espaço cada vez maior à propaganda em

---

32 Veja-se, por exemplo, o folhetim publicado no *Diário Popular* em fevereiro de 1888, "A caravana negra" (20 de fevereiro de 1888).

DA SENZALA À COLÔNIA   457

prol do trabalho livre e da emancipação. Os órgãos abolicionistas multiplicavam-se: *Jornal do Comércio, A Onda, A Abolição, Oitenta e Nove, A Redenção, A Vida Semanária, Vila da Redenção, A Liberdade, O Alliot.*

Também no Rio de Janeiro, a atividade era grande. Em 1880, publicou-se *O Abolicionista,* órgão da Sociedade Brasileira contra a Escravidão e a *Gazeta da Tarde,* dirigida por Patrocínio, transformava-se num porta-voz do movimento. Muitos periódicos apareciam com igual objetivo (alguns não passavam de panfletos): *A Terra da Redenção, O Amigo do Escravo, Confederação Abolicionista, O Governo e a Escravidão,* e outros.

A *Revista Ilustrada,* sob a direção de Angelo Agostini, desenvolvia, entre 1878 e 1888, intensa campanha em prol da emancipação. As caricaturas que ridicularizavam os escravistas eram, talvez, mais atuantes do que os inflamados artigos abolicionistas. O riso desvendava, às vezes, os propósitos dos que, embora pretendendo a defesa do *status quo,* declaravam-se a favor da emancipação lenta e gradual.

Alguns periódicos positivistas da década de 1880, como *A Luta* e *O Federalista* pregavam, ao mesmo tempo, a República e a libertação dos escravos.

Entrava-se numa fase de radicalização de posições. Em 1879, Jerônimo Sodré, deputado pela Bahia, levantara na câmara a questão da emancipação. No ano seguinte, o ministro Saraiva, interpelado por Joaquim Nabuco, considerava inoportuna qualquer medida sobre o elemento servil, manifestando sua confiança nos efeitos da lei de 1871. Nabuco, no parlamento, insistia no assunto. Martinho Campos, interpretando o pensamento da lavoura do Vale do Paraíba, fazia profissão de fé escravista, alegando que qualquer medida naquele sentido tendia a desorganizar o trabalho agrícola e arruinar as propriedades dos lavradores, pondo em risco a vida de famílias inteiras, excitando o ânimo dos escravos, induzindo--os à insurreição e à revolta, e que a classe dos cativos, não tendo compreensão nem do direito, nem do dever, exasperada por ideias "perigosas", não poderia ser contida.

Na câmara, o apoio a Nabuco veio, principalmente, dos representantes do Amazonas, Maranhão, Paraíba do Norte, Pernambuco, Sergipe. Apenas um deputado do Rio de Janeiro e um de Minas Gerais estiveram do lado dos dezesseis que votaram favoravelmente ao pedido de urgência solicitado. Votaram contra: 77 deputados.

Aguardava o ministério momento mais oportuno para agitar o assunto de tão elevada magnitude, dizia Saraiva. Esse momento seria aquele em que o governo se convencesse de que não haveria desorganização do trabalho, empobrecimento do tesouro e riscos de que o crédito do Brasil, no estrangeiro, fosse afetado. Principalmente porque as dívidas da nação eram cobertas com as rendas tiradas da lavoura exercida por braços escravos e impossibilitada de recorrer ao trabalho livre. Melhor seria, na sua opinião, deixar a lei de 1871 produzir seus resultados. Na legislatura de 1882, Nabuco não conseguiu reeleger-se, derrotado pelas forças escravistas. Vencido, pronunciava inflamado discurso recebendo das galerias numerosos aplausos: "Neste ponto", dizia, quase profético, "faço uma aliança com o futuro. Cada ano será uma vitória das nossas ideias e, daqui a dez anos, a sessão de hoje há de aparecer como um desses exemplos históricos das divisões dos temores e receios dos homens que recuam sempre das grandes medidas salvadoras, que transformam a face do país." Derrotado nas eleições, escreve *O abolicionismo*, livro que encontrará grande repercussão nos meios interessados na Abolição.

Já se esboçava, nessa ocasião, a formação de dois grupos opostos: os representantes dos Estados do Nordeste favoráveis à discussão do problema e os das lavouras do sul, correspondentes às regiões cafeeiras, interessados na manutenção do sistema.

A ação dos políticos na câmara era secundada pela agitação abolicionista. As associações que se fundavam promoviam comícios e conferências no intuito de esclarecer a opinião pública. Festas de benefício, quermesses, espetáculos teatrais, concertos beneficentes davam nova animação à vida urbana. Ao mesmo tempo, os poderes públicos eram pressionados de todas as formas. Clamava-se contra os abusos do cativeiro, promoviam-se ações judiciais para libertar escravos, multiplicavam-se as publicações antiescravistas.

A par disso, os abolicionistas prosseguiam na ação subversiva tendente a desorganizar o trabalho, promovendo a fuga de escravos, acoitando os fugidos, denunciando os excessos cometidos pelos senhores, zombando dos capitães do mato. No afã de libertar os escravos, não hesitavam em desviá-los de uma província para outra, encaminhando-os de São Paulo para o Rio, do interior das províncias para a capital, até mesmo destas para o Ceará, a partir

DA SENZALA À COLÔNIA . 459

de 1883, quando, decretada a emancipação total dos escravos, esta província se declarou território livre.

Nas províncias em que a economia estava menos comprometida com o sistema escravista, a libertação é promovida rapidamente. No Ceará e Amazonas, a escravidão estará extinta em 1884. Nas demais regiões, acompanha-se passo a passo a ação emancipadora. A imprensa abolicionista não poupa elogios a essa realização. Os casos de liberalidade particular são largamente explorados pelos jornais que não perdem ocasião de fazer alarde, apelando em linguagem declamatória para o sentimentalismo do povo.

A ação da Confederação Abolicionista era secundada pela da Sociedade Central de Imigração, fundada em novembro de 1881, à testa da qual estavam Taunay e Rebouças, visando estimular a transição para o trabalho livre.

Nos primeiros tempos, não havia ainda entre os abolicionistas unanimidade de ideias. Uns defendiam a abolição total, outros, como Nabuco, queriam-na por métodos prudentes. Este não era como Patrocínio, não apelava para a raça escravizada. Para os que pensavam como ele, a causa deveria ser ganha no Parlamento. Rebouças, que também era abolicionista, chegará mesmo a dizer, mais tarde, que o erro das propagandas socialistas era dirigirem-se às vítimas, quando o trabalho deveria, a seu ver, ser feito junto aos algozes: "Na grande obra da Abolição, nós jamais nos envolvemos com os escravizados, e os que não seguiram nosso exemplo, mancharam-se como papa-pecúlios, como incendiários de canaviais, como excitadores dos fuzilamentos do Cubatão ... Dirigindo-se às vítimas suscitam-se ódios e vinganças; dirigindo-se aos algozes, cria-se o arrependimento, o remorso, o desejo nobre de reparar injustiças", escrevia, passada a campanha.[33]

Entretanto, a ação dos agitadores preparava a eficácia da política parlamentar. A desorganização do trabalho, as ameaças de insurreição, a enervação dos escravizados, o rastilho aceso da revolta e do crime tornavam a situação dos proprietários cada vez mais insustentável.

Nas cidades, a propaganda ganhava forças. Desfilavam nas ruas da capital e outros centros das províncias grupos de pessoas levando cartazes que representavam castigos infligidos aos escra-

---

33 Carolina Nabuco, op. cit., p.155.

vos, fazendo coletas em prol da campanha e chegando mesmo a incitar os escravos à violência e à rebelião. Improvisavam-se tribunas nas praças, espalhavam-se proclamações, apregoando-se que a escravidão era um crime e a propriedade do escravo um roubo. Os abolicionistas mais exaltados e os capoeiras traziam os proprietários em sobressalto. Essa agitação chegou ao acme durante o ministério Dantas, em 1884, quando foi apresentado o projeto de lei que libertava os sexagenários, marcando prazo para a abolição definitiva. Os abolicionistas tinham posto em dúvida toda a propriedade escrava. No dizer de Nabuco, os africanos legalmente importados teriam no mínimo 52 anos, e salvo uma ou outra exceção – tendo na maioria entrado no Brasil com mais de quinze anos –, seriam quase septuagenários. Apoiando-se nesse fato, argumentavam que a maioria dos cativos existentes nessa data era livre de direito e mantida no cativeiro por um flagrante desrespeito à lei de 1831, que continuava em vigor. O manifesto da Sociedade Brasileira contra a Escravidão dizia que a simples revisão dos títulos da propriedade escrava bastaria para extingui-la. A justiça, dando ganho de causa aos processos que pleiteavam nesse sentido, fazia crescer a inquietação dos proprietários. Daí o empenho em anistiar o passado, anulando os efetivos da lei de 1831. A grande luta que se travará em torno do projeto de emancipação dos sexagenários, apresentado em 1884, visava neutralizar a lei que servia de bandeira à agitação abolicionista e punha em risco a propriedade escrava por efeito da sua ilegalidade.

Perceberam alguns a conveniência de ceder um pouco para não perder tudo. As palavras de Nabuco de Araújo, pronunciadas em 1870, ganhavam atualidade:

> Senhores, este negócio é muito grave, é a questão mais importante da sociedade brasileira, e é imprudência abandoná-la ao azar. Quereis saber as consequências? Hei de dizê-lo com toda a sinceridade, com toda a força das minhas convicções: o pouco serve hoje, o muito amanhã não basta. As coisas políticas têm por principal condição a oportunidade. As reformas por poucas que sejam valem muito na ocasião, não satisfazem depois, ainda que sejam amplas. Não quereis as medidas graduais, pois bem, heis de ter os meios simultâneos; não quereis os inconvenientes econômicos por que

DA SENZALA À COLÔNIA   461

passaram as Antilhas inglesas e francesas, correis o risco de ter os horrores de São Domingos.[34]

Começavam os dois partidos a perceber necessidade de encaminhá-lo. A agitação abolicionista inquietava cada vez mais a lavoura e o comércio, que se solidarizavam na defesa da escravidão. A Associação Comercial do Rio de Janeiro fazia publicar um opúsculo sobre o elemento servil, onde se dizia que o abolicionismo era dirigido por indivíduos sem imputabilidade nas regiões de trabalho e de economia nacional, constituindo-se ameaça a uma propriedade consagrada por leis e à segurança dos cidadãos que legalmente a desfrutavam. Atribuía ainda a depressão do crédito à agitação que esses elementos provocavam. Manifestava-se, finalmente, contrária a qualquer reforma fora do preceito vigente da emancipação gradual e propunha um alargamento do fundo de emancipação, a fixação do "elemento servil" e dos libertos à terra e, finalmente, a obrigatoriedade do trabalho para todos.[35] Nesses termos, representava o pensamento da maior parte da lavoura cafeeira, cujos pontos de vista tinham sido expressos alguns anos antes do *Congresso Agrícola*.

A reação armava-se contra a subversão da ordem. Representações dos lavradores nas regiões cafeeiras chegavam em número crescente à câmara dos deputados, protestando contra a ação dos abolicionistas, pedindo garantias contra os libertos e "contra a indolência congênita de todos de sua raça".

Em 19 de maio, o barão de Leopoldina lia na câmara uma representação proveniente do município de Mar de Espanha, solicitando providências para repressão completa aos excessos e perturbações que, em nome da causa abolicionista, os seus exaltados adeptos estavam levantando em praça pública.

Andrade Figueira acusava o ministério de estar envolvendo a Coroa na questão abolicionista, comprometendo-a aos olhos da nação. Relatava que, em seu município natal, um seu amigo fora assassinado por dois escravos, os quais, cometido o delito, e depois de dar vivas a Sua Majestade, dirigiram-se à cabeça da

---

34 Joaquim Nabuco, *O abolicionismo*, 1938, p.68.
35 Associação Comercial do Rio de Janeiro. *Elemento Servil*. Rio de Janeiro, 1884.

comarca, onde procuraram o juiz de direito, a fim de obterem passagem na estrada de ferro, já que iam solicitar do imperador suas cartas de liberdade. Acrescentava que, em Barra Mansa, tinham sido cometidos cinco assassínios em oito dias contra feitores e familiares de proprietários. O mesmo sucedera em Resende, onde um lavrador fora assassinado por vários escravos, entre os quais se encontrava um, a quem o senhor deixava, em legado, duzentos mil-réis.

Dizia-se na câmara que, depois de 1871, se tinham enfraquecido os meios de coação por parte das autoridades.

Enquanto isso se passava, os estudantes da Escola Politécnica, do Colégio Pedro II e a Câmara Municipal do Rio de Janeiro manifestavam-se ruidosamente a favor da emancipação.

No parlamento, choveram protestos. Andrade Figueira, líder do escravismo, reprovou o comportamento do chefe de polícia da Corte, que mandara tocar o hino nacional, na repartição da polícia, quando passava carregada pelas ruas uma jangada: símbolo da libertação do Ceará, que os abolicionistas tinham feito vir do Nordeste. Censurava o procedimento do diretor do Museu, que recebera a jangada, colocando-a ali como "uma raridade" e que proferira um discurso onde se manifestava simpático ao movimento. Denunciava, ainda, a posição assumida pelos professores do Colégio Pedro II: "criado para educar a mocidade nos princípios da ordem, da religião e do amor do próximo e não para prestar a sua bandeira a esses grupos de desordeiros, que aterravam a mocidade, as famílias e a tranquilidade pública". Atacava, finalmente, o corpo docente e discente da Escola Politécnica que, no seu dizer, mantinha cursos aparatosos, sem um aluno. Investia, violentamente, contra os lentes desse estabelecimento que, na sua opinião, em vez de se dedicar a educar a mocidade, ocupavam-se em "celebrar dentro do próprio edifício festa abolicionista, com toda a ilegalidade, formando associação com os próprios alunos, aniquilando assim a disciplina escolar, e pervertendo a mocidade nos hábitos de desordem e anarquia, porque chegaram mesmo a assentar placas no edifício da faculdade extinguindo a escravidão naquela praça e suas vizinhanças, com usurpação dos direitos legislativos – placas que foi necessário mandar arrancar porque eram uma afronta". Não poupava a câmara de vereadores que julgava digna de críticas, pela sua adesão ao abolicionismo.

DA SENZALA À COLÔNIA 463

Solidarizando-se com esse ponto de vista, falou também outro representante dos interesses escravistas: Lacerda Werneck, de família tradicional, ligada às áreas cafeeiras. A resposta não tardou: Antônio Pinto, conhecido por suas convicções abolicionistas, pronunciava na câmara um acalorado discurso, onde fazia a acusação do escravismo, dizendo, entre outras coisas: "Os abolicionistas fazem festa com discursos e flores, os escravocratas, como se deu em dezembro, desta província, tiram da cadeia pública escravos que estão sob a guarda da lei e da justiça civil, para os esquartejarem no meio da rua. A diferença é imensa: os abolicionistas fazem festas, seus cruéis inimigos argumentam com o sangue de suas vítimas", e concluía irônico: "Nós somos os desordeiros, e eles os amantes da ordem e da paz pública".

As agressões recíprocas só tendiam a acirrar mais ainda os ânimos e a radicalizar as posições.

Os fazendeiros arregimentavam-se. Por toda parte, fundavam centros da lavoura, clubes secretos, e criavam uma polícia particular visando defender pelas armas, se preciso fosse, as suas propriedades. O eco dessas medidas repercutia no parlamento. Cristiano Otôni, em 1884, denunciava-as no senado; Antônio Pinto, na câmara. Divulgavam-se os estatutos da sociedade da lavoura de São José de Além Paraíba, que organizava um corpo policial destinado a auxiliar os lavradores, e tomava medidas severas contra os que dessem apoio à imprensa abolicionista ou entretivessem correspondência com estes.

Os ânimos exacerbavam-se. Notícias chegavam à câmara de que, em Campos, Carlos Lacerda e Leopoldo Figueira, dois líderes do movimento libertador, tinham sido intimados a sair, em 24 horas, da cidade, por terem divulgado, através da imprensa, o massacre de um quilombo e a presença nas ruas da cidade de uma rapariga negra de ferro ao pescoço. A questão passara definitivamente para o plano emocional. Aos argumentos sucediam palavras carregadas de paixão.

Os juízes que davam apoio às pretensões dos escravos eram ameaçados, sofrendo às vezes sérios vexames. Continuavam a chegar ao parlamento as representações e os manifestos na maioria provenientes das zonas cafeeiras.[36] A Câmara Municipal do Rio Novo

---

36 *Anais da Câmara*, 4ª sessão da 18ª Legislatura, 27.2 e 2.6.1884, p.38, 40, 77, 78, 222, 244 e 262.

solicitava providências do legislativo, a fim de que os emissários dos abolicionistas que estavam concitando os escravos não prosseguissem sua obra "nefanda"; na mesma ocasião, manifestava-se favorável à emancipação com indenização, dentro do espírito da lei de 28 de setembro de 1871, que permitia sua extinção paulatina, sem grave ofensa ao direito de propriedade. Os fazendeiros da freguesia de Nossa Senhora do Livramento de Sarandi pleiteavam providências que garantissem suas vidas e propriedades, ao mesmo tempo em que se pronunciavam contra o "descalabro" que ameaçava o país, e protestavam contra os agitadores.

Martinho Campos, no senado,[37] definia o abolicionismo como um movimento artificial que não nascia da nação, mas era feito nas repartições públicas por homens que não viveriam quinze dias sem subvenção do tesouro.

Ao mesmo tempo, falava-se que o país estava sobre um vulcão e que era necessário ao governo tomar alguma medida capaz de apaziguar imediatamente a opinião popular. Por que razão, indagava Severino Ribeiro na câmara dos deputados, os homens eminentes do país deixam às turbas o direito de pensar e de se agitar e de se levantar como um só homem para exigir o que todos deveriam querer executar?[38]

Nessas circunstâncias, nesse clima de agitação, Dantas foi chamado a formar um ministério em substituição a Lafaiete Rodrigues Pereira.

A oposição escravista não descansou. Ela provinha maciçamente das zonas cafeeiras, cujos representantes se revelavam os mais ardentes defensores do imobilismo.

Justificando a posição do Ministério a respeito da questão do "elemento servil", Dantas, que se convencera da necessidade de guiar o movimento, pois deixá-lo entregue aos perigos da incerteza seria comprometer todos os interesses, refutava na câmara as alegações de que trazer a questão para o parlamento era pôr em perigo as condições econômicas do país. Em perigo ficariam elas, e cada vez mais agravadas, se as questões fossem desamparadas,

---

37 *Anais do Senado*, sessão de 20 e 28 de junho de 1884.
38 *Anais da Câmara*, 4ª sessão, 18ª Legislatura, 27 de abril a 2 de junho de 1884, v.I, p. 221.

DA SENZALA À COLÔNIA

deixadas ao acaso, e repetindo uma fórmula que já usara anteriormente explicitava seu ponto de vista: "Nem recuar, nem parar, nem precipitar. É preciso caminhar, mas caminhar com segurança, marcar a linha que a prudência impõe e a civilização aconselha".[39] Toda sua moderação não conseguiu sopitar a reação que veio violenta dos seus adversários políticos e que encontrou também oposição entre elementos do seu próprio partido. Dantas, que inicialmente não era abolicionista, viu-se empurrado pela propaganda que a lavoura promovia contra ele para a área política, de onde recebia apoio eficaz. Para os que lhe faziam oposição, abolicionista e emancipador eram sinônimos, que definiam uma posição igualmente perigosa e abominável: "A diferença entre sinônimos é muito insignificante em política, por maior importância que tenha em ideologia", escrevia Nabuco nessa época. Pressionado pela oposição que lhe era feita na câmara dos deputados, Dantas resolveu, através do filho, o deputado Rodolfo Dantas, apresentar seu projeto de emancipação dos sexagenários, estipulando que o escravo de sessenta anos, cumpridos antes ou depois da lei, adquiria *ipso facto* a liberdade. Embora não respeitasse, para estes casos, o princípio da indenização em torno da qual se havia encastelado a resistência, o projeto nada tinha de radical. Facultava aos senhores retribuir ou não os serviços dos libertos sexagenários que preferissem permanecer em sua companhia. Limitava-se a obrigá-los a ministrar alimento, vestuários e socorros em caso de enfermidade ou invalidez, com a obrigação, para os libertos, de prestar os serviços compatíveis com as suas forças, cessando o encargo, se voluntariamente deixassem sua casa e companhia. Determinava ainda nova matrícula, na qual deveriam ser declarados: nome, cor, idade, estado, naturalidade, filiação, aptidão para o trabalho, profissão, valor, considerando-se libertos os que não fossem registrados no prazo estabelecido pela lei. Ampliava o fundo de emancipação por meio de impostos cobrados sobre o valor do escravo – 5% nas principais cidades, 3% nas menos importantes e 1% sobre o escravo rural. O imposto de transmissão da propriedade escrava era taxado entre 5% e 10%, atingindo até 20% e 30%, 40% e 50%, no caso de herança colateral. Em casos de compra e venda, era

---

39 *Anais da Câmara*, 2 de junho a 3 de julho de 1884, v.I, p.6-173.

previsto um tributo de 10%. Na classificação para as alforrias pelo fundo de emancipação, a preferência era dada pela inferioridade do preço do escravo, concedendo prioridade, ainda, àqueles que possuíssem pecúlio na ordem dos respectivos valores. Esses últimos dispositivos só poderiam ir ao encontro dos desejos daqueles que pretendiam a emancipação com indenização.

A despeito da alegada aliança de Dantas com os abolicionistas e de toda a oposição que seu projeto despertou, o único artigo mais radical era aquele que fixava a população escrava, considerando o domicílio do escravo intransferível da província, onde se achasse residindo por ocasião da promulgação da lei, importando a mudança em aquisição da liberdade. Não adquiriam a liberdade, entretanto, os evadidos e os que acompanhassem os senhores quando estes mudassem de domicílio.

Obrigava-se o liberto a continuar residindo, por cinco anos, a contar da alforria, no mesmo município onde vivera, além de sujeitar-se à prestação de serviços e, no caso em que se ausentasse do trabalho sem comunicar ao locatário (patrão) os motivos que a tanto o levaram, perderia o dobro dos salários que, durante sua ausência, tivessem corrido e ficaria compelido a servir o mesmo locatário, se este assim o quisesse, durante o prazo do ajuste, por duas vezes o tempo de sua ausência.

Apresentado o projeto na câmara, imediatamente, Moreira Barros, representando o ponto de vista da lavoura cafeeira mais antiga, demitia-se da presidência da câmara, alegando a divergência de pontos de vista entre ele e o ministério e lastimando que este se tivesse tornado propugnador da libertação do escravo sem indenização do senhor, com o que não podia concordar. Transformava-se assim sua renúncia numa questão de confiança ao ministério, e assim foi entendida pelo presidente do Conselho.

Ao ser votada a confiança, Afonso Celso, que aliás não assinara o projeto Dantas, manifestou-se a respeito, mostrando que o movimento abolicionista não era artificial como se dizia: "Se assim é", indagava, "por que se congrega a lavoura, por que se arma, por que se assusta, por que clama em altos gritos acharem-se ameaçadas vidas e propriedades?". O movimento que conseguira emancipar em menos de um ano uma província inteira, e que se preparava para libertar outra, um movimento que galgara até os degraus do trono, não era artificial.

DA SENZALA À COLÔNIA 467

Artificial! ... eis a exclamação proferida pela rotina e pelo retrogradismo, sempre que uma luz nova aponta ou uma reforma se afirma! ... Qualificação semelhante aplicavam os amigos de Jorge III à revolução americana, quando ela surgia tendo à sua frente, mais do que um aguerrido exército, o gênio de Washington; com igual desdém falava a Corte de Maria Antonieta, quando já um medonho cataclismo se anunciava nos ribombos do verbo de Mirabeau ... Sorrindo com desprezo, apontavam também os ministros de Napoleão III para a concentração germânica que os deveria tragar ... Para que mais exemplos? ... Aquele brado o encontrareis na história repetido, e sempre o mesmo, em todos os momentos de renovação, mas sempre igualmente superado e desatendido...

Depois de manifestar-se a favor do projeto, concluía lembrando como os que se haviam declarado abolicionistas na sessão anterior não tinham sido reeleitos: "Não sei se sorte idêntica me aguarda e pouco se me dá isto. Pois bem, usando da palavra, como acabo de fazer, vim reclamar o meu lugar na legião dos vencidos".

Mais uma vez o que se viu foi a demonstração de que as convicções abolicionistas e escravistas pairavam acima das questões partidárias. Severino Ribeiro, conhecido por suas ideias abolicionistas, declarando sua qualidade de conservador, justificava seu voto favorável ao Ministério Liberal, dizendo: "dou o meu voto, não ao senhor Dantas, não ao partido liberal, mas à ideia abolicionista por ele representada". Entre os que votaram contra o Ministério Liberal, encontravam-se nove liberais: Sousa Carvalho, Lourenço de Albuquerque, barão da Estância, Carlos Afonso A. Figueiredo, M. Contagem, Vaz de Melo, J. Penido, Vieira de Andrade e Sousa Queiroz Júnior, que, unidos aos conservadores, entravam a fazer oposição ao ministério.

Não haviam decorrido ainda quinze dias e, novamente, a câmara assistia a um espetáculo semelhante. Votava-se a moção de João Penido, deputado por Minas, que reprovava o projeto do governo sobre o "elemento servil", negando-lhe confiança.

Em ardorosas palavras, Rui Barbosa dizia, repetindo palavras de Nabuco de Araújo, que as concessões moderadas que então se recusassem, mais tarde não satisfariam ninguém e tempo viria em que seria tarde para capitular com as honras da guerra.

Estão claras as posições: inspira-se cada um na sua discrição e no seu patriotismo. Acompanhe quem quiser as bandeiras negras do esclavagismo intransigente, sem obedecer a algum programa de partido, sem cuidar da própria classe de que se arvora defensor. Cada batalha que a solução do problema perder na câmara, cada revés que os nobres deputados julgarem infligir-lhe, esmagando sob o número de votos, o Governo que a personifica, será, não uma vantagem para os interesses econômicos envolvidos nesta questão, mas um passo acelerado para a liberdade incondicional... O movimento parlamentar da emancipação não retrocede uma linha. Não há maioria com forças para o deter. As vossas vitórias aparentes reverter-se-ão contra vós. De cada uma delas, o espírito libertador reerguer-se-á mais poderoso, mais exigente, mais afoito, reencarnado em um plano mais amplo. As concessões moderadas, que hoje recusardes, amanhã não satisfarão a ninguém. Ouçam os nobres deputados a história que não mente. Isso que vós defendeis com o zelo violento do fanatismo, e nós respeitamos, sob certas reservas, por confiança refletida nas soluções pacíficas e conciliadoras, não é um direito, é uma situação privilegiada, transitória, amaldiçoada, em todas as consciências, a que ninguém neste país dá mais vinte anos de duração, e que, com certeza, não transporá as fronteiras deste século. Pois bem! Se esse privilégio efêmero, caduco, agonizante, não transigir, se se enfatuar em sonoras invocações a direito e a justiça, em que mais prudente seria abster-se de falar, se não der ouvidos senão ao demônio da demência, com que uma espécie de conspiração providencial parece seduzir para o abismo das causas fadadas a perecer por uma crise instantânea, se às nossas tentativas pacificadoras opuser a pertinácia de um *non possumus* implacável, tempo virá em que seja tarde para capitular com as honras da guerra.

Mas então da sua ruína ele mesmo terá sido o operário exclusivo. Nós, ante a razão e o patriotismo, estaremos absolvidos de toda a responsabilidade, porque o projeto é a emancipação adiantada, mas previdente e compensadora.

O abolicionismo – não o abolicionismo sob a sua feição desinteresseira, generosa e simpática ao coração humano – mas o abolicionismo, sua expressão mais absoluta, mais sombria, mais devastadora, porque então no campo da luta, a resistência estará desmoralizada, o abolicionismo servido pelos inimigos da abolição, esse, o pior dos abolicionismos, sois vós, é a reação que vós representais, em ódio à experiência, à humanidade, ao futuro.[40]

---

40 *Anais da Câmara dos Deputados*, de 1884, v.III, p.18, 163, 169-70, 263, 360-1.

DA SENZALA À COLÔNIA 469

De nada adiantaram seu talento oratório e sua argumentação. Quarenta e dois conservadores, secundados agora por dezessete liberais, negaram ao Ministério Liberal sua confiança. A favor, votaram os conservadores Antonio Pinto, Álvaro Caminha, Escragnolle Taunay, representando Santa Catarina, e Severino Ribeiro. Taunay, empenhado no movimento da imigração, era antiescravista convicto e os demais várias vezes já se haviam manifestado abolicionistas. As bancadas das províncias de São Paulo, Rio de Janeiro e Minas votaram quase maciçamente contra o ministério. Liberais como Moreira Barros, Paula Sousa e Sousa Queiroz, representando São Paulo, e Vaz de Melo, João Penido, Carlos Afonso de Assis Figueiredo, Vieira de Andrade e Felício dos Santos votaram contra seu partido. Entre mineiros, paulistas e representantes do Rio de Janeiro e do município da Corte, apenas sete deputados votaram pelo ministério.

Agitada a questão no parlamento, a ação abolicionista recrudesce, ao mesmo tempo em que se arregimenta a reação. Os manifestos, declarações e representações continuaram a chegar, vindos, principalmente, dos municípios cafeeiros do Vale do Paraíba e de Minas. De Cataguases, vinha a solicitação de que fosse conservado o espírito da lei de 28 de setembro de 1871 e mantida a ordem pública, bem como elaborada lei que obrigasse ao trabalho. Dentro da mesma linha, manifestavam-se o Instituto Baiano de Agricultura, a Associação Comercial da Bahia e os municípios de Macaé, Caconde, Paraíba do Sul, Oliveira, Pomba, São Fidélis.[41]

Essas representações, protestando contra o projeto sobre emancipação, afirmavam que já ninguém sustentava a legitimidade da escravidão, instituição fatalmente condenada pela moral e pelo direito, mas que não se deveria comprometer o crédito e o bem-estar do país, inutilizando o trabalho agrícola, única fonte de riqueza pública e particular. Consideravam o projeto uma violação do direito de propriedade, falavam na ruína do crédito nacional, na miséria de todas as classes sociais pela desorganização crescente do trabalho. Felício dos Santos, deputado por Minas,

---

41 Idem, p. 20 e 263, e *Anais da Câmara dos Deputados*, de 1884, t.IV, p.21, 84, 117-8 e 121.

dizia que as consequências da imediata emancipação dos escravos seriam a ruína financeira do Brasil, atingido de súbito nos seus principais instrumentos de trabalho, um perigo para a ordem pública pela injeção na sociedade de um milhão de selvagens, a espoliação e consequente liquidação da grande lavoura e a ruína dos libertos.[42]

Negociantes, banqueiros e industriais reunidos no Clube da Lavoura e Comércio confabulavam. Delegados das câmaras municipais, das províncias, fazendeiros dos mais importantes deixavam seus solares e seus trabalhos agrícolas e vinham para a capital do Império acudindo ao reclamo de seus interesses mais urgentes. Solidarizavam-se o Centro do Café, o Clube da Lavoura e a Associação Comercial, numa ação conjunta. Os grupos ligados tradicionalmente à escravidão reuniam-se na defensiva. Não mais se fazia a defesa teórica do escravismo. Este tipo de argumentação de há muito fora abandonado. Apenas um ou outro, como Martinho Campos, continuava a acreditar que o escravo era ainda a única mão de obra da lavoura do café. Fazia-se a justificativa do sistema.

A Câmara de Oliveira, município de Minas Gerais, e a de Pomba representavam contra os abolicionistas, qualificando-os de anarquizadores da ordem pública, que pregam pela imprensa e pelas reuniões doutrinas subversivas e ilegais, ameaçando assim os mais graves interesses mantidos e criados à sombra protetora das leis do país.

A vida e a propriedade não podem estar à mercê desse punhado de aventureiros que, tendo tudo a ganhar e nada a perder, tentam revolucionar o país tomando por pretexto uma questão de ordem econômica e do mais alto interesse social ... Estes grupos de demolidores que ora se congregam no país promovendo propaganda com o fim de abolir os escravos, dizia uma dessas representações, são os mesmos que, na Rússia, formam o partido niilista, na Alemanha, o socialista, assim como na França, o comunista. Estejamos, pois, precavidos contra estes desordeiros que preferem a luta renhida e o sangue a correr em rios, a ver a questão regularmente marchando e pacificamente terminada.[43]

---

42 *Anais da Câmara dos Deputados*, de 1884, v.V, p.319.
43 *Anais da Câmara dos Deputados*, de 1884, v.IV, p.121.

DA SENZALA À COLÔNIA   471

À medida que crescia a agitação abolicionista, a tensão aumentava, aguçavam-se os antagonismos. Ação e Reação defrontavam-se dentro e fora do parlamento. As posições definiam-se. Do Ceará e Amazonas vinham as manifestações em prol da abolição definitiva. As províncias cafeeiras: Rio de Janeiro, Minas e o Vale do Paraíba paulista mobilizavam-se, *grosso modo*, na oposição. Dois representantes dessas áreas, Paulino de Sousa e Andrade Figueira, lideravam a "junta do coice": pitoresca imagem com que se pretendia caracterizar a polícia dos que desejavam segurar a marcha abolicionista. O pensamento da lavoura cafeeira mais antiga poderia resumir-se nas palavras de Moreira Barros que propusera, em nome da dissidência liberal, uma moção que manifestava repulsa ao sistema de resolver, sem indenização, o problema servil e negara apoio ao ministério Liberal, partido ao qual ele próprio pertencia. Dentro da mesma linha de pensamento, colocara-se Lacerda Werneck, porta-voz dos interesses da lavoura fluminense tradicional, que pedia pelo menos um níquel de indenização.

Em face da oposição que lhe era feita na câmara, Dantas obteve do imperador a dissolução e convocação de novas eleições. Isso intensificou a agitação e acentuou os extremismos. A campanha eleitoral processou-se num clima acalorado de declamações, discursos, violências e manobras políticas. A imprensa subvencionada pelos proprietários investia contra os abolicionistas. A derrota do Ministério Liberal poderia significar mais do que a derrota das ideias emancipadoras: abria perspectivas para a promoção de novos políticos e para ascensão do partido conservador ao poder, o que, aliás, não se deu de imediato.

O projeto Dantas não era tão radical como faziam pensar os seus adversários. Hoje, visto a distância, parece-nos uma tentativa de compromisso com a agitação abolicionista que ameaçava a ordem tradicional. Localizar os escravos, aumentar o fundo de resgate por meio de taxa que recaía sobre todos os contribuintes, libertar os escravos sexagenários eram as linhas básicas do seu programa. Entretanto, a despeito de, no tocante a estes, não se reger pelo princípio da indenização, o projeto não poderia ser considerado audacioso, pois esse critério se aplicava exclusivamente aos escravos sexagenários, que na realidade representavam, muitas vezes, um ônus para o proprietário, e cujo preço era, em geral, baixo. Visto assim, representava uma tentativa de conceder um pouco para não ceder tudo, uma medida tendente a arrefecer os ânimos agitados pelo abolicionismo mais radical, e protelar, por mais algum tempo, a questão.

Os abolicionistas, entretanto, se tinham apoderado de Dantas, convertido momentaneamente no símbolo de suas aspirações. As manifestações populares mais calorosas, muitas espontâneas, outras encomendadas, não foram, entretanto, suficientes para conservá-lo na liderança do ministério. A ação dos clubes da lavoura, os interesses políticos de certos grupos derrotaram-nos nas urnas, depois de uma campanha violenta e apaixonada de lado a lado, em que a imprensa abolicionista sofria ameaças de empastelamento e os deputados que faziam oposição ao ministério eram, por sua vez, vaiados e ameaçados.

Uma parte do povo começava a participar ativamente do momento político. Apesar de toda essa mobilização da opinião pública, venceu a oposição. O governo foi derrotado nas eleições que se processaram em dezembro de 1884, na pessoa do ministro João da Mata Machado, que perdeu no 17º distrito de Minas, entrando em seu lugar. Antônio Felício dos Santos, candidato dos senhores de escravos e do bispo diocesano.[44] Rui Barbosa, autor do parecer sobre o projeto Dantas, não foi reeleito. Joaquim Nabuco, com toda a intensa campanha desenvolvida em Pernambuco, foi eleito, mas teve contestado o seu diploma.

Nada faltou a essa sessão que assim se anunciava, tão pouco auspiciosa para o governo: os truques parlamentares, a falta de *quorum*, a fiscalização partidária, a contestação dos resultados das eleições, a não diplomação de certos políticos, os aplausos do público ao ministério, as sátiras da imprensa. A dissidência liberal viera reforçar a oposição. Mas a derrota do ministério foi muito pouco expressiva. Caiu por 52 votos contra cinquenta e, o que é mais sugestivo, entre estes cinquenta, contavam-se os votos dos dois deputados republicanos paulistas, que se solidarizavam assim com as tendências reformistas.

A 6 de maio, era formado novo Ministério sob a presidência de José Antônio Saraiva, político liberal. Durou pouco mais de

---

44 Evaristo de Morais, *A escravidão no Brasil*, p.189.

DA SENZALA À COLÔNIA 473

três meses, tendo apresentado novo projeto, que alterava alguns itens do texto sugerido por Dantas, prolongando, por sugestão do paulista Antônio Prado, o prazo para libertação dos sexagenários, encarecendo o valor do escravo e, principalmente, respeitando o princípio de indenização, que dera margem a tantas discussões. O novo projeto vinha satisfazer os desejos dos que, impressionados com a onda abolicionista que ameaçava avassalar o país, levando agitação e desordens aos principais centros de concentração da população escrava, principalmente São Paulo e Campos, julgavam necessária uma medida que, sem ir muito longe, tentasse deter a marcha subversiva. Saraiva acreditava que o grande mérito dessa reforma era fazer calar a propaganda abolicionista e dar a última palavra em relação à questão.[45] Consagrava inteiramente o princípio da indenização. Pensavam os que o aprovaram ter ganho definitivamente a batalha em prol dos seus interesses. Propunha, além disso, o projeto severas penas aos que acoitassem escravos fugidos e determinava nova matrícula. Firmava o princípio de que toda a nação deveria arcar com o ônus da emancipação e, ao mesmo tempo, isentava o setor exportador dessa taxa, aliviando, assim, as classes rurais.

O Fundo de Emancipação deveria ser formado dos tributos e rendas destinados pela legislação vigente, da taxa de 5% adicionais a todos os impostos gerais, excetuados os de exportação, títulos da dívida pública emitidos a 5% com amortização anual de meio por cento, sendo os juros e amortização pagos pela taxa referida.[46] Em outros pontos, o projeto acompanhava de perto o texto anterior.

Depois de acalorados debates, foi aprovado na câmara. Enquanto isso se dava, caiu o Ministério Liberal, incapaz de sustentar-se, tendo sido chamado a formar outro um velho e experiente político de largas tradições no partido conservador: o barão de Cotegipe (20 de agosto de 1885), que, depois de neutralizar a oposição, obtendo a dissolução da câmara em 26 de setembro de 1885, conseguiu a aprovação no senado e a promulgação da lei regulando a extinção gradual do elemento servil (28 de setembro de 1885).

---

45 *Anais da Câmara dos Deputados do Império*, 20 de julho a 19 de agosto de 1885, p.40.
46 Idem, p.561 ss.

Entrava-se em nova etapa da ação abolicionista.

Por ocasião da discussão dos projetos que libertavam os sexagenários, as diferenças que separavam os paulistas do oeste dos demais representantes das zonas cafeeiras tinham vindo à tona. Várias vezes, no senado, Martinho Campos, referindo-se às palavras de Antônio Prado, ministro da Agricultura, que afirmara que, em São Paulo, o escravo não tinha valor, observava que a situação dos fazendeiros de Minas e do Rio de Janeiro era muito diversa e que se lá o valor do cativo correspondia à terça parte do valor das fazendas, no Rio e em Minas ele equivalia à metade. Essas diferenças refletiam-se também na política de imigração. Enquanto o ministro da Agricultura pretendia colonos para as lavouras, Martinho Campos, interpretando o ponto de vista da lavoura fluminense e mineira, manifestava-se favorável às colônias de proprietários.[47] O barão de Cotegipe recriminava também a atitude dos paulistas, que pareciam desinteressar-se da manutenção do sistema escravista.

Por outro lado, muitos dos que tradicionalmente tinham defendido uma posição conservadora, favorável à manutenção da escravatura, mudavam de ideia: Silveira Martins evoluíra da frase "O Brasil é o café, e o café é o negro", para a crítica da escravidão, que fez num discurso de posse no cargo de grão-mestre da maçonaria brasileira, quando afirmava que não se pode considerar livre o país onde há uma raça escrava;[48] Cristiano Otôni que, em 1871, se opusera à Lei do Ventre Livre, advogava em favor dos sexagenários e denunciava a ação dos que, embora manifestando-se pela emancipação, recuavam e resistiam diante de toda medida que se propusesse apressá-la.[49]

Ao mesmo tempo em que se insinuava entre os parlamentares, o abolicionismo conquistava uma base popular, cada vez mais ampla.

---

47 João Dornas Filho, *A escravidão no Brasil*, p.176.
48 Ibidem, p.179.
49 *Anais do Senado*, 1884, sessão de 9 de junho.

CAPÍTULO 3

A ABOLIÇÃO

Os agentes do abolicionismo

Em 1837, Burlamaque, em lúcido trabalho sobre os males da escravidão, lamentava que não existisse no Brasil uma classe intermediária, ilustrada, que não possuísse escravos nem fosse miserável ou dependente, e fizesse frente à classe senhorial punindo suas violências e seus crimes. Cinquenta anos mais tarde, a situação mudara. As transformações econômicas que se processaram no país, desde a cessação do tráfico, o desenvolvimento das vias férreas, o incipiente processo de urbanização, o aparecimento das primeiras empresas industriais, companhias de seguro, organismos de crédito, o incremento de certos setores do comércio varejista e de grupos artesanais, representados por trabalhadores livres que encontravam novas oportunidades de emprego, favoreceram a formação de uma categoria social nova. Ao lado dos representantes desses vários níveis da produção colocavam-se os professores, advogados, médicos, engenheiros e funcionários que apareciam em número crescente.

Esse processo apenas se iniciava e só adquire expressão realmente importante no século XX. Mas, a partir de 1870, já eram bem visíveis suas manifestações.

Enquanto, no período de 1850-1874, fundaram-se em todo o país cerca de 140 estabelecimentos industriais, nos 24 anos seguintes inauguram-se 461 empresas. Na sua maioria, concentram-se no município da Corte, em São Paulo, Minas e Rio de Janeiro, tendo aparecido principalmente na década de 1880.[1] O desenvolvimento urbano fora notável durante aqueles cinquenta anos. Em 1832, a província tinha 45 vilas e uma cidade. Em 1887, o *Almanaque da Província de São Paulo*, de Jorge Seckler, relacionava 57 cidades e 69 vilas. A região povoava-se, a vida urbana assumia ritmo mais intenso.

Em 1873, encontravam-se em São Paulo pouco mais de uma dezena de médicos, outro tanto de engenheiros, uma vintena de advogados, várias lojas, armazéns, casas comissárias e umas poucas fábricas: de bilhares, carroças, chá, chapéus, charutos, licores. Havia ainda alguns bancos, Companhia de Carris, uma companhia de seguros e a São Paulo Gaz Company Limited. Quinze anos mais tarde, um almanaque relacionava trinta e tantos médicos, mais de oitenta advogados, cerca de trinta engenheiros, várias companhias industriais e diversos bancos: uma filial do Banco do Brasil, Crédito Real e Comercial, Banco da Lavoura, Banco Mercantil, English Bank of Rio de Janeiro Limited, London Brazilian Bank, e ainda muitas companhias de Estrada de Ferro, Companhias de Bondes, Engenho Central, Telefônica, Seguros, Telégrafo, numerosas pequenas indústrias, lojas, armazéns, depósitos etc.

Abriam-se novas perspectivas para o capital. Não mais convinha mantê-lo imobilizado em escravos, mercadoria que se depreciava a olhos vistos e estava fadada a desaparecer. Modificava-se a mentalidade dos fazendeiros das zonas mais dinâmicas. Não mais pensavam em comprar escravos, mas em livrar-se deles.

Graças à multiplicação de empresas e profissões liberais, formou-se uma camada menos comprometida com a escravidão e que irá servir de suporte à ação abolicionista. A gênese da consciência que nega a ordem vigente não está necessariamente vinculada à condição de classe, mas a ação revolucionária propriamente dita,

---

1 Recenseamento do Brasil, 1920, v.V, Indústria, Rio de Janeiro, 1927, p.246. Note-se que não estão relacionadas as indústrias açucareiras.

DA SENZALA À COLÔNIA

que faz progredir o movimento subversivo, resultará, principalmente, da adesão daqueles setores da opinião pública.

Em São Paulo, o chefe dos caifases era Antônio Bento de Sousa e Castro, filho de farmacêutico, homem de algumas posses, formado em Direito, promotor e juiz municipal. Organizou um grupo heterogêneo que reunia advogados, jornalistas, tipógrafos, cocheiros, estudantes de direito e alguns negociantes. Ao seu lado, encontravam-se nomes dos mais representativos, como Júlio de Castilhos, Alberto Correa, Luís Murat, Alberto Faria, Eugênio Egas, Eneias Galvão, Raul Pompeia, membros do Centro Abolicionista de São Paulo, fundado em 1882. Entretanto, os elementos que atuavam mais diretamente na ação subversiva eram outros: Bento Soares de Queiroz, empreiteiro de obras e proprietário de olarias, que se colocara juntamente com seus empregados a serviço dos caifases; Pedro Arbues, tipógrafo e fundador de um periódico republicano e abolicionista que aparecia sob o sugestivo título de *Grito do Povo*; os Louzada, seus companheiros de trabalho; os comerciantes Abílio Soares e Antônio da Costa Moreira, que ocultavam escravos fugidos e, ainda, Luís Labre, Cândido Martins e Celestino Bourroul. Um dos principais redutos abolicionistas era o setor das estradas de ferro. Colaboravam intensamente na campanha desde funcionários dos mais modestos até os que ocupavam cargos de chefia. Outro grupo importante foi o dos cocheiros, cuja atuação no movimento foi comparada, por Antônio Bento, à dos jangadeiros do Ceará.

Ao lado dessas categorias, combatiam os professores, os advogados, os negociantes, os políticos, os jornalistas. Colaboravam na imprensa abolicionista, além dos já citados, Antônio Muniz e Sousa, advogado; Joaquim José da Silva Pinto, médico; Bernardino e Américo de Campos, João Vieira de Almeida, Martim Francisco Filho, Bueno de Andrade, Domingos Jaguaribe, Carlos Garcia, Horácio de Carvalho, padre Francisco Barroso, Pedro Braga, Gabriel Prestes, Hipólito da Silva e João Veiga Cabral. Entre a mocidade acadêmica, destacavam-se Júlio de Mesquita, Carlos Garcia e Paula Novais.

Os caifases não se contentavam com denunciar pela imprensa os horrores da escravidão. A tipografia da *Redenção*, jornal mantido por eles, constituíra-se um verdadeiro núcleo revolucionário, onde se reuniam os membros da Irmandade de Nossa Senhora dos Remédios, na maioria "operários negros". A campanha passava do campo teórico doutrinário, jornalístico e jurídico, característico da primeira fase do abolicionismo paulista, para o campo da luta direta. Promoviam-se fugas de escravos das fazendas, agitações e desordens. Ameaças, denúncias, cercos da polícia, acusações partidas dos grupos cujos interesses eram afetados, nada os desanimava. Tinham ramificações nos principais pontos da província. Visitavam fazendas, apresentando-se disfarçados de vendedores ambulantes, mascates ou viajantes. Entravam em contato com os escravos, induzindo-os a escapar, facilitando-lhes a fuga, conseguindo colocação e trabalho, acobertando-os quando necessário. Além dessa atuação subversiva e desagregadora do trabalho rural, procuravam explorar a sensibilidade pública recorrendo, para isso, aos mais variados recursos. Perseguiam os capitães do mato e ameaçavam os senhores que tratavam cruelmente os cativos.

As atividades estendiam-se, também, a Santos, onde a causa abolicionista recebia apoio do comércio local. Henrique Porchat, destacado proprietário industrial da cidade, auxiliava de todas as maneiras a campanha.

No Rio de Janeiro, o movimento abolicionista recebia adesão de alguns comerciantes, entre os quais se destacavam Seixas Magalhães, negociante de malas; Evaristo Rodrigues da Costa, estabelecido com tipografia; Guilherme Cândido Pinheiro, dono de padaria. Entre os membros da Confederação Abolicionista, apontava-se uma grande maioria de médicos, professores, advogados, engenheiros, jornalistas, tipógrafos, artistas, poetas, escritores e políticos profissionais. Entre os frequentadores das conferências abolicionistas dos anos 1880 registravam-se representantes típicos da classe média. General Beaurepaire Rohan; jornalista Alves Branco Muniz Barreto; engenheiro José Américo dos Santos; Ferreira de Meneses, jornalista; João Batista Marques e Augusto Marques, fundadores da Sociedade Emancipadora Acadêmica de São Paulo; engenheiro Antônio F. de Castilho; negociantes Frederico Fróes e João Clapp, Campos Porto e muitos outros, sem falar nos elementos de proa do movimento, como Rui Barbosa, José do Patrocínio, Luís Gama. Colaborava com eles o diretor da *Revista Ilustrada*, Ângelo Agostini, que desencadeava ativa campanha contra os representantes do conservadorismo.[2]

---

2 Evaristo de Morais, *Campanha abolicionista*, p.262 ss.

DA SENZALA À COLÔNIA 479

Foi inegavelmente nos grupos sociais ligados às atividades urbanas que o abolicionismo recrutou o maior número de adeptos e de elementos ativos e participantes. Constituíam o que se poderia chamar de "classe média" para diferenciá-la da camada senhorial, cujos interesses se prendiam fundamentalmente à terra. Dada a mobilidade econômica e financeira que caracteriza a sociedade brasileira desse período, é difícil delimitar com clareza essas categorias, tornando-se impossível opor os burgueses à aristocracia rural. Os componentes das profissões liberais e do funcionalismo eram, quase sempre, recrutados entre os elementos pertencentes aos quadros rurais e vice-versa e mantinham essas vinculações por toda a vida. Não se pode catalogar a mocidade que saía das escolas como pertencente a essa camada que então se formava. A maioria dos estudantes vinha dos meios rurais e, passado o prurido de independência da juventude, abandonava as ideias reformistas, aderindo à ordem estabelecida, incapaz de negá-la.

Por outro lado, advogados, comerciantes, funcionários, médicos, engenheiros e artesãos viviam, em grande parte, na dependência das camadas dominantes, num regime de verdadeira clientela. Estavam na sua grande maioria comprometidos por laços familiares, profissionais e políticos com a aristocracia rural ou provinham diretamente dos grupos mais abastados ou gravitavam na sua órbita. Os advogados viviam das causas que lhes propiciava a lavoura. Os funcionários estavam diretamente na sua dependência, pois a nomeação e permanência no cargo eram função da fidelidade aos chefes políticos e às facções locais. Casavam-se frequentemente nesse meio, suas relações de amizade, sua profissão, tudo os ligava à lavoura. Apesar dessas múltiplas vinculações, estavam menos comprometidos com a ordem escravista do que os fazendeiros e revelaram-se mais acessíveis às ideias abolicionistas. Entre eles havia alguns que já não mais descendiam diretamente das camadas rurais: eram representantes e herdeiros da burguesia de comerciantes ou burocratas surgida nas aglomerações urbanas, onde tinham adquirido maior expressão e sentido.[3] Outros apareciam também no cenário político e intelectual graças ao desenvolvimento, embora modesto, do capitalismo. Infiltravam-se nas faculdades de Direito, de Medicina, nas Escolas Técnicas: a Central, a Militar. "O aparecimento destes representantes da

---

3 Costa, op. cit., p.134.

EMÍLIA VIOTTI DA COSTA

burguesia nova tornará mais nítido o antagonismo de interesses entre o agrarismo latifundiário e o nascente comercialismo em marcha para a indústria",[4] reforçado pela entrada de elementos estrangeiros que se fixaram no Brasil na qualidade de pequenos artesãos, comerciantes ou técnicos.

Se registramos, entre estes, alguns casos de indivíduos apegados à ordem escravista, a maioria, entretanto, integrou-se nos quadros sociais do abolicionismo.

O alto comércio e os meios financeiros parecem ter estado unidos às classes rurais. O Clube da Lavoura e Comércio, a Associação Comercial do Rio de Janeiro solidarizavam-se muitas vezes com os interesses agrários e comungavam na ação política. O movimento abolicionista é essencialmente urbano. Quando a ação se estende ao campo, é por um processo de expansão do movimento originalmente urbano que passa a atuar sobre as massas escravas com o intuito de desorganizar o trabalho e acelerar a reforma desejada. É só então que ele revela conexões com os meios rurais. De maneira geral, os elementos rurais eram refratários à campanha. O próprio Nabuco, representante desse setor, lastimava a inconsciência do trabalhador rural em face do abolicionismo e verberava a sua adesão a um sistema que os esmagava:

> Infelizmente, senhores, nós lutamos contra a indiferença que a nossa causa encontra entre essas mesmas classes que deveriam ser nossas aliadas e que a escravidão reduz ao mais infeliz estado de miséria e dependência. É triste dizê-lo, mas é a verdade, por acaso os homens de cor, filhos e netos de escravos, que trazem no rosto a história do martírio de sua raça têm aderido ao nosso movimento com a dedicação e a lealdade que era de esperar dos herdeiros de tantos sofrimentos? Não, eles não se atrevem a fazer causa comum com os abolicionistas e muitos são encontrados do lado contrário. Tomemos uma grande classe, os moradores do campo, os que vivem espalhados pelo interior, em pobres cabanas, os homens livres que trabalham em terras alheias. Dão eles sinal algum de compreender o alcance desta propaganda, de saber que estamos lutando para dar-lhes uma independência honesta, algumas braças de terra, que eles possam cultivar como próprias, protegidos por leis executadas por uma magistratura independente, e dentro das quais tenham um

---

4 Lidia Besouchet, *Mauá e seu tempo*, p.78.

DA SENZALA À COLÔNIA   481

reduto tão inexpugnável para a honra das suas filhas e a dignidade do seu caráter como qualquer senhor de engenho? Não, senhores, eles não compreendem que o abolicionismo é o começo da propriedade do lavrador ... Quem viu nos Estados Unidos o simples trabalhador do campo, depois de deixar o arado tomar o jornal e interessar-se pela questão do papel-moeda, cujas relações com o bem-estar do seu lar doméstico ele perfeitamente compreendia, ou quem viu a tremenda revolução agrária da Irlanda, não pode deixar de lamentar o grau de inconsciência da população livre do interior, que parece nem sentir a sua triste condição e nesse ponto, pelo menos, estar ainda abaixo do nível de consciência do escravo. Não é conosco, os que levantamos o grito de abolição, que se unem essas vítimas impassíveis do monopólio territorial, é com os outros que levantam o grito de escravidão: da escravidão que as esmaga sem que elas o saibam, porque as comprime desde o berço.[5]

Os imigrantes, os negros livres ou libertos, os alforriados constituíram a massa dos incógnitos que tanto favoreceu o movimento contribuindo para a desorganização do trabalho nas fazendas. Em opúsculo intitulado *O erro do imperador*, referia-se Nabuco às manifestações populares, aos vivas à Abolição que vinham do povo de mestiços, descendentes de escravos, a "canalha" na opinião daqueles aristocráticos senhores, que a agitação escandalizava. Enquanto aqueles aclamavam a obra emancipadora, Paulino de Sousa, o líder do escravismo, desenvolvia no senado o que Nabuco qualificava de teoria do governo das classes altas. Por mais suspeito que pudesse parecer o testemunho apaixonado de Nabuco, suas palavras encontram confirmação em outros depoimentos da época, muitos dos quais vêm dos próprios meios conservadores. O manifesto da Associação Comercial, em 1871, acusava os abolicionistas de não terem expressão nos setores produtivos do país. Os ofícios dos presidentes de províncias referem-se, algumas vezes, à agitação das camadas "mais baixas" da sociedade. Dizia-se que o abolicionismo era um movimento artificial provocado por indivíduos que nada tinham a perder. Assim se expressavam Andrade Figueira na câmara e Martinho Campos no senado.

A participação do negro e do mestiço, livre ou alforriado, e até mesmo do escravo na sua autoemancipação cresceu nos últi-

---

5 Nabuco, 1885, p.10.

mos anos. Entre os mais ardorosos abolicionistas destacaram-se mulatos, negros ou brancos descendentes de cativos: Luís Gama, José do Patrocínio, Rebouças, Vicente de Sousa, Quintino de Lacerda, sem falar nos políticos e poetas que se filiaram à causa emancipadora ou abolicionista, tais como: Torres Homem, político de grande atividade; visconde de Inhomirim, filho de negra quitandeira, médico, bacharel, político e ministro, que escreveu contra a escravidão uns *Diálogos à maneira de Platão*.[6] Entretanto, não cabe generalizar. Foram também numerosos os mulatos ou pretensos brancos que se tornaram defensores do pensamento e da ordem escravista e que se inscreveram entre os que pretendiam defendê-la ou que, ante o movimento tendente ao que chamavam redenção da raça negra, permaneceram indiferentes, como a renegar sua ancestralidade. Era sobretudo estes que Luís Gama visava em sua Bodarrada (*Primeiras trovas burlescas de Getulino*).

A indiferença de um Tobias Barreto, a discrição de Machado de Assis, outro mulato ilustre, confirmam que o movimento abolicionista não se colocava em termos raciais. Era primordialmente uma questão socioeconômica. Não terão sido raros os casos de negros que, como o conselheiro Silva, se alistaram aos que pugnavam pela manutenção da ordem escravista. Ao lado de Lacerda Werneck e Coelho Rodrigues, votou ele contra a abolição dos açoites.[7]

Também se contam numerosos casos de negros e mulatos que possuíam vasta escravaria. Não era sem razão que Antônio Bento, em 1883, concitava negros e mulatos a se unirem e invectivava sua indiferença ou adesão aos grupos senhoriais. Concluía incisivo:

> Negros e Mulatos – Consta-me que alguns eleitores negros e mulatos em vez de votarem no candidato abolicionista que na Assembleia vem ser o representante dessa raça infeliz e proscrita, votam nos candidatos brancos. Infelizes que nem ao menos pensam que na ocasião que estiverem elegendo os brancos, um sem-número de negros e mulatos carregados de ferros gemem de baixo do vergalho. Tomem coragem negros e mulatos e lembrem-se que a vossa

---

6 Austricliano de Carvalho, op. cit., p.690.

7 Freyre, 1959, p.322.

união pode trazer o triunfo da causa da liberdade. Criem vergonha e sejam homens.[8]

Conscientes da força política que poderiam vir a representar, cortejavam-nos os políticos. *A Gazeta do Povo*, sob o título "A questão de raças", fazia-lhes um convite para que se filiassem às hostes republicanas. "Convidamos os mulatos e os negros libertos ou ingênuos a retirarem-se dos partidos liberal e conservador em que se acharem, a não exercerem o direito de voto em caso algum, a aderirem às ideias republicanas e esperarem uma organização forte desse partido para futuro procedimento."[9]

A consciência dos interesses mútuos raramente se formou entre os escravos, divididos por grupos profissionais, por uma hierarquia que na maioria das vezes lhes era imposta. Aderiram, ingenuamente, muitas vezes, às rivalidades existentes entre os senhores, orgulhando-se de pertencer a este ou àquele. Entretanto, não raro as desditas comuns levaram os escravos a associarem-se, a fugirem em grupo e a sublevarem-se refugiando-se nas matas, formando quilombos. As medidas acauteladoras tomadas pelos proprietários, procurando impedir a reunião de grupos homogêneos de negros em suas fazendas, prejudicavam nos primeiros tempos uma ação comum. À medida que os "ladinos" substituíam os africanos, aumentavam as reclamações dos proprietários e as referências à insubordinação dos escravos. Enquanto isso se passava no campo, nos núcleos urbanos os negros da mesma origem reuniam-se em grupos de religião e recreio. A estes somavam-se as associações originadas dentro do regime da escravidão, como sejam: confrarias religiosas, juntas de alforria, que se multiplicaram nos anos imediatamente anteriores à Abolição: Irmandade de Nossa Senhora do Rosário e de São Benedito, Congos e Reisados, Ranchos e Termos. Destas, as mais importantes, nas zonas cafeeiras, parecem ter sido a de Nossa Senhora do Rosário e a de Santa Ifigênia. Entre os grupos de recreio: sambas, batuques e capoeiras, foram os últimos os mais importantes como elementos de ação subversivas.[10]

---

8 *Correio Paulistano*, de 13 de outubro de 1883.

9 *A Província de São Paulo*, de 20 de julho de 1880.

10 Artur Ramos, "O espírito associativo do negro brasileiro", em *Revista do Arquivo Municipal de São Paulo*, v.XLVII, p.104-26, maio de 1938. Querino, 1838. Carlos Drummond de Andrade, *Obras Completas*.

No Rio de Janeiro, onde formavam maltas que reuniam de vinte a cem pessoas, havia alguns famosos: os Luzianos (de Santa Luzia), os de Santo Inácio de Castela. Tiveram os capoeiras um importante papel na ação abolicionista, principalmente na década de 1880, quando se colocaram a serviço de certos políticos, promovendo arruaças e agitação. Entretanto, sua fidelidade era dada mais a uma pessoa ou grupo do que à ideia que representavam. Por isso os capoeiras nem sempre estiveram ao lado dos abolicionistas. Em 5 de janeiro de 1885, o jornal *A Gazeta da Tarde*, dirigido por José do Patrocínio, de tendência abolicionista sofreu um assalto, seguido de tentativa de "empastelamento", por um grupo de capoeiras, a soldo de várias sociedades reacionárias.[11]

A tal ponto chegaram suas estrepolias que, em 1887, apresentou-se no parlamento um projeto de lei visando reprimir tais atividades.[12] Comentava um viajante que, "às vésperas da República, uma guarda negra constituída da 'mais baixa camada da população de cor' tinha por missão exterminar os republicanos sob o olhar indiferente e complacente do poder, a pretexto de proteger a Regente, contra os atentados dos escravistas".[13]

Enquanto entre negros e mulatos que ascenderam a categorias mais elevadas, muitos silenciavam diante da questão da abolição, os pertencentes às categorias mais modestas, cocheiros, empregados das vias férreas, carregadores, tipógrafos, empreiteiros, pedreiros, filiavam-se em número crescente aos quadros abolicionistas.

Já nos meados do século havia alguns escravos que procuravam utilizar-se dos dispositivos legais para obter alforria. Primeiro foram os de nação que, indevidamente mantidos no cativeiro, acorriam à Legação Britânica, certos do apoio que aí receberiam. Outros apelavam para a assembleia provincial.[14] Quando encontravam quem lhes patrocinasse a causa, compareciam ante a justiça, reivindicando seus "direitos". Tais solicitações eram raras e mais raros ainda os escravos que recorriam espontaneamente à Justiça,

---

11 Duque Estrada, 1918, p.101 e 147.
12 *Anais da Câmara dos Deputados do Império*, 1887, v.IV, p.363, sessão de 23 de agosto.
13 Leclerc, op. cit., p.146.
14 *Anais da Assembleia Legislativa Provincial de São Paulo*, 1856.

DA SENZALA À COLÔNIA 485

a despeito de estarem alguns plenamente conscientes dos agravos que sofriam. Já Burmeister comentava, em 1859, que os escravos "superestimavam" o próprio valor, interpretando a atitude de seus donos como injusta e baseada em princípios falsos e malévolos. Ouvira um negro livre dizer que as histórias sobre as guerrilhas constantes na África e casos de antropofagia relatados pelos brancos não passavam de mentiras inventadas para justificar o tratamento dado aos escravos. Ao comentar esse fato, afirmava o viajante que os negros consideravam "o direito do comprador como uma usurpação".

Em São Paulo a ação abolicionista de Luís Gama contribuiu para arregimentá-los em torno do mesmo ideal. Ia buscá-los para testemunhas nos processos que movia fundamentado na lei de 1831. Contestava o direito de propriedade de certos fazendeiros, em relação a alguns escravos, fundamentando-se em depoimentos de negros livres.

A consciência dos interesses comuns, os laços de solidariedade forjaram-se lentamente, e só com o progresso do movimento, com a mobilização da opinião pública em torno das leis emancipadoras e o avanço da campanha abolicionista é que a senzala agiu organizadamente em defesa própria. Mas nessa movimentação ela é quase sempre conduzida. Quando o movimento brota espontâneo, é apenas um protesto fruto da revolta que explode sem direção nem programa, em revoltas, crimes, assassínios e fugas isoladas.

Requestados pelos políticos, solicitados pelos abolicionistas, negros e mulatos foram aos poucos incorporados à ação e seus atos isolados de protesto e rebeldia inscreveram-se, progressivamente, no movimento libertador. A despeito de todos os esforços dos líderes do movimento, o processo de conscientização e politização do negro alforriado ou livre e dos emancipados era lento. Filiavam-se aos partidos existentes, obedientes à tutela a que estavam acostumados e, como não existisse um partido propriamente abolicionista, era difícil reuni-los. As condições criadas pela desagregação do sistema escravista tornaram mais fácil conjugar a revolta dos escravos e o movimento emancipador e abolicionista.

À medida que se desmantelava o sistema, assistia-se também à conversão de um contingente importante de fazendeiros ao movimento. Eram principalmente os que tinham fazendas nas áreas do oeste paulista ou alguns das províncias do Norte e Nordeste, onde o escravo perdera mais rapidamente valor e que, desinteressando-se progressivamente da manutenção da ordem escravista, tornavam-se emancipadores e empenhavam-se em providenciar os meios para substituir a força do trabalho escravo. Essa adesão será decisiva para a vitória parlamentar obtida em 1888. O mais significativo testemunho dessa conversão é a adesão do partido republicano paulista à causa abolicionista.

Tendo aparecido em cena na década de 1870, essa agremiação seguiu o exemplo dos partidos monárquicos, considerando a emancipação questão aberta. Entre seus adeptos encontravam-se, como em toda a parte, escravistas, abolicionistas e emancipadores. Já em 1875, por ocasião da Convenção de Itu, escandalizavam-se alguns elementos do novel partido ao depararem com o nome de um conhecido negreiro na lista dos participantes da Convenção.[15] Em São Paulo, o partido recrutava maior número de adeptos entre os fazendeiros.[16] Não foi certamente por acaso que prevaleceu aqui uma atitude de prudente acomodação. Já em 1873, na sessão preparatória do 1º Congresso em São Paulo, manifestava-se a maioria por uma solução gradual para a eliminação do "elemento servil". O único congressista que protestou contra essa orientação moderada foi Luís Gama. O jornal *A República* delineava, em maio de 1871, a política do partido no tocante a essa questão: prazo e indenização eram seu lema.

Não mudará muito a orientação do partido até 1883, quando envia à câmara dos deputados Prudente de Morais e Campos Sales. Durante a discussão do projeto, Saraiva fez primeiro um retrospecto da posição de seu partido desde 1873. Parecera-lhes que a melhor fórmula era a do princípio da descentralização, pelo qual as províncias que pudessem prescindir do escravo fariam logo a abolição, enquanto as outras, como São Paulo, Rio de Janeiro e Minas, mais dependentes do "trabalho servil", esperariam pela solução até que encontrassem meios de substituí-lo pelo trabalhador livre.

A despeito dessa posição do partido, viam-se nas tribunas, nos comícios populares, nas salas de conferências e nos jornais, numerosos republicanos abolicionistas. Já em 1879, Vicente de Sousa,

---

15 Santos, 1942, p.189.
16 Nogueira, 1954.

DA SENZALA À COLÔNIA 487

Lopes Trovão, José do Patrocínio, Ubaldino do Amaral e Ciro de Azevedo destacavam-se nas conferências populares realizadas no Rio de Janeiro. Pouco mais tarde, em 1883, fundada a Confederação Abolicionista, tornaram-se notórios pela sua atividade vários outros. Em São Paulo, nos jornais republicanos e positivistas, revezavam-se os moderados, os emancipadores e os abolicionistas. No jornal republicano e positivista *A Luta*, no qual colaboravam, entre outros, Américo de Campos, Galvão Bueno, Tobias Barreto, Rangel Pestana, João Kopke, Sílvio Romero, Alberto Sales e M. Prado Jr., escrevia Assis Brasil, a 13 de outubro de 1882, que o partido republicano achava-se dividido entre os que consideravam a Lei do Ventre Livre insatisfatória e insuficiente e os que a julgavam plenamente satisfatória.

"Dizem os chamados precipistas que não podendo haver república com escravos não se compreendem republicanos escravocratas." "Dizem os chamados escravocratas que a questão não é de sentimento, mas de raciocínio, de economia." Aos primeiros direi: "Se além de republicanos sois abolicionistas é que não deixais abandonada nenhuma dessas duas causas, como pois vós quereis se separar dos que, como vós, trabalham esforçadamente por uma delas? Querer tudo é pôr tudo em risco. A prudência manda aceitar tudo que parcial ou totalmente contribui para a realização de vosso ideal. Não é verdade que não possa haver república com escravos: um fato implacável condena a vossa asserção: o dos Estados Unidos, além de outros menos eloquentes. Não será certamente uma república perfeita a que admitir a negra instituição, mas a perfeição não aparece com o nascimento, adquire-se lentamente, resignadamente. Depois, entre nós há apenas contemporizadores, não há escravocratas." Aos segundos direi: "Não se pode destruir uma nobre aspiração da consciência pública com um simples aforismo dogmático. Dizer que o levantamento desta questão é obra do sentimento não a resolve, não a extingue, e principalmente não traz aos seus corajosos propugnadores o menor desaire".

Concluía afirmando:

Republicanos, abolicionistas e contemporizadores, trabalhamos todos para o mesmo fim ou pelo menos para a realização de fatos que se implicam. Faça-se a República com escravos – e o ardor próprio da época a arrastará em breves dias à abolição, faça--se a abolição na monarquia – e sugerida e provocada a ideia das reformas radicais, a República apressará os seus passos.

Ao terminar, depois de confessar-se abolicionista precipsta, dizia que, se pode ser considerado ilógico o republicano escravocrata ou contemporizador, deve ser considerado criminoso o republicano abolicionista que abandona a causa maior e vai trabalhar com os adversários, nesse sentido, valerá mais um republicano ilógico do que dez republicanos falsos e anárquicos, "dez inutilidades". Em virtude da posição contraditória de seus membros, o partido hesitava em definir-se. Só em 1887, em uma das sessões do Congresso Republicano, é que foi aprovado um parecer decidindo que os republicanos libertariam todos os seus escravos até 14 de julho de 1889, devendo o parecer ser divulgado sob a forma de manifesto.

O partido republicano seguia a conduta dos demais. As hesitações, as contradições pessoais caracterizaram sempre a ação dos dois partidos monárquicos que consideravam a questão abolicionista uma questão aberta. A adesão de última hora reflete as mudanças ocorridas na estrutura da economia cafeeira, a agitação social e a desagregação da ordem escravista que determinavam uma reformulação das suas posições.

O mesmo pode dizer-se da Igreja que, como instituição, esperou até 1887 para manifestar-se a favor da Abolição.[17]

O desenlace

A lei de 1885 teve enorme prole de regulamentos, avisos e circulares, sendo os primeiros assinados por Antônio Prado, que os abolicionistas acusavam de sofismar e torcer os dispositivos legais.

Muitos negros foram vistos a percorrer as estradas e a perambular sem destino pelas ruas das cidades.[18] Outros, temerosos de se

---

17 Joaquim Nabuco, *O abolicionismo*, e Luís Anselmo da Fonseca, *A escravidão, o clero e o abolicionismo.*

18 *Diário Popular*, 5 de janeiro de 1888.

DA SENZALA À COLÔNIA   489

arriscar a uma vida livre, para a qual não se sentiam capacitados
depois de longos anos de cativeiro, deixavam-se ficar nas fazendas
onde sempre tinham vivido. A liberdade chegava tarde demais
e a perspectiva que o futuro apresentava era de uma velhice
desamparada. No parlamento, a questão sofreu uma pausa. Foi como se a
maioria estivesse satisfeita com a concessão da lei dos sexagenários,
e se sentisse desobrigada de qualquer outra medida. O ministério
Cotegipe encetava rigorosa repressão aos "agitadores" da ordem
pública e a polícia do Rio de Janeiro agia impiedosa no sentido
de prender os escravos fugidos, recambiá-los a seus senhores e perseguir os abolicionistas, o que provocava queixas e protestos deste
setor. A reação parecia ter vencido e o movimento parlamentar
abolicionista, aparentemente, se esgotava. Decepcionado, Nabuco
escrevia O eclipse do abolicionismo. Mas enquanto isso se passava
na Corte ou em algumas sedes de província, onde os presidentes
em exercício procuravam interpretar o ponto de vista do ministério que tentava reprimir a subversão, o movimento progredia
rapidamente nas áreas de maior concentração de escravos. Em
São Paulo e em Campos, a agitação era cada vez mais intensa e a
desorganização do trabalho progredia através das fugas em massa,
que ameaçavam, muitas vezes, a vida e a propriedade dos senhores.

Ao iniciar-se a legislatura de 1887, Afonso Celso apresentava
um projeto marcando prazo para extinção total da escravatura.
Votado em 4 de maio, recebeu oposição maciça das deputações
do Rio de Janeiro e de São Paulo. Novo projeto foi apresentado
dias após por Jaguaribe e não encontrou número para a votação.

Na câmara, a questão parece ter entrado numa estranha cal-
maria. Nada que se comparasse ao alvoroço dos anos 70 ou 84,
que precederam às leis reguladoras da questão "servil". Apenas
uma ou outra representação ou manifesto chegava ao parlamento,
provocando algum comentário. O ministério dava a impressão de
continuar empenhado em manter a questão servil no pé em que se
colocara em 1885, com a lei dos sexagenários, e a polícia parecia
encontrar discreto apoio de parte do governo nas tropelias que
empreendia contra o abolicionismo. Chefiados por fazendeiros,
os capangas invadiam delegacias, de onde retiravam os escravos
aí depositados. As populações interioranas, às vezes mal dispostas
em relação à campanha abolicionista, expulsavam seus adeptos

das cidades e ameaçavam as autoridades que lhes dessem apoio ou protegessem os escravos.[19] Os incidentes multiplicavam-se. No Rio de Janeiro a Confederação Abolicionista via cerceadas as suas atividades, proibidos ou dissolvidos violentamente pela polícia os *meetings* e ameaçados os seus líderes.

Fazendeiros de Campinas e Itu, com os quais se solidarizava o elemento comercial da cidade, liderados pelo barão de Itapura e João Ataliba Nogueira, em número superior a cem, encaminhavam a Andrade Figueira, líder do "imobilismo" na câmara, uma representação que demonstra a apreensão de que se achavam possuídos, em vista da ação abolicionista e da fuga de escravos que se aglomeravam em número cada vez maior na cidade de Santos. Dizia a representação:

> É sabido no país que a obra do abolicionismo, limitada até pouco tempo a artigos de propaganda imprudente em jornais de pequena circulação e nenhum critério, tomou, desde certo tempo na Província de São Paulo e neste município, posição salientemente reacionária em completo desacordo com a opinião verdadeira da maioria dos cidadãos e com o grau de civilização que tem distinguido em todas as épocas esta região ... As intituladas manifestações populares, os fingidos *meetings* de indignação espetaculosa, as conferências de propaganda contra a propriedade e, por último, o pronunciamento do senado brasileiro a respeito da legitimidade das matrículas de escravos com filiação desconhecida das cidades de Campos estimularam de tal arte os anarquistas e aliciadores de escravos que já não podemos confiar na prudência e muito menos nos minguados recursos legais desta Província.

Depois de estranhar a atitude do governo provincial, deixando livres os escravos que se acoitavam em Santos, solicitavam os lavradores que fossem tomadas medidas enérgicas e prontas a fim de serem restituídos a seus senhores esses negros fugidos, cerca de dois mil, e que fossem contidos os excessos "criminosos" dos anarquistas e oradores de *meetings*.[20]

A leitura na câmara dessa manifestação, vinda da zona campineira, provocou comentários e a réplica não tardou. Afonso Celso

---

19 *Anais da Câmara dos Deputados*, 1887, v.III, p.24 e 31.
20 *Anais da Câmara dos Deputados*, 1887, v.V, p.52 e 53.

trouxe ao conhecimento da casa, na mesma sessão, o parecer da comissão nomeada por lavradores de Campinas em 21 de agosto de 1887, considerando que o problema da extinção da escravatura deveria ser resolvido pelos próprios agricultores e sugerindo que fosse marcado prazo para a libertação condicional, com cláusula de prestação de serviços até 31 de dezembro de 1890. A linguagem, comparada à anterior, era radical e testemunhava a adesão de parte da lavoura às ideias abolicionistas: "Considerando que o problema da extinção da escravatura pode e deve ser resolvido na província pela iniciativa dos próprios agricultores, em prazo breve, que permitia atender às exigências do espírito emancipador e à necessidade do lavrador preparar-se para o trabalho livre, e atentando ao fato de que se tornara impossível deter as fugas de escravos e até mesmo de libertos, sendo as autoridades policiais e judiciárias impotentes para reprimir tais abusos. Considerando que as populações que possuem escravos constituem uma insignificante minoria, circunstância essa da maior ponderação para explicar com acerto a indiferença com que a maioria assiste às violações da propriedade servil", e que em tal situação o poder público se sente fraco para manter uma instituição odiosa, "que somente a necessidade de uma classe justifica, mas cujas leis de exceção que sustentam não recebem a consagração eficaz da vontade do maior número e não correspondem já ao estado social da Província, atendendo-se ao mesmo tempo para o preço remunerador do seu principal produto de exportação, para a facilidade admirável dos transportes fluviais e terrestres, e principalmente para a normalidade e abundância dos suprimentos de braços livres; considerando que a resistência às ideias da Abolição produzem efeitos contrários e que os lavradores vão pouco a pouco perdendo o apoio moral das populações que não possuem escravos, apoio esse que é forçoso reconhecer e confessar que tem havido, e cujo poder tem sido mais eficaz para a ordem nas fazendas do que as leis excepcionais promulgadas nos últimos tempos; considerando que a época é de transação com o espírito de liberdade e não de obstinação no terreno da lei positiva, e que tudo quanto agora pode ser feito por concessões espontâneas, com resultados apreciáveis, práticos, em seguida poderá vir a ser obra dos conflitos e a consequência dos desvarios populares...", sugerem que todos os lavradores proprietários de escravos daquele município concedam liberdade condicional aos seus escravos, com a cláusula de prestação de serviços até 31 de dezembro de 1890, e que representem à câmara municipal solicitando que sejam criadas posturas municipais com penas de 30 a 60 dias de prisão para os que por qualquer meio, direto ou indireto, aliciem, aconselhem ou seduzam os libertos a abandonar os serviços a que estejam obrigados.

Enquanto, por toda parte, a agitação crescia, escoou-se o ano parlamentar de 1887, sem maiores inquietações a propósito da questão servil. Apenas no fim do período legislativo, já durante a prorrogação da segunda sessão, os primeiros sinais de tensão começaram a revelar-se. Em sessão de 8 de outubro, Andrade Figueira profligava violentamente a ação dos agitadores, perturbadores da ordem pública, que encetavam uma propaganda perigosa, facilmente levada a excessos pelos sentimentos generosos de uns, e pelos cálculos e ambições de outros. Referindo-se à classificação dos abolicionistas que fizera anteriormente naquela casa, afirmava que além dos espíritos generosos, dos descontentes da raça africana, dos poetas, dos malucos, e dos larápios, incluía também a classe dos políticos sem princípios que, para fazer carreira, não duvidavam em atiçar o incêndio à pátria. Concluía lastimando que da tribuna se pregasse a indisciplina no exército: "Se hoje prega a indisciplina querendo fazer crer ao soldado que não deve cumprir a ordem para prender escravos fugidos, amanhã será difícil fazer-lhe compreender o dever de defender a pátria e combater o inimigo". Referia-se às palavras proferidas no dia anterior por Nabuco, condenando o emprego dos soldados na perseguição aos negros fugidos e concitando estes a se recusarem a fazê-lo.

Em defesa do abolicionismo levantou-se mais uma vez Joaquim Nabuco, procurando demonstrar que a especulação do escravismo era "infinitamente mais torpe, mais cruel, mais desumana", do que a abolicionista, porque se este traficava com a liberdade, aquele traficava com a pessoa. Historiando o movimento, dizia que, de início, fora árdua a tarefa dos abolicionistas: "era uma posição de arcar contra amigos os mais íntimos, contra o partido a que se pertencia, contra a classe em que se nasceu, enfim contra todos os interesses da sociedade". Nessa época era natural que o abolicionismo fosse composto de puros, mas, quando chegou a ser uma escada para o poder, era também natural que o abolicionismo se achasse, como se achou, cercado de uma legião enorme de clientes. "Em uma

DA SENZALA À COLÔNIA 493

sociedade minada como a nossa", prosseguia Nabuco, "em que só nesta cidade e talvez na cidade de São Paulo, não se note um aspecto parecido com a mendicidade e com a fome, mas que em quase todo o país é uma sociedade que dá os sinais de uma verdadeira pobreza sem futuro e sem dia seguinte, em uma sociedade como esta toda especulação serve, e é impossível havendo ensejo para um interesse por mais insignificante que seja, é impossível que não seja imediatamente concorrido de uma turba de aventureiros. Há realmente indivíduos que se chamam abolicionistas e que têm especulado com a ideia, mas isto é a bagagem necessária de todos os partidos". Continuava defendendo o verdadeiro abolicionismo, condenando a mentalidade escravista, acusando-a de desrespeitar a lei e concitando os adeptos da reação a desempenharem suas posições e ajuntarem-se ao movimento que empolgava o país. Concluía frisando mais uma vez o caráter ignóbil das perseguições aos negros fugidos, apelando para o exército, para todos os que tivessem dignidade e honra, para que cruzassem os braços e se negassem absolutamente a essas caçadas de entes humanos.[21]

Como que em resposta a esse incandescente discurso, o Clube Militar dirigia à princesa uma representação solicitando que os destacamentos do exército fossem dispensados de capturar os negros fugidos. Estava praticamente feita a abolição.

Reabrindo-se a câmara em 1888, estava-se diante de uma situação de fato: João Alfredo, que a chamado da Regente organizara um novo ministério, anunciava a apresentação da proposta do poder executivo para que se convertesse em lei a extinção imediata e incondicional da escravidão.

Votado o projeto, manifestaram-se a favor 83 deputados. Apenas nove foram contra: o barão de Araçari, Bulhões de Carvalho Castrioto, Pedro Luís, Bezamat, Alfredo Chaves, Lacerda Werneck, Andrade Figueira e Cunha Leitão, destes, oito representavam a Província do Rio de Janeiro. Era o último protesto da lavoura fluminense, a mais duramente atingida pela abolição e que defendia até os últimos instantes sua posição.

---

21 Idem, p.375.

Repercussões da abolição

Feita a abolição, os vatícinios de que a nação seria arruinada não se realizaram. Não houve decréscimo das rendas públicas e o câmbio sobre Londres, cuja média fora de 22 7/6 d., em 1887, subiu a 25 1/4 em 1888.[22] O que houve foi um grande deslocamento de fortunas e a ruína de numerosos proprietários agrícolas.[23] Confirmavam-se assim os vatícinios de Martinho Prado, que em discurso pronunciado na Assembleia Legislativa de São Paulo afirmava, em março de 1883, que, se viesse a cessar a escravidão, a riqueza pública não diminuiria no país um só real, ocorria apenas um deslocamento de fortunas: o indivíduo que tivesse uma fortuna de cem passaria a ter uma de dez ou vinte, haveria assim um desfalque da fortuna individual, mas a coletividade, a entidade Estado-País, essa nada sofreria.

De fato, numerosos fazendeiros do Vale do Paraíba viram-se definitivamente arruinados com a abolição.

Num estudo econômico e financeiro sobre o Estado de São Paulo, publicado em 1896, podia-se verificar a existência de grande número de fazendas abandonadas ao longo do vale. Fazendas enormes como a de Santa Rita, próximo a Aparecida, com um milhão de pés de café, tinham safra de pouco mais de vinte mil arrobas. Em certas regiões, como São Fidélis, no Estado do Rio de Janeiro, houve como consequência o retalhamento da propriedade. A zona da Mata mineira foi igualmente afetada.[24]

Na maioria das fazendas recusaram-se os libertos a continuar o trabalho, limitando-se quando muito a fazer a colheita daquele ano. Recusavam mesmo os altos salários que lhes eram às vezes oferecidos, preferindo deslocar-se para outras regiões, principalmente, quando isso era possibilitado pela maior proximidade dos meios de transporte. Para eles a liberdade implicava, antes de mais nada, o direito de ir embora, de se deslocar livremente, de abandonar a lavoura, de trabalhar onde, como e quando qui-

---

22 Taunay, 1945, p.141.
23 Simonsen, 1938, p.257-68.
24 João Pedro da Veiga, *Estudo Econômico e Financeiro sobre o Estado de São Paulo*, 1896, p.63 ss.

DA SENZALA À COLÔNIA 495

sessem. Nos primeiros tempos, produziam muito menos do que antes. Nos meses que se seguiram à abolição, calculava-se que nem um quarto dos escravos tinha permanecido nas fazendas, onde até então trabalhavam. Alguns empregavam-se em outras fazendas e passaram a constituir uma população móvel, flutuante, caracterizada pela instabilidade. Outros aglomeraram-se nos núcleos urbanos, vivendo de expedientes, morando em choças e casebres nos arredores das cidades, dando origem a uma população de "favelados", sem ocupação definitiva. Habituados às lides rurais, enquadravam-se com certa dificuldade nas atividades urbanas e industriais, vivendo da caridade pública ou de pequenos biscates. O governo tomou medidas para evitar ajuntamentos e procurou por todos os meios impedir que houvesse especulação no intuito de desviar das lavouras os que tinham contrato com seus ex-senhores ou outras pessoas. Procurou-se dispersar os grupos aglomerados nos centros dos povoados e nas estradas, obrigando-se, conforme os casos, a assinar termos de bem viver.[25]

Em certas regiões houve verdadeiro êxodo em direção às áreas mais produtivas. Por um inquérito feito em 1892, verificava-se que em Minas os salários variavam de 1$ até 4$ diários, segundo a região. A média oscilava entre 1$ e 1$500. Por toda parte queixavam-se os proprietários da vadiagem da população, e da resistência dos libertos ao emprego nas fainas agrícolas. O movimento emigratório da província era muito maior do que o imigratório. A maior parte dos que a abandonavam dirigiam-se para São Paulo e Rio, e esse deslocamento acentuava-se por ocasião das colheitas, em virtude dos elevados salários oferecidos nas regiões mais prósperas.[26]

Por toda parte, intensificaram-se as tentativas de estabelecer uma corrente imigratória, e várias medidas foram tomadas no intuito de incrementar a vinda de estrangeiros para as áreas cafeeiras. Apenas as zonas mais prósperas beneficiaram-se, entretanto, desse movimento.

---

25 *Relatório apresentado a Assembleia Legislativa Provincial do Rio de Janeiro, em 8 de agosto de 1888, pelo Presidente José Bento Araújo*, Rio de Janeiro, 1888, p.4.

26 Relatório da Secretaria da Agricultura de Minas Gerais, apresentado ao Dr. Presidente do Estado de Minas Gerais pelo Secretário do Estado dos Negócios da Agricultura, Comércio e Obras Públicas, Dr. David Moretsohn Campista, 1884.

Em Minas, instalou-se uma hospedaria provisória para os imigrantes, e vários indivíduos e organizações apresentaram propostas ao governo com o objetivo de introduzir colonos. O governo contratou com a Associação Promotora da Imigração, fundada em Juiz de Fora, a vinda dos imigrantes. Enquanto isso, o governo imperial autorizou a introdução de quinhentas famílias, cujas passagens seriam pagas pelo cofre geral, na razão de 80$000 por adulto, 40$000 por menores de doze a oito anos, e 20$000 pelos que tivessem idade inferior a sete. Vários fazendeiros dos municípios de São José de Além Paraíba, Mar de Espanha, Ubá, Cataguases, São João Nepomuceno, Leopoldina, Juiz de Fora, Carangola e Lavras obtiveram subvenção do governo. Até junho de 1888, viviam na província 621 famílias. Ao mesmo tempo, intensificava-se a política da criação de núcleos coloniais. Na região de Barbacena, fundava-se o núcleo colonial Rodrigo Silva. Em São João del-Rei, iniciava-se outro núcleo à margem direita do Rio das Mortes.[27]

Na Província do Rio de Janeiro verificava-se o mesmo. Atingidos subitamente pela abolição, solicitavam os fazendeiros ao governo que providenciasse a vinda de imigrantes para seus estabelecimentos. Até agosto de 1888, o ministério da Agricultura autorizara a entrada de quatro mil pessoas. Esse número era, entretanto, insuficiente para fazer face às vicissitudes que a lavoura enfrentava com o êxodo dos libertos. Novas concessões foram feitas. Instava o governo do Império na fundação de núcleos coloniais capazes de atrair uma imigração espontânea. Todas essas medidas eram tardias e destinadas a ter pouca eficácia. O Relatório Presidencial de agosto de 1888, ao calcular o orçamento para o exercício seguinte, previa um *deficit* de 1.026:891$263, que atribuía à suspensão de impostos sobre o açúcar e dos que recaíam sobre o escravo, abolidos pela extinção da escravatura.

Contam-se casos de fazendeiros que abandonaram suas terras depois de tentar inutilmente obter trabalhadores. Enquanto em algumas áreas se desorganizava o trabalho, em outras, os proprie-

---

27 Fala que à Assembleia Provincial de Minas Gerais dirigiu o Exmo. Sr. Dr. Luís Eugênio Horta Barbosa, ao instalar-se a 1ª sessão da 27ª Legislatura em 1º de junho de 1888, Ouro Preto, 1888.

DA SENZALA À COLÔNIA

tários conseguiam estabelecer um *modus vivendi* mais ou menos satisfatório com os ex-escravos. Muitos permaneceram alojados nas próprias senzalas, cujo nome mudou para "Dormitórios dos Camaradas". Recebiam salários que, nas áreas decadentes do Vale do Paraíba, raramente ultrapassavam 1$200 por dia. Apareceu uma profissão nova, a do empreiteiro, que se deslocava com um grupo de homens e mulheres de fazenda em fazenda, tomando por empreitada certas tarefas. Os fiscais que substituíram os feitores andavam armados e o trabalho se iniciava antes de o sol nascer e estendia-se até o anoitecer. Embora livre juridicamente, o trabalhador rural ainda continuará por muito tempo numa situação de miséria e ignorância comparável aos tempos da escravidão. O ato jurídico não poderia remover de chofre uma estrutura e uma mentalidade que se forjaram durante séculos de escravidão.

O movimento abolicionista extinguiu-se com a Abolição. Fora primordialmente uma promoção de brancos, de homens livres. A adesão dos escravos viera depois. Nascera mais do desejo de libertar a nação dos malefícios da escravatura, dos entraves que esta representava para a economia em desenvolvimento, do que propriamente do desejo de libertar a raça escravizada em benefício dela própria, para integrá-la à sociedade dos homens livres. Alcançado o ato emancipador, abandonou-se a população de ex-escravos à sua própria sorte.[28]

Aqui e lá se fundaram sociedades com o objetivo de amparar os libertos e defender-lhes os direitos e interesses. Esses atos isolados não encontraram, entretanto, repercussão. Em 6 de outubro, alguns meses depois da extinção da escravatura, escrevia Aristides Lobo no *Correio Paulistano* um artigo sob o título "O abolicionismo em vão", onde denunciava a indiferença do abolicionismo pela sorte dos negros.

Ficou a mágoa, o ressentimento daqueles que foram atingidos na sua fortuna e na sua posição social, e que, após o ato de 13 de maio, se viram arruinados. No seu amargor, voltaram-se contra os abolicionistas, contra todos os que tinham precipitado o movimento que, para eles, resultara tão desastroso. Esperava-se a indenização como uma medida salvadora para as áreas em

---

28 Sobre o assunto, Fernandes, 1964.

decadência e de baixa produtividade. A indenização não viera. A culpa era dos abolicionistas. Continuava-se a afirmar que a abolição deveria ter sido feita de maneira gradual, que a escravidão se extinguiria normalmente sem que para isso fosse preciso ferir de morte todo um grupo de proprietários, incapacitados de transitar para o trabalho livre. Continuava-se a repetir que o negro sempre fora um incapaz e precisava ser tutelado: a prova dessa afirmação estaria na indolência mostrada pela maioria dos ex-escravos depois da Abolição. Viviam a beber, a vadiar, a perambular de fazenda em fazenda, trabalhando pouco e mal: não seria este um sinal de sua inaptidão para a liberdade? Contavam-se casos de fazendeiros que sempre tinham sido bons para os escravos e, de uma hora para outra, se viram abandonados por eles, sem ter quem lhes colhesse a safra pendente dos cafezais. Nenhum gesto de "gratidão" pelo "carinho" com que haviam sido tratados. Apontava-se o caso de um senhor que, não possuindo herdeiros, legara sua fazenda aos escravos. Pois estes, depois de terem consumido todos os víveres, abandonaram a fazenda. Forjava-se, assim, um estereótipo que as gerações futuras repetirão sem se deter em analisar a origem. Numa biografia do barão Geraldo de Rezende, escrita por Amélia de Rezende Martins, a autora, depois de afirmar, a certa altura, que os escravos só tiveram a perder com a liberdade, comenta que abolicionistas contaram-se

> em nossa terra em número incalculável, abolicionistas sinceros, alguns, mas outros arrastados pelos discursos excitados, abolicionistas de peito, de sonhos, de literatura, de vingança, de política, aproveitando-se de uma organização reconhecidamente cruel em sua essência para deprimir um governo que não podia arcar sozinho com a responsabilidade de aviltante instituição secular ... Abolicionistas de ideias muito repassadas de caridade e sentimentos humanitários, mas abolicionistas da cidade, descrevendo crueldades que nunca haviam presenciado, e encarando apenas por um prisma o delicado e complexo problema.

Abolicionistas sem escravos e sem terras "eram como os comunistas de hoje, sempre prontos a repartir o alheio ... Abolicionistas, muitos sem estudo das dificuldades da lavoura, sem conhecimento da raça negra, de vontade fraca e inteligência rudimentar, não podendo sem um preparo prévio ter capacidade para viver por aí".

DA SENZALA À COLÔNIA

Depois dessas observações, comenta que a aguardente foi a primeira e a mais importante liberdade de que usaram e abusaram os escravos libertos, e afirma que a cachaça "arruinou a pobre gente que até hoje continua a vegetar sem saber gozar da liberdade que lhe fora tão apregoada".

"Filha de um grande número de interesses, do servilismo e da mais sórdida especulação, a abolição tal qual foi feita muito pouco deve à ideia. Desde os seus mais altos promotores até o último e o mais desprezível dos papa-pecúlios, o que unicamente transparece é a especulação e sempre a especulação", escrevia, anos depois da Abolição, Francisco de Paula Ferreira de Rezende, fazendeiro de café da zona da mata mineira que foi diretamente atingido por aquele ato. Embora reconhecesse que era uma ideia justa, "generosa, quase santa", dizia que apenas tinha conhecido dois abolicionistas sinceros: Luís Gama e seu primo Agostinho Marques Perdigão Malheiros, e ainda assim dava primazia ao último porque o primeiro tinha a estimulá-lo o amor da própria raça e o ódio da escravatura que havia experimentado, enquanto Perdigão Malheiros, "legítimo branco" e neto de fazendeiros, não duvidara, num tempo em que falar de abolição era quase um sacrilégio, em escrever um livro que, sabia-o de antemão, não encontraria compradores, e isso para convencer a quem não queria ser convencido de que a escravidão era a maior de todas as iniquidades.

A abolição tinha vindo apanhá-lo e aos lavradores de sua região desprevenidos. "Ninguém faz ideia do abalo que um tal fato produziu entre os lavradores", escrevia ele. "A Lei de 13 de maio de 1888 veio a ser para mim assim como o foi e ainda talvez mais para quase todos os lavradores um golpe terribilíssimo."

A fortuna que ele havia avaliado em 1885 em cento e muitos contos ficou reduzida a cerca de uns trinta contos de réis, e ainda assim puramente nominais. O valor das terras descera a cem mil-réis o alqueire e até menos, quando em 1885 estivera a quatrocentos mil-réis. Também o preço atribuído ao pé de café baixara. Estivera a quatrocentos e quinhentos réis, caindo para cem, cinquenta e até vinte. E os compradores nem por esses preços apareciam. Os fazendeiros amarguravam-se ao ver, de uma hora para outra, irem assim por água abaixo os esforços de anos consecutivos. O que mais os irritava era a crença de que a causa principal de sua situação "não passava da mais sórdida ambição de um grande número de interesses inconfessáveis", entre os quais se apontava o de fortalecer o trono. Na fazenda de Francisco de Paula, os libertos ficaram até colher todo o café. Depois retiraram-se. Os poucos que permaneceram reduziram de muito seus esforços. Queixava-se o proprietário de que eles gastaram 150 serviços para capinar um único alqueire de cafezal, o que antes faziam com a quarta parte dos mesmos serviços. Anos mais tarde, seus descendentes ainda conservavam uma penosa impressão desses acontecimentos. "A Lei de 13 de maio, se foi humanitária para os escravos, não deixou de ser desumana para os senhores", comentava, em 1942, um de seus filhos e acrescentava, como a confirmar essas palavras, que muitos jovens não puderam levar avante os estudos em razão da situação de miséria a que suas famílias ficaram reduzidas. Incriminando o governo por não ter providenciado os meios para que a lavoura pudesse recorrer ao trabalho livre, escrevia: "Que culpa tinham estes (os lavradores) de possuir escravos? Não eram eles o único instrumento de que dispunham ou que os governos lhes davam para o cultivo da terra?". Concluía afirmando que a Abolição, "sem dúvida nenhuma generosa redenção de uma raça infeliz, que envergonhava a nossa civilização, constituiu o atestado o mais impressionante da imprevidência de um Governo inepto que não soube fazer o bem sem praticar o mal". De um dia para o outro, tinha-se arruinado a fortuna particular de muitas famílias, praticando-se, por essa forma, de maneira verdadeiramente impiedosa, "o assalto mais inclemente que até hoje se perpetrou no Brasil contra a propriedade privada".

Tal depoimento valeria por um índice de pensamento da lavoura mais diretamente atingida pela abolição e que não tivera tempo, meios ou disponibilidade mental para ajustar-se previamente à mudança que, à sua revelia, lhe foi imposta.

Descontentou a grande maioria a atitude do imperador. Para uns, aparecia como escravocrata (Silva Jardim, por exemplo); para outros, um abolicionista. Aqueles que pretendiam manter a situação viam nas falas reais uma insistência desnecessária e perigosa em torno da questão. Acusavam-no de ser sensível à influência estrangeira e por vaidade levar a questão ao parlamento, quando a realidade nacional era incompatível com medidas emancipadoras. Fixou-se com o tempo a versão que atribuía à Coroa a iniciativa do

DA SENZALA À COLÔNIA

movimento. Em 1871, Cristiano Otôni (*A emancipação dos escravos*) responsabilizava o imperador pela execução da Lei do Ventre Livre. Coelho Rodrigues, no *Manual do súdito fiel*, exclamava: "Quem está ameaçando-nos de um cataclismo político-econômico-social, não são os argentinos pelo sul nem os franceses pelo norte, nem o cólera-morbo pela frente, nem a escravidão pela retaguarda, nem o abolicionismo desenfreado nos pontos mais acessíveis à influência oficial, é o próprio chefe do Estado, é o Sr. D. Pedro II". Afirma que ele pretende fazer uma reforma de cima para baixo. Já Nabuco não pensava assim numa publicação que denominou *O erro do imperador* (1886), embora afirme que tudo o que até então tinha sido feito para a emancipação resultara da ação do imperador, acusava-o de não exercer o governo pessoal para realizar fins nacionais, de não ser um déspota civilizado e não ter resolução ou vontade para romper com as ficções de um parlamentarismo "fraudulento", para procurar o povo nas senzalas ou nos mocambos.

Aos olhos de uns e outros, D. Pedro perdia prestígio e, com ele, a Monarquia. A Abolição representava, isso sim, uma etapa da liquidação das formas tradicionais de vida que tinham servido de suporte ao trono.

Enquanto uns acusavam o governo de imprevidência e inépcia, outros diriam que a Abolição nasceu da vontade da nação e que a Coroa nada mais fizera que aceitá-la.

Não neguemos a cooperação dos estadistas e até se quiserem a boa vontade da Coroa, mas não ocultemos que o grande fator foi a própria nação, de um lado levantando a propaganda e levando-a ao extremo da agitação de modo a impossibilitar a manutenção do *status quo*, de outro cedendo sem resistência acentuada e abrindo mão do privilégio contestado. *Os grandes poderes do Estado sempre resistiram enquanto a opinião não subiu até impor-se.*

"É esta a verdade", escrevia Aristides Lobo no *Diário de São Paulo* no momento em que era apresentado ao parlamento o projeto da abolição, e referindo-se à ação da princesa Isabel, dizia que ela teve a "sublime inspiração de acudir o incêndio que principiara a arder nas proximidades do seu futuro trono."[29]

---

29 *Diário de São Paulo*, 8 e 9 de maio de 1888.

Entre as duas versões, igualmente subjetivas e apaixonadas, oscila a maioria dos historiadores, de acordo com suas simpatias pessoais e suas ideologias. Prevaleceu a versão dos vencedores. A dos vencidos só raramente encontrou quem a defendesse.[30]

A Abolição passou a ser vista ora como uma vocação popular, ora como um ato nascido da vontade de alguns elementos nobres e combativos que, por questões de ideal, se alistaram nos quadros do abolicionismo. A adesão dos historiadores a uma dessas interpretações subjetivas impediu durante muito tempo que se visse quanto o movimento esteve ligado às modificações sociais e econômicas ocorridas em certos setores do país.

Interesses escusos, interesses autênticos, idealistas e oportunistas participaram, de fato, do movimento. As condições econômicas propiciaram a mudança para o trabalho livre numa área cada vez mais extensa. Aparecera uma camada não vinculada diretamente à escravidão. Surgira um setor rural interessado diretamente na abolição. Tudo isso permitira que os argumentos abolicionistas encontrassem uma adesão cada vez maior da opinião pública. Os que se mantiveram apegados às velhas estruturas, condenados pela realidade que se forjava, foram varridos e sacrificados às novas tendências, incapazes de deter a marcha do processo.

---

30 Veja-se Freyre, 1959, p.322.

CONCLUSÕES

A análise da desagregação do sistema escravista nas áreas cafeeiras, no plano econômico, social, político e ideológico, revela a interconexão existente entre os vários planos da realidade e permite reavaliar de maneira mais objetiva a ação dos vários grupos e indivíduos que participaram do movimento abolicionista.

A Abolição representa uma etapa no processo de liquidação do sistema colonial no país, envolvendo ampla revisão dos estilos de vida e dos valores de nossa sociedade. A Lei Áurea é o ponto culminante de um processo que se liga, de um lado, à desagregação do sistema escravista no mundo e, de outro, às modificações ocorridas na estrutura econômica e social do Brasil, na segunda metade do século XIX.

Durante mais de três séculos, a escravidão foi uma das peças fundamentais do sistema colonial. No Brasil, e em outras regiões da América onde havia terra em abundância e a mão de obra era escassa e pouco adaptada aos serviços da lavoura, o desenvolvimento da economia de exportação determinou a concentração da propriedade e acarretou intenso tráfico de escravos.

O surgimento de outros tipos de atividade não modificou fundamentalmente essa realidade e o latifúndio exportador escravista continuou até o século XIX um dos alicerces da nossa sociedade.

As fazendas funcionavam como uma unidade produtora semiautônoma. Produziam, além do açúcar, quase tudo o que era necessário ao consumo, desde alimentos e vestuário até o mobiliário e os materiais de construção. Para atender a todas as necessidades, era preciso manter em atividade incessante um grande número de escravos que se ocupavam dos mais variados misteres. Dedicavam-se uns à produção de víveres, outros às lides da lavoura da cana e fabrico do açúcar. Havia ainda os empregados na construção e conservação dos caminhos e os encarregados que tinham por incumbência o acondicionamento e transporte dos produtos, sem falar num sem-número de tarefas menores.

Formou-se na sociedade colonial uma poderosa oligarquia rural: uma minoria que se defrontava com o grupo de mercadores e funcionários da Coroa e que se alçava sobre um pequeno número de trabalhadores livres: artesãos e agregados e uma grande população de escravos. Fazia parte do quadro um regime de autoritarismo e arbitrariedades que começava na senzala, onde se consagrava o princípio da submissão do escravo ao senhor e se estendia a toda a sociedade, com a sujeição da mulher ao marido, do filho ao pai, do agregado ao patrão. A lei, os costumes, as instituições e as ideologias refletiam essa realidade. A ação da justiça detinha-se nos limites das fazendas onde a vontade do senhor era soberana. Os fazendeiros tinham seus capangas que compunham sua guarda pessoal. A religião era cultuada nas capelas dos engenhos e em igrejas das vilas e povoados que dependiam em grande parte das doações senhoriais. Essa situação favorecia a criação de fortes vínculos entre o clero e a camada senhorial. Comprar terras e escravos constituíam os valores básicos dessa sociedade.

Com a vinda de D. João VI para o Brasil, rompeu-se o regime de monopólio comercial em que a colônia vivera até então. O país ligava-se diretamente aos mercados europeus e às correntes capitalistas internacionais. A abertura dos portos veio, no entanto, de uma certa maneira, reafirmar o caráter colonial da economia, pois, ao mesmo tempo que os artigos manufaturados europeus invadiram os nossos mercados, cresceu a demanda de produtos tropicais, o que reforçou a tendência agrária e o escravismo.

Ao iniciar-se o século XIX, o ritmo de trabalho nas áreas açucareiras não era muito diverso do que vigorava há quase trezentos anos. Os aperfeiçoamentos técnicos introduzidos durante os sécu-

DA SENZALA À COLÔNIA 505

los anteriores não tinham alterado substancialmente o sistema de produção. O açúcar continuava a ser obtido por processos manuais e rotineiros. O lombo de burro, o carro de boi e a barcaça constituíam os meios usuais de transporte. Os portos eram mal aparelhados e a comunicação com a Europa fazia-se em navios a vela. Depois da Independência, os grupos ligados à grande lavoura que tinham em grande parte o controle do poder, realizaram uma política favorável à exportação de produtos agrícolas e se opuseram, em geral, a medidas que visassem estimular a industrialização do país. A indústria não se desenvolveu, quer por falta de condições locais, quer pela impossibilidade de enfrentar a concorrência europeia, principalmente a da indústria inglesa, amplamente favorecida por tratados comerciais. Continuamos a importar a maior parte das manufaturas. Os produtos básicos da nossa economia: açúcar algodão, cacau ou fumo dependiam quase exclusivamente do mercado internacional. Faltavam, nessa época, condições para criação de um mercado interno. A precariedade das vias de comunicação e a deficiência dos meios de transporte limitavam a produção. Os fretes eram elevados, a circulação lenta e a distribuição difícil. A rede de transportes, criada em razão da economia exportadora, estava voltada para o exterior: as melhores estradas ligavam o interior com o litoral. A comunicação por via terrestre entre as províncias continuava tão má que se preferia a via marítima. A população livre era diminuta e, com exceção de uma minoria, vivia à margem da economia exportadora. Vegetava em choças miseráveis, vestia-se pobremente, alimentava-se mal. Sem recursos, ignorante e atrasada, tinha poucas ambições e escassas possibilidades.

As primeiras fazendas de café organizaram-se em moldes tradicionais e o desenvolvimento da economia cafeeira provocou a intensificação do tráfico de escravos. Repetia-se o quadro da ordem escravista: os métodos de aproveitamento da terra, o sistema de transporte, o modo de utilização da mão de obra, as relações entre os componentes da sociedade eram aproximadamente os mesmos. O fazendeiro de café do Vale do Paraíba teria muito em comum com o senhor de engenho do Nordeste. Cedo se improvisaria na Corte uma nova aristocracia: os barões do café, que, ao lado dos senhores de engenho, ocupariam cargos no conselho de Estado, no senado, na câmara e na administração das províncias e que iriam defender, no parlamento, a continuidade do tráfico e a permanência da escravidão.

O monopólio das melhores terras pela grande lavoura, fenômeno observado de norte a sul do país, a debilidade do mercado interno e finalmente a impossibilidade de participar da economia de exportação que demandava grandes investimentos em terras e escravos impediam o desenvolvimento da pequena propriedade. Ao imigrante, ofereciam-se duas opções igualmente desencorajantes: ou dedicar-se à cultura de subsistência ou trabalhar nas fazendas de café como agregado ou colono, em situação não muito diversa da do escravo. Nos núcleos urbanos as possibilidades de ascensão eram muito limitadas. O escravo continuava a representar, no campo e na cidade, a principal força de trabalho. Não é pois de estranhar que a grande maioria das experiências colonizadoras patrocinadas pelo governo, nessa época, tenha fracassado.

A sociedade organizava-se em razão do sistema escravista e as instituições adequavam-se a essa realidade. Nas zonas rurais o senhor exercia livremente seu domínio. A polícia e a justiça não constituíam impedimento às suas arbitrariedades, seus membros recrutados entre as categorias dominantes ou pertencentes à sua clientela colaboravam para a manutenção do regime. O poder legislativo, onde os fazendeiros tinham larga representação, defendia interesses senhoriais. Multiplicavam-se as posturas municipais e as leis destinadas a restringir os riscos de insurreição e punir os crimes cometidos por escravos. A Igreja, por seu lado, aceitava sem protestos a permanência da escravidão. O clero, comprometido com a ordem social existente, esforçava-se por conciliar os ditames da moral religiosa com os interesses econômicos e financeiros, limitando-se a recomendar aos senhores brandura e benevolência e aos escravos obediência e resignação.

Entre a casa grande e a senzala houve sempre uma tensão permanente que os mecanismos de acomodação e controle social mal conseguiram disfarçar. Nem a "benevolência patriarcal" com que às vezes se tratava o escravo, nem a dureza dos castigos físicos aplicados com o objetivo de intimidá-lo conseguiam evitar a indisciplina e a revolta. Insurreições, fugas e crimes expressavam, por toda parte, o protesto do escravizado. O sistema escravista assentava-se na exploração e na violência e recorria à violência para se manter.

DA SENZALA À COLÔNIA 507

A escravidão, convertendo o escravo em mercadoria, despojava-o, aos olhos da coletividade, da sua qualidade humana, e como ainda era fácil comprar negros, os fazendeiros não cogitavam, em geral, de melhorar suas condições de vida. As intenções filantrópicas que se manifestavam aqui e acolá, passavam despercebidas ou ignoradas.

O escravo doméstico tinha uma situação até certo ponto privilegiada: entrava para a intimidade da família do senhor, era mais bem tratado e, em certos casos, obtinha alforria pelos serviços prestados, mas a maioria dos africanos vivia na promiscuidade das senzalas, malvestidos, mal alimentados, trabalhando quinze a dezesseis horas diárias sob a vigilância dos feitores.

O preconceito separava senhores e escravos. Generalizara-se a ideia da inferioridade racial do negro e a cor assumiu um significado pejorativo, o que não impediu que houvesse muitas ligações entre brancos e negros, dando origem a numerosa população de mestiços.

A natureza das relações entre senhores e escravos variava em razão do nível de desenvolvimento das várias áreas. Elas humanizavam-se nas zonas em que a economia comercial entrava em crise, regredindo no nível da economia de subsistência e os homens se viam obrigados a lutar pela própria sobrevivência. As condições agravavam-se nas áreas em que se fazia necessário exigir o máximo da capacidade produtiva do escravo. À medida que se acentuou o caráter capitalista da empresa agrária, e as fazendas se especializaram, desapareceram as formas tradicionais de acomodação e as tensões entre senhores e escravos agravaram-se. Nas zonas cafeeiras mais novas, a casa grande e a senzala distanciaram-se cada vez mais.

A escravidão marginalizava o negro, impedindo-o de conservar sua cultura de origem e não lhe permitindo integrar-se na cultura dos brancos. Impossibilitado de conservar sua organização familiar, seu sistema de trabalho, seus cultos primitivos, ele refugiava-se na música e na magia. O cristianismo permaneceria durante muito tempo uma capa exterior a recobrir crenças primitivas.

Na primeira metade do século XIX, enquanto o sistema escravista parecia consolidar-se no Brasil, a Revolução Industrial e o desenvolvimento do capitalismo criavam, na Inglaterra, condições para o advento de uma política contrária à escravidão. Formavam-se grupos sociais ligados à indústria, e interessados na ampliação de mercados. Desenvolvia-se uma ideologia antiescravista. Os líderes abolicionistas promoviam intensa campanha contra o tráfico, conseguindo, em 1807, a sua proibição. Daí por diante o governo britânico passou a exigir que as demais nações interrompessem definitivamente o comércio de escravos. Gerava-se assim uma profunda contradição entre a política britânica e os interesses das camadas senhoriais no Brasil, o que se agravava pelo fato de boa parte da produção nacional ser exportada para a Inglaterra de onde vinham capitais e produtos manufaturados.

A crise do sistema escravista na escala internacional repercutirá de duas maneiras no Brasil: primeiramente através de uma pressão direta da diplomacia britânica junto ao governo brasileiro, forçando a decretação de medidas contra o tráfico e, em segundo lugar, pela divulgação de ideias contrárias à escravidão. Mas tanto os esforços do governo inglês como as razões arguidas contra a escravidão esbarrariam na resistência tenaz dos representantes da grande lavoura que continuavam a considerar o escravo um instrumento indispensável.

Nas primeiras décadas depois da Independência apareceram vários livros e panfletos denunciando os males que a escravidão criava e apontando soluções para o problema do trabalho. Continham boa parte da argumentação que os abolicionistas empregariam durante os cinquenta anos seguintes. Com o passar do tempo, acentuou-se, apenas, a nota de comiseração pela sorte do escravo. Embora essas publicações não encontrassem, de imediato, receptividade, contribuíam para forjar uma ideologia antiescravista e abriam caminho para que se travassem, mais tarde, as grandes batalhas contra o tráfico e a escravidão. Até 1850, entretanto, a nação permaneceu alheia aos argumentos antiescravistas e aos planos de emancipação. Para justificar a situação existente, desenvolveu-se uma série de racionalizações.

O progresso da Revolução Industrial acentuou as contradições que minavam o sistema escravista. Os navios britânicos perseguiam os negreiros em águas brasileiras provocando numerosos conflitos. A situação tornou-se insustentável. Atuando no campo dessas contradições e utilizando pontos de vista defendidos pela ideologia antiescravista, alguns políticos conseguiram, em 1850, a aprovação da lei que fez cessar definitivamente o tráfico.

DA SENZALA À COLÔNIA 509

Essa medida, embora de grande significado a longo prazo, não foi suficiente para alterar de imediato o regime de trabalho. Os fazendeiros de café, impossibilitados de importar escravos diretamente da África, como vinham fazendo até então, mandaram buscá-los no Nordeste e em outras regiões do país. Um tráfico intenso se estabeleceu entre as zonas decadentes e as áreas novas. As províncias cafeeiras reuniram, em pouco tempo, dois terços da população escrava do país. Por toda parte, verificou-se a concentração da mão de obra escrava na grande lavoura, o que veio, indiretamente, favorecer a transição para o trabalho livre nas zonas urbanas.

A redistribuição da mão de obra permitiu adiar por alguns anos o problema, mas criou novas contradições que se iriam agravar com o passar do tempo: entre a cidade e o campo, entre as províncias onde o "trabalho servil" perdia importância e as regiões em que representava a principal força de trabalho.

A ameaça de interrupção do tráfico e sua concretização, em 1850, levaram os fazendeiros do oeste paulista a interessar-se pela imigração. As primeiras experiências baseadas no sistema de parceria fracassaram. Os atritos surgidos entre colonos e proprietários repercutiram mal, no Brasil e no estrangeiro, contribuindo, momentaneamente, para criar na Europa um ambiente pouco favorável à emigração e para dar força aos argumentos dos que consideravam que não poderia haver grande lavoura sem escravos.

Começaram a atuar, nessa época, em escala cada vez mais ampla, as novas condições econômicas que, depois de um processo mais ou menos longo, modificaram o sistema de produção nas áreas cafeeiras, acarretando alterações na estrutura característica da fase escravista e determinando a substituição do escravo pelo homem livre. O país entrou numa fase de modernização de sua economia. Aperfeiçoaram-se os caminhos carroçáveis, construíram-se as primeiras vias férreas que ampliaram a área de circulação de homens e coisas favorecendo a comercialização dos produtos não só por propiciarem maior capacidade de transporte, como pela maior rapidez de circulação e redução dos fretes. A margem de lucro também aumentou. Criaram-se novos campos de investimento e surgiram novas oportunidades de emprego, fato importante num país onde, além das atividades burocráticas e políticas ou agrárias, poucos horizontes havia.

A conjuntura internacional revelava-se extremamente favorável à produção cafeeira. A alta constante dos preços incentivava a expansão das lavouras e a melhoria dos métodos de beneficiamento. Abandonou-se o cultivo de gêneros alimentícios para se plantar quase exclusivamente café. Modificou-se o ritmo de trabalho nas fazendas. A substituição dos monjolos e engenhos de pilões por máquinas de beneficiamento permitiu a redução da mão de obra. O café tratado pelos sistemas mais modernos passou a ser mais bem cotado no mercado internacional.

O aumento da população livre, o processo de urbanização, a melhoria dos sistemas de transportes e vias de comunicação favoreceram a ampliação do mercado interno. Igualmente importante foi a substituição dos barcos a vela pelos navios a vapor, mais rápidos e de maior tonelagem. A economia se tornou mais diversificada e complexa. Esboçava-se um processo de industrialização que, embora pouco expressivo no total do complexo econômico do país, significou a criação de novas perspectivas e a formação de uma mentalidade nova. Surgiram grupos sociais menos comprometidos com a escravidão. Os indivíduos ligados às profissões liberais, ao comércio de retalho, ao sistema de transporte, às indústrias, ao artesanato e outras atividades urbanas seriam mais acessíveis às ideias abolicionistas do que os elementos pertencentes às camadas senhoriais, dependentes do trabalho escravo.

A dificuldade crescente de obter mão de obra constituía um entrave à expansão das lavouras. Os altos preços a que os escravos tinham chegado, o elevado custo de sua manutenção tornavam pouco conveniente o seu emprego, tanto mais que se pagavam ao trabalhador livre salários extremamente baixos. A aquisição de escravos passou a significar uma imobilização de capital pouco vantajosa. Os fazendeiros começaram a interessar-se por outras iniciativas: associaram-se à construção de vias férreas, incorporaram-se na criação de bancos, promoveram a vinda de colonos, inverteram capitais na compra de máquinas para melhorar o sistema de produção. Surgiram na década de 1870 condições mais favoráveis à imigração. As transformações ocorridas na Itália depois da unificação levaram à miséria milhares de camponeses que se dispuseram a emigrar. Os fazendeiros do oeste paulista resolveriam o problema do trabalho substituindo o escravo, que se revelava cada vez menos adequado à nova realidade, pelo colono italiano. O movimento

DA SENZALA À COLÔNIA   511

imigratório entretanto só se intensificou realmente, a partir de 1886, com o agravamento da crise do sistema escravista.

A escravidão passava a representar não só um entrave à racionalização dos métodos de produção, como um obstáculo à promoção da desejada corrente imigratória.

À medida que se desagregava o sistema escravista no plano da economia, as ideias abolicionistas ganhavam um número crescente de adesões. A extinção da escravatura em outras áreas do mundo contribuía para reforçar essa tendência. As pressões ideológicas externas e internas e os interesses político-partidários levaram os políticos a encaminhar no parlamento a questão que já era do domínio público. As leis do Ventre Livre e dos Sexagenários passaram sob o aplauso de galerias apinhadas. A questão pairava acima dos partidos. Havia escravistas, emancipadores e abolicionistas tanto entre os conservadores quanto entre os liberais e os republicanos, assim como entre os adeptos das mais variadas seitas, credos ou doutrinas.

A intensificação do movimento abolicionista fez crescer a resistência dos setores apegados à escravidão. As posições radicalizaram--se. Os fazendeiros procuraram por todas as formas defender seus privilégios: organizavam milícias particulares e sociedades secretas, perseguiam os abolicionistas, aos quais chamavam de agitadores e comunistas, exerciam toda sorte de pressão sobre o parlamento. Na defesa de seus privilégios confundiam seus interesses particulares com os interesses nacionais e sua ruína provável com a ruína da nação. Encabeçavam a reação os representantes das regiões mais dependentes do trabalho escravo. A maioria dos deputados que votou em 1871 contra a Lei do Ventre Livre representava as províncias cafeicultoras: Minas, São Paulo e Rio de Janeiro.

A propaganda abolicionista tornara-se, entretanto, irrefreável. As calorosas discussões travadas no parlamento eram acompanhadas com entusiasmo pelas populações urbanas. Multiplicavam-se as publicações sobre a questão. Os abolicionistas promoviam comícios, quermesses, desfiles, procissões e outras manifestações. Fundavam jornais, clubes e associações. Agitavam a opinião pública. A propaganda contribuía para desmoralizar os mitos que a sociedade escravocrata criara. Denunciava o caráter desumano e ilegal da escravidão e revelava o lado trágico do cativeiro, que sempre se procurara mascarar sob a afirmação de que a escravidão se caracterizava, no Brasil, por um tom paternalista e brando. Apontaram-se, a partir de então, com insistência, os inconvenientes do trabalho escravo e as vantagens do trabalho livre.

A maioria dos fazendeiros, no entanto, mesmo os mais progressistas, continuaria, até meados da década de 1880, a se opor à ideia de abolição. A reação ao projeto de lei que pretendia a emancipação dos sexagenários testemunha que, ainda em 1884, a maior parte da lavoura era contrária a qualquer medida que pusesse em risco o princípio da indenização. Rompera-se, entretanto, a unanimidade das camadas senhoriais a propósito da questão escravista. No Nordeste, os proprietários de grandes engenhos que conseguiam modernizar os métodos de fabrico de açúcar inclinavam-se para o trabalho livre, enquanto os senhores de pequenos engenhos continuavam apegados aos sistemas tradicionais. No Sul, nas regiões cafeeiras, os fazendeiros do oeste paulista tinham ideias mais avançadas do que os do Vale do Paraíba. Representavam duas fases da economia brasileira, dois estilos de vida, duas mentalidades. Os primeiros distinguiam-se por um espírito empreendedor, introduziam máquinas em suas fazendas e voltavam suas esperanças para a imigração. Os outros, abalados pela queda de produtividade dos cafezais, apegavam-se ao "trabalho servil" e viam na indenização a única salvação para a crise que enfrentavam. O afluxo de imigrantes contribuiu para acentuar a diferença entre as duas áreas, pois eles se localizaram nas zonas mais novas e produtivas, concentrando-se quase exclusivamente nas fazendas do oeste.

A adesão de alguns setores da lavoura à ideia de emancipação foi decisiva para a vitória parlamentar do movimento e explica, em parte, o seu caráter pacífico. Mas é preciso reconhecer que o apoio final dos fazendeiros à Abolição resultou principalmente da pressão exercida pelos próprios escravos que, instigados pelos abolicionistas, abandonaram as fazendas, desorganizando o trabalho e criando em certas áreas um ambiente insustentável. A revolta das senzalas deu o golpe definitivo no sistema escravista.

Condenada pelas mudanças ocorridas na estrutura econômica brasileira, a escravidão perdera gradativamente seu suporte ideológico. As instituições que outrora funcionavam coerentes com a ordem escravista revelaram-se permeáveis à propaganda abolicionista. As causas pleiteadas em nome de escravos encontravam maior acolhida na Justiça. O parlamento aprovava leis emancipadoras que, embora na prática resultassem pouco eficazes, significavam uma concessão à pressão abolicionista, e exerciam grande efeito psicológico sobre a coletividade. Em 1887, o exército recusava-se a perseguir escravos fugidos e a Igreja manifestava-se oficialmente em defesa da cativo. No ano seguinte, um simples ato legal extinguia a escravidão, sem que houvesse convulsão social ou abalos profundos na economia.

Realizada no plano político-parlamentar pelas categorias dominantes, mais interessadas em libertar a sociedade do ônus da escravidão, do que em resolver o problema do negro, a Abolição significou apenas uma etapa jurídica na emancipação do escravo que, a partir de então, foi abandonado à sua própria sorte e se viu obrigado a conquistar por si sua emancipação real.

Nas regiões mais dinâmicas e progressistas, a lei veio apenas consolidar uma situação de fato; nas outras, ela representou um golpe de morte numa economia decadente, e a maioria dos fazendeiros onerados por dívidas não mais conseguiram recuperar-se.

Durante algum tempo, a análise da desagregação do sistema escravista foi dificultada por numerosos estereótipos que tinham sido criados, quer para justificar a ordem escravista, quer com o objetivo de destruí-la. Comprometidos com a visão senhorial do mundo, e utilizando documentos testemunhais – cheios de paixão como costumam ser os depoimentos dos personagens que vivem uma época de agitação social – sem submetê-los a uma crítica mais rigorosa, muitos historiadores forneceram uma imagem idealizada da escravidão e da abolição. A revisão dos mitos do passado só se tornou possível com a intensificação, no século XX, das mudanças iniciadas no século anterior, o que permitiu uma reavaliação da história a partir de uma nova visão da vida.

A Abolição não significou a destruição imediata da ordem tradicional. O país continuou predominantemente agrário, apoiando-se na exportação de produtos tropicais. Manteve-se intato o sistema de propriedade. As condições de vida dos colonos continuaram precárias na maioria das fazendas, e só melhoraram quando o progresso da industrialização e da urbanização abriram novas perspectivas. O negro marcado pela herança da escravidão, não estando preparado para concorrer no mercado de trabalho e tendo que enfrentar toda sorte de preconceitos, permaneceu marginalizado. Alguns estereótipos e preconceitos elaborados durante o período escravista mantêm-se até hoje, e só recentemente se cogitou, no parlamento, de melhorar as condições de vida do trabalhador rural. O processo de modernização da economia atingiu apenas algumas áreas e segmentos limitados da sociedade brasileira. As estruturas arcaicas não foram totalmente eliminadas e em muitas regiões persistem quase inalteradas, criando uma sucessão de quadros humanos e de paisagens tão diversas que permitem definir o Brasil como uma terra de contrastes. A Abolição representou uma etapa apenas na liquidação da estrutura colonial. A classe senhorial diretamente relacionada com o modo tradicional de produção e que constituía o alicerce da monarquia foi profundamente atingida. A Coroa perdeu suas últimas bases. Uma nova classe dirigente formava-se nas zonas pioneiras e dinâmicas. A nova oligarquia, ainda predominantemente agrária, assumiu a liderança com a proclamação da República Federativa que veio atender aos seus anseios de autonomia, que o sistema monárquico unitário e centralizado não era capaz de satisfazer. A história da Primeira República estará desde suas origens até 1930 marcada pela sua atuação.

Abolição e República significam, de certa forma, a repercussão, no nível institucional, das mudanças que ocorreram na estrutura econômica e social do país na segunda metade do século XIX, prenunciando a transição da sociedade senhorial para a empresarial.

FONTES MANUSCRITAS

Arquivo do Estado de São Paulo

T. I. Escravos, cx.1-2: T. I. Colônias, cx.1-3.
T. I. Imigração, cx.1-2.

Ofícios Diversos

Areias, cx.14-15; Araraquara, cx.11-12; Bananal, cx.6; Queluz, cx.391, 394; Caçapava, cx.52; Campinas, cx.60-3 e 65; Guaratinguetá, cx.236, Limeira, cx.297-9; Lorena, cx.306-7; Redenção, cx.395; Rio Claro, cx.396.

Arquivo Público Mineiro

Livros 30, 544, 569, 570, 573, 956, 1006, 1390 e 1379.

Arquivo Nacional

Códice 544, Seção Histórica; Códice 307, Livro 14.
Memórias – v.16 – Seção Histórica.

516 EMÍLIA VIOTTI DA COSTA

Códices 385, 388, 390, 387, 184, 166 e 424 – Remessa de Escravos, 1826-1833; 425 – Despacho de Escravos, 1822-1833; 426 – Idem, 1835-1842; 572 – Escravos libertos da Casa Imperial para servir no exército, 1801-1868; 359 – Escravos fugidos, 1826; 360 – Idem, 1826-1827; 362 – Libertos da Escuna Emília, 1821; 397 – Termo de exame de averiguação de escravos; 572, 622; 544 – Relatório Inspetor-Geral de Terras e Colonização. Dados Estatísticos por José Cupertino Coelho Cintra.

Quadro do Movimento geral da Imigração portuguesa de 1855-1878 – Porto do Rio de Janeiro – Quadro Profissões e ofícios de colonos alojados na Hospedaria em 1877 – Relação de colônias existentes em São Paulo; 559 – Colonização: 807 – Memórias – Volume 13 – Memória sobre as vantagens que uma nação nova terá da abertura, conservação e amparo das estradas... 1834. –Volume 14; Imigração para o Brasil dedicado a S. M. o Imperador por Luís Rodrigues de Oliveira; Livro 15 – Memória sobre Colonização A. Luís da Cunha, 1877.

Livro 16 – Breves considerações sobre Colonização por A. du Calpe. Rio de Janeiro, 1855.

Série I, J. 6 – Seção Ministério – 525 – Relatório feito pelo Alcoforado sobre o Tráfico; Relação do 729 africanos apreendidos em 8 de setembro de 1º a 31 de outubro de 1851 a 30 de janeiro de 1856; Relação de africanos livres existentes na Província.

I, J. 480 – pessoas comprometidas nos crimes da moeda falsa e tráfico de escravos africanos, 1836-1864.

I, J. 522 – pessoas comprometidas no tráfico de escravos.

FONTES IMPRESSAS CITADAS

Relatórios referentes à Província do Rio de Janeiro

Relatório do Secretário de Estado Bernardo Pereira de Vasconcelos à Assembleia Geral Legislativa na sessão ordinária de 1838.

Relatório de João Caldas Viana, 1843-1844.

Relatório de Aureliano de Sousa Oliveira Coutinho, 46, 47 e 48.

Relatório apresentado à Ass. Leg. da Prov. do Rio de Janeiro pelo Vice--presidente da Província J. José Darrigue Faro em 1853.

Relatório de Luís Antônio Barbosa.

Relatório apresentado à Ass. Leg. da Prov. do Rio de Janeiro pelo Vice--presidente João Manuel Pereira da Silva. Rio de Janeiro, 1857.

Exposição feita pelo Exmo. Sr. Dr. Tomás Soares dos Santos, Vice--presidente da Província, ao entregar a administração ao Presidente Antônio Nicolau Tolentino. Rio de Janeiro, 1858.

Relatório apresentado ao Exmo. Sr. Presidente da Província do Rio de Janeiro, o Sr. Dr. José Norberto dos Santos, pelo Presidente, o desembargador Luís Alves de Oliveira Belo, ao passar-lhe a administração da mesma Província, 4 de maio de 1862.

Relatório apresentado ao Exmo. Sr. 1º Vice-presidente, Desembargador Diogo Teixeira de Macedo pelo Presidente Conselheiro Benevenuto

Augusto de Magalhães e Taques, em 18 de maio de 1869. Rio de Janeiro, 1869.

Relatório de 1870 ao Dr. José Maria Correia de Sá e Benevides feito pela Assembleia Legislativa Provincial do Rio de Janeiro.

Fala apresentada à Ass. Leg. da Prov. do Rio de Janeiro, pelo Pres. Desembargador M. José de Freitas Travassos. Rio de Janeiro, 1874.

Relatório apresentado à Ass. Leg. da Província do Rio de Janeiro no dia 8 de setembro de 1878 pelo Pres. Visconde de Prados. Rio de Janeiro, 1878.

Relatório apresentado à Ass. Leg. da Prov. do Rio de Janeiro, no dia 8 de setembro de 1879, pelo Presidente, Dr. Américo de Moura Marcondes de Andrade. Rio de Janeiro, 1879.

Relatório apresentado à Assembleia Legislativa da Província do Rio de Janeiro em 8 de agosto de 1881 por Martinho Campos.

Fala apresentada à Assembleia Legislativa da Província do Rio de Janeiro, no dia 10 de julho de 1883, pelo Presidente Conselheiro Bernardo Avelino Gavião Peixoto. Rio de Janeiro 1883.

Relatório do Presidente da Província do Rio de Janeiro, José Leandro de Godói Vasconcelos, 1884.

Relatório apresentado à Ass. Leg. da Província do Rio de Janeiro em 8 de agosto de 1886, pelo Presidente, Dr. Antônio da Rocha Fernandes Leão.

Relatório apresentado à Ass. Leg. da Província do Rio de Janeiro em 12 de setembro de 1887.

Relatório apresentado à Assembleia Legislativa Provincial do Rio de Janeiro, na abertura da primeira sessão da 27ª Legislatura em 8 de agosto de 1888 pelo Presidente José Bento de Araújo. Rio de Janeiro, 1888.

Relatórios referentes à Província de Minas Gerais

Fala dirigida à Assembleia Legislativa da Província de Minas Gerais por Bernardo Jacinto da Veiga, 1839.

Fala dirigida à Assembleia Legislativa da Província de Minas Gerais na abertura da sessão ordinária do ano de 1843 pelo Presidente da Província, Francisco José de Sousa Soares Andrea.

Fala dirigida à Assembleia Legislativa da Província de Minas Gerais pelo Presidente da Província, Bernardino José Queiroga, 1848.

Relatório à Ass. Leg. Prov. de Minas Gerais por José Ildefonso de Sousa Ramos, 1849.

Relatório que à Ass. Leg. Provincial de Minas Gerais apresentou na sessão ordinária de 1851 o Dr. José Ricardo de Sá Rego, Presidente da mesma Província.

DA SENZALA À COLÔNIA   519

Relatório que a Ass. Leg. da Prov. de Minas Gerais apresentou na sessão ordinária de 1854 o Pres. da Província Francisco Diogo Pereira de Vasconcelos.

Relatório que à Ass. Leg. da Prov. de Minas Gerais apresentou na sessão ordinária de 1855 ao Dr. Luís Antônio Barbosa, Presidente da Província.

Relatório que à Ass. Leg. da Prov. de Minas Gerais apresentou no ato de abertura da sessão ordinária de 1856 o Conselheiro Herculano Ferreira Pena, Presidente da mesma Província. Ouro Preto, 1857.

Fala que à Ass. Leg. Provincial de Minas Gerais dirigiu no ato da abertura da sessão ordinária de 1859, o Dr. Joaquim Delfino Ribeiro da Luz, 1º Vice-presidente da Mesa. Ouro Preto, 1859.

Relatório que à Assembleia Legislativa da Província de Minas Gerais apresentou na abertura da sessão ordinária de 1861 o Ilmo Exmo. Sr. Conselheiro Vicente Pires da Mota. Ouro Preto, 1861.

Relatório que a Assembleia Legislativa da Província de Minas Gerais apresentou no ato de abertura da sessão ordinária de 1866 ao 2º Vice-presidente Joaquim José Santana. Ouro Preto, 1866.

Relatório que o Ilmo. Exmo. Sr. Dr. José Maria Correia de Sá e Benevides, Presidente da Província de Minas Gerais, apresentou no ato de passar a Administração em 14 de maio de 1869 ao Dr. Domingos Andrade Figueira. Ouro Preto, 1869.

Relatório que a Ass. Leg. da Prov. de Minas Gerais apresentou no ato de abertura da sessão ordinária de 1870, ao Vice-presidente, Dr. Agostinho José Ferreira Bretas. Ouro Preto, 1870.

Relatório apresentado à Assembleia Legislativa de Minas Gerais na sessão ordinária de 2 de março de 1871 pelo Pres., o Ilmo. Exmo. Sr. Dr. Antônio Luís Afonso de Carvalho. Ouro Preto, 1871.

Fala que à Ass. Leg. da Prov. de Minas Gerais por ocasião da instalação dos trabalhos da Segunda sessão da 21ª Legislatura dirigiu o Ilmo. Exmo. Sr. Conselheiro João Crispiniano Bandeira de Melo, Presidente da mesma Província, em 17 de agosto de 1877.

Relatório que ao Ilmo. e Exmo. Sr. Dr. Senador José Vieira de Vasconcelos apresentou o Ilmo. Sr. Dr. José Francisco Netto em 4 de maio de 1881.

Relatório que ao Ilmo. Exmo. Sr. Dr. Teófilo Otoni apresentou ao passar-lhe a administração no dia 31 de março de 1882 o Exmo. Sr. Conselheiro Cônego, Joaquim José de Santana, 2º Vice-presidente da Província. Ouro Preto, 1882.

Fala que o Exmo. Sr. Dr. Teófilo Otoni dirigiu à Assembleia Legislativa da Província de Minas Gerais, ao instalar-se a 24ª Legislatura em 1º de agosto de 1882.

Relatório do Pres. da Prov. Antônio Gonçalves Chaves, 1883.
Fala que o Exmo. Sr. Dr. Antônio Gonçalves Chaves dirigiu à Ass. da Prov. de Minas Gerais em 1º de agosto de 1884.
Relatório da Secretaria da Agricultura de Minas Gerais apresentado ao Dr. Presidente do Estado de Minas Gerais.
Fala que o Exmo. Sr. Dr. Carlos Augusto de Oliveira Figueiredo dirigiu à Assembleia Legislativa da Província de Minas Gerais, em 5 de julho de 1887.
Relatório que ao Exmo. Sr. Dr. Antônio Teixeira de Sousa Magalhães, 1º Vice-presidente da Província de Minas Gerais, apresentou o Sr. Desembargador Francisco de Faria Lemos, ao passar-lhe a administração da mesma Província em 1º de janeiro de 1887.
Fala que à Ass. Provincial de Minas Gerais dirigiu o Exmo. Sr. Dr. Luís Eugênio Horta Barbosa, ao instalar-se a primeira sessão da 27ª Legislatura em 1º de junho de 1888.
Relatório apresentado ao Exmo. Sr. Dr. José Cesário de Faria Alvim, presidente do Estado de Minas Gerais, em 15 de junho de 1891, pelo Dr. Antônio Augusto de Lima, ex-governador do mesmo Estado. Ouro Preto, 1892.
Relatório da Secretaria da Agricultura de Minas Gerais apresentado ao Dr. Presidente do Estado de Minas Gerais pelo Secretário do Estado dos Negócios da Agricultura, Comércio e Obras Públicas, Dr. Davi Moretsohn Campista, 1894.

Relatórios referentes à Província de São Paulo

Discurso que o Exmo. Sr. Presidente da Província de São Paulo dirigiu à Assembleia Legislativa da Província em 7 de janeiro de 1838.
Relatório de Honório Hermeto Leão, na 2ª sessão da V Legislatura da Assembleia Geral Legislativa. São Paulo, 1842.
Fala proferida pelo presidente da Província Sr. Brigadeiro Manuel Nunes Machado em 7 de janeiro de 1840.
Fala proferida pelo presidente Manoel Fonseca Lima e Silva e 7 de janeiro de 1845, por ocasião da abertura da 1ª sessão desse ano.
Fala proferida pelo Presidente da Província Manoel Felizardo de Souza e Melo, em 7 de janeiro de 1844, por ocasião da abertura da 1ª sessão desse ano. *Anais da Ass. Leg. da Prov. de São Paulo*, 1844.
Fala proferida pelo Presidente Domiciano Leite Ribeiro, por ocasião da abertura da Ass. Legislativa em 25 de junho de 1848.
Discurso em que o Ilmo. Exmo. Sr. Dr. Vicente Pires da Mota, Presidente da Província de São Paulo abriu a Assembleia Legislativa Provincial no dia 15 de fevereiro de 1849.

DA SENZALA À COLÔNIA 521

Fala do Presidente da Província, Dr. Vicente Pires da Mota, proferida em 15 de abril de 1850.

Discurso pronunciado na 59ª sessão ordinária, aos 17 de julho de 1852, pelo Presidente da Ass. Leg. da Prov., Dr. José Alves dos Santos.

Fala proferida pelo Presidente da Província, Conselheiro José Tomás Nabuco de Araújo, em 1º de maio de 1852, por ocasião da abertura da 1ª sessão.

Relatório com que o Ilmo. Exmo. Sr. Dr. Josino do Nascimento Silva, Presidente da Província de São Paulo, abriu a Ass. Leg. da Prov. no dia 16 de fevereiro de 1853.

Discurso com que o Sr. José Antônio Saraiva, Presidente da Província de São Paulo, abriu a Ass. Leg. da Província de São Paulo, no dia 15 de fevereiro de 1855.

Discurso com que o Vice-presidente da Província, Dr. Antônio Roberto de Almeida, abriu a Ass. Leg. da Província de São Paulo, em 15 de fevereiro de 1856.

Relatório com que o Exmo. Sr. Dr. José Luiz de Almeida Couto, Presidente da Província de São Paulo, passou a administração ao 1º Vice-presidente, Exmo. Sr. Dr. Francisco Antônio de Souza Queiroz Filho, em 18 de maio de 1858.

Relatório do Presidente da Província de São Paulo, Dr. Antônio da Costa Pinto Silva, em 5 de fevereiro de 1871, à Ass. Leg. da Prov. de São Paulo.

Relatório apresentado à Ass. Leg. Provincial de S. Paulo pelo presidente da Província, o Exmo. Sr. Dr. José Fernandes da Costa Pereira Jr., em 3 de fevereiro de 1872.

Relatório à Ass. Leg. da Prov. de S. Paulo pelo Presidente da Província, João Teodoro Xavier, em 5 de fevereiro de 1874.

Relatório do Pres. da Província de São Paulo, 1875.

Relatório com que passou a administração da Província de São Paulo ao Exmo. Sr. Presidente, Barão de Guajara, o Vice-presidente, Visconde de Itu. São Paulo, 1883.

Relatório do Pres. da Província, em 1884.

Relatório com que o Exmo. Sr. Dr. Francisco Antônio de Souza Queiroz Filho, Vice-presidente da Província de São Paulo, passou a administração ao Vice-presidente Exmo. Sr. Dr. Elias Antônio Pacheco Chaves. São Paulo, 1885.

Relatório apresentado à Assembleia Legislativa da Província de S. Paulo pelo Presidente da Província Barão do Parnaíba, no dia 17 de janeiro de 1887.

Relatório apresentado à Assembleia Legislativa da Prov. de São Paulo pelo presidente da Província, Exmo. Sr. Dr. Francisco de Paula Rodrigues Alves, no dia 10 de janeiro de 1888.

Relatório com que o Exmo. Sr. Dr. Francisco de Paula Rodrigues Alves passou a administração da Província de São Paulo ao Exmo. Sr. Dr. Francisco Antônio Dutra Rodrigues, Vice-presidente, no dia 27 de abril de 1888.

Relatório apresentado à Assembleia Legislativa da Província de São Paulo pelo Presidente da Província, Sr. Pedro Vicente de Azevedo, no dia 11 de janeiro de 1889.

Relatório da Secretaria de Negócios da Agricultura, Comércio e Obras Públicas do Estado de São Paulo, 1889, publicado em 1890.

Relatório apresentado ao Ilmo. Sr. Dr. Jorge Tibiriçá, digno Secretário dos Negócios da Agricultura, Comércio e Obras Públicas pelo Inspetor da Engenharia, Leandro Dupré, em 19 de março de 1893.

Relatório do Presidente de Pernambuco, 1857.

Relatório do Presidente do Maranhão, 1876.

Relatório do Presidente da Província da Bahia, 1876.

Relatórios do Ministério da Agricultura

Foram consultados os referentes aos anos de 1862-1888, tendo sido citados:

Relatório 1866-1873.

Relatório apresentado pelo Ministro Diogo Velho Cavalcanti de Albuquerque, Ministério dos Negócios da Agricultura, Comércio, Indústria e Obras Públicas, 1870.

Relatório apresentado à Ass. Geral Legislativa pelo ministro-secretário de Estado dos Negócios da Agricultura, Comércio e Obras Públicas, José Fernandes Pereira Júnior.

Relatório da Agricultura, 1873.

Relatório da Agricultura, 1882.

Coleção de Leis

Coleção de Leis do Brasil em particular e referente aos anos 1866-1870.

Jornais

Correio Paulistano, anos de 1855-1856, 1858, 1863-1865, 1868, 1870-1872, 1883, 1885-1886 e 1888.

DA SENZALA À COLÔNIA   523

Diário de São Paulo de 1870, 1872, 1874-1876, 1879, 1881-1882, 1885, 1887 e 1888.
A Província de São Paulo de 1875-1885 e 1888.
Diário Popular de 1885-1888.
O Besouro, v.I, 1878.
Correio Brasiliense, III-VI.
A Luta de 1882.
O Federalista de 1880.

Anais

Anais da Assembleia Legislativa de São Paulo de 1838-1840, 1842-1856, 1858-1860, 1862-1864, 1868, 1870-1871, 1874, 1878-1882, 1884-1885. (Estão relacionados apenas os que foram citados no texto.)
Anais do Senado de 1871, 1879, 1884-1885.
Anais da Câmara dos Deputados do Império que foram citados: 1845, 1850, 1852, 1856, 1870-1871, 1873, 1879, 1884-1886.

LIVROS E ARTIGOS

ADALBERT (Príncipe da Prússia). *Aus Meinem Tagebuch*. London, 1842-1843.

AGASSIZ, J. L. R. *A Journey in Brazil, by Professor and Mrs. Agassiz*. Boston, 1869.

AGRICULTURA, Comércio, Propriedades. Uso, cultura e preparação do café. *O Auxiliador da Indústria Nacional*, Ano II, n.11.

AGUIAR, J. J. F. de. *Pequena memória sobre plantação, cultura e colheita do café no qual se expõe o processo seguido pelo fazendeiro desta Província desde que se planta até ser exportado para o comércio oferecido à Sociedade Promotora da Civilização e Indústria do Vale de Vassouras*, 1836.

ALMANAQUE da Província de São Paulo para 1873, por João Batista de Luné e Paulo Delfino da Fonseca. São Paulo, 1873.

ALMANAQUE da Província de São Paulo Administrativo, Industrial e Comercial para 1887, fundado e organizado por Jorge Seckler. São Paulo, 1887.

ALMANAQUE de Campinas seguido do Almanaque de Rio Claro para 1875, publicado por José Maria Lisboa. Campinas, 1872.

ALMANAQUE Literário de São Paulo para 1880, acompanhado de uma vista fotográfica representando a colônia Nova Lousã, José Maria Lisboa. São Paulo, 1879.

ALMEIDA, T. F. de. *O Brasil da Inglaterra ou o tráfico dos africanos*. Rio de Janeiro, 1865.

ANÁLISE e comentário crítico da proposta do governo imperial às câmaras legislativas sobre o elemento servil por um magistrado (Figueira de Melo?). Rio de Janeiro, 1871.

ANUÁRIO Médico Brasileiro Estatística, Demografia. *Relatório do ensino médico e história da medicina do estado sanitário da cidade do Rio de Janeiro em 1891 pelo Dr. Aureliano Portugal.* Rio de Janeiro: Imprensa Nacional, 1892. 2v.

APANHAMENTO de decisões sobre questões e liberdades, publicadas em diversos periódicos forenses da Corte, feito pelo Bacharel J. P. J. da S. C. Bahia, 1867.

ARARIPE, T. de A. *Elemento servil.* Artigos sobre a emancipação. Paraíba do Sul, 1871.

ARARIPE JÚNIOR, T. de A. *Lucros e perdas.* Rio de Janeiro: J. Villemain, s. d.

ARAÚJO, F. De. *Cousas políticas.* Artigos publicados na *Gazeta de Notícias* de março a dezembro de 1883. Rio de Janeiro, 1884.

ASSOCIAÇÃO Comercial do Rio de Janeiro. *Elemento Servil.* Rio de Janeiro, 1884.

AUCHINCLOSS, W. S. *Ninnety day in the tropics on settn from Brazil.* Wilmington-Delaware, 1874.

AUTOS da devassa da Inconfidência Mineira. Rio de Janeiro.

AVÉ-LALLEMANT, R. C. B. *Reise durch Nord-Brasilien in Jahre 1858.* Leipzig, 1860.

_____. *Viagem pelo sul do Brasil no ano de 1858* – Segunda Parte. Rio de Janeiro 1953.

AZEREDO COUTINHO, J. J. da C. de. *Análise sobre a justiça do comércio do resgate dos escravos da Costa da África*, novamente revista e acrescentada por seu autor. D. José Joaquim da Cunha Azeredo Coutinho, Bispo de Elvas em outro tempo Bispo de Pernambuco etc. Lisboa, 1808.

BALDI, A. *Essai statistique sur le royaume du Portugal et d'Algarve comparé aux autres états de l'Europe.* Paris, 1822. 2v.

BARBOSA, J. da C. Se a introdução de africanos no Brasil serve de embaraçar a civilização dos índios, cujo trabalho lhes foi dispensado pelo trabalho dos escravos. Neste caso qual é o prejuízo da lavoura brasileira entregue exclusivamente a escravos? *Revista do Instituto Histórico e Geográfico Brasileiro*, t.3, 1839.

BARBOSA, R. *Emancipação dos escravos.* Parecer sobre a reforma do elemento servil. Rio de Janeiro, 1884.

_____. *Obras completas.* Rio de Janeiro, 1948-1949.

_____. *O Ano político de 1887.* Rio de Janeiro, 1888.

_____. *Correspondência coligida.* Revista e anotada por Homero Pires. São Paulo, 1932.

DA SENZALA À COLÔNIA

BARBOSA, R. *Queda do Império*. Rio de Janeiro, 1947-1949.

BARIL, V. L. (Comte de la Hure). *L'Empire du Brésil*. Paris, 1862.

BARRETO, D. A. B. M. *Memória sobre a abolição do comércio da escravatura*. Rio de Janeiro, 1837.

BARRETO, P. *A abolição e a federação no Brasil*. Paris, 1906.

BARROS M. P. de. *No tempo de dantes*. São Paulo, 1946.

BASTOS, A. C. T. *Os males do presente e as esperanças do futuro*. Rio de Janeiro, 1861.

_____. *Memórias sobre imigração*. In: _____. *Os males do presente e as esperanças do futuro*. Rio de Janeiro, 1939.

_____. *Cartas do solitário*. São Paulo, 1948.

BEAUREPAIRE, R. H. *O futuro da grande lavoura e da grande propriedade no Brasil*. Rio de Janeiro, 1878.

BENCI, J. (S. I.) *Economia cristã dos senhores no governo dos escravos*. Porto, 1954.

BENNETT, F. *Forty Years in Brazil*. London, 1914.

BIARD, F. A. *Deux anneés au Brésil*. Paris, 1862.

BOCAIÚVA, Q. *A crise da lavoura*. Rio de Janeiro, 1869.

_____. *A opinião e a Coroa*. Rio de Janeiro, 1861.

BRANDÃO JÚNIOR. *A escravatura no Brasil*. Precedida de um artigo sobre a agricultura e colonização do Maranhão.

BREVE resumo sobre a natureza do comércio de escravatura e das atrocidades que dele resultam, seguido de uma relação histórica dos debates que terminaram afinal a abolição. Londres, 1821.

BREVES considerações histórico-políticas sobre a discussão do elemento servil na câmara dos deputados por Ipiranga, 1871.

BRITO, P. de. *Considerações gerais sobre a emancipação do Brasil*. Indicação dos meios próprios para realizá-la. Lisboa, 1870.

BRUM, M. *Tableau statistique du Brésil*, 1830.

BUENO, J. A. P. (Marquês de S. Vicente) *Trabalho sobre a extinção da escravatura no Brasil*. Rio de Janeiro, 1868.

BURLAMAQUE, F. L. C. de. *Memória analítica acerca do comércio de escravos e acerca dos males da escravidão doméstica*. Por F. L. C. B. Rio de Janeiro, 1837, n.8.

_____. *Catecismo da agricultura*.

BURLAMAQUE, F. L. C. de. *Monografia do cafeeiro e do café*. Rio de Janeiro, 1860.

528 EMÍLIA VIOTTI DA COSTA

BURMEISTER, K. H. K. *Viagem ao Brasil, através do Rio de Janeiro e de Minas Gerais.* São Paulo, 1950. [ed. original 1.ed. Berlin, 1853.]

CAETANO DA FONSECA, A. *Manual do agricultor e dos gêneros alimentícios ou métodos de cultura mista desses gêneros nas terras cansadas.* Rio de Janeiro, 1863. p.106.

CALDCLEUGH, A. *Travels in South America during the years 1819-1820, containing an account of the present state of Brazil, Buenos Ayres and Chile.* London, 1725. 2v.

CÂMARA dos Deputados. *Organizações e Programas Ministeriais desde 1822 a 1889.* Rio de Janeiro, 1889.

CÂNDIDO, F. de P. *Clamores da agricultura no Brasil e indicação de meios facílimos de levá-la rapidamente à prosperidade.* Rio de Janeiro, 1859.

CARMO, A. G. do. *Reforma da agricultura brasileira.* Capital Federal, 1897.

CARTA aos fazendeiros e comerciantes fluminenses sobre o elemento servil ou refutação do parecer do Sr. conselheiro Cristiano Benedito Otôni. Acerca do mesmo assunto por um conservador. Rio de Janeiro, 1871.

CARVALHO, H. A. A. de N. R. *Panfleto político por Mário.* Rio de Janeiro, 1872.

CASSIO. *A escravidão – Questão da atualidade.* Joaquim José Ferreira da Silva. Rio de Janeiro, 1871.

CASTRO, F. A. V. de. Um fazendeiro do século passado. *Revista do Arquivo Municipal,* p.97, 1944.

CELSO, A. *Oito anos de parlamento. Poder pessoal de D. Pedro II, reminiscências e notas.* São Paulo, s. d.

CHAMBERLAIN, L. *Views and costumes of the city and neighbourhood of Rio de Janeiro, Brazil.* London, 1822.

_____. *Vistas e costumes do Rio de Janeiro em 1918-1920.*

CHRISTIE, W. D. *Notes on Brazilian Questions.* London, Cambridge, 1865.

CINCINNATUS. *O elemento escravo e as questões econômicas do Brasil.* Bahia, 1886.

CLARKSON, T. *Bosquejo sobre o comércio em escravos reflexões sobre este tráfico considerado moral, político e cristãmente.* Londres, 1821.

_____. *Os gemidos dos africanos por causa do tráfico da escravatura ou Breve exposição das injúrias e dos horrores que acompanham este tráfico homicida.* Londres, 1823.

_____. *Breve resumo sobre a natureza do comércio de escravatura e das atrocidades que dele resultam seguido de uma relação histórica dos debates que terminaram afinal a abolição.* Londres, 1821.

DA SENZALA À COLÔNIA   529

CLARKSON, T. *An Essay on the Impolicy of the African Slave Trade*. London, 1788.

CODMAN, J. *Ten months in Brazil*; with incidents of voyages an travels, descritions of scenery and character, notices of commerce and productions, etc. Boston, 1867.

COLEÇÃO de diversos artigos sobre a agricultura e a indústria, a escravidão e a colonização, seguidos de outros sobre a política. Rio de Janeiro, 1837.

COMISSÃO Central de Estatística. *Relatório apresentado ao Exmo. Sr. Presidente da Província*. São Paulo, 1888.

CONGRESSO Agrícola. *Coleção de documentos*. Rio de Janeiro, 1878.

CONSTATT, O. *Das Republikanische Brasilien in Vergangenheit und Gezenwart*. Leipzig, 1899.

CORRESPONDENCE with Foreign Powers relating to the Slave Trade. London, 1830.

CORRESPONDENCE with the British Comissioners at S. Leona, The Havana, Rio de Janeiro and Surinan relating to the Slave Trade. London, 1835.

CORRESPONDENCE with the British Comissioners at Serra Leona, The Havana, Rio de Janeiro and Surinan relating to the Slave Trade. London, 1836.

COSTA, J. S. M. da. *Memória sobre a necessidade de abolir a introdução dos escravos africanos no Brasil, sobre o modo e condições com que esta abolição se deve fazer; e sobre os meios de remediar a falta de braços que ela pode ocasionar*. Coimbra, 1821.

COUTINHO, J. J. da C. A. *Analyse sur la justice du commerce de rachat de esclaves de la côte d'Afrique*. Londres, 1798.

COUTY, L. *Étude de biologie industrielle sur le café*. Rio de Janeiro, 1883.

_____. *L'esclavage au Brésil*. Paris, 1881.

_____. *Pequena propriedade e imigração europeia*. Obra póstuma anotada e precedida do uma introdução de Alfredo d'Escragnolle Taunay. Rio de Janeiro, 1887.

_____. *Le Brésil en 1884*. Rio de Janeiro, 1884.

D'ASSIER, A. *Le Brésil contemporain*. Paris, 1867.

_____. Le Brésil et la société brésilienne. *Revue des Deux Mondes*, juin-juil. 1863.

DAMPIER, W. *A New Voyage round the World, with an Introduction by Sir Albert Gray*. London, 1927.

530 EMÍLIA VIOTTI DA COSTA

DARWIN, C. *The Voyage of the Beagle*. (Trad. para o português por J. Carvalho. Rio de Janeiro, 1937).

DAVATZ, T. *Die Behandlung der Kolonisten in der Provinz St. Paulo in Brasilienkund deren-Erhelung Cegen Ihre-Bedruclur*, 1858.

_____. *Memórias de um colono no Brasil*. Prefácios de Rubens Borba de Morais e Sérgio Buarque de Holanda. 2.ed. São Paulo [1941].

DEBRET, J. B. *Viagem pitoresca e histórica ao Brasil*. Trad. de Sérgio Milliet. São Paulo, 1940.

DEMONSTRAÇÃO e vantagens à lavoura no Brasil pela introdução dos trabalhadores asiáticos das conveniências (da China). Rio de Janeiro, 1877.

DENIS, F. *Le Brésil ou histoire, moeurs, usages et coutumes des habitants de ce royaume*. Paris, 1822. 2v.

_____. *Brésil, première section de l'univers*. Paris, 1837.

DENT, H. C. *A year in Brazil*. London, 1886.

DIE REISE S. M. *Corvette Aurora nach Brazilien und dem La Plata Stnatem in den Jahren 1884-S*.

DOCUMENTS concernant la question de l'emigration au Brésil (Publiés par ordre du Conseil Fédéral), 1858.

DRACON. *Auxílio à lavoura*. Rio de Janeiro, 1888.

ELEMENTO servil. Associação Comercial do Rio de Janeiro. Rio de Janeiro, 1884.

_____. Parecer e projeto de lei apresentado à Câmara dos Srs. Deputados na sessão de 16 de agosto de 1870 pela comissão especial nomeada pela mesma Câmara em 24 de maio de 1870. Rio de Janeiro, 1870.

_____. Parecer da Comissão Especial apresentado à Câmara dos Srs. Deputados na sessão de 30 de junho de 1871 sobre a proposta do Governo de 12 de maio do mesmo ano. Rio de Janeiro, 1871.

ELWES, R. *A sketcher's tour round the world...* London, 1854.

ESCHWEGE, W. L. von. *Pluto Brasiliensis*. Berlin, 1833.

ETIENNE, J. J. *L'Empire du Brésil*. Souvenir de Voyage. Tours, 1861.

EXPILLY, C. *La traite, l'immigration et la colonisation au Brésil*. Paris, 1865.

_____. *Mulheres e costumes do Brasil*. São Paulo, 1935.

_____. *Femmes et moeurs du Brésil*. Paris, 1864.

_____. *Le Brésil tel qu'il est*. Paris, 1862.

EWBANK, T. *Life in Brasil; or a journal of a visit to the land of the cocos and the palm;* with an appendix, containing illustration of ancient South

DA SENZALA À COLÔNIA

American arts, in recently discovered implements and products of domestic industry and works in stone pottery. New York, 1856.

FALCONBRIDGE, A. *An Account of the Slave Trade on the Coast of Africa.* London, 1836.

FERREIRA DE AGUIAR, J. J. *Pequena memória sobre plantação, cultura e colheita do café.* Rio de Janeiro, 1836.

FERREIRA, F. *Província do Rio de Janeiro.* Notícias para o imigrante. Rio de Janeiro, 1888.

FERREIRA SOARES. S. *Elementos de estatística.* Rio de Janeiro, 1865.

FIGUEIRA DE MELO. *Análise e comentário crítico da proposta do governo imperial às câmaras legislativas sobre o elemento servil por um magistrado.* Rio de Janeiro, 1871.

FLETCHER, J. *Brazil and the Brazilians.* London, 1856.

FURTADO, J. I. A. *Estudos sobre a libertação dos escravos no Brasil.* Pelotas, 1883.

GABRIAC, A. *Promenade à travers l'Amérique du Sud.* Paris, 1862.

GAFFRE, L. A. *Visions du Brésil.* Paris, 1912.

GAMA, A. S. da. *Memória histórica e política sobre o comércio da escravatura.* Lisboa, 1880.

GAMA, L. *Primeiras trovas burlescas de Getulino.* Rio de Janeiro, 1861.

GARDNER. *Viagem pelo interior do Brasil.*

GENTIL, C. P. *A Colônia Senador Vergueiro.* Santos, 1851.

GESTAS (Conde de). Memória sobre o estado atual da indústria na cidade do Rio de Janeiro e lugares circunvizinhos, lida e oferecida à Sociedade Auxiliadores da Indústria Nacional. *O Auxiliador da Indústria Nacional,* v.3.

GIGLIOLY, E. H. *Viaggio intorno al globo della reale pirocorvetta italiana "Magenta".* Relazione descritiva e scientifica. Milano, 1875.

GLAUX, O. *Le Brésil nouveau.* Paris, 1886.

GODOI, J. F. de. *A Província do Rio Sapucaí.* Rio de Janeiro, 1888.

_____. *O elemento servil e as câmaras municipais da Província de São Paulo.* Rio de Janeiro, 1887.

GOMES, A. C. *Reforma da agricultura brasileira.* Rio de Janeiro, 1897.

GRAHAM, M. *Diário de uma viagem ao Brasil e de uma estada nesse país durante parte dos anos 1821, 1822 e 1823.* São Paulo, 1956.

GROSSI, V. *Storia della colonisazione italiana nello stato de São Paulo.* Milano, 1919.

HADFIELD, W. *Brazil, the River Plate and Falkland Islands.* London, 1854.

HENDERSON, E. *Bosquejo sobre o comércio em escravos e reflexos sobre este tráfico considerado moral, política e cristãmente.* Londres, 1821.

_____. *Breve resumo sobre a natureza do comércio da escravatura e das atrocidades que dele resultam, seguido de uma história dos debates que terminaram a final abolição.* Londres. 1821.

HINCHLIFF, T. W. *South America Sketches.* London, 1863.

HOUSSAY, F. *De Rio de Janeiro a São Paulo.* Paris, 1877.

IMBERT. *Manual do fazendeiro ou tratado doméstico sobre as enfermidades dos negros.* Rio de Janeiro, 1839.

IPIRANGA. *Breves considerações histórico-políticas sobre a discussão do elemento servil na câmara dos deputados por Ipiranga.* Rio de Janeiro, 1871.

JARDIM, A. da S. *Memórias e viagens; Campanha de um propagandista, 1887-1890.* Prefácio de Oscar Araújo. Lisboa, 1891.

_____. *A pátria em perigo.* São Paulo, 1888.

JUSTIFICAÇÃO das Reclamações apresentadas pelo Governo Brasileiro a S. M. Britânica (pelo que respeita às presas feitas pelos cruzadores ingleses na Costa Ocidental da África). Rio de Janeiro, 1840.

KIDDER, D. P. *Reminiscências de viagem e permanência no Brasil.* Rio de Janeiro, São Paulo, 1940. 2v.

_____. *Sketches of Residence and Travels in Brazil.* Filadelfia, 1845. 2v.

KIDDER, D. P., FLETCHER, F. C. *O Brasil e os brasileiros:* esboço histórico e descritivo. São Paulo, 1941.

KOSERITZ, *Imagens do Brasil.* São Paulo, 1943.

KOSTER, H. *Travels in Brazil.* London, 1816.

LAERNE, C. F. van D. *Le Brésil et Java.* Rapport sur la culture du café en Amérique, Asie et Afrique, avec chartes, planches et diagrammes. Haia, 1885.

LALIERE, A. *Le café dans l'état de Saint Paul, Brésil.* Paris, 1909.

LEAL, L. F. da C. *Considerações ao Projeto de Lei para a Emancipação dos Escravos sem prejuízo de seus Senhores nem graves ônus para o Estado pelo Juiz de Direito Luís Francisco da Câmara Leal.* Rio de Janeiro, 1866.

LEÃO, P. L. de. *Como pensa sobre o elemento servil o Dr. Policarpo Lopes de Leão* (natural da Província da Bahia e desembargador da Relação do Rio de Janeiro). Rio de Janeiro, 1870.

LECLERC, M. *Cartas do Brasil.* São Paulo, 1942.

DA SENZALA À COLÔNIA 533

LEDE, C. van. *De la colonisation au Brésil*. Mémoire historique, descriptif, statistique et commerciale sur la Province de Sainte Cetherine. Bruxelles, 1855.

LEMOS, M. *Imigração chinesa*. Rio de Janeiro: Publicações do Centro Positivista Brasileiro, 1881.

_____. *O positivismo e a escravidão moderna*, 1934.

LEVASSEUR, P. E. *Le Brésil*. Paris, 1889.

LINDLEY, T. *Narrative of voyage to Brazil*. London, 1805.

LIVRO das terras ou coleção de leis. Regulamentos e ordens, Rio de Janeiro, 1880.

LIVRO do Estado servil e respectiva libertação. Organizado por Luís Francisco da Veiga. Rio de Janeiro, 1876.

LUCCOCK, J. *Notas sobre o Rio de Janeiro e partes meridionais do Brasil*. São Paulo, 1942.

MACEDO, J. M. *Vítimas e algozes*.

MAFRA, M. da S. *Prontuário das leis de manumissão*, 1877.

MALAN, G. P. *Un viaggio al Brasile*. Gênova, 1885.

MALHEIROS, A. M. P. *A escravidão no Brasil*: ensaio histórico jurídico-social. Rio de Janeiro, 1866-1867. 3v.

MANIFESTO da Confederação Abolicionista do Rio de Janeiro. Rio de Janeiro, 1883.

MANSFIELD, C. B. *Paraguay, Brazil and the Plate*. Cambridge, 1856.

MANUAL do súdito fiel ou cartas de um lavrador à sua Majestade o Imperador sobre a questão do elemento servil. Rio de Janeiro, 1884.

MARC, A. *Le Brésil, excursion à travers de ses 20 provinces*. Paris, 1850.

MARJORIBANKS, A. *Travels in South and North America*. London, 1853.

MARTIUS, C. P. von, *Natureza, doenças, medicina e remédios dos índios brasileiros*. São Paulo, 1939.

MATHISON, G. F. *Narrative of a visit to Brazil, Chile, Peru and the Sandwich Islands, 1821-1822*. London, 1825.

MATOS, R. J. da C. Memória histórica sobre a população, emigração e colonização que convém ao Império do Brasil, citado em sessão geral da Sociedade Auxiliadora da Indústria Nacional, no dia 10 de agosto de 1837. *O Auxiliador da Indústria Nacional*. v.V, p.11.

MAWE, J. *Travels in the interior of Brazil*. London, 1912.

MEMÓRIA analítica acerca do comércio de escravos e acerca dos males da escravidão doméstica por F. L. C. B. Rio de Janeiro, 1837.

MEMÓRIA sobre a cultura do cafeeiro lida na sessão de 7 de fevereiro de 1833 da Sociedade Auxiliadora da Indústria Nacional pelo Sócio Efetivo e Secretário atual José Silvestre Rebelo. O *Auxiliador da Indústria Nacional* ou Coleção de Memórias e notícias interessantes aos fazendeiros, fabricantes, artistas e classes industriosas no Brasil, tanto originais como traduzidas das melhores obras que neste gênero se publicam nos Estados Unidos, França, Inglaterra etc. Rio de Janeiro. v.V, p.1-19, 1833.

MEMÓRIA sobre a necessidade que há de estradas no Brasil e algumas ideias sobre o método de fazer as mesmas. O *Auxiliador da Indústria Nacional*. v.II, p.10.

MEMÓRIA sobre o estado atual da indústria na cidade do Rio de Janeiro e lugares circunvizinhos, lida e oferecida à Sociedade Auxiliadora da Indústria Nacional pelo Sócio Efetivo o Exmo. Sr. Conde de Gesta. O *Auxiliador da indústria Nacional*. v.V, p.3, 1837.

MEMORIAL dos habitantes da Europa sobre a iniquidade do comércio da escravatura. Londres, 1822.

MEMORIAL Paulistano para o ano de 1866. J. R. de Azevedo Marques. São Paulo, 1866.

MENDONÇA, S. de. *Trabalhadores asiáticos*. Nova York, 1875.

MENESES, A. B. de. *A escravidão no Brasil e as medidas que convém tomar para extingui-la sem dano para a nação*, 1869.

MICHAUX, B. *Considération sur l'abolition de l'esclavage et sur la colonisation au Brésil*. Paris, 1876.

MONTEIRO, T. do R. *Pesquisas e depoimentos para a História*. Rio de Janeiro, 1913.

MONTENEGRO, J. E. de C. *Colônias Nova Louzã e Nova Colômbia*. Relatório apresentado ao Exmo. Sr. Presidente da Província de São Paulo em 6 de fevereiro de 1875. São Paulo: Tip. d'A *Província de São Paulo*, 1875.

MORAIS, A. P. M. *A Inglaterra e seus tratados*. Bahia, 1844.

MOREIRA, N. J. *Breves considerações sobre a História e cultura do cafeeiro e consumo de seu produto*. Rio de Janeiro, 1873.

_____. *Notícia sobre a agricultura do Brasil*, 1873.

MOURA, J. D. de A. *O cativeiro*. Memórias. Rio de Janeiro, 1941.

MULLER, D. P. *Ensaio de um quadro estatístico da Província de S. Paulo*, 1893.

NABUCO, J. *O eclipse do abolicionismo*. Rio de Janeiro, 1886.

_____. *O erro do imperador*. Rio de Janeiro, 1886.

DA SENZALA À COLÔNIA 535

NABUCO, J. *Campanha abolicionista no Recife* (eleições de 1884). Rio de Janeiro, 1885.

_____. *Campanha de imprensa*. 1884-1887. São Paulo, 1945-1949.

_____. *O abolicionismo*. São Paulo, 1938. [1.ed. 1883].

_____. *Minha formação*. São Paulo, 1934.

NEWTON, J. *Thoughts upon the African Slave Trade*. London, 1788.

ORBIGNY, A. d'. *Voyage dans les deux Amériques*. Paris, 1867.

ORGANIZAÇÃO e Programas Ministeriais. Regime Parlamentar no Império. 2.ed. Rio de Janeiro, 1962.

OTONI, C. B. *A emancipação dos escravos*. Parecer de C. B. Otoni, 1871.

PARECER da seção de Colonização e Estatística sobre a questão. Quais os meios mais apropriados e convenientes para se obter o desideratum social da extinção da escravidão entre nós. Rio de Janeiro, 1871.

PATI DE ALFERES (Barão de). *Fundação e custeio de uma fazenda na Província do Rio de Janeiro pelo Barão do Pati de Alferes*. Rio de Janeiro, 1863.

PAULA CÂNDIDO, F. de. *Clamores da agricultura no Brasil*. Rio de Janeiro, 1859.

PENROD, E. *La Provincia di S. Paulo*. Roma, 1888.

PEREIRA DA SILVA, J. M. *Memórias do meu tempo*. Rio de Janeiro. 2v.

PFEIFFER, I. *Voyage d'une femme autour du monde*. Trad. do alemão por W. de Luckau. Paris, 1865.

PHIPPS (Mr.). *Report by Mr. Phipps on Emigration to Brazil*. London, 1872.

PINTO, E. *Emancipação dos escravos*. Bahia, 1870.

PIZARRO E ARAÚJO, J. de S. A. *Memórias históricas do Rio de Janeiro e das províncias anexas*. Rio de Janeiro, 1820-1822. 2v.

PRADEZ, C. *Nouvelles études sur le Brésil*. Paris, 1872.

RANCOURT, E. De. *Fazendas e estâncias*. Paris, 1901.

REBELO, J. S. Se a introdução de africanos no Brasil serve de embaraçar a civilização dos índios, cujo trabalho lhes foi dispensado pelo trabalho dos escravos. Neste caso qual é o prejuízo da lavoura brasileira entregue exclusivamente a escravos? *Revista do Instituto Histórico e Geográfico Brasileiro*, t.3.

REBELO, J. S. Memória sobre a cultura do cafeeiro. *O Auxiliador da Indústria Nacional* (Rio de Janeiro), 1833.

REBOUÇAS, A. *A agricultura nacional*. Rio de Janeiro, 1883.

RECENSEAMENTO do Brasil, 1920. v.V: Indústria. Rio de Janeiro, 1927.

RECLUS, M. E. Le Brésil et la colonisation. *Revue des Deux Mondes*, juin-juil. 1862.

_____. *Estados Unidos do Brasil*. Rio de Janeiro, 1900.

REFORMA radical proposta pelo presidente da Província de São Paulo para construção e conservação de estradas, pontes e obras públicas. São Paulo, 1873.

RELAÇÃO abreviada das máquinas e modelos que se acham no Conservatório da Sociedade Auxiliadora da Indústria Nacional que podem ser examinadas e vistas em todas as quintas-feiras de manhã. *O Auxiliador da Indústria Nacional*, v.XII, 1833.

REVISTA Ilustrada, 1878-1888.

REYBAUD, C. *Le Brésil*. Paris, 1856.

_____. *La colonisation au Brésil*. Paris, 1858.

REZENDE, F. de P. F. de. *Minhas recordações*. Rio de Janeiro, 1944.

RIBEYROLLES, C. *Brasil pitoresco*. São Paulo, 1941. 2v.

ROCHA, M. R. (Pe.) *Etíope resgatado, empenhado, sustentado, corrigido, instruído e libertado (Discurso Teológico Jurídico)*. Lisboa, 1758.

RODRIGUES CUNHA, A. *Arte da cultura e preparação do café*. Rio de Janeiro, 1844.

ROHAN, H. B. (Mal. de Campo). *O futuro da grande lavoura e da grande propriedade no Brasil*. Rio de Janeiro, 1878.

ROY, J. J. E. *L'Empire du Brésil*. Tours, 1857.

RUGENDAS, J. M. *Malerische reise in Brasilien*. Paris, 1835.

_____. *Viagem pitoresca através do Brasil*. São Paulo, 1940.

SAINT-HILAIRE, A. F. C. de. *Segunda viagem ao Rio de Janeiro e Minas Gerais e a São Paulo (1822)*. [São Paulo, 1940].

_____. *Notas de viagens, princ. séc. XVIII* (Trad. para o português), 1932.

_____. *Voyage dans l'intérieur du Brésil*. Paris, 1830-1851.

_____. *Viagem à Província de São Paulo*. São Paulo, 1940.

_____. *Voyages dans les Provinces de Rio de Janeiro et Minas Gerais*. Paris, 1830.

SAMPAIO, A. G. de A. *Abolicionismo*. São Paulo, 1890.

SAMSON, A. T. *Une parisienne au Brésil*. Paris, 1883.

SANTANNA NERY, M. F. J. *Guide de l'emmigrant au Brésil*. Paris.

_____. *Le Brésil en 1889*. Paris, 1889.

SANTOS, P. C. de L. *A escravidão no Brasil*, 1871.

DA SENZALA À COLÔNIA 537

SCHOELCHER, V. *Esclavage et colonisation*. Paris, 1948.

SECOND Report from the Select Committes on Slave Trade Together with the Minutes of Evidence, 1848.

SEIDLER, C. *Dez anos no Brasil*. São Paulo (1941).

SELYS-LONGCHAMPS, W. de. *Notes d'un voyage au Brésil*. Bruxelles, 1875.

SEULLY, W. *Brazil its provinces and chiefs cities*... London, 1866.

SILVA, J. B. de A. e. *Representação à Assembleia Geral Constituinte e Legislativa do Império do Brasil sobre a escravatura*. Paris, 1825.

SILVA, J. E. P. da. *Memória sobre a escravatura e projeto de colonização dos europeus e pretos da África no Império do Brasil*. Rio de Janeiro, 1826.

SILVA, J. J. C. da. *Estudos agrícolas*. Rio de Janeiro, 1872.

SILVA, R. *Elemento servil* – voto separado do membro da Comissão Especial, nomeada pela Câmara. Rio de Janeiro, 1870.

SILVA NETO, A. da. *Estudos sobre a emancipação dos escravos no Brasil*. Rio de Janeiro, 1886.

SISTEMAS de medidas adaptáveis para a progressiva e total extinção do tráfico e da escravatura no Brasil. Rio de Janeiro, 1852.

SOARES, A. J. de M. *Campanha Jurídica pela libertação dos escravos*. Rio de Janeiro, 1938.

SOARES, C. A. *Memória para melhorar a sorte dos nossos escravos*. Rio de Janeiro, 1847.

SOARES, S. F. *Notas estatísticas sobre a produção agrícola e carestia dos géneros alimentícios no Império do Brasil*. Rio de Janeiro, 1860.

SPIX, J. B., MARTIUS, K.-F. P. von. *Reise in Brasilien*. Munchen. v.I: M. Lindauer, 1823; v.II: I. J. Leutner, 1823; v.III: author, 1831.

_____. *Viagem pelo Brasil*. São Paulo, 1938. 2v.

STRATEN, P. *Le budget du Brésil*. Bruxelles, 1859. 3v.

SUZANNET. *O Brasil em 1845*. Rio de Janeiro.

TAUNAY, C. A. T. *Algumas considerações sobre a colonização como meio de coadjuvar a substituição do trabalho cativo pelo trabalho livre no Brasil oferecido à Sociedade Auxiliadora da Indústria Nacional*. Rio de Janeiro, 1834.

_____. *Manual da agricultura brasileira*.

TAUNAY, T. M. H. *Le Brésil ou histoire, moeurs, usages et coutumes des habitants de ce royaume*. Paris, 1822.

TEIXEIRA MENDES. *A incorporação ao proletariado na sociedade moderna*. Rio de Janeiro, 1908.

538 EMÍLIA VIOTTI DA COSTA

TEIXEIRA MENDES. *Apontamentos para a solução do problema social no Brasil. O positivismo e a escravidão moderna.* Rio de Janeiro, 1934.

THOUGHTS on the Slavery of the Negroes. London, 1784.

TRABALHO sobre a extensão da escravatura no Brasil. Rio de Janeiro, 1868.

TSCHUDI, J. J. von. *Viagem às províncias do Rio de Janeiro e São Paulo.* São Paulo, 1953.

VANTAGEM do emprego das máquinas. Artigo traduzido por J. da C. B. *O Auxiliador da Indústria Nacional*, 1833.

VEIGA FILHO, J. P. da. *Estudo econômico e financeiro sobre o Estado de São Paulo.* São Paulo, 1896.

VELOSO DE OLIVEIRA, H. A *substituição do trabalho dos escravos pelo trabalho livre no Brasil, por um meio suave e sem dificuldade.* Rio de Janeiro, 1845.

VERGUEIRO, J. *Memorial acerca da colonização e cultivo do café.* Campinas, 1847.

VIDAL, L. M. *Repertório da legislação servil.* Rio de Janeiro, 1886.

WALSH, R. *Notices of Brazil in 1828 and 1829.* New York, 1831.

WAPPÄUS, J. E. *Brasilien.* Leipzig, 1871.

WELLS, J. W. *Exploring and travelling three thousands miles through Brazil from Rio de Janeiro to Maranhão.* London, 1877.

WERNECK, L. P. L. *Ideias sobre colonização precedidas de uma sucinta exposição dos princípios gerais que regem a população.* Rio de Janeiro, 1855.

_____. *Memória sobre a fundação e custeio de uma fazenda na Província no Rio de Janeiro.* Rio de Janeiro, 1878.

WIED, N. M. A. P. *Voyage au Brésil dans les années 1815, 1816, 1817.* Paris, 1821-1822.

WILBERFORCE, E. *Brazil viewed through a naval glass with notes on slavery and slave trade.* London, 1856.

WILLIAM, M. W. The Treatment of Negro Slaver in the Brazilian Empire. A Comparison with the United States of America. *Revista do Instituto Histórico e Geográfico Brasileiro*, v.I, p.273-92.

XAVIER, J. T. *Reforma racional proposta pelo presidente da Província de São Paulo para construção e conservação de estradas, pontes e obras públicas.* São Paulo, 1873.

ZALUAR, A. E. *Peregrinação pela Província de São Paulo, 1860-1861.* São Paulo, 1953.

REFERÊNCIAS BIBLIOGRÁFICAS

Livros

AGUIAR, A. A. de. *A vida do marquês de Barbacena.* Rio de Janeiro, 1890.

AMARAL, A. *A Bancroftose.* Bahia, 1916.

AMARAL, L. *História geral da agricultura brasileira.* São Paulo, 1940. 3v.

ARAÚJO, A. M. de. *Folclore em Taubaté.* São Paulo, 1948.

ARAÚJO, C. N. de. *A vida de Joaquim Nabuco.* São Paulo, 1928.

BARBOSA, R. *Geração abolicionista.* Florianópolis, 1940.

BARROS, J. R. *Senzala e macumba, relações entre o senhor e o escravo.* Penetração do escravo na vida quotidiana. Castigos. Rio de Janeiro, 1939.

BARROS, R. S. M. de. *A Ilustração brasileira e a ideia de universidade.* São Paulo, 1959. Tese – Faculdade de Filosofia, Ciências e Letras, Universidade de São Paulo.

BASBAUM, L. *História sincera da República, das origens até 1889.* Tentativa de interpretação marxista. Rio de Janeiro, 1957.

BASTIDE, R. *Estudos afro-brasileiros.* São Paulo, 1953.

_____. *Sociologia do folclore brasileiro.* São Paulo, 1959.

_____. *Les réligions africaines au Brésil.* Paris, 1960.

BASTIDE, R., FERNANDES, F. *Relações sociais entre negros e brancos em São Paulo.* São Paulo, 1955.

BEIGUELMAN, P. *Teoria e ação no pensamento abolicionista.* São Paulo, 1961. Tese – Faculdade de Filosofia, Ciências e Letras, Universidade de São Paulo.

540 EMÍLIA VIOTTI DA COSTA

BEIGUELMAN, P. *Formação política do Brasil.* São Paulo, 1967. v.I: Teoria e ação no pensamento abolicionista; v.II: Contribuição à teoria da organização política brasileira.

_____. *A formação do povo no complexo cafeeiro.* São Paulo, 1968a.

_____. *Pequenos estudos de ciência política.* São Paulo, 1968b.

BESOUCHET, L. *Mauá e seu tempo.*

BETHELL, L. *The Abolition of the Brazilian Slave Trade.* Cambridge, England, 1970.

BITTENCOURT, P. C. M. de. *Espírito da sociedade imperial.* História Social do Brasil. São Paulo, 1937, 2v.

BRUHL, L. *La mentalité primitive.* 11.ed. Paris, 1960.

BUESCU, M. *História econômica do Brasil.* Pesquisa e análises. Rio de Janeiro, 1970.

CAFÉ no segundo centenário da sua introdução no Brasil. Rio de Janeiro, 1934. 2v.

CALMON, P. *História social do Brasil.* 3.ed. São Paulo, 1941.

CAMARGO, J. F. *Crescimento da população no Estado de São Paulo e seus aspectos econômicos.* São Paulo, 1952. 3v.

CAMARGO, J. M. G. de. *The Role of Labor in the Transition to Capitalism.* The Case of the Coffee Plantation in São Paulo, Brazil. Massachusetts, s. d. Tese (Doutoramento em Economia) – Massachusetts Institute of Tecnology.

CANO, W. *Raízes da concentração industrial em São Paulo.* Rio de Janeiro, 1975.

CAPELA, J. *Escravatura. A empresa de saque.* O Abolicionismo, 1810-1875. Porto, 1974.

CARDOSO, F. H. *Escravidão e capitalismo no Brasil meridional.* São Paulo, 1961.

_____. *Capitalismo e escravidão.* O negro na sociedade do Rio Grande do Sul. São Paulo, 1962.

CARDOSO, V. L. *À margem da história do Brasil.* São Paulo, 1933.

CARNEIRO, E. *Antologia do negro brasileiro.* Porto Alegre, 1950.

_____. *Ladinos e crioulos.* Rio de Janeiro, 1964,

CARVALHO, A. de. *Brasil colônia e Brasil Império.* Rio de Janeiro, 1927. 2v.

CARVALHO, R. de. Aspectos da influência africana na formação social do Brasil. *Novos Estudos Afro-Brasileiros (Rio de Janeiro)*, 1937.

CASCUDO, L. da C. *O marquês de Olinda e seu tempo.* São Paulo, 1938.

DA SENZALA À COLÔNIA 541

CONRAD, R. *Brazilian Slavery*. An Annotated Bibliography. Boston, 1977.

_____. *The Destruction of Brazilian Slavery, 1850-1888*. Berkeley, 1972. [ed. bras. *Os últimos anos da escravatura no Brasil, 1850-1888*. Rio de Janeiro, 1975].

COSCHIN, A. *L'abolition de l'esclavage*. Paris, 1861. 2v.

COSTA, E. V. da. Escravidão nas áreas cafeeiras; aspectos econômicos, sociais, políticos e ideológicos da transição do trabalho servil para o trabalho livre. São Paulo: Editora da Universidade de São Paulo, 1964. 3v., 1001p.

_____. Colônias e parcerias na lavoura de café: primeiras experiências. In: *Anais do II Simpósio de Professores Universitários de História*. Paraná, 1963.

COSTA, F. A. *Dicionário biográfico de brasileiros célebres*. Recife, 1882.

COSTA, J. C. *O desenvolvimento da filosofia no Brasil no século XIX e a evolução histórica nacional*. São Paulo, 1950. Tese – Faculdade de Filosofia, Ciências e Letras, Universidade de São Paulo.

COUTINHO, R. Alimentação e estudo nutricional do escravo no Brasil. *Estudos Afro-Brasileiros (Rio de Janeiro)*, 1935.

CRUZ, L. de F. *O Dr. Bernardino de Campos*. Estudo Político. São Paulo, 1905.

CUNHA, F. X. da. *Reminiscências na imprensa e na diplomacia, 1870 a 1910*. Propaganda contra o Império. Rio de Janeiro, 1914.

CURTIVO, P. D. *The Atlantic Slave Trade*. A Census. Madison, 1969.

DEAN, W. *Rio Claro. A Brazilian Plantation System 1880-1920*. Stanford, 1976.

DEFFONATINES, P. *Geografia humana do Brasil*. Rio de Janeiro, 1940.

DEGLER, C. *Neither Black nor White. Slavery and Race Relations in Brazil and the United States*. New York, 1971.

DENIS, P. *Le Brésil au XXᵉ Siècle*. 7.ed. Paris, 1928.

DEODATO, A. *Senzalas*. Rio de Janeiro, 1919.

DORNAS, J. F. *A escravidão no Brasil*. Rio de Janeiro, 1939.

_____. *A influência social do negro brasileiro*. Curitiba, 1943.

DUARTE, A. *Negros muçulmanos nas Alagoas (Os malês)*. Maceió, 1958.

DUQUE ESTRADA, O. *A Abolição*. Esboço histórico, 1831-1888. Rio de Janeiro, 1918.

EGAS, E. *Galeria dos presidentes de São Paulo, 1822-1924*. São Paulo, 1926-1927. 3v.

542 EMÍLIA VIOTTI DA COSTA

EISEMBERG, P. *The Sugar Industry in Pernambuco.* Modernization Without Change. 1840-1910, Berkeley, 1974. [ed. bras. *Modernização sem mudança.* A indústria açucareira em Pernambuco, 1840-1910. Rio de Janeiro, s. d.].

ELLIS JÚNIOR, A. *A evolução da economia paulista e suas causas.* São Paulo, 1937.

_____. *Tenente coronel Francisco da Cunha Bueno, pioneiro da cafeicultura no oeste paulista.* Rio de Janeiro, 1963.

_____. *O café e a paulistânia.* São Paulo, 1951.

ENGERMAN, S., GENOVESE, E. (Org.) *Race and Slavery in the Western Hemisphere.* Quantitatives Studies. Princeton, 1975.

ESTUDOS Afro-Brasileiros. Primeiro Congresso Afro-Brasileiro, Recife, 1934. Rio de Janeiro, 1935, 1º v.

FERNANDES, F. *Mudanças sociais no Brasil.* São Paulo, 1960.

_____. A integração do negro na sociedade de classes. Boletim n.301, F.F.C.L. – USP, São Paulo, 1964.

_____. *A revolução burguesa no Brasil.* Ensaio de interpretação sociológica. Rio de Janeiro, 1975.

_____. *Capitalismo e dependência.* Classes sociais na América Latina. Rio de Janeiro, 1973.

_____. *Sociedade de classes e subdesenvolvimento.* Rio de Janeiro, 1968.

FERNANDES, J. B. R. de A. *O elemento negro:* história, folclore, linguística. Rio de Janeiro.

FERREIRA, H. *Depois da escravidão negra.* A economia no Brasil. São Paulo, 1929.

FOLCLORE Negro do Brasil. Demopsicologia e Psicanálise. Rio de Janeiro São Paulo, 1935.

FONSECA, G. da. *Biografia do jornalismo carioca, 1808-1908.* Rio de Janeiro, 1941.

FONSECA, L. A. da. *A escravidão, o clero e o abolicionismo.* Bahia, 1887.

FORJAZ, D. *O senador Vergueiro, sua vida, sua época (1778-1859).* São Paulo, 1924.

FRANCO, M. S. de C. *Homens livres na ordem escravocrata.* São Paulo, 1969 [reed. pela Editora da UNESP, 1997].

FREIRE, J. *Notas à margem da Abolição.* Mossoró.

FREITAS, A. de. *Tradições e reminiscências paulistanas.* São Paulo, 1921.

FREITAS, B. de. *Fontes de cultura brasileira.* Porto Alegre, 1940.

FREITAS, O. de. *Doenças africanas no Brasil.* São Paulo, 1935.

FURTADO, C. *Formação econômica do Brasil.* 4.ed. Rio de Janeiro, 1961.

FREYRE, G. *Ordem e Progresso.* Rio de Janeiro, 1959.

_____. *Casa grande e senzala.* Rio de Janeiro, 1936.

_____. *Sobrados e mocambos.* São Paulo, 1936.

_____. *Novos estudos afro-brasileiros.* Rio de Janeiro, 1937.

GENOVESE, E. *The World the Slaveholders Made.* New York, 1969.

GIRÃO, R. *A Abolição no Ceará.* Fortaleza, 1956.

GOULART, J. A. *Da fuga ao suicídio.* Aspectos da rebeldia dos escravos no Brasil. Rio de Janeiro, 1962.

_____. *Da palmatória ao patíbulo.* Castigos de escravos no Brasil. Rio de Janeiro, 1971.

GOULART, M. *Escravidão africana no Brasil.* Das origens à extinção do tráfico. São Paulo, 1949.

GOUVEIA, M. *História da escravidão.* Rio de Janeiro, 1955.

GRAHAM, R. *Britain and the Onset of Modernization in Brazil, 1850-1914.* Cambridge, 1968. [ed. bras. *A Grã-Bretanha e o início da modernização no Brasil*].

GUIMARÃES, J. *Patrocínio, o Abolicionista.* São Paulo, 1956.

GUTMAN, H. *The Black Family in Slavery and Freedom, 1750-1925.* New York, 1976.

HALL, M., *The Origins of Mass Immigration in Brazil, 1871-1914.* s. l., 1969. Tese (Doutoramento em História) – Columbia University.

HALLOWAY, T. *Migration and Mobility. Immigrants as Laborers and Landowners in the Coffee Zone of São Paulo, Brazil, 1886-1934.* s. l., 1974. Tese (Doutoramento em História) – Wisconsin University.

_____. Immigration and Abolition. The Transition from Slave to Free Labour in the São Paulo Coffee Zone. *Essays Concerning of Brazil and Portuguese India,* Ganesville: Dausil Alden Warren Dean (Ed.), 1977.

HERMANN, L. Evolução da estrutura social de Guaratinguetá num período de duzentos anos. *Rev. Admin.,* v.II, p.56, 1948.

HOLLANDA, S. B. de. *Raízes do Brasil.* 2.ed. rev. e aum. Rio de Janeiro, 1948.

IANNI, O. *As metamorfoses do escravo.* São Paulo, 1962.

_____. *Raças e classes sociais no Brasil.* Rio de Janeiro, 1966.

KLEIN, H. The Colored Freedmen in Brazilian Slave Society. *Journal of Social History,* v.3, 1969.

LAPA, J. R. do A. *Modos de produção e realidade brasileira.* Petrópolis, 1980.

544   EMÍLIA VIOTTI DA COSTA

LEITE, A. C. T. *Gênese socioeconômica do Brasil*. Porto Alegre, 1963.

LIMA, O. *Formação histórica da nacionalidade brasileira*. Rio de Janeiro, 1944.

LLOYD, C. *The Navy and the Slave Trade. The Suppression of the African Slave Trade in the Nineteenth Century*. London, 1949.

LOPES, E. C. *A escravatura*. Subsídios para a sua história. Lisboa, 1944.

LUZ, N. V. Aspectos do nacionalismo econômico brasileiro. Os esforços em prol da nacioindustrialização, *Rev. Hist.*, p.32-7, 1961. [publicado sob o título *A luta pela industrialização do Brasil*. São Paulo, 1961].

MACEDO, S. *Apontamentos para a história do tráfico*. Rio de Janeiro, 1942.

MAGALHÃES, B. de. *Estudos de história do Brasil*. São Paulo, 1940.

MAGALHÃES, B. de A. *O visconde de Abaeté*. São Paulo, 1939.

MANCHESTER, A. K. *British Preminence in Brazil, its Rise and Decline*. A Study in European Expansion. London, 1933.

MARCÍLIO, M. L. *La ville de São Paulo*. Peuplement et population, 1750-1850. Paris, 1968.

MARTINS, A. de R. *Um idealista realizador*: barão Geraldo de Resende. Rio de Janeiro, 1939.

MARTINS, I. L. *Os problemas da mão de obra da grande lavoura fluminense.* O tráfico interprovincial, 1850-1878. Rio de Janeiro, 1974. Tese (Mestrado) – Universidade Federal Fluminense.

MARTINS, W. *Um Brasil diferente*. São Paulo, 1955.

MARTUSCELLI, C. Uma pesquisa sobre a aceitação de grupos nacionais, grupos raciais e grupos regionais em São Paulo. Boletim da Faculdade de Filosofia, Ciências e Letras, USP, n.129, 1950.

MATHIESON, W. L. *Great Britain and the Slave Trade*. London, 1929.

MELO, A. de T. B. *O trabalho servil no Brasil*. Rio de Janeiro, 1936.

MENDES, J. E. T. *Lavoura cafeeira paulista*. Velhas fazendas do município de Campinas. São Paulo, 1947.

MENDONÇA, R. de. *A influência africana no português do Brasil*. 2.ed. São Paulo, 1935.

_____. *Um diplomata brasileiro na Corte da Inglaterra*. O barão de Penedo e sua época. São Paulo, 1943.

MENNUCCI, S. *O precursor do abolicionismo no Brasil: Luís Gama*. São Paulo, 1938.

MILLIET, S. *Roteiro do café*. São Paulo, 1939.

MILLIET DE SAINT ADOLPHE, J. C. R. *Dicionário geográfico e histórico e descritivo do Império do Brasil*. Paris, 1845.

MONBEING, P. *Ensaios de geografia humana brasileira*. São Paulo, 1940.

_____. *Pionniers et planteurs de São Paulo*. Paris, 1952.

MORAIS, E. de. *Extinção do tráfico do escravo no Brasil*. Capital Federal, 1910.

_____. *A Lei do Ventre Livre*. Rio de Janeiro, 1917.

_____. *A campanha abolicionista (1879-1888)*. Rio de Janeiro, 1924.

_____. *A escravidão africana no Brasil*. Das origens à extinção. São Paulo, 1933.

MOTTA SOBRINHO, A. *A civilização do café, 1820-1924*. São Paulo, 1968.

NABUCO, J. *Um estadista no Império, Nabuco de Araújo*. São Paulo, 1949.

NABUCO DE ARAÚJO, C. *A vida de Joaquim Nabuco*. 2.ed. São Paulo, 1929.

NOBRE, F. História da imprensa de São Paulo.

PEREIRA, A. R. de A. *O folclore do Brasil*. Rio de Janeiro, 1935.

_____. *As culturas negras no Novo Mundo*. Rio de Janeiro, 1937.

PINHO, J. W. de A. *Cartas do imperador D. Pedro II ao barão de Cotegipe*, ordenadas e prefaciadas por Wanderley Pinho. São Paulo, 1933.

_____. *A política do Império, homens e fatos*. Rio de Janeiro, 1930.

_____. *Cotegipe e seu tempo*: primeira fase, 1815-1867. São Paulo, 1937.

PINTO, L. A. da C. *O negro do Rio de Janeiro*. São Paulo, 1953.

PIRES, C. *Conversas ao pé do fogo*: estudinhos, costumes, contos, anedotas, cenas da escravidão. São Paulo, 1921.

PRADO, M. *In Memoriam*. São Paulo, 1943.

PRADO, P. da S. *Retrato do Brasil*. São Paulo, 1928.

PRADO JUNIOR, C. *Evolução política do Brasil*. São Paulo, 1933.

_____. *História econômica do Brasil*. São Paulo, 1949.

QUERINO, M. R. *O colono preto como fator da civilização brasileira*. Bahia, 1918.

_____. *Costumes africanos no Brasil*. Rio de Janeiro, 1938.

RAIMUNDO, J. *O negro brasileiro e outros escritos*. Rio de Janeiro, 1936.

RAMOS, A. *O negro na civilização brasileira*. Rio de Janeiro, 1956.

_____. *Máquinas primitivas para beneficiar café*. In: *O café no segundo centenário de sua introdução no Brasil*. Rio de Janeiro, 1934.

RAMOS DE ARAÚJO, A. *O folclore negro no Brasil*. Rio de Janeiro, 1935.

RAPOSO, I. *Mestre guia, contos do tempo da escravidão*. Rio de Janeiro, 1937.

546 EMÍLIA VIOTTI DA COSTA

RECENSEAMENTO do Brasil, 1920. Rio de Janeiro.

ROCHA, J. da S. *História da colonização do Brasil*. Rio de Janeiro, 1919.

RODRIGUES, J. M. *São Paulo de ontem e de hoje*. São Paulo: Departamento de Cultura, 1938.

RODRIGUES, R. N. *Os africanos no Brasil*. São Paulo, 1932.

RONCIÈRE, C. *Les nègres et les negriers*. Paris, 1933.

SANTOS, J. M. dos. *Os republicanos paulistas e a Abolição*. São Paulo, 1942.

_____. *Política geral do Brasil*. São Paulo, 1930.

SANTOS FILHO, L. dos. *História da medicina do Brasil*. São Paulo, 1947. 2v.

SAYERS, R. *O negro na literatura brasileira*. Rio de Janeiro, 1958. [ed. New York, 1936].

SENA, N. de. *Africanos no Brasil*. Belo Horizonte, 1938.

SETTE, M. *Maxabombas e maracatus*. São Paulo, s. d.

SILVA, M. F. D. da. *Dicionário biográfico dos brasileiros célebres nas letras, artes, política, filantropia, guerra...* Rio de Janeiro, 1871.

SIMONSEN, R. *Aspectos da história econômica do café*. São Paulo, 1940.

_____. *História econômica do Brasil, 1500-1820*. São Paulo, 1937.

SISSON, S. A. *Galeria dos brasileiros ilustres*: os contemporâneos: retratos dos homens mais ilustres do Brasil, na política, ciências e letras desde a guerra da Independência até nossos dias. Rio de Janeiro, 1861.

SMITH, T. L. M. *A Brasil Portrait of Half a Continents*. New York, 1951.

SOARES, U. *A escravatura da misericórdia*. Rio de Janeiro, 1958.

SODRÉ, A. *O elemento servil*. A Abolição. Rio de Janeiro, 1942.

SODRÉ, N. W. *Panorama do Segundo Império*. São Paulo, 1939.

_____. *Formação da sociedade brasileira*. Rio de Janeiro, 1944.

_____. *História da literatura brasileira*. Rio de Janeiro, 1960.

_____. *Formação histórica do Brasil*. São Paulo, 1962.

STEIN, S. J. Memória sobre a fundação e custeio de uma fazenda na Província do Rio de Janeiro pelo barão Pati do Alferes. Rio de Janeiro, 1878.

_____. *Grandeza e decadência do café*. São Paulo, 1961.

TAUNAY, A. d' E. *História do café no Brasil*. Rio de Janeiro, 1939. 15v.

_____. *Subsídios para a história do tráfico africano no Brasil colonial*. Rio de Janeiro, 1941.

_____. *Pequena história do café no Brasil*. Rio de Janeiro, 1945.

TAUNAY, C. A. *Manual do agricultor brasileiro*.

DA SENZALA À COLÔNIA

THIOLLIER, R. *Antônio Bento: um grande chefe abolicionista.* s.l., 1932.

VERÍSSIMO, I. J. *André Rebouças através de sua autobiografia.* Rio de Janeiro, 1939.

VIANA, F. J. de O. *O ocaso de Império.* 2.ed. São Paulo, 1925.

VIANA, H. *Formação brasileira.* Rio de Janeiro, 1935.

VIANA FILHO, L. *O negro na Bahia.* Rio de Janeiro, 1946.

VOGEL, R. W., STANLEY, E. *Time on the Cross. The Economics of American Negro Slavery.* Boston, 1974. 2v.

WAGLEY, C. *Races et classes dans le Brésil rural.* Paris, 1962.

WILLENS, E. *A aculturação dos alemães no Brasil.* São Paulo, 1946.

WILLIAMS, E. *Capitalism and Slavery.* Chapel Hill, 1944.

ZEMELLA, M. *O abastecimento da capitania das Minas Gerais no século XVIII.* São Paulo, 1951.

Artigos de Revistas

ALMEIDA, B. P. de. Tietê, os escravos e a abolição. *Rev. do Arq. Mun.* v.XCV, n.9, p.49-59, 1944.

ALVARENGA, O. Cateretês do Sul de Minas Gerais. *Rev. Arq. Mun. de São Paulo,* v.XXX, p.31-70, 1936.

ALVES, J. L. A questão do elemento servil; A extinção do tráfico e a lei de repressão de 1850; Liberdade dos nascituros. In: *Anais do 1º Congresso Histórico Nacional,* Rio de Janeiro, v.IV, p.187-258, 1916.

AMARAL, B. H. Os grandes mercados de escravos africanos: as tribos importadas e sua distribuição regional. *Rev. Inst. Hist. e Geogr. Bras.,* tomo especial, 1º Congresso Internacional de História da América, 5, Rio de Janeiro, 1927.

ARAÚJO FILHO, J. R. de. O café, riqueza paulista. *Bol. Paul. Geogr.,* n.23, p.78-134, 1956.

AZEVEDO, A. de. Última etapa da vida do barão de Santa Eulália. O ocaso do Segundo Império através de documentos inéditos. *Rev. Hist.,* v.III, n.10, p.417-430.

BASTIDE, R. Contribuição ao estudo do sincretismo católico fetichista. *Sociologia 1, Bol. Fac. Fil. Ciênc. Letr.,* USP, v.LIX, p.11-50, 1946.

_____. A macumba paulista. *Sociologia 1, Bol. Fac. Fil. Ciênc. Letr.,* USP, v.LIX, p.51-112, 1946.

_____. Ensaios de metodologia afro-brasileira. *Rev. Arq. Mun. São Paulo,* v.59, p.17-32, 1939.

548 EMÍLIA VIOTTI DA COSTA

BEIGUELMAN, P. A grande imigração em São Paulo. *Rev. Inst. Est. Bras.*, v.3, p.99-116, 1968; v.4, p.145-60, 1968.

BRAZIL, E. I. O fetichismo dos negros no Brasil. *Rev. Inst. Hist. e Geogr. Bras.*, v.74, n.2, p.192-260, 1911.

_____. A revolta dos malês. *Rev. Inst. Hist. e Geogr. da Bahia*, v.XVI, p.129-49, 1907.

CALMON, P. A Abolição. *Rev. do Arq. Mun.*, v.XLVII, p.127-46, 1938.

CAMPOS, D. A. de A. Tipos de povoamento de São Paulo. *Rev. do Arq. Mun. de São Paulo*, v.LIV, p.5-34, 1939.

CARDOSO, F. H. Condições sociais da industrialização em São Paulo. *Brasiliense*, n.28, p.31-46. 1960.

CARVALHO DE MELLO, P. Aspectos econômicos da organização do trabalho na economia cafeeira do Rio de Janeiro, 1850-1888. *Revista Brasileira de Economia*, v.32, n.1, p.19-67, jan.-mar. 1978.

CASTRO, F. A. V. de. Um fazendeiro do século passado. *Rev. Arq. Mun. São Paulo*, v.XCVII, p.25-44, 1944.

CASTRO, H. O. P. de. Viabilidade econômica da escravidão no Brasil, 1880-1888. *Revista Brasileira de Economia*, v.XXVII, n.1, p.43-7, jan.--mar. 1973.

CESARINO JUNIOR, A. F. A intervenção da Inglaterra na supressão do tráfico de escravos africanos para o Brasil. *Rev. Inst. Hist. e Geogr. de São Paulo*, v.34, p.144-66, 1936.

CONRAD, R. The Property Class and the Debate over Chinese Immigration to Brazil, 1885-1893. *International Migration Review*, v.9, n.1, p.41-55, Spring, 1975.

COSTA, E. V. da. Colônias de parceria na lavoura de café: primeiras experiências. In: *Anais do II Simpósio dos Professores Universitários*, p.275-93, Paraná, 1962.

DEFFONTAINES, P. Regiões e paisagens do Estado de São Paulo. *Geografia*, v.1, n.2, p.69-117, 1935.

_____. Geografia humana do Brasil. *Rev. Bras. de Geogr.*, v.1, n.3, p.16-59, 1939.

_____. Recherches sur les types de peuplement dans l'Etat de Saint Paul (Brésil). *Bull. de Géogr. Français*, n.87, p.66-71, 1935.

DORNAS, J. F. Algumas questões de folclore. *Rev. Arq. Mun. de São Paulo*, v.VI, n.46, p.145-80, 1938.

EISENBERG, P. A abolição da escravatura. Processo nas fazendas de açúcar em Pernambuco. *Estudos Econômicos*, São Paulo, Instituto de Pesquisas Econômicas da USP, v.2, n.1, 1972.

DA SENZALA À COLÔNIA 549

FONTOURA, C. Evocação de Pereira Barreto. *Rev. Bras. de Med.*, v.2, 1958.

FREYRE, G. A escravidão e a monarquia e o Brasil moderno. *Rev. Bras. Es. Pol.*, v.1, n.1, p.39-48, 1956.

GOMES, A. Achegas para a história do tráfico africano no Brasil. Aspectos numéricos. In: IV CONGRESSO HISTÓRICO NACIONAL, 5, p.25-78, 1950.

GRAHAM, D. A migração estrangeira e a questão da oferta da mão de obra no crescimento econômico brasileiro, 1880-1930. *Estudos Econômicos*, v.3, n.1, 1973.

GRAHAM, R. Brazilian Slavery Reexamined. A Review Article. *Journal of Social History*, v.III, 1970.

HALLOWAY, T. H. Condições do mercado de trabalho e organização do trabalho nas plantações de economia cafeeira de São Paulo, 1885-1915. Uma análise preliminar. *Estudos Econômicos*, v.2, n.6, 1972.

_____. The Last Years of Slavery on the Sugar Plantations of the Northestern Brazil. *Hispanic American Historical Review*, v.LI, n.4, p.586-605, Nov. 1976.

HERMANN, L. Grupos sociais de Guaratinguetá. *Rev. Arq. Mun. de São Paulo*, v.XLIX, p.71-92, 1938.

HILL, L. F. The Abolition of the African Slave to Brazil. *The Hisp. Amer. Hist. Rev.*, v.XI, p.169-97, 1931.

IANNI, O. Escravidão e história. *Debate & Crítica (São Paulo)*, v.6, 1975.

JAMES, P. E. The Coffee Lands of Southeastern Brazil. *Geogr. Rev.*, v.XXII, p.225-33, 1932.

LAMBERT, J. La structure sociale du Brésil. *Bull. Soc. Géogr. de Lyon*, p.37-66, 1938.

LEITE, D. M. Preconceito racial e patriotismo em seis livros didáticos primários brasileiros. *Bol. Fac. Fil. Ciênc. Letr., USP*, v.CXXIX, p.207-31, 1950.

LOWRIE, S. H. O elemento negro da população de São Paulo. *Rev. Arq. Mun.*, v.48, p.5-57, 1938.

_____. Imigração e crescimento da população no Estado de São Paulo. *Estudos Paulistas*, v.2, 1938.

LUZ, N. V. A administração provincial de São Paulo, em face do movimento abolicionista. *Rev. de Adm.*, v.VIII, p.80-100, 1948.

MAIA FORTE, J. M. O centenário dos quatro municípios fluminenses. *Rev. Instit. Hist. e Geogr. Rio de Janeiro*, 1932.

MANCHESTER, A. K. The Rise of the Brazilian Aristocracy. *Hisp. Amer. Hist. Rev.*, v.XI, p.145-68, 1931.

MARTIN, P. A. Causes of the Brazilian Empire. *Hisp. Amer. Hist. Rev.,* v.IV, p.448, 1921.

―――――. Slavery and Abolition in Brazil. *Hisp. Amer. Hist. Rev.,* v.XIII, p.151-96, 1933.

MATOS, O. N. de. A evolução ferroviária de São Paulo. In: *Anais do IX Congresso Brasileiro de Geografia,* Rio de Janeiro, IV, 1944.

MELO, A. R. de. Imigração e colonização. *Geografia,* v.1, n.4, 1935.

MORAIS, E. de. A escravidão, da supressão do tráfico à Lei Áurea. *Rev. do Inst. Hist. e Geogr.,* tomo especial. Congresso Internacional de História da América, v.2, p.243-313, 1927.

NOGUEIRA, E. da C. O movimento republicano em Itu. Os fazendeiros do oeste paulista e os pródromos do movimento republicano. *Revista de História,* v.20, 1954.

NOGUEIRA, O. Preconceito racial de marca e preconceito racial de origem. *Anhembi,* v.V, n.53, 1955.

PEREIRA, A. R. de A. O espírito associativo do negro brasileiro. *Rev. do Arq. Mun.,* Ano IV, n.XLVII, p.105-26, 1938.

―――――. O negro e o folclore cristão no Brasil. *Rev. do Arq. Mun.,* Ano IV, n.XLVII, p.47-8, maio 1938.

―――――. As comemorações culturais do cinquentenário da abolição da escravidão no Brasil. *Handbook of Lat. Amer. St.,* p.462-64, 1937-1938.

―――――. Castigo de escravos. *Rev. do Arq. Mun. de São Paulo,* Ano IV, n.XLVII, p.75-104, 1939.

QUERINO, M. R. Os homens de cor preta na história. *Rev. Inst. Hist. e Geogr. da Bahia,* v.48, p.353-63, 1923.

RAMOS, A. O espírito associativo do negro brasileiro. *Rev. do Arq. Mun. de São Paulo,* n.XLVII, p.104-26, maio 1938a.

―――――. Castigos de escravos. *Rev. do Arq. Mun. de São Paulo,* v.XLVII, maio, 1938b.

RICCARDI, A. A. P. O precursor da imigração. *Rev. do Arq. Mun. de São Paulo,* Ano IV, n.XLIV, p.136-84, 1938.

ROURE, A. de. A Abolição e seus reflexos econômicos. Conferência realizada em 14 de maio de 1918, Rio de Janeiro, 1941.

SANTOS, F. M. dos. A sociedade fluminense em 1852. *Est. Bras. (Rio de Janeiro),* Ano 3, v.6, n.18, p.204-89, 1941.

SILVA, S. M. da C. e. A queda do latifúndio. *Observador Econômico e Financeiro,* v.IV, p.15-28, 1939.

―――――. Desenvolvimento da pequena propriedade do Estado de São Paulo. São Paulo, 1939.

DA SENZALA À COLÔNIA   551

SIMONSEN, R. As consequências econômicas da Abolição. *Rev. Arq. Mun. de São Paulo*, v.147, p.257-68, maio 1938.

SODRÉ, A. O elemento servil e a Abolição. *Separata dos Anais do III Congresso de História Nacional*, VI, Rio de Janeiro, 1942.

TAUNAY, A. d' E. *A propagação da cultura cafeeira*. Rio de Janeiro: Depto. Nacional do Café, 1883.

_____. Notas sobre as últimas décadas do tráfico. *Mensário (Rio de Janeiro)*, t..3, n.1, p.115-9, 1938.

_____. As últimas décadas do tráfico. *Mensário (Rio de Janeiro)*, t.3, n.1, p.181-4, 1938.

_____. Cessação do tráfico. *Mensário (Rio de Janeiro)*, t.3, n.1, p.295-9, 1938.

_____. Os representantes de São Paulo nos parlamentos do Antigo Regime, senado e câmara dos deputados. *Rev. do Inst. Hist. e Geogr. de São Paulo*, v.XIV, p.351-64, 1912.

VIANA, M. A. de S. O tráfico e a diplomacia brasileira. *Rev. do Inst. Hist. e Geogr. Bras.*, tomo especial, 1º Congresso de História Nacional, Rio de Janeiro, 1914, n.5, p.537-64, 1914.

VIANA FILHO, L. Rumos e cifras no tráfico baiano. *Est. Bras. (Rio de Janeiro)*, Ano 3, v.5, n.15, p.356-80, 1940.

Artigos de Jornais

ALMEIDA, A. de. Escravidão no Ipanema, 1811-1875, *O Estado de S.Paulo*, 24 de novembro de 1949.

ANDRADE, A. M. B. de. A Abolião em São Paulo. Depoimento de um Testemunho. *O Estado de S.Paulo*, 13 de maio de 1918.

CANABRAVA, A. P. Máquinas agrícolas. *O Estado de S.Paulo*, 6 de julho de 1949.

CINTRA, A. Coisas e casos de São Paulo: III – O Largo do Pelourinho. *A Gazeta*, São Paulo, 2 de junho de 1949.

_____. O branco que desceu e o negro que subiu – Isso é História. *A Gazeta*, São Paulo, 26 de janeiro de 1949.

GOMES, A. Os escravos no Brasil I e II. *Correio Paulistano*, 8 e 19 de março de 1949.

_____. Os negros através dos números. *Correio Paulistano*, 22, 26 de janeiro de 1949 e 2 de fevereiro de 1949.

LIN, I. Três abolicionistas esquecidos. *Jornal do Comércio*, 17 de junho de 1938.

NARDI FILHO, F. A Capitania de São Paulo em 1814. *O Estado de S.Paulo*, 18 de outubro de 1949.

REPRESENTAÇÕES coletivas do negro. O ciclo da formação das raças. *O Estado de S.Paulo*, 15 de maio de 1943.

ROURE, A. de. A escravidão de 1819 a 88, *Jornal do Comércio*, setembro de 1906.

SALES, C. A propaganda abolicionista. *A Província de São Paulo*, 5 de dezembro de 1880.

SOBRE O LIVRO

Coleção: Biblioteca Básica
Formato: 14 x 21 cm
Mancha: 23 x 42 paicas
Tipologia: Goudy Old Style 11/13
Papel: Pólen 80 g/m² (miolo)
Cartão Supremo 250 g/m² (capa)
5ª edição: 2012
7ª reimpressão: 2023

EQUIPE DE REALIZAÇÃO

Produção Gráfica
Edson Francisco dos Santos (Assistente)

Edição de Texto
Fábio Gonçalves (Assistente Editorial)
Nelson Luís Barbosa (Preparação de
Original) Camilla Bazzoni de Medeiros
(Revisão)

Editoração Eletrônica
Edmilson Gonçalves

Camacorp Visão Gráfica Ltda

Rua Amorim, 122 - Vila Santa Catarina
CEP:04382-190 - São Paulo - SP
www.visaografica.com.br